Latife Hanım

LATİFE HANIM

Yazan: İpek Çalışlar

1. baskı / haziran 2006
48. baskı / ekim 2007 / ISBN 978-975-991-517-9

Kapak tasarımı: Ayşe Çelem Design
Baskı: Altan Basım Ltd. / Yüzyıl Mahallesi
Matbaacılar Sitesi 222/A 34200 Bağcılar - İSTANBUL

Doğan Egmont Yayıncılık ve Yapımcılık Tic. A.Ş.
19 Mayıs Cad. Golden Plaza No. 1 Kat 10, 34360 Şişli - İSTANBUL
Tel. (212) 246 52 07 / 542 Faks (212) 246 44 44
www.dogankitap.com.tr / editor@dogankitap.com.tr / satis@dogankitap.com.tr

Latife Hanım

İpek Çalışlar

DOĞAN KİTAP

"Latife Hanım'ın belgeleri incelenmeksizin devrim tarihinin daha doğrusu Cumhuriyet tarihinin yazılması mümkün olmaz."

Ord. Prof. Reşat Kaynar, 10 nisan 1979

Sunuş

Latife Hanım, çocukluğumdan beri duvardaki bir fotoğraftan bana bakıp durmuştu. 1923 yılında, Latife Hanım ile Mustafa Kemal Paşa Uşak'a geldiklerinde çekilmişti bu fotoğraf. Millî Mücadele günlerinin ilk Ankara Emniyet Müdürü Kel Osman (Erkeller) namıyla anılan dedemin Atatürk ve Latife Hanım'la çekilmiş fotoğrafı evimizin bir parçası gibiydi.

Latife Hanım'a her bakışımda, "Bu kadın, in midir cin midir?" Mustafa Kemal Paşa'yla acaba nasıl evlenmiştir?" diye düşünür dururdum.

2004 martında bir arkadaşımın kitaplığından bana bakan sararmış solmuş bir Latife Hanım kitabı görünce yarım kalmış merakım yeniden uyanıverdi.

Latife Hanım ile Mustafa Kemal Paşa'nın evliliğini anlatan kitabı, akşam trafiği içinde bindiğim belediye otobüsünde eve dönerken bitirmiştim. Keşfedilmeyi bekleyen bu önemli kadın beni avucunun içine almıştı. Gazetecilikten gelen telaşımla, yetişmesi gereken bir haber yapacakmışım duygusuyla aynı gece evdeki dönem kitaplarını ve tarih dergilerini raflardan indirip okumaya giriştim. Latife Hanım'la iki yıllık birlikteliğim böyle başladı.

Latife Hanım bir bilmece gibiydi. Hemen herkes ona olumsuz yaklaşıyor, Latife Hanım'dan Mustafa Kemal Paşa'nın başına gelmiş bir kaza gibi söz ediliyordu. Kadınları yok sayan tarih kitapları onun hırçınlıklarını yazmaya değer gördüklerine göre, ortada deşilmeyi gerektirecek bir durum vardı.

Bağımsız bir kadın olduğunu ve Cumhuriyet'in ilk yıllarında atılan adımlarda rolü bulunduğunu anlamıştım. Bunu kanıtlayacak bilgilere ulaşmam gerekiyordu.

Ulaştım da. Anılardan, Atatürk biyografilerinden ve yabancı savaş muhabirlerinin dönemi anlatan kitaplarından onu anlatan bölümleri döne döne okudum. Latife Hanım, gölgede bırakılmış olsa da, Mustafa Kemal'in eşi olduğu için her yazılı belgede ondan söz eden, onun kişiliğini sergileyen birkaç satıra yer verilmiş olması işimi kolaylaştırdı.

Türkçe'ye çevrilmiş kitapları orijinal baskılarından okumayı esas aldım. Anı kitaplarının ilk baskılarına ulaşmaya özen gösterdim. Tarih kitapları Latife Hanım'dan ve dönem kadınlarından hiç söz etmemişlerdi. Ancak, yine de karşılaştırmalı bir okuma pek çok bilgiyi gün ışığına çıkartıyordu. Anılar, gazete haberleri, sözlü tarih bilgileri dönemin olaylarıyla birleştikçe Latife Hanım üzerindeki gölge giderek küçülmeye başladı. İşin sırrı kadın gözüyle bakmaktan geçiyordu.

Gazeteler, anı kitaplarının aksine Latife Hanım'a çok daha sıcak yaklaşmıştı. Özellikle dünya basını bu konuda inanılmaz bilgiler içeriyordu. 1920'li yılların gazete koleksiyonlarını taramaya başlayınca Latife Hanım beni bile şaşırtmayı başardı. Latife Hanım'a Türkiye'deki değişimin habercisi olarak bakılıyordu. Mustafa Kemal'in geçirdiği kalp krizinin ardından, yerine geçecek kişiler sayılırken ilk sıraya Latife Hanım'ın adı yazılmıştı. Türkiye tarihine ve Latife Hanım'a ilişkin dünya basınında yapılan değerlendirmeler, Türkçe'de hiç yayımlanmamıştı, sizler de bu yazıları ilk kez okuyacaksınız.

1923-1925 yılları arasında önde gelen bir devlet görevlisi gibi çalışan Latife Hanım, Mustafa Kemal Paşa'nın peçesiz eşi ve kadın haklarının savunucusu olarak dünya çapında bir şöhrete ulaşmıştı. Ortaya çıkan Latife Hanım portresi Mustafa Kemal Paşa'nın da bilinmeyen yönlerini ortaya koyuyordu. Kemal Paşa, kendisine hayretle bakanlara hiç aldırmadan eşiyle fikir alışverişinde bulunmaktan mutluluk duyan, onu her alanda öne çıkarmaktan hoşlanan, örnek bir eş portresi çiziyordu.

Bu evlilikte sevda var mıydı diyeceksiniz... Ben aşka dair bütün ipuçlarını tek tek topladım ve kitaba aldım. Yarım kalmış bu evlilik yalnız Latife Hanım'a değil, Mustafa Kemal Paşa'ya da acı vermiş, diye düşünmekten kendimi alamadım.

Ancak, boşanmalarının ardından geçen yıllar içinde Latife Hanım'ın saygınlığı büyük bir maharetle yok edilirken, aralarındaki ilişkinin biçimi de yeniden yazılmış, sevda ve muhabbete dair her şey karartılmıştı.

Latife Hanım, Mustafa Kemal Paşa'dan boşandıktan sonra bu karanlığın içinde yarım asır daha yaşamıştı. Kayda geçmeyen bu dönemi yazabilmek için Latife Hanım'ın ailesiyle ilişki kurmaya çalıştım. Bu kez karşıma çok garip bir engel çıktı. Latife Hanım ikinci kuşaktan yakınlarına konuşmamaları için vasiyette bulunmuştu.

Bu yüzden susmayı tercih ediyorlardı. Sadece ulaştığım bilgileri doğrulatma konusunda yardımlarını alabildim. Böylesine umutsuz bir durumdayken üçüncü kuşaktan yeğeni, İzmir Avusturya Fahrî Konsolosu Muammer Erboy'la tanıştım. Kafamdaki boşlukları doldurmam için bana yardımcı oldu. Beni etten kemikten bir Latife Hanım'la tanıştırdı. Özellikle teyzesinin boşandıktan sonraki yaşamını anlattı. Latife Hanım'ın kız kardeşi Vecihe İlmen'in arşivlerdeki unutulmuş söyleşileri ve aile çevresinde anlattıkları, diğer bilgilerle birleşince pek çok karanlık nokta aydınlandı.

Cumhuriyet'in ilk yıllarında Çankaya çevresinde bulunan isimlerin yakınları da çok yardımcı oldular. Fethi Okyar ile Galibe Okyar'ın Büyükada'daki evleri, Galibe Hanım'ın eski günlerdeki gibi yerinde duran kütüphanesi, beni o günlere götürdü. Torun Fethi Okyar, babaannesi Galibe'nin sicimle bağladığı mektup ve gazete kupürlerini açtı. Kadın Kütüphanesi'ndeki Süreyya Ağaoğlu'nun evrakı seksen yıl öncesinin kadınlarını kavramama yardımcı oldu. Kimi kaynaklarım da isim vermeden bilgi aktardılar. Kitabın içinde yer alan bütün bilgilerin en az iki kaynağa dayandığını söylemeliyim. Ben iki yüz sayfalık bir kitap için yola çıkmıştım, ama öylesine zengin bir malzemeye ulaştım ki kendim de şaşırdım kaldım.

Latife Hanım, boşandıktan sonra tam elli yıl sustu. Ancak, amacı kaybolup gitmek değildi. O, sürekli yanlış anlaşıldığı için ağzını açmamıştı. Günü geldiğinde anlaşılabilmek için anılarını yazmış, kıymetli gördüğü bütün belgeleri zamanı gelince açılsın diye bir banka kasasında saklamıştı.Tek başına bir tarih kurumu gibi çalışmıştı. Banka kasasındaki evrak listesi bu araştırmada beni çok yönlendirdi.

Şu anda Türk Tarih Kurumu'nda saklanan bu değerli belgeler benim tanıklık edebileceğim bir süre içinde açılırsa, kitaba bir ikinci cilt eklemekten büyük bir zevk alacağım.

Bu kitaptaki Latife Hanım, hepinizi şaşırtacak. Tanıdığımız Latife Hanım ile bu araştırmanın sonunda ortaya çıkan Latife Hanım öylesine başka ki...

İpek Çalışlar
Galata/İstanbul
nisan 2006

Teşekkür

Nadire Mater, Aygül Özkaragöz ve Oral Çalışlar hep yanımda oldular. Oral ve Nadire yazdığım her bölümü günü gününe okudular, bu serüveni benimle paylaştılar. Aygül, seksen yıl öncesinin İngilizce tercümelerinden boğuldukça yardıma geldi, yöntem konusunda önümü açtı. Dönem kadınlarından Nezihe Muhiddin'i gün ışığına çıkaran Yaprak Zihnioğlu'nun kitabı ve telefon numarası hep başımın ucunda durdu. Kız kardeşim Feza Erkeller Yüksel, ulaşamadığım kitap ve gazeteleri Londra'dan taşıdı.

Uşakizade ailesinden Emine Uşaklıgil, Latife Hanım'ın yeğeni Muammer Erboy'la beni tanıştırdı, kitabı da satır satır okudu.

Deli gibi ulaşmak istediğim bir kitabı New York'tan getiren Orhan Pamuk, "Yazdıklarını sevmelisin" diyerek kitaba bakışımı değiştirdi.

Esmahan Aykol ile Canan Parlar redaksiyonda, Meriç Ovacık, dış basına ulaşmamda yardımcı oldu. Adnan Işık *Cumhuriyet* gazetesinde 1924-1925 yıllarında çıkmış Latife Hanım haberlerini yeni yazıya çevirdi. Mustafa Mersinoğlu, arşivindeki Latife Hanım belgelerini benimle paylaştı.

Ülkü Giray, Tektaş Ağaoğlu, Ayşe Cebesoy, Ayşegül Altınay, Hüseyin Gürer, Leyla Güz, Ferhunde Özbay, Selçuk Esenbel, Sırma Evcan, Semra Somersan, Aslı Davaz Mardin, Defne Asal Er, Deniz Aytemur, Angela Berzeg, Osman Bahadır, Edibe Buğra, Serpil Turan Önderoğlu, Çiğdem ve Tayfun Mater, Fazilet Çalışlar, Reşat Çalışlar'ın katkıları pek çok şeyi kolaylaştırdı. Latife Hanım üzerine yaptığım araştırmanın *Milliyet*'te dizi olarak yayımlanması için beni ikna eden Taha Akyol yeni kaynaklara ulaşmamı sağladı.

Araştırma sırasında, Atatürk, Basın Müzesi, Kadın Eserleri, Fransız Kültür Merkezi, Sermet Çifter ve İstanbul kütüphanelerinden yararlandım. Kronolojik akışta Utkan Kocatürk'ün *Kay-*

nakçalı Atatürk Günlüğü'nü esas aldım.

Bu kitabın yayıma hazırlanmasında emeği geçen bütün Doğan Kitap çalışanlarına teşekkür ederim.

Başta Şirin Tekeli, kadın hareketi üzerine çalışanlara ve bende bu konuda duyarlılık yaratan bütün kadınlara, annem Mualla ve babam Muzaffer Erkeller'e teşekkürler...

1

Tanışma

1919 yılının sonbaharıydı. İzmir'de 15 mayısta başlayan Yunan işgali, Türklere kötü günler yaşatıyordu. Abluka altındaki Beyaz Köşk'ün önünde kapalı bir fayton durdu. İçinden zarif giyimli bir diplomat indi. Faytonda Fransız bayrağı asılıydı.

Evi gözetleyen Yunanlı asker hızla Beyaz Köşk'ün bahçe kapısına ilerledi. Omzunda tüfeğiyle tehditkâr bir biçimde diplomatın önünü kesti. Konsolos askere çıkıştı:

"Ben Fransız konsolosuyum. Muammer Bey'le briç oynamaya geldim."

Nöbetçi Fransızca bilmiyordu, diplomat cebinden evrakını çıkarıp gösterdi.

Asker kenara çekildi. Zarif giyimli adam güllerle kaplı bahçeden aşağı inerken Beyaz Köşk'e hüzünle baktı. Muammer'i bir türlü Fransız bayrağı asmaya razı edememişti. Şam'dan gelen Türk aileler gibi yap sen de diye ısrar etmişti. Fransız bayrağı asanlar Yunanlıların tacizinden kurtuluyordu.

Beyaz Köşk'ün kapısı daha zil çalınmadan açıldı. İzmir'in ünlü tüccarı Uşakizade Muammer, dostunu kapıda karşıladı. Her zamanki gibi tiril tiril beyaz bir ceket giymişti. Kucaklaştılar. Konsolos, alışık adımlarla selamlığa geçerken valizleri gördü. "Hazırlanmışlar" dedi kendi kendine.

Uşakizade Muammer Bey, İzmir'in en nüfuzlu tüccarıydı. İşgal güçleri önde gelen Türkleri saflarına çekmek için büyük baskı yapıyorlardı. Son dertleşmelerinde "Beni belediye başkanı olmaya zorluyorlar; sürekli ölüm tehditleri alıyorum" demişti. İkisi de masondu. Briç Kulübü'nde başlayan dostlukları işgal öncesine uzanırdı. Konsolos, Göztepe'deki Beyaz Köşk'e ikinci evi gibi girer çıkardı. Muammer'in Yunanlı işgalciler tarafından öldürülmesinden korkuyordu. Son görüşmelerinde bu düşüncesini ona da açmış, dikkatli davranması için defalarca telkinde bulunmuştu. Daha önce İzmirli Türk dostlarından bazılarına kaçışları için yardım etmişti. İşler yolunda giderse o gece Marsilya'ya hareket edecek gemiyle Muammer de ailesiyle İzmir'den ayrılacaktı. Uşakizadelerin kaçışı için hazırlattığı bilet ve pasaportları elindeki çantanın gizli gözüne yerleştirmişti.

"Makbule Hanım gidecek mi? Ne karar verdiniz?"

"Hayır" dedi Muammer. "Annem, 'Yaşımın icabıdır, burada kalırım' diyor. Yolculuk onun için Göztepe'de kalmaktan daha tehlikeli."

"Pasaportlar hazır. İşte, Latife, Adeviye, İsmail, Ömer, Münci, Rukiye, Vecihe ve seninki... Büyükhanımınkini de getirdim. Belki fikir değiştirir, ne dersin?"

O sırada Adeviye ile Latife girdi içeriye.

Latife'nin suratı asıktı.

"Latife, asma suratını, bu Yunanlılar burada geçici" diye bir şeyler geveledi ağzında.

"Babaannem" dedi Latife. "Gelemiyor bizimle. Onu burada bırakmak kolay değil."

"Bizler onun yanındayız. Bir şey olursa en fazla üç günde burda olursunuz. Bu abluka ilelebet sürecek değil, direniş de yayılıyor... Kemal Paşa'ya çok güveniyor herkes. Bizimkiler de fevkalade etkilenmişler ondan. Askerî deha diyorlar onun için" sözleriyle yatıştırmaya çalıştı Latife'yi.

Briç masası bahçeye kuruldu. Her şey eskisi gibiydi. Dörtlüyü tamamlamak için İsmail ile Latife de oturdu masaya. Yüksek sesle konuşuyorlardı. Aslar ile papazlar hep Latife'ye geliyordu. Adeviye Hanım, unutulmuş bir iki parça eşya daha toparladı. Münci'nin ilaçlarını kontrol etti. Küçük oğulları Münci çocuk felcine yakalanmıştı. Bu yolculuğa nasıl dayanacak diye hepsi endişe içindeydi.

Briç partisi gece bastırana kadar sürdü. Sofra gene mükellef bir biçimde kurulmuştu. Hizmetkârlar sağa sola koşturuyorlardı. Ev düzeni normal seyri içinde yürüyordu. Gece karanlığı iyice çöktüğünde faytona nöbetçileri kollayarak bineceklerdi. Önce Latife çıktı evden. Ardından diğerleri. Muammer, Fransız dostuyla vedalaştı. Makbule Hanım arkalarından kristal sürahiyle bahçeye çıktı, sessizce, yaşlı morsalkımın dibine suyu boşalttı. Fayton aileye dar gelmişti. Münci ile Ömer'i valizlerin üzerine yatırdılar. Kızlar kucak kucağa oturdu. Limana geldiklerinde ortalık sessizdi. Fransız gemisi son yolcularını alıyordu. Pasaporttan geçtiler ve geminin güvertesinden İzmir'e son kez baktılar. Fransız konsolos, kaçakları yolladıktan sonra evin kütüphanesinden rasgele çektiği bir kitaba gömüldü. Köşkün bütün ışıkları yanıyordu. Geceyi dostu Muammer'in evinde geçirdi. Nöbetçiler Beyaz Köşk'teki briç partilerine alışıktı. Her zaman olduğu gibi, gün ağarırken, tüm gece hiçbir şeyden şüphelenmemiş Yunan askerlerinin arasından biraz gergin de olsa, ıslık çalarak geçti. Sevgili dostu Muammer ve ailesini kurtarmıştı.

Marsilya'dan dönüş

Marsilya'dan kalkan geminin güvertesinden denizin koyu maviliklerine dalıp gitti Latife. Yunan işgalinin sürdüğü İzmir'e üç yıl aradan sonra dönüyordu. Korkulan olmuş, babaannesi Makbule Hanım hastalanmıştı. Kötü haber hemen ulaşmıştı Fransa'ya. Muammer Bey dönüş hazırlıklarına başlayınca, Latife itiraz etti.

"Baba, sizi öldürürler, siz kalın, İzmir'e ben döneceğim."

Kafasına koyduğunu yapardı. Dönüş için gerekli evrakları yoktu. Fransız makamlarıyla ilişkiye geçildi. Muammer Bey'in nüfuzu bütün kapıları açıyordu. Latife'ye bir Fransız pasaportu hazırladılar. Güvenlik içinde gidebilmesi için üzerine bir de "özel korumadadır" diye not düştüler. Gemi İstanbul'a gidiyordu. Latife iki gün İstanbul'da kalıp yola devam edecekti. Yurtdışına çıkmadan önce Yunanlılara karşı yürütülen istihbarat işinde görev alan Latife, bu kez de İstanbul'dan verilecek bazı belgeleri İzmir'deki direnişçilere götürecekti.

Yunanlılar, bütün cephelerde Kuvayı Milliye güçlerine yenik düşmekteydi. Fransa'da direnişin haberlerini takip eden Latife, bir gazeteden Mustafa Kemal Paşa'nın fotoğrafını kesmiş uğur getirsin diye boynundaki madalyona yerleştirmişti. Tüm kalbiyle inanıyordu, Kemal Paşa İzmir'i de işgalden kurtaracaktı.

Latife, babaannesi Makbule Hanım için yola çıktığında, Mustafa Kemal Paşa da kilometrelerce uzakta annesi Zübeyde Hanım'la buluşuyordu. Paşa, cepheden cepheye giderken annesini ihmal ettiğini düşünüyordu. Hükûmetinin özel temsilcisi Fransız yazar Claude Farrère'le yapacağı görüşmeyi vesile ederek annesini Adapazarı'na çağırttı. 1922'nin 17 haziranında Adapazarı'nda ana oğulun birbirlerine kavuşmasını büyük bir kalabalık gözyaşları içinde izledi. Garip bir rastlantı sonucu Mustafa Kemal Paşa ile Zübeyde Hanım üç yıl sonra ilk kez buluşmuşlardı. Mustafa Kemal Paşa,

Çankaya'ya annesiyle döndü. Rastlantılar birkaç ay sonra bu dört insanı bir araya getirecekti.

Latife gemideyken her şeyi planlamıştı. İstanbul'a vardığında kendisine verilen adresteki direnişçilerden evrakları kolayca teslim aldı, valizini açmadan İzmir'e giden gemiye bindi. İstanbul'da her şey yolunda gitmişti. Bu kez hiç âdeti olmadığı halde çarşafa bürünmüş, üstünü başını aramasınlar diye tedbir almıştı. Pasaportunda Fransız yurttaşı olduğu yazılı olsa da o, işgal kuvvetlerinin çok yakından tanıdığı İzmirli bir ailenin kızıydı.

İzmir'e geldiği gün takvimler, 1922 yılının 17 haziranını gösteriyordu. Latife o gün yirmi üç yaşına basmıştı. Doğduğu kente girişi İstanbul'a girişi gibi kolay olmadı. Yunanlı görevliler Fransız pasaportuyla gelen bu Türk kızından casus diye şüphelendiler, üzerini aramak istediler. Latife itiraz etti. "Müslüman bir kadını arayamazsınız" dedi. Bu dik kafalı kız onlarla mütehakkim bir edayla konuşuyor ve çarşafına el sürmelerine izin vermiyordu. Direnişçilere getirdiği belgeleri, iç çamaşırlarının içine yerleştirmişti. İşgal askerleri üstünü aratmayan çarşaflı kızla başa çıkamadılar. Onu hücrelerden birine attılar.

"Ne su ne de yemek verilecek" dediler.

Ünlü işadamı Uşakizade Muammer Bey'in kızı Latife'nin geldiği haberi hemen duyulmuştu. Ancak, Latife bir türlü evine dönmüyordu. Ülkeye giriş kâğıtlarını sağlayan Fransızlar, ailenin kaçırılmasında oynadıkları rol yüzünden diplomatik yoldan onu dışarı çıkaramayınca el altından tüm İzmir'e haber saldılar. İzmirliler, onun hücrede tutulduğunu böyle öğrendi. "Uşakizade Latife gelmiş, hapiste tutuluyor" haberi kulaktan kulağa yayılmıştı. Latife'nin dayısı Ragıp Paşa daha Latife yola çıkmadan haberdar edilmişti. Latife beklendiği gün evine gelmeyince, Ragıp Paşa işgal kuvvetlerinin nüfuzlu isimlerine ulaşmanın yollarını aradı. Müslüman bir genç kızın hücre hapsinde tutulması gerginliğe yol açmıştı. Şehirdeki infialin büyümesinden çekinen işgal güçleri, üçüncü günün ardından Latife'yi hücreden çıkarmak zorunda kaldılar; Latife bir hafta geçmeden babaannesi Makbule Hanım'ın başucundaydı.

Ne var ki sorunlar tükenmiyordu. Latife, işgalin hemen ardından İzmir'in önde gelen bir yetkilisine "Buraları düşman işgal etti ama, Mustafa Kemal memleketi kurtaracak, kurtulacağız" diye zehir zemberek bir mektup göndermiş, bu mektup da yolunu şaşırıp

Yunanlıların eline geçmişti.[1] Şimdi aynı mektup başına yeniden dert açmıştı. İşgal güçleri Latife'nin tehlikeli bir kız olduğunu bildikleri için, Beyaz Köşk'ün kapısına yeniden nöbetçi diktiler. Onu ev hapsinde tutmaya kararlıydılar.

Uşakizadelerin kapısında sürekli iki Yunanlı asker nöbet bekliyor, her saat başı Latife'yi kontrol ediyordu. O da askerleri atlatmak amacıyla sık sık çarşafa bürünüp, ütücü kadın kılığında evden kaçıyordu. İşgalden bunalan Latife, bir kız arkadaşına şöyle demişti: "Ne yapacağım biliyor musun? İzmir'i kurtaracak kumandanla evleneceğim."

O günlerde pek çok İzmirli kızın rüyasını, ülkeyi kurtaracak komutanlar süslüyordu.

Latife o günleri anlatırken, "Sonu gelmeyecek bir kâbus yaşıyordum, beni idam edebilirlerdi. Asla kaçmayı aklımdan geçirmedim, İzmir'in kurtulacağına inanıyordum" diyecekti. Cepheden gelen haberler gerçekten umut vericiydi.

Latife, cesaretine hayran olduğu komutan Mustafa Kemal Paşa İzmir'e muzaffer olarak girerse onu evinde misafir etmeye yemin etti.

Kuvayı Milliye güçleri Ege'yi adım adım kurtarırken, Yunanlılar yalan gazete haberleriyle zafere doğru ilerlediklerini yayıyorlardı. Ancak gerçek böyle değildi. Yunanlı işgalcilerin İzmir'de bir kış daha geçireceğine İtilaf Devletleri de artık inanmıyordu. Anadolu'da devam eden savaş ağustosun son günlerine dek İzmir'deki yaşamı etkilemedi. İnsanlar sanki savaş yokmuş gibi yaşıyor, limandaki canlılık sürüyordu. Kaldırımları gül yaprağı doldurulmuş sepetler kaplıyor, fırınlardan taze pişmiş ekmeğin kokusu yükseliyordu. 1922 yazında hasat mükemmeldi; üzüm, taze incir, kayısı, kavun, kiraz, nar her zamankinden daha boldu.[2]

Afyonkarahisar'daki Yunan cephesinin düştüğü haberi, İzmir'e 26 ağustosta ulaştı. Rumlar ve Ermeniler, Türklerin ilerleyişinin geçici olduğuna inanmak istiyorlardı. İngiliz Konsolosluğu dikkatli olmaları için yurttaşlarını uyarmıştı. Buca ve Bornova'daki İngiliz kulüplerinde cepheden gelen haberler üzerine yorumlar yapılıyor, zengin Ermeniler ile Rumlar yurtdışına kısa bir tatile gitmekten söz ediyorlardı. Ne olacağı nasılsa birkaç gün içinde ortaya çıkardı.

Latife olan biteni şehirde yayımlanan gazetelerden izliyor, söy-

1. Yalçın Pekşen, "Atatürk'ün Özel Yaşamı, Vecihe İlmen Anlatıyor", *Cumhuriyet*, 10 kasım 1984 (Bundan sonra bir başka kaynak gösterilmeden aktarılan Latife Hanım'ın kız kardeşi Vecihe İlmen anlatımları bu söyleşiden alınmıştır).

2. Marjorie Housepian Dobkin, *Smyrna 1922*, Newmark Press, New York, 1988, s. 103.

lenti gazetesiyle yayılan cephe haberlerini bir bir babaannesine anlatıyordu. Umut verici gelişmelerle birlikte Makbule Hanım da hızla kendisini toparlamıştı. 29 ağustosta Afyonkarahisar geri alındı. 30 ağustosta Yunan ordusu Dumlupınar'da kuşatıldı. İzmirli genç kızlar tavan aralarında gizli gizli, kırmızı kumaşlara inciyle ay yıldız işliyor, kurtuluş günü İzmir'i bayraklarla donatmaya hazırlanıyorlardı.

İlk yaralı Yunanlı asker grubu şehre 1 eylülde geldi. Birkaç gün sonra da İzmir büyük bir göç akınına uğradı. Çoluklu çocuklu aileler yanlarında hayvanları, yürüye yürüye şehre geliyorlardı. Amerikalıların hesabına göre, 5 eylülden itibaren İzmir'e günde 30 000'e yakın insan gelmişti. Hıristiyan azınlıkların bir kısmı akraba ve tanıdıklar tarafından misafir ediliyor, yakınları olmayanlar ise sokakları dolduruyordu. Hepsi de var güçleriyle yabancı ülkelerin konsolosluklarından çıkış izni almaya çalışıyordu. Panik, şehrin yerli Ermenilerine ve Rumlarına da yayılmıştı.[3]

7 eylül perşembe günü Yunan kuvvetleri komutanı Hacıanesti İzmir'i bir grup subayla birlikte terk edince işgal idaresi de son buldu.

Kapıdaki askerler kayboluyor

Latife o sabah erken kalktı, pencereden dışarı baktı. Heyecanla set set düzenlenmiş bahçeyi üstteki yola kadar tırmandı. Nöbetçiler ortadan kaybolmuştu.

"Babaanne gittiler, kurtulduk" diye bağırıyordu. "Mustafa Kemal Paşa'nın İzmir'e gelmesi an meselesi." Makbule Hanım bahçeye çıktı. Bugünü de gördük diye dua etmeye başladı. Birbirlerine sarılmış ayrılamıyorlardı. Latife artık özgürdü. Ev hapsi sona ermişti. Kuvayı Milliye askerleri İzmir'e 9 eylül günü girdi.

Türk mahallelerinden yükselen sevinç çığlıkları, geri çekilen işgal askerlerinin telaş dolu gürültüsüne karışıyordu. Ancak İzmir hâlâ tehlikeye açıktı. Limandaki savaş gemileri toplarını İzmir'e çevirmiş bekliyor, mahallelerden yer yer silah sesleri işitiliyordu. Her yere mobilya parçaları dağılmıştı. Büyük bir kalabalık göze çarpıyordu. Hıristiyan azınlık ve cepheden kaçan askerler limandaki gemilere binmeye çalışıyordu.

Mustafa Kemal Paşa İzmir'e 10 eylülde geldi. Büyük haber anında yayıldı. Sevincinden çılgına dönen Latife bir grup kız ar-

3. Marjorie Housepian Dobkin, a.g.e., s 107-108.

kadaşıyla birlikte muzaffer komutanı karşılamaya koşan İzmirlilerin arasına karıştı. Daha sonra o günü anlatırken, "Zafer kazanmış kahramanları karşılamaya giderken sokağa hepimiz peçesiz çıkmıştık. Birlikte olduğum kızlar azar işitirsek diye korku içindeydiler. Ama tam tersine Mustafa Kemal Paşa da kurmayları da bizi görmekten çok hoşlandılar" diyecekti.

Mustafa Kemal Paşa, önce Rıhtım'a, ardından Konak Meydanı'ndaki Hükûmet Konağı'na gelmişti. Kalabalık dağılmıyordu; balkona çıktı ve İzmirlileri selamladı, "Bu başarı milletindir" sözleri alkışların arasında kayboldu. İnsanlar kucaklaşıyor, Mustafa Kemal'e armağan edilen, tekerlekleri kırmızı-beyaz kurdeleyle sarılmış, küçücük güllerle bezenmiş üstü açık otomobili okşuyordu.

Mustafa Kemal artık savaşın sonuna gelindiğinin farkındaydı. İzmir'deki gerginlik acaba nelere gebeydi? Birkaç gün içinde atacağı adımların çok önemli olduğunu düşünüyordu. İngiliz ve Fransız donanmaları Körfez'de beklerken, Kordon'da kalmak tehlikeliydi. Kalacağı evin topçu ateşine tutulması ihtimal dahilindeydi. Donanmaların menzili dışında Körfez'e hâkim bir ev bulunmalıydı. Böyle bir konuma sahip ev sayısı fazla değildi. Mevcut evleri tek tek saydılar. Uşakizade Muammer Bey'in evinden de söz ettiler. Ancak, kendisinin İzmir'de olmadığı, evde kızı ile annesinin kaldığı anlaşılınca, ev sahiplerinden bir davet mektubu istenmesine karar verildi.

11 eylül sabahı Uşakizadelerin kapısı çalındı. Muammer Bey'in kâtiplerinden Osman Efendi gelmişti.

"Hanımefendi, Mustafa Kemal Paşa'nın karargâhından aradılar. Bir davet mektubu istiyorlar sizden. Evinizi ikametgâh olarak kullanmayı düşünebilirlermiş."

Latife'nin kafasından geçen tam da buydu. Hemen masasına koştu, kâğıda ve altın işlemeli siyah kalemine uzandı.

"Göztepe'deki evlerini Mustafa Kemal Paşa ikametgâh olarak düşünürse kendileri için büyük şeref olacağını ve böyle bir şerefin bir Türk ailesinden esirgenmemesini" rica eden mektubu çabucak yazdı. Mektubu Osman Efendi'ye teslim etti.[4]

Mustafa Kemal Paşa, ilk gece bir İngiliz konağında misafir edilmişti. Latife de bu yüzden "Türk ailesinden" diye yazmıştı mektuba.

Daha fazla hayal kurmamak için hemen sokağa çıktı. Kurtuluş günü için adadığı adakları yerine getirecekti. Şehre giren askerlere hediyeler dağıtacak, bolca sigara, lokum, sargı bezi ve ilaç gö-

4. Utkan Kocatürk, *Kaynakçalı Atatürk Günlüğü*, AKDTYK, Ankara, 1999, s. 297.

türecekti. Faytonun önüne arabacı mahalline geçti oturdu. "Hadi" dedi atına ve faytonunu sürmeye başladı. O gün İzmirli kızlar şehre giren Kuvayı Milliye askerlerine tütün, sigara, sargı bezi ve çorba taşıyorlardı. Latife de onların arasına katılıp adaklarını dağıttı.

Adaklarını dağıtıp faytonuna bindi yeniden. Her zamanki gibi Hatay Caddesi'nden geri döndü. Faytonla çıktığında üst bahçenin önündeki yolu kullanırdı. Arkadaki bahçe kapısını açtı. Setleri inip ön bahçeye geldiğinde bir kalabalık gözüne çarptı. Üzerlerinde tuhaf giysiler olan silahlı kişiler evini kordon altına almışlardı. Bu silahlı gençler aslında Mustafa Kemal'in Karadenizli korumalarıydı. Ama Latife bunu tahmin bile edemedi.

"Yasak, giremezsin!" diyen bir ses yükseldi.

Üç aydır göz hapsinde tutulduğu için kapı dışarı çıkamadığı eve, bu kez de giremiyordu.

Allak bullak olmuştu. Şaşkınlık içinde hırpani adamların suratlarına baktı. Uzun boylu yakışıklı gençlerdi. Omuzlarında tüfekleri, göğüslerinde fişeklikleri vardı.

Latife, "Ama burası benim evim" diyebildi.

Mustafa Kemal Latife'nin evinde

Latife'nin kız kardeşi Vecihe İlmen, Atatürk'ün Uşakizadelerin Göztepe'deki evine nasıl geldiğini anlatmıştı:

> O sırada İzmir belediye reisi olan zat, benim dedemin kâtibi Halim Efendi'ye telefon etmiş. Sizin köşke gidebilir miyiz, diye. Tabiî babama bile sormadan 'baş üstüne' demişler. Atatürk de 'Hemen gidelim' demiş. Yani evdekilerin haberi olmadan Atatürk bizim eve geliyor. Yanında rahmetli Cevat Abbas, yaveri Rusuhi Bey ve Salih Bey (Bozok) var. Evde de hiç kimse yok. Yalnız uşaklar bir de dadım. Latife Hanımefendi de bir adağı var onu adamaya gitmiş. Bu sırada da Atatürk eve geliyor. Atatürk evi geziyor, odaları beğeniyor. Hatta hangi odada yatacağını, nerede çalışacağını bile söylüyor ve "Ben burada kalayım" diyor. Ama evin sahiplerini tanımıyor. O sırada Latife Hanım dönüyor. Bir de bakıyor, kapıda Karadenizli neferler nöbet tutmuş. Yasak diyorlar kardeşime.

Latife derdini Karadenizli neferlere anlatmaya çalışırken Mustafa Kemal'e de evin hanımı geldi diye haber verilmişti.

Latife verandaya doğru baktığında, koltukta bacak bacak üstüne atmış, evin sahibi gibi oturan çok yakışıklı, kalpaklı erkeği gördü. Sabah yazdığı davet mektubu aklına geldi. Osman Efendi'ye teslim ettiği mektuba gelecek yanıtı beklerken, Mustafa Kemal Paşa'yı karşısında bulmuştu.

Latife, şaşkındı. Bir süreliğine ayrıldığı evinde, tutkuyla misafir etmek istediği komutanı bulmuştu.

Mustafa Kemal uzaklara bakarak sigarasını içiyordu. Yüzünü birden ona doğru çevirdi ve gelenin evin hanımı olduğunu fark etti. Nezaketle ayağa kalktı, karşılamak için merdivenlerden aşağı inmeye başladı. Latife'yi selamlamak için kalpağını çıkartınca, eylül güneşi sarı saçlarının, mavi gözlerinin üzerine düştü. Latife, kendisine uzanmış eli fark etti.

"Hoş geldiniz Paşam öpeyim" diye sarıldı.

Mustafa Kemal, "Siz de evinize hoş geldiniz Küçükhanım" dedi. "Ben sizin elinizi öpeyim."

Latife ona durmadan teşekkür ediyordu. Mustafa Kemal kısa konuşmaları sırasında Latife'nin İzmir'e dönüş hikâyesini dinlemiş, boynundaki madalyonda kendi resmini taşıdığını öğrenmişti. Sohbet kısa sürdü ama, Mustafa Kemal Paşa, Latife'den ve onun coşkulu ruh halinden çok etkilenmişti.

Karargâh için ev uygundu.

"Ben burayı beğendim. Müsaade eder misiniz burada oturayım?"

"Tabiî, ne demek, şeref duyarız Paşam" diye cevap verdi Latife. "Bize vakit verin, ben babaannemle evden çıkayım, başka bir eve gideyim."[5]

Gecenin konusu Latife'ydi

Mustafa Kemal Paşa o gece sıcağı sıcağına Halide Edip'e (Adıvar) Latife Hanım isminde bir genç kadınla tanıştığını anlattı. Hukuk öğrenimi gördüğü Fransa'dan kısa süre önce ayrıldığı da konuşuldu. Gecenin konusu doğrudan Latife'ydi.

"Bu Küçükhanım sizi tanıyor ve sizden hocam diye söz ediyor!" dedi Mustafa Kemal Halide Edip'e. Halide Edip "hocam" sözünün bir saygı ifadesi olabileceğini düşündü. Latife'yle, Kolej'in hazırlık sınıfında okurken karşılaştıklarını daha sonra öğrendi.

Halide Edip'in aktardığına göre Mustafa Kemal fısıldayarak şöyle devam etmişti:

> "Boynunda, benim resmim olan bir madalyon taşıyordu. Yanıma

5. Uşakizade ailesinin kaçışı ve Latife'nin geri dönüşü Vecihe İlmen'in yakınlarına anlattıklarına dayanıyor.

geldi ve bana 'Kızdınız mı?' diye sordu. 'Niye kızayım ki!' dedim."

Kıkır kıkır gülüyordu.

Paşa, Latife Hanım'ın kendisine âşık olduğunu hayal ediyordu. Gerçi o günlerde, bütün kadınlar boyunlarında onun fotoğrafını taşıyor olabilirlerdi. Âşık olmaları gerekmiyordu. Aşk bu sırada Mustafa Kemal'in başına gelebilecek en iyi şeydi. Pek çok açıdan hayırlıydı.[6]

Mustafa Kemal'in bu denli ilgisini çeken Latife'yi romancı gözüyle Halide Edip şöyle resmetmişti:

Başına sarmış olduğu siyah örtünün ortasındaki yüzü çok hoştu. Yüzü, vücudu gibi yuvarlak ve etliydi. İnce dudakları pek kadınsı değildi, olağanüstü bir kuvvet, irade hissedilmekteydi. En güzel yeri gözleriydi. Zeki, temkinli ve şehvetliydiler. Gri-kahve karışımı bu gözlerin etrafa saçtığı tuhaf ve pırıltılı bir ışık hâlâ aklımda.[7]

Latife ise karşılaşma anıyla ilgili hislerini ve Mustafa Kemal'e ilişkin duygularını sevgili amcası Halit Ziya'yla (Uşaklıgil) paylaşmış, ona yazdığı mektupta, "İki güzel mavi gözle karşılaştım" demişti.[8]

Karargâha gelen kız efsanesi

Latife ilk karşılaşmalarının öyküsünü daha sonra gazetecilere anlatırken:

"Onun cesaretine, yurtseverliğine ve liderliğine hayrandım. Daha önce tanışmadığımız halde kendisinden İzmir'de bulunduğu süre içinde evimizin konuğu olmasını istedim" demişti.[9] Gerçekten de Mustafa Kemal'den konuğu olmasını istemişti. Ama bu davetin biçimi seksen yıldır tekrarlandığı gibi değildi. Herkes tarafından gerçek kabul edilen ilk karşılaşma öyküsüne göre, "Peçesiz, yüzü açık, şık giyimli bir genç kız Mustafa Kemal'in karargâhına gelir, ısrarla onunla görüşmek istediğini söyleyip, odasına girer ve onu evine davet eder." Gerçekte Latife'nin geldiği yer, yarım saat içinde karargâh haline getirilmiş olan eviydi. Latife davet mektubunu da kendisinden istendiği için yazmıştı. Geri plan-

6. Halide Edip, *The Turkish Ordeal*, The Century Co., New York-Londra 1928, s. 387.

7. Halide Edip, ay.y.

8. Halit Ziya'nın torunu Zeynep Lange'le görüşme.

9. İsaac Marcosson, *The Turbulent Years*, Dodd, Mead and Company, New York, 1938, s. 171.

da Mustafa Kemal'in devrin göreneklerine gösterdiği incelik vardı. "Karargâha gelen kız" anlatısının yıllarca sürmesine belki de Latife'nin, bağımsız tavırları neden olmuştu.

2

Latife'nin ailesi

Mustafa Kemal'in karşısına çıkan ve bir anda onu cezbeden bu genç kız kimdi? Nasıl bir aileden geliyordu?

Annesi Adeviye, İzmir'in önde gelen varlıklı ailelerinden Sadullah Efendizadelerden Daniş Bey ile Havva Refika Hanım'ın kızıydı. Sonraki yıllarda Postacıoğulları diye anılan bu aile Mektupçuzadeler diye bilinirdi. Adeviye Hanım'ın ailesinin bir kolu da İzmir'e Girit'ten gelmişti. Bu sebeple Giritlizadeler olarak da anılırlardı.

Babası Muammer, üç kuşak ticaretle uğraşmış Uşak kökenli zengin bir ailenin tek oğluydu. Kuşaktan kuşağa anlatılanlara göre, Uşakizade ailesinin tarihi Ertuğrul Gazi'nin küçük kardeşi Er Tulga'nın boydan ayrılıp Uşak'a yerleşmesiyle başlıyordu. Er Tulga demircilik ve silah yapımcılığıyla uğraştığı için Osmanlı'nın kuruluş yıllarında aile Demircizadeler namıyla anılmıştı. Latife'nin baba tarafına dair yazılı bilgileri, aynı aileden gelen dönemin ünlü yazarı Halit Ziya'nın kitaplarında bulmak mümkün.

"Türklüğün göbeğinden; karışıksız, bulanıksız, katıksız Türk kanından, ta Uşak'tan geldik. Ailenin asıl adı: Helvacızade. İzmir ve dolaylarının, belki bütün Türkiye'nin en büyük halı ticaretevi, bütün Avrupa halı sergilerinde en yüksek ödülü alan halı ticaretevi büyükbabamınkiydi. Önce ticarete meraklı oğlu Sadık geldi İzmir'e ardından Hacı Ali Bey ve bütün aile. Aile halk arasında önce Uşaklılar, ardından Uşaklıgil diye anılmaya başlanmış, bu sanları zaman içinde Uşakizadelere dönüştü" diyor Halit Ziya.[1]

Sadık Bey halı işiyle uğraşan babası Hacı Ali Bey'den aldığı üç

1. Halit Ziya Uşaklıgil, *Kırk Yıl*, İnkılâp Kitabevi, İstanbul, 1987, s. 21 (Aileye dair tarihî bilgiler esas olarak *Kırk Yıl*'dan alınmıştır).

seccadeyle İzmir'e gelip ticarete başlamış, kısa sürede babasını geride bırakmıştı.[2]

Sadık Bey'in geldiği yıllarda İzmir, Anadolu'nun uzun mesafe kervan ticaret yollarının son durağıydı. Bağımsız olarak çalışan Müslüman tüccarların sayısı son derece sınırlıydı.[3]

Sadık Bey bu az sayıdaki Müslüman tüccarların en zenginlerindendi. Sadık Bey'in arkasından babası Hacı Ali Bey de İzmir'e taşındı.

Büyük dede Hacı Ali Bey

Geniş gövdeli, uzun boylu Hacı Ali Bey, elifi denilen ince şalvarı, üzerine ince bir şal sarılı fesi ve çitari denilen mintanının üstüne giydiği bol ceketiyle daha da heybetli görünürdü.

Her zaman düşünceli gibi durur, dolgun, karışık ve kıvırcık kaşları ile kirpiklerinin gölgesi birbirine karışır, gözleri bir kömür parçası gibi ışıldardı. İnsanın içine işleyen bakışlarından çevresine üstünlük hissi veren güvenli ve gizli bir alaycılık akardı. Kendisiyle görüşüp konuşan seçkin kişiler sadece zenginlik ve yaşla açıklanamayacak bir saygı ve itaat duygusuna kapılırdı. Kalabalık ev, onun gölgesiyle sessizliğe bürünür, o evdeyken öteki kişiler sanki ortadan silinirdi. Kendisinden çok başkalarını konuşturan, şakalaşan ve güldüren gene o olurdu. En senlibenli ve etiketsiz durumlarda bile başkalarıyla arasında aşılamayacak bir uzaklık bırakır, o şakalaşma anı geçince herkes eski konumuna geri dönerdi.[4]

Latife de büyüdükçe tavır ve davranışlarıyla aynen dedesi Hacı Ali Bey gibi saygı ve itaat duygusu uyandıran, çevresine hâkim bir kimliğe büründü.

Hacı Ali Bey, yazıhanesinde Rum kâtipler, Ermeni emanetçiler, Yahudi ya da Levanten piyasa adamları çalıştırmış, Hıristiyan banka müdürleriyle İzmir'in tüm piyasasına hâkim gayrimüslim tüccarlarla iyi ilişkiler kurmuştu.

Geceleri soylu ve hatırlı kişiler onun salonunda toplanır, koltuklar ve iskemleler bazen bitişik odaya taşana kadar yan yana dizilir, sonra gecenin okuyucusu olarak evin 13-14 yaşlarındaki delikanlısı Halit Ziya çağrılır, bir iki saat sürecek okuma seansları başlardı.

2. "Bankamız Kurucuları, Uşakizade Muammer Bey; Vecihe Hanım Anlatıyor" (6), *İş Dergisi*, sayı 265, kasım 1988, s. 19-21.

3. Mübeccel Kıray, *Örgütleşemeyen Kent İzmir*, Bağlam Yayıncılık, İstanbul, 1998, s. 27, 31.

4. Halit Ziya Uşaklıgil, a.g.e., s. 72.

Emanetçi Kevork'a ısmarlanan kitaplar İstanbul'dan getirtilir, bu seanslar kış geceleri okuma şölenleri halinde sürerdi. Ahmed Midhat Efendi'nin bütün kitapları getirtilmişti. Çeviri romanlar da sevilirdi. *Kırmızı Değirmen*, forma forma yayımlanan *Monte Cristo* ve daha neler neler... Hacı Ali Bey gençlerin neler okuduğunu merak eder ve öğrenmek isterdi. Şen şakrak konuşan torunu Halit Ziya'ya da "Papağan Halit" lakabını takmış ve onu hep böyle çağırmıştı.

Taassuba yüz vermeyen, durmadan öğrenen bir insandı. Çevresindekileri de aynı doğrultuda yetiştiriyordu.

Eğitim Uşakizadelerde bir aile geleneğiydi. Hacı Ali Bey'in evinde Arapça, Farsça ve Fransızca dil ve bilim dersleri veren, şiir ve edebiyatla uğraşan öğretmenler bulunurdu. Oğullarından Yusuf da yirmi yaşlarında küçük bir divan yayımlamıştı.

O yıllarda, İzmir'de çok sayıda dil konuşulurdu. Üst düzeydekiler için zorunlu dil Fransızca'ydı, hizmetçilerle Rumca konuşulur, dükkâncılarla İtalyanca pazarlık yapılır, ticaret ise daha çok Fransızca ve İtalyanca yürütülürdü. İngilizce bilen ise çok azdı.

Dünyaya icatların ve yeniliklerin damgasını vurduğu yıllardı. Bu yenilikler ve değerli eşyalar Paris ve Londra'da düzenlenen sergilerde dünyaya sunuluyordu. Uşakizade ailesi de Paris'te 1869 yılında düzenlenen sergiye ailenin Uşak'taki atölyelerinde dokunmuş halılarıyla katıldı ve altın madalyayla ödüllendirildi.

Madalyalı halıyı III. Napoléon, karısı İmparatoriçe Eugénie'ye hediye etti. Ticarî ilişkileri geliştirmek amacıyla Londra ve Paris sergilerine katılmak üzere ilk Avrupa gezisine çıkan Padişah Abdülaziz de (1861-1876) aynı sergileri gezmiş dönüşünde de Osmanlı İmparatorluğu'nu ziyaret edecek olan Eugénie'ye armağan edilmek üzere Uşakizadelerin Uşak'taki halı atölyesine bir halı sipariş etmişti.

O sıralar ailenin resmî imzası hâlâ Helvacızade'ydi. Bu nedenle 1869 yılında alınan altın madalyalı belgede adları "Elvagi-zade" olarak yazılmıştı.

Halit Ziya, Hacı Ali Bey'in yerleştiği ilk evi anlatırken, "Dedemin zenginliği ve bundan doğan görkemi arttıkça konak, yanındaki yöresindeki kendisine bitişik başka yapıları da yutmuş, Mısrî Dergâhı'nın karşısında başlayan ana gövdesi bir yandan Basmahane Caddesi'ne, arkadan Ermeni Mahallesi'ne kollarını uzatarak büyük bir alanı kucaklamıştı. Böylelikle birbirine eklenen bölüklerin her birinde ailenin bir takımı otururdu" diyor.[5]

5. Halit Ziya Uşaklıgil, a.g.e., s. 22, 88.

Dede Sadık Bey

Hacı Ali Bey, el tezgâhlarında dokutturup dünyaya sattığı halılardan bir servet kazanmıştı. Ancak, 1907 yılında Şark Halı Kumpanyası adıyla ortaya çıkan bir yabancı şirket piyasayı hızla ele geçirince, Sadık Bey de büyük gelecek gördüğü taşımacılık işine girişti; kısa sürede 2 000 develik bir kervan sahibi olarak İzmir-Aydın arasında yapılan incir, kuru üzüm, buğday, arpa taşımacılığını eline geçirdi. Kurulması o yıllara denk düşen Aydın-İzmir demiryolu şirketine de ortak olmak istedi. İngilizler Sadık Bey'in ortaklık teklifini geri çevirince çok sinirlenmiş ve "Öyle bir deve kervanı kurarım ki Aydın'da bir deve yola çıktığında, İzmir'de bir deve yükünü boşaltmak üzere Tepecik'teki Deve Damı'na çöker" demiş, dediğini de yapmıştı. Herkes daha ucuz olan deve taşımacılığını tercih edince, Demiryolları İşletmesi Sadık Bey'in isteğine boyun eğmek zorunda kalmıştı.[6]

Sadık Bey, âdeta bir ticarî dehaydı, New York Pamuk Borsası'nda sandalye sahibi olmayı başaran ilk Türk oldu. Bu sandalyeyi daha sonra oğlu Muammer devraldı.

Halit Ziya, XIX. yüzyıl sonundaki ticarî yaşamı ayrıntısıyla anlatıyor:

"İzmir'le ilgisi olan büyük bir Anadolu parçasının bütün elde ettiği ürünler gelir, Yemiş Çarşısı'ndan başlayarak gümrük dolaylarına kadar geniş bir alanı doldururdu. Ve bu alanın içinde dünyanın her yanından akın etmiş çeşitli bayraklara bağlı yabancılarla, gene dünyanın neresinden çıktıkları belli olmayan, ama öteden beri İzmir'de kurulu oldukları bilinen, ceplerinde değişik, üstelik birkaçar tane uyrukluk pasaportları ile sanki Frenkler ve bunların arasında Rumlar, Ermeniler ve özellikle Musevilerden oluşmuş bir mahşer kalabalığı kaynaşırdı... Şurada burada tek tük Türk mağazaları vardı." Halit Ziya, Türk ticaret adamlarının bu piyasada sadece aracılık yaptıklarını, Anadolu'dan gelen ürün, çürük, çatlak bir su borusundan akar gibi ziyan olup giderken yabancıların cebinde kabaran yumaklar meydana getirdiğini söylüyor.[7]

İmparatorluğun ekonomik açıdan en canlı kenti olan İzmir'de nüfusun yarısı Türklerden, diğer yarısı Rumlardan, Ermenilerden, Yahudilerden ve Levantenlerden oluşmaktaydı. Herkesin

6. Şükran Yücel, "Uşakizadeler", *İzmir Life*, sayı 24, ağustos 2003.

7. Halit Ziya Uşaklıgil, a.g.e., s. 165.

mahallesi ayrıydı. Gelen yabancı seyyahlar Rumların çok kalabalık olduklarını gözlemişlerdi. Rumlar 1821'de Yunan devleti kurulana dek Osmanlı tebaasında yaşamış, devletleri kurulunca isteyen Yunan tebaasına geçmişti.

Ermeniler, yaşam biçimi ve gelenekleri açısından İzmirli Türklere en yakın olan kesimdi. Türkçe'yi çok güzel konuşuyorlardı. Ermeniler, siyasî olaylara karışmadan sakin bir yaşam sürüyorlardı...[8]

Kendi dünyalarında yaşayan, daha çok Türklerle ve Ermenilerle ilişki içinde olan Musevilerin de politikaya karışmadıkları ve yönetici sınıfla bir çatışmaya girmedikleri gözleniyordu.

Türklerle en az ilişkisi olan kesim Levantenler ve yabancılardı. Onlar konsoloslukları tarafından ve ağırlıklı olarak kendi yasalarıyla yönetiliyorlardı. Frenk Mahallesi diye anılan şık mahallelerinde keyifli bir hayat sürüyorlar, vergi de ödemiyorlardı.

İzmir, iç içe şehirler görünümündeydi.

1908 yılının İzmiri'nde 53 cami, 51 mescit, 35 kilise ile 17 havra vardı.[9] Farklı inanç ve gelenekler nedeniyle, dinsel gruplara göre düzenlenmiş bir yapıda, herkes kendi mahallesinde yaşıyordu. Bazı mahallelerde duvarlar, gece karanlık basınca kapanan kapılar bile vardı.

Ermeni Mahallesi bugünkü fuar alanının içindeydi. Fuar alanı merkez alındığında güneyde Museviler, Musevi Mahallesi'nin güneyinde (Eşrefpaşa Kadifekale, Konak, Sarı Kışla) Türkler, fuar alanının kuzeyinde Rumlar yaşıyorlardı. Kordonboyu'nda ise hep yabancı uyruklular yaşıyordu. Kentin idarî merkezi Konak'taydı. 1901 yılında bu merkezi görünür kılmak için bir saat kulesi dikilmişti. Herkes kendi mahallesinde otursa da, zenginler deniz kıyısına en yakın olan Frenk kesiminde yaşamaya başlamışlardı.[10]

Uşakizade ailesi önce İzmir'in Basmane semtine yerleşti. Sadık Bey adıyla bilinen bu ev bugün de otel olarak kullanılıyor. Ailenin ikinci durağı ise Karşıyaka'da Soğukkuyu'daydı. Burası, Mustafa Kemal'in annesi Zübeyde Hanım'ın ömrünün son günlerini geçireceği evdi. Sadık Bey'in üçüncü evi, Mustafa Kemal'in karargâh olarak seçtiği Göztepe'deki ünlü Beyaz Köşk'tü.[11]

8. Marjorie Housepian Dobkin, a.g.e., s. 45-46; Nail Moralı, *Mütarekede İzmir, Önceleri ve Sonraları,* Tekin Yayınevi, İstanbul, 1976, s. 129.

9. Yaşar Aksoy, *Bir Kent Bir İnsan,* Dr. Nejat Eczacıbaşı Vakfı, İstanbul, 1986, s. 43.

10. Marjorie Housepian Dobkin, a.g.e., s. 105.

11. Bu köşk 2005 yılında restore edilerek kültür hizmetine sunulmak üzere Karşıyaka Belediyesi'nce kamulaştırıldı. 1998 yılı 8 Mart Dünya Kadınlar Günü'nde de sokağa Latife Hanım'ın adı verildi.

Sadık Bey, bu evi yaptırırken, o sıralar âdet olduğu üzere şehrin dört bir yanına ciğerler astırıp "ciğerin en son koktuğu yeri" yani en havadar mekânı bulmuş, bugün müzeye dönüştürülen Beyaz Köşk'ün yerini özenle seçmişti. Sahilden bin basamakla çıkılan güzel bir teras, bahçenin içindeki iki katlı evin verandasında kocaman bir morsalkım ve ebruli hanımelleri göze çarpardı. Evin bulunduğu semt bugün de Sadık Bey olarak biliniyor. Adını Adeviye Hanım'ın babası Daniş Sadullah Bey'den alan durak ile Sadık Bey'in adını taşıyan durak, İzmir'in yerlilerine, Uşakizade ailesini hatırlatmaya devam ediyor.

Modern bir işletmeci olan Sadık Bey, İstanbul'a bir gelişinde güzeller güzeli Çerkez bir halayığa âşık oldu. Onu sevdi ve evlendiler. Adı Makbule'ydi. Sesi güzeldi, çok iyi ut ve kanun çalardı. Sadık Bey karısını çok sevdi, aşkları bir yaşam boyu sürdü. Sadık Bey Batı kültürüne açık olduğu kadar kendi ülkesinin kültürüyle, sanatıyla yakından ilgileniyor, çok iyi kanun çalıyor, Makbule Hanım da ona uduyla eşlik ediyordu.

Sadık Bey ile Makbule Hanım'ın ilk çocukları küçük yaşta öldü, 1872 yılında doğan ikinci çocuğa Muammer adı verildi.

Muammer evde öğrenim gördü, İngilizce, Fransızca öğrendi, daha sonra da babasının mahallenin çocukları okusun diye açtığı okulda eğitim aldı.

Muammer 16 yaşına gelince babası Sadık Bey, onu, memur adayı olarak Osmanlı Bankası'nda işe başlattı. Başka şirketlerde terleyerek iş öğrenmesi gerektiğini, baba şirketinde beylik taslamaması gerektiğini düşünüyordu.

1889'da yeğeni Halit Ziya'yı da yanına alarak Paris Büyük Fuarı'nı görmek üzere uzun bir yolculuğa çıktı. Önce deniz yoluyla Pire ve Atina'ya gittiler, sonra İtalya'ya. Atina'nın ve İtalya'nın bütün eski yapılarını, saraylarını, göllerini, dağlarını, tepe tepe gezdiler. Geniş imkânlarla yapılan bu yolculuk, Paris'in Opera Meydanı'nda son buldu. Paris'teki uçsuz bucaksız sergi ikisini de öylesine etkiledi ki, Paris'i diledikleri gibi gezemediler. Halit Ziya'nın geziyi anlatan yazıları *Hizmet* gazetesinde yayımlandı. Amca ile yeğen yolculuktan ve birbirlerinden çok hoşnut kalmışlardı.[12]

Muammer, Osmanlı Bankası'ndaki ilk iş tecrübesinin ardından babasının ihracat işlerini devraldı. Evlenme yaşı gelmişti. Klasik ressamların tablolarındaki kadınları andıran Adeviye

12. Halit Ziya Uşaklıgil, a.g.e., s. 303-306.

Hanım'la yaşamını birleştirdi.[13]

Sadullah Daniş Efendi, kızını evlendirirken kocasından bağımsız bir geliri olması için hanlarından birini paraya dönüştürdü. Paranın bir kısmıyla çeyiz yapılacak geri kalanı Adeviye'ye ömür boyu gelir olacaktı. Kemeraltı'ndaki Kızlarağası Hanı satışa çıkartıldı. Adeviye şanslı bir genç kızdı. Çünkü hana talip olan kişi, kayınpederi Sadık Bey'di. Satışa çıkarılan bu emlaki alıp gelinine düğün hediyesi olarak verdi. Sadullah Daniş Efendi ile Sadık Bey Adeviye'ye verilecek armağan için ortak hareket etmişlerdi. Latife'nin ailesinde, kadınlara hep değer verilmişti.

Adeviye de eğitimli bir genç kızdı, özel hocalardan ders almış, Arapça ve Fransızca öğrenmişti. Muammer, tek oğuldu. Bu yüzden Sadık Bey, genç evlilerden çok sayıda torun istiyordu. Sadık Bey'in istekleri sonuçsuz kalmadı. Adeviye ile Muammer'in tam on çocukları oldu, çocuklardan ilk dördü öldü. Hayatta kalan en büyük çocuk 1899[14] yılının 17 haziranında dünyaya gelen Latife'ydi. Bu yüzden, Latife'nin göbek adını, Peygamber'in kızı ve Ali'nin eşi olan Fatımatül Zehra'dan almışlardı. Ardından aileye iki oğlan çocuk daha geldi, İsmail ile Ömer. Sonra da Vecihe, Rukiye ve Münci doğdu.

Aileye geleneksel olarak Batı'ya dönük ama Doğulu değerlere de saygılı bir yaşam tarzı hâkimdi. Daha 20'li yaşlarındayken İzmir'in en önde gelen tüccarları arasında sayılan Muammer, İngiltere-Amerika Birleşik Devletleri arasında deniz ticareti yapan İngiliz Portsmouth Acentası'nın ortağıydı.

Abdülhamid'in saltanat dönemine rastlayan o yıllarda ihracatçılar arasında Türklere pek rastlanmıyordu. Muammer, İngiltere'yle yaptığı ticaretle yetinmedi, bir süre sonra da Amerika'ya ulaştı. 1900 yılında Türk tüccarı sıfatıyla Tütün Borsası'nda ilk kez kendi adına bir sandalye elde etti. Daha önce babası Sadık Bey de New York Pamuk Borsası'nda sandalye sahibi olmuş, bunu daha sonra oğluna devretmişti. Muammer, o yıllarda dört kez Amerika'ya gitmiş, hatta 1907'de New Orleans'ta olduğu için ortanca kızı Vecihe'nin doğumunda bulunamamıştı.[15]

13. Anna Grosser-Rilke, *Nie Verwehte Klaenge*, Verlag Otto Beyer, Leipzig ve Berlin, 1937, s. 198.

14. Latife'nin evlenme belgesinde 1315 (1899); mezar taşında 1900 yazıyor. Ben evlenme belgesini esas aldım.

15. *İş Dergisi* a.g.y.

Amerikalı gazeteci İsaac Marcosson onu anlatırken şu sıfatları kullanıyordu:

> İzmir'in en zengin tüccarı, Türkiye'nin New York ve New Orleans pamuk borsalarındaki ilk üyesi... Sık sık Birleşik Amerika'yı ziyaret ediyor ve çok akıcı bir İngilizce konuşuyor.[16]

Uşakizade ailesinde çocuklar özgürce büyüdüler. Adeviye Hanım'ın, altı çocuğuna gözleriyle talimat veren, sesini yükseltmeden evdeki otoriteyi sağlamayı beceren bir anne olduğu anlatılıyor. Muammer Bey ise öyle çok otoriter bir baba değildi. "Kendisine katiyen saygısızlık ettirmeyen bir insandı ama" diyor Muammer Erboy.

"Annem ve teyzem, 'dedem de dedem' diye bayılırlardı. Aman ne güzel giyinirdi, ne güzel kokardı diye hep anlatırlardı. Anneanne de dünya şekeriydi 'Ama yavrucuğum' diye konuşurdu hep. Dede anneanne ilişkisi çok saygılı herhalde, ama Muammer Dedemizin çapkınlıkları zaman zaman anlatılırdı."

Muammer Bey'in gözdesi Karantinalı Despina

Muammer Bey'in Karantinalı Despina'yla bir gönül ilişkisi olduğu o günlerin İzmiri'nde kulaktan kulağa aktarılmıştı. İşgal günlerinde yaşanan bu sevda Attila İlhan'ın dizelerinde de yer aldı.

> bir gül takıp da sevdalı her gece saçlarına
> çıktı mı deprem sanırdın ' kara kız' kantosuna
> titreşir kadehler camlar kırılır alkışlardan
> muammer bey'in gözdesi karantina'lı despina
>
> çapkın gülüşü şöyle faytona binişi kordelia'dan
> ne kadar başkaydı her kadından her bakımdan
> sınırsız bir mutlulukta uyuturdu muammer bey'i
> ustalıkla damıttığı o tantanalı aşklarından
>
> işgal altüst etti nasıl da izmir'de her şeyi
> öğrendi kullanmasını despina bu yanlış geceyi
> körfez'de parıldayan yunan zırhlılarına karşı
> miralay zafiru'yla ispilandit palas'ta sevişmeyi

16. İsaac Marcosson, a.g.e., s. 165-166.

gemi sinyallerinin gece bahçelere yansıması
havuzda samanyolunun hisarbuselik şarkısı
demlendikçe yalnızlığı aydınlanıyor muammer bey
olmayacak şey bir insanın bir insanı anlaması[17]

(Attila İlhan "Karantinalı Despina")

Latife

Latife, mürebbiyeleri, aşçıları, hizmetçileri, bahçıvanları olan bir evde büyüdü. Onda, çekingelikten hiçbir eser yoktu. İnsanın dosdoğru gözlerinin içine bakan bir çocuktu.

Sekiz yaşına kadar İsmail ve Ömer'le büyüdü. Oğlanlara mahsus oyuncaklar ve oyunlarla kuşatılmıştı. Hakkını aramayı, ezilmemeyi öğrenmek için onlar gibi olmaya çabalıyordu. Bebekleriyle oynamaya pek fırsat bulamadı. Kız kardeşi Vecihe doğana kadar İsmail ile Ömer'in dünyası onun da dünyası oldu.

Muammer Bey, dış dünyayla çok iç içe yaşadığından çocuklarının çok sayıda yabancı dil konuşmasına önem veriyordu. Dünya dilinin İngilizce olacağını fark ettiği için, ilk çocuğu Latife'nin mürebbiyesini İngiltere'den getirtmişti. Kızını oğullarından ayırmayı hiç aklından geçirmedi. 3-4 yaşında İngilizce derslerine başlayan Latife hemen ardından da Fransızca'yla, Almanca'yla Latince'yle tanıştı. Latife kardeşleriyle birlikte her biri başka dil konuşan mürebbiyeler gözetiminde gelişip serpildi.

Muammer Bey İzmir'deki okul sıkıntısını aşmak için İngiliz, Alman, Fransız öğretmenler getirtmişti. Latife'nin yeğeni Muammer Erboy, o günleri şöyle anlatıyor:

> O kadar mürebbiyeyi birer kişi için getirtmek günah deyip bugünkü İzmir Türk Koleji'nin altında dağ evlerini andıran saçaklı bir binacık yaptırıyor ve bu binayı dershane olarak kullanıyor. Mahalleden çocuklarının eğitimine kâfi para ayıramayan insanların akıllı çocuklarına orada ders veriliyor. Her gün. Okul gibi yani. Kendi çocuklarının yanı sıra 20'ye yakın çocuk okuturmuş. Her memleketten, her ana lisandan hoca vardı içerde. Altı yedi tane, gayet kalabalık yani. Büyük dedemin eğitime önem veren bu tutumu, sanırım babası Sadık Bey'den kaynaklanıyor. Dedem çok ileri görüşlü imiş.[18]

17. Attila İlhan, *Yasak Sevişmek*, ("Bir Özge Muammer Bey" bölümünden) Bütün Şiirleri: 6, Bilgi Yayınevi, Ankara, 2001.

18. Muammer Erboy'la görüşme.

Muammer Bey ve Adeviye Hanım, çocuklarını eğitirken zamanın ötesine geçip kız-oğlan ayrımı yapmadılar. Kızlarına gösterdiği özenin topluma uymadığının farkında olan Muammer Bey, onlara,"Sizin gibi iyi eğitilmiş kızlarla evlenecek erkekler bu ülkede ancak birkaç kuşak sonra yetişecektir" demeyi de ihmal etmiyordu.[19]

XX. yüzyılın ilk çeyreği, kız çocuklarını eğitmenin fuzuli görüldüğü yıllardı, kızlarını "koca bulmalarını tehlikeye atacak kadar" iyi bir eğitim vermeyi hedefleyen ailelerin sayısı ise oldukça azdı.

XIX. yüzyıl ortalarında İzmir Türkleri imparatorluğun pek çok yerinde olduğu gibi eğitim açısından ihmal edilmişlerdi. Gezgin Rollestone XIX. yüzyılın ikinci yarısında İzmir'deki Türk okullarının sayısının 18 olduğunu ve bu okullara yalnız oğlan çocukların devam edebildiğini söylüyor.

Çocukların, camilere bağlı okullar dışında bir eğitim alma şansları yoktu. Bu okullarda esas olarak din, biraz da matematik öğretiliyordu. Zengin Türk aileleri özel öğretmenlerle çocuklarını eğitiyorlardı. 1900 İzmir şehir rehberine göre sekiz erkek okulunda 707 öğrenci, beş kız okulunda 436 öğrenci eğitim görüyordu.[20]

Bir kaynağa göre de, 1891 yılında İzmir'de Müslüman toplumun ilkokul sayısı 81, bu okullarda okuyan kız öğrenci sayısı ise sıfırdı. Diğer dinlerden ilkokula giden kız çocuk sayısı ise beş bin kadardı.[21]

1917 yılına gelindiğinde, 11 Türk okuluna karşılık 11 ecnebi, 12 Ermeni, 19 Musevi okulu, Rum cemaatine ait 1 darülmuallimin, 2 darülmuallimat, 5 idadi, 71 iptidai mektebi vardı.[22]

İzmir Amerikan Koleji ise ilk kız öğrencisini 1885 yılında aldı. Okulun çok az sayıda Türk kız öğrencisi vardı. Türkler yabancıların yönettiği okullara pek itibar etmiyordu. Bunun üzerine 1919 yılında Karataş'ta Türk kızları için özel bir şube açıldı.[23]

Okula devam eden İzmirli Türk kızları parmakla sayılırken İzmirli Ermeni ve Musevi kızları Türk kızlarından çok önce okula gitme şansı elde etmişlerdi.

19. Şükran Yücel, a.g.y.

20. Rauf Beyru, *19. Yüzyılda İzmir'de Yaşam*, Literatür Yayınları, İstanbul, 2000 s. 300, 308.

21. Yaşar Aksoy, *Bir Kent, Bir İnsan*, Dr. Nejat Eczacıbaşı Vakfı, İstanbul, 1986, s. 42.

22. "Dilimiz", *Türk Yurdu*, yıl 6, sayı 143, eylül 1917, s. 213.

23. Brian Johnson, "Bilgiye Uzanan Patikalar", SEV Vakfı ve Özel İzmir Amerikan Lisesi'nce hazırlanan broşürden, 2004, s. 16.

Tevfik Fikret ve Halit Ziya

Eğitimde yaşanan bu yoksulluk Muammer Bey ile Adeviye Hanım'ı çocukların eğitimi konusunda iyice hassas kılmıştı. Yabancı dillerde çok başarılı olan Latife'nin bu kez de Türkçesini, Farsçasını ve Arapçasını ilerletmesi için bir çözüm arandı. İstanbul'a yerleştikten sonra edebiyatçı olarak ünlenen Halit Ziya'dan yardım istendi. Çözüm bulunmuştu, Latife bir süre İstanbul'da Sadık Dedesinin kardeşi Hacı Halil Bey'in oğlu olan Halit Ziya'nın Yeşilköy'deki evinde kalacak ve eksiklerini kapatacaktı. Çocukluk ve ilkgençlik yıllarını İzmir'de geçiren Halit Ziya, 1893 yılına kadar İzmir'de yaşamış, Latife'nin babası Muammer'le sıkı bir dostluk geliştirmişti. İstanbul'a taşındıktan sonra da Abdülhamid'in saltanatında mabeyincilik, Mehmed Reşad'ınkinde ise mabeyin başkâtipliği yapmış, önemli bir çevre edinmiş, etkili bir kişi olmuştu.

Latife, İstanbul'a geldiğinde 14 yaşındaydı. Halit Ziya'nın edebiyattaki ustalığı onu çok etkiledi ve derin bir edebiyat zevki aşıladı. Ayrıca ondan Arapça dersleri de aldı. Dönemin bir başka edebiyat ustası Tevfik Fikret'ten de Türkçe-Farsça dersleri aldı. "Bu dilleri bire bir çevirirdi" diyor Muammer Erboy.

Halit Ziya, Latife'nin Türkçesiyle, Fransızcasıyla, genel bilgisiyle de yakından ilgilenmişti. Latife de, Halit Ziya'nın oğlu Vedad'a yoldaşlık etmişti.[24]

Latife'nin İstanbul'da bulunduğu yıl, Amerikan Koleji'nin hazırlık bölümüne de bir süre devam ettiği biliniyor.[25] Hep ev içinde yetiştirildiği için, gerçek bir okul görsün, havasını koklasın diye düşünülmüş olmalı.

Falcının kehaneti

Latife'nin ilk genç kızlık günlerine dair anlatılan ilginç bir anısı bir falcıyla ilgili.

Latife 13-14 yaşlarındadır. Dadısıyla beraber İzmir'de sokakta dolaşırlarken bir falcı kadın çıkar karşılarına. Falcı Latife'nin de falına bakmak isteyince, dadısı tedirgin olur, "Dur" der falcıya, "o Muammer Bey'in kızı." Falcı, "İçimden geldi" diye ısrar eder. So-

24. Halit Ziya Uşaklıgil, *Bir Acı Hikâye*, İnkılâp Kitabevi, İstanbul, 1991, s. 111.

25. Halide Edip hocalık ettiği okulda, Latife'nin de hazırlık okuduğunu anılarında aktarıyor. O yıllarda İstanbul'da Amerikan Kız Koleji adıyla bilinen okul, daha sonra Üsküdar Amerikan Kız Lisesi'ne devredilen arazi üzerinde bulunduğundan Latife Hanım, kimi biyografilerinde Üsküdar Amerikan Kız Koleji'nde okumuş diye geçiyor.

kakta çiçek satan bir İzmir Çingenesi'dir falcı. Latife de falına bakılmasını heyecanla bekler. Dadı sonunda izin verir falcıya. Latife'nin elini alıp kader çizgilerine bakan falcı şaşırır. Onun başına gelecekleri sanki görmüştür. "Mutluluk ve sevinci, en büyük saadeti ve en büyük yıkımı aynı anda yaşayacaksın. Bu saadete ve yıkıma yol açacak erkek mavi gözlü ve sarı saçlı olacak. Senin kısmetin sarışın, mavi gözlü birisi. Ondan başkası olmayacak!" der Latife'ye. İlginçtir ki, Napolyon Bonaparte'nin karısı Joséphine için çocukluğunda Martinique'de söylenen kehanetin bir benzeri olan bu fal da gerçekleşecek ve Latife'nin hayatı Joséphine'ninkiyle büyük paralellikler taşıyacaktı. Belki de tüm falcılar, zengin beylerin kızlarına her zaman her yerde aynı kehanetlerde bulunuyorlardı. Ama Latife bu falcının kehanetini asla unutmayacaktı.

Latife'yi Çerkez güzellerine benzetenler az değildi. Parlak cildi, siyah saçlarıyla Çerkez babaannesi Makbule Hanım'ı andırırdı. Boyu daha ziyade aile içinde Minik Hanım diye adlandırılan anneannesi Havva Refika Hanım'a çekmişti. 1,56-1,57 civarındaydı. Gözleriyle güler, gözleriyle öfkelenirdi. Türkçe'yi, kâh çok neşeli, kâh mağrur, müzikal bir tonlamayla konuşur "Ben buradayım" diyen duruşuyla öne çıkardı.

Bozkurt kitabının yazarı Armstrong onu tarif ederken, "Kadınların gizli bir cinsellik çağrıştıran bakışlarıyla değil, bir erkeğin diğerine bakışına benzer bir şekilde, dosdoğru bakıyordu. Çok becerikliydi, emirleri kısa ve kesindi ama bütün otoritesine karşın o gene de zarif ve kadınsı kalabiliyordu" diyor.[26]

Latife, evin büyük kızı olarak çoğu kez sofraya nezaret ediyor, güzel sofralar kurulmasına yardımcı oluyordu. Uşakizade ailesinin sofrası, nadide porselenler içinde sunulan leziz yemekleriyle ünlüydü.

Beyaz Köşk'ün çiçek bahçesinden başka, bir de sebze bahçesi vardı. Muammer Erboy:

"Aşağıda çamaşırhanelerin bulunduğu katta rakı imbiği bile vardı, kendi rakılarını bile kendileri yaparlardı, öyle kendi içinde dönen bir ekonomi" diyor.

Beyaz Köşk anılarda "neşeli" bir ev olarak kalmış.

> Bir defa müzik vardı evin içinde. Kimi piyano, kimi viyolin çalıyor-

26. H. C. Armstrong, *Bozkurt*, Arba Yayınları, çev. Gül Çağalı Güven, İstanbul, 1996, s. 140, 141.

du. Dörtlü, altılı oda orkestrası gibiydiler. Erkekler de çalıyordu. Piyano hem anneannem, hem Latife Teyzem... Latife Teyzemin konser piyanisti olacağını söylerlermiş. Demek ki iyi çalarmış. Evde müzik var, sohbet var. Viyolin çalan Rukiye Hanım. Çok da güzel dans edermiş. Dedemle dans ederlermiş.

Latife'nin sanata, edebiyata ve müziğe özel bir yeteneği vardı. Büyükdedesi Salih Bey ona Londra'dan bir piyano getirtmişti. Ünlü Avusturyalı şair Rilke'nin yeğeni olan piyanist Anna Grosser-Rilke, ona üç sene piyano dersi verdi. *Nie Verwehte Klaenge* (Hiç Kaybolmayan Melodiler) adlı anı kitabında Latife'den de söz eder:

> Tanıdığım Türk kadınları içinde en kayda değer olanı Latife Muammer'di. Onu ilk gördüğümde, 15 yaşındaydı. İzmirli milyoner bir Türk tüccarın en büyük kızıydı. İngiliz stilinde dekore edilmiş ve İngiliz stilinde bir yaşamın sürdüğü bir evde otururlardı. Bu şekilde, yabancı dilleri derinlemesine öğrenirlerdi. Her yıl birkaç ayı Londra veya Paris'te geçirirlerdi. Almanya'ya pek gitmedikleri halde Latife en baştan beri Alman diline, edebiyatına, sanatına ve özellikle de Alman müziğine olağanüstü bir ilgi duyuyordu. Çok güzel ve çok zeki gözleri, ifadeli bir ağzı vardı. Genç kız onunla tanıştığım andan itibaren beni fevkalade etkiledi. Annesi, hayatım boyunca tanıdığım en güzel Türk kadınlarından biriydi. Murillo'nun Madonna tablolarını andırıyordu. Latife annesine tercümanlık yapıyordu. Ziyaretlerinin amacı Latife'ye piyano dersi vermemi rica etmekti. Ben de Latife'den bana piyanoda bir şey çalmasını istedim. Ve Beethoven'ın *Ay Işığı Sonatı*'nın nefis "Adaggio"sunu çalmaya başlayınca, şaşkınlığım büyüdü.
>
> Çalışında bazı teknik yetersizlikler olsa da parçayı kavrayışı şaşırtıcı derecede iyiydi. Böylesine yetenekli bir öğrenciyle karşılaşmak beni çok mutlu etmişti. 1918 yılına kadar ona verdiğim piyano derslerinden büyük zevk aldım. Kusursuz bir Almanca konuşuyor, büyük Alman edebiyatçılarına karşı tutkulu bir hayranlık duyuyordu. *Faust*'un birinci bölümünü ezbere okuyabiliyordu. O benim için hep öğrencilerimin en yeteneklisi ve bütün varlığıyla en ilginci olarak kalacaktır.[27]

Çocuklar büyük dede Hacı Ali Bey'in günlerindeki gibi öğrendiklerini, sık sık anne ve babalarına sergiliyor, hatta evde küçük konserler veriyorlardı. Muammer Bey, 15 yaşına basan her kızına bir yardımcı veriyordu. Latife'yle de Kalyopi adında İzmirli bir Rum kadın ilgilenecek, bir ömür boyu onun yanında kalacaktı.

27. Anna Grosser-Rilke, a.g.e., s. 198.

30 yıl savaşsız yaşayan Osmanlı İmparatorluğu'nda istibdat sürerken Abdülhamid'in izlediği burjuvazi yaratma çabası sonuçlarını vermiş, bilim, sanat, müzik yükselen değerler haline gelmiş, ticaret ve sanayi önem kazanmıştı. Müzikle, edebiyatla, resimle uğraşan, dış dünyayı tanıyan aileler ortaya çıkmaya başlamıştı. İkinci Meşrutiyet yaşam biçiminde önemli değişikliklere yol açmıştı. Uşakizade ailesi de Rauf Orbay'ın tanımıyla "Meşrutiyet'in Avrupa tercihi içindeki ailelerindendi."[28]

Dünya olayları Latife'yi yakından ilgilendiriyor, olan biten her şeyi izliyordu. Aile fertleri dönemin fikir akımlarından etkilendiler, neredeyse Osmanlı İmparatorluğu'nda temsil edilen fikirlerin tamamı ailede ilgi ve kabul görüyordu; Saray'da görev alanlar, Jön Türk hareketine ilgi gösterenler, İttihatçılarla yakın ilişki kuranlar, hatta sosyalistler vardı.

Sadık Bey'in, ailenin sevgili dostu, İzmir'in ilk fikir ve hürriyet kahramanı olarak kabul edilen ve Abdülhamid tarafından boğdurtularak öldürtülen Tevfik Nevzat'ın isminden esinlenerek adları konulan kardeşlerinden Süleyman Tevfik, vatan ve hürriyet için yazdığı şiirler yüzünden Abdülhamid'in hışmına uğradı; sürgün edildi; diğer kardeşi Yusuf Nevzat da Jön Türk hareketine katıldı. Daniş Bey diye anılan Nâzım Hikmet'in dostu sosyalist Naci Sadullah ise Adeviye Hanım'ın erkek kardeşinin oğluydu. Her türlü görüşü inceleyen, dinleyen bu geniş fikir yelpazesi, zihni her türlü düşünceye açık olan Latife'nin de dünyaya bakışını zenginleştirecekti.

Çanakkale'de ölen mavi gözlü genç

Latife buluğ çağına Birinci Dünya Savaşı'yla birlikte girdi. Ardından gelen Çanakkale Savaşı onun da yaşamını değiştirdi. O yıllarda beğendiği sarı saçlı, mavi gözlü bir genç Çanakkale Savaşı'na gitti ve geri dönmedi. İlk romantik duyguları falcının kehanetindeki gibi ölüm acısıyla noktalandı.

1917 yılında Türkiye'nin yanı başında büyük siyasî değişim yaşandı Çarlık Rusyası yıkıldı, Sovyet Sosyalist Cumhuriyetler Birliği kuruldu.

Latife, okumaya, yazmaya, şiire, edebiyata meraklıydı. Kocaman bir kütüphanesi vardı. Özellikle Alman yazarlarını çok sevi-

28. Cemal Kutay, *Osmanlı'dan Cumhuriyet'e Yüzyılımızda Bir İnsanımız, Hüseyin Rauf Orbay*, Kazancı Kitap Ticaret AŞ, İstanbul, 1992, 3. cilt, s. 741.

yor, pek çoğunu ezbere okuyordu. Arapça, Farsça, Latince, İngilizce, Almanca, Fransızca, İtalyanca ve Rumca'ya hâkimdi. Bildiği yabancı diller onun dünyaya daha çabuk açılmasını sağladı.

1916 yılında Latife kadın meselesi üzerine okuyor, notlar çıkartıyordu. "Demir Çeneli Melekler" diye anılan Amerikalı kadınların Birinci Dünya Savaşı sırasında oy hakkı için verdikleri mücadeleyi, Türkiye'de yayımlanan kadın dergilerini izliyor ve kadının konumunu anlamaya çalışıyordu. Tarihöncesi'nde kadının rolünü ve İslamî düzendeki kadını incelemişti ve annesine "Kadın ailede ikincil bir rolde, ama yine de kendi kişiliğiyle kocası üzerinde bir kraliyet kurabilir" diyordu. Çokeşlilik ve boşanma konusuna kafa yoruyor, kadının sahip olduğu hakları kullanması gerektiğini savunuyordu. Mirastan elde ettiği serveti kocasına bırakan kadınları uyarıyordu.

1918 yılında da Jön Türk hareketini kadınların sosyal köleliğine göz yumuyorlar diye uluorta eleştirmeye başlamıştı.

İyi bir binici olan Latife, atının adını "Cici" koymuştu. Güzel silah kullanır, ama ava gitmezdi, nefret ederdi. Zira kan sevmezdi. Faytonunu da kendisi sürerdi. Latife canlı ve hareketli bir genç kızdı; müzik öğretmeni Anna Grosser-Rilke ise onun için "romantik" ifadesini kullanıyor...

Ailenin çocuklara, özellikle de kızlara bakış açısını ve Latife'nin yetiştiği ortamı Halit Ziya'nın romanlarında da bulmak mümkün. Ömer Faruk Huyugüzel'in bu kahramanlara ilişkin yorumu şöyle:

> Halit Ziya Uşaklıgil'in kahramanları hep Avrupai taraflarıyla dikkati çekerler. Bunların hepsi de çok kültürlü, şair yaratılışlı ince ve zarif insanlardır. Kahramanların anne ve babaları da modern görüşlü kişilerdir. Kızlarının iyi bir tahsil görmesi için çaba gösterirler; onların şahsî hukukuna saygı duyarlar. Makul bir çerçeve içersinde onları gönül maceralarında serbest bırakırlar. Toplumun tepkilerine ve geleneklere aldırmazlar. Bu kişilerin hayatında dinî veya millî bir motife de rastlanmaz. Hatta yazar kahramanlarına geleneklere ters düşecek davranışlar yaptırtmaktan bile kaçınmaz.[29]

29. Ö. Faruk Huyugüzel, *İzmir'de Edebiyat ve Fikir Hareketleri Üzerine Araştırmalar*, İzmir Büyükşehir Belediyesi Kültür Yayını, İzmir, 2004, s. 170.

3

İzmir ve işgal

İzmir, otelleriyle, gazinolarıyla Batı kentlerini andırırdı. Evler güzeldi, caddeler düzgün ve iyi aydınlatılmıştı. Kordon iki katlı yalılarla kaplıydı. Ancak kentin iç kesimlerinde sokaklar, bir at arabasının geçebileceği genişlikteydi.

1915 Ermeni tehciri İzmir'i etkilememişti. XX. yüzyıl başlarında İzmir'in 250 000 dolayındaki nüfusunun 55 000'ini Rumlar, 21 000'ini Museviler, 10 000'ini Ermeniler ve 50 000'ini yabancı uyruklular, geri kalanını da Müslüman Türkler oluşturuyordu.[1] Bazı araştırmacılar, savaş öncesinde Rum nüfusun ikiye katlandığına, Türk nüfusun yarıdan aza düştüğüne dikkat çekiyorlar.[2]

Türk mahallesi kentin en yüksek yerine, eski Bizans kalesinin eteğine kuruluydu. Pek çok çeşmesi olan bu incecik yolların üstü hep çardaklarla kaplıydı.

Türklerin yaşam tarzını Tevfik Çavdar şöyle özetliyor: "Bir küçük azınlık, özellikle aydınlar sanatsal faaliyetlere katılmakta, geniş kitle ise İstanbul'dan biraz daha ileri olmakla beraber Batı örneği bir toplumsal yaşama adapte olmamış bir görünümü korumaktaydı."[3]

Uşakizadeler, Giritlizadeler, Evliyazadeler, Yemişçizadeler Tuzcuzadeler o günlerin İzmiri'nde önde gelen aileler olarak bu küçük azınlığın içinde yer alıyordu.

Uşakizade Muammer Bey'in vali, belediye reisi ve kumandanlarda bulunan lando cinsi bir kupa arabası vardı. Uşakizadelerin

1. Bilge Umar, *İzmir'de Yunanlıların Son Günleri*, Bilgi Yayınları, Ankara, 1974, s. 13.

2. Tülay Alim Baran, *Bir Kentin Yeniden Yapılanması, İzmir 1923-1938*, Arma Yayınları, İstanbul, 2003, s. 25.

3. Tülay Alim Baran, a.g.e., s. 26.

kupasını iki yağız at çekerdi.

Gazinolar, kulüpler, tiyatrolar ve müzik şehir için önemliydi. Opera, konser gibi etkinlikler sık sık tekrarlanıyor, mandolin ve gitar grupları sokaklarda Rum şarkıları çalıyordu. Sokak kafelerini geceleri şık giyimli insanlar doldurur, kente iyi bir kumpanya geldiğinde Opera'ya bilet bulunmaz, Kordon'un kahve gazinolarından varyete grupları hiç eksik olmazdı.

Aya Fotini Kilisesi'nin yanından geçen Meyhane Boğazı'nda meze, balık ve içki satan yüzlerce dükkân, meyhane, taverna göze çarpardı. XIX. yüzyıl sonlarına doğru Karantina'da birkaç meyhane açılmasına izin verilmişti. Kordon'daki gazinolara Viyana'dan Budapeşte'den, Atina'dan özel olarak getirtilen orkestraların, çaldıkları valsler, Çigan havaları, kasapikolar çevreyi neşelendirirdi. Bugünkü Cumhuriyet Alanı'nın bulunduğu yerde Odeon Tiyatrosu, Key ve Pathe sinemaları vardı. Daha içerilerde, Efes Oteli'nin kurulduğu yerin arka taraflarında ise İtalyan stilindeki ünlü İzmir Tiyatrosu...[4]

XIX. yüzyıl sonuna dek kulüpler, Frenklere ve Levantenlere mahsustu. Kulüpler Rumlara ve Ermenilere açıldığında diğer üyeler burun kıvırmışlar, "Ne yani bir de kalpak ve uzun elbise giyenleri mi kabul edeceğiz" diye homurdanmışlardı.[5]

Bu kulüplere giden Türkler ise parmakla sayılıyordu. Ancak Latife'nin babası Muammer Bey Sporting Club üyesiydi. Sporting Club 1905 yılında güzel bahçesi ve şerbetleriyle *London Times* gazetesine haber olmuştu.[6]

Doğu'nun küçük Parisi olarak anılan İzmir'de düzenli gösterilere kapısını açan ilk tiyatro 1775'te yapılmıştı.[7] Daha sonra sayıları çoğalan tiyatrolar kentin önemli bir çekim merkeziydi. İzmir'i ziyaret eden yazar Gustave Flaubert de 1850 yılında izlediği iki oyunu gezi notlarında anlatmıştı.[8]

Ancak kadınların tiyatroya gitmesi engelleniyordu. Selanik'te yayımlanan *Kadın* dergisine 1909 yılında İzmir'den mektup yazan Ayşe İsmet kadınları savunan bir milletvekili çıkmamasından şikâyet ediyor ve şöyle diyor:

> Geçen hafta İzmir'de hemşirelerimiz taarruza duçar olmuşlar ve

4. Nurdoğan Taçalan, *Ege'de Kurtuluş Savaşı Başlarken*, İstanbul 1981, s. 39; Yaşar Aksoy, a.g.e., s. 120.

5. Marjorie Housepian Dobkin, a.g.e., s. 105.

6. Rauf Beyru, a.g.e., s. 137.

7. Rauf Beyru, a.g.e., s. 228.

8. Rauf Beyru, a.g.e., s. 369.

İzmir'de binlerce kişi toplanarak İslam kadınlarını cebren ve kahren tiyatroya gitmekten men eyledikleri halde, zabıta kuvvetleri ve hükûmet memurları bu taassubkârane (muhafazakâr) harekete seyirci olmaktan başka bir şey yapamamıştır.[9]

Denize girmek erkeklere mahsustu. Alsancak'ta bir deniz hamamı vardı. Karataş, Salhane, Göztepe'den peştemalla denize girilirken yalılarda kadınlar için kapalı banyolar yapılmıştı. İnciraltı ve Narlıdere'nin genç kızları ise tenhada kaçamak yüzerlerdi.[10]

Kaçgöç geleneği nedeniyle Türk evlerinde yadırganmamak için doktorların meslek icabı sakal bıraktıklarını anlatıyor Nail Moralı...

Zaman zaman gazete haberlerinde üst katlarında fuhuş yapıldığı iddia edilen kafeler ise çok yaygındı.

Meşrutiyetin ardından 1896'da İzmir'e sinema geldiğinde, gençler Türkçe açıklamalı alt yazılar konulması için gösteri yapmışlardı. Kadınlar için sinema gösterileri 1914'te Arap Fırını'ndaki İttihat ve Terakki Mektebi'nin bahçesinde başlamıştı. Millî Kütüphane sineması pazartesi günleri öğleden sonra kadınlara ayrılıyordu.[11]

İzmir'in kadınları

Kadınların hangi millete bağlı olduğu, yüzlerini saklama konusunda gösterdikleri çabadan anlaşılırdı. Rum ve Frenk kadınların yüzleri tamamen açıkken, Musevi ve Ermeni kadınlar yüzlerinin ancak yarısını gösterirlerdi. Türk kadınlarının yüzü ise genelde kapalıydı.

İzmir'in en şık giyinen kadınları Levantenler ile Rumlardı. Seyyahlar, kaçgöç geleneğinden XIX. yüzyılda kurtulan Rum kadınlarının güzelliğini anlata anlata bitiremiyorlar. Türk kadınlarının tesettür nedeniyle çarşaf giydikleri ya da mantolu ve peçeli gezdikleri ancak zaman zaman modaya uymak için saçlarını kısacık kestirip değişik şalvar ve manto modelleri denedikleri anlaşılıyor.

1909'da Kazızade Hüseyin Rıfat'ın, ipek feraceli karısını koluna takarak Göztepe yolunda seyrana çıktığı dilden dile anlatılır olmuştu.

9. Şefika Kurnaz, *Cumhuriyet Öncesinde Türk Kadını*, Milli Eğitim Bakanlığı Yayınları İstanbul, 1992, s. 125.

10. Nail Moralı, a.g.e., s. 197.

11. Tülay Alim Baran, a.g.e., s. 28.

Kadınlar, sokakta giydikleri ayakkabıların renkleriyle ayrılıyorlardı. Sarı renk Türklere, kırmızı Ermenilere, siyah Rumlara, mavi de Musevilere özeldi.[12]

Canlı desende ipekli kumaştan giysilerle ve bileklerine kadar sarı deri botlarla gezen Türk kadınlar XIX. yüzyılın yarısından itibaren yüzlerini gitgide şeffaflaşan bir beyaz tülle örtmeye başlamışlardı. 1889 yılında kadınların Kordon'da, Göztepe'de açık saçık gezmesinden şikâyetçi olan *Hizmet* gazetesi, daha sonraki yayımlarında da çok şık giyinmiş sarı mantolu hanımların ortada dolaşmasını tehditkâr bir dille eleştiriyordu.

Toplu ulaşım araçlarına kadınların ve erkeklerin birlikte bindiği görülüyor, polisin müdahalesi isteniyor, ancak, tren, tramvay ve vapurlarda o dönemde ısrarla istenen ayrım sağlanamıyordu.[13]

İzmirli Türk kadınlar anlaşıldığı kadarıyla giyim kuşam ve sokakta gezme konusunda istendiği gibi hareket etmiyor, mevcut duruma başkaldırıyorlardı.

Paris'in ünlü mağazası Printemps'in 1891 yılında giyim ilanları Türkçe gazetelerde de yayımlanıyordu. 1898 sonlarında İzmir'de Türk mahallesi içinde yer alan Arap Fırını Caddesi üzerinde bir evin üst katı hanımlara mahsus bir mağaza haline getirilince, *Hizmet* gazetesi mağazanın üst katta olmasının sakıncalarına dikkat çekerek alt kata inmesini ve kadın personel çalıştırmasını istemişti.[14]

Hizmet gazetesine göre 1890 yılı ocak ayında kadınlar tesettür kurallarını zorlayan giyim kuşamlarıyla kentin içinde gezinip duruyorlardı:

> Şu aralık kentimizde, bazı kadınların ferace ve çarşaf yerine alafranga manto giydikleri ve malum olduğu üzere, işbu mantolar gayet dar olmak nedeniyle içindekinin vücudunun tüm hatlarını ortaya çıkardığı ve buna ilaveten, peçeler dahi baştan arkaya atılmak suretiyle yüzün kapanması hususuna da riayet edilmediği görülüyor.

Örtünme konusundaki şeriat emrine uyulması hatırlatıldıktan sonra aykırı kadınların isim isim ilan edilecekleri tehdidi savruluyor. Ardından da bir süre ortadan kaybolan iki dirhem bir çekir-

12. E. Z. Karal, *Osmanlı Tarihi, 5.* cilt, Ankara, 1976, s. 274'ten aktaran Rauf Beyru, a.g.e., s. 206.

13. Rauf Beyru, a.g.e., s. 206, 209.

14. Rauf Beyru, a.g.e., s. 218.

dek, daracık sarı mantolu hanımların şeffaf denecek peçeleriyle yeniden ortaya çıktıklarından şikâyet ediliyor ve velilerine sesleniyordu.[15]

Kadınları sık sık uyaran *Hizmet* gazetesinin sahibi ve yöneticisi ise o yıllarda gazeteyi Tevfik Nevzat'la birlikte kuran Uşakizade ailesinin ünlü ferdi Halit Ziya'ydı.

İzmir'de Türkçe gazeteler 1869 yılında yayımlanmaya başlandı, İkinci Meşrutiyet'ten sonra sayıları çoğaldı. XIX. yüzyıl sonunda günlük olarak üç Rumca, dört Fransızca, gazete yayımlanıyordu. Yahudilerin de iki haftalık gazetesi vardı. 17 basımevinin beşi Rumca, üçü Fransızca, üçü Musevice, biri Ermenice, beşi de her dilden baskı yapmaktaydı.[16]

Muammer Bey belediye başkanı

Muammer Bey'in İzmir Belediyesi'yle ilişkisi 1908 yılında başladı. Önce İzmir Belediye Meclisi'ne girdi. Başkanı olduğu İttihat ve Terakki Tilkilik Kulübü, belediye sorunlarını çözmek için Fedakârlar Meclisi adı altında bir komite oluşturmuştu. Merkez olarak Şehir Kulübü'nü kullanıyorlardı.

1909 yılında, Belediye Meclisi'nin boşalan sandalyeleri için Meşrutiyet'in ilk özgür seçimi yapıldı ve en çok oyu alan Uşakizade Muammer Bey tamtakır kasasıyla İzmir Belediyesi'nin başkanlığını devraldı.

İzmir Büyükşehir Belediyesi'nin internet sitesinde Muammer Bey 2000'li yıllarda şöyle tanıtılıyor:

> İzmir'de iki kez belediye başkanlığı görevinde bulunan Uşakizade Muammer Bey (1876-1951), Atatürk'ün eşi Latife Hanım'ın babasıdır. İzmir'e ilk otomobil ve vapuru getirmiş, havagazı fabrikasını kurmuştur.

Muammer Bey işbaşına geçince, bir Belediye Islahat Layihası çıkarttı. Şehrin acil gereksinim duyduğu caddeler açılacak, umumî bahçeler oluşturulacak, aydınlatmanın yaygınlaştırılması için bir elektrik fabrikası kurulacak, tramvay hattı Kokaryalı'dan Narlıdere'ye uzatılacaktı. Yapılacak pek çok iş vardı, ancak önce para bulmak gerekiyordu. Yeni belediye başkanı, İzmir Belediyesi'ni işler hale getirebilmek amacıyla 15 maddelik bir reform pa-

15. *Hizmet* gazetesi, 7 ocak 1890-15 şubat 1890'dan aktaran Rauf Beyru, a.g.e., s. 207.

16. Yaşar Aksoy, a.g.e., s. 43.

keti hazırladı. Belediye gelirlerinin artırılmasına ilişkin önerilerin yanı sıra, yaşam biçimi açısından da şehri modernleştirecek başlıkların yer aldığı paket, Vilayet Meclisi'nden tırpanlanarak geçti. Kabul edilen kısmıyla işe başlandı.

Esnafın tartı ve ölçüleri denetleniyor, fırınların temizliği, ekmeklerin niteliği gözaltında tutuluyor, sokakların temizliğine özen gösteriliyordu. Arabacılar ve karoçacılar (faytoncular) düzene sokulmuştu. Avrupa'dan sokak döşemelerinde kullanılmak üzere taşkıran makineleri, kesme paket taşları ve süpürge makineleri getirtmek için harekete geçildi. Üç geniş bulvar yapılacaktı.

Belediye, vapur şirketinde görülen yolsuzlukları öne sürerek şirket yönetimine el koyunca yabancı şirketlerin Belediye Heyeti'ne karşı başlattığı güçlü muhalefet ortalığı karıştırdı. Yeni vergiler getiremeyen belediye darboğaza girmişti.[17]

Bir millet bahçesi, kulüp, tiyatro ve kütüphane planlanıyor, basın, Belediye Heyeti'ni büyük ölçüde destekliyordu.

Valiliğe atanan Muhtar Paşa şehre geldiği andan itibaren belediyeyle çatışmaya başladı. Belediyeyi bağımsız bir kurum gibi yönetmeyi sürdüren Başkan Muammer Bey görevden alındı ve Vilayet İdare Meclisi'nce yargılanması kararlaştırıldı.

Yeni vali bu uygulaması nedeniyle protesto edildi. Dahiliye Nezareti, valiliğin Muammer Bey'i görevden alma gerekçesini haklı bulmadı ve görevine iade etti. Ancak üzerindeki baskının sürdüğünü gören Muammer Bey çok istediği halde İzmir'i aydınlatma projesini gerçekleştiremeden istifa etti.

Tanzimattan Cumhuriyet'e İzmir'de Belediye adlı çalışmasında Erkan Serçe o dönemi yorumlarken:

"Büyük ölçüde İttihatçı desteği ile oluşan Muammer Bey başkanlığındaki yeni Belediye Heyeti, belediyeyi, valiliğin dışında, toplumsal iradenin yansıması sonucu oluşmuş bir kurum olduğu anlayışından hareketle bağımsızlaştırmaya çalışıyordu" diyor.

Muammer Bey belediye reisliğinden istifa ettikten sonra İttihat ve Terakki Cemiyeti'yle de bütün bağlarını koparttı. 1911 seçimlerinde yeniden seçildi, ama bu kez de İttihat ve Terakki'yle anlaşmazlığa düşerek istifa etti. Siyasî olarak ters düştüğü İttihat ve Terakki'ye karşı muhalefete geçti; 1912 yılında Hürriyet ve İtilaf Fırkası'nın İzmir adayı oldu, ama bu kez kazanamadı. Muammer Bey muhalif kimliği olan bir işadamıydı.[18]

17. Erkan Serçe, *Tanzimattan Cumhuriyet'e İzmir'de Belediye*, 9 Eylül Yayınları, İzmir, 1998, s. 96-104.

18. Erkan Serçe, "İzmir'de İktidar Mücadelesi", *Toplumsal Tarih*, mayıs 2000.

İşgal öncesi 3 şubat 1919'da yapılan belediye seçimlerinde Muammer Bey yine öne çıkacak, Belediye Meclisi üyeliğine seçilecekti.[19]

İzmir işgal ediliyor

İzmir'in 15 mayıs 1919'da işgalini *İstiklal Harbi* gazetesi şu satırlarla duyurdu.

> Yunan askerî işgali dün sabah büyük bir katliamla birlikte başladı. Yedi buçukta İzmir Limanı'na giren nakliye gemilerinden ilk Yunan askerleri 8.40'ta karaya çıktı...

Vali İzzet Bey, Vilayet Konağı'ndan maiyetiyle birlikte çıkartılıp limanda "Yaşa Venizelos" diye bağırtıldı. Fesleri ve giysileri yırtılan görevliler limanda yürütülürken Yunan yürüyüş koluna mavi-beyaz elbiseler giymiş Rum kızları eşlik ediyordu. Yerli silahlı Rumların takip ettiği yürüyüş kolunun baş tarafı kışlayı geçince bir tabanca sesi duyuldu.

Kolordu Komutanı Ali Nadir Paşa mukavemet edilmesin emrini verdiği için Türk kuvvetleri kışlalarına çekilmişti. Patlayan silahın ardından Yunan askerleri kışlaya çekilen Türk kuvvetlerine saldırdılar. Süngülü müfrezeler esir aldıkları subayları Kordon boyunca yürüterek Patris vapuruna götürüp ambara hapsettiler, ardından da örfi idare ilan edildi.[20]

İşgal günü limanda çok sayıda Türk öldürüldü, pek çoğu tutuklandı.

Latife'nin doğup büyüdüğü kent artık eskisi gibi değildi. Halide Edip anılarında, işgalin ilk haftasını şöyle anlatıyor:

> Sahilde suyun rengi değişti. İzmirliler, "su pembe oldu, katliam ve işkence İtilaf devletlerinin savaş gemileri olan biteni izleyecek kadar yakınlarında gerçekleşti" dediler. Yunan askerleri ve kimi İzmirli Hıristiyanlar sahilde yaşananlar sürerken arka sokaklardaki Türk evlerinde yağmaya girişmişlerdi, erkekleri öldürüyor, kadınlara da tecavüz ediyorlardı. Birinci haftanın sonunda bu cinayet, hırsızlık ve tecavüz olayları İzmir'in bütün yörelerine yayılmıştı.[21]

19. Erkan Serçe, a.g.e., s. 160.

20. *İstiklal Harbi* gazetesi, haz. Ömer Sami Coşar, No 1, No 2, Ankara Ticaret Odası Yayını (tıpkıbasım).

21. Halide Edip, *The Turkish Ordeal*, s. 22-23.

İzmir'in işgali Türklerin sabrını taşırmış, yabancı kuvvetlere karşı ayaklanma başlamıştı. 16 mayıs günü Mustafa Kemal Şişli'de oturan annesine veda ettikten sonra 18 subayla birlikte Bandırma vapuruyla Samsun'a doğru yola çıktı. Bu bir direnişin habercisiydi.

İstanbul'da üniversite bahçesinde düzenlenen protesto gösterisinde bir kız öğrenci kalabalığa seslenirken "Biz de sizin kadar, belki daha ziyade elemliyiz. Teşebbüsatınıza en sağlam bir imanla iştirak ediyor ve şu hakikati ima etmek istiyoruz: Kim demiş bir kadın küçük şeydir. Bir kadın belki en büyük şeydir" diyordu.[22]

24 mayısta da Sultanahmet Meydanı'nda Halide Edip, çok sayıda kadının da yer aldığı mitingde ünlü konuşmasını yaptı ve 100 000 İstanbullu işgale karşı direnmeye yemin etti.

30 haziranda Aydın işgalciler tarafından yakılırken direniş de başlamıştı. Millî Mücadele'nin Anadolu'yu direnişe çağıran el ilanlarında kadın resimlerine de yer veriliyordu.[23]

İşgal sırasında İzmir'de ekonomik gücü ellerinde tutanlar büyük devletlerdi.

Halı, tahıl, maden ve kuru meyve işini İngilizler yürütüyordu. Tramvay Fransızların, iki büyük demiryolundan biri Fransızların, diğeri İngilizlerin elindeydi. Alkollü içki ve tütün imtiyazı da Amerikalılardaydı.[24]

22. *İstiklal Harbi* gazetesi, haz. Ömer Sami Coşar, No 5, Ankara Ticaret Odası Yayını.

23. Bkz. Harbiye Askerî Müzesi, Kurtuluş Savaşı Salonu.

24. Marjorie Housepian Dobkin, a.g.e., s. 84.

4

Yangına doğru...

Uşakizade ailesi Avrupa'da

1919 yılının sonbaharındaki tehlikeli kaçışın ardından Uşakizade ailesi, Avrupa'nın dört bir yanına dağıldı. Muammer Bey ile Adeviye Hanım o sıralar çocuk felci geçirmekte olan küçük oğulları Münci'yle birlikte Fransa'nın İspanya sınırında bir sahil kenti olan Biarritz'e, Villa Stella Maris diye anılan eve yerleştiler.

Latife'nin eğitimine ve kültürüne uygun bir kız okuluna gitmesine karar kılındı. Londra yakınlarında, 1850 yılında kurulmuş Chislehurst'te Tudor Hall School adıyla bilinen okul her bakımdan uygun bulundu.

Akademik anlamda Tudor Hall, o günlerin tipik kız okullarından farklı olarak derinlemesine ve bol seçenekli bir eğitim olanağı sunuyordu. 11-18 yaş grubundaki kız öğrenciler için yatılı bölümü vardı. Kültür ve dil ağırlıklı okulda matematik, coğrafya, tarih, botanik, astronomi, kimya, edebiyat, Latince, Fransızca, resim, yazı dersi ve jimnastik okutuluyor, hemen her dersi değişik hocalar veriyordu. Dans dersi, piyano dersi olması, okulda atların ve altı tane tenis kortunun bulunması Latife'ye çok cazip gelmişti.

Zamanın önde gelen akademisyenleri ve müzisyenleri okula konferans vermeye geliyor; öğrenciler baskı altına alınmadan yeteneklerine göre eğitiliyordu. Sık sık münazaralar yapılıyordu. Seçilen konular da birbirinden ilginçti; sufrajetler (oy hakkı için kavga veren kadınlar); basın özgürlüğü, Manş Tüneli –1994 yılında açıldı– açılsın mı açılmasın mı gibi başlıklar vardı. Kızlar sık sık Londra'ya resim galerilerine, müzelere, Londra'nın önemli yerlerini gezmeye götürülüyorlardı. Opera dahil, kendileri tiyatro oyunlarını hazırlayıp şehrin yoksul semtlerindeki halka gösteriler yapıyorlardı.

Musluklarından sıcak ve soğuk su akan banyosu olan, yatak

odalarının pencerelerinden orman manzarası görülen konforlu bir mekândı. 1917 yılında okulun 51 kız öğrencisi vardı.[1]

Latife, bir görüşme sırasında İngilizcesine hayran kalan Amerikalı gazeteci Ward G. Price'a İngiltere'de, Chislehurst yakınlarındaki Tudor Hall School'da okuduğunu anlatmıştı.[2] 1922 yılı aralık ayında Ankara'da bulunan İngiliz kadın yazar Grace Ellison da, Latife ile Mustafa Kemal'in evlenmelerinden bir ay öncesine ilişkin notlarında, "Bu hanımefendi ile bir tanışma fırsatı elde edemeyişime özellikle benim okulum olan Rochester'ın kapı komşusu sayılabilecek Chislehurst'e okuduğu için çok üzülmekteyim" diyordu.

Genç kızlık yıllarında Latife'nin gönül ilişkileri olmuş muydu? İngiltere yıllarında karşısına hoşlandığı bir delikanlı çıkmıştı. Aile içinde anlatıldığına göre bu delikanlı sarı saçlı, mavi gözlü bir düktü.

Uşakizade ailesi Biarritz'de yaşıyordu, ama Paris'te de bir evleri vardı. Üniversite çağı gelen Latife'nin Paris'e gitmesi kararlaştırıldı. Kendi kendisini idare edecek yaşa gelmişti. Latife birdenbire kendisini Paris'in pek çok sanat akımına öncülük eden ortamında buldu. Birinci Dünya Savaşı'nı izleyen yıllarda Paris, başta Amerika pek çok ülkeden entelektüelin akınına uğramıştı. Gertrude Stein, Alice B. Toklas, Henry Miller, Ernest Hemingway, F. Scott Fitzgerald, James Joyce, Ezra Pound hatta Cole Porter o yıllarda Paris'e yaşamaya gelenler arasındaydı. Romancı Colette kadınlara mahsus partileriyle ortalığı kasıp kavuruyor, Mata Hari salonlarda dans ediyordu. Renoir ve Modigliani henüz ölmüşlerdi. Joan Miró, Matisse, Braque ve Picasso dünya sanatının merkezi olan Paris'te ölümsüz yapıtlarını resmediyorlardı. Birbirinden önemli sergiler açılıyor, dünya Paris'ten besleniyordu. Latife, tiyatrolara, operalara gidiyor, sergileri geziyor Paris'in kültürle iç içe havasını soluyordu.

Müzikle ilgisini sürdürüyor, piyano çalmaya devam ediyordu. İlişkide olduğu müzik çevreleri, ondan bir konser vermesini istediler. Muammer Bey, "Ben kızımı şanoya çıkartmam" diyerek itiraz etmişti.[3]

Latife, Sorbonne Üniversitesi'ne yazıldı; çok sevdiği edebiyat yerine hukuk okumaya başladı.

1. Charmian Snowden, *The First Hundred Years, Tudor Hall.*

2. Ward G. Price, *Extra Special Correspondant, Harap,* Londra 1957, s. 141.

3. Nebil Özgentürk, "Yanlış Anlaşıldı" *Sabah,* 1 kasım 2003.

Gelecek için planları vardı; avukat ya da eğitimci olabilir; bir elçilikte çalışabilirdi. Kadınları çalışma yaşamından dışlayan koşullar bütün dünyada olduğu gibi kendi ülkesinde de değişmekteydi.

Uşakizade ailesinin Latife ne yapıyor diye bir endişesi yoktu. Paris'te olmak başlı başına bir eğitimdi. Londra'yı, Paris'i yakından tanımak, geçmişi olan bu iki şehirde okumak Latife'nin dünyaya bakışında önemli bir rol oynayacaktı. Kraliyet haklarını yedi asır önce kısıtlayan Magna Carta'sıyla, parlamento devrimine kucak açmış İngiltere'den sonra Fransız Devrimi'ni yaratan Paris'te okumak ona sınıf çatışmasını ve hak elde etme sürecini en açık detaylarıyla öğretmişti.

Kız kardeşleri Vecihe ve Rukiye, Lozan'da Pansiyona Hubi adını taşıyan bir kız okuluna devam ettiler. Erkek kardeşleri İsmail ile Ömer ise ortaöğrenimlerini İsviçre'de tamamlayıp oradan Fransa'ya XIV. Louis'nin akademisi olarak tanınan ve askerî özellikler taşıyan köklü bir yüksekokula, Saint-Cyr'e yazıldılar.[4]

Türkiye'de işgal kuvvetlerine karşı başlatılan direnişi dünya basınından ve Türkiye'deki yakınlarından gelen mektuplardan izliyorlardı. Umut verici haberler bütün aileyi mutlu ediyor, geri dönüş için hayaller kuruluyordu. Aile Villa Stella Maris'de önemli günlerde ve okul tatillerinde bir araya geliyordu. Üç uzun yıl geçirdiler Avrupa'da. İlk geri dönen Latife oldu.

İşgal altındaki İzmir'de

İzmir'de işgalin ağırlığı sürüyordu. Latife'nin dönüşünden beri yaşadıkları bütün bir ömre sığacak kadar yoğundu. Son bir hafta içinde de hayal edemeyeceği her şey gerçek olmuştu. Hapis günleri sona ermiş, İzmir kurtulmuş ve o karargâh arayan Mustafa Kemal Paşa'yla tanışmıştı. Uğurlu madalyonu boynundan hiç çıkarmıyor, Beyaz Köşk'ü Mustafa Kemal Paşa'ya karargâh olarak hazırlamanın telaşını yaşıyordu.

9 eylülü izleyen dört gün içinde İzmir büyük bir düzensizliğe sürüklenmişti. Kurtuluşun sevincini yaşayanlar kutlamalar yapıyor, yenilginin dehşetini yaşayanlarsa kendilerine güvenli evler arıyordu. Sivil halka kötü davranacak askerlerin ölüm cezasına çarptırılacakları ilan edilmişti. Bu açıklama ilk iki günün gerginliğini azaltsa da Türklerin, İzmir'in işgali sırasında yaşananların intikamını alacağından duyulan korku büyüktü. Hıristiyan İzmirliler tedirginlik içindeydiler. Savaş daha bitmemişti.

4. Muammer Erboy'la görüşme.

Halide Edip'e göre sokaklarda birbirine kuşkuyla bakanlar hızla çoğalıyordu. İzmirliler evlerine kapanmıştı. "Yağma yapıldığına dair bilgiler geliyordu. Herhalde bunu önlemek imkânsızdı. Ama yine de olmayabilirdi" diye yazmıştı defterine.[5]

Büyük yangın, 13 eylül 1922 çarşamba günü öğle saatlerinde başladı. Alevler gökyüzüne yükseliyordu. Yangın günlerini Halide Edip anılarına şöyle kaydetmişti:

> Ermeni mahallesinde yangın başlamıştı. İnsanlar ellerinde bohçalar, sırtlarında eşya, rıhtımı dolduruyorlardı. Yangın yayılıyordu, alevlerin kızıllığı şehre vurmuş, endişeli ve korku içindeki insan kuyruğunu aydınlatıyordu.
>
> İsmet Paşa'nın karargâh komutanı itfaiyenin lastik hortumlarının kasıtlı olarak doğrandığını söyledi. Anlattığına göre, Yunanlılar şehri yakmak için her türlü hazırlığı yapmışlardı. Karanlık basınca rıhtımdaki kalabalık arttı. Kargaşa büyümüş, alevler insanların yüzünde büyük bir trajediye dönüşmüştü. Yangın karargâhımıza sıçrayınca arabalarla Karşıyaka'ya hareket ettik. Basın mensuplarının ulaşım meselesini halledince ben Yoldaş'ın (atı) sırtına atladım. Gözlerinde okuduğum ifade beni o an konuştuğum herkesten çok Yoldaş'a yaklaştırmıştı.
>
> Yangın üç uzun gün boyunca devam etti. İlk birkaç saatten sonra yanına yaklaşmak olanaksızlaşmıştı. Yunanlıların Aya Triada ve Foti kiliselerinin altına ve bazı konutlara yerleştirdikleri dinamitler ve patlayıcılar birbiri ardı sıra patlamaya başlamıştı. Patlamaların duyulduğu birkaç da ev vardı. Hem ses hem de görüntü korkunçtu. İzmir'in kızıllığı başka şehirlere de sirayet etti. Halkların ateş ve kılıçla imtihanı ne zaman son bulacaktı? Politikacılar insanların yaşamları ve evleriyle kumar oynamaktan ne zaman vazgeçeceklerdi?"[6]

Halide Edip, dönemi anlatan anı kitabına, İzmir yangınından yola çıkarak *Türkün Ateşle İmtihanı* adını vermişti.

Yangından kaçan büyük bir kalabalık limanda kurtarılmayı beklerken büyük devletlerinin donanmaları, çaresizliğin çığlıklarına akşamüzeri konserleriyle yanıt veriyorlardı.

Yangın, Mustafa Kemal'in karargâhına doğru ilerliyor, ancak Mustafa Kemal'de bir telaş gözlenmiyordu. Hiçbir şey olmamış gibi davranıyordu. Sonunda, yaverleri bir kamyon dolusu askerle birkaç otomobil getirdiler, Mustafa Kemal İzmirlilerin hediyesi

5. Halide Edip, a.g.e., s. 385.

6. Halide Edip, a.g.e., s. 386.

olan açık arabasına bindi. Önde yolu açarak giden kamyon halkı güçlükle yardı, otomobil açılan yolda ilerledi. İzmir, kesif bir duman bulutu altında kaybolurken Mustafa Kemal'in otomobili Körfez'in güneyine, Göztepe'ye Latife'yle iki gün önce tanıştıkları eve gidiyordu. Sadık Bey köşkü olarak anılan Uşakizadelerin evi karargâh olarak en güvenli yerdi.

Latife, Beyaz Köşk'ü Mustafa Kemal Paşa'ya karargâh olarak sunmaya hazırlanırken ne yazık ki doğup büyüdüğü kent alev alev yanıyordu.

Latife kapıda karşıladı Mustafa Kemal ve arkadaşlarını.

Günlerden 14 eylüldü.

"İzmir'e teşrifinizle Türk milleti muradına erdi. Evime şeref vermenizle, ben muradıma ermiş bulunuyorum. Hoş geldiniz Paşam!.. Hoş geldiniz Paşalarım... Bu gece için sizlere minnettarım ve ömrümün sonuna kadar unutmayacağım."

Mustafa Kemal şaşırsa da hoşlanmıştı bu sözlerden.

Beraberindeki İsmet ve Fevzi paşalara döndü, "Girelim" dedi.

Büyük bahçenin içindeki beyaz bir köşke giren Mustafa Kemal, genç ev sahibesine, "Eviniz çok güzel, Latife Hanım" dedi. "Her şeyi yerli yerine koymuşsunuz. Bana güzel bir karargâh sağladığınız için teşekkür ediyorum."[7]

Aşçının marifeti ilk akşamdan belli olmuştu. "Öylesine güzel yemekler yapıyordu ki, bizim gibi savaş yoksunluğundan çıkmış insanların daha iyisini tasarlamaları bile mümkün değildi" diyor Salih Bey (Bozok). Mustafa Kemal'in emir eri Ali Metin, "Atatürk ve maiyetine Latife Hanım'ın hazırlattığı köşk çok güzel ve bakımlı idi. Bilhassa karargâh mensubu olan bizler için hazırlanan tek tip yatak ve karyolalar çok hoşumuza gitmişti. Günlerden beri yatak yüzü görmeyen bizlere bundan daha büyük bir ikram ne olabilirdi ki. Kaldı ki her şey bu derece mükemmeldi" diye anlatıyor İzmir günlerini.[8]

Beyaz Köşk'te kurulan ilk sofrayı Yaver Salih hiç unutamamıştı:

> Gazi, terasta kurulmuş olan sofraya Fevzi ve İsmet paşalardan başka beni, Muzaffer'i ve ev sahibimiz Latife Hanım'ı da aldı. Fevzi Paşa Hazretlerinden başka herkes, önündeki kadehleri zevkle doldurdu.

7. İsmet Bozdağ *Atatürk'ün Başyaveri Salih Bozok anlatıyor, Latife ve Fikriye, İki Aşk Arasında Atatürk*, Truva Yayınları, İstanbul, 2005, s. 79.

8. Ziya Oranlı, *Atatürk'ün Şimdiye Kadar Yayınlanmamış Anıları: Anlatan Ali Metin, Emir Çavuşu*, Alkan Matbaası, Ankara, 1967, s. 139.

Mezeler çeşitli ve nefisti. Fevzi Paşa içki içmediği halde kalamar tavadan, tabağına öbek öbek alıyor, "Canım bu İzmir'in kalamarı da başka oluyor, aman pek özlemişim" diye afiyetle yiyordu. Velhasıl herkes son kertesine kadar sofradan ve başlayan geceden memnundu. Bu sırada Ruşen Eşref, İstanbul'dan gazeteci arkadaşlarının geldiğini haber verdi. *Vakit* gazetesi sahibi Asım (Us), *Akşam* gazetesi yazarı Falih Rıfkı (Atay), Yakup Kadri (Karaosmanoğlu) da sofraya buyur edildi.[9]

Latife yeni konukları görünce, kalkıp mutfağa yöneldi. Mustafa Kemal, "Yerinize oturun Küçükhanım" diye müdahale etti, "artık köşkün sahibi siz değilsiniz. Konukların ağırlanması işi de benim işimdir." Sonra da "Salih, git bak bakalım mutfağa. Aşçıbaşının bir istediği var mı?" diye ekledi.

Salih Bey, "Latife Hanım gelincik gibi kızarmış, ışık kesilmiş gözlerle Mustafa Kemal Paşa'ya bakıyordu" diye not düşmüş anılarına.

Denize nazır terasta Mustafa Kemal ile Latife bir ara yalnız kalmışlardı. Latife anne ve babasından, yaptığı işlerden söz ediyordu. Mustafa Kemal de ona Başkumandanlık Meydan Muharebesi'ne ait hatıralarını anlatıyordu. Yangın bütün dehşetiyle sürüyordu. Kordonboyu ve bugün fuarın yer aldığı alan alevler içindeydi. İki yaver uzaklarında kalmıştı, ama konuşmaları duyuluyordu.

Mustafa Kemal, Latife'ye sordu:

"Bu yangın yerinde size ait emlak var mıydı?"

Latife, "Emlakimizin mühim bir kısmı yanan sahadadır" dedi ve heyecanla ekledi. "Paşam, isterse hepsi yansın. Yeter ki siz sağ olun. Bu mesut günleri gören insanlar için malın ne kıymeti olur? Memleket kurtuldu ya. İleride onları yeniden ve daha mükemmel bir surette yaptırırız."

Bu cevap Mustafa Kemal'in çok hoşuna gitti.

"Evet! Yansın ve yıkılsın" dedi. "Hepsinin telafisi mümkündür."

Salih Bey evin içinde dolaşırken bir kapının önünde hıçkırık sesleri duydu. Latife'nin büyükannesi olduğunu söylediler ona.[10]

İzmir neden yanmıştı?

İzmir'i bugün söylendiği gibi gerçekten Rumlar mı yakmıştı? Kaybeden tarafın yakmış olması akla uygun gelse de yangının çı-

9. İsmet Bozdağ, *Latife ve Fikriye*, s. 81, 82.

10. Selahaddin Güngör, "Atatürk'e Aid Hatıralar" (Salih Bozok Anlatıyor) *Cumhuriyet* gazetesi, 30 ocak 1939.

kışı üzerine yazılanlar çelişkili. 15 eylül tarihli *New York Times* gazetesi İzmir'i Türklerin yaktığını öne sürmüştü. Yunanlıları suçlayan yayınların sayısı da az değildi. Dönemin ünlü gazetecisi ve o günlerde Beyaz Köşk'e konuk olan Falih Rıfkı Bey (Atay) yangından Nurettin Paşa'nın sorumlu olduğunu yazıyor:

> Gâvur İzmir karanlıkta alev alev, gündüz tüte tüte yanıp bitti. Yangından sorumlu olanlar, o zaman bize söylendiğine göre, sadece Ermeni kundakçıları mı idi? Bu işte ordu komutanı Nurettin Paşa'nın hayli marifeti olduğunu söyleyenler çoktu. (...) Bildiklerimin doğrusunu yazmaya karar verdiğim için o zamanki notlarımdan bir sayfayı buraya aktarmak istiyorum: İzmir'i niçin yakıyorduk? Kordon konakları, oteller ve gazinolar kalırsa, azınlıklardan kurtulamayacağımızdan mı korkuyorduk? Birinci Dünya Harbi'nde Ermeniler tehcir olunduğu vakit, Anadolu şehir ve kasabalarının oturulabilir ne kadar mahalle ve semtleri varsa, gene bu korku ile yakmıştık. Bu kuru kuruya tahripçilik hissinden gelme bir şey değildir. Bir Avrupa parçasına benzeyen her köşe sanki Hıristiyan veya yabancı olmak, mutlak bizim olmamak kaderinde idi."[11]

İsmet Paşa yangın "nereden başladı, kim başlattı" bilmiyorum ifadesini kullanıyor:

> İzmir'e girdiğimiz günlerin bende kalan en acı hatırası yangındır. Bu yangınların sebepleri büyük tarih hadiseleri içindeki sebeplerdir. Küçükler emir aldıklarını söylerler büyükler disiplin kalmadığını söylerler.[12]

Yunanlılara karşı girişilen son harekâtta 1. Ordu komutanlığına getirilen Nurettin Paşa'nın vukuat listesi kalabalıktı. İzmit'te gazeteci Ali Kemal'in linç edilmesinden sorumlu tutulmuş, Kuvayı Milliye askerlerinin İzmir'e girdiği gün de Rum başpiskoposun katlinde rol oynamıştı.

Mareşal Fevzi Çakmak, "Nurettin Paşa'nın kısa görüşünün sonu acı biten iki olaya neden olduğunu" kaydediyor:

> Biri, İzmir'in büyük yangını, diğeri Gazi Kemal'in bu yangın münasebetiyle yerleştiği otelden Latife Hanım'ın Göztepe'deki evine yatılı misafiretidir (misafirliği). Bunlardan birincisinde kısmen Nurettin

11. Falih Rıfkı Atay, *Çankaya*, Doğan Kardeş Matbaacılık, İstanbul, 1969, s. 325.

12. Teoman Özalp, *Kâzım Özalp Atatürk'ten Anılar*, İş Bankası Kültür Yayınları, Ankara, 1992, s. 300.

Paşa'nın kısa görüşü, ikincisinde de tesadüf denilen müessir amil (etken neden) olmuştur.[13]

Kurtuluşu izleyen büyük yangın İzmirlilerin moralini bozmuştu. İsmet Paşa'nın anlatımına göre, İzmir'de neşeli geçen ilk üç günden sonra tekrar karanlık bir hava çökmüştü. İzmir'i aldık ama, İzmir şehri Anadolu'nun yarısıyla beraber harap oldu havası ortalığı sarmaya başlamıştı. Ne var ki, Mustafa Kemal İzmir'e girmekle büyük davayı kazanmış olduklarına herkesi yeniden inandırmıştı. Her şeyi tamirin bir mesele olmadığını söylüyordu. Yangın havasına iyimserlik ve güzel gelecek hülyaları iki üç gün içinde hâkim olacaktı.[14]

Mustafa Kemal, yangınla ilgili olarak Hariciye Vekili Yusuf Kemal'e şu telgrafı yollamıştı:

> İzmir yangını hakkında atideki (aşağıdaki) tarzda beyanatta bulunmak lazımdır. Ordumuz İzmir'e her türlü kazadan muhafaza etmek için şehre girmeden evvel tedabir (tedbirler) almıştır. Ancak Yunanlılar ve Ermeniler daha evvel vücude getirdikleri teşkilatla İzmir'i kâmilen ihrak etmeyi (yakmayı) tasmim (niyet) etmişlerdi. Kiliselerde Hristosmos'un vermiş olduğu nutuklar ki İslamlar tarafından işitilmişti, İzmir'i yakmak bir vazife-i diniye olarak tebliğ edilmiş bulunuyordu. Harik (yangın) bu teşkilat tarafından vücuda getirilmiştir. Hariki askerlerimize atıf (yükleyen) ve isnat (iftira) edenler bizzat gelip İzmir'e vaziyeti görebilirler. Yalnız böyle bir iş için resmî tahkikat mevzubahis olamaz. Elyevm (hâlâ) burada bulunan her milletten gazeteciler zaten bu zaviyeyi ifa etmektedirler...
>
> Başkumandan Mustafa Kemal, 17 eylül 1922[15]

Latife Beyaz Köşk'ten ayrılıyor

Latife, konuklarını yerleştirdikten sonra köşkü karargâha bırakıp babaannesiyle birlikte evden ayrıldı. Karşıyaka'daki eve yerleşip Beyaz Köşk'ü uzaktan idare etmeyi denedi. Ancak işlerin düzgün yürümediğini öğrenince üçüncü günün sabahı evi kontro-

13. Süleyman Külçe, *Mareşal Fevzi Çakmak, Askeri Hususi Hayatı*, I. cilt, Cumhuriyet Matbaası, İstanbul, 1953, s. 236; aktaran Oğuz Akay (der.), *Gazi*, Truva Yayınları, İstanbul, 2005, s. 87.

14. İsmet İnönü, *Hatıralar I*, haz. Sabahattin Selek, Bilgi Yayınevi, İstanbul, 1985, s. 300.

15. Bilal Şimşir, *Atatürk ile Yazışmalar*, Kültür Bakanlığı, Ankara, 1981, s. 274.

le gitti; bütün düzen bozulmuş, ev yaşanmaz hale gelmişti. Adamlar getirtip evi temizlettirdi, Karşıyaka'dan evi çekip çeviremeyeceğini anlayınca geri döndü ve Beyaz Köşk'ün bahçesindeki müştemilata yerleşti.

Mustafa Kemal yeni karargâhında büyük bir özenle ve ilgiyle çevresinde pervane olunduğunu fark ediyor, fakat ev sahibesinin kendisi ortalıkta görünmüyordu. Bununla birlikte otoritesine ve itibarına kıskançlıkla sahip bir ev sahibi olarak her şeyi denetim altında tutuyordu ve misafirinin sağlığını bozacak şeyleri kesinlikle engelliyordu.[16]

Belli ki gerekli emirleri verip ortadan kayboluyordu. Latife ilk günlerde, Mustafa Kemal'i rahatsız etmemek için gölgede kaldı, ama kendisine ihtiyaç duyulduğu an isteneni yaptı.

Misafirinin sevdiği yemekleri öğrenmişti. Kurulan her sofra Mustafa Kemal Paşa'nın sevdiği yemeklerle donatılıyordu. Bahçede yürümeye çıktığında bir uşak arkasında belirip sırtına bir ceket veriyor, serinlik basınca penceresi mutlaka kapatılıyordu. Odasına bırakılan gazetelerde fotoğraflarının çevresine çiçekler çiziliyor, başucundaki vazoya her gün kokulu çiçekler konuyordu.

İzmir günlerine ilişkin bilinmeyen bir gerçek de Mustafa Kemal'in rahatsızlanmasıydı. Çağırılan Muammer Bey'in doktoru, Kemal Paşa'nın kalp spazmı geçirdiğini söyleyip içki ve sigara konusunda ciddi kısıtlamalar getirmişti. Latife doktorun tavsiyelerini hemen uygulamaya koyuldu; ortadaki içki şişelerini kaldırdı, yemek ve ev düzenini değiştirdi. Kemal Paşa'nın başucuna geceleri sadece iki tek sigara bırakılıyordu.

Mustafa Kemal'in sağlığına karşı umursamaz bir tutumu vardı, bu yüzden Latife, misafirinin sağlığına zarar verebilecek ne varsa ondan uzak tutmaya çalışıyordu.

Ancak Mustafa Kemal ortalıkta görünmeyen bu düzenleyiciden bunaldı. Ev sahibesi onda derin bir merak uyandırmaya başladı.

İsteklerine karşı gelinmesine hiç alışık değildi, kısıtlamalara itiraz etti, sinirlendi. Ama tepkisini Latife'nin önünde hiç açığa vurmadı. Kendisine hizmet edenlere bu derece tartışmasız bir şekilde söz geçiren bu genç kızı yakından tanımak istedi. Uzun uzun konuştular. Mustafa Kemal Latife'den etkilenmişti.[17]

16. *Berthe Georges*-Gaulis, *La Nouvelle Turquie*, Armand Colin, Paris, 1924, s. 219; D. v. Mikusch, *Ghasi Mustafa Kemal*, Paul List Verlag, Leipzig, 1929, Leipzig, s. 287.

17. Berthe Georges-Gaulis, a.g.e., s. 219.

Millî Mücadele Beyaz Köşk'ten yürütülüyordu. Bahçedeki evler de karargâha ayrılmış, İzmir'e gelen komutanlar karargâha yerleşmişlerdi. İsmet Paşa, Başvekil Rauf bey (Orbay), Dışişleri Bakanı Yusuf Kemal (Tengirşek) ve Müdafaai Hukuk Grubu Başkanı Ali Fuat (Cebesoy) da Uşakizadelerde kalıyordu.

İsmet Paşa gördükleri misafirperverlikten çok memnundu: "Biz yorgun olduğumuz kadar kirli bir haldeyiz. Cepheden kim oraya Mustafa Kemal Paşa'nın yanına gelirse ağırlayıp temizlemek için bütün hizmet edenler canla başla uğraşıyorlardı" diye yazacaktı anılarına.[18]

Köşkün, odaların, hatta hizmet edenlerin üst başlarının, tavırlarının, hareketlerinin titiz ve ince bir kontrolden geçtiği anlaşılıyordu. Ev sahibi olarak Latife, konuklarına büyük şefkat gösteriyor, sofrayı evde çok sayıda hizmetçi olmasına karşın kendisi hazırlıyor, herkesle konuşuyor ve herkesi memnun bırakmanın mutlaka çaresini buluyordu.

O günlere ilişkin anılarda evde kalanlar Latife'yi öve öve bitiremiyorlar. Başbakan Rauf Bey, İzmir'deki köşkte "epeydir farkında olmadan hasretini çeke çeke, bir daha ulaşılmaz gibi uzaklarda kalmış bir dünyada unuttuğu, aile yuvasına kavuştuğunu" düşünmüştü. Herkesi mutlu eden bu düzgün yaşamın sırrını ertesi gün tanıştığı köşk sahibesinin şahsında keşfedecekti:

> Genç, zarif ve ilk bakışta insana saygı telkin eden, nazik ve kibar bir hanımdı. Mustafa Kemal Paşa'nın karargâh ve maiyeti ile kaldığı köşkün idaresini de büyük bir konukseverlikle Latife Hanım üzerine almıştı. Rahat ve huzur içinde çalışmamızı sağlamak için her birimize büyük bir itina ile o nezaret ediyordu. Bir gün Mustafa Kemal Paşa Latife'den duyduğu memnuniyeti şöyle dillendirmişti:
>
> "Anlaşılıyor ki, karargâh kumandanlarının hanım olmaları her cihetçe daha muvafıkmış."[19]

Ali Fuat Cebesoy'un, o günlere ilişkin izlenimi şöyleydi:

> Köşkün hakiki bir başkumandanlık karargâhı gibi bir hayli işlek olmasına rağmen intizamı pek mükemmeldi. Herkese şefkat ve nezaketle muamele ediyor, mukabilinde hepimizden hürmet görüyordu. Her dediği âdeta karargâh kumandanının bir emri gibi telakki olunu-

18. İsmet İnönü, a.g.e., s. 300.

19. Feridun Kandemir, *Hatıraları ve Söylemedikleriyle Rauf Orbay,* Sinan Matbaası, İstanbul, 1965, s. 74-75.

yordu. Hatta Gazi Paşa bile bu hareket tarzını memnuniyetle kabul etmişti. Gülerek: "Karargâh komutanı hanımın emri budur" diyordu. Latife Hanım refakatine aldığı kendisi gibi müşfik birkaç hanımla beraber bu hizmeti şerefli bir vazife olarak yapıyordu.[20]

Yaver Salih Bey de "Başta Atatürk olmak üzere hizmet neferlerimize kadar Latife Hanım'dan hepimiz son derece memnunduk" diyecekti.

Beyaz Köşk'e sayısız ziyaretçi geliyor, Latife, gelen konukları sıraya dizip randevuyla kabul edilmelerini sağlıyordu. Diplomasi günleri başlamıştı, bu yüzden ciddi bir çevirmene ihtiyaç doğmuştu. Latife görüşmeye gelen yabancı gazeteciler ile Mustafa Kemal arasında çevirmenlik yapıyor, onun notlarını alıyor, birikimi ve aklıyla ona yardımcı oluyordu.

Dönemin ünlü gazetecilerinden Ahmet Emin Yalman karargâhtaki ortamı şöyle anlatıyor:

> O sırada karargâh, mevki, vazife ve selahiyet sahibi herkese açıktı. Mustafa Kemal Paşa öğleden evvel belli saatlerde herkesi bir arada kabul ediyor, zaferden sonraki emellerden, vazifelerden, ihtimallerden açıkça bahsediyordu. Muammer Bey'in kızı Latife Hanım bir düziye odaya girip çıkıyor, tercümanlık ve hususî kâtibelik vazifelerine yetişiyor, misafirle dolu olan evin her işini tam bir düzenle yürütüyordu.[21]

Mustafa Kemal Paşa'nın yakın dostu Fransız kadın yazar Berthe Georges-Gaulis, Mustafa Kemal ile Latife'nin İzmir'deki ilişkisini anlatırken "Kemal, genç kızdan etkilenmişti. Hiç vakit harcamadan bu yeni keşfettiği zekâdan yararlanmaya başladı" diyor ve ardından ekliyor: "Latife onun sekreteri oldu. Birçok Avrupa dilini çok iyi bilmesi nedeniyle emsalsiz bir tercümana dönüşmüştü. Birlikte çalışırken fikir alışverişinde bulunuyorlardı."[22]

Beyaz Köşk'te unutulmaz gece

Mustafa Kemal'le görüşmek isteyenler arasında çok sayıda yabancı gazeteci de vardı. 14'ünde United Press İnternational ajan-

20. Ali Fuat Cebesoy, *Siyasi Hatıraları Büyük Zaferden Lozan'a*, 2 cilt, Temel Yayınevi, İstanbul, 2002, s. 71.

21. Ahmet Emin Yalman, *Yakın Tarihte Gördüklerim ve Geçirdiklerim*, s. 801.

22. Berthe Georges-Gaulis, a.g.e., s. 219.

sı muhabiri, 18'inde *Chicago Tribune*'den John Clayton, 19'unda *Daily Mail*'den Ward Price köşkün misafiriydi. 25 eylül, Reuters ajansına ayrılmıştı.

18 eylül gecesi, Latife İzmir zaferini kutlamak için İsmet Paşa'yı Halide Edip'i ve bir grup gazeteciyi evine davet etti. Evin verandasına çıkan merdivenler ile veranda birbirine geçmiş sarmaşıklar, yaseminler, morsalkımlar ve güllerle kaplıydı. Bu karmaşa koyun mavi sularına bakan bahçeyi daha da çekici kılıyor, Uşakizadelerin köşkü olağanüstü bir gece yaşıyordu. Konukları ev sahibi olarak karşılayan Latife, Beyaz Köşk'ün verandasında gelenlere hoş geldiniz derken, meraklı gözlere hazırlıklıydı.

Halide Edip'i, Göztepe'deki eve Mustafa Kemal götürmüştü. Yolda çok övücü biçimde Latife'den söz ediyor, ne kadar iyi eğitimli, ne kadar terbiyeli olduğunu, babası yangında bir servet kaybettiği halde buna aldırmayacak kadar da vatansever olduğunu anlatıyordu.

Halide Edip Mustafa Kemal'in o andaki ruh halini tarif ederken, "Bu sert askerin sesinde, nihayet yuva kurmak için hazırlandığını ifade eden bir şeyler vardı" yorumunu yapıyor.

> Merdivenin başında duran siyahlar giymiş çok ufacık tefecik bir kadın bizi bekliyordu. O zaman Latife Hanım'ın 24 yaşında (23 yaşındaydı) olduğunu biliyorduk. Fakat davranışları çok daha olgundu. Selam verişindeki zarafette vakar ve eski dünyanın cazibesi seziliyordu. Hiçbir davranışına sosyete genç kızlarındaki sinema yıldızı tavırları sinmemişti.
>
> Mustafa Kemal Paşa, bir müddet ortadan kaybolduktan sonra, beyaz bir kostümle geldi.
>
> Açık renk saçlarını arkaya doğru taramıştı. Kaşları her zaman olduğu gibi isyankârdı. Açık mavi gözleri mutlulukla pırıl pırıl yanıyordu. Bizim için hazırlanmış olan içki sofrasının yanında durdu. Latife Hanım da yanımda oturuyor ve gözünü ayırmadan ona bakıyordu. Mustafa Kemal Paşa onun aklını başından almıştı, kendisinin de Latife Hanım'a âşık olduğu aşikârdı. İkisi arasında iki insanın birbirine cezbolmasından kaynaklanan bu güçlü akım geceyi şenlendiren hadiseydi. Yoksa sıkıcı ve donuk bir gece olacaktı.[23]

Mustafa Kemal Paşa, içkiye genelde mesafeli duran Halide Edip'i birlikte içki içmeye davet etti.

"İzmir zaferini kutluyoruz, siz de bizimle birlikte içmelisiniz!"

23. Halide Edip, a.g.e., s. 387-388.

"Bugüne kadar hiç ağzıma rakı koymadım Paşam. Fakat şampanyayla kutlayabilirim" diye cevap verdi.

Mustafa Kemal Paşa rakı kadehini dudaklarına götürürken, eliyle Halide Edip'i gösterdi, "Hanımefendinin huzurunda ilk defa içiyorum. Yanında içmekten hep çekinmişizdir" diye sözlerine devam etti.

O gece, Latife de Halide Edip'e katılmış, rakıyı geri çevirip şampanyada karar kılmıştı. Mustafa Kemal, Halide Edip'in yorumuna göre Latife'nin tercihinden rahatsız olmuş ve Latife'nin genelde rakı içtiğini söylemek ihtiyacını duymuştu. Aslında Latife rakıyı hiç sevmez, konyak ve şampanya içerdi. Ama anlaşılan İzmir günlerinde rakı içen Mustafa Kemal'e eşlik etmiş olmalı.

Halide Edip, mevcut durumun rahatsızlık sebebi olduğunu fark ederek "Benim aşırı sofu (püriten) bir kadın olarak tarif edilmem acaba onun genç ruhunda etki bıraktı mı" diye düşünmüş sonra da kendisini, "Nasılsa, sağlam zevkleri olan melankolik mizaçlı bir kadın" diye rahatlatmıştı.

İsmet Paşa, Rauf Bey ve Halide Edip Avrupa kültürüyle yoğrulmuş ev sahibesini Mustafa Kemal'e yakıştırmışlardı. Kurulan sofrada İstanbullu gazeteciler Yakup Kadri, Asım ve Falih Rıfkı da vardı.

İsmet İnönü, Halide Edip'in Latife için ne düşündüğünü öğrenmek istemişti. O da genç kızı çok çekici bulduğunu itiraf etmişti.

Halide Edip şöyle diyor anılarında: "İçimden Mustafa Kemal Paşa'nın zevkini takdir ediyordum. Onun aşk meselelerine uzak durmayı tercih etmiştim hep. Bugüne kadar Paşa'da gerçek duygular uyandıran iki kadının, Fikriye ile Latife'nin çarpıcı kadınlar olduğunu düşünmüştüm. Fikriye Hanım, Mustafa Kemal'in yeni ilişkisini öğrenince çok acı çekecekti."[24]

Gecenin yatılı konuklarından Falih Rıfkı ise *Çankaya* kitabına şu notu düşmüştü:

> Mustafa Kemal'in sofrasında ilk defa bulunacaktık. Holde toplandıktan biraz sonra, arkasında beyaz bir Kafkas gömleği ile merdivenden indi. Bu kemerli gömlek, pek ahenkli bir endam ister. Mustafa Kemal, ince, zarif ve güzel bir erkekti. Kahramanlık şanının, o günlerde, bu güzelliği nasıl cazibelendirmiş olduğu da kolay anlaşılabilir.
>
> Mustafa Kemal bizim nesle, yazarken Namık Kemal'i, konuşurken Yahya Kemal'i hatıra getirirdi. Sohbetler ve meclisler adamı olduğu belliydi.

24. Halide Edip, a.g.e., s. 388.

Sevmek mi acımak mı diye bir bahis açtı. O geceki tartışma sırasında, ilk defa bu yalçın savaş ve pek hesaplı politika adamının dünyalı ve insan tarafını görüyordum.

Gene o gece ilk defa türküler söylediğini işittim. Sesi mat, yavaş, tatlı ve cazibeliydi. Bilhassa Rumeli türküleri söylerken, derin ve onulmaz bir gurbet ve sıla acısı gözlerinde yaşarıyordu.

O akşam zeybek oynadı. Oyunu efekâri ve kibardı. Gün ağarırken uyuduk...[25]

Fevzi Paşa o gece Mustafa Kemal'in Rumeli türküleri söyleyip zeybek oynamasını İzmir yangınıyla bağlantılandırıyor, "Mustafa Kemal, Nurettin Paşa'yı bu hoyrat hareketinden dolayı hiçbir zaman affetmemiş ve Latife Hanım'ın evinde misafirleri ve müstakbel zevcesi önünde Rumeli türküleri söylemiş ve zeybek oyunu oynamıştı" diyor. Kendisinin de Mustafa Kemal gibi büyük İzmir yangınından esef duyduğunu belirterek bu olaydan Nurettin Paşa'yı sorumlu gördüklerini söylüyor.[26]

Beyaz Köşk'e 19 eylül günü Churchill'in yeğeni, gazeteci, gezgin ve heykeltıraş Clare Sheridan, geldi. Sheridan daha önce Sovyetler Birliği'nde kalmış, Troçki, Lenin, Kamanev gibi devrim önderlerinin büstlerini yapmıştı. Mustafa Kemal'in de kendisine büst için poz vermesini istiyordu. Sheridan'ın, *Nuda Veritas* adlı kitabından Latife'yle de tanıştığı ve ondan pek hoşlanmadığı anlaşılıyor. Sheridan 1922 yılında *The New York World* için çalışıyordu.

Mustafa Kemal'in geçici karargâhı körfeze tepeden bakan teraslı bir bahçenin içindeydi. Randevulu gelmiştim. Ağaçların gölgesinde, yaverin arkasından şelalelerin arasından bin basamak çıktım. Yukarıdan beni izleyen bir grup insan vardı. Çok sıcaktı ve zirveye ulaştığımda nefessiz kalmıştım. Kılavuzumun arkasından çok sayıda insanın oturduğu terastan eve girerken ürkütücü bir sessizlik oldu. Belli ki Gazi, geldiğimi görünce, beni salona kabul etmek üzere yanındakilerden ayrılmıştı. Sfenksi andıran ifadesi ve asık yüzlü aşırı nezaketi bana oldukça anlaşılmaz geldi. Beni kanepeye oturtup kendisinin, terastakiler bizi dinlesin diye odanın öteki köşesine, açık pencerenin önündeki koltuğa oturmasına sinirlenmiştim. Aramızdaki mesafe moral bozucuydu...[27]

25. Falik Rıfkı Atay, a.g.e., s. 326-327.

26. Süleyman Külçe, a.g.e., s. 236; Oğuz Akay (der.) a.g.e., s. 87.

27. Clare Sheridan, *Nuda Veritas*, Londra, 1927, s. 276.

Mustafa Kemal'in üniformasının sadeliği Sheridan'ı şaşırtmış, açık sarı saçları, mavi gözleriyle onun Doğuluya benzemediğini düşünmüştü. Elindeki mercan tespih dikkatini çekmişti. Bir ara onu rahatsız ettiği hissine kapıldı. Mustafa Kemal'le bir söyleşi yapma niyetindeydi, ama Amerikan basınının bir temsilcisine, *Chicago Tribune*'den John Clayton'a politik durumu anlatan bir demeç verdiğini, tekrarının gereksiz olduğunu söyleyince diyecek bir şey bulamamıştı. Mustafa Kemal, Sheridan'a barış istediğini açıkça ifade etmişti. İstanbul'a gitmek istiyordu, ama barışçı bir yol izleyerek orada olmak istiyordu. İzmir yangınındakine benzer bir trajediyi bertaraf etmesi gerektiğine inanıyordu.

Elinde gümüş tepsi içinde, eski, güzel bir maşrapa ve iki kâse reçelle bir hizmetçi belirdi. Tepside kaşıklar da vardı, ama tabak yoktu. Sheridan, bir an ne yapacağını şaşırdı. Onun şaşkınlığını gören Mustafa Kemal, ne yapması gerektiğini tarif ederken gülümsüyordu.

Clare Sheridan Latife'yle de tanışmasını anlatıyor:

> Mustafa Kemal –onun gibi kontrollü birisi için fazlaca asabi bir tavırla– "evin hanımefendisine" haber yolladığını söyledi. Benim evin hanımefendisiyle tanışmak gibi bir merakım yoktu, vakit kazanmak için eserlerimin fotoğraflarını gösterip, büstünü yapmama izin vermesini istedim ve bana bir lütufta bulunun diye rica ettim.
>
> "Memnuniyetle ve sevinerek" diye yanıtladı. Bunun üzerine yarın başlayabilir miyim diye sordum. Tereddüt etti. "Çok az zamanım var" dedi.
>
> Ben yine de ısrar ettim. "Sezar, Büyük İskender, Napolyon, hepsi de vakit bulmuşlardı" dedim.
>
> Tam o sırada "evin hanımı" geldi. Kısa boylu, yuvarlak yüzlü, kalın yapılı, kocaman gözlü bir kadındı, gençti ama orta yaşın olgunluğuna sahipti.
>
> Yanımıza oturdu ve bana öyle cüretkâr ve tepeden baktı ki gerek gazetecilik gerek sanatçılık üzerine sohbeti yürütmenin olanağı kalmamıştı. Kemal ona Türkçe bir şeyler söyleyerek yapıtlarımın fotoğraflarını göstermeye çalıştı, ama o iki kolunu göğsünde kavuşturmuş, "Ne zaman gidecek" dermiş gibi ilgisiz bir tavır sergiliyordu.
>
> Onun, Kemal'le evlenecek kadın olduğunu bilmiyordum. Ama bu saygısızlığını açıklamaya yetmiyordu. Ben son bir çabayla "Bana vakit ayıracağınız güne kadar İzmir'de bekleyebilirim" dedim.
>
> "Madam" dedi, "şu anda kendi evimde değilim." Sanki evin hanı-

mefendisinin teşvikiyle razı olacak gibiydi. Ama o son derece sessizdi. Bunun üzerine "Size İstanbul'da poz veririm" dedi.

Ben ama çok uzun zaman alır deyince, "Kim bilir, belki de o kadar uzun sürmez" diye itiraz etti. Latife Hanım (oydu) bu nüfuz edilemez Troçki'yi belki de teslim almıştı, ama elinde tutamayacaktı.[28]

Konuklarına hep çok nazik davrandığı anlatılan Latife, Clare Sheridan'a neden soğuk davranmıştı? Sheridan, Mustafa Kemal'in de kendisini asık yüzlü bir nezaketle karşıladığını; pencereyi açık bırakarak başkalarının onları dinlemesini sağladığını söylüyor. Belki de alıngan tabiatlı bir kadındı.

Mustafa Kemal, İtilaf Devletleri'yle sürdürülen görüşmeler nedeniyle sıkıntılıydı. Büstün İstanbul'da yapılabileceğini, bunun beklenenden daha kısa süre alabileceğini söylemesi ise İngilizlere bir mesajdı: Ateşkes yapın ve terk edin, yoksa geliyorum anlamındaydı. Bu görüşmeye Latife'yi de davet etmişti Mustafa Kemal. Çünkü Latife, artık yalnız ev sahibi değildi, çevirmen ve sekreter olarak da Kemal Paşa'nın ihtiyacı olan hizmetleri üstlenerek onun yaverleri arasına katılmıştı.

Tanışmalarından kısa bir süre sonra Mustafa Kemal Latife'ye "Latif" diye hitap etmeyi alışkanlık haline getirmişti. Onu "yaver" diye çağırdığı da oluyordu.

Latife'nin kaleme aldığı nota

İzmir Limanı'ndaki 64 parça düşman gemisi sinirleri bozuyordu. Mustafa Kemal Hariciye Nazırı Yusuf Kemal Bey'e "İngiliz Donanma Komutanlığı'na bir nota yazın. 24 saat zarfında İzmir Limanı'nı terk etsinler. Artık onların burada hikmeti vücutları yoktur. Mağlup bir devlet var karşımızda. Biz zaferi kazanmışız ve bir hâkimiyetin verdiği huzurla burada duruyoruz. O donanmanın burada hiç lüzumu yok. Terk etmemekte ısrar ederlerse batırırım o tekneleri" dedi.

Bu nota bir türlü yazılıp gelemedi. Diplomasinin incelikleri Yusuf Kemal Bey'i temkinli davranmaya zorluyordu. Gecikmelere sinirlenen Mustafa Kemal, "Nota yazılmadı mı?" diye bir iki defa sordu.

"Ne oluyor, yazılmadı mı bu dört satırlık yazı" diye söyleniyordu.

Mustafa Kemal'in gerginliğini fark eden Latife:

"Paşam, müsaade buyurursanız ben yazıvereyim" dedi.

28. Clare Sheridan, a.g.e., s. 277.

"İngilizce yazılacak buyurun yazın!"

Latife, onun istediği notayı yazmıştı.

"Harika tam istediğim gibi yazılmış. Yusuf Kemal Bey, sizin böyle uğraşıp uğraşıp da yazamadığınız notayı Hanımefendi iki dakikada yazdılar, kendisine teşekkür ettim, siz de istirahat edin..." dedi. Sonra Latife'ye döndü.

"Hanımefendi bu notayı hangi kalemle yazdınız?"

Latife elindeki üzeri işlemeli altın kalemi gösterince, "Verin bana o kalemi" deyip, kalemi Latife'nin elinden aldı ve dudaklarına götürüp öptü.[29]

Latife, Kemal Paşa'nın öptüğü altın işlemeli dolmakalemi ömrünün sonuna kadar saklayacaktı.[30]

29. Mahmut Baler, *Baldan Damlalar 3 ve Hatıralarım*, Kervan Kitapçılık, İstanbul, 1982, s. 59-60.

30. Bu kalem Latife'nin ailesi tarafından saklanıyor.

5

Mustafa Kemal Paşa'dan evlenme teklifi

Mustafa Kemal ile Latife, ılık İzmir gecelerinde birbirlerini keşfettiler. Konuşup tartıştıkça daha çok haz aldılar. Latife cazip bir genç kadındı, zekiydi, hayat doluydu, güzel konuşuyor, derin düşünüyor, fikirlerini korkusuzca savunuyordu. Kendi cinsinin kurtuluşunu istiyor, Türk kadınlarını Batılı kadınların sosyal ve kültürel düzeyine yükseltmeyi hayal ediyordu. Yüzyıllardır kadınları köleleştiren gelenekleri yıkmak, erkeklerin kölesi olmaktan kurtarmak için çalışmaya kararlıydı. Fikirleriyle çeliyordu Mustafa Kemal'in kalbini.

Mustafa Kemal de ona Türkiye için hedeflerini anlatıyor, ortadan kaldırmaya kararlı olduğu batıl inançlardan, önyargılardan ve cehaletten söz ediyordu. Genç kız onu kendinden geçerek dinliyordu. Latife'nin Mustafa Kemal'le ilişkisi bir sekreter ya da yaver konumunu çok aşmıştı. Aşk kapıdaydı.

Mustafa Kemal'in biyografisini kaleme alan Patrick Kinross Latife'yi kitabında şöyle anlatacaktı:

"... düşünceleri, öğütleri ve akılcı konuşmasıyla Mustafa Kemal'in zihnini kamçılıyordu. İşte, çevresindeki erkeklerin çoğundan daha iyi konuşabileceği bir kadın. Uyanık bir erkek kafasıyla çekici bir kadın vücudunu kendisinde birleştirmişti."[1]

Ölümsüz Atatürk kitabının yazarları Norman İtkowitz ve Vamık Volkan ise Mustafa Kemal'in Latife'yi "kendi dişil versiyonu" olarak gördüğünü düşünüyorlar.[2]

Köşkte üç hafta boyunca her türlü heyecan birbirine karışmıştı. Mustafa Kemal savaşı sona erdirmek için temaslarını sürdü-

1. Lord Kinross, *Atatürk, Bir Milletin Doğuşu*, Altın Kitaplar, 1994, s. 388.

2. Vamık Volkan, Norman Itkowitz, *Ölümsüz Atatürk*, Bağlam Yayınları, İstanbul, 1998, s. 287.

rürken Latife'yle ilgilenmeyi de ihmal etmiyordu.

İzmir günlerinin tanığı Yaver Salih Bey bu ilgi nedeniyle kendisinin dışlandığını düşünmeye başlamıştı:

Latife görevimin bir bölümünü -hemen fark ettirmeden- elimden almış ve kendisi yapmaya başlamıştı. Köşkte en geç yatan o, en erken kalkan yine o idi. Avrupa gazetelerine abone olmuştu. İstanbul gazeteleri ile birlikte gelen Avrupa gazetelerini Latife Hanım alıyor, hepsini büyük bir dikkatle gözden geçiriyor ve gerekli bazı haberleri işaretliyordu. Mustafa Kemal Paşa uyandıktan sonra sabah kahvesi ile birlikte odasına giriyordu.

Bir yandan Paşa ağır ağır kahvesini yudumlarken Latife, günün önemli haberlerini özetliyor, yorumları aktarıyor, kendisine ait yazıların küpürlerini Paşa'ya veriyordu.

Paşa, bu duruma kısa bir süre içinde alıştı ve bu işin tiryakisi oldu. Bir sabah Mustafa Kemal Paşa erken uyanmış ve kahvesini istemişti. Vakit çok erkendi, Latife uyuyordu. Kahvesini ben götürdüm; içeriye girişimi hayretle seyrettikten sonra:

"Sen nerden çıktın? Latif nerde? Hemen kaldırın, gazeteleri alsın, gelsin..." dedi.

Doğrusu bu sözlere biraz alınmadım diyemem. Bunca yıl kendisine hizmet ettikten sonra bir sabah sanki hayatında ilk defa kahvesini benim elimden alıyormuş gibi, "Sen nerden çıktın?" demesi oldukça gücüme gitmişti.[3]

Salih Bey, Latife Hanım daha kalkmadı, bu yüzden kahveyi ben getirdim dediğinde Mustafa Kemal yaverinin alındığını fark etmemişti.

Latife ile Mustafa Kemal arasındaki uyumu fark edenler Mustafa Kemal'in evlenmeye niyetlendiğini anlamışlardı.

Latife, o günlerin hikâyesini Fransız gazeteci Berthe Georges-Gaulis'e 1923 yılında anlatmış, o da *La Nouvelle Turquie* adını verdiği kitabına yazmıştı:

Mustafa Kemal yavaş yavaş Latife'nin cazibesine kapılıyordu; bunu da kendisine ifade etti. Latife de ona meyilliydi. Ama Mustafa Kemal daha ileri gitmek isteyince direndi; kesin bir dille açıktan tartışmaya girişti. Bunun üzerine Mustafa Kemal "prensiplerini" açıkladı ona. Ancak eseri başarıya ulaştıktan sonra evlenebilirdi; Latife de ona kendi prensiplerinin onunkine eşdeğer olduğunu ve prensiplerin-

3. İsmet Bozdağ, *Latife ve Fikriye*, s. 86-87.

den hiçbir şekilde vazgeçmeyeceğini söyledi.

Onu seviyordu, bunu kabul ediyordu. Ancak, ya onun karısı olurdu, veyahut da hiçbir zaman evlenmezdi. Her halükârda onun metresi olmayacaktı. Kendi ilkeleri buna kesinlikle izin vermiyordu.[4]

Mustafa Kemal karşısına çıkan genç kızın sıraladığı prensipleri merakla dinlemişti, ama memleketi kurtarmadan evlenmeyi gereksiz buluyordu.

Latife'nin kız kardeşi Vecihe İlmen, "Aslında Atatürk evlenmeyi düşünmeyen birisi idi. Fakat bizim aile öyle bir aile idi ki, başka türlü beraber olmaya imkân yoktu. Aralarında bunu düşünmüşlerdir" diyor.

Vecihe Hanım'ın anlatımından da evlenme konusunu aralarında tartıştıkları sonucu çıkıyor.

Sonunda Mustafa Kemal doluya koydu olmadı, boşa koydu olmadı ve kararını verdi. Piyangodan çıkmış gibi karşısına çıkan bu kadın yapacağı işlerde ona yardım edebilirdi. Türkiye'yi değiştirme yolculuğuna Latife gibi bir kadınla çıkması pek çok şeyi kolaylaştırabilirdi. Her tanıyan onu kendisine yakıştırıyordu. İsmet, Kâzım, Rauf, Ali Fuat, Salih, Ahmet Emin, Ruşen kıza bayılmışlardı. Engel elbette vardı. Fikriye vardı, onu halledebilirdi. Ankara'nın ağır koşulları vardı. Bunu da Latife halledebilirdi. Savaş can çekişiyordu. Barış kapıdaydı. Mustafa Kemal verdiği kararları hemen uygulayan bir karaktere sahipti. Latife'yle hayatını birleştirmeye dair engelleri kafasından çözünce kararı uygulamak üzere harekete geçti. Körfez'e karşı baş başa yemek yedikleri bir gece ona "Hemen evlenelim" teklifinde bulundu. Dışarı çıkacaklar ve oradan geçen ilk müftüye nikâhlarını kıydıracaklardı. Latife, bu teklife "Kesinlikle olmaz" dedi.

Babası Biarritz'den dönmeden böyle bir şey mümkün değildi. Ailesinin onayını almadan bir evlilik düşünemiyordu Latife. Kaldı ki, karargâh bütün gün girilen ve çıkılan bir yerdi. Herkesin gözü önündeydiler. Bu kadar hızlı bir evlenme hoş olmayan söylentilere neden olabilirdi.

Latife Mustafa Kemal'e "Hayır" demişti ama, bu daha çok zamanlamayla ilgili bir "hayır" gibi görünüyor. Bütün sıcaklığıyla evin içindeki varlığını hissettiriyordu. Sabah erkenden bahçeden kopardığı bir pembe gülü Mustafa Kemal'in başucuna bırakmaya devam ediyordu. Vecihe İlmen'in anlatımlarına göre, İzmir'de kaldığı 15 gün içinde Mustafa Kemal Paşa Latife'ye üç kez evlenme teklif etmişti.

4. Berthe Georges-Gaulis, a.g.e., s. 219.

Lirik evlenme teklifi

Bir sabah Mustafa Kemal evden çıkarken kendisini geçiren Latife'ye beklenmedik bir ricada bulundu.

"Latifçiğim bugün odamı siz toplayabilir misiniz?"

"Elbette Paşam" diye cevap verdi Latife.

Mustafa Kemal'in yatak odasına girince "Allah Allah" diye mırıldandı. Yatak yapılmış, her şey yerli yerine konmuştu.

"Acaba niye odamı topla" demişti. Yerli yerinde olmayan tek bir şey vardı o da Mustafa Kemal'in duvardaki resmiydi. Nedense yatağın üzerine bırakılmıştı. Her sabah bahçeden koparıp onun başucuna bıraktığı gül de çerçevenin üzerinde duruyordu. Latife resmi, aklına bir şey gelmeden yeniden duvara astı. Unutulduğunu sanmıştı.

Belki o gece, belki de ertesi gece, Latife ile Mustafa Kemal baş başa sofraya oturduklarında, Mustafa Kemal, "Latif, o gün odamı toplarken dikkatinizi çeken bir şey olmadı mı?" diye sordu. Latife bu soruya ilk anda cevap verememişti.

"Yatağın üzerinde bir resim vardı, alıp duvara astım" dedi.

Mustafa Kemal, başladığı oyunu sürdürmeye kararlıydı.

"Lütfen odaya gidip, o duvara astığınız resmi getirir misiniz."

Muzip bir hali vardı. Latife de bir anlam veremedi, ama hemen gitti ve resmi çivisinden çıkartıp getirdi.

"Lütfen arkasına bakar mısınız?" diye devam etti Mustafa Kemal.

Latife'nin kafasından bin bir şey geçiyordu, ama işi bir türlü çözemiyordu. Mustafa Kemal'in el yazısını görür görmez tanıdı. Yazıyı ilk başta göremediğine hayıflandı. Affedilecek şey değildi yaptığı.

> Sen bu resme bak
> Ve hâlâ hayır diyorsan
> Bir daha teklif etmeyeceğim![5]

Latife'nin sabah ona bıraktığı gül de resmin kenarına iliştirilmişti.

Latife, doğup büyüdüğü evi İzmir Türk Koleji'ne dönüştüren Bahattin Tatiş'la dost olduğu yıllarda bir sohbet sırasında Mustafa Kemal'den aldığı evlenme teklifini ona da anlatmış ve "Çok nazik ve lirik bir ifadeyle bana ithaf ettikleri iltifatları görünce he-

5. Muammer Erboy'la görüşme.

yecanlandım. Aynı gece bana izdivaç teklif ettiler" demişti.[6]

Mustafa Kemal, Latife'ye gerekçelerini de sıralamıştı.

Latife, o günleri hafızasına şöyle kaydetmişti:

> O gece baş başaydık, uzun uzun konuştuk. Tam dört gün sürdü bu konuşmalar. Ama duygusal konuşmalar değildi, daha çok ülkenin geleceğine ilişkin sohbetlerdi. Beşinci günün akşamı büyük Paşamız, çok gerçekçi bir tavırla, özellikle de aldığım Batı eğitimi nedeniyle benim kendisine uygun bir eş olduğumu düşündüğünü söyleyerek beni şaşırttı. Daha ne yaptığımı kavramadan onun bu teklifini duygusal olmaktan çok uzak ve gerçekçi bir ruh hali içinde kabul ettiğimi söyledim. Evlenme teklifini kabul etmiştim ama herhangi bir tarihten söz edilmemişti. Bu yüzden evlenmeden önce daha yıllar geçeceğini düşünmüştüm.[7]

Latife, evlenme teklifi almış bir genç kızdan çok, ilişkilerinin evlilik biçiminde sürmesinin gerçekçi olacağını düşünen bir ruh hali içindeydi Mustafa Kemal'e "evet" derken.

"Bizim birlikteliğimiz en çok kafalarımızın birlikteliğinden doğdu" diyecekti bir yabancı gazeteciye.[8]

Latife'yi ailesinden istemesi gerektiğini düşünen Mustafa Kemal, Muammer Bey İzmir'de olmadığı için Latife'yi İzmir'de yaşayan büyük dayısı Ragıp Paşa'dan istemeye karar verdi. Fevzi Paşa'yı ve Salih'i de yanına aldı, hep birlikte atlarına atlayıp kız istemeye gittiler.

Ragıp Paşa'nın kızı Bedia Akatürk, konuşmalara kapıdan kulak misafiri olmuştu:

Fevzi Paşa, Ragıp Paşa'ya "Kemal Paşa Hazretleri, yeğeniniz Latife Hanım Hazretleriyle evlenmeye karar verdi. Aile büyüğü olarak sizin yüksek müsaadenizi rica ediyorlar" dedi.

Ragıp Paşa'da şu cevabı verdi: "Paşa Hazretlerinin ailemize intisabı bizim için çok büyük bir şereftir. Mademki öyle arzu ve emir buyurmuşlar, emir kendilerinindir efendim."[9]

Arkasında Mustafa Kemal'in el yazısı izdivaç teklifini taşıyan

6. Yener Süsoy, "Latife Hanım'ın Öyküsünü Sıfırcı Baha'dan Dinleyin", *Hürriyet*, 16 haziran 2003.

7. "Bayan Kemal Türkiye Cumhurbaşkanıyla Romantik Evliliğini Anlatıyor", *The Current Opinion*, ocak 1924.

8. "Boşandılar" *Time* dergisi, 24 ağustos 1925,

9. Şadan Gökovalı, *Atatürk ve* İzmir, *İzmir* Gazeteciler Cemiyeti Yayınları, İzmir, 1981, s. 105-106.

resim ise, Vecihe İlmen tarafından Latife Hanım'ın vefatının ardından evinin karşısındaki Askerî Müze'ye armağan edildi. O sırada bağışlanan fotoğrafın yanında bir de yağlıboya Mustafa Kemal tablosu vardı. Latife Hanım lirik teklifin resmin arkasında olduğunu söylüyor. Kimi anlatımlarda tablodan söz edilmesi bundan. Ne yazık ki armağan edilen eşyalar geçen yıllar içinde konularına göre ayrılmak gibi bir şanssızlığa uğradı. Sonuçta, bu değerli ithafı taşıyan resim diğer Atatürk resimleriyle birlikte tasnif edilmek üzere fotoğraf arşivine teslim edildiği için gün ışığına çıkması daha zaman alacak.

Baş başa son gece

İzmir'deki son gecenin ayrıntılarını Yaver Salih'in anılarından öğreniyoruz. O sabah Mustafa Kemal evden çıkarken akşam kimlerin yemeğe çağrılacağını yazmak için bekleyen Salih'in yüzüne baktı. Sonra da mavi pelerinini savurarak şöyle dedi: "Bu akşam sofrada kimse bulunmayacak. Latif'le yemeği baş başa yiyeceğiz."

Başyaver, bu gece bir şeyler olacak sonunda diye geçirmişti aklından.

O gece her ikisi de çok geç saatte yattılar.

Mustafa Kemal de ertesi gün evden erkenden ayrılıp Fevzi Paşa'nın karargâhına gitti. İzmir'den ayrılacaklarını söylememişti Latife'ye. Akşam sofra kurulmayacağını ve Mustafa Kemal Paşa'nın ertesi sabah İzmir'den ayrılacağını öğrenen Latife çok üzüldü.

Mustafa Kemal'in sabah Latife'yi uyandırmadan gidişini yaveri de garipsemiş ve aralarında acaba ne geçti diye merak etmişti.

Salih Bey'in daha sonra Mustafa Kemal'den dinleyip aktardığı bilgi şöyle:

> "Dünya değişiyor iyice..." demişti Mustafa Kemal. "Eskiden erkekler, kadınlara aşklarını söylemekten sıkılırlardı; şimdi maşallah kızlar erkeklere rahatça sevdalarını söyleyebiliyorlar!
>
> O akşam, yedik içtik konuştuk... Sonunda Latif, bana tutulduğunu söyledi. Onu buralarda bırakmamalıymışım! Ankara'ya götürüp oradan kendisine bir iş vermeli ve hep çevremde bulunmasını sağlamalıymışım! İzmir'de kalırsa havasızlıktan ölürmüş. Daha bir sürü şey... Kendisine bunların mümkün olmadığını söyledim. Çok üzüldü."

Paşa'nın böyle kaba taslak özetlediği gecede kim bilir daha neler olmuştu! Latife Hanım, elbette ertesi gün benim odamda boşuna yakınmamıştı. Bütün bu konuşmaların üstüne, romantik bir gece, kazanılmış taze bir zafer ve vurgun bir genç kız yüreği eklemek gerektir.[10]

Latife'nin hemen Ankara'ya gitmesi mümkün değildi, Ankara'da Fikriye vardı.

Fikriye Mustafa Kemal'in üvey babası Ragıp Bey'in kardeşi Miralay Hüsamettin Bey'in kızıydı. Mora'nın Yenişehir bölgesinde 1897 (bazı kaynaklara göre de 1887) yılında doğmuştu.[11] Fotoğraflarından da bildiğimiz gibi endamı yerinde, hülyalı bakışları olan zarif ve güzel bir kadındı.

Mustafa Kemal Anadolu'ya geçtikten sonra yakın akrabaları onu Millî Mücadele'nin önderine yardımcı olması için Ankara'ya göndermişlerdi. Tehlikeli bir yolculuğun ardından kasım 1920'de Ankara'ya gelen Fikriye, Çankaya'nın hanımefendisi konumundaydı. İki kadının aynı anda orada olması büyük bir skandala neden olabilirdi.

Paşalar, milletvekilleri, İzmir'in ileri gelenleri ve gazeteciler ertesi sabah Beyaz Köşk'teydi. Fesler ve kalpaklar birbirine karışmıştı. Uğurlamaya gelenler de vardı birlikte yola çıkacak olanlar da. Salih Bey, Paşa'ya her şeyin hazır olduğunu bildirmek için yukarıya çıktığında Mustafa Kemal Paşa Latife'yle konuşuyordu.

Latife, "Gidiyorsunuz..." dedi.

"Evet" diye yanıtladı Mustafa Kemal. "Dün akşam sana söylemeyi unuttum. Gidiyorum."

Latife, Mustafa Kemal'den Göztepe'deki eve karargâh adı verilmesi ve karargâhın muhafaza edilmesi için evde bir müfreze asker bırakılmasını istedi. Merdivenlerde bekleyen yaveriyle karşılaşan Mustafa Kemal, "Buraya birkaç muhafız er bırakın. Hanımefendi'ye güvenlik sağlasınlar" dedi.

Merdiven başında Latife Hanım'ın gözlerinden taşan iki damla yaş yanaklarından sessiz sedasız dökülüyordu.

"Sizi yol boyu öyle merak edeceğim ki! Ankara'ya dönüşünüzde de bu merakım hiç eksilmeyecek sanırım. Paşam... Sizinle birlikte Ankara'ya gelmeyi ne kadar isterdim Paşa Hazretleri, kabil olsa, beni de yanınıza alsanız. Ankara'ya gelmeme izin veriniz..."

Mustafa Kemal razı olmamıştı.

10. İsmet Bozdağ, *Latife ve Fikriye* s. 92.

11. Şemsi Belli, *Fikriye*, Bilgi Yayınevi, Ankara, 1995, s. 66.

"Hayır burada kalın! Bekleyin! Biz evvela gidelim, sonradan lüzum görürsem sizi de yanıma aldırırım" cevabını verdi.[12]

İsmet Paşa'nın başkanlığında bir grup Mudanya Mütarekesi görüşmeleri için Bursa'ya gidiyordu. Mudanya'da barışa giden yollar konuşulacak, ateşkes yapılacaktı.

Mustafa Kemal İtilaf Devletleri'nin önerisi olan Mudanya Konferansı'nı kabul ettiğini bildirdikten sonra, 29 eylül gecesi Rauf Bey Fethi Bey (Okyar) ve Yusuf Kemal Bey'le (Tengirşek) birlikte İzmir'den ayrıldı. Eziyet etme sırası şimdi Mustafa Kemal'deydi.

Latife çok mutsuzdu; yaşamını Mustafa Kemal'le mi yoksa kendi başına mı kuracağı konusunda tereddüt içindeydi.

Latife'nin annesi ve kız kardeşleri Muammer Bey'den önce döndüler. Muammer Bey Fransa'da bir süre daha kaldı. Seyahat masrafları için para akışını yoluna koyup, yarım kalmış işlerini toparlayacaktı. Latife heyecanla babasının gelmesini, Mustafa Kemal'le beraberliklerini onaylamasını bekliyordu. Kafası karışıktı. Sonunda evet dediği yazılı evlenme teklifi duvarda asılı kalmıştı. Mustafa Kemal kanadında da bir sessizlik hüküm sürmekteydi.

12. Salih Güngör, a.g.y. 30 ocak 1939; İsmet Bozdağ, *Latife ve Fikriye* s. 91-92.

6

Evlilik öncesi bekleyiş

Mustafa Kemal'in gidişi Latife'yi boşlukta bırakmıştı. Artık ne Latife eskisi gibiydi, ne de İzmir. Latife'nin doğup büyüdüğü kent bir kül yığınıydı. Ortasında kocaman kara bir delik oluşan İzmir, ölenler ile kaçanların ardından boşalmıştı, Körfez'den hâlâ ceset çıkıyordu. Mustafa Kemal Paşa'nın ayrılışıyla birlikte Beyaz Köşk bomboş kalmıştı. Latife, bütün gün gazete okuyor, Kemal Paşa'yı takip etmeye çalışıyordu. Birkaç haber kaynağı vardı. Asım Paşa'nın İzmir'e gelen eşi, yazıştığı Yaver Salih ve karargâhta görevli askerler, Ankara'da olan bitenden zaman zaman onu haberdar ediyordu.

Latife habersiz kaldıkça kendi kendini yiyordu, ama Çankaya'da konuşulanları duymuş olsa boşuna dertlendiğini anlayacaktı. Zira, Mustafa Kemal her fırsatta, ondan, bilgisinden, kültüründen, derinliğinden söz ediyordu.

O günlerde yakın çevresi Mustafa Kemal Paşa'nın evlenmesini istiyordu. Yaver Salih "Paşa evlenirse içki içmeyecek, daha muntazam bir hayat geçirecek zannediyorduk. Paşa'nın Latife Hanım'la evlenmesini yalnız Fethi Bey muvafık görmüyordu, onun Paşa'yı idare edecek kabiliyette bir kadın olamayacağını söylüyordu" diyor.[1]

Mustafa Kemal bir gün Çankaya'da arkadaşlarına açık açık sordu..."Ne düşünüyorsunuz Latife hakkında?" diye. İsmet Paşa'nın yanıtı netti:

> Ben her bakımdan Latife Hanım'dan yanayım. Birincisi kültürlü bir kadın. Sadece kolej okumuş, bitirmiş değil, çağımızın önemli kitapla-

1. Salih Bozok, *Yaveri Atatürk'ü Anlatıyor*, haz. Can Dündar, Doğan Kitap, İstanbul, 2003, s. 91.

rını okumuş, anlamış bir genç kızımız. Dünyayı ve memleketimizi tanıyor. Bildiği yabancı diller, gelecek yıllarda daha da gelişecek diplomatik münasebetlerimizde paşamıza daha da yararlı olacak. İzmir'in soylu ve zengin bir ailesinin kızı... Görebildiğim kadar size de tapıyor Paşam! Güzel, seven, bilgili, soylu bir genç kız için bilmem ki başka ne söylenebilir?[2]

Bunun üzerine Mustafa Kemal "Görüyorum ki, bilgi, soy ve güzellik üzerine hepiniz birleşmişsiniz" dedi. "Ben, Latife'yi fazla güzel bulmadığım için kendisiyle evlenmeyi düşünüyorum. Bir ressamın portresinde bile bir anlam, bir derinlik varsa onu tutuyoruz. Latife'de bir anlam, bir derinlik sezmekteyim. Eğer sonradan değişmezse –bugünkü çerçeve içinde- evlenme için ideal bir portre."[3]

Mustafa Kemal'in her akşam sofrada lafı döndürüp dolaştırıp İzmir'deki kıza getirmesi annesinin dikkatinden kaçmadı. "Görsen anne..." diyordu. "Sen de beğeneceksin. Çok anlayışlı kız".

Zübeyde Hanım, oğluna küçük bir çocuk gibi davranmayı sürdürse de onun evlenmek istediğini fark etmişti. "Ben şu Latife'yi muhakkak görmeliyim" dedi. Belki de gerçekleşen son isteği bu oldu.

Latife'ye Bursa daveti

Mustafa Kemal İzmir'den ayrılırken, "Telgraf kâfidir, mektuba gerek yok" demişti Latife'ye. Ama telgraflarını da cevapsız bırakmıştı. Sonunda Latife, kendisine ikinci bir baba gibi davranan Yaver Salih'e karamsar bir mektup yolladı.

... Bugüne kadar bütün arkadaşların sükûtunu, fazla meşguliyete atfederek müteselli oluyordum. Esasen murafakatınızdan (eşliğinizden) beri bu bahtiyar yuvayı tezyin (süslemek) ile pek muhterem ve pek mukaddes misafirimin güzelliği seven gözlerini okşayacak ufak tefek tefrişat ve tertibatla (düzenleme) meşgul oldum. Mütemadiyen gözlerim yollarda sizleri bekliyordum. Görüyorsunuz ki hayalen ayrılmamıştık. Burada eski debdebe yoktur. Fakat Başkumandanlık boş olmakla beraber şerefi muhafaza edilmektedir. Yalnız içinde siyahlar giymiş müteessir ve ünsiyetten (alışkanlık) sonra yapayalnız kalmak, hayatının kara sahifelerini tekrar açmaya ve birçok çirkin-

2. İsmet Bozdağ, *Latife ve Fikriye*, s. 98.

3. ay.y.

likler tasavvur ederek derin bir teessürün altında ezilmeye mahkûm bir ben varım.

19 ekim 1922
Uşakizade Latife[4]

Bu mektuptan anlaşıldığı kadarıyla Latife, evi Mustafa Kemal'in hoşlanacağı biçimde yeniden düzenliyor ve onun gelişini bekliyordu. Kendisini yanına çağıracağını pek düşünmüyordu. Mudanya Mütarekesi'nin ardından Bursa'ya gitmeye karar veren Mustafa Kemal ise Latife'yi Bursa'ya çağırmaya karar vermişti. Genç kadın Bursa'ya hareket etmesini bildiren bir telgraf aldı.

Muhterem Latife Hanımefendi
Gazi Hazretleri Bursa'ya teşrif ediyorlar. Ayın 12'sinde (hep 12 diye geçiyor ama bu 22 olmalı) mülaki olacağınızı ümit ediyorum. Saygılarımı arz ederim. Başyaver Salih[5]

Hüzünlü mektubuna cevap olarak gelen telgraf Latife'yi sevinçinden ağlattı. Bursa'ya gitmek için belgeleri hemen hazırlattı. Ancak, 24 saat sonra gelen ikinci şifreli telgraftan davetin iptal edildiğini öğrendi.

Latife Hanımefendi,
Paşa Hazretlerinin rahatsızlığı sebebiyle Bursa seyahati şimdilik iptal edilmiştir. Hareketinizi tehir etmenizi rica eder, arzı hürmet ederim. Yaver Salih[6]

Latife, ufak tefek rahatsızlıklara aldırmayan Mustafa Kemal'in ağır hasta olduğu zannıyla aşağıdaki telgrafı kaleme aldı:

Salih Beyefendi,
Büyük Münci Gazi Paşa Hazretlerinin rahatsızlığını ve Bursa seyahatinin tehir edildiğini bildiren telgrafınızı büyük kederler içinde aldım. Teessür ve merakımın bipayan (sınırsız) olduğunu takdir buyurursunuz. Tanrıdan ulu Önderimiz Paşa Hazretlerine acil şifalar niyaz eder, haber-i beşaretinize (sevindirici haberinize) müştak olduğumu

4. Salih Bozok, Cemil Sait Bozok, *Hep Atatürk'ün Yanında*, Çağdaş Yayınları, İstanbul, 1985, s. 215.

5. İsmet Bozdağ, *Atatürk ve Eşi Latife Hanım*, Kervan Yayıncılık, İstanbul, 1975, s. 66.

6. İsmet Bozdağ, ay.y.

> (özlem duyduğumu) hatır-ı âlinizden deriğ buyurmamanızı (hatırınızdan çıkarmamanızı) hürmetlerimle istirham ederim...[7]

Latife'ye son anda gelme denilmesinin sebebi Fikriye'ydi.

Mustafa Kemal ile Fikriye evli miydi?

Yarı belgesel *Fikriye* adlı tarihi romanında Hıfzı Topuz, Mustafa Kemal-Fikriye beraberliğine bambaşka bir yaklaşım getiriyor. Onların nikâhlı olduklarını söylüyor. Kendisiyle yapılan bir görüşmede romanda sözünü ettiği evlilik olayının kurgu değil gerçek olduğunda ısrar ediyor ve olayı Fikriye'nin yeğeninden öğrendiğini anlatıyor:

> Fikriye'nin yakınlarını araştırdım. Bir yeğenini buldum. O bana ilginç ipuçları verdi. Evlilik olayını da ondan öğrendim. Anlattıklarına göre Fikriye, Ankara'ya geldikten üç hafta sonra Mustafa Kemal kendisine evleneceklerini söylemiş. Fikriye çıldırmış mutluluktan. Gerçekten de üç hafta sonra, Büyük Millet Meclisi Hükûmeti'nin ilk Şeriye Vekili, eski Karacabey Müftüsü, Atatürkçü, aydın dinadamı Mustafa Fehmi Efendi nikâhlarını kıyıyor. Ama Mustafa Kemal'in bir koşulu var, bu nikâh gizli tutulacak. Çünkü Mustafa Kemal henüz kendini bu evliliğe hazırlamış değil. Annesi Zübeyde Hanım'dan izin almadan evlenmek de istemiyor. Fikriye ile evlenmesinin nedeni "Paşa evine genç bir kız kapatmış, birlikte yaşıyorlar" denmesinden çekinmesi. Şeriye Vekili ve tanıklar bu olayı hiç kimseye anlatmıyorlar. Mustafa Fehmi Efendi'nin oğlu Mecdi Gerçeker de; Fehmi Efendi'nin torunu Mustafa Gerçeker de Fuat Bulca'nın kızı Türkân Bulca da bu olayı benden duydu. Nikâhın ikinci tanığı Muzaffer Kılıç, Fikriye'nin ağabeyi Enver Bey'in yakın arkadaşıymış. Nikâh olayını o anlatmış. Onun oğlu da bana anlattı. Benim kaynağım o.[8]

Dinî nikâhların kayıtları da elbette tutuluyordu. Ama savaşın en hararetli günlerinde gizli kapaklı kıyıldığı söylenen bir nikâhın kaydı bir gün bir yerlerden çıkar mı? Kim bilir? Kaldı ki, Hıfzı Topuz'un anlatımından, söz konusu nikâhın Fikriye'yi ve Mustafa Kemal'in bulunduğu konumu korumak amacıyla kıyılmış olduğu

7. İsmet Bozdağ, *Atatürk ve Eşi Latife Hanım*, a.g.e., s. 67. (Bu bölümdeki üç telgrafın metni daha sonra Bozok'un anı kitabında yer almadı. Ancak üslup olarak Latife Hanım'ın üslubuna uyan bu telgrafları İsmet Bozdağ, kaynak göstermeden kitabında kullanmış.)

8. Hıfzı Topuz'la söyleşi, "Fikriye'nin Saklı Yılları", *Cumhuriyet*, 10 kasım 2001.

sonucu çıkıyor. Bir dedikodu halinde evraklar ortaya çıkacak, ama gerek kalmadıkça kimseye söylenmeyecek ve gizli tutulacak bir nikâh...

Mustafa Kemal, Latife'yi Bursa'ya çağırdıktan sonra Salih'e, "Bizim düzen bozuldu" demişti. "Fikriye Bursa'ya geliyor."

Başyaver Salih de, "A be Paşam canın sağ olsun... Kurarız bir düzencik daha" diye cevap vermişti.[9]

Latife Anadolu Ajansı'na telefon edip hastalık nedeniyle ertelendi denilen Bursa gezisinin gerçekleştiğini öğrenecek, çelişkili telgrafların kendisine yaşattığı duyguları Mustafa Kemal Paşa'ya ve Yaver Bozok'a ayrı ayrı yazacaktı.

Mukaddes Paşam,

Pek mesud dakikalar yaşadım. Şimdi de derin bir teessürün altında ezilmekteyim. Burada bırakmış olduğunuz şeref bütün ailenin hale-i saadetidir. Fakat yalnız bendenizin olan çok kıymetli bir şey daha vardır. O da canlı hatıranızdır. Yoksa, bu kadar debdebe, haşmet ve bilhassa samimiyetten sonra yapyalnız nasıl yaşayabilirdim? Görüyorum ki bütün hissiyatımla zat-ı devletinizi takip etmekteyim. Yegane emelim, münciye (kurtarana) daima hizmettir.

Birçok defalar, ufak bir vazife istirham etmiştim. Muvafakat buyrulmadı. Bazen dalıyorum, saatlerce gözlerim kapalı düşünüyorum. Bu rüyalardan uyandığımda "Yarab, ne eksilirdi derya-yı izzetinden...(deniz gibi kudretinden) " diyor, gözyaşları döküyorum. Belki: "Beni yirmi gün görmekle bu kız benden ne istiyor? Ve bu hakkı ona kim vermiştir diye hiddetlenirsiniz. Bu zavallı kızcağız, şimdiye kadar hayatın birçok acı sahifelerini okumuş, hiç kimseye rabt-ı kalb etmemiştir (kalbini bağlamamış). Nazarında hiçbir şeyin ehemmiyeti olmamıştır. Fakat ilk görüşte, dünyanın en büyük dahisi, kendisi için saklanmış olan sadakat, hürmet, samimiyet olmak tenezzülünde bulunmuşlar. Evet! Hayatımın son dakikasına kadar mesud veya bedbaht edileyim. Münci'yi takibden hali kalmayacağım. Fiilen olmazsa, hayalen daima beraber yaşayacağım. Madem ki bütün saadetimi, zatı devletinizin hizmetinde buluyorum. Yegane arzum her ne suretle olursa olsun sadakatimin yanınızda bir silah olmasıdır. Esasen zatı devletinizi bu kadar temiz ve her türlü menfaati şahsiyeden vareste olarak seven kaç kişi vardır?

Rahatsızlığınızı işitince ne kadar mahzun ve mükedder oldum. Mademki seyahatinize devam ettiniz, afiyette olduğunuzu tahmin ediyorum. Müsterihim. Bursa'ya hareketim hakkındaki emre teşekkür ederim. Bendenizi bir dakikacık hatırlamış olmaklığınız gıpta edilecek

9. İsmet Bozdağ, *Latife ve Fikriye*, s. 55.

bir şereftir. Hiç olmazsa iki helecanlı gece geçirdim. Meşguliyetiniz arasında, kalbimin en derin köşesinden fışkıran cümlelerle atfı nazar ederseniz mesud olacağım. Daima emri devletlerine intizar eder, iki ellerinizi kemali hürmetle öperim mukaddes Paşam...

Latife

Göztepe 25 ekim 1922

Latife'nin Salih Bey'e hitaben yazdığı mektup bir gün sonrasının tarihini taşıyor.

Muhterem Salih Beyefendi,

Birkaç günden beri yatakta idim. Hiç olmazsa bir telgrafla maneviyatımı okşamak istedim.

O akşam zat-ı âlinizin beni hatırladığınızı gördüm. Ertesi gün de Paşa Hazretleri'nin ilk defa olarak bana hitap etmek lütfunda bulundukları telgrafnameyi alınca sevincimden ağladım.

Fakat o iki satırcığa melfuf (ekli) bir mektup vardı:

Paşa Hazretleri rahatsız imiş. Buradan mütehassıs doktor gitmiş.

Deli gibi yataktan fırladım. Ve zat-ı âlinizden sıhhatleri hakkında malumat istedim. Cevaben Bursa'ya hareket emrini aldım.

Onu müteakip bir şifre daha; bu defa "Gelmeyiniz" emir buyurulmuş.

24 saatlik bir saadet, sonra yine karanlık... fakat şerefli bir karanlık...

Müheyya-ı hareket idim (yola çıkmaya hazırdım). Hatta vesikam bile yapılmıştı. Bütün arkadaşlar ve bilhassa Şükrü Ali Beyefendi ibraz-ı nezaket ettiler. Bu meyanda en büyük saadeti teşkil eden Paşa Hazretleri'nin hiç olmazsa bir an beni tahattur etmiş (hatırlamış) olmaları idi.

Şimdi Ankara yollarındasınız. Acaba avdet buyurulacak mıdır (geri dönecek misiniz)? Yoksa ümidi keselim mi, bilemiyorum.

Burada bütün efrad mahzundur. Gece gündüz gözümüz yolda, bekliyoruz. Sizleri o kadar göreceğimiz geldi ki, görünce boynunuza atılırsak deli olduğumuza hükmetmeyin.

Seryaver Beyefendi,

Zat-ı âlinizden çok rica ederim, melfuf mektubu Paşa Hazretleri'ne takdim edin. Eğer okumaya vakitleri müsait olduğunu görürseniz...

Yoksa yakınız. (Evet, yansın ve yıkılsın).

Bu cümleyi hiç unutmam.

Acaba kendilerinden bugünlerde İzmir'i ziyaret edip etmeyeceklerini sorabilir misiniz? Sadık Latife'ye bu kadarcık malumatı medyunsunuz (bilgiyi borçlusunuz). Anlamak istemekliğime birçok sebepler vardır. Cevap aldığım takdirde sizin samimiyetinize istinaden izahat veririm.

Avdet buyurulacağı takdirde buradan gidecek hususi trenle Alaşehir'e kadar birkaç neferle gelip Paşa Hazretleri'ni herkesten evvel istikbal etmek (karşılamak) istiyorum. Acaba müsaade ederler mi?

Paşa Hazretleri burayı mutlak teşrif etsinler. Hiç olmazsa bir gün kalsınlar, fakat bir defa daha gelsinler. İzmir kendilerine uğurlu gelmiştir. Latif'in güzel ve temiz kalbi, en samimi temenniyatı faideden hali değildir.

Bursa'dan mustarip oldular. "İzmir'e" diye muharebeye başlandı ve daima muvaffakiyetle yüründü. Bu noktayı unutmayınız. Ben bu gibi şeylere çok dikkat ederim.

Eğer Paşa Hazretleri'ni burada görmeyecek olursa, eminim ki babam kendisini ayaklarına atmaya gelecektir. Paşa'ya meftun mektuplarını sakladım. Göreceksiniz.

Artık yeter. Burasını ara sıra hatırlamanızı rica ve arz-ı hürmet ederim efendim.

Uşakizade Latife
26 ekim 1922

Latife, Salih Bey'e yazdığı mektupta, hatırlanmak istediğini vurguluyor, İzmir'in Mustafa Kemal'e uğurlu geldiğinden, babasının ona duyduğu hayranlıktan söz ediyordu. Mustafa Kemal'le İzmir yangını sırasında aralarında geçen "yansın yıkılsın" konuşmasına gönderme yapmayı da ihmal etmemişti.

Fikriye Münih'e gidiyor

Mustafa Kemal Latife'yle evlenmeye karar verdiğinde Fikriye tüberküloz geçiriyordu. Gazi duruma uygun bir formül bulmuştu. Fikriye, Münih'te ayarlanan sanatoryuma gidecekti. Fikriye sanatoryuma yatmaya razıydı, ancak önce Mustafa Kemal'le Bursa'ya gitmek istiyordu. Fikriye de İzmir'deki kızın farkındaydı. Çankaya'da Zübeyde Hanım'la bitişik odalarda kalıyor ve Zübeyde Hanım'ın "O kızla evlen gözlerimi kapamadan göreyim" dediğini duymuştu. Annesiyle aralarında geçen bir konuşmanın ardından Mustafa Kemal,

Ali Metin'e "Git bak bakalım Fikriye ne yapıyor?" demişti. Ali Metin, Fikriye'nin odasına gittiğinde onun "hakkında verilecek kararın soğukluğunu hissettiğini gözlerindeki endişeden anlamıştı."[10]

Mustafa Kemal Fikriye'nin Bursa'ya birlikte gitme arzusunu yerine getirmeye karar verdi. Ardından Latife'ye yolculuğun iptal edildiğini bildiren telgraf gönderildi. Mustafa Kemal Paşa ile Fikriye Bursa'ya ayrı ayrı otomobillerle gittiler. Fikriye iki gün sonra Siirt Mebusu Mahmut Bey'in (Soydan) refakatinde Münih'e gitmek üzere Bursa'dan ayrılacaktı. Mustafa Kemal, Fikriye'yi uğurlarken yolda Halide Edip'le karşılaştılar:

> Mustafa Kemal, benimle birlikte geldi ve arkadaki otomobilin kapısını açtı. Kürklü erkekler uzaklaşmıştı, gözlerimi arabanın içine çevirdim. Fikriye Hanım elini uzattı ve benim elimi sıkı sıkı tuttu. O an bu elin müthiş bir şekilde bir başka ele benzediğini fark ettim. Tombul bir eldi, aynı İzmir'deki toplu genç kızın eli gibi... Bir erkeğin avuç içlerine, küt parmak uçlarına, küçük tırnaklarına sahipti. Güç ve azim ifade eden ellerdi bunlar. O an aklıma şu geldi. Bu ellerin benzeşmesi belki de bir rastlantının ötesinde bir anlam taşıyordu. Erkeksi ve sert ellere sahip bu kadınlar belki de Mustafa Kemal Paşa'yı daha çok etkiliyordu.

Fikriye ile Latife'nin ellerinin birbirine benzediğini fark eden Halide Edip Fikriye'nin ağlamasından çok etkilenmişti:

> Kocaman arabanın bir köşesine kıvrılmıştı. Siyah kürk paltosunun kıvrımları içinde olağanüstü kırılgan bir görünümü vardı. Yüzündeki değişiklik beni hayrete düşürdü. Güzel küçük çenesi keskin bir görünüm almıştı. Adeta şeffaflaşan minik burnu incelmiş, zayıflamış oval yüzüne mavi yeşil hastalıklı bir renk hâkim olmuştu. Sıra dışı ağzı, iki kenarında beliren çizgilere rağmen güzelliğini koruyordu. Büyük bir gayretle bana gülümsedi. Ancak insana en dokunan yeri gözleriydi. Bir ıstırap maskesinin altından bakıyorlardı. Alt ve üst kirpikleri birbirine karışmış, çökük yanaklarının üzerinden gözyaşları yuvarlanıyordu. Kıvrıldığı köşede bir süredir ağladığı belli oluyordu. Ağlamak onun için en doğal şey olmalıydı. Daha sonra Paşa'nın Ankara'daki sekreteri Hayati Bey'den öğrendiğime göre, bir sanatoryuma gitmesi gerektiğini söylediklerinde hiçbir şey söylememiş ağlamaya başlamıştı. O dakikadan beri de sürekli ağlıyordu.
>
> "Avrupa'ya bir sanatoryuma gidiyorum, Halide Hanım, doktorlar

10. Ziya Oranlı, a.g.e., s. 90.

iyileşeceğimi söylüyorlar" demişti.[11]

Latife'nin Fikriye'den haberi var mıydı? Mustafa Kemal'le ilgili her şeyi ince ince takip ettiğine göre Fikriye'yi de mutlaka biliyordu. Ancak Fikriye, Mustafa Kemal'in uzaktan akrabası olduğu için onlarınki ilan edilmemiş bir beraberlikti. Evlenme teklifi alan kadın olarak bir önceki ilişkinin sona erdiğini düşünmüş olmalı. Ancak haberleşmedeki aksaklıkları hep Fikriye'ye yoruyor ve Mustafa Kemal Paşa'yı kaybettiğini düşünüyordu.

Mustafa Kemal, İzmir'den ayrıldıktan tam bir ay sonra, Latife'ye bir mektup yazıp arkadaşı Asım Gündüz'e teslim etti. Asım Gündüz'ün anlatımı şöyle:

> Mudanya Mütarekesi sonu Bursa'ya gelmiştik... Mustafa Kemal, askerî zaferini kazandıktan sonra siyasî zaferinin ilk parçası olan Mudanya Mütarekesi'ni de çözmüş olarak Ankara'ya başı yukarda bir zafer kartalı gibi dönüyordu. Kendilerini uğurluyorduk. Beni bir kenara çekerek bir zarf uzattı.
>
> "Asım, bu zarfı misafir kaldığım hanımefendiye lütfen gönderin" dedi.[12]

Mustafa Kemal'in Bursa'dan Ankara'ya dönüşü 29 ekim 1922 idi. Asım Paşa, Latife ile Mustafa Kemal arasında askerî kuryeyle gerçekleştirilen haberleşmenin Lozan görüşmelerinin kesintiye uğramasına kadar sürdüğünü yazıyor. Bu yazışmalara aracılık eden Asım Paşa'nın eşi "Asım, göreceksin bu kız Gazi Paşa ile evlenecek, ayol kız ona sırılsıklam âşık! Gazi diyor da başka hiçbir şey demiyor. Mektubu elimden aldığı zamanki heyecanını anlatamam. Her haliyle bu hissi uyandırdı bende" diyecekti.[13]

Zübeyde Hanım hastalanıyor

Bir gece Mustafa Kemal yaveri Salih'e, "Doktorlar annemin İzmir'de tedavi edilmesini istiyorlar. Gidip onun için bir ev bak" dedi. "Aman! Terk edilmiş Rum malı olmasın" diye de ekledi. Konya yoluyla İzmir'e gelen Salih Bey Ankara'dan hareketini kimseye haber vermemişti. Ancak istasyonda Latife Hanım adına geldiğini söyleyen Ahmet Ağa'yı karşısında buldu.

11. Halide Edip, *The Turkish Ordeal*, s. 398.

12. Asım Gündüz, *Hatıratlarım*, Kervan Yayınları, İstanbul, 1973, s. 205.

13. Asım Gündüz a.g.e., s. 205-206.

Onu sokak kapısında karşılayan Latife, tepeden tırnağa siyahlar giymişti. Ankara'dan hareketini öğrenir öğrenmez Ahmet Ağa'yı istasyona gönderdiğini anlattı. "Burası karargâhınız olduktan sonra başka bir yere gitmeniz muvafık mıdır? Bu ev artık sizin eviniz demektir" dedi ve Salih'e Mustafa Kemal'e ve Ankara'ya dair sorular sordu. Yaver de onu elinden geldiğince bilgilendirmeye çalıştı.

Anlaşılan karargâh görevlileri sayesinde Ankara'dan haber alabiliyordu.

Salih Bey İzmir'e geliş nedenini açıkladı: Zübeyde Hanım'ın rahatsızlığı nedeniyle istirahat edeceği bir ev arayacaktı.

Latife gülerek, "Haberim var" dedi, ardından da ekledi:

"Kendilerini Karşıyaka'daki evimizde misafir etmek bizim için müstesna bir zevk olacaktır."

Ertesi gün birlikte Karşıyaka'ya evi görmeye gittiler.

Latife, Zübeyde Hanım'ın hastalığını öğrenir öğrenmez, Mustafa Kemal'den annesini İzmir'e göndermesini rica etmiş, kendisine annesi gibi bakacağını yazmıştı.[14]

Ağaçlar ve çiçeklerle süslü geniş bir bahçe ortasında mükemmel bir köşktü. Bir hasta için, sanatoryumdan daha elverişli koşullara sahipti.

Fakat Yaver Salih, Mustafa Kemal'e danışmadan Latife'ye kesin bir cevap vermek istemedi. Birlikte İzmir Valisi Abdülhalik Renda'ya gittiler. Ardından yeniden köşke...

Latife, Mustafa Kemal'in annesini misafir edeceği için çocuk gibi seviniyordu. Her gün Yaver Salih'le birlikte Göztepe'den Karşıyaka'ya geçiyorlar, evin hazırlanışına nezaret ediyorlardı. Latife'nin annesi, kız kardeşleri ile Münci İzmir'e dönmüştü. Latife annesine, Salih Bey'i ikinci babamdır diye takdim etti. Muammer Bey işlerini yoluna koymak için bir ay daha kalacaktı.

Salih Bey, gerçek bir arabulucu gibi davranıyor, şifreli telgraflarla Mustafa Kemal'e Latife'ye dair bilgiler gönderiyor, onu övüyordu. Bu mektuplardan birini Latife her nasılsa görünce "Salih Bey, sizin benim hakkımda iyi hisler besleyen bir zat olduğunuzdan öteden beri emindim. Fakat son günlerde ben sizi hakiki bir baba yerine koymaya başladım" demişti.

Yaver Salih Mustafa Kemal'e Zübeyde Hanım'la ilgili hazırlıkların tamamlanmak üzere olduğunu bildiren bir telgraf gönderdi.

Kalem-i Mahsus Müdürü Hayati Bey'e

1. Bazı mevânîye binaen (engellerden dolayı) ikametgâhtaki istih-

14. Asım Gündüz, a.g.e., s. 208.

zarat (hazırlık) üç-dört gün tehire duçar olmuştur (gecikmeye uğramıştır). Latife Hanımefendi her şeyin muntazam olmasına fevkalade ehemmiyet verdikleri için azami beş güne kadar bütün nevakısı (eksikleri) ikmal edileceğinden (tamamlanacağından) Valide Hanımefendi'nin ona göre hareketlerinin tanzimini rica ederim.

2. Aileme iki şifre ile arz-malumat eylediğim gibi bir de mektup takdim etmiştim. Paşa Hazretleri'nin valideleriyle birlikte gelmek arzusunda bulunup bulunmadıklarının iş'arını (haber verilmesini) istirham eylerim.

Seryaver Salih[15]
26 kasım 1922

Ancak Mustafa Kemal gönderdiği telgrafta annesinin yola çıkacak durumda olmadığını haber verdi.

(Muhtemelen 1922 kasım sonu)
Latife Hanımefendi'nin hakkımızda gösterdikleri eser-i nezaket ve necabete (soyluluk) validemle beraber çok teşekkür ederiz. Maateessüf (ne yazık ki) validemin hastalığı birdenbire şiddetlendi. İyileşmesini beklemek zorundayız.

Mustafa Kemal[16]

Ardından da Salih'e İzmir'deki müfrezeyi de alıp Ankara'ya dönmesi bildirildi. İkinci telgraf Latife'nin çok ağırına gitmişti. Yaver Salih yola çıkmaya hazırlanırken, aklından geçenleri söyleyiverdi:

"Ben artık İzmir'de kalmayacağım. Paşa Hazretlerine lütfen arz edersiniz. Müsaadeleri olursa Avrupa'da küçük bir seyahate çıkmak istiyorum" dedi.

Latife yurtdışına gitmek için Mustafa Kemal'den izin istiyordu. Aralarında günü kararlaştırılmamış bir evlenme sözü vardı. Mustafa Kemal, İzmir'den ayrılırken de Latife'ye "Beni bekleyin. Bunu emrediyorum" demişti.[17]

Yaver Salih, "Zübeyde Hanım bu hasta haliyle nasıl yola çıkabilir ki!" diye Latife'yi Avrupa fikrinden caydırmaya çalıştı.

"Ben ne denildiğini anladım" dedi Latife. "Burada bırakılmış olan müfrezenin de Ankara'ya celp edilmesi Paşa Hazretlerinin

15. Utkan Kocatürk, *Atatürk Çizgisinde Geçmişten Geleceğe*, AKDTYK Atatürk Araştırma Merkezi, Ankara, 2005, s. 369.

16. Utkan Kocatürk, *Atatürk Çizgisinde Geçmişten Geleceğe*, s. 370.

17. Latife Hanım'dan Salih Bozok'a mektup, 19 ekim 1922.

ailemizle ilişkisini kestiğinin bir delilidir."

"Sizin düşüncenize iştirak etmiyorum" diye itiraz etti Salih Bey. "Paşa ile görüştükten sonra her şeyi yazacağım. O zaman düşüncenizde ne kadar yanıldığınızı anlayacaksınız. O halde şimdiden fazla teessüre kapılmamanız uygun olur."

Latife sinirlerine hâkim olamayıp ağladı.

Salih o sırada rahatsızlanmıştı, Mustafa Kemal'den birkaç gün daha izin istedi bu arada müfrezeyle birlikte İzmir'de kalmasına onay verildi. Latife sakinleşmişti.

Yaver Salih, İzmir'den ayrılırken Latife'ye söz verdi. Gerçek durumu olduğu gibi yazacaktı. Ankara'ya dönüşünde de onun mesajını vakit kaybetmeden Mustafa Kemal'e iletti.

Mustafa Kemal, Latife'nin büyük bir keder içinde olduğunu öğrenince çok üzülmüştü. Genç kadını merak ve endişeden kurtarmak için ona hediyeler hazırlattı. En sevdiği atı Sakarya ile birkaç teneke balı iki üç neferle İzmir'e yolladı. Salih Bozok'a da Latife Hanım'ı memnun edecek bir mektup yazıp göndermesini söyledi.[18]

O günlerin en önemli siyasî olayı 1 kasımda saltanatın kaldırılışıydı. Bu karar Vahdeddin'e Yıldız Sarayı'nda Refet Paşa tarafından tebliğ edildi. Saltanat ve egemenlik makamının Türkiye Büyük Millet Meclisi olduğu ilan edildi. Halifelik ayrı bir kurum olarak bir süre daha devam edecekti. Vahdeddin 17 kasımda Malta'ya kaçınca, Abdülmecid Efendi'ye halifelik makamına seçildiği bildirildi.

Mustafa Kemal önemli kararlara imzasını atarken Latife'yle de nikâhını kıymaya hazırlanıyordu.

Muammer Bey, evliliğe itiraz ediyor

Latife'nin ailesi alevlenen evlilik meselesine tereddütle bakıyordu. Gelişmeleri Fransa'dayken öğrenen Muammer Bey kara kara düşünüyordu. Latife mektuplarında babasının Mustafa Kemal'e büyük hayranlık duyduğunu evlerinin karargâh olarak kullanılmasından çok mutlu olduğunu yazıyordu.[19]

Bir komutan olarak Mustafa Kemal Paşa'ya hayranlıkları gerçekten de büyüktü.

İleri görüşlü bir işadamı olan Muammer Bey Latife'nin yıllardır savaşan bir komutanla mutlu olamayacağına inanıyordu. Tereddütlerini açık açık iletmiş, Latife de "Çok seviyorum" diyerek ka-

18. Salih Bozok, *Yaveri Atatürk'ü Anlatıyor*, s. 95.

19. Latife Hanım'dan Salih Bozok'a Mektup... 26 ekim 1922.

rarlı olduğunu belli etmişti.[20]

Zaten artık Zübeyde Hanım da yola çıkmış geliyordu.

Muammer Bey'in Fransa'dan dönüşü Zübeyde Hanım'ın İzmir'e gelişiyle aynı tarihlere denk düşecekti.

Zübeyde Hanım görücü geliyor

Aralık ayının 12'si ya da 13'üydü. Geceyarısı Salih Bozok'un telefonu çaldı.

"Salih" diye soruyordu Mustafa Kemal Paşa, "Şu anda ne işle meşgulsün? Derhal kalk.... Giyin ve buraya gel!.."

Salih yataktan fırlayıp giyindi. Çankaya'ya gitti. Mustafa Kemal üzgündü. Annesi mutlaka İzmir'e gitmek istiyordu. Ne doktorları dinliyordu ne de oğlunu. Ölürsem de İzmir'de öleyim diye düşünüyordu. Yatağından kalkıp çarşafını bile giymişti.

Hemen özel bir tren hazırlandı.

Salih Bey'e sen de onunla gideceksin demişti Mustafa Kemal. O da karısını götürmek için izin istedi. Onay alınca hep birlikte İzmir'e hareket ettiler.

Salih Bey, İzmir'e hareketlerini bildiren bir telgraf çekti. Zübeyde Hanım kendisini iyi hissettiği an yola çıkacaklardı. Mustafa Kemal, telgrafta Muammer Bey'e özel selamlarını iletiyor, Latife Hanım'a atıyla birlikte çok memnun olacağı bir de mektup gönderiyordu.

Başyaver Salih Bey'in Ankara'dan Latife Hanım'a iletilmek üzere Batı Cephesi Erkân-ı Harbiye Kaymakamı Şükrü Ali Bey'e telgrafı:

15 aralık 1922

1. İhtiramatımı (saygılarımı) takdim ile âtideki (aşağıdaki) maddenin Hanımefendi'ye tebliğini rica ederim.

2. Latife Hanımefendi'ye: Salı günü öğle üzeri salimen Ankara'ya muvasalat ettim (ulaştım). Büyük Hanımefendi'yi fazlaca rahatsız, kerimelerini de zevciyle beraber İstanbul'a gitmiş buldum.

3. Seyahat kabiliyetini iktisap eder etmez Büyük Hanımefendi'nin bendenizle beraber seyahati matasavverdir (tasarlanıyor). Ailemle birlikte size tekrar mülaki olacağımdan (kavuşacağımdan) mesrurum (seviniyorum). Paşa ile valideleri gözlerinizden öperler. Kendilerine verdiğim izahattan çok memnun oldular.

4. Paşamız, peder-i muhteremenize de bilhassa selam ve müveddet

20. Can Dündar, "Söz Kız Tarafında", *Milliyet*, 10 kasım 2004.

takdim eder. Meşguliyeti mühim ve fazladır. Muhteviyatından çok memnun olacağınızı tahmin ettiğim mektupla Paşa Hazretleri'nin atı bugün adam-ı mahsusla (özel adamla) yola çıkarılmıştır. Bütün emirlerinizi harfiyen icra etmekte olduğumdan emin bulunmanızı rica eder, hürmetkârı bulunduğum ailenizin her ferdine ayrı ayrı ihtiramatımı (saygılarımı) takdim ile kesb-i şeref (şeref duyarım) eylerim.

Riyaset-i Celile Seryaveri Salih[21]

Mustafa Kemal annesini istasyondan uğurlarken, Salih Bozok'a şöyle demişti:

"Salih annemin hastalığı çok vahimleşti. Korkarım ki, yolda kendisine bir hal olmasın. Son isteğini yerine getirmek için engel olmak istemedim. Bu korktuğum şey vaki olduğu takdirde yapacağın şey şudur. Ankara'ya yakınsanız, Ankara'ya dönersiniz, İzmir'e yakınsanız oraya gidersiniz. Annemin cenazesi benim her zaman ziyaret edebileceğim bir yere defnedilmelidir."

Zübeyde Hanım trende yol boyu Salih'le Latife'yi konuştu.

"Vardır bir Lütfiye İzmir'de. Benim oğlum beğenmiş o kızcağızı... Gidip bir bakayım nasıl bir kızdır, oğluma yakışır mı yakışmaz mı? Sen ne biçersin bu işe anlat hele..." diyordu.[22]

Zübeyde Hanım oğluna eş olacak kızı görmek ve tanımak için gidiyordu İzmir'e. Ama Latife'ye Lütfiye demekten vazgeçmeyen Zübeyde Hanım, oğlunun Fikriye'yle evlenmesi ihtimalini bertaraf etmek için hasta hasta yola çıkmaktan çekinmemişti.

Yaver Salih, Afyon'dan, Mustafa Kemal'e bir telgraf gönderdi.

Badezzeval (öğleden sonra) üçte salimen Afyon'a vasıl olundukta trenin fazla sarsıntısına rağmen hastamızda fenalık yoktur. Cuma günü yola çıkardığımız neferlerle hayvanı burada buldum. Beraber alarak bir saat sonra yola devam edeceğiz. Yarın alessabah (sabah sabah) dekovil ile karşıya geçeceğiz. Akşamı inşallah İzmir'e vasıl olacağımızı arz ederim efendim.

17 aralık 1922

Seryaver Kaymakam Salih[23]

21. Utkan Kocatürk, *Atatürk Çizgisinde Geçmişten Geleceğe*, s. 371.

22. İsmet Bozdağ *Latife ve Fikriye*, s. 122.

23. Utkan Kocatürk, *Atatürk Çizgisinde Geçmişten Geleceğe*, s. 372; Utkan Kocatürk, *Kaynakçalı Atatürk Günlüğü*, s. 318.

7

Zübeyde Hanım

Babasını küçük yaşta kaybettiği için Mustafa Kemal'in yaşamında anne figürü her zaman önemliydi. Savaş nedeniyle ayrı düştüklerinde annesinin sağlığı ve maddî durumuyla hep ilgilenmişti.

O yıllarda Selanik 70 000 nüfuslu bir kentti. Nüfusunun yarısı Yahudi'ydi. 15 000 dolayındaki Türkler ikinci etnik grubu oluşturuyordu. Selanik'in Avrupalı bir havası vardı. Osmanlı İmparatorluğu'nun en Batılı şehri olarak tanınsa da Türk-Müslüman karakterini korumaktaydı. Selanik, zengin fikir akımlarının yeşerdiği öncü bir şehirdi.

Savaş ve Mustafa Kemal'in atıldığı tehlikeler Zübeyde Hanım'ın yaşamına da egemen oldu, doğduğu topraklardan ayrılıp sürgünde yaşamak zorunda kaldı.

Evlatlığı Abdürrahim (Tuncak) onu "son derece otoriter, aşırı korumacı" bir anne olarak tarif ediyor.[1] Zübeyde Hanım, oğlunun hem özel yaşamına hem de katıldığı çetin kavgaya sık sık sözleri ve tavırlarıyla müdahil oluyordu.

XX. yüzyılın önemli önderlerinden Mustafa Kemal'e şunu yap, bunu yapma diyen Zübeyde Hanım kimdi? Mustafa Kemal'in kadını toplum yaşamına katma çabasında nasıl bir rol oynamıştı?

Zübeyde Hanım'ın, 1857 yılında Selanik'in Arnavutluk'a yakın bir bölgesinde dünyaya geldiği tahmin ediliyor. Ailesi Hacısofular adıyla tanınıyordu. Annesinin adı Ayşe, babasının adı Feyzullah'tı. Selanik yakınlarındaki Langaza'da yaşayan Feyzullah Ağa toprakla uğraşıyordu. Zübeyde Hanım'ın, aynı ana ve babadan Hasan ve Hüseyin adında iki erkek kardeşi olduğu soy kü-

1. Volkan-Itkowitz, a.g.e., s. 107.

tüğü üzerine yapılan bir çalışmayla ortaya çıkartılmış.[2] Kız kardeşleri yok muydu acaba? Rasih Nuri İleri, Reşat Fuat'ın[3] (Baraner) Zübeyde Hanım'ın kız kardeşinin oğlu olduğunu söylüyor. Mustafa Kemal de Selanik'te Rüştiye'ye devam ederken teyzesinin yanında kaldığından söz ediyor.

Zübeyde Hanım, çok güzel, açık renk gözlü, beyaz tenli sağlam yapılı bir genç kızdı. Kendisinden 20 yaş büyük olan Ali Rıza Efendi'yle evlendiğinde 15-16 yaşlarında olduğu tahmin ediliyor. Canlı, pırıl pırıl giysiler giyen, bağımsız tavırlı, ancak dinine ve geleneklerine çok bağlı bir kadındı. Bu yüzden Zübeyde Molla olarak da anılıyordu. Ali Rıza Efendi, gümrük işlerinde çalışan bir memurdu. Ali Rıza Efendi Papaz Kapısı adıyla bilinen Çayağzı'na tayin edilince, zorlu yaşam koşulları üstlerine bir felaket gibi çöktü.

Zübeyde Hanım, altı çocuk doğurdu. Fatma, Ömer, Ahmet, Mustafa, Makbule ve Naciye. Önce Fatma, ardından Ömer ve Ahmet, daha sonra da Naciye öldü. Mustafa Kemal'in ailesi de aynen Uşakizade ailesi gibi çok sayıda çocuğunu bebek yaşta kaybetmenin acısını çekti.

Zübeyde Hanım'ın zekâsı ve muhakemesi çok kuvvetliydi. Kimi kaynaklara göre okuması yazması vardı, kimi kaynaklara göre de yoktu.

Mustafa okul çağına geldiğinde, Zübeyde Hanım, oğlunun ilahilerle mektebe başlamasını ve din eğitimi yapılan bir mahalle mektebine gitmesini istedi. Ali Rıza Efendi'nin aklında ise iyi eğitim veren bir okul vardı. Karıkoca arasında gerginlik çıktı ama Ali Rıza Efendi meseleyi ustalıkla çözdü. Mustafa alışılmış törenlerle önce mahalle mektebine başladı, annesinin gönlü yapıldı, ardından mahalle mektebinden ayrıldı ve Şemsi Efendi okuluna başladı. Müslüman âdetleri mahallelinin gözü önünde törensel bir biçimde uygulanmıştı. Sonunda Mustafa'ya dayak atılmayan, öğrencilerin sıralarda oturduğu, bahçesinde jimnastik yapılan bir okul, yani laik ve Batılı anlayışın hâkim olduğu bir eğitim kurumu seçilmişti.[4] Bu okul Mustafa Kemal'in laiklik konusundaki fikirlerine de temel oluşturacaktı.

Ali Rıza Efendi kimi kayıtlara göre 1893 yılında yani Mustafa 12 yaşındayken öldü.[5] Mustafa Kemal'in babasını yedi yaşındayken

2. Cemil Sönmez, *Atatürk'ün Annesi Zübeyde Hanım*, AKDTYK, Ankara, 1998, s. 13-20.

3. Türkiye Komünist Partisi lideri; Rasih Nuri İleri'yle görüşme.

4. Ahmet Emin Yalman, "Hayatına Ait Hatıralar" *Atatürk'ün Söylev ve Demeçleri III*, s. 39.

5. Sadi Borak, *Atatürk Araştırma Merkezi Dergisi* cilt 1, sayı 3, Ankara, 1984.

kaybettiğini söyleyen kaynaklar da var.[6] Zübeyde Hanım genç yaşında dul kaldı.

Ali Rıza Efendi'nin son günlerini Zübeyde Hanım şöyle anlatmıştı:

> Merhum son günlerinde işlerinin fena gitmesinden müteessir oldu. Kendisini salıverdi. Daha sonra da dervişmeşrep bir hal alarak eridi, gitti. Kocamın hastalığı ilerledi. Artık yaşayamazdı. Ben dul kaldığım zaman yirmi yedi yaşında bir tazeydim, bana iki mecidiye, dul maaşı bağladılar.[7]

Zübeyde Hanım iki çocuğunu alıp üvey kardeşi Hüseyin Ağa'nın Langaza yakınlarında bekçiliğini yaptığı bir çiftliğe taşındı. Mahallenin çoğunluğu Müslüman'dı. İki kardeş, Makbule ile Mustafa kır yaşamı içinde büyüdü. Ancak okul işi sorunluydu. Mustafa Kemal köydeki Rum ilkokuluna yazılmış ama bir papazın yönetimindeki okuldan pek hoşlanmamıştı.[8]

Zübeyde Hanım oğlunu yeniden teyzesinin bulunduğu Selanik'e gönderdi ve Mustafa, Selanik Rüşdiyesi'ne devam etmeye başladı.[9]

Zübeyde Hanım oğlunun askerî okula gitmesini hiç istemiyordu. Ne var ki Osmanlı İmparatorluğu'nda askerlik en makbul meslekti. Ahmet Emin Yalman'a annesini anlatırken şöyle demişti Mustafa Kemal: "Annem askerlikten korkardı. Asker olmama şiddetle karşı çıktı. Giriş sınavı zamanı ona sezdirmeden kendi kendime Askerî Rüştiye'ye giderek sınav verdim. Böylece anneme karşı bir olup bitti yapmış oldum."[10]

Zübeyde Hanım, Mustafa Kemal askerî okula devam ederken ikinci kez evlendi. İkinci eşi Ragıp Bey, Teselya'dan Selanik'e göç etmiş, tütün tekelinde çalışan bir memurdu. Mustafa Kemal bu evliliği bir türlü içine sindiremedi. Evden ayrılıp bir akrabasının yanında yaşamaya başladı.

6. Cemil Sönmez, a.g.e., s. 31.

7. *Atatürk Ansiklopedisi*, 1. cilt, haz. Ömer Sami Coşar, İstanbul Reklam Ltd, İstanbul, 1973, s. 110.

8. Cevat Abbas Gürer, *Ebedi Şef Kurtarıcı Atatürk'ün Zengin Tarihinden Birkaç Yaprak*, Halka Basımevi, İstanbul, 1939, s. 88-89.

9. Cemil Sönmez, a.g.e., s. 38.

10. "Hayatına Ait Hatıralar, ocak 1922", *Atatürk'ün Söylev ve Demeçleri III*, Türk İnkılap Tarihi Yayınları, Ankara, 1997, s. 40.

O yılları daha sonra Afet İnan'a anlatacaktı:

"Annem babamı kaybettiği zaman genç bir kadındı. Onun ölümünden sonra asıl oturduğumuz pembe evden çıkmış küçük eve girmiştik. Ben bir müddet için dayılarımın yanında kalıyordum. Fakat babamın yerine bir başkasının geleceğini bana belli ediyorlar ve beni duygu olarak hazırlıyorlardı. Bir gün dayımla o küçük eve gittik. Annem yeni bir elbise giymiş, beni güler yüzlü karşıladı. İçeride yabancı bir bey oturuyordu. Annem de onun yanında eskiden âdet olduğu gibi kapanmadan geziyordu. Durumu anladım.

Fakat babamın yerine gördüğüm bu adama tahammül edemeyecektim. Baktım duvarda babamın palası asılı. İçimden gelen bir hisle ona sarılmak ve hiç kabahati, kusuru olmayan bu beye saldırmak istedim. Fakat derhal bir şeyler söylemeden oradan koşarcasına kaçtım. Bundan sonra aylarca anamı görmedim.

Fakat sonradan o asil beyle dost oldum. Bana iyi bir eğitici oldu. Anamın da genç yaşında böyle bir aile bağı yapmış olmasını takdir ettim. Ancak çocukluk duygum benim babamı kaybetmiş olmama karşı bir isyandan ibaretti."[11]

Mustafa Kemal, ikinci babasından huzursuz olsa da gelenekleri çiğneyip annesinden olan akrabalarıyla ilişkisini ölene dek sürdürdü. Ragıp Bey'in ikisi kız, ikisi oğlan dört çocuğu vardı; kardeşi Miralay Hüsamettin Bey'in kızı Fikriye ise daha sonra Mustafa Kemal'in hayatında önemli bir rol oynayacaktı.

Mustafa Kemal, Selanik Askerî Rüştiyesi'nin ardından Manastır'daki Askerî İdadi'ye kaydoldu. Burası Fen Lisesi benzeri bir okuldu. 1902 yılında ise yükseköğrenim için İstanbul'a Harbiye'ye geldi.

Selanik'ten İstanbul'a

Yunanlılar 1912 kasımında Selanik'i işgal edince Zübeyde Hanım, kızı Makbule'yle birlikte göçmeye karar verdi. Selanik'ten İstanbul'a gelirken yanında Ragıp Efendi yoktu. Bir anlatıma göre, Zübeyde Hanım ikinci eşinden ayrılmış ve kızı Makbule'yle Türkiye'ye gelmişti. Ragıp Bey'in kızı Ruhiye'yi de onlarla gönderdiği söyleniyor. Tarih kitapları Zübeyde Hanım'ın doğru-

11. Cemil Sönmez, a.g.e., s. 44-45. Afet İnan'ın *Atatürk Hakkında Hatıralar ve Belgeler* (1959) kitabının İş Bankası tarafından 1984 yılında yapılan basımda ise bu bölüm yer almıyor.

dan İstanbul'a geldiğini yazıyor. Ancak ikinci eşi Ragıp Bey'in torunu Ferhat Babür'e göre ilk durakları İzmir'di. Belki yanlarında başka akrabaları da vardı. Anlaşıldığı kadarıyla bir kısım akraba da İzmir'e yerleşti.[12]

O dönem Selanik'ten kalkan vapurlar önce İzmir'e sonra İstanbul'a geliyordu. Armstrong'un *Bozkurt* kitabına göre, ana-kızın Balkan Savaşı'nın ardından Türkiye'ye geliş serüveni oldukça acılıydı.

> İstanbul yaralılarla dolup taşmıştı. Ülke baştan aşağı düzensiz mülteci kalabalıklarının oluşturduğu kamplarla dolmuştu... Mustafa Kemal büyük bir kaygıyla ailesinden haber almaya çalışıyordu. Selanik'ten gelen pek çok göçmeni buldu. Ona kentin büyük bir zorbalığa uğradığını anlattılar: Yunanlılar yakalayabildikleri tüm sivil Türkleri öldürmüşler, çevredeki tüm köy ve kasabaları da yağmalamışlardı. Sonunda annesi ile kız kardeşi Makbule'yi mülteci kamplarından birinde buldu.
>
> Bir oda kiralayarak onları İstanbul'a getirdi. Zübeyde, 60'ının üstündeydi. Geçen yıllarla şişmanlamıştı, gözleri de iyi görmüyordu. Selanik'ten kaçışları sırasında Makbule'yle birlikte açlık ve soğuktan çok acı çekmişlerdi. Yaşlı kadın bu süre içinde hızla kocamıştı. Oğlunu görmek onu fazlasıyla memnun etti. Onun kendilerini İstanbul'a götürmesine sessizce boyun eğdi; ama orada hiç huzur bulamadı. Bütün gün boyunca odadaki divana bağdaş kurup oturuyor öne arkaya sallanarak Allah'a dua ediyordu. Selanik kâfir Yunanlıların elindeydi, akrabaları katledilmişti; evi elinden gitmişti; sahip olduğu her şeyi kaybetmişti. Tam anlamıyla mahvolmuştu.[13]

Zübeyde Hanım'ın İstanbul'a yerleşmesinin ardından Mustafa Kemal, Bolayır Savaşı'na katılmak üzere cepheye gitti. İstanbul'a gelişlerinde Zübeyde Hanım'ın Akaretler'deki evinde kalıyordu. Daha sonra Şişli'de bir daireye taşındı, böylece bağımsız davranma imkânı artmıştı.

Ancak Mustafa Kemal İstanbul'a gelişlerinde annesini ihmal etmiyor onunla birlikte davetlere, düğünlere katılıyordu.

Mustafa Kemal'in annesine yazdığı birçok mektup, kitaplarda yer alıyor. Hal hatır sorup maddî durumuyla, sağlığıyla ilgilenen, onu olup bitenden haberdar eden bu mektuplar dışında, yakınlarına yazdığı mektuplarda da annesinden bilgi isteyen satırlara rastlıyoruz.

12. Figen Yanık, "Anneannem Atatürk'ün üvey kızkardeşi Ruhiye Hanım'dı", *Sabah* gazetesi *Pazar Eki*, 17 ekim 2004.

13. H. C. Armstrong, a.g.e., s. 31.

Mustafa Kemal'in direniş kuvvetleriyle olan ilişkisine başlangıçta endişelenerek karşı çıkan Zübeyde Hanım yıllar içinde durumu benimsemiş, evinde yapılan pek çok toplantıya tanıklık edip Mustafa Kemal'e "başladığı işi bitirmesi yolunda telkinleriyle" destek vermişti.

Zübeyde Hanım'ın sağlığı Millî Mücadele yıllarında bozulmuştu. Makbule Hanım, annesinin ilk kalp krizini Mustafa Kemal Samsun'a hareket etmeden "Anne ben yarın Anadolu'ya gidiyorum. Bu işte tehlike çoktur. Hesapta ölmek gidip gelmemek vardır" dediğinde geçirdiğini söylüyor. "Onun bu sözlerini anne kız bir bardak zehir gibi yutmuştuk. Annem şiddetli bir kalp kriziyle sarsılmaya başlamıştı" diyor.[14]

Zübeyde Hanım Çankaya'da

Mustafa Kemal, 1922 haziranında Fransız yazar ve diplomat Claude Farrère'le buluşmak üzere Adapazarı'na gittiğinde annesiyle kız kardeşi Makbule'yi de çağırttı. Zübeyde Hanım, büyük bir kalabalığın içinden geçerek kaldığı eve ulaşmaya çalışan oğlunu balkondan yaşlı gözleriyle izledi. 1919 mayısında Samsun'a gidişinden sonra ilk kez buluşuyorlardı. Zübeyde Hanım bir iki gece Askerlik Şubesi Başkanı Binbaşı Baha Bey'in evinde konuk oldu. Mustafa Kemal, bu randevuya gelirken Fikriye'yi de yanında getirmişti. Fikriye'nin Çankaya'da kalmasından annesi ve kız kardeşi huzursuzdu. Durumun farkında olan Mustafa Kemal'in niyeti bütün aileyi Çankaya'da toplamaktı. Ancak Makbule Hanım, Fikriye'yi tersleyince, ona İstanbul'a dönmesini söyledi.[15] Zübeyde Hanım ise ömrünün son aylarını oğlunun yanında Çankaya'da geçirdi. Fikriye'yle hiç anlaşamamıştı.

Çankaya'daki Zübeyde Hanım, Mustafa Kemal'in pek çok arkadaşıyla sohbeti olan, her sabah hatırı sorulup eli öpülen bir anaydı.

Hüsrev Gerede, Mustafa Kemal "Dindar, nur yüzlü bu anaya çok saygılı davranırdı. Napolyon'da da bu evlatlık duygusu, anlayışı görülmüştür" diyor.

Ana-oğul hazırlanmadan birbirlerini görmezlerdi. Ziyaretin esas kuralı daima ziyaretçinin Mustafa Kemal olmasıydı. Mustafa Kemal uyanır uyanmaz o gün annesini görecekse birini gönderir ve izin alırdı. Sonra törene hazırlanır gibi hazırlanırdı. Zübeyde

14. Kemal Zeki Gencosman, Niyazi Ahmet Banoğlu, *Atatürk Ansiklopedisi*, May Yayınları, İstanbul, 1972, cilt 3, s. 254.

15. Şemsi Belli, *Fikriye*, Bilgi Yayınevi, Ankara, 1995, s. 83.

Hanım hasta yatağında bile olsa büyük özenle oğlunu kabule hazırlanırdı. Saçlarını taratır, işlemeli başörtüsünü örter, Makedonyalı gelinlik bir kız olduğu günlerden kalma oyalı bürümcük gömleğinin üzerine ipekli entarisini giyerdi. İstanbulkâri renkli maşlağıyla kıyafetini tamamladıktan sonra oğluna kendisini bekliyorum diye haber gönderirdi.[16]

Zübeyde Hanım'ın Çankaya günlerinin bir başka tanığı da İngiliz kadın gezgin ve yazar Grace Ellison... "Gözlerim paşanın yazı masasının üzerinde asılı güzel bir Türk kadınının portresine ilişti. 'Ne güzel bir yüz' dedim" diye anlatıyor. Ellison'un isteği üzerine Mustafa Kemal'le birlikte hasta olan Zübeyde Hanım'ın dairesine geçmişlerdi. Mustafa Kemal, Ellison'a, "Ne yazık ki acılarının kaynağı benim. O, şu anda, ben sürgündeyken benim için döktüğü yaşların ve duyduğu sıkıntıların bedelini ödüyor" diye yakınmıştı.

Grace Ellison'a "Tanrının kendisine bu oğlu anavatanı kurtarmak için gönderdiğine inandığını" söyleyen Zübeyde Hanım ise, "Oğlum bana her zaman çok iyi davranır" demişti. Grace Ellison ana oğul ilişkisinden etkilenmişti.[17]

16. Cemil Sönmez, a.g.e., s. 86.

17. Grace Ellison, *Ankara'da Bir İngiliz Kadını,* çev. Osman Olcay, Bilgi Yayınevi, Ankara, 1999, s. 203-204.

8

Nişan ve ölüm

Zübeyde Hanım, İzmir'e beyaz çarşafıyla geldi, ama peçesizdi. Evlatlıkları Abdürrahim ile Fatma, Ali Çavuş ve Mustafa, Yaver Salih, eşi Pakize ve doktoru Yüzbaşı Asım'la (Arar) birlikteydi. Mustafa Kemal, Uşakizade ailesinin yakını olan Tevfik Rüştü'nün (Aras) de Zübeyde Hanım'a İzmir yolculuğunda eşlik etmesini istemişti. Latife, Zübeyde Hanım'ı istasyonda bekliyordu. Karşılayanlar arasında Mustafa Kemal'in Harbiye'den sınıf arkadaşı Asım Paşa ile karısı da vardı.

Latife, Mustafa Kemal'in annesine ilk günden kendisini yakın hissetmişti. Fransa'dan babaannesinin hastalığı nedeniyle apar topar dönen Latife, şimdi de Mustafa Kemal'in annesi Zübeyde Hanım'ı sağlığına kavuşturma planları yapıyordu.

Latife ile Zübeyde Hanım'ın karşılaşmasını Mustafa Kemal'in emir çavuşu Ali Metin'den dinleyelim:

> İzmir halkı Zübeyde Hanım'ı çok iyi karşıladı ve yakınlık gösterdi. Zübeyde Hanım dizlerinden rahatsızdı. Çok zor yürüdüğünden hasır koltukta taşınıyordu. İlk ziyaretine gelen İzmirlileri vagonlarında kabul ettiler. Ziyaretçilerin çokluğundan esasen rahatsız olan Zübeyde Hanım çok yorulmuştu. Etrafı göremez halde idi. Bu arada Latife Hanım'ı da tanıyamamıştı. Meraklandığını anlıyordum. Bir ara vagonda birkaç hanım kalmıştı. Zübeyde Hanım bu durumu fırsat bilerek oturan misafirlere bir mesele için yalnız kalmak istediğini bildirdi. Vagon boşaldı. Ben de dışarıya çıkıp Latife Hanım'ın Zübeyde Hanım'a su getirmesini temin ettim.[1]

O sırada Yaver Salih, "Bak anacağım, bu kızcağızdır Latife" de-

1. Ziya Oranlı, a.g.e., s. 141-142.

yince, "Kızımız çok güzelmiş Salih oğlum" diye karşılık verdi.

Latife, "Şımartıyorsunuz beni Hanımefendi Hazretleri, elinizi öpeyim" diyebildi.

Latife'nin getirdiği suyu içen Zübeyde Hanım, Latife'yi yukarıdan aşağıya iyice süzdükten sonra bardağı verdi. Latife'nin eli hâlâ avcundaydı.

"Maşallah, resimlerinden daha güzelmişsin yavrum. Sizi istasyonda çok bekletmedik ya?"

"Beklemenin sözü mü olur Hanımefendi Hazretleri. Olsa olsa bir an önce size kavuşmak heyecanı içindeydik. Siz de resminizden çok daha güzelsiniz..."

Zübeyde Hanım, "Gel bu sırrı senin kulağına söyleyeyim," dedi Latife'ye ve alçak sesiyle göz kırparak konuştu:

"İnsan güzele baktıkça güzelleşir."[2]

Bakımıyla hemşire gibi ilgileniyor

Mustafa Kemal'in Yaver Salih'le Latife'ye gönderdiği mektubun içeriğine dair anılarda pek bir not yok. Latife'yi sevinçten havalara uçuran mektup herhalde bir nişanın habercisiydi.

Zübeyde Hanım kendisine hazırlanan köşkü sevmişti. Eve tekerlekli sandalye getirten Latife, bütün eşikleri de kaldırtmıştı. Zübeyde Hanım, tekerlekli sandalyesini kolayca evin içinde dolaştırılabilmesi için eşiklerin kaldırılmasından çok hoşnut kalmıştı.

Rumeli şivesiyle tatlı tatlı konuşuyor, herkesi güldürüyordu. Köşkün uşakları, aşçıları, hizmetçileri canla başla işlerini yapıyor, Zübeyde Hanım'ı memnun etmeye çalışıyorlardı.

Latife Zübeyde Hanım'ı birkaç gün olsun rahat ettirmek, acılarını azaltmak için kendisini paralıyordu. Yakılar yaktırıyor, ilacını bir hemşire titizliğiyle veriyor, iğnelerini takip ediyordu.

Asım Gündüz, "Latife Hanım hastaya bakmak için bir hastabakıcı, bir hemşire, bir de doktor seçmişti. Latife Hanım her gün beyaz elbiseler giyerek bir hemşire gibi ziyaretine gider, yemek ve bakımı ile ilgilenirdi" diyor.[3]

Zübeyde Hanım'ın kendisine gösterilen ilgiden çok memnun olduğu söylense de, Latife için "Hiçbir güzelliği yok, çok kısa boylu" gibi yorumlarını kendisine hizmet edenlere açıklamaktan çekinmediği de anlatılıyor.

2. İsmet Bozdağ *Latife ve Fikriye*, s. 122-123.

3. Asım Gündüz, a.g.e., s. 208.

İki kadın birbirine hiç benzemiyordu. Onları bir araya getiren Mustafa Kemal'di. Latife, Kemal Paşa'yı tanımış ve sevmişti. Zübeyde Hanım için ise oğlu hep Mustafasıydı. Zübeyde Hanım Mustafasının gelin adayını dikkatle izliyor, ona atasözleriyle süslü öğütler veriyordu. Oğlunun çocukluk günleri, karakteri ve asker olarak geçirdiği hayat üzerine Latife'yle uzun uzun sohbet ediyor, tanıdığı bildiği Mustafa'yı Latife'ye anlatarak Latife'yi evlilik günlerine hazırlamaya çalışıyordu. Zübeyde Hanım'ın Muammer Bey'le de çok iyi anlaştıkları uzun ve keyifli sohbetler yaptıkları anlatılıyor.

Zübeyde Hanım nişan için gelmiş, armağanlar da getirmişti. Ali Metin'in anlatımıyla Mustafa Kemal gereken hazırlıklardan sonra annesini Latife Hanım'ı görüp nişan takması için İzmir'e göndermişti. Bütün İzmir nişan için geldiklerini biliyordu, ama çevreye bir şey söylenmiyordu.[4]

Armağanların en değerlisi: Sakarya

Armağan günler önce yola çıkarılan atı Sakarya'ydı. Üç ayağı beyaz sekili bu Arap atını, Mustafa Kemal, Millî Mücadele sırasında çok sevmiş, yanından ayırmamıştı. Salih Bey, "Karşıyaka'daki köşke yerleştikten sonra havanın çok güzel olduğu bir ikindi saatinde (gelişinin ikinci gününde diye de not düşülmüş) Zübeyde Hanım, oğlunun armağanı olan atı, Latife'ye verdi. Latife, adı Sakarya olan ve Mustafa Kemal Paşa'yı zafere taşıyan bir tarihî atın sahibi olmanın sevincini içinde kaynatıyordu" diye anlatıyor o günü.[5]

Zübeyde Hanım, atı Latife'ye verirken bunun misafirlik armağanı mı yoksa nişan hediyesi mi olduğunu anlaşılan söylememişti.[6]

Mustafa Kemal'in armağanları Ankara'da da günün konusuydu. O günlerde Çankaya'yı ziyaret eden gezgin-gazeteci Grace Ellison, Mustafa Kemal'in müstakbel eşine verdiği armağanları "Tam bir kumandana yakışan armağanlar" diye tanımlamıştı. "Geline verdiği armağanın özelliği İslam'ın Peygamberi'ni anımsatıyor. Muhammed kızına bir Kuran, bir seccade, bir de kahve değirmeni vermişti. Mustafa Kemal müstakbel karısına General Trikopis'in tabancasını ve bir Arap atı vermiş. Eşi mükemmel bir

4. Ziya Oranlı, a.g.e., s. 140-141.

5. İsmet Bozdağ, *Latife ve Fikriye*, s. 123-124.

6. İsmet Bozdağ, *Gazi ve Latife*, Tekin Yayınevi, İstanbul, 2001, s. 87.

binici olup, eyerine süvari gibi oturur ve sadece saçını tutan bir örtü kullanır."[7]

Mustafa Kemal'in Latife'ye armağan ettiği tabancaların öyküsünü önce Muammer Erboy'dan dinledim. Bu tabancalar aynı zamanda Millî Mücadele'nin zafere ulaştığı anı temsil ediyorlardı. Savaşın son anlarında Yunanlı Komutan Trikopis esir düşünce kemeriyle birlikte tabancalarını da teslim etmişti. Mustafa Kemal'in Latife'ye armağanı esir düşmüş Yunanlı komutanın tabancalarıydı. Ancak, Salih Bey'le İzmir'e gönderilen nişan armağanları arasında tabancalardan söz edilmiyor. Mustafa Kemal, Trikopis'in tabancalarını İzmir'de kaldığı günlerde Latife'ye hediye etmiş olmalı. Zira, Büyük Taarruz'un ardından İzmir'e geldiklerinde Trikopis'in tabancalarını da yanlarında getirmişlerdi.

Latife'ye Trikopis'in tabancalarından daha güzel bir hediye düşünülemezdi. Latife, Mustafa Kemal'e işgal günlerini anlatırken şöyle diyordu. "Paşam, tek bir şeyi sorup duruyordum kendi kendime? Acaba İzmir'in kurtuluşunu görebilecek miyim, diyordum." Bu tabancalar, İzmir'in kurtuluşunun da sembolüydü. İşgal bitse de henüz tehlike bitmemişti. Erboy, "Mustafa Kemal Paşa tabancaları teyzem kendisini korusun diye hediye etmiş olmalı" diyor.

Trikopis'in tabancaları nerede?

Burada bir parantez açmak gerekiyor. Latife Hanım'ın ölümünden sonra ailesi Atatürk'ten ona kalan hatıra eşyaları Harbiye'deki Askerî Müze'ye bağışladı. Bu eşyalar arasında evlenme teklifinin yazılı olduğu resim, bir yağlıboya Mustafa Kemal tablosu, ikisi Trikopis'in olmak üzere dört tabanca ve Kuvayı Milliye askerlerinin İzmir'e girerken çektikleri iki sancak vardı. Oysa fotoğraflarını çekmek için müzeye gittiğimde bu eşyaların sergilenmediklerini gördüm. Bunun üzerine Latife Hanım'ın ailesi bilgiişlem sorumlusu Mehmet Binbaşı'ya hatıra eşyaların neden sergilenmediklerini sordu. Envanter defterlerinde mutlaka durduğunu söyleyen Mehmet Binbaşı bir hafta süre istedikten sonra bağışlanan parçaların Atatürk salonuna yerleştirildiğini haber verdi. 2005 aralığından beri tabancalar ve sancak, Latife Hanım'ın adının yazılı olduğu plaketlerle, Atatürk Salonu'nda sergileniyor. Tabancalardan biri çok küçük ve zarif işlemelere sahip. Bu tabancayı Latife Hanım başına gelebilecek bir kaçırılma tehdidine karşı, kendisini öldürmek üzere ömrünün sonuna dek çantasında taşımış. Evlenme teklifinin yazılı ol-

7. Grace Ellison, a.g.e., s. 215.

duğu fotoğrafa ne yazık ki ulaşamadık. Zira, tasnif edilmek üzere kütüphaneye verilmişti, bulunmasının aylar süreceği söylendi.

Mustafa Kemal: Evleniyorum

Zübeyde Hanım'ın İzmir'e gittiği günlerde Kemal Paşa'nın evlenmek üzere olduğu Ankara'nın en çok konuşulan dedikodusuydu. Millî Mücadele Ankarası'nın unutulmaz isimlerinden Sefir İbrahim Abilov, 4 ocak 1923 cuma günü yeni yıla giriş nedeniyle Cebeci'deki Azerbaycan Elçiliği'nde 20-25 kişilik bir ziyafet veriyordu. Azerbaycan Sefareti, Cebeci'de, ahşap, iri gövdeli eski bir Ankara konağındaydı. Sofra, tabak tabak siyah havyarla bezenmiş, Azeri havaları çalacak çalgıcılar çağrılmıştı. Mustafa Kemal Paşa "İşim var diye" haber göndermişti. Yine de herkes onu bekliyordu. Ve gecenin geç saatinde geldi. O günlerin genç gazetecisi, günlük sütun yazarı İsmail Habib (Sevük) de Yunus Nadi'nin çağrısıyla oradaydı. Sevük bu geceyi Mustafa Kemal'in ölümünden hemen sonra aralık 1938'de *Cumhuriyet*'te yazmıştı.

> Gazi mühim bir sürprizle söze başladı. Gözler ona dikildi, kulaklar ona açıldı. Verdiği haber hakikaten bir sürprizdi.
>
> "Evleniyorum!"
>
> Herkes hayret içinde...
>
> "Ciddi mi Paşam?"
>
> "Ciddi efendim, ciddi, kati ve mukarrer: Evleniyorum.
>
> Galiba Ağaoğlu soruyor.
>
> "İzmir Fatihi'nin kalbini fetheden bu bahtiyar kim?"
>
> "İzmirli bir kız."
>
> Anlattı, ilk defa o gece orada bu evlenme işini uzun uzun anlattı. Alacağı kadında maddî güzellikten ziyade manevî kıymete ehemmiyet verdiğini gösteren bir eda ile:
>
> "Pek öyle ahım şahım değil" diyor. "Fakat öyle zeki ve samimi konuşuyor ki... ailece ahdetmişler, eğer ben İzmir'i alırsam mutlaka kendi köşklerinde misafir edeceklermiş..."

İnsanın kafasından geçeni biliyor!

Mustafa Kemal Paşa'nın o gece hayranlıkla anlattıkları İzmir günlerinde yaşadıklarının bir özetiydi. Misafirliği kabul ettiğini, Latife'nin nasıl piyano çaldığını, dört beş dil bildiğini, açık bir samimiyetle anlatmıştı:

Kızın en büyük meziyeti insanın kafasından geçen şeyi bile keşfedecek kadar ferasetli oluşudur. Mesela biz onların köşküne yerleştikten sonra bir gün İsmet Paşa'yı[8] özlüyordum. Bulunduğu yer bize epeyce uzak. Haber de göndersem gene epey vakit geçecek. Halbuki o anda onunla konuşmayı ne kadar istiyordum. Birdenbire kapı vuruluyor. Giriniz! Dedim...

Oo... İsmet Paşa!

"Aman ne iyi ettin de geldin, ben de seni özleyip duruyordum."

İsmet Paşa şaşırdı.

"Fakat ben gelsin diye telefonla emrinizi bildirdiler de geldim."

"Kim telefon etmiş?"

Kız içeriye giriyor ve şöyle diyor:

"İsmet Paşa'nın gelmesinden memnun kalacağınızı düşündüğüm için ben telefon ettim."

Görüyor musunuz, insanın kafasından geçeni biliyor!

Konuştu konuşturdu, söyledi söyletti....

Ev sahibi salonun perdelerini açıyor. Bir de baktık ki ortalık apaydındır.[9]

Mustafa Kemal o gece, neden evlenmek istediğini şöyle anlatmıştı: "Ben zaten evlenmek için evlenmek istemiyorum. Vatanımızda yeni bir aile hayatı yaratmak için önce kendim örnek olmalıyım. Kadın öyle umacı gibi kalır mı?"[10]

Kendisini ziyaret eden İngiliz yazar Grace Ellison'la görüştüğü sırada, söz kadınlara geldiğinde Mustafa Kemal, "Gelecek yıl bu zaman, kadın özgür olacaktır. Yüzünü açacak ve erkekler arasına karışacaktır" demişti. Bunun üzerine Grace Ellison Mustafa Kemal'e, "arkadaşlarının, onun bir prensesle evlenmesinden korktuklarını" söylemişti.

"Bu hiçbir zaman gerçekleşmeyecek" diye söze başlayan Kemal Paşa söyle devam etmişti: "Ben kendi halkımdan, okumuş bir kadını seçmiş bulunuyorum, tüm işlerimde 'gerçek ortağım' olabilecek karakterde bir kadın. Karakterinin sadece yarısı ve yaşamının sadece yarısı için oluşan bir birleşmeden mutluluk beklenemez. Ben demokrasinin yanında yer aldım..."[11]

8. İsmet Paşa da o sıralarda Mevhibe Hanım'la İzmir'de yaşıyor.

9. İsmail Habib Sevük, *Atatürk İçin*, Cumhuriyet Matbaası, İstanbul, 1939, s. 20-23.

10. Utkan Kocatürk, *Kaynakçalı Atatürk Günlüğü*, s. 317.

11. Grace Ellison, a.g.e., s. 211.

İnönü'den nişan telgrafı

Mustafa Kemal ile Latife'nin, Zübeyde Hanım'ın ölümünden üç gün önce nişanlandıklarını İsmet Paşa'nın Lozan'dan gönderdiği kutlama telgrafından öğreniyoruz.

> Gazi Mustafa Kemal Paşa Hazretleri'ne
>
> Nişanlanma müjdeniz beni mesut etti. İnşallah-ı Teâlâ (Allah'ın izniyle) mesut olacaksın. Hem seni, hem bizi tebrik ederim.
>
> İsmet[12]
>
> (13 ocak 1923)

Törensiz, yüzüksüz ve damatsız bir nişan töreniydi onlarınki. Çünkü Latife İzmir'de Zübeyde Hanım'ın başında, Mustafa Kemal ise Batı Anadolu'da gezideydi. O günlerde telefonla uzak mesafe konuşmaları yapılamadığına göre, telgraf marifetiyle nişanlanmış olmalılar. Zübeyde Hanım'ı nikâha kadar hasta yatağında bekletmek yerine uzaktan kıyılan bir nişanı tercih etmişlerdi.

Zübeyde Hanım Latife'yi sevmişti

Zübeyde Hanım gerçekten de oğluna kimseleri layık göremeyen annelerdendi. Latife'yi çok beğenip benimsediğini söyleyenler de var, onun bu evliliğe karşı çıktığını anlatanlar da...

Asım Paşa, Zübeyde Hanım'ın Latife'nin gösterdiği şefkat ve ihtimama minnettar kaldığını, "Oğlum, çok haklı imişsin bu kızı pek beğendim. Gözüm arkada kalmasın sana layık bir eş olur" diye mektup yolladığını, anlatırken, "Zübeyde Hanım bu mektubu eşime yazdırıyordu. Zübeyde Hanım, Latife Hanım'ın ihtimamı altında ne yazık ki çok yaşamadı. Fakat eşimle her ziyaretimde Latife Hanım için uzun uzun dualar ettiğini hatırlarım" diyor.[13]

Ali Metin'in aklında kalan ise, Zübeyde Hanım'ın kendisine daha trenden inmeden, "Ali, bu hanım Mustafamı mesut edebilir mi acep?" diye endişesini iletmesiydi.

Yaver Salih ise ısrarla Zübeyde Hanım'ın Latife'yi oğluna uygun bulmadığını, ama bu fikrini Kemal Paşa'yla paylaşmasına yardımcı olmadığını söylüyor:

> Zübeyde Hanım benden düşüncesinin Ankara'ya bildirilmesini is-

12. Utkan Kocatürk, *Atatürk Çizgisinde Geçmişten Geleceğe*, s. 373.

13. Asım Gündüz, a.g.e., s. 208.

> temiyor, sadece bir an önce Ankara'ya dönmek istediğini söylüyordu. Bu nedenle Ankara'ya Zübeyde Hanım'ın fikri ile ilgili hiçbir şifre vermedim. Sadece dönmek istediğini ama doktorun bunun cinayetten farklı olmayacağını belirttiğini telledim.[14]

Zübeyde Hanım'ın, Latife'den hoşlanmadığı yolundaki anlatımlara karşı çıkan Prof. Dr. Yurdakul Yurdakul "Makbule Hanım'ın söylediklerine göre, annesi, Atatürk'e İzmir'den yolladığı mektuplarda Latife Hanım'ı çok beğendiğini, kendisine çok iyi uyan bir eş olacağını, artık beklememesini, onunla evlenmesini istemişti" diyor.[15]

Rauf Bey de Zübeyde Hanım'ın Latife'yi çok beğendiğini düşünenlerden:

> Gazi, annesinin de ilk günlerde mevzua (evlenmelerine) tereddütlü bakmasına rağmen, Latife Hanım'ın misafiri olmasından ve bilhassa Karşıyaka'da onun için hazırladığı evde âdeta hastabakıcı gibi alakadar olmasından sonra kendisine: "Avrupa görmek, okumak başka şeymiş... Bu kız seni bahtiyar eder. Onun kıymetini bil...." dediğini anlattı ve sonra da dedi ki:
>
> "Rauf sen, Karabekir, Ali Fuad ve Refet de evlenin. Yuva kurun, bak çok şükür vatan kurtuldu, hepimiz 40'ı geçtik, aile huzur ve saadetine hak kazandık."[16]

Zübeyde Hanım'ın kendisine bu denli şefkatle yaklaşan Latife'yi sevmemesi bence pek mümkün değil, ama yakın çevresindekilere zaman zaman kuşkularından söz etmiş olmalı. Zübeyde Hanım'ın o günlerde ölüm döşeğinde olduğunu ve çok acı çektiğini unutmamak gerek.

Zaten, Türk Tarih Kurumu Başkanı Halaçoğlu da, Latife Hanım'ın evrakları arasında Zübeyde Hanım'ın kendisine ilişkin tutumunu ilk kez açığa çıkaracak belgeler bulunduğunu söylüyor.[17]

Burada vurgulanması gereken belki de şu; Latife ile Mustafa Kemal Paşa Zübeyde Hanım'ın sağlığında nişanlanmışlardı. Zü-

14. İsmet Bozdağ, *Latife ve Fikriye,* a.g.e., s. 125.

15. Prof. Dr. Yurdakul Yurdakul, *Atatürk'ün Hiç Yayınlanmamış Anıları,* Aksoy Yayıncılık, İstanbul, ocak 1999, s. 85.

16. Cemal Kutay, a.g.e., s. 746.

17. "Ata'nın Latife Hanım'a Yazdığı Mektup Göz Yaşartacak", *Yeni Şafak* gazetesi, 2 aralık 2004.

beyde Hanım söylendiği gibi isteksiz olsa herhalde son günlerinde onu üzecek bir nişana kalkışmazlardı.

Zübeyde Hanım'ın ölümü

İzmirliler Zübeyde Hanım'ı Karşıyaka'daki evin bahçesinde güneşlenirken görünce mutlu oluyorlardı. Ona baktıkça Mustafa Kemal Paşa'nın da şehirlerine geleceğini düşünüyorlardı. O günlerde altı yedi yaşlarında bir çocuk olan Gülfem İren bir anısını şöyle aktarıyor:

> Karşıyaka İstasyonu'nda Uşakizadelere ait bir köşk vardı. Atatürk'ün bugün annesinin gömüldüğü caminin hemen yakınındaydı. Bahçede tek bir çam ağacı vardı. Onun altına bir hasır koltuk yerleştirilir, sonra da Zübeyde Hanım getirilirdi. Omuzlarına kadar dökülen beyaz başörtüsüyle koltukta güneşlenirdi. Biz de çocuk çoluk bahçe duvarından Atatürk'ün annesini seyretmeye giderdik. Atatürk her şeyimizdi. Ben de bol bol Zübeyde Hanım'ı seyretmeye giderdim.[18]

Mustafa Kemal emir çavuşu Ali'yi bir telgrafla Ankara'ya çağırınca, Yaver Salih Latife'ye, "Belki de annesini görmeye geliyor" dedi. Ancak Mustafa Kemal, İzmir'e annesi hayattayken gelemedi. Fotoğraf subayı Esat Bey'i annesinin yanına gönderdi. O da Zübeyde Hanım'ın son fotoğraflarını çekti.

Zübeyde Hanım'ın son saatlerinde, Latife'nin yanında ikinci bir vasiyet yazdırdığı anlatılıyor. Zübeyde Hanım 15 ocak 1923 akşamı öldü.

Latife, Zübeyde Hanım'ın ölüm haberini önce İzmir Valisi Abdülhalik Bey'e bildirdi.

Düzenlenen cenaze törenine neredeyse bütün İzmir katılmıştı. Cenaze alayının uzunluğu bir kilometreyi buluyordu. Batı Cephesi Kurmay Başkanı Asım (Gündüz), Kâzım (Özalp), Fahrettin (Altay), Mürsel (Bakû), İzzettin (Çalışlar), Abdurrahman Nafiz (Gürman) paşalar cenaze kortejinin en önünde yürüyorlardı. Okullar çelenkler göndermiş, memurlar ve komutanlar cenazeye gelmişti.

Siyah bir manto giyen, siyah peçe örten Latife, cenaze yürüyüşüne katılmak istedi. Ailesinin ve din adamlarının itirazı üzerine bir faytonla cenazeyi arkadan izlemekle yetinmek zorunda kaldı. İslam'da kadın cenazeye katılamaz demişlerdi.[19]

18. Gülfem İrem'le görüşme.

19. Cemil Sönmez, a.g.e., s. 105.

Zübeyde Hanım çok dindardı. Akaretler'de yaşarken yazdırdığı vasiyetnamesinde, gömülmesinin ardından neler yapılacağını tek tek not ettirmişti. Beşiktaş'taki Yahya Efendi Haziresi'ne gömülmesi, gömüldükten sonraki üçüncü gece dualı bir akşam yemeği düzenlenmesi, beş kurban kesilip dağıtılması, bir çeşme yaptırılması gibi istekleri vardı. Ancak İzmir'de vefat ettiği için hazireye gömülme isteği yerine getirilemedi.

Latife mezarlıkta yüzlerce gümüş mecidiye sadaka dağıtmış, ilk gece İzmir'in tanınmış hafızlarından otuz üç kişi çağırarak sabaha kadar hatim duası indirtmiş, üç gün üst üste dua, kırkında da mevlit okutmuştu. Ayrıca 52. gece de fakirlere aşure dağıtılıp, hatimler indirilmişti.

Kayınvalidesinin gönlünden geçenleri fazlasıyla yerine getiren Latife'ye Mustafa Kemal'den bir teşekkür telgrafı geldi.

> Latife Hanımefendi'ye:
>
> Teessüratıma (kederime) bütün kalbinizle iştirak edeceğinize tamamen eminim. Validemin son saatlerini sizin şefkatkâr ihtimam ve dikkatiniz altında geçirmiş olması cidden beni müteselli (avutuyor) ediyor. Çok teşekkür ederim.
>
> Haber-i ziya (ölüm haberi) üzerine İzmit'te bana bir gece için mülaki (kavuşan) olan halam ve hemşirem ve görüşmek üzere gelen Halide Hanım (Adıvar kastediliyor) muhabbetle gözlerinizden öperler. Yarın akşam Bursa'ya hareket edeceğim. Orada takriben iki gün kaldıktan sonra Balıkesir'e hareket edeceğim.
>
> Gazi Mustafa Kemal[20]
>
> (19 ocak 1923)

Bursa'da kutlanan nişan

Mustafa Kemal annesinin cenaze töreni için İzmir'e gelmedi. Programını planladığı biçimde sürdürdü, 16'sında İzmit'te İstanbul basınıyla buluştu. 20-24 ocakta ise Bursa'daydı. Şerefine Madam Brotte'un otelinde düzenlenen büyük akşam yemeği bir evlilik partisine dönüşmüştü.[21]

O günlerin *Time* dergisinde yayımlanan haber şöyle:

20. Utkan Kocatürk, Atatürk Çizgisinde Geçmişten Geleceğe, s. 373.

21. *Time*, 10 mart 1923. Mustafa Kemal'in Bursa'ya gidişi 20 ocak. Ancak *Time* dergisi 1923 yılının mart ayında yayın hayatına başlıyor. Bu yüzden Bursa'da öğretmenlere hitaben yaptığı 27 ekim 1922 tarihli konuşma da 3 mart tarihli *Time*'a haber olmuş. Zaten *Time* dergisinin ilk sayısı da bu.

Türkiye de susuzluk çekiyor, Amerika gibi... Mustafa Kemal Paşa evliliğini kutlamak için Bursa'da bir parti verdi. Şaraplarıyla tanınan bir Fransız otelinde toplandılar. Ancak içecek hiçbir şey yoktu. Sonunda mal sahibi mahzenin şarap dolu olduğunu söyledi. Mustafa Kemal de Madam Brotte'a "En iyilerini bizim için çıkartır mısınız" dedi. Bunun üzerine Madam Brotte:

"Ama efendim jandarmalar mahzeni mühürlediler" deyince Mustafa Kemal.

"Söyleyin mührü kaldırsınlar!" dedi.

Mühürler Mustafa Kemal'in şerefine koparılmıştı. Partiye katılanlar Ankara'ya doğru yola düşerken geride 72 "ölü adam" ve 52 adet boş Bordeaux şişesi ile 20 adet boş şampanya şişesi kalmıştı.[22]

Seksenli yaşlarında bir otel sahibi olan Madam Brotte 21 yaşındayken ipek uzmanı olan babasıyla birlikte Bursa'ya gelmiş bir süre sonra da Hotel d'Anatolie'nin sahibiyle evlenip Bursa'ya yerleşmişti. Madame Brotte'un otelinde kurulan sofrada kadınlar da vardı. Tabiî konu yine döndü dolaştı Mustafa Kemal'in evlilik meselesine geldi. Rauf Bey'in (Manyasi) eşi Lahika Hanım "İzmir'de evlenecekmişsiniz, doğru mu?" diye sordu. Mustafa Kemal'in cevabı kısaydı:

"Evet. Doğrudur. Evlenme tarihini bu geziye göre ayarladık. Evvelce kendi hesabıma, evlenmenin aleyhindeydim. Ben mücadele adamıyım. Hiçbir kayıt altına girmek istemezdim. Bu sebeple kendi hesabıma da evlenmeden yana değilim. Bu fikrimi neden değiştirdiğime gelince... Bunu Latife Hanım'a söyleteceğim. O eğer bunun cevabını veremezse işte o zaman fena!"

Lahika Hanım'ın "Latife Hanım güzel mi Paşa Hazretleri?" sorusuna Mustafa Kemal sohbeti noktalayan bir cevap verdi: "Hanımefendi, çok güzel olsa ben zaten almazdım. Ben kıskanç bir erkeğim! Zekâsını, bilgisini, terbiyesini beğendim."[23]

22. İsaac Marcosson, a.g.e., s. 173.

23. İsmet Bozdağ *Gazi ve Latife*, s. 94.

9

Nikâh kıyılıyor

Mustafa Kemal, Karşıyaka'ya 27 ocak sabahı geldi. Lozan Görüşmelerinde Türkiye'yi temsil eden İsmet Paşa dışında bütün komutanlar İzmir'deydi. Cenazesinde bulunamadığı annesine o gün veda edecek, ardından kendisini bekleyen bir başka kadına, Latife'ye gidecekti. Milletin karşısına artık cepheden cepheye koşan bekâr bir komutan olarak değil, değişimin habercisi bir kadınla evlenmiş olarak çıkacaktı.

İzmir gazeteci akınına uğramıştı. Özellikle dış basının temsilcileri tetikteydiler. Gazi'nin İzmir gezisini izlemek üzere gelmişlerdi, ama gerçek beklentileri bir nikâha da tanıklık etmekti. Mustafa Kemal'i Karşıyaka'da karşılayanlar arasında Latife yoktu. Latife'nin Gazi'yi karşılamaya gelme önerisi o günün koşullarına uygun bulunmamıştı. Babası Muammer Bey ise istasyondaydı.

Yaver Salih o günü şöyle aktarıyor:

> Nihayet Atatürk'ün treni istasyona geldi. İstikbaline gelenler arasında Latife Hanım'ın babası ön safları işgal ediyordu. Atatürk vagondan inmeden evvel beni yanlarına çağırdılar. Ve Latife Hanım hakkında bazı malumat istediler. "Ben onunla evlenmeye karar verdim. Şimdi babası burada mı?" diye sordu. Orada olduğunu öğrenince de bir sır verir gibi şöyle dedi: "Öyleyse hemen git, babasını bu kararımdan haberdar et. Fakat başka hiç kimseye buna dair bir şey söylememesini ayrıca tembih etmeyi unutma!"

Mustafa Kemal trenden istasyona adımını atar atmaz İzmirlilerin sevgi gösterisiyle karşılandı. Yanında ordu komutanları, bakanlar ve milletvekilleri de vardı. Beyazlar giymiş Muammer Bey ile Mustafa Kemal'i İzmir Valisi Abdülhalik Bey tanıştırdı. Çiçeklerle süslenmiş arabasına binen Mustafa Kemal büyük bir kalabalık eşliğinde Zübeyde Hanım'ın mezarına gitti. Mezar başındaki konuşması çok içten ve duygu yüklüydü. Annesinin ölümünden duyduğu teessürü anlatırken, onun padişah ve hükûmetinin sürekli baskı ve işkencesi altında yaşadığını, kendisi hakkındaki idam kararının infaz edildiği zannıyla felç olduğunu söyledi. Zübeyde Hanım'ın gece gündüz ağlamaktan gözlerini kaybettiğini anlatırken sesi titriyor, annesinden özür diliyordu. Vatanı kurtarmak için uğraşırken onu ihmal etmişti.

Mustafa Kemal, Zübeyde Hanım'ın mezarından ayrılırken Vali Abdülhalik Bey'e "Programda ne var şimdi?" diye sordu. "Emrinizi bekliyoruz efendim" cevabını alınca, "Öyleyse Latife Hanımların evine gidelim" dedi.

Göztepe'deki Beyaz Köşk yine olağan dışı bir gün yaşıyordu. Uşakizade ailesi Mustafa Kemal'i karşılamak üzere bahçe kapısındaydı. Muammer Bey de kafileden ayrılıp eve gelmişti.

Tanışma merasiminin ardından Mustafa Kemal, hastalığı sırasında annesine gösterilen ilgi ve bakım için teşekkür etti.

Cevaben "En aziz görevimizdi" denildi.

Kahveler içildi. Mustafa Kemal, Muammer Bey'e "İzin verirseniz, kızınıza söylemek istediğim bir şey var" dedi ve Latife'yi elinden tutup götürdü.

Salonda bulunanlar bu sözün ne anlama geldiğini biliyorlardı.

"Hemen hazırlan" dedi "Müftüyü çağırıyorum."

Hücum emrini andıran evlenme kararına, "Paşam iki saatte nasıl olur!" diye itiraz etti Latife.

"Emir emirdir" diye ısrar ediyor, "Mecbursun!" diyordu.

Ama Latife, "İki üç dostumuzu çağırmalıyım" demiş, dediğinden de geri dönmemişti.

Bunun üzerine Mustafa Kemal, Muammer Bey'in yanına gitti.

"Çok asi bir kızınız var Muammer Bey!" dedi.

Latife'nin direnişi karşısında çaresiz boyun eğmişti.

"Hadi sana iki gün izin" diyerek işi tatlıya bağladı.[1]

Kâzım (Karabekir) ve Fevzi paşaların da davetli olarak hazır bulundukları büyük bir masa kuruldu.

Ev sahibi Mustafa Kemal

Mustafa Kemal sofrada, ev sahibi gibi konuklara ve Uşakizade ailesine yer göstermişti. Sağ yanına Adeviye Hanım'ı, sol yanına

1. İsmet Bozdağ, *Latife ve Fikriye*, s. 132-133.

Latife'yi oturtmuş, Kâzım Paşa'ya Latife'nin, Fevzi Paşa'ya da Adeviye Hanım'ın yanında yer göstermişti.

Şarap şişeleri hasır örme sepetlere yatık olarak yerleştirilmişti. Mustafa Kemal rakı istedi. Sonra da kadehini Adeviye Hanım ile paşalara kaldırdı, Latife'ye döndü, şerefe dedi. Millî Mücadele anıları ve kazanılan zafer üzerine bir sohbet başladı. Mustafa Kemal, gramofona Türk müziği plakları koydurdu, şarkılar dinletti, Türk ve Batı müziği üzerine yorumlar yaptı. Adeviye Hanım'a iltifat ediyor, Latife'yi de ihmal etmiyordu. Latife'nin kardeşleriyle tek tek ilgilendi, Muammer Bey'e Fransa günlerini sordu. Konuk paşalar geceyarısı uğurlandı, Mustafa Kemal ise geceyi Beyaz Köşk'te geçirdi.[2]

Ertesi gece, İzmir Belediyesi şehir adına Hükûmet Konağı'nda Mustafa Kemal Paşa onuruna bir yemek düzenlemişti. Kumandanlar şerefine verilen bu büyük ziyafet gece geç saatlere kadar sürdü. Yemeğin sonunda Mustafa Kemal'e İzmir Göztepe nüfusuna kayıtlı olduğuna dair bir de nüfus tezkeresi verildi.[3]

Hakimiyet-i Milliye gazetesi sahibi Recep Zühtü (Soyak) İzmir'den gazetesine aşağıdaki telgrafı gönderdi.

Meclis Başkanlığı Refakat Subayı Mahmut (Soydan)'ın TBMM Özel Kalem'ine yazdığı 28.1.1923 telgrafta şöyle deniliyordu:

> Gazi'nin nüfus tezkeresi Göztepe mahallesinde mukayyet (kayıtlı) olmak üzere takdim edildi. Uşakizade Muammer Bey'in büyük kerimeleri (kızı) Latife Hanımefendi ile akitleri mumaileyhanın (adı geçenin) Göztepe'deki köşklerinde yarınki pazartesi günü sade ve sükûnetle icra edilecektir. Gazi zaten burada misafir bulunmaktadır.[4]

Uşakizadelerin evine davet edilenlere nikahtan söz edilmemişti. Belediyedeki ziyafetin sonuna doğru Mustafa Kemal Paşa eski arkadaşı Asım Gündüz'ü bir kenara çekti, "Asım, yarın Mareşalle Kâzım Karabekir Paşa'yı alarak saat onda bana çaya gelin, bekliyorum" dedi. Mustafa Kemal'in nikâh öncesi hazırlığı tamamdı.

"Muammer Bey: Latife bir daha düşün!"

Muammer Bey'in içi rahat değildi. Havalarda uçan kızının keyfini kaçırmak istemiyordu. Nikâh hazırlıkları başlamış, evin için-

2. İsmet Bozdağ, *Gazi ve Latife*, s. 99-101.

3. Mehmet Önder *Atatürk'ün Yurt Gezileri*, Türkiye İş Bankası Kültür Yayınları, İstanbul, 1988, s. 250, 251.

4. Utkan Kocatürk, *Atatürk Çizgisinde Geçmişten Geleceğe*, s. 374.

de herkes bir yana koşuşturuyordu. Kafasında uzun uzun ölçüp biçtikten sonra onunla bir kez daha konuşmaya karar verdi. Latife'yi yanına çağırdı. Baba kız yan yana oturdular. Latife onun aklından geçenleri okumuştu. Ama sesini çıkarmadan bekledi. Sonunda Muammer Bey bu zor konuşmayı başlattı:

"Hâlâ vaktin var, bir daha düşün Latife" dedi. "Ev ev üstüne olmaz, karargâh üstüne hiç olmaz. Korkuyor ve hayır diyemiyorsan, bütün sorumluluğu üzerime alıyorum." Latife şiddetle itiraz etmişti. Karşısına çıkabilecek zorlukların farkındaydı, ama buna rağmen evlenmek istiyordu. Baba kız uzun uzun tartıştılar.

"Babacığım, onu çok seviyorum, lütfen benim hayatıma karışmayın" dedi sonunda Latife.

Latife babasının müdahaleci tavırlarına o güne kadar pek tanık olmamıştı. Muammer Bey, sanki Latife'nin bir ömür yaşayacaklarını önceden görmüş bir kâhin gibi kızının önünde diz çöküp yalvarmıştı. Ama Latife'nin ne kadar inatçı olduğunu bilirdi. Bu denli kararlı olduğunu görünce son bir söz söyledi. "Şayet bu evlilik biter ve yanıma dönersen bana bu evlilikten ve ondan bahsetmeyeceksin!" dedi ve konu kapandı.

Mustafa Kemal nikâhı bir gün öne alıyor...

29 ocak sabahı, Asım Gündüz, Mareşal Fevzi Çakmak ile Karabekir Paşa'yı alarak otomobille Beyaz Köşk'e gitti. Vali Abdülhalik Bey ile Kâzım Paşa (Özalp) daha önce gelmişlerdi. "Latife Hanım da aramızda olduğu halde bir saat kadar salonda oturduk, konuştuk... Fakat ortalıkta bir fevkaladeliğin olduğu da muhakkaktı. O sırada kapı çalındı, müftü gelmişti" diyor Asım Paşa.

Uşakizade ailesi de 29 ocak pazartesi günü evde İzmir'in kurtuluşu için komutanlar ile yakın tanıdıklarının çağrılı olduğu bir davet veriyordu. Latife'nin Mustafa Kemal'den zar zor aldığı iki günlük süre salı günü bitiyordu. Ancak Mustafa Kemal bir emrivakiyle, evdeki daveti mahirane bir biçimde evlilik törenine dönüştürdü. Nikâh günü yaşanan bu ilginç olayı, hemen hiç kimse fark etmemiş, bu nedenle anılarda da üstünde duran olmamıştı; ancak Latife o gün yaşadıklarını bir gazeteciye anlatmıştı:

> Bir gün babam 40-50 arkadaşına İzmir'in ordularımız tarafından geri alınması şerefine bir resepsiyon veriyordu. Müstakbel kocamın bu daveti bir düğün partisine dönüştüreceğinden haberim yoktu. Ziyaretçilerin hepsi gelmiş, ben de mutfakta yemeğin hazırlanmasına

nezaret ediyordum. Mustafa Kemal Paşa mutfağa geldi ve bir el işaretiyle beni çağırdı. Dudaklarında bir gülümsemeyle, "Bu daveti düğüne dönüştürmemize bir itirazın var mı?" diye sordu. Babamla konuşup konuşmadığını sordum. O da "Konuşacağız" dedi. Sonra da babama haber gönderdi. Babam, "Size uygunsa bizim için de uygundur" demiş. Benim heyecanımı ve mahcubiyetimi tahmin edebilirsiniz. Ben belki de kocasıyla birlikte nikâh masasına oturan ilk Türk kızıydım. Ziyaretçilerden biri de müftüydü o da nikâhı kıydı. Gerçek bir Batı düğünüydü.[5]

Mustafa Kemal, Fevzi Paşa'ya hitaben, "Paşam siz benim, Abdülhalik Bey de Latife Hanım'ın şahitliğini kabul buyurun da bizim şu mihri müeccel ve mihri muaccelleri tayin edip nikâhımızı kıyıverin" dedi.

Mareşal şaşırmıştı. "Şey" diye başladı söze, "Paşam hiç haberimiz yoktu da bu karar ani oldu..." diye kekeledi. Bu konuşmalar olurken Latife Hanım salonu terk etmiş, Müftü Efendi'nin gelişi üzerine de başına bir örtü almıştı.

Köşkün girişe göre sağdaki odasında Uşakizade ailesi, sol baştaki odasında ise Gazi'nin arkadaşları oturuyordu. Latife'nin kardeşleri misafirleri ağırlamak için koşturuyorlardı.

Nikâh için köşkün zemin katta bulunan yemek salonu uygun bulunmuştu.

Hafif makyaj yapmıştı

Latife'nin başına örttüğü eşarp mordu. Eldivenleri de... Elinde bir beyaz gül tutuyordu. Vücudunun hatlarını belli etmeyen tuvaleti koyu griydi. Mustafa Kemal'in arzusu üzerine hafif makyaj yapmıştı.

Mustafa Kemal koyu mavi, üç parçalı takım elbise, aynı renkte içinde kırmızı desenler olan bir kravat takmıştı. Ceketinin küçük cebine keten bir mendil iliştirilmişti. Gri astragan bir kalpak takmıştı.[6]

Masaya altı kişi oturdular. Latife'nin şahitleri Başyaver Salih Bey ile İzmir Valisi Abdülhalik Bey, Mustafa Kemal'in şahitleri ise Fevzi (Çakmak) ve Kâzım (Karabekir) paşalardı. Asım Paşa, iki şahitten söz ediyor ama masaya dört şahit oturacak, evlenme ev-

5. "Bayan Kemal Türkiye Cumhurbaşkanıyla Romantik Evliliğini Anlatıyor", *The Current Opinion*, ocak 1924.

6. İsmet Bozdağ, *Latife ve Fikriye*, s. 137-8; Volkan-İtkowitz, a.g.e., s. 293.

rakına da dört şahit imza atacaktı. 40 kişilik bir davetli topluluğu bu tarihî nikâhı izliyordu.

Mustafa Kemal, "Eğer genç olsaydım bu töreni başka türlü yapmak isterdim. Latife Hanım'ı bir ata bindirip koşturur kaçırtır alırdım ama şimdi bunu yapacak kadar genç olmadığımı anlıyorum" dedi ve müftüye sordu:

"Efendi Hazretleri! Biz Latife Hanım' la evlenmeye karar verdik. Lütfen siz lazım gelen muamelesini yapar mısınız?"

Müftü, geline kaç para mihri muaccel ödeyeceğini sordu.

Mustafa Kemal, "On dirhem gümüş" deyiverdi.[7]

"Paşam ucuza kapatıyorsunuz" esprileri yapıldı. Zira, evlilik nedeniyle geline ödenecek para 31,5 gram gümüştü, yani maddî değeri olmayan bir paraydı. Müftü uzun dualarla vakit geçirmeye başlayınca Mustafa Kemal sıkıldı. Arkadaşlarına döndü.

"İnşallah zaman olur, nikâhı Vali Bey kıyar" dedi.

Mustafa Kemal dinî nikâh kurumundan hoşnut olmadığını ifade ederek geleceğe yönelik planlarını da açıklıyordu.

Nikâh, 29 ocak 1923 saat 17.00'de kıyıldı. Evlenme akitlerinde Merkez Kadısı Ömer Fevzi ibni Hüseyin'in imzası da bulunuyor. Bu yüzden, kimileri nikâhın kadı, kimileri de müftü tarafından kıyıldığını söylüyor. Evrakların sonradan kadı tarafından onaylanmış olması bu karışıklığı yaratmış olabilir. Çünkü, Latife'nin anlatımlarına göre nikâhı müftü kıymıştı. Latife'nin kız kardeşi Vecihe İlmen de nikâhı kıyanın Müftü Lütfü Efendi olduğunu söylüyor. Ayrıca Müftü Lütfü Efendi törene armağanıyla gelmiş, zifaf gecesi için bir cüz kutusu ve üzerine mineli dualar işlenmiş bakır su kupası getirmişti. Bu armağan Latife'nin ailesince hâlâ saklanıyor.

Mustafa Kemal evdeki daveti bir nikâh törenine dönüştürürken, belki güvenlik açısından nikâhın bir an evvel kıyılmasını uygun görmüş, belki de Uşakizade ailesinin şaşaalı bir davet hazırlığına girişeceğinden kuşkulanmıştı. Yoksulluk günleriydi, bu yüzden sade bir tören istiyordu. İzmir'in en varlıklı ailesinin kızıyla evleniyordu, tedbirini almalıydı.

Mutfaktan çıkıp nikâh masasına oturmak Latife'nin kafasındaki bütün ritüeli bozmuş, ona bundan böyle her türlü sürprize hazır olması gerektiğini göstermişti. Bir yıl sonra nikâhlarından söz ederken "Kocamın neden böyle davrandığını şimdi anlayabiliyorum" diyecekti. "Ülkemizin insanlarına örnek olmak istiyordu. Bu olaydan sonra pek çok insan Batılı usullerle evlendi. Elbette

7. Asım Gündüz, a.g.e., s. 209-210.

asırların önyargılarını kırmak seneler alacak, ama geçmişin eli çok geçmeden bizi yönetemez olacak."[8]

Modern bir nikâh

Nikâh alışılmış gün olan perşembe yerine pazartesi günü kıyıldı. Dinî nikâhta kadın velisi aracılığıyla temsil edilir, gelin nikâh masasına oturmazdı. O güne kadarki uygulama böyleydi. Latife ise masadaydı ve kendisine evliliği kabul edip etmediği sorulmuştu.

Nikâh, 10 dirhem gibi sembolik bir para üzerinden kıyılmıştı. Kadın için bir malî güvence olarak kabul edilen mihri muaccel erkeğin nikâh töreninde eşine verdiği veya vermeyi kabul ettiği mal ve paraydı. Bu bedelin düşük tutulması kadın ile erkek arasında eşitlik gözetildiği biçiminde yorumlanmıştı.

Düzenlenen nikâh belgesine düşülen kayıtlara göre Latife 1899 doğumluydu. Yani evlendikleri tarihte 24 yaşındaydı. Mustafa Kemal ise 41 yaşındaydı. Mustafa Kemal'in nüfusa kayıtlı olduğu yer ise İzmir Göztepe, 46 numaralı ev olarak görünüyordu.

Evlilikleri düzenleyen 1917 tarihli Aile Hukuku Kararnamesi işgal döneminde yürürlükten kalkmışsa da yerine yeni bir düzenleme yapılmamıştı. Bu nikâh kıyılış biçimiyle Aile Hukuku Kararnamesi'ne uygundu.

Nikâhın kıyılış biçimi Lozan görüşmeleri açısından da önemliydi. Zira, Lozan birinci dönem görüşmeleri sırasında ele alınan en önemli konulardan biri dine dayanmayan bir aile hukuku sisteminin Türkiye'de geçerli kılınmasıydı. Müzakereler sırasında Batılılara "değiştireceğiz, laik sisteme geçeceğiz" sözü verilmişti. Mustafa Kemal kendi nikâhında, bu sözün tutulacağını gösteriyordu.

Yüzükleri yoktu

Evliliğin bir ilginç yanı daha vardı. Nikâh yüzüğü alınmamıştı. Lozan'da evlilik haberini duyan delegeler, başta İsmet İnönü, hep birlikte yeni çifte "bir okul çocuğu heyecanıyla" armağan olarak bir nikâh yüzüğü almaya karar vermişlerdi. Yüzüğü İsmet Paşa getirecekti.[9]

Latife Hanım 1923 yılı temmuz ayında Ankara'ya gelen *Satur-*

8. "Bayan Kemal Türkiye Cumhurbaşkanıyla Romantik Evliliğini Anlatıyor", *The Current Opinion*, ocak 1924.

9. Grace Ellison, a.g.e., s. 185.

day Evening Post dergisinin ünlü Amerikalı yazarı İsaac. F. Marcosson'la görüşmesinde bunu:

"Nikâh yüzüğümüzü daha sonra İsmet Paşa Lozan'dan getirdi" sözleriyle anlatmıştı.[10]

Muammer Erboy'un anlatımına göre, Mustafa Kemal'in geline armağanı, savaşlarda boynunda taşıdığı, kibrit kutusu büyüklüğünde altın muhafaza içindeki bir elyazması Kuran'dı. Karısına bu armağanı verirken "Bu seni korusun" demişti.[11]

Uşakizade ailesinin Mustafa Kemal'e acele kıyılan bu nikâhta, değerli bir sigara tabakası ile bir kravat iğnesi armağan ettiği anımsanıyor.

Gelini ilk kutlayan İzmir Valisi Abdülhalik Bey (Renda) oldu.

"Tebrik ederim sizi Hanımefendi" demişti elini öperken. Sonra da eklemişti: "İzmir'in Fatihi'ni fethettiniz."

Konuklar

Mustafa Kemal tebrikleri kabul ederken, "Azizim, ben önü çektim, savaş da bitti. Barış olsun, Kâzım Paşa ile Ali Fuat Paşa ve Rauf Bey'de sıra" dedi. Nikâha katılan konukların 50 kadar olduğu söyleniyor. Gelin ile damadın tanıkları dışında davetli olanlardan bilinenler şöyle: Asım Gündüz, Tevfik Rüştü (Aras), Emir Paşa, Galip Paşa, İzzettin Paşa, Kâzım (Özalp) Paşa, Dr. Neşet Ömer. İzmir'e Zübeyde Hanım'la gelen manevî evlat Abdürrahim de oradaydı. Bu isimler dışında kimler vardı tam olarak bilemiyoruz. Ancak o sıralar İzmir'de yaşayan İsmet Paşa'nın eşi Mevhibe ve Latife'yle samimiyeti olan Asım Paşa'nın eşi nikâhta yoktu. Mustafa Kemal'in Harbiye'den sınıf arkadaşı olan Asım Paşa, Beyaz Köşk'e yalnız gitmişti. Komutan eşleri çağrılmamıştı. Eve döndüğünde, "Gazi neden çağırmış Asım" diye onu gülümseyerek karşılayan eşi "Ben bunu çoktan biliyordum" diyecekti.

Anadolu Ajansı'nın o günkü bülteninde haber ayrıntılarıyla yer aldı. Nikâh kıyılırken önce Latife Hanım'a ardından Mustafa Kemal'e birbirleriyle evlenmek isteyip istemediklerinin sorulduğu özellikle vurgulanıyordu.

30 ocak günü *Vakit* gazetesinde evlilik haberi "İzmir'de Pek Kutlu Bir Evlenme" başlığıyla verilmişti:

10. İsaac Marcosson, "Kemal Paşa", *Saturday Evening Post,* 20 eylül 1923, çev. Ergun Özbudun, *Atatürk Araştırma Merkezi Dergisi,* 1. cilt, sayı 1, s. 185-186.

11. Muammer Erboy'un anlatımı. Kuran, Muammer Erboy'un annesinin evinden kısa bir süre önce çalınmış.

Ankara'dan ve İzmir'den büyük bir memnuniyetle aldığımız bilgiye göre Gazi Mustafa Kemal Paşa Hazretlerinin Uşakizade Muammer Bey'in kızları ile evlenme merasimi yapılmıştır. Paşa Hazretleri bu evlenme ile rahmetli annelerinin son arzusunu yerine getirmişlerdir. Paşa Hazretlerinin bir yuva kurması rahmetli için en büyük bir emel hükmünde idi. Millete yetiştirdiği pek yüksek meziyetli evladı için olağanüstü bir ana sevgisi besleyen ve pek hassas olan rahmetli, müstakbel gelinini evvela tanımadan severek yuvanın bir an evvel kurulmasında ısrar etmiş, sonra İzmir'de görünce büyük bir muhabbetle bağlanmıştı.

Latife Hanımefendi pek müstesna meziyetlere sahiptir. Avrupa'nın her tarafını gezmiş, görmüş, anlayarak tanımıştır. Fransız, İngiliz, Alman dillerini gayet iyi bilmektedir. Musikide de büyük bilgisi vardır. Türkçeyi pek iyi yazar. Uşakizade Halit Ziya Beyefendi Türkçeleriyle iyice meşgul olmuş ve Latife Hanımefendi'de yazı hususunda büyük bir istidat görmüştür. Latife Hanımefendi'yi tanıyanlar, zekâsı, azim ve iradesi hakkında pek takdirkâr lisan kullanmakta, pek ateşli bir vatanperver olduğunu söylemektedirler.

Bütün millet, Mustafa Kemal Paşa Hazretlerinin bu vasıfları haiz bir hayat arkadaşı seçerek yuva kurmalarını sevinçle karşılayacak ve bu evlenmenin uğurlu olmasını can ve gönülden temenni edecektir.

Gazetemiz de gerek Mustafa Kemal Paşa Hazretlerine ve gerek Latife Hanımefendi'ye pek samimi tebriklerini arz eder."[12]

İnternational News adlı film kanalı ise gelin ile damadın ilk günlerini filme çekmişti.

"İlk özel görüntüler" alt yazısıyla sunulan haber şöyleydi: "Mustafa Kemal Paşa ve kararlı bir kadın hakları savunucusu olan Türkiye'nin en zengin kızı... İlk özel görüntüler... General Kemal karısıyla aynı fikirde. Kadınların katılımı sağlanmadan bir ulusun ilerleyip refaha ulaşması mümkün değildir."[13]

Filmde Latife kameraların önünde kendinden emin adımlarla yürüyor, dünyaya korkusuzca bakıyor, hatta sırtındaki pelerin uçuşunca belli olan vücut hatlarını örtmek için telaş etmiyordu. Batılıları şaşırtacak kadar ilginç bir Doğu-Batı sentezi sergiliyordu.

"New York Times": "Bir milyon liralık çeyiz"

Nikâh, 29 ocak tarihli *New York Times* gazetesinin üçüncü say-

12. 30 ocak 1923 tarihli *Vakit* gazetesinden aktaran Niyazi Ahmet Banoğlu, *AAMD* cilt VII, sayı 21, 1991.

13. Can Dündar, "Yüzyılın Aşkları-Latife Hanım" 10 kasım 2004, CNN.

fasında Constantinople mahreciyle haber oldu.

> Mustafa Kemal evleniyor; gelin İzmirli zengin Bir Tüccarın Kızı! Türkiye'nin millî lideri Mustafa Kemal Paşa'nın bugün zengin İzmirli tüccar Muammer Uşaki Bey'in kızıyla evlendiği bildiriliyor. Mustafa Kemal'e karısının bir milyon Türk lirası değerinde çeyiz getirdiği söyleniyor. Londra ve Paris'te eğitim gören Bayan Kemal, kadın haklarının kararlı bir savunucusu olarak biliniyor ve geleneksel Türk peçesini takmıyor.

Bir milyon Türk lirasının o günün 660 000 dolarına eşit olduğu haberde belirtiliyor. Benzer bir haber de *Washington Post*'ta yayımlanmış. Savaştan yeni çıkmış Türkiye için bu oldukça büyük bir paraydı.

Haberden anlaşıldığı kadarıyla Mustafa Kemal'in dünyaca tanınmış bir işadamının kızıyla evlenmesi de ilginç bulunmuştu. Tarihçi Feroz Ahmed Mustafa Kemal'in Latife Hanım'la evliliğini şöyle yorumluyor: "Bu evlilik, Kemalist bürokrat elit ile yükselmekte olan burjuvazi arasında evlilik bağına dayalı bir ittifak olarak görülebilir. Daha önce önde gelen paşalar hep Osmanlı Hanedanı'ndan kız alıyorlardı."[14]

Amerikan *Time* dergisi, 2003 ocağında, 80. yılını kutlarken, "Dünyayı Değiştiren 80 Gün" değerlendirmesinde ilk sırada Türkiye'den bir tarihî gün yer alıyor. 29 ocak 1923... Yani Mustafa Kemal ile Latife'nin nikâhlandıkları gün...

Gelin ile damadın yan yana fotoğraflarının altındaki başlık bir satırda pek çok şeyi özetliyor.

"Türkiye yüzünü Batı'ya çevirdi!"

Millî Mücadele'nin ardından Türkiye'nin Batı'yla mı yoksa Doğu'yla mı birleşeceği dünyada büyük bir merak konusuydu.

İzmir'de kıyılan nikâhı izleyen Batı basını yeni evli çiftin birlikte çekilen fotoğraflarını çok önemsemişti. Gelinin Avrupa'da eğitim görmüş olması, kadın haklarından söz edişi, gazetecilere Mustafa Kemal'in yanında poz verişi, yüzünü Batı'ya dönen Türkiye'nin fotoğrafı olarak kabul edilmişti. Üstelik tam da Lozan görüşmelerinin kesintiye uğradığı günlerde kıyılan nikâh dış dünyaya, "bizde işler yolunda, bakın önderimiz dünya evine giriyor, yolumuza devam ediyoruz" mesajını veriyordu.

Nikâhın zamanlaması bu anlamda zekiceydi.

14. Feroz Ahmed, "Türkiye'de Kapitalizmin Gelişimi" *Journal of Third World Studies*, güz 1998.

Konferansa 27 ocakta ara verilmişti. Anlaşmayla varılan noktalar 31 ocakta kâğıda dökülecekti. 23 ocakta Yunanistan'la mübadele anlaşmasının metni ilan edilmiş ardından yeni pürüzler çıkmış, konferans 29 ocakta resmî anlamda kesilmişti. Türkiye için durum aslında korkutucuydu. 31 ocak tarihli gazeteler Batı dünyasının Türkiye'ye önerdiği projeyi Sevr Anlaşması'na benzetiyorlardı.

Dönemin ünlü kalemi Ahmet Emin Yalman şöyle yazmıştı anılarına:

> Ankara'da hadiselerin soğukkanlılıkla karşılandığının en açık işareti, Mustafa Kemal Paşa'nın aile kurmak için tam bu dakikayı seçmesiydi. 30 ocak tarihli gazeteler, Büyük Millet Meclisi başkanının Uşakizade Muammer Bey'in kızı ve meşhur edip Halit Ziya Bey'in yeğeni Latife Hanım'la nikâhlarının yapıldığını haber veriyorlardı.[15]

15. Ahmet Emin Yalman, *Yakın Tarihte Gördüklerim ve Geçirdiklerim*, 2. cilt, Pera Yayınları, İstanbul 1977, s. 830.

10

Balayı

Nikâhın ardından veda edenler birer ikişer evden ayrılırken Mustafa Kemal, Kâzım (Karabekir) ve Fevzi paşalara kalmaları için işaret etti. Sonra da Latife'yi omuzlarından tutup alnından öptü.

"Hadi bakalım göster kendini, misafirlerimize bir düğün sofrası hazırla! Fevzi Paşa, gelin hanımın marifetini görelim diyor."

Fevzi Paşa, "Aman Paşam bu akşam da böyle şaka olur mu?" derken Mustafa Kemal gülüyordu.

"Askerin karısı düğün gecesini mutfakta geçirir!"

Latife elindeki tek beyaz gülü Mustafa Kemal'in kucağına bıraktı, eldivenlerini çıkardı, koşarak odadan çıktı.

Latife'nin kurduğu sofra mükemmeldi. Büyük bir kristal kâse ters çevrilmiş, içine konan çiçekler ve renkli yapraklar küçük ampullerle aydınlatılmış, asma yaprakları arasına siyah havyar ve tereyağı konmuştu. Kolalı örtüler, peçeteler ve evin en nadide porselenleriyle kurulan sofra mezelerle donatılmıştı.

Mustafa Kemal sağ yanına Latife'yi soluna da kayınvalidesi Adeviye Hanım'ı aldı. Gelinin yanına Kâzım Paşa (Karabekir), Adeviye Hanım'ın yanına da Fevzi Paşa oturdu. Mustafa Kemal'in iki yaveri, Salih ile Cevat Abbas da sofradaydı.

Gramofonda valsler çalınıyordu.

Mustafa Kemal, Turgutlu'da yaşadığı bir olayı anlatmaya başladı. Kilisenin tepesine çekilen Türk bayrağı son anda uçarak yanmaktan kurtulmuş o da bunu zaferi kazanacaklarına yormuştu. Gece kazaklık-kılıbıklık hikâyeleriyle devam etti.[1]

Başbakan Rauf Bey'in, şahsı ve Ankara Hükûmeti adına gönderdiği kutlama telgrafı yemek sırasında ellerine ulaştı. Çok içten sa-

1. İsmet Bozdağ, *Atatürk ve Eşi Latife Hanım*, s. 138-140; İsmet Bozdağ, *Latife ve Fikriye*, s. 121-124.

tırlarla yeni evli çifti kutluyordu. Mustafa Kemal telgrafı Latife'ye yeniden okuttu. Ardından bir kartpostalın arkasına cevap yazdılar:

> Raufçuğum... Güzel kalbinin âli (yüce) tecelliyatı (sergiledikleri) seni sevenler için ne kadar hiss-i samimiyet mübeşşiiridir (gönülden duygular müjdecisidir).

İmzalar Latife Mustafa Kemal, M. Kemal diye başlıyor, Uşakizade ailesinden Muammer, Adeviye, Vecihe, Rukiye ve Ömer'den sonra Başyaver Salih ve Yaver Cevat Abbas'la son buluyordu.[2]

Başka telgraflar da vardı. Umum Anadolu Ortodoks Serpiskoposu Prokopios ile Sovyetler Birliği Elçisi Aralov'un telgraflarını yanıtlanmak üzere bir kenara koydular.[3]

Geceyarısına doğru konuklar uğurlandı, Latife'nin annesi, babası ve kardeşleri yeni evlileri yalnız bırakarak odalarına çekildiler.

Ertesi gün köşkün konukları İzmir basınının temsilcileriydi. Konu ise Lozan Barış Konferansı...

31 ocak günü Mustafa Kemal, eşini İzmirlilerle tanıştırmak için eski Gümrük Binası'nda bir toplantı düzenledi. O günü belgeleyen fotoğrafta Latife'yi Salih Bey'in yanında görüyoruz. Elinde bir defter var. Belli ki toplantının notlarını tutuyor. Çevresinde de kalabalık bir kadın grubu göze çarpıyor.

Mustafa Kemal o gün konuşmasına "Hanımlar, Efendiler" diye başladı. Sade bir mebus olarak konuşmak istediğini söyleyip dileyenlerin soru sormasını istedi. "Dünya yüzünde gördüğümüz her şey kadının eseridir. Bir toplum cinsinden yalnız birinin asrî icaplarını yerine getirmekle iktifa ederse (yetinirse) o toplumun yarıdan fazlası zaaf içinde kalır" dedi.

Mustafa Kemal'e soru soranlar arasında üç de kadın vardı. Latife, Mustafa Kemal'le birlikte ilk kez topluluk içine o gün çıktı. Mustafa Kemal kadına ilişkin bakış açısını topluluk önünde anlatırken heyecanla dinliyordu. Kadının en önemli vazifesinin analık olduğunu, bu yüzden erkekler gibi eğitim göreceklerini, sosyal hayatta erkeğin yanında yer alacaklarını, kadın ile erkeğin birlikte yürüyeceğini vurguladı. İlim ve fenin yalnız erkeklere değil kadınlara da lazım olduğunu, tesettürün kadını toplum dışına itmemesi gerektiğini söyledi.[4]

2. Cemal Kutay, a.g.e., s. 743.

3. Necati Çankaya, *Atatürk Hayatı, Konuşmaları ve Yurt Gezileri*, s. 186.

4. *Atatürk'ün Söylev ve Demeçleri* II, s. 91.

Latife, bu konuşmayı nasıl değerlendirdi, kadının en önemli vazifesinin analık olduğu fikrini paylaşıyor muydu, daha sonra Mustafa Kemal'e neler söyledi bilmiyoruz.

O günün haberini veren *Hakimiyet-i Milliye* gazetesi, İzmir İktisat Kongresi için hazırlanan Gümrük Binası'nda düzenlenen toplantıya Gazi'nin Refika-yı Muhteremeleri ve yeni akrabalarıyla geldiğini, salonun kırmızı-beyaz bayraklarla süslenmiş olduğunu, iki buçuk saat süren toplantının büyük ilgi gördüğünü yazıyor.[5]

2 şubat gecesi de İzmir okullarının Pathe sinemasında düzenledikleri müsamereye Latife yine Mustafa Kemal'le birlikte katıldı. Topluluk önüne bundan böyle hep yan yana çıkacakları anlaşılıyordu.

Mustafa Kemal Lale sinemasının önünden otomobiliyle geçerken Cemil Filmer'i gördü ve akşam köşke çağırdı. Cemil Filmer, o yıllarda İzmir'de altı sinema birden işletiyordu. Filmer, akşam köşkün bahçesinde cephe teftişlerine dair çekilmiş filmleri gösterdi ve Paşa'yı sinemasına davet etti. Cevat Abbas da Cemil Filmer'e köşke gelip gidebilmesi için bir serbest giriş kartı vermişti.

Gazi'nin sinemaya geleceğini duyan halk sokakları mahşere çevirmişti.

İkiçeşmelik'teki Ankara sinemasına çıkan yokuşun iki tarafında kurbanlar kesiliyor, kadınlar Mustafa Kemal'in otomobilini öpüyordu. Mustafa Kemal sinemanın kapısında Cemil Filmer'in elini sıktı ve aşağıdaki salona bakarak, "Cemil, neden hiç kadın yok" diye sordu. O da "Paşam" dedi, "Kadınlara yalnız salı günleri sinema gösteriyoruz."

Mustafa Kemal, yaverini çağırtıp, dışarıdaki kadınları içeri almalarını söyledi. Salonu dolduran kadınlar Mustafa Kemal'i alkışladılar. Cemil Filmer, o gün Mustafa Kemal'e gösterdiği filmler arasında Şarlo'nun olduğunu hatırlıyor. O filmi tekrar seyrettiğini ve "Cemil hayatımda bu kadar gülmemiştim" dediğini söylüyor.[6]

4 şubatta Lozan'da barış görüşmelerini yürüten İsmet Paşa'dan gelen haberler önemliydi. Pürüzler büyüyünce Türk heyeti Lozan'ı terk etmeye karar vermişti; İsmet Paşa geliyordu. Durum kritikti, savaş günlerine geri dönülebilirdi.

5. *Hakimiyet-i Milliye* gazetesi 2 şubat 1923.

6. Nazmi Kal, *Atatürk'le Yaşadıklarını Anlattılar*, Bilgi Yayınevi, Ankara, 2001, s. 94-96.

Balayına çıkıyorlar

Mustafa Kemal ile Latife küçük bir balayı gezisi planlamışlardı. Yakın çevreyi dolaşıp geri döneceklerdi. Balıkesir'e doğru yola çıktılar. Savaşta yakılıp yıkılan bölgelerde dolaştılar. Köylerde duruyorlar, Mustafa Kemal köylülerle konuşuyordu. O günün haberleşme koşullarında Gazi'nin evlendiğini henüz öğrenmemişlerdi. Bir geçit töreninde Latife yanında yaveriymiş gibi at sürünce subaylar Mustafa Kemal'in evlenmiş olduğunu anlayacaklardı.[7]

Yanlarında Mareşal Fevzi ile yaverlerden oluşan bir grup vardı.

Mustafa Kemal, Fransız gazeteci Berthe Georges-Gaulis'e balayı gezilerini şöyle anlatmıştı:

> Halklara ve subaylarıma bir aile kurmak için olmayan paramızı törenlerle hediyelerle harcamamızın lüzumsuzluğunu göstermek istedim. Birlikte hemen yurdu gezmeye başladık. Her yerde kitlelerin içine giriyor, onlarla konuşuyor, sorunlarını dinliyor, onlardan ne beklediğimizi anlatıyorduk. Ah cesur insanlar! Nasıl da dinliyor, nasıl da anlıyorlardı. Şehirden şehre, köyden köye gittik. Bu en güzel balayı seyahati değil mi? Alaylarımı teftişe gittiğimde, benim gibi o da at üstünde, yaverim gibi teftişe katılıyordu. Ondan sonra da gidiyor köylülerin ortasına oturuyorduk. Bana anlamlı sorular soruyorlardı. Sizin de çok beğendiğiniz o sağduyulu incelikleriyle...[8]

Latife ve Mustafa Kemal, Akhisar, Kırkağaç ve Soma'da büyük coşkuyla karşılandılar. 7 şubat tarihli *Hakimiyet-i Milliye* gazetesinden geziye, Latife'nin yanı sıra Gazi'nin kayınbiraderi sıfatıyla anılan Ömer'in de katıldığı anlaşılıyor. Ziraat Çiftliği'nde verilen ziyafette Gazi ve Latife'nin halk arasından "saadet avazeleri" (bağırışları) arasında geçtikleri belirtiliyor.

Soma'daki karşılamacılar arasında bir de Balıkesirli kadın grubu yer alıyordu. Latife, Soma'da yağmakta olan şiddetli yağmura rağmen her istasyonda halkla konuşmuştu.[9]

6 şubat salı günü öğleden sonra Balıkesir tren istasyonuna geldiler.

Balıkesir Garnizon kumandanı ve vali, Mustafa Kemal'in Harbiye'den dönem arkadaşı ve çok güvendiği dostu Ali Hikmet (Ayerdem) Paşa'ydı. İstasyonda 100 kişilik bir kalabalık yeni ev-

7. D. v. Mikusch, a.g.e., s. 288.

8. Berthe Georges-Gaulis, a.g.e., s. 221.

9. *Hakimiyet-i Milliye*, 8 şubat 1923.

lileri bekliyordu. Mustafa Kemal, o gün doğmuş ikizlere isim babalığı yapmış, çocuklara Demir ve Çelik isimlerini vermişti. 7 şubat, cuma gününe denk düştüğü için Zağanos Paşa Camii'nde şehitler için bir mevlit okutuldu. Mustafa Kemal Paşa'nın bu mevlide Latife'yle birlikte katıldığı anlaşılıyor.[10]

Latife, mevlit sırasında Mustafa Kemal'in yanında mıydı, yoksa kadınlara ayrılan bir bölümde miydi bu konuda bir ayrıntı verilmemiş. *Hakimiyet-i Milliye* gazetesi "namaz ve mevlitten sonra Paşa Hazretleri'ne 20'yi mütecaviz soru sorulduğunu" her birine cevap verdiğini yazıyor.

Mustafa Kemal, o gün, Zağanos Paşa Camii'nin minberinden verdiği hutbede de siyasî bir konuşma yapmış, "Hutbeden amaç, halkı aydınlatma ve ona doğru yol göstermektir, başka bir şey değildir" demişti.

Yeni evli çifte Balıkesir Askerî Mahfel'de sürpriz bir düğün ziyafeti verildi. Ziyafetin davetiyeleri suluboyayla elde hazırlanmıştı. Mönünün üzerindeki suluboya çizimlerde askerler ile gelinleri gösteren bir düğün sahnesi vardı. Ali Hikmet Paşa konuklarına şehriye çorbası, mayonezli balık, hindi rostosu-pilav, kuşkonmaz, nemse böreği ve tatlı olarak da krem ranorse ikram etti. Müzikli yemek geç saatlere kadar sürdü. Gecenin sonunda yemeğe katılan konuklar düğün davetiyesine imzalarını attılar.

Atılan imzalardan yemeğe yirmi konuğun katıldığı anlaşılıyor. İlk imzalar Gazi ve Latife Mustafa Kemal'in. Diğer imzalar, Ali Hikmet, Fevzi, Fahrettin, Kâzım, İzzettin, Asım paşaların imzaları.[11]

Belki de düğün yemeğinin konukları hep erkekti. Çünkü 9 şubatta Edremit'e gittiklerinde suratını asan Mustafa Kemal "Tek bir kadın yüzü göremedik" diye serzenişte bulunacaktı.

Edremit'te kadınlarla...

Paşa ile eşini Edremit'te Mahu Hanım (Aygen) ile eşinin ağırlamasına karar verilmişti. En geniş salonlu ev onlarınkiydi. 70-80 kişi yemek yiyecekti. Akçay'da bol bol levrek çıkıyordu. Sonunda levrek balığı, mayonez, börek ve tatlı hazırlandı. Sofra zeytinlerle süslendi. Edremit mutaassıp bir yerdi, kadınlar çarşaflıydı. Bir kadın bir erkekle konuşamazdı. "Öğretmen hanımlar, bizler, birkaç doktor ve avukat ailesi, çarşaf giyerek peçesiz olarak mi-

10. *Hakimiyet-i Milliye*, 9 şubat 1923.

11. Sabri Yetkin, "Latife Hanım'ı Kaçırmak İsterdim", 29 ocak 2005, *Milliyet* gazetesi (Belgenin ilk yayını).

safirimizi karşılamaya karar verdik" diyor Mahu Hanım. Salonun yanındaki büyük odaya iki karyolayı yan yana kurup yatakları da hazırlamıştı. Ancak gelen konuklar paylaşılamıyordu. Akşamüzeri beşe doğru gelenleri karşılamak üzere bir grup erkek şehir dışına çıktı. Bir süre sonra kaymakam perişan bir şekilde Mahu Hanım'ın kapısını çaldı. Mustafa Kemal Türk Ocağı'na uğramış, kapısını kapalı görünce tepesi atmıştı. Arkasından Belediye'ye gitmiş, orayı da kapalı bulunca zorla kapıyı açtırıp içeri girmişti, sinirli sinirli oturuyordu. Kendisi için hazırlanan evden de memnun kalmazsa diye korkuyorlardı.

Mahu Hanım, eşi ve bir grup kadın Mustafa Kemal ile Latife'yi kapıda karşıladılar. Latife'nin üzerinde asker elbisesi ve kaput vardı. Kadınlara dönerek: "Böyle karşılanacağımı bilmediğim için bu kıyafetle geldim" dedi. Hemen kaputunu çıkarıp portmantoya astı. Mustafa Kemal, Mahu Hanım'a, "Sayenizde medenî bir gece geçireceğiz" dedi. "Dolaştığımız yerlerde karım yanımda olduğu halde tek bir kadın yüzü görmedik!"

Merdiven başındaydılar, Latife önden yürüdü üst kata çıktı. Hanımlar Paşa'nın etrafını sarmışlardı. Başöğretmen Hanım da Latife'yle konuşuyordu. Fener alayı gelince Mustafa Kemal, "Haydi Hanımlar, halk bizi böyle hep birlikte görsün. Birlikte görmeye alışsınlar, çünkü bu, yakında olacak" diyerek eşini ve kadınları yanına aldı, pencereden konuşmaya başladı.

Hazırlanan sofraya kadınlar oturmamıştı. "Olmaz" dedi Mustafa Kemal... Mahu Hanım da "Biz hizmet edeceğiz" diye durumu açıklamaya çalıştı. Ancak Kemal Paşa, bir yanına Latife Hanım'ı bir yanına da Mahu Hanım'ı alarak masaya oturdu. O gece Mustafa Kemal, Mahu Hanım'a şöyle demişti: "Balya'dan geliyoruz. Orada cuma namazına Latife Hanım'la durduk."[12] Mahu Hanım doğru anımsıyorsa eğer, Mustafa Kemal, Latife'yle yan yana namaza durmuş ve yine herkesi şaşırtan bir durum yaratmıştı.

Yıllar sonra Mustafa Kemal Paşa'nın İstanbul'da bulunduğu bir gece ansızın Mahu Hanım'ın kapısı çalındı. Cumhurbaşkanı tarafından Dolmabahçe Sarayı'na bir akşam sofrasına davet ediliyordu. Mahu Hanım o gece sofrada Kâzım Özalp, Fethi Okyar gibi isimlerin de yer aldığını anımsıyor. Sohbetin konusu ise Edremit'teki geceydi.

"Bundan 13 yıl evvel Anadolu gezisine çıktığım zaman karım Latife Hanım da yanımda olduğu halde bütün Anadolu'yu dolaştım. Tek bir

12. Nazmi Kal, a.g.e., s. 115.

kadınla karşılaşmamıştım. Edremit'e geldiğim zaman hanımefendi, zannederim eşi bir doktordu, bizi hanımlarla dolu bir cemiyetle karşıladı. Sayelerinde medenî bir gece geçirdik... Ancak bizi bir başka yerde yatırmak istemişlerdi. Belediye reisi, halk galeyana geldi bizi misafir etmek için, kimi Hilali Ahmer'e para bağışlıyor, kimi kapıda 5 kurban keserim diyorlar, dedi. Halbuki bilemiyorlardı ki benim orada hanımları erkeklerle bir arada görmem 5 değil 1 000 kurbana bedeldi."[13]

Kısa balayı turu, Latife'ye Anadolu'yu yakından görme fırsatı verdi. Vamık Volkan ve Norman İtkowitz şöyle değerlendiriyor bu geziyi:

> Latife, Türklerin, Yunanlıların eline düşmüş İzmir'de yaşadıkları eziyete, daha sonraki Türk zaferine ve şehrin yanışına tanık olmuştu. Anadolu'da yüz yüze geldiği acımasız gerçeklik, onun daha önce Anadolu'ya ilişkin romantik zihinsel tasavvurunu silip yok etti. Vatanın kırsal kesimi işsiz, çorak bir ülke haline gelmişti. Kahramanını coşkuyla karşılayıp bağrına basan kalabalıklar bir şey, yaygın kıtlık ve yoksulluk bir başka şeydi.[14]

Küçük tur 10 şubatta tamamlandı. Yeni evliler, bir hafta da İzmir'de kaldılar. Latife bu bir haftalık süre içinde Çankaya'ya götüreceği eşyaları toplayıp veda ziyaretleri yaptı. Mustafa Kemal de çok önem verdiği İktisat Kongresi'nin açılış hazırlıklarıyla ilgilendi. Türkiye'nin millî ekonomi politikalarını belirleyecek kongrenin hazırlıkları uzun süre önce başlamıştı. İlk önce toplantının Ankara'da yapılması düşünülmüş, ardından İzmir'de karar kılınmıştı. En büyük mekân olan Osmanlı Bankası'nın depoları kongre için hazırlandı. Burası 7 000 kişiyi kaldıracak büyüklükteydi. 5 000 delege bekleniyordu. Gelenleri misafir etmek için özel yatakhaneler kuruldu ancak kış koşulları beklenen delege sayısına ulaşılmasını engelledi. Kongre 17 şubat cumartesi günü 1100 kadar delegenin katılımıyla toplandı. Delegeleri, vilayet idare meclisleri, belediye, ticaret ve ziraat odaları, borsa, Müdafaa-yı Hukuk temsilcileri belirliyordu... Uşakizade Muammer Bey de İzmir delegeleri arasındaydı. İktisat Kongresi'nde kadınlar da temsil edildi. İki hafta süren kongre sırasında gazetecilerin fotoğraf çekmesine izin verilmedi ama resmî görevliler tarafından çekilen fotoğraflar gecikmeli olarak basına iletildi.

13. Nazmi Kal, *a.g.e.*, s. 111-117.

14. Volkan-Itkowitz, a.g.e., s. 303.

Türkiye İktisat Kongresi'nde kadınlar ile erkekler toplu halde bir arada bulundular. İkinci katta kadınlar için 300 kişilik özel dinleyici yeri ayrılmıştı, ama gelen kadınların sayısı 500'ü buldu. Kongrenin kadınlar açısından bir öncü yanı daha vardı. İzmir'den altı kadın amele, temsilci olarak katılmıştı. Bu temsilci kadınlar adına Rukiye Hanım kapanışta konuşurken teşekkür etmiş ve "Türkiye'de memleket işlerine kadınların da iştirak etmesi ilk defa vuku buluyor. Bu şerefin bize müyesser olması kalplerimizi refah ve gurur hissiyle doldurdu" demişti.[15]

Böylesine önemli bir toplantıya kadınların hem delege hem de izleyici olarak katılması dikkat çekiciydi. İlk gün Latife de kongreyi izleyen kadınlar arasındaydı. Mustafa Kemal kadının kamusal alanda temsiline önem veriyordu. Kongreye bu kadar çok kadının katılması da bu çabanın ürünüydü.

Lozan heyetiyle Eskişehir buluşması

Lozan'dan dönen Türk heyeti, Ankara'ya giderken Eskişehir'de Mustafa Kemal'le buluşacaktı. Heyet Başkanı İsmet Paşa, ile üyeler Dr. Rıza Nur ve Hasan (Saka) 18 şubatta geldiler. 21 şubat günü istasyonda, Gazi ile Latife'yi karşılayanlar arasında Lozan heyetinin yanı sıra dünya basının iki temsilcisi, *Chicago Tribune*'den Larry Lue ile *Daily Mail*'den Ward Price da vardı. Larry Lue'nun haberine göre Mustafa Kemal, daha tren durmadan perona atlamış, sonra da eşine inmesi için yardım etmişti. "Anadolu'nun first lady'si Latife ağaçkabuğu rengi şık bir spor kıyafet giymişti, yüzünün kızardığı gözlendi. Mustafa Kemal, eşinin koluna girerek ona kalabalıkta yol gösterdi. Tanıdığı simalara gülen ve eliyle selam veren Latife Hanım, bu çok kasvetli olabilecek ortama neşe ve hayat katıyordu. Ülkenin taptığı kahramana rağmen bütün gözler yanındaki karısına yönelmişti." Larry Lue, "Kemal'in evlenmesi de savaşçılığı kadar atılgan" yorumunu yapıyordu.

Lozan Konferansı kesintiye uğrayınca dönemin ünlü savaş muhabiri Ward Price da İsmet Paşa'yla birlikte gelmiş ve dünyanın merak ettiği gelinle damadın Eskişehir İstasyonu'na gelişini en ince ayrıntısına kadar yazmıştı.

> Isıtması ve aydınlatması olmayan, camları kırık bir vagonla Constantinople'dan Ankara'ya gidiyorduk. Türk delegasyonu, birkaç hafta

15. Gündüz Ökçün, *Türkiye İktisat Kongresi, İzmir 1923*, AÜ SBF Yayınları, Ankara, 1971, s. 194, 326.

önce İzmir'de evlenen millî lider Mustafa Kemal ve karısıyla buluşacaktı. Tren küçük bir istasyon olan Eskişehir'de durdu.

Gazi'nin (Kâfirleri fetheden kişi anlamında Türkiye'de kullanılan bir askerî unvan) üstünde tüvit bir ceket ile pantolon vardı. Spor çorapları ile giydiği rugan ayakkabıları garip bir tezat içindeydi. 19 yaşındaki yeni karısı Latife Hanım'ı görmek şaşırtıcıydı. Binici pantolonu, yüksek topuklu mahmuzlu çizmeleri vardı. Parlak renkli bir ipek eşarpla saçlarını örtmüş, yüzüne ise peçe takmamıştı. Bu giysilerin istasyondaki Türkleri çok şaşırttığı ortadaydı. O günlerin Türkiyesi'nde böyle giyinmeye cesaret edebilecek bir başka Türk kadını daha olamazdı.

Ocak 1923'te Lozan Konferansı kesildiğinde Türkiye'nin başdelegesi İsmet Paşa, hükûmetine danışmak için Ankara'ya dönüyordu. Milliyetçilerin başkentine beni de götürmesi konusunda anlaşmıştık. İsmet, Anadolu'ya hareket etmeden önce bir gece İstanbul'da kaldık. Müttefik Kuvvetlerin Türkiye'deki askerî durumu her geçen gün daha da kötüye gidiyordu. General Harrington Türkiye'de 22 000 askerimiz var demişti bana. "Britanya İmparatorluğu'nun bütün vurucu gücü burada; Türklerin millî ordusu Türk ordusu yeniden savaş hazırlığı yaparken biz Müttefikler Mudanya Ateşkesi'yle pek çok şeyden men edildik" diye de hayıflanmıştı.[16]

Mustafa Kemal Lozan heyetiyle vagonda görüşürken Eskişehir Mutasarrıfı Nihat Bey, Latife'yi ailesinin yanına götürdü. Lozan'da çıkan anlaşmazlıklar, sabah Mustafa Kemal'in öğleden sonra da İsmet Paşa'nın vagonunda tartışıldı. Gece, Ankara'ya yola devam edildi.

16. G. Ward Price, *Extra-Special Correspondant*, Harrap, Londra, 1957, s. 140.

11

Ankara'ya geliş

Latife güzel mi diye herkes merak ediyordu. Mustafa Kemal Paşa çok yakışıklı bir erkekti, acaba Latife onun yanına yakışacak mıydı? Latife, güzelliğiyle öne çıkan biri değildi, güzelliği dikkatli bakıldığında kendini belli ederdi. Yüz hatları düzgün, kahverengi-siyah karışımı gözleri parlaktı.

Halide Edip onun gözlerinin etrafa saçtığı pırıltılı ışığa değinmiş, Ali Fuat (Cebesoy) da Latife'yi anlatırken "güzel" tanımını kullanmıştı.[1]

Salih Bey'e (Bozok) göre "ela gözlü, ufak tefek, tombulcaydı"[2] Kinross'a göre de kısa boylu, yuvarlak yüzlü, açık buğday tenli, ince dudaklıydı.[3]

Bozkurt yazarı Armstrong, Latife'yi "Koyu renk gözlü, genç ve taze ciltli, siyah saçları, gülen siyah gözleriyle ufak tefek, narin, kâh çok neşeli, kâh mağrur, müzikal bir Türkçe konuşuyormuşçasına yumuşak sesli" bir kadın olarak tanımlıyor ve ekliyor: "Kadınların gizli bir cinsellik çağrıştıran bakışlarıyla değil, bir erkeğin diğerine bakışına benzer bir şekilde, ona dosdoğru bakıyordu. Çok becerikliydi, emirleri kısa ve kesindi ama bütün otoritesine karşın o gene de zarif ve kadınsı kalabiliyordu."[4]

İsmet Paşa'nın, "Latife Hanım'ı nasıl buluyorsunuz?" sorusuna Halide Edip, "Çok cazip bir kız" yanıtını vermişti.[5]

Latife, Sabiha Sertel'in gözüyle "orta boylu, ince, esmer güze-

1. Ali Fuat Cebesoy, a.g.e., s. 71.

2. İsmet Bozdağ, *Latife ve Fikriye,* s. 81.

3. Lord Kinross a.g.e., s. 327.

4. H. C. Armstrong, a.g.e., s. 140, 141.

5. Halide Edip, a.g.e., s. 388.

liydi."[6] Amerikalı gazeteci Marcosson için de "gördüğü en güzel Türk kadını..."

> Bütün diğer demir adamlar gibi, onun da hassas bir noktası var; Bayan Kemal'e rastlayınca, onun nasıl olup da teslim olduğunu anladım. Mülakatın ortasındayken hizmetkâr içeri girdi ve Kemal'in kulağına bir şey fısıldadı. Kemal derhal döndü ve gururla, "Bayan Kemal geliyor" dedi. Birkaç saniye sonra, gördüğüm en güzel Türk kadını içeri girdi, daha doğrusu odaya süzüldü. Orta boyluydu. Tam bir Doğulu yüzü, parlak, siyah gözleri vardı. Her davranışından zarafet akıyordu. Koyu mavi, Türkiye'ye ait olmayan bir kıyafet giymiş, genelde peçe ile kullanılan ve bütün saçı örtmesi gereken bir başörtüsünü cazip bir biçimde başına sarmıştı. Bayan Kemal özgür kadınlardan olduğu için peçe takmamıştı. Kahverengi buklelerinden bazıları, gizleyen örtünün dışına taşmıştı. Hafif bir parfüm sürmüştü. Ankara yaşamını süsleyen Latife, görüntüsüyle Paris'in kadınsı havasını estiriyordu.[7]

O günlerde çıkan yabancı gazeteler de Latife'den söz ederken sık sık Kemal'in güzel karısı tanımını kullanmışlardı.

Mustafa Kemal ise Latife'yi fazla güzel bulmadığını bir iki yerde tekrarlamıştı. Ancak İzmir'de Uşakizadelerin evinde kalırken ona "Sen Latife değil, Latif'sin çocuk. Sana bundan böyle Latif diyeceğim" dediği biliniyor. Latif, güzel ve hoş anlamında kullanılan bir sözcük.

Süreyya Ağaoğlu da Mustafa Kemal'in Latife'yi huriye benzettiğini, Latife'ye, "Cennette de senin gibi sedef tenli, kara gözlü melaikeler varmış" diye takıldığını anımsıyor.

Kimi fotoğraflardaki siyahlı kadın Latife'ye pek de benzemiyordu. Mustafa Kemal'in annesi de Latife'ye "Maşallah. Resimlerinden daha güzelmişsin yavrum..." diye iltifat etmişti.[8]

Gerçekten de Latife fotoğraflarından daha güzeldi. Tanışıp konuşanlar ondan hemen etkileniyorlardı. Karizmatik olduğu tartışılmazdı. Meçhul gelini karşılamaya gelenler onun Kemal Paşa'nın yanına ne kadar yakışacağını merak ediyorlardı.

Sabahın erken saatinde Ankara Garı yeni evli çifti, çiçeklerle bekliyordu. Trenden, önce Mustafa Kemal indi arkasından Latife.

6. Sabiha Sertel *Roman Gibi*, Belge Yayınları, İstanbul, 1987 s. 74.

7. İsaac Marcosson, *The Turbulent Years*, s. 170; İsaac Marcosson, *Atatürk Araştırma Merkezi Dergisi*, cilt 1, kasım 1984 sayı 1, s. 177-186.

8. İsmet Bozdağ, *Latife ve Fikriye*, 123.

Alkışlar yükseldi. Mustafa Kemal bekâr gitmiş, evli dönmüştü.

Fevzi ve İsmet paşalarla birlikte Eskişehir'den gelen heyeti karşılayanlar arasında kimler yoktu ki... Başbakan Rauf Bey, Nuri Bey (Conker), Fethi Bey (Okyar), Ruşen Eşref ve Ankaralılar. Latife pencereden kalabalığa bakıyordu. Salih Bey onu rahatlattı. "Elini sıktıklarınızın ismini kulağınıza fısıldayacağım" dedi.

Vagon Rauf Bey'in önünde durmuştu. Önce Mustafa Kemal indi, Latife'yi elinden tutup indirdi. Latife'yi ilk kutlayan Başbakan Rauf oldu. Latife, onu İzmir günlerinden tanıyordu. Yeniden gördüğü için sevindi. Eli kolu çiçek buketleriyle dolmuştu. Salih onları elinden ustaca alıyor, bir kenara koyuyordu. İstasyondakiler genç, güzel ve çevresine pırıl pırıl bakan bu kadını görmek için birbirlerini eziyorlardı. Bütün bakışlar üzerinde toplanmıştı.[9]

Yoklar diyarı

Merasim uzun sürmedi. Çankaya'nın yolu tutuldu. Latife'nin baba evinden bu ilk ayrılışı değildi, ama Ankara'ya ilk gelişiydi. Ankara'nın bir yoklar diyarı olduğunu öğrenmişti. O sıralarda Ankara, Anadolu yaylasında bir çift tepeden başka bir şey değildi. Ne doğal güzelliklere sahipti ne de çağdaşı olan kentlerin elektrik, su gibi olanaklarına...

Kışın çıplak ve ağaçsız bir bataklık haline gelen bu boz ova, akşamüzerleri kırmızı ve erguvanî bir ışıkla aydınlanırdı. Eski ve yeni Ankaralılara bunca yoksulluk ve hiçlik duygusu içinde umut veren de sanki bu ışıktı. O günlerin Ankara gecelerini anlatanlar hep karanlık bir kasabadan söz ediyorlar. Sokaklar ve evler ikide bir kararan lüks lambalarıyla aydınlatılır, bir yerden bir yere karanlıkta cep fenerleri yakılarak güçlükle gidilirdi. Elektrik ilk verildiğinde *Hakimiyet-i Milliye* gazetesinde "elektrikli odalar kiralıktır" diye ilanlar çıkmıştı.

Ankara'nın karanlığı İngiliz *The Times* gazetesinde alay konusu edilmişti; en aşırı milliyetçi Türkler bile sokak ışıklandırmasının yarım düzine titrek elektrikle sağlandığı, evlerde akar suyun bulunmadığı, Dışişleri Bakanlığı'nın kapısına bağlı at ya da eşek bulunan Ankara'da yaşamanın zorluklarını kabul ediyorlar, diye yazılmıştı.[10]

Neyse ki Latife gündüz gözüyle gelmişti Çankaya'ya. Şubatın

9. İsmet Bozdağ *Atatürk ve Eşi Latife Hanım*, s. 137.

10. *The Times* 28 aralık 1923'ten aktaran Orhan Koloğlu, *İki Şehrin Hikâyesi*, der. Seyfi Öngider, Aykırı Yayıncılık, İstanbul, 2003 s. 18.

20'siydi ve hava buz gibi soğuktu. Yerler buz tutmuştu. Çankaya, istasyona otomobille 20 dakika mesafedeydi. Tek tük bağ evlerinin önünden geçtiler. Birkaç cılız iğde ve armut ağacı dışında alabildiğine bir bozkır uzanıyordu.

Ankara neredeyse tamamen ağaçsızdı. Falih Rıfkı bir gün *Hakimiyet-i Milliye*'ye yazdığı başyazıya "Yeşil Ankara" başlığını atmış ve bu yüzden mecliste "Dalkavuk" diye hakarete uğramıştı. O da kendisini şöyle savunmuştu:

"Bakınız, ikiden biri, ya Ankara yeşil olur ve su gelir, yahut devlet merkezi olmaz!"

Aslında Ankara'da su da yoktu. Çoğu ev kuyu suyuyla idare ediyor, diğerleri de mahalle çeşmelerini ve parayla su taşıyan sakaları kullanıyordu.

Yerli halkın başlıca ulaşım aracı eşekti ve sık sık kaybolmuş eşekler sokak sokak aranırdı. Kar yağdı mı iki gün iki gece evlerden dışarı çıkılamadığı olurdu.

Çankaya'ya giden yol da bozuktu. Otomobilin içinde sarsıla sarsıla tırmandılar. Sonunda, zirveye birkaç metre mesafede kayanın girintilerine yerleşmiş kartal yuvasını andıran taş ev göründü. Pencere kepenklerinin insana gülümseyen kırmızı boyası, Latife'ye tedirginliklerini unutturdu. Sert rüzgârın eteğindeki ev, çevresine inat tam bir sükûnet hissi yayıyordu.

Evin çevresinde Karadenizli korumalar millî kıyafetleri içinde siyah elbiseleri, fişeklik kemerleri, başlarında çatkıları bekliyorlardı. Mustafa Kemal'in emir subayı ile evin hizmetini yürütenler büyük bir heyecanla yeni çifti karşıladılar.

Mustafa Kemal esprili bir tonda:

"İşte Latife Hanımefendi Hazretleri... Sarayınız! Bakın, kapıda teşrifat nazırınız sizi bekliyor!" dedi.

Emir eri Ali Metin güleç bir çehreyle ona bakıyordu. İzmir'den tanıdığı bir yüz görmek Latife'yi neşelendirdi. Her yer tertemiz, ortalık derli topluydu. Havuzlu salona bayılmıştı. Mustafa Kemal'e sorular soruyor, o da bir yandan onu yanıtlıyor bir yandan da Nuri Bey'e (Conker) akşama yemeğe çağrılacak kişilerin isimlerini yazdırıyordu.

Salona Mustafa Kemal'in köpeği girince Latife şaşırdı. Salih Bey'e (Bozok) adını sordu. Köpeğin adı savaş sırasında takıldığı için öyle pek uluorta söylenen cinsten değildi. Latife parmaklarıyla ağzını kapatarak kıs kıs gülmeye başladı.[11] Emir eri Ali Me-

11. İsmet Bozdağ, *Atatürk ve Eşi Latife Hanım*, s. 138.

tin anılarında köpeğin adının Trikopis olduğunu anlatıyor.[12]

Mustafa Kemal, Latife'yi yeni evine bırakıp Bakanlar Kurulu toplantısına başkanlık etmek üzere meclise gitti. Mustafa Kemal'in, Ankara'ya geldiği gün yeni eşini Çankaya'ya götürdükten sonra İsmet Paşa'nın Lozan Konferansı üzerine vereceği bilgileri dinlemek için şehre geri döndüğü *The Times* gazetesinin haberinde de yer almıştı.[13]

Köşk

Mustafa Kemal Paşa, Ankara'ya 27 aralık 1919'da gelmiş ve Millî Mücadele'yi buradan yönetmişti. Ankara'yı Millî Mücadele'ye verdiği sıcak destek yüzünden seviyordu. Kendi deyişiyle istila kapıda durmuş, kendisi merkez olmuştu.[14]

Çankaya, Mustafa Kemal'in Ankara'daki üçüncü eviydi. Önce, Keçiören'deki Ziraat Mektebi'ni sonra Direksiyon Binası adıyla anılan istasyon binasını ev olarak kullanmıştı. Ama kendisine kalıcı bir mekân istiyordu. Yakın çevresi Fikriye'yle birlikte ona yaşayacağı bir ev arıyordu. Ruşen Eşref ile karısı Saliha Çankaya'da gördükleri bir bağ evini Mustafa Kemal için beğenmişlerdi.[15]

Mustafa Kemal, Çankaya sırtlarındaki evi sevince, masrafıyla birlikte 9 000 liraya bağın alınmasına karar verildi. Parası da belediye tarafından ödendi.[16]

Üç dört aylık bir onarımın ardından 1921 yılı haziranında Mustafa Kemal Çankaya'ya taşındı. Fikriye evi Paşa'nın zevkini ön planda tutarak döşemişti. Pencerelere ay yıldızlı bordo perdeler asmış, ortadaki masaya dünyanın dört bir yanından gelen armağanları yerleştirmişti.[17]

Alt katta hemen girişte mermer, ufak bir havuz, havuzun sağ yanında da bir salon vardı. Yemek odasına buradan geçiliyordu.[18]

Havuzlu antrenin yanından tahta bir merdiven yukarı kata çı-

12. Ziya Oranlı, a.g.e., s. 120.

13. *The Times,* 21 şubat 1923.

14. Falih Rıfkı Atay, a.g.e., s. 355.

15. Şemsi Belli, a.g.e., s. 78.

16. Ademzade Ahmet Bey'in not defterinden aktaran Şeref Erdoğdu, *Ankara'nın Tarihi Semt İsimleri ve Öyküleri,* TC Kültür Bakanlığı, Ankara, 1999, s. 24-26.

17. Şemsi Belli, a.g.e., s. 78.

18. Grace Ellison, a.g.e., s. 186.

kıyordu. Kenarları açık olan üst kattan aşağıdaki fıskıyeli havuzu görmek mümkündü.

Alt kat ofis salon biçiminde düzenlenmişti. Mustafa Kemal'in çalışma odası olarak kullandığı holde büyük bir yazı masası ve kütüphane vardı. Birkaç da bitki... Kırmızı deriden modern görünümlü maroken kanepe ve koltuk takımı Viyana'dan gelmişti.[19] Duvarlarda anı niteliğinde süsler ve murassa kılıçlar, Mustafa Kemal'in Bingazi'de çekilmiş fotoğrafları ile annesinin fotoğrafları asılıydı. Yerlerde Anadolu işi halı ve kilimler göze çarpıyordu. Mustafa Kemal güzel halılara, mangallara meraklıydı. Evi tarif eden Batılılar "Victoria tarzında oryantal" tanımını kullanıyorlar. Holün diğer yanında "ünlü sofra" sohbetlerinin yapıldığı yemek odası vardı. Bu kata bir de bilardo masası yerleştirilmişti.

Üst kat ise biri büyük, diğeri küçük iki yatak odası ile ilkel bir banyodan ibaretti.

O günlerin Çankaya köşkü iki ayrı kısımdan oluşuyordu. Köşkün bahçesinde, iki bina daha bulunuyordu. Birisinde yaverler ve büroları vardı, daha küçük olan da personele ayrılmıştı. İki setten ibaret bahçesi büyük ağaçlarla çevrelenmişti, bunların altında durmadan akan çeşmenin suları oldukça büyük bir havuzu dolduruyordu. Evi, ana binaya yakın bir kulübeye monte edilmiş kasnaklı bir motordan elde edilen elektrik aydınlatıyordu. Öteki evlerde ise petrol ve karpit lambaları kullanılıyordu. Karpit rüzgâra karşı yandığı için daha çok seviliyordu.[20]

Fikriye'nin köşkteki özel eşyalarını Latife gelmeden birileri toparlayıp kaldırmış mıydı bilemiyoruz.

Sabiha Sertel ve Grace Ellison'un Ankarası

Latife'nin duygularını anlamak için dönemin Ankarası'na iki kadın gazetecinin gözünden bakalım. Sabiha Sertel'in ve Grace Ellison'un Ankarası birbirine çok benziyor. Sabiha Sertel, "Çöpler hep sokak köşelerine yığılmıştı. Sıska bacaklı, karınları şiş çocuklar, birer iskelet gibi kaldırımlar üzerinde seğirtiyor, on para dileniyorlardı. Dükkânlar boştu. İnsanlar yorgundu. Kırk yamalı hırkalarıyla köylüler, kadın erkek cephelere cephane taşımış, siperlerde vuruşmuşlardı" diyor.

19. Berthe Georges-Gaulis *Çankaya Akşamları,* Cumhuriyet Yayınları, İstanbul, 2001, s. 62; Ali Fuat Cebesoy, a.g.e., s. 5.

20. Salih Bozok, Cemil Sait Bozok, a.g.e., s. 99.

Ankara ağacı, suyu, barınacak evi olmayan bir köydü. Samanpazarı içinde ne barakası ne de satılık eşyası bulunan bir pazardı. Meydanlıkta köylüler kağnı arabalarını kenara çekmiş, mandalarıyla birlikte yerlere serilip yatıyorlardı. İç sokaklar tek araba geçemeyecek kadar dardı. Eski Ankara Evliya Çelebi'nin *Seyahatnamesi*'ndeki Ortaçağ şehirlerini andırıyordu. Tepeler üzerine kurulmuş teneke veya ahşap evlere insanlar keçiler gibi bayırı tırmanarak çıkıyorlardı.

Herkes çok yoksuldu. Çocuğunu arabayla gezdirmeye çıktığı bir gün karşısına çıkan kadınlar, Sabiha Sertel'e, "Sen saraydan mı geliyorsun" diye sormuşlardı. "Böyle araba ancak sultanlarda olur "demişlerdi. Ardından da ondan bir parça yama istemişlerdi. Sefaletin bu derecesi onu şaşırtmıştı.[21]

Morning Star gazetesi adına Türkiye'ye gelen Grace Ellison da yamalı giysileri unutamamıştı.

> Bu zavallıların giysileri o denli yamalı ki, bazısı sadece yamadan oluşmuş denebilir. Erkeklerin tümü kalpaklı; köylüler erkek olsun kadın olsun, yüklü eşeklerine binmiş veya en az kendileri kadar sabırlı hayvanlarının yanında yürüyerek geçiyor. Sanki Kutsal Kitap sayfalarından henüz çıkmış insanlar gibiler...[22]

İstasyondan Ankara'ya giden ana yolda bacakları çamurların içine gömülmüş kalmış mandaların çektiği kağnılar, külüstür giysili arabacılar, saçlarını gizleyen kadınlar, koşumları turkuvaz boncuklarla süslü beygirler hiç eksik olmazdı.

New York Times gazetesi 21 şubat 1923'te Ankara'yı: "Türkçe konuşan köylüler, basit kasabalılar ve hiç de kötü olmayan savaşçı askerlerin diyarı..." diye tasvir etmişti.[23]

Aslında, Ankara denilen yer, insana boşluk ve çöl hissi veren büyücek bir kasabaydı. Tarihinin en büyük yangın felaketini 1917'de yaşamış, Hisarönü'nden Bent Deresi'ndeki Tabakhane'ye kadar yapı ustası ya da kuyumcu Ermenilerin de oturduğu çok geniş bir yerleşim bölgesi yanıp kül olmuştu.

Ankara'nın Hıristiyan nüfusu savaş sırasında çok azalmıştı. Falih Rıfkı bu değişimi *Çankaya*'da anlatmıştı:

> 1923'te Ankara'ya geldiğimiz vakit, bağ evleri müstesna, Hıristiyan

21. Sabiha Sertel, a.g.e., s. 60-64.

22. Grace Ellison, a.g.e., s. 154.

23. Orhan Koloğlu, a.g.e., s. 15.

mahallesinden eser yoktu. Trenden inince iki taraflı bir bataktan, ağaçsız bir mezarlıktan, kerpiç ve hımış esnaf barakaları arasından geçerek tozuması bir türlü bitmeyen bir yangın yerine sapardık.[24]

Ankara, İstanbul surları dışındaki bütün Türkiye'nin sembolüydü. Ermenilerle ve Rumlarla beraber hayat ve umran denecek ne varsa hepsi sökülüp gitmişti. Bu şehri ve bu memleketi temelinden çatısına kadar kuracaktık.[25]

Birinci Dünya Savaşı sırasında çıkan yangının sonunda nüfusu kimine göre 20 000'e kimine göre de 30 000'e inmişti. Kalenin etekleri hâlâ kapkaraydı. Yıkık dökük kerpiç evler zikzaklı yokuşlara yan yana sıralanmıştı.

Mebus aylığı 100 lira

Falih Rıfkı'nın tabiriyle "Evler de eşyalar da bir âlemdi. Çarşı o kadar iptidai idi ki, küçük bir masanın üstü aynı çeşit bardak, kadeh ve tabakla donatılamazdı. Yemek ve yazmak için eve bir masa yaptırmıştık. Dört ayağından hiçbiri ötekine koşut 'müvazi' değildi. Yakup'la (Kadri Karaosmanoğlu) karşısına geçer, bu masanın nasıl düz durabileceğine şaşardık."

Gece oldu mu masa başına geçip saatlerce konuşup içki içmekten başka eğlence bulunamazdı. Çünkü lokantaya benzer bir şey de yoktu.

Sıtma o denli yaygındı ki İsmet Paşa ile Rauf Bey, siyasetin en hayhuylu günlerinde sıtmadan yataklara düşenler arasındaydı.

Ankara, meclisin açılmasıyla biraz hareketlendi, otel ve han yapımına başlandı. Açıkta kalan mebuslar için öğrencilerin karyola ve yatakları alındı, bu da yetmeyince öğretmen okuluna yerlere yataklar serildi. Mebus aylığı da 100 liraydı. Bunun 20 lirası da sigara parasına kesiliyordu.[26]

Yeni meclisin üyeleri birer ikişer Ankara'ya geliyorlardı, ama kalacak yer bulmak bir sorundu. Hepsi de aileleriyle birlikte yerleşebilecekleri bir ev ya da kulübe peşindeydiler. En revaçta olan da bağ evleriydi. Tek konaklama yeri olan Ulus'taki Taşhan'ın odaları milletvekilleri için yatakhaneye dönüştürülmüştü. Bakkalların önünde mebus kuyrukları oluşuyordu.[27]

24. Falih Rıfkı Atay, a.g.e., s. 355.

25. Falih Rıfkı Atay, a.g.e., s. 350.

26. Mehmet Kemal, *Türkiye'nin Kalbi Ankara*, Çağdaş Yayınları, İstanbul, 1983, s. 15.

27. Nuyan Yiğit, *Atatürk'le 30 yıl*, Remzi Kitabevi, İstanbul, 2005, s. 180.

Ankara'da yabancı misyonlar için de yer yoktu. Ruslar devamlı oturuyor, öteki yabancı temsilciler ise ara sıra geliyorlardı. Fransız Elçiliği bir ara Kale tarafındaki, Osmanlı Bankası deposuna taşınmış ve serilen goblen halılarla bir kabul salonu ortaya çıkarılmıştı.[28]

Ev bulamayan temsilcilikler arasında Amerikalılar da vardı. Amerikan temsilciliğinden Robert İmbrie karısıyla birlikte eve dönüştürdükleri bir tren vagonunda yaşıyordu.[29]

Kadınların yokluğu hep kendini hissettirirdi. "Bir gün bir milletvekiline İstanbul usulü çarşaf giyen karısı ile Karaoğlan Çarşısında rastlanması, mecliste dedikodu konusu olmuştu. Yalnız toplantılar değil, evler, oteller, sokaklar hep kadınsızdı..."[30]

Öyle ki, Yakup Kadri ile Falih Rıfkı'nın oturduğu mahallede esrarengiz bir dilberin yaşadığına dair bir dedikodu almış yürümüştü...Tüller arasından bazen kolunun, bazen de saçının belirdiği anlatılıp duruyordu. Sonunda ressamlardan biri görünmeyen bu kadının portresini çizdi.[31]

İşte Latife böylesine "kadınsız" bir Ankara'ya gelin gelmişti.

28. Falih Rıfkı Atay, a.g.e., s. 353.

29. *Time* dergisi, 28 mayıs 1923.

30. Falih Rıfkı Atay, a.g.e., s. 353.

31. Gülsün Bilgehan, *Mevhibe,* Bilgi Yayınevi, Ankara, 1998, s. 173.

12

Garnizona gelen gelin

Mustafa Kemal, meclisten dönünce Latife'ye "Yemeğe bazı arkadaşları çağırdım. İstersen sen de in" dedi. "Fakat sıkılırsın sanıyorum. Ben sofrayı erken toplamaya çalışırım" diye sürdürdü sözlerini. Latife'nin gündüz gördüğü paşaların çoğu akşam yemeğe gelmişlerdi. Rauf, Fethi, İsmet, Kâzım (Özalp) paşalar ile Nuri (Conker), Kılıç Ali ve Rıza Nur o gece Çankaya'daydı.

İlk gece yalnız bırakılmak Latife'yi incitmişti. Yolda aldığı notları bir deftere geçirdi, yapacağı işleri not etti. Aşağıdan kahkaha sesleri geliyordu. Konu demek ki sadece Lozan'la sınırlı değildi... İsmet Bozdağ'a göre Latife konuklar gidene dek Bergson'un yeni çıkmış bir felsefe kitabını okuyarak Mustafa Kemal'i bekledi. Önce Rauf Bey ayrıldı sonra diğerleri, Mustafa Kemal geceyarısı bir şarkı mırıldanarak çıktı merdivenleri. Latife uyumamıştı.[1]

Ertesi sabah Mustafa Kemal istasyon binasındaki ofisine gitmek üzere evden ayrılınca büyük temizlik başladı. Paspastan lambaya kadar her şey elden geçti, kilimler yıkandı, kapı tokmakları parlatıldı. Fikriye'nin ayrılışıyla birlikte Çankaya'daki evi emir erleri çekip çevirmeye başlamıştı bu yüzden pek bir düzen kalmamıştı. Akşama doğru köşk tanınmayacak bir görünüme büründü.

Ege'nin en büyük deve kervanına sahip olan Uşakizade ailesi, evin büyük kızı için Çankaya'ya gönderilmek üzere yedi deve yükü çeyiz hazırlamıştı. Gümüşler, antikalar, altın şamdanlar, porselenler, el işlemesi örtüler, halılar ve oturma ve yatak odası takımları.[2]

1. İsmet Bozdağ, *Atatürk ve Eşi Latife Hanım*, s. 138.

2. Muammer Erboy üç kız için de aynı çeyizin yapıldığını söylüyor.

Birkaç gün içinde Latife'nin çeyiziyle Çankaya, orta halli bir komutan evinden iddialı bir mekâna dönüştü. Çankaya'daki ev yine yerinden oynadı.

İsmet Paşa'nın torunu Gülsün Toker Bilgehan, köşkteki değişimi şöyle anlatıyor:

> Çankaya'nın ıssız tepelerindeki bağ köşkünde de bir bayram havası esiyordu. Ankara'nın garına vagonlarla gelen eşyaların yüklendiği arabalar sıra sıra Çankaya yokuşunu tırmanıyordu. İndirilen koltuklar sehpalar yatak odası takımları içeri taşınıyor, salonlara halılar yayılıyor, yemek servisleri büfelere diziliyordu. Daha sonraları kuleli köşk, şimdi müze köşk olarak adlandırılan küçük bağ evi hanımefendisini karşılamaya hazırlanıyordu.
>
> İki katlı bağ evi o güne dek evden çok bir karargâh gibi kullanılmıştı. Aslında küçücüktü.
>
> (...)
>
> Girişin sağındaki salonu da kendine göre yeniden döşedi. Yatak odasına sarı takımları yerleştirdi. XIV. Louis tarzı Fransız yatak odası çok güzeldi. Atlasından yorganına kadar her şey sarıydı. Tuvalet masasını ve dolaplarını da aynı tarzda seçmişti. Girişin sağındaki salonu da yeniden döşemiş, ısmarladığı XIV. Louis tarzı mavi koltuk takımlarını buraya koymuştu. Mavi salon kabul günleri için kullanılacaktı.[3]

Latife, zaten çok ufak olan ikinci katın bir bölümünü kendine ayırdı. İzmir'den vagonlarla gelen çeyizini açtı. Mustafa Kemal'in çalışma odasını yeniden düzenleyip ona bir de oturma odası hazırladı. Mustafa Kemal Paşa'nın odasındaki düzenin değişmesinden hiç hoşnut kalmadığı anılarda altı çizile çizile vurgulanıyor.

Yatak odasını yaverlere kapattı

Latife Ankara'ya geldikten sonra yaverlik konusuna iyice ısınmıştı. Bir gün Mustafa Kemal'e "Bana yaver diyorsunuz, ama bir kılıcım bile yok" diye serzenişte bulundu. Mustafa Kemal birkaç gün geçmemişti ki, "Buyurun sizin" diyerek Latife'ye minicik bir kutu uzattı. Kutunun içinde kadın yaverine yakışacak, altın pırlanta karışımı minicik bir kılıç vardı. Mustafa Kemal, Latife'nin bu şikâyetine ince bir jestle karşılık vermişti.[4]

Gerilla düzeninden yerleşik düzene geçiliyordu. Latife ise bü-

3. Gülsün Toker Bilgehan, "Çankaya'nın Hanımefendileri" *Milliyet*, 11-12 ekim 1982.

4. Muammer Erboy'la görüşme.

yük bir kumandanın karısı olarak koskoca karargâhın ortasındaydı. Köşktekilerin çoğu askerdi. Genç kadın bir erkek kalabalığının içinde yaşıyordu. Yaverler, emir erleri, hatta konuklar, hep erkekti.

Dileyen dilediği saatte kapıyı çalıp içeri giriyordu. Mustafa Kemal'in yakın arkadaşları teklifsiz davranıyorlardı. Yatak odaları evin herhangi bir odası gibiydi. Mustafa Kemal ise her dakika ulaşılabilen bir millî lider. Latife'nin özel yaşama alan açabilmesi için evin ayrılmaz parçası olan Başyaver Salih'le çatışmayı da göze alması gerekiyordu.

Yine böyle bir sabah erken saatte Hariciye'den gelen şifreleri iletmek üzere Mustafa Kemal'i görmeye gelen Yaver Salih'le karşılaştı.

"Paşa Hazretleri uyandılar mı?" sorusuna Latife'den "Hayır" cevabını alan Salih, "Acele şifre olduğunda uyandırılması için bana buyrukları var" diye ısrar etti.

"Verin bana uyandırıp kendisine vereyim" deyince yaver ısrar etti. Çünkü Paşa ona sorabilirdi.

"Yaver sen misin, Latif mi?" diyebilirdi.

Latife, "İzin verin ben takdim edeyim" dedi. İçeri girip Mustafa Kemal'i uyandırdı. Başyaver, Mustafa Kemal Paşa'nın kendisine seslendiğini duyunca içeri girdi. Şifre, Lozan görüşmelerinin sert bir safhasını özetlemekteydi. Az sonra elinde kahve fincanıyla Latife geldi. Yatağın yanı başındaki küçük pufa eğreti biçimde ilişmiş konuşmaları izliyordu. Latife'nin huzursuzluğunu fark eden Mustafa Kemal, "Ben kahvemi içip çalışma odasına iniyorum" deyince Yaver Salih odadan çıktı.

İlişkilerinin biçim değiştirmesinin zamanı gelmişti. Artık yatak odası Mustafa Kemal'e özel değildi. Yaver, bu duruma çok kırılıyor, yerinin Latife Hanım tarafından alındığını düşündükçe canı sıkılıyordu. Bu değişim İzmir'de Latife Hanım'ın köşkünde karargâh kurdukları günlerde başlamıştı. Duyduğu kırgınlığı anılarında da anlatmıştı:

> Ben yıllar yılı, Mustafa Kemal Paşa'yı uyandırmak ve önemli bir haberi kendisine verebilmek ayrıcalığını bir başıma taşıyordum. Şimdi bir kadın çıkıyor ve benim bu ayrıcalığımı elimden alıyordu. Tabiî alışkanlıklarımı bozduğu için bu olayları anlattım. Yoksa Mustafa Kemal Paşa ile Latife'nin evlenmesi konusuna en içten koşturan insan ben olmuşumdur..."[5]

5. İsmet Bozdağ, *Latife ve Fikriye*, s. 87.

Bu dışlanmışlık duygusu Salih Bey'in Latife karşıtı cepheye kaymasına neden olacak, ama o her zaman geçmişi anlatırken Latife'yi bir baba gibi sevdiğini söylemeye devam edecekti.

Mustafa Kemal'in yaverleriyle ilişkileri çok eski yıllara dayanıyordu. Aynı kavganın içinde yer almışlar, cephede birlikte olmuşlar, idealleri için ölümü göze almışlardı. Aralarında ast üst ilişkisi sürerken dostlukları da eksilmeden devam etmiş ve birbirleriyle âdeta bütünleşmişlerdi. Bu çok özel ortak geçmişle hiç alakası olmayan bir başkasının işi zordu. Hele bu başkası bir kadın ise ve Mustafa Kemal'le evli ise durumu iyice zordu. Henüz barış anlaşması imzalanmamıştı. Her an bir kıvılcımla savaşın yeniden başlayabileceği fikri herkesin aklının bir köşesinde dururken Latife'nin yatak odalarını özel kılma eylemi çok da kolay olmadı. Kadın yaver, kocasının özel yaşamını silah arkadaşlarıyla paylaşmamak için herkesten önce erkek yaverlerle hatta ikinci babam dediği Salih Bey'le bile çatışmak zorunda kalacaktı.

1 martta meclise gidiyor

Latife 20 şubatta geldiği Çankaya Köşkü'nde çok yoğun üç hafta geçirdi, yeni insanlar tanıdı. Fethi Bey'i ve Galibe'yi (Okyar) çok sevmişti. Artık Ankara'da hem yaşıtı hem de kafa dengi bir arkadaşı vardı. Evleri de çok yakındı.

Mustafa Kemal 23 şubat günü eşini Dışişleri Bakanlığı'na götürdü, birlikte İsmet Paşa'yı ziyaret ettiler. Dışişleri Bakanlığı'ndan çıkıp meclisin bahçesine kadar yan yana yürüdüler. Yol boyunca alkışlandılar. Sonra da Genelkurmay Başkanı Fevzi Paşa'yı ziyaret ettiler.[6]

Şubat ayının son günüydü. Mustafa Kemal Latife'ye ertesi gün mecliste okuyacağı nutku dikte ettiriyordu. Meclisin birinci devre, dördüncü toplantı senesini açacaktı. Latife ona aklına gelen uygun kelimeyi teklif ediyor, birlikte çalışıyorlardı. Üç saatin sonunda yazı bitmişti.

Konuşmada Latife'yi çok heyecanlandıran, eğitim ve öğretimin birleştirilmesi fikri de vardı. Latife üzerinde birlikte çalıştıkları nutku canlı olarak dinlemek için meclise gitmek istiyordu. Mustafa Kemal'e bu isteğini söyleyince, onun da aklına yattı. Kadın dinleyiciler de gelmeliydi meclise.

"Önderlik etmiş olursun" dedi karısına. Latife çok sevindi.

Mustafa Kemal işleri sürüncemede bırakmayı sevmezdi.

6. Eriş Ülger, *Latife Gazi Mustafa Kemal*, İnkılâp Yayınevi, İstanbul, 2005, s. 82.

"Hemen yarın başlayalım. Seni meclise Yaver Mahmut getirir. Kordiplomatik locasında birlikte oturursunuz."

O gece yemekte içki yoktu. Gramofona Batı müziği parçaları koymuşlardı. Keyifli bir akşam yemeği yediler, gülüyor, sohbet ediyorlardı. Latife'nin Fransa'da bir hocasından dinlediği bir hikâye sofraya neşe katmıştı. Gazi Fransızca soruyordu:

"Papağan niçin kendi laflarıyla konuşmaz?"

Latife profesörünün erkek sesini taklit ederek karşılık veriyordu:

"Çünkü söyleyecek fikri yoktur!"

Karşılıklı attıkları kahkahalar ta uzaklardan duyuluyordu.

O gece Fethi ile Galibe'nin evine yapılan aile ziyaretiyle son buldu. Meclis konusu sürpriz olarak kalsın diye Galibe'ye bile açmadı.

Ertesi sabah vakit bir türlü geçmek bilmeyecekti. Latife, dolabından en uygun kıyafeti bulup giydi. Türkiye'nin kadınlarına örnek olacak, dünyaya da önemli bir mesaj verilecekti. Daha önce meclise sadece dünya basınından kadın gazeteciler gitmişti. Arabanın hazır olduğunu bildirdiler. Astragan kalpağını sol kaşının üzerine eğmiş elinde bir beyaz kâğıt Yaver Mahmut onu bekliyordu.

Giriş davetiyesini Latife'ye uzattı. Meclise Bursa Milletvekili Şeyh Servet Bey'in konuğu olarak gidecekti. Latife, Şeyh Servet'i Mustafa Kemal'in sofrasında tanımıştı. Az ama ağır ve etkili konuşan, kâh hocaların safında kâh ilericilerin arasında yer alan bir hocaydı. Mustafa Kemal davetiyeyi onun adına yazdırırken yine bir ince hesap yapmış olmalıydı. Köşkten çıktılar.[7]

Pırıl pırıl parlatılmış Benz marka otomobille Çankaya'dan hareket ettiler. Havada bahar kokusu vardı. Ulus'taki Büyük Millet Meclisi binasına geldiler.

Mustafa Kemal, Büyük Millet Meclisi'ni Ankara'da açacağını ilan ettiğinde şehrin merkezinde bulunabilen tek yapı, İttihat ve Terakki tarafından fırka binası olarak yapımına başlanan ve yarım kalan yerdi. Bir buçuk katlı binanın damı bile yoktu. Ankaralılar evlerinin damları için yedekledikleri kiremitleri getirdiler, sonra da okullardan eski sıralar taşındı. Lüks lambası ışığında işler tamamlanmıştı.[8]

Latife'nin geldiği meclis binası işte bu mütevazı mekândı.

7. İsmet Bozdağ, *Atatürk ve Eşi Latife Hanım*, s. 150-154.

8. Nuyan Yiğit, a.g.e., s. 181.

Latife, Mahmut'un bir adım önünde kordiplomatik locasına girdiği an büyük bir sessizlik oldu. Ak sarıklar, kırmızı fesler, koyu kalpaklar locaya giren Latife'ye döndü. Fransız Büyükelçisi Mengin ile Sovyet Büyükelçisi Aralov ayağa kalktı. Türkiye için tarihî bir andı. Mustafa Kemal eşini meclise davet ederek bir işaret veriyordu. Sessizlik az sonra yerini mırıldanmalara bıraktı. Yan gözle Latife'ye bakmayı sürdürüyorlardı.

Koridorda ziller çalıyor, mebuslar salona girip yerlerine oturuyorlardı. Ayaklarını altlarına alarak sıralara oturanlar da vardı. Kürsü derme çatmaydı. Bir kasaba toplantı salonu havasındaydı meclis.

Başkan vekillerinden biri yoklamayı yaptı ve oturumu açtı. Mustafa Kemal yan kapılardan birinden girdi, kürsüye doğru yürürken büyük bir alkış koptu. Salonda her şey dökülüyordu, ama her yana sinen o canlılık meclise bambaşka bir hava veriyordu.[9]

Mustafa Kemal bir gece önce yazdıkları nutka pek az göz atarak, konuşmaya başladı. Geçmiş sene içinde gerçekleştirilenleri ve 1923 yılı içinde gerçekleştirilecek hedefleri tek tek ayrıntılarıyla anlattı.

> ... Ulusun genel heyetinde tespit olunan eğitim ve öğretimin birleştirilmesi prensibinin hemen uygulanma gerekliliğini görüyoruz. Türkiye'nin eğitim ve maarif politikasını her derecesinde tam bir açıklık ve duraksamaya yer vermeyen sarahatla söylemek ve uygulamak gereklidir.[10]

Latife, locadan kocasını izliyordu. Herkes sessizlik içindeydi. Mustafa Kemal, frak giymiş, başına da kürklü kalpağını takmıştı. Latife çok mutluydu. Meclise dinleyici olarak gelen ilk Türk kadınıydı.

Türkiye'nin önünde savaş ve barış ihtimallerinin uzandığını anlattı Mustafa Kemal, yapılması gereken işlerden söz etti. Herkes savaş da olsa zaferden emin bir hava içindeydi. Nutkunu bitirince meclisteki çalışma odasına geçti.

Paşam gerçek bir ihtilal meclisi

Latife de ayağa kalkan Mahmut'la birlikte yerinden kalktı, elçiler yeniden kendisini selamladılar. Mustafa Kemal'in odasında

9. İsmet Bozdağ, *Atatürk ve Eşi Latife Hanım*, s. 154.

10. Necati Çankaya, a.g.e., s. 189.

Ruşen Eşref, Hamdullah Suphi ve Latife'ye davetiye gönderen Şeyh Servet vardı. Gazi ayağa kalktı ve yanında Latife'ye yer gösterdi.

Latife durumu çok iyi kavramıştı.

"Çok heyecanlandım Paşam" dedi, "Meclis gerçek bir ihtilal meclisi."

Ruşen Eşref, "Meclisi büyülediniz Hanımefendi Hazretleri, sizi aramızda gördüğümüz için çok sevindik" diyerek Latife'ye iltifat etti.

Şeyh Servet, Latife'ye bu günü kıyamete kadar unutmayacağını söylerken Hamdullah Suphi de şöyle dedi:

"Sizin şahsınızda bugün Türk kadını bir ihtilal yaptı. Siz locanızda bir ihtilal bayrağı gibi bizi heyecanlandırıyordunuz."

Latife herkese uygun karşılıklar veriyor, tanıştırıldığı elçilerle Fransızca konuşuyordu. Ankara'ya yerleşmeye uğraşan Fransız büyükelçisi eşinin onu ziyaret etmek istediğini söyledi. Randevulaştılar. Sovyet büyükelçisi de Latife'nin şerefine bir davet yapmayı düşünüyordu; ne gün emredersiniz diyerek iznini istedi.

Latife'nin performansı mükemmeldi. Nezaket içinde yanıtlarını verirken Paşa'nın yüzüne bakıyor, söz vereceği zaman danışıyor, sonra kararını bildiriyordu. İki saat boyunca oda doldu, boşaldı. Latife törenlere alışık bir kadın olarak herkesle tek tek ilgilendi ve herkesi kendisine hayran bıraktı. Mustafa Kemal de başkalarıyla konuşurken bile gözünün bir ucuyla Latife'yi izliyordu. Her halinden pek memnun olduğu anlaşılıyordu.[11]

Ertesi gün Latife'nin meclise gelişi iç ve dış basında haber olacak, hem de Türk kadınının kazandığı bir zafer biçiminde yorumlanacaktı. Mustafa Kemal'in meclis üyeleriyle eşini tanıştırması ilgiyle karşılanmıştı.

The Times gazetesi haberi şöyle vermişti: "Mustafa Kemal'in konuşmasının ardından karısı Latife Hanım, parlamentodaki odalardan birinde çok sayıda milletvekilinin katıldığı bir resepsiyon verdi."

Ya gerçekten o gün Latife Meclis'te bir resepsiyon vermişti, ya da çok sayıda insanın Latife'nin bulunduğu odaya gelmesi, Mustafa Kemal'in karısını tek tek meclis önde gelenleriyle tanıştırması bir resepsiyon olarak algılanmıştı.

2 mart 1923 tarihli *Hakimiyet-i Milliye* gazetesinde haber şöyle yer almıştı:

11. İsmet Bozdağ, *Atatürk ve Eşi Latife Hanım*, s. 156-157.

Büyük Gazi'nin muhterem refikaları Latife Hanımefendi dün (1 mart 1923) Büyük Millet Meclisi'nin esna-yı müzakeresinde (görüşmeleri sırasında) hazır bulunmaları hiç şüphesiz ki Türk kadınlığının pek yüksek muvaffakıyetini fiilen teyit eden bir adım oldu. Çünkü Latife Hanımefendi, Büyük Millet Meclisi müzakeratında bulunan ilk Türk kadını olmuşlardır.

Dün saat bir buçuğa doğru Paşa Hazretlerinin refakat zabiti Mahmut Bey'le meclise gelen Latife Hanımefendi, Bursa Mebusu Şeyh Servet Efendi'nin imzaladıkları duhuliye varakası (giriş kartı) ile Meclis'e girmişler ve herkesin hürmetleri arasında yukarıya çıkarak süferanın (elçilerin) bulunduğu yerde meclis müzakeratını dinlemişlerdir.

Paşa Hazretlerinin nutuklarından sonra Latife Hanımefendi riyaset salonuna gelmişler ve mebuslarımızla sefaret erkânı tarafından karşılanarak her biriyle uzun uzadıya görüşmüşlerdir.

Mustafa Kemal Paşa Hazretleri refika-i muhteremelerini henüz kendisiyle tanışmamış olan zevata takdim etmişlerdir. Bu tanışma ve musahabe (söyleşi) herkeste pek derin ihtisasat (duygular) bırakmıştır. Latife Hanımefendi de Büyük Millet Meclisi'ni ziyaretten mütevellit memnuniyet ve ihtisasatından (izlenimlerinden) müteaddit defalar bahsetmişlerdir.[12]

Hakimiyet-i Milliye gazetesi ilk haberlerinde Latife'nin adını vermeden Gazi'nin refika-ı muhteremeleri diye söz ederken artık ondan ismiyle bahsetmeye başlamıştı. Gazete Latife ile Mustafa Kemal'in Muammer Bey'le ve Ömer'le birlikte çekilmiş bir grup fotoğrafının ardından hemen her hafta Latife ile Mustafa Kemal'in birlikte çekilmiş fotoğraflarını yayımlayacaktı.

12. *Niyazi Ahmet Banoğlu*, "Atatürk ve Latife Hanım", *AAMD*, temmuz, 1991, sayı 21, s. 530.

13

Dünya basını Çankaya'da

Şubat ve mart aylarında dünya basınının temsilcileri Çankaya'ya kabul edildi. Özellikle şubat ayının son günlerinde verilen bir davet çok ses getirdi. "Bayan Kemal Amerikalı ziyaretçiyi büyüledi; Güzel gelin, yabancı erkek gazetecilere çay ikram etti; O bir kadın hakları savunucusu" "Kemal ve eşi Türk kadınının özgürlüğünü istiyor" başlıklarıyla önde gelen gazetelerin birinci sayfalarından sunuldu. Latife'nin çay ikramı, "Beş yüzyıllık geleneği çatlatan, yeni Türk hükûmetinin varlığına modern bir atmosfer ekleyen" olay olarak değerlendirilmişti. Hepsi de Latife'nin kendinden emin, kültürlü duruşundan, kadın meselesine ve dünya sorunlarına hâkim havasından etkilenmişlerdi. Latife, Mustafa Kemal'in eşi olarak yapacağı çalışmaları anlatırken eğitim ve siyaset alanında Mustafa Kemal'le birlikte aktif olarak çalışacağını söylemesi büyük yankı uyandırmıştı. Latife'nin erkek gazetecilere çay ikramı "Büyük Taarruz"da kazanılan zafer kadar önemsenmişti. Çankaya'da karşılarına çıkan Doğu-Batı sentezi gazetecilerin ilgisini çekiyordu.

Önce o günlerin *New York Times* ve *Chicago Tribune* gazetelerinde yayımlanan haberler köşkün atmosferini de yansıtıyor:

> Suyu akmayan bir mermer çeşmenin göze çarptığı büyük bir holden içeri girdik. Mozaik döşenmiş antre büyük bir salona açılıyor. Başbakan Rauf Bey bizi Bay ve Bayan Kemal'e takdim etti. Salon Kemal'in kişiliğini de yansıtıyordu. Doğu ile Batı karışımı bir ortam... Köşede ağır bir Chippendale yazı masası vardı; ortadaki uzun masada bir kâtip çalışmaktaydı. Güzel elişi bir pirinç sehpanın üstünde kitaplar, dergiler ve büyük bir kutu Amerikan çikolatası duruyordu. Duvarlarda çapraz asılmış kılıçlar, kamalar ve resimler göze çarpıyordu.

Resimlerden biri de Araplar ile Hintlileri Beyrut'ta buluşturan Kemal'in fotoğrafıydı.

Altın buhurdanlıklar, oryantal vazolar ve ufak tefek antikalar raflara ve masalara serpiştirilmişti. Duvara dayalı bir mermer tablette Türkiye'nin zincirlerini kırışı resmedilmişti. Bu yarı oryantal atmosferi, ağır deri iskemleler ve Doğulu tarzda bir divan tamamlıyordu.

İlk formalite sözlerinin ardından, Bayan Kemal sohbeti kadın meselesine getirdi. Pek çok Amerikalı arkadaşı bulunduğundan, babasının New York Pamuk Borsası'nın eski bir üyesi olduğundan söz etti. Kendisi hiç Amerika'yı ziyaret etmemişti, ama İngiltere ve Fransa'da okuduğu için Amerika'daki kadın hareketini yakından izlemişti. Bir muhabirin, "Amerikalı kadınlar hiçbir sorumluluk almadan erkeklerin imtiyazlarını gasp ettiler, Amerika bugün, duygularına kulak veren bir jürinin koca cinayetlerini mazur göreceği tek ülke" sözüne Bayan Kemal gülerek karşılık verdi.

"Türk kadınlarının amacı bu değil" dedi. "Kocam ve ben kadın meselesinde tam bir mutabakat içindeyiz, diğer siyasî sorunlarda olduğu gibi..."

Sonra da o dakikaya kadar İngilizce yürütülen konuşmayı Kemal'e tercüme etmeye başladı. O da şöyle dedi:

"Kadın, erkeğin yoldaşı ve arkadaşı olarak görülmelidir. Hatta ben, erkek kulüpleri ile kadın kulüplerinin kaldırılıp, kadın ile erkeğin bir arada yer aldıkları kulüplerin kurulmasından yanayım." Toplumdaki bu ayrı yaşama biçiminin bitmesini istiyordu.

Kemal'in eşi evlendiklerinden beri her gittiği yerde onunla birlikte. Cephede birlikleri teftiş ediyor toplumsal ve diplomatik görevlere katılıyor, ziyafet ve resepsiyonlarda hazır bulunuyor. Ve çoğunluktan destek görüyor, çünkü kadın çoğunluğunun gönlünde yatan da bu.

Büyük işler yapmak için doğmuş bir kadın

Bayan Kemal'in siyah gözleri uzun kirpiklerinin arasından pırıldıyor. Tam bir Çerkez güzeli. Kahkaha atarken minik ağzı açılıyor, dişleri macun reklamındaki dişleri andıran mükemmellikte. Siyah saten bir kıyafet giymiş, peçe takmamıştı. Her iki kolunda da bilezikler vardı. Dört karatlık elmas bir yüzük ile biz röportaj yaparken aramıza katılan İsmet Paşa'nın Lozan'dan getirdiği platin yüzüğü takmıştı. Platin yüzüğün içinde eşinin adı yazılıydı.

Mustafa Kemal siyah takım elbise giymişti. Gömleğinin yakası kolasızdı. Çay, Doğu tarzı halıların hâkim olduğu yemek odasında sunuldu. Büfenin üzerindeki Doğu Batı karışımı servisler, gümüş kâseler ile vazolar bir koleksiyoncuyu büyüleyecek kadar güzeldi.

Her iki gazete de Latife'yi, ülkesi için büyük işler yapmak için doğmuş bir kadın olarak tarif ediyor.

Kemal ve İsmet, Bayan Kemal çay servisi yaparken yemek odasında kaldılar. Bayan Kemal İzmir'de Yunanlıların elinde üç ay hapis kalışını büyük bir neşeyle anlatıyordu. Özgürlüğüne Kemal'in gelişiyle kavuşmuştu. Casuslukla suçlanmıştı; idamla cezalandırmayı düşündüklerini anlamıştı. Kendisine yöneltilen suçlamayı ne kabul ne de ret etmişti.

Bayan Kemal daha sonra evliliklerinden söz etti. Her zaman evliliğe karşı olmuştu. Hayatını akademik çalışmaya adamak ve ülkesine bu yolla hizmet etmek istiyordu. O ve Kemal eğitim ve politika açısından Türkiye'nin ihtiyaçlarını tartışmışlardı. Pek çok konuda benzer fikirleri savunmaları onları birbirlerine iyice yakınlaştırmıştı.

Bayan Kemal'in arkadaşları bu evliliğe şaşmıştı. Kemal onun bağımsız çalışmasını istiyordu. Kendisi ise Kemal'le birlikte hem eğitim alanında hem de siyasî alanda aktif olarak çalışmak istiyordu.

Türkiye'nin yeniden dirilişini anlatan Bayan Kemal'in cazip kişiliğini bırakıp çay içen konukların izlenimlerine geri dönmek zor oldu. İçtenliği ve heyecanıyla çevresini öylesine yakalıyordu ki kocasının güçlü kişiliğine rağmen, insan onun da ülkesi için büyük işler yapmak için doğduğuna inanıyordu.[1]

Beş yüz yıldır ilk kez

Aynı davete, 9 mart 1923 tarihli *Washington Post* da "Bayan Kemal çay ikram ediyor" başlığıyla yer vermişti:

Bayan Mustafa Kemal Ankara'daki evlerinde yabancı erkek gazetecilere önceki gün çay ikram etti ve haber bütün dünya gazetelerinin birinci sayfasında yer aldı. Bu gerçekten dikkate değer bir durum, zira 500 yıldır Türkiye tarihinde ilk kez böyle bir olay yaşanıyor. Eski Türkiye'nin öldüğünü, yeni bir Türkiye'nin doğuşunu gösteriyor. Ancak değişim daha tamamlanmadı. Bütün Türkler Kemal'in Batı yanlısı fikirlerini, onun kafasındaki kadın kavramını; eski günlerin sonuna gelindiğini kabul etmiyorlar. Anlaşıldığı kadarıyla bizim için George

1. *New York Times*, 28 şubat 1923.

Washington neyse, Türkler için de Kemal öyle. Etkisi muazzam ve onun çizdiği örneğin yerleşeceği kesin. Geçmişin Türkiyesi ölüyor, ölmezse de 10 sene sonra bambaşka bir Türkiye'yle karşı karşıya olacağımız kesin.

İkinci konuk G. Ward Price

Köşkün mart ayı ziyaretçileri arasında Latife ile Mustafa Kemal'i Eskişehir İstasyonu'nda karşılayan G. Ward Price da vardı. Price'ın Çankaya izlenimleri martın ikinci haftasına ait olmalı. Köşke, "Büyük Vezir" sıfatıyla andığı Londra eski büyükelçisi Rauf Bey'le (Orbay) birlikte gelmişti.

> Mustafa Kemal ve genç karısı tarafından çaya davet edildim. Ortasında çeşmesi bulunan bir salona kabul edildim. Latife Hanım Türk usulü siyah bir elbise giymiş, iri pırlantalı küpeler ve yüzükler takmıştı. Kısa boylu ve hafif topluca bir kadın. Yüzünde inatçı bir ifade göze çarpıyordu. Bulunduğu mevkiin öneminin de tamamen farkındaydı."Benim söylediklerimi Gazi'nin ağzından çıkmış gibi kabul edebilirsiniz" derken lütufkâr bir eda içindeydi.

Price'ın *Extra Special Correspondant* adıyla kitaplaştırdığı anılar şöyle sürüyor:

> Babası Uşaki Bey'in İzmir'de büyük iş sahibi bir tüccar olduğunu, İzmir yangının ardından Mustafa Kemal'in evlerinde üç hafta kaldığını ve böylece tanışıp evlendiklerini anlattı. Çok iyi İngilizce konuşuyordu. Gazi hâlâ ortalıkta yoktu. Karısı beni çay servisi yapılan bir başka odaya aldı. Kısa süre sonra Mustafa Kemal de bize katıldı. Türk kadınının özgürleşmesi üzerine yaptığı planları uzun uzun anlattı. "Köylülerin karıları ve kızları erkeklerle karışık yaşar, harem ve peçe Araplardan kopya edilmiş bir züppe âdetidir" dedi.[2]

Konuşma sırasında Türkiye'nin malî durumu ve Lozan ele alınmıştı. Mustafa Kemal, Price'a diğer devletler Türkiye'ye eşit devlet muamelesi yapmadıkça savaşa devam edeceklerini söylemişti. Price, Mustafa Kemal'le daha önce İstanbul ve İzmir'de görüşürken kendisiyle Fransızca konuştuğunu, bu kez görüşmenin İngilizce yapıldığını, Rauf Bey ve Latife Hanım tarafından Türkçe'ye çevrildiğini söylüyor.

2. Ward Price, a.g.e., s. 141.

Ward Price'ın *Daily Mail* gazetesinde yayımlanan izlenimleri 6 mart 1923 tarihli *İkdam* gazetesinde de yer aldı. Haber, "Gazi Paşa ve Latife Hanım'ın Türk kadınlığı üzerine demeçleri" başlığıyla sunulmuştu.

Price, haberinde, Mustafa Kemal'in "Türk kadınının kapalı yaşamasının bir kaide olduğunu zannediyorsanız yanılıyorsunuz" sözlerini öne çıkartmış ve onun kadınlara dair görüşlerine yer verirken, "Bir gün gelecek ki, bütün Türk kadınları yalnız çocuklarını büyütmek ve terbiye etmek hususundaki vazifelerine riayet etmek şartıyla erkeklerle müsavat-ı amme dairesinde (kamusal alanda eşitlik çerçevesinde) yaşayacaklardır."

Haberde, Latife'nin İzmir'de göz hapsinde tutulması, Mustafa Kemal'le tanışmaları, evlenmeye karar verişleri ve nikâh törenleri ayrıntılarıyla yer alıyor. Latife'nin İzmir'de tutuklu kaldığı günler Türk okuyucuya da duyuruluyor hatta, onun Mustafa Kemal'le evlenmeye nasıl karar verdiği Latife'nin "Birbirimizi yakından tanıdığımız zaman iştirak-i mesainin devam etmesi lüzumuna kail olduk" sözleriyle anlatılıyor. Evliliğe bir tür siyasî işbirliği anlamı yükleyen bu sözlerin yerli basında yayımlanmış olması şaşırtıcı geliyor.

Platin yüzüğe Mustafa Kemal ibaresi

Ward Price haberinde Latife ile Mustafa Kemal'in Lozan'dan gelen yüzüklerinden de söz etmeyi ihmal etmemişti:

"Biz çay içerken İsmet Paşa geldi. Lozan'dayken Mustafa Kemal Paşa'nın kendisine sipariş etmiş olduğu izdivaç yüzüğünü getirdi. Bu yüzük platinden küçük bir yüzük olup üzerinde Türk harfleriyle 'Mustafa Kemal' kelimeleri kazınmıştır."

Price'tan naklen *İkdam* gazetesinde yayımlanan haberde bir ilginç nokta daha göze çarpıyor. Bu da Mustafa Kemal'in yapacağı gezilere Latife'nin katılması konusu.

"Latife Hanımefendi zevcinin resmî seyahatlerinin kâffesine (tamamına) refakat etmek emelindedir. Fakat bu emelin tahakkuku siyasiyatın ve sulh meselesinin alacağı şekle bağlıdır ki, bu da şimdiki halde Büyük Millet Meclisi'nin elinde bulunuyor" deniliyor.[3]

Türkiye, yeni gelinin, eşine tercümanlık yaptığını ve Paşa'nın yapacağı gezilere katılmayı amaçladığını belki de ilk kez Ward Price'tan öğreniyordu.

3. Gazi Paşa ve Latife Hanım'ın Türk kadınlığı üzerine demeçleri, *İkdam*, 6 mart 1923, aktaran Oğuz Akay, a.g.e., s. 93-94.

Berthe Georges-Gaulis: "Bu sizin ilk yenilginiz!"

Çankaya ve Latife'ye dair izlenimlerini yazan üçüncü ziyaretçi Millî Mücadele'yi gazeteci olarak izleyen Berthe Georges-Gaulis'ti. Mustafa Kemal'den her zaman itibar gören bu Fransız kadın, *Le Temps* muhabiri olan eşiyle birlikte Türkiye'ye 1896 yılında gelmiş, onun ölümü üzerine gazeteciliğe başlamış ve Millî Mücadele'yi izlemişti. 1922 yılında Çankaya'nın bahçesindeki evlerden birinde konuk edilen Georges-Gaulis Mustafa Kemal'le zaman zaman yazışıyordu.

Berthe Georges-Gaulis 1923 yılının 11 martında yeniden Ankara'daydı. O geldiği gün verilen davette, eşleriyle birlikte kordiplomatik ve bazı hükûmet üyeleriyle meclis ileri gelenleri de bulunuyordu. Berthe Georges-Gaulis, ile Mustafa Kemal arasında teklifsiz bir ilişki vardı. Georges-Gaulis bu izlenimlerini önce gazetesinde yayımlamış olmalı. Burada okuyacağınız satırlar ise *La Nouvelle Turquie* adlı kitabından alındı.

Aralık 1921'de, açık yüreklilikle tartışmalar yaptığımız büyük büroya girer girmez, sadık dostu (Mustafa Kemal'i kastediyor) yeniden bulmuştum. Bizi birbirimizden ayıran bütün farklılıkları unutarak, içtenlikle karşılıklı gülümsedik. Ayrıca, onu bu derece "evli bir erkek" olarak bulmak da beni güldürmüştü.

Dünyanın neresinde olursa olsun henüz evliliğe alışmamış bütün evli erkeklere mahsus o elle tutulamaz mahcubiyet hali onun üstüne de sinmişti. Bu nedenle ağzımdan dökülen ilk sözcüklerimle ona takıldım: imparatorluk ya da cumhuriyet kuranların evliliğe dair tutumlarına ilişkin yaptığımız uzun tartışmaları hatırlatarak "Nerede kaldı bizim ilkelerimiz?" dedim.

O da gülüyordu. "O size izah eder" dedi.

Hemen ilave ettim: "Bu sizin ilk yenilginiz."

Kabul etti ve şöyle dedi: "Yakında sebeplerini anlarsınız."

Çevremizdeki her şey değişmişti. Bir kadın eli masaların üzerine çok güzel Doğu bibloları koymuş, yerlere muhteşem halılar sermiş, mobilyaların, kitapların yerlerini değiştirmiş, böylece zaten büyük olan mekâna daha da geniş bir görünüm kazandırmış, her yeri çiçeklerle donatmıştı. Bir süre sonra içeri girdi, hoş görüntüsü, yarattığı ortamla tam bir uyum içindeydi.

Gençliğinin verdiği, ne olursa olsun sarsılmayan o güzelim cesaretiyle, cazip ve kararlı Latife Hanım'ın kendinden ve başkalarından en ufak bir kuşkusu yoktu. Paris'in tanınmış bir terzisinde hazırlanmış son derece sade fakat şık, Doğulu güzelliğiyle tam bir uyum içinde olan tuvaletiyle ilerledi.

Fransızca'yı bir Fransız gibi, dilimizin en küçük ayrıntılarına bile hâkim bir şekilde konuşuyordu. Canlı, çok neşeli ve her vesileyle attığı genç kahkahalarıyla bizi hemen ciddi konulara geçtiğimiz için kınadı. Görünüşe göre sözünü geçirmeye alışık ve kudretinden de emindi. Güzel başını gururla kaldırarak bana şöyle dedi: "Ben kocamın yaveriyim."

Hem çok kadın, hem çok yoldaş

Hazırcevaplılığının, ışıklar saçan gülüşünün ve mutluluğun verdiği gururun altında son derece ince ve esnek bir zekânın oyunları gizliydi. Sahip olduğu özelliklerle bir virtüöz ustalığıyla oynuyordu. Ayrıca çalışkanlığı ve derin gözlem kabiliyeti ortadaydı... Onun nihai barışa ulaşılmadan kesinlikle evlenmeme kararını ve dolayısıyla şu meşhur prensiplerini tepetaklak eden şeyin ne olduğunu şimdi anlıyordum.

İkisi de dikkatle yüzümden ilk izlenimlerimi anlamaya çalışıyorlardı. O (Mustafa Kemal) kararlı ve inandırıcı sesiyle şöyle dedi:

"Bana söz verdi, size evliliğimizi anlatacak. Biraz sonra sizi kendi dairesine götürecek."

Ne kadar Batılı görünse de, Doğulu özelliklerini sonuna kadar koruyan büyük odaya dikkatlice bakıyordum. Bir ev hanımı olarak onun iki ana karakterini ortaya koyan, hem Batılılaşmış fakat hem de Doğulu kalmış bu büyük odayı gözden geçirdim. Aklımdan geçenleri anında, neredeyse arzu etmediğim ölçüde okuyor ve hemen yüksek sesle dile getiriyordu.

Mustafa Kemal gibi bir adamı baştan çıkarmak ve elinde tutabilmek için gereken vasıflara sahip olduğunu düşündüm. Yani hem çok kadın, hem çok yoldaş, çalışma, yolculuk, iş arkadaşı, sevgili ve becerikli bir arkadaş. Mustafa Kemal'in önüne geçilmez enerjisine şiddetle karşı durmayan, onu kendi enerjisini kabullenmeye iten bir arkadaş. Bu iki insandan hangisi diğerini alt edecekti? Muhakkak ki birinden biri kaçınılmaz olarak diğerinin karşısında boyun eğecekti. Etraflarındaki hiç kimsenin kestiremediği, ancak herkesin merak ettiği şey buydu.

Latife'nin kendini korumak için yeterince silahı vardı. Ancak, bugüne kadar her türlü tahakkümü reddetmiş, biçim ve yapı olarak sürekli değişen, olağanüstü pırıltılı o zekânın sürekli cazibesi altındaydı. Kim kazanacaktı?

Bugün hemen hemen aynı güce sahip ve tabiî ki aynı entelektüel ve dinî formasyondan gelen iki Doğulu insanın evliliğini anlamakta Batı'da güçlük çekiyoruz. Çünkü bu birlik ancak aynı kökenden gelen iki kişi arasında var olabilir. Dinî fikirler ne kadar geniş olursa olsun, İslamiyet'in silinmez izlerini taşır.

Hayran olduğu özellikleri karısında bulmuştu

Aynı fikirleri, aynı duyguları, aynı gelenek ve görenekleri paylaşmak; Mustafa Kemal'in hayran olduğu bu özellikleri genç karısında bulması onu daha da çok takdir etmesine yol açıyordu: Batı kültürü, Avrupa'yı yakından tanıması, misafirleri oradakiler gibi ağırlayıp onlar gibi konuşması. Uzun süredir çok çeşitli insanlara kafa tutma alışkanlığının ona sağladığı güven Mustafa Kemal'in çok hoşuna gidiyordu. En ufak bir bayağılık ve kabalığı bile kaldıramayan Mustafa Kemal, pırıltılı eşinin hayat dolu cevaplarını büyük bir keyifle dinliyordu. Müslüman olması ona, etrafındakilere karşı, büyük bir konuşma özgürlüğü sağlıyor, hiçbir yabancının cesaret edemeyeceği eleştiriler yapmasına olanak veriyordu.

Ayrıca bu durum Mustafa Kemal'e en değer verdiği "erkek ve kadın arasında kesin eşitlik" teorisini pratiğe koyma imkânı da sağlıyordu. Bu konuda örnek olmak hoşuna gidiyordu. Böylece kendi kurallarını kendi hayatında uygulamadığı eleştirisini yöneltenlere de cevap veriyordu. Bu kez de geleneklere karşı çıkmakla ve karısını toplum hayatına sokmakla eleştiriliyordu. Ama o alt etmeye alışıktı, konuşsunlar diye düşünüyordu.

Seçtiği kişi gerçekten kendisinden beklediğini verecek birisiydi. Hem enerjik, hem de kabiliyetliydi. Hiç kuşkusuz tehlikeyi seviyordu –yoksa burada ne işi vardı– büyük olasılıkla hırslıydı; hırslı olmak her zaman kötü bir şey değildir, dayanıklı olmayı sağlar.

Davetlilerin ağırlandığı bu kocaman salonda büyük bir zarafetle gidip geliyordu. Davetlilerin arasında Afganistan'ın büyükelçisi Ahmed Han da vardı. Ankara'daki en eski arkadaşlarımdandı; her seferinde karşılaşmaktan büyük zevk alırdık. Her zamanki gibi yine habersiz geldiğim için Ahmed Han gürültülü bir biçimde şaşkınlığını dile getiriyordu.

O gün Ahmed Han büyük bir resmiyet içinde Mustafa Kemal'e Afganistan'ın en büyük nişanını getirmişti. Mustafa Kemal'in boynuna üzerinde pırlantalarla süslü bir yıldız olan uzun, açık mavi bir kurdele geçirmekteydi. Aynı anda elçiliğin diğer mensupları da Paşa'nın omuzlarına kralların giydiği türden bir pelerin, başına da gösterişli bir hotozu olan bir astragan kalpak konduruyorlardı. Mustafa Kemal başına gelenlere her zamanki zarafetiyle katlanıyordu. Garip bir sekilde bu şatafatlı giysilerle geçmişin sultanlarına benzemişti. Yüzündeki ifade ve hali tavrıyla kostümüne anında uyum sağladığı görülüyordu. Bu değişiklik, son derece çarpıcıydı.

Tam o sırada Sovyetler'in Ankara'daki temsilcisi bütün maiyetiyle çıkageldi. Bu sahneyi belli belirsiz bir tebessümle izliyordu. Afganlar ve Ruslar çatışıyorlardı.

Her şeye rağmen utangaçtı

Latife Hanım, son derece katıksız bir Paris Fransızcası'yla, sesini alçaltarak, bana olan biten üzerine yorumlarını aktardı. Ardından Aralov'u yanına aldı ve Madam Aralov'un ateş saçan bakışları altında onu neşelendirmeyi başardı. O esnada son derece sade ve ağırbaşlı bir Türk kadını salona girdi. Onun içeri girişiyle Paşa günümüze geri döndü. Bir an için bütün çıplaklığıyla ortaya çıkan Ankara'nın gerçek yüzü yeniden gölgelere bürünmüştü. Bu sessizliği izleyen gürültülü konuşmaları fırsat bilip Latife Hanım ve ben süratle düğün hediyeleriyle süslediği, kartal yuvasını andıran özel dairesine çıktık. Çevreye rahat rahat bakmama fırsat vermeden buraya nasıl geldiğini anlatmaya başladı.

Her şeye rağmen biraz utangaçtı; bundan dolayı özür dileyerek kararlı bir ses tonuyla "bütün bunlar hâlâ benim için gerçek değil, bir rüyanın devamı gibi" diyerek Türk taarruzunun başlangıcında İzmir'e nasıl döndüğünü anlattı.

Onu inanılmaz enerjisi kurtarmıştı. Kendi kendine söz vermişti. Eğer Mustafa Kemal İzmir'e muzaffer olarak girerse onu mutlaka evinde misafir edecekti.

Berthe George-Gaulis, Latife'den nikâh hikâyelerini dinliyordu ki salonun kapısı açıldı.

"Sizi rahatsız ediyor muyum, girebilir miyim" dedi Paşa. "Size her şeyi anlattı mı" diye sordu.

Latife, bir an için o muhteşem güven duygusunu kaybetti, ama bu kez kaybettiği güven nispetinde bir zarafet kazanmıştı. İlk kez ne diyeceğini bilemeyip bocaladı.

Paşa, "Hadi" dedi, "Şimdi size balayı seyahatimizi ben anlatacağım."

Berthe Georges-Gaulis 1924 yılında kaleme aldığı *La Nouvelle Turquie* adlı kitabında o günkü izlenimlerini böyle yazacaktı.[4]

4. Berthe Georges-Gaulis, a.g.e., s. 213-221 (Bu kitabın Türkçe çevirisine rastlayamadım. Geçmiş yıllarda çevrilip ortalıktan kaybolmuş olabilir.)

14

Adana yollarında

Mustafa Kemal Paşa ile Latife, 13 günlük bir yurt gezisi için bavullarını topladılar. Latife Türkiye'yi, Türkiye de Latife'yi tanıyacaktı. Adana, Mersin, Konya, Afyon ve Kütahya'ya gideceklerdi. Yanlarında, Salih, Mahmut ve Muzaffer beyler, Tabur Komutanı İsmail Hakkı, Recep Zühtü, Memduh ve Esat beyler, Mebus Kılıç Ali ile Damar (Arıkoğlu) da vardı. Onlara eşlik edenlerden Salih Bey (Bozok) bu geziye dair bir not defteri tutmuştu.[1]

1923 martının 12'sinde, pazartesi gecesi Ankara'da gazeteciler küçük valizleri ellerinde geceyarısı başlayacak olan seyahate katılmak üzere keyifli keyifli istasyonda bekliyorlardı. Gazi ile Latife tam zamanında geldiler. Mutlu bir beraberlik sergiliyorlardı.

Kompartımanın penceresinde beliren Başyaver Salih, "Gazi Hazretleri gazeteci olarak yalnız İsmail Habib'i kabul ediyorlar" dedi.

Diğer gazeteciler kendilerini almadan istasyondan uzaklaşan trenin arkasından bakakalmışlardı. Elektrik yerine mum ışığıyla aydınlanan altı kişilik kompartımanda İsmail Habib tek başına kalmıştı. Ertesi gün de kendisine Ajans temsilcisi olduğu bildirildi.[2] Mustafa Kemal'in demeçlerini not etmek için heyete katılan İsmail Habib yol boyunca günlük izlenimlerini kaleme aldı.

Yol iki buçuk gün sürdü. Mustafa Kemal ile Latife'nin özel bir vagonu vardı. Kafile ise yataklı vagonla yolculuk ediyordu.

İsmail Habib, Salih Bey'le geceyarısı üst üste yığdıkları bavulların üzerinde küçük bir poker partisi düzenlediler. Bir süre sonra Mustafa Kemal de onlara katıldı. Latife'yi kompartımanda yalnız bırakmıştı. "Bakın şu beceriklilere, hiç yoktan masa düzenle-

1. S. Eriş Ülger, a.g.e., s. 92.

2. İsmail Habib Sevük, *Atatürk İçin*, Cumhuriyet Matbaası, İstanbul 1939, s. 24-25.

mişler" dedikten sonra yanlarına oturdu.

"Devam edin ben de oynayacağım!"

Mustafa Kemal durmadan rest çekiyordu. Kimsede onun blöflerini görecek cesaret yoktu. Paralar önünde toplandı. Ama gecenin sonunda herkesin parası geri döndü. Mustafa Kemal hep kazanır, ama paraları geri verirdi.

Yolda birkaç kadeh içki içildi. Trende kurulan sofrada Latife, daha fazla içki içilmesine izin vermemişti.[3]

Refikasını peçesiz bir yüzle gösterecek

Latife'yi Toroslar'dan geçerken Mustafa Kemal'in yanında gören İsmail Habib, "Şef ilk defa kendi refikasını bu seyahatte peçesiz bir yüzle milletine gösterecek. Yalnız balayı seyahati değil inkılap ve ders seyahati" diye yazmıştı anılarında. 615 numaralı lokomotifin çekmekte olduğu üç vagonluk yolcu katarı uygulamalı dersleri başlatmak üzere Anadolu'da ilerliyordu.

Mustafa Kemal ve Latife trenin uğradığı her istasyonda aşağıya iniyor, kendilerini bekleyen halkla konuşuyorlardı.[4] Eskişehir'de durduklarında Latife tespihler aldı ve bir mektupla birlikte annesine gönderdi. Yol boyunca yağmur yağmıştı.

Yenice İstasyonu'nda sayısız kurban kesildi. Mustafa Kemal her kurban kesildiğinde başını öbür tarafa uzatıyordu. Latife bir ara "Ne oluyorsunuz?" dedi. "Hiç kurbana bakamam" diye yanıtladı onu Mustafa Kemal. Onca savaştan sonra kurban kanı görmek istemiyordu. Latife Mustafa Kemal'in hiç bilmediği yanlarını böyle olaylarda görüyordu.

Adana

Adana'ya geldiklerinde damlarda ve pencerelerde çok sayıda kadın olduğunu gördüler. Kadınlar, zılgıt çekerken erkekler de alkışlarıyla tempo tutuyorlardı. Biriken kalabalık mareşal üniforması içindeki Mustafa Kemal'i kucaklayıp öptü. Tabiî Latife'yi de. Hatay'ın Türkiye'yle birleşmesini isteyen kadınlı erkekli grubun başında konuşma yapan 15-16 yaşlarındaki genç kız herkes gibi Latife'yi de ağlatmıştı.[5]

Kalabalığın arasından santim santim yürüyerek ilerlediler. O

3. Damar Arıkoğlu, *Hatıralarım*, Tan, İstanbul, 1961, s. 305.

4. İsmail Habib Sevük, *O Zamanlar*, Kültür Bakanlığı, Ankara, 1981, s. 247.

5. Damar Arıkoğlu, a.g.e., s. 306.

sırada siyah çarşaflı bir kadın grubu Mustafa Kemal'e yaklaştı; eşini misafir etmek istiyorlardı. Mustafa Kemal'in yüzü asılmıştı. "Benim bulunamayacağım yerde karım da bulunamaz" diyerek tepkisini gösterdi.[6]

Müftü: Eşinin giyimi şeriata uygundur

O günün gazetelerinde Adana müftüsünün ilginç bir açıklaması yayımlanmıştı:

Müftü, Mustafa Kemal'in eşiyle birlikte geziye çıkmasının İslam dinine aykırı olmadığını, eşinin giyiminin normal olduğunu, bu giyimle görülmesinin şeriata uygun bulunduğunu bildiriyordu. Latife uzun bir tayyör giymiş, başına yüzünü açık bırakan zarif bir yemeni örtmüştü.[7]

Trende Ankara'nın kahkahası olarak anılan "Paşa Kâzım" da vardı.

İsmail Habib'in o güne dair yazdıkları şöyle:

> Yolda Latife Hanım'a hoşa gidecek bir nekrelik yapmış olacak ki Hanımefendi kendisine yirmi beş liralık bir banknot vermiş. Paşa Kâzım Gazi'nin huzuruna bir tarafına inme inmiş gibi yampiri bir vaziyetle girdi. Gazi güldü.
>
> "Ne o Paşa?"
>
> Paskalımız zeki, gaziden de bir miktar para koparacak.
>
> "Hanımefendinin verdiği bu cebimdeki banknot o kadar ağır bastı ki muvazenem bozuldu!"
>
> Gazi, "Aferin Paşa Kâzım" dedi, "Seni eğrilikten kurtarmak lazım. Fakat eksik versem muvazene düzelmez, fazla versem muvazene bozulur, cebindeki banknotu ver de biz de ona göre verelim."
>
> Paşa Kâzım o eğri tavrıyla ilerleyerek banknotu Gazi'ye uzattı. Şef parayı alınca ciddi bir edayla:
>
> "Doğrul!" dedi.
>
> Paşa Kâzım şaşırmıştı.
>
> "Eğriliğin, bu banknotun ağırlığından gelmiyor muydu? Ağırlığı aldım, artık eğri kalamazsın, doğrul."
>
> Herkes gülüyordu.
>
> Paşa Kâzım sonunda banknotları çiftleştirdi.[8]

6. Taha Toros, *Atatürk'ün Adana Seyahatleri*, Çukurova Gazeteciler Cemiyeti Yayını, 1982, s. 8.

7. Mehmet Önder, a.g.e., s. 5-6.

8. İsmail Habib Sevük, *Atatürk İçin*, s. 99.

"Oh ya kızlarımız seni nihayet ağlattılar ya!"

Alkış tufanıyla karşılandıkları Konya'da Mustafa Kemal, belediyeyi ziyaret ederken Latife, kadın temsilcilerle ayrı bir salonda çay içti. Vilayet Özel İdaresi salonlarında akşam verilen yemekte dört sofra kurulmuş, Latife ayrı bir odaya kurulan kadınlar sofrasına oturmuştu. Konya'da Hilal-i Ahmer'in (Kızılay) Kadınlar Kolu'nu ziyarette Mustafa Kemal kadınların geleceğinden umutlu olduğuna dair uzun bir konuşma yaptı. Büyük şehirlerdeki kadınların baloya gider gibi giyindiğini, ama kimi yerlerde de çok kapalı ve karanlık kıyafetlerle gezdiklerini söyleyerek iki ifrattan da kurtulmak gerektiğini söyledi. Türkiye halkının kadın ve erkek olarak bölünmüş gibi görünmesinden hoşlanmadığını anlattı. Sözlerine kendisi ve eşi Latife hakkındaki kardeşçe tebriklere teşekkür ederek son verdi.[9]

Konya Kız Muallim Mektebi'nde verilen müsamerede kızlar sahnedeydi. Harpten sakat dönen delikanlı ile nişanlısını anlatan bir oyun oynadılar. Sakat delikanlı nişanlı olduğu kıza yüzüğünü iade ediyor, kız da bunu kabul etmiyordu. Kemal Paşa mendilini çıkardı, gizlice gözlerindeki yaşları sildi. Latife gülerek:

"Oh ya" dedi, "kızlarımız seni nihayet ağlattılar ya!"[10]

Mustafa Kemal'in yolculuk sırasında karısıyla sık sık övündüğü, gazeteci İsmail Habib'in gözünden kaçmamıştı. Mevlevihane'de verilen akşam ziyafetinde postnişinin büyük kızı da sofradaydı.

Refikasının meziyetlerinden memnun

İsmail Habib o günü şöyle anlatıyor:

> Latife Hanım Avrupalı büyük isimlere istinaden kadınlık hakkında güzel sözler söylüyordu. "Kant demiş ki: Kadının en büyük süsü faziletidir. Dekart (Deckartes) demiş ki..." Seyahatte refikasının meziyetlerini meydana çıkaracak fırsatlar zuhurundan çok memnun kaldığına müteaddit defalar şahit olmuştuk. Herhangi bir vesile ile mesela Byron'dan bir şiir okusana Latife, manasını anlamıyoruz ama ahengi hoşa gidiyor der, ve tannan bir sesle ezbere okunan şi-

9. *Atatürk'ün Söylev ve Demeçleri II*, s. 151-157; Mehmet Önder, *Atatürk Konya'da*, AKDTYK Atatürk Araştırma Merkezi, Ankara, 1989, s. 42-43.

10. İsmail Habib Sevük, *Atatürk İçin*, s. 100.

irden sonra ilave eder: Bir de Hugo'dan oku da bari manasını da anlayalım.

Bir gün Yunan esirleriyle konuşmasına dahi refikası tercümanlık yapınca

"Bizim hanım nasılmış" der gibi gözlerinin öğünüşlü ışıklarıyla bize bakmıştı.[11]

Son gece Mevlevihane'de kurulan akşam sofrası herkesi mutlu etmişti. Ancak gece bitmeden Mustafa Kemal küçük bir fırtına yarattı. Gazetesi için nutukları not edip onayını almaya gelen İsmail Habib'e içki ikram etmek istedi.

Nutkun tutuluş ve yazılışını beğenmiş görünerek iltifatını bir cemile halinde de göstermek ister gibi refikasına döndü:

"Çocuğa bir kadeh içki getirsinler" dedi.

Tabiî ben ortada bir vesileydim. O bununla kendi arzusunu ihsas ediyordu.

Refikası belli, ona mümkün mertebe fırsatlar icat ederek içirtmemek için elinden geleni yapmaya çalışıyor.

"Geceyarısı hareket edilecek diye bütün şişeleri trene yollamıştık" dedi.

Vay sen misin bunu söyleyen, öyle bir gürleyiş gürledi ki, nasıl olurmuş efendim insan misafirine karşı da mı?

Ne misafiri! Benim vazifem getirip nutku okumak, tasvibini aldıktan sonra da götürüp telgrafhaneye çektirmek. Ortada misafir yok amma onun ruhunda volkan.

Sonunda şişeler geri gelmişti.[12]

Rus başı yapmıştı

Bu gezide en sevimsiz olay Mersin'de yaşandı. Millet Bahçesi'nde kral ve kraliçelere mahsus tahtları andıran yaldızlı bir çift koltuk hazırlanmıştı. Mustafa Kemal tahta sandalyelerden birine oturup öfkesini "Bu ne maskaralıktır" diye dile getirince Mersinliler ne yapacaklarını şaşırmışlardı. Türk Ocağı adına konuşma yapmaya hazırlanan Reşid Galip isimli doktor, İsmail Habib'den Mustafa Kemal'e aracılık etmesini isteyince o da Latife Hanım'a başvurdu. Sonunda izin çıkmıştı. Mustafa Kemal "Senin asıl büyüklüğün milletin bir ferdiyim diye övünmendir" diye özetlenebi-

11. İsmail Habib Sevük, *Atatürk İçin*, s. 57.

12. İsmail Habib Sevük, a.g.e., s. 38.

lecek konuşmayı beğenip öfkesini unutmuştu.[13]

Tarsus'ta karşılamaya gelenler arasında çok sayıda kadın göze çarpıyordu. Siyah beyaz kareli zarlarıyla (bir çeşit çarşaf) kadınlar daha çok Latife Hanım'ı görmeye gelmişlerdi. Dursun Bülbüloğlu o günü kızı Fazilet'e anlatırken şöyle diyecekti: "Latife Hanım'ı görmeye gittik hep birlikte. Çok merak ediyorduk. Neyse ki yüzü kapalı değildi. Rus başı yapmıştı."

Tarsus'ta kalacakları oda çeyizlerle döşenmişti. O yıllarda evlenme hazırlığı içinde olan Muvaffak Ziya'nın (Uygur) çeyizliği olan eşyalar kalacakları eve birer ikişer taşınmış, çok güzel bir yatak odası yaratılmıştı. Misafir edildikleri evin önünde sabaha kadar meşaleler yakılmış, halaylar çekilmişti.[14]

Latife ile Mustafa Kemal Tarsus sokaklarında gezinirken üzerlerine pencerelerden gülsuyu ve çiçekler serpiliyordu. Mustafa Kemal, Tarsus'ta çok keyifliydi. Zeybek oynatmış, türküler söyletmiş, şiirler okutmuştu. İsmail Habib, Nâzım Hikmet'ten "Kırk Haramilerin Esiri"ni okurken Mustafa Kemal uzaklara dalıp gitmişti.

24 martta Kütahya'daydılar. Kütahya Lisesi'ndeki konuşmasında Mustafa Kemal, "Muhterem Muallime Hanımlar ve Muallim Beyler" diye söze başlayıp vatanın hayatını kurtaran asker ordusu kadar ulusun istikbalini yoğuran irfan ordusunun da önemli olduğunu söylemiş, "Siz Muallime Hanımlar ve Muallim Beyler, sizler de irfan ordusunun zabitan ve kumanda heyetisiniz" demişti.[15]

Gezide halk Latife'yi bağrına bastı

Gezi boyunca halk Latife'ye çok sıcak davrandı. Adana'da ziyaret ettikleri bir lisede üç yüzlü altın bir mühür hediye ettiler. Mührün bir tarafına Mustafa Kemal, bir tarafına Latife Mustafa Kemal, diğer yanına da Adana sözcükleri kazınmıştı.

O günlerde anı tutanlar, beş duraklı gezi sırasında Latife'nin zaman zaman gerginleştiğini yazıyorlar. Kitaplara, ilk karıkoca kavgası olarak geçen fırtına Adana'da yaşandı. Tartışmanın otomobildeki oturma düzeninden çıktığı söyleniyor. Geri planda bir başka gerginlik var mıydı bilmiyoruz. Ancak, istasyona kendilerini almaya gelen otomobilde arkaya oturtulmaktan hoşlanmayan Latife'nin, "Bana nasıl hakaret edersin Kemal?" dediği anlatılıyor.[16]

13. İsmail Habib Sevük, a.g.e., s. 32.

14. Hikmet Öz, *Atatürk Tarsus'ta*, Kültür Bakanlığı Yayınları, Ankara, 1986, s. 6.

15. Necati Çankaya, a.g.e., s. 196.

16. İsmet Bozdağ, *Atatürk ve Eşi Latife Hanım*, s. 174.

Adana yolculuğuna katılanlardan Kılıç Ali olayı şöyle aktarıyor:

> Gazi ve Latife Hanım henüz yukarı çıkmışlardı. Latife Hanım, sinirlerine hâkim olamayarak otomobilde kendisinin neden arkada oturduğunu bir mesele ve tartışma konusu yapmış Gazi'nin hayli üzülmesine neden olmuştu. Gazi resmî üniformasıyla muzaffer bir başkomutan olarak milleti temsil etmekte olduğu için bu tartışma yersizdi. Fakat Latife Hanım, bütün tahsil ve terbiyesine rağmen, bu gibi durumları takdir edebilecek basireti maalesef gösteremiyordu.[17]

Eşinin yanında yürüyen kadın

Latife, Mustafa Kemal'in kendisine verdiği değeri biliyordu. Tepki gösterdiğine göre, otomobil protokolünde alışık olmadığı bir durum ortaya çıkmış olmalıydı. Ancak arkada bırakılmaya itiraz etmesi onun kişiliğinin bir sonucuydu. Eşinin arkasında değil, yanında yürüyen kadın olmak istiyordu.

İsmail Habib'in yazdıklarından gezinin, Latife'nin eşitlik ısrarlarına rağmen oldukça neşeli geçtiği anlaşılıyor. Gezi boyunca Paşa'nın nutuklarıyla ilgili olarak sık sık Latife'yle fikir alışverişinde bulundukları, aralarında iddialaşıp tatlı tatlı tartıştıkları gözlenmişti. Latife, Mustafa Kemal'in her sözüne kafa sallamak yerine kendine has üslubuyla fikirlerini savunuyordu.

Latife'nin eşini eleştirirken muzip bir yol tutturduğu İsmail Habib'in notlarından da anlaşılıyor:

> Polatlı'yı geçtikten sonra bitirdiğim bir nutku kendisine okumak üzere kompartımanına gittim. Yanında refikası ve Kılıç Ali vardı. Okuyorum, her fıkra bittikçe "Bravo, bravo" diyor. Bu bravolar o kadar tekerrür etti ki, refikası takıldı.
>
> "Hiç insan kendi söylediği söze bravo der mi?"
>
> "Ben kendi sözlerime değil, onların tutuluşuna bravo diyorum."
>
> "İyi ki söylemişsiniz iyi ki tutulmuş!"
>
> "Bunda yalnız tutuluş değil işin ruhunu kavrayış var. Mesela bak..."
>
> Ve bana döndü:
>
> "Oku çocuğum, bir daha bakayım o milliyet fıkrasını..."
>
> Okuyorum. (...)
>
> Refikasına dönerek bana,
>
> "Gördün mü" diyor. "Ben onu Konya Türk Ocağı salonunda söyler-

17. *Kılıç Ali'nin Anıları*, der. Hulusi Turgut, İş Bankası Yayınları, İstanbul, 2005, s. 534.

ken daha açık ifade etmiştim. O söz orada öyle söylenirdi. Fakat şimdi el âleme neşredilirken de o söz böyle yazılır. Ben işte buna bravo diyorum."[18]

İsmail Habib'i çok beğendiği anlaşılan Mustafa Kemal dönemin gazetecisini gezinin sonunda *Yeni Gün*'den *Hakimiyet-i Milliye*'ye transfer etmişti.[19]

18. İsmail Habib Sevük, *Atatürk İçin*, s. 52-53.

19. İsmail Habib Sevük, a.g.e., s. 53.

Evimizin duvarındaki fotoğraf... Latife Hanım ile Mustafa Kemal Paşa Uşak'ta. Mustafa Kemal'in yanında gülümseyen de dedem Kel Osman (Erkeller).

İşgal altındaki İzmir'e dönerken Latife üstünü aramasınlar diye çarşafa bürünmüştü.

Latife 1922... Marsilya'dan ayrılırken
çekilmiş bir fotoğraf.

Latife'nin dedesi Sadık Bey; babaannesi Makbule Hanım
(İzmir Özel Türk Koleji Uşakizade Latife Hanım Köşkü'nde sergileniyor)

Latife'nin çocukluğu. Yanındaki kardeşi Ömer ya da İsmail.

Latife'nin annesi Adeviye Hanım ile babası Muammer Bey.

Latife'nin erkek kardeşleri İsmail ve Ömer.

Latife 18 yaşında... Piyano hocası Anna Grosser-Rilke'ye imzaladığı fotoğraf (1918).

Latife evlenmeden önceki günlerinde
İzmir Göztepe'deki evlerinde.

Muammer Bey İzmir belediye başkanı seçildiği yıllarda...

Latife dayısı Ragıp Paşa'nın hediyesi, taç olarak başa da takılabilen inci-pırlanta karışımı gerdanlığıyla...

Büyük yangından sonra İzmir...

Uşakizade ailesinin İzmir Göztepe'deki Beyaz Köşk'ü. (Desen: Havva Sökmener, *Minyatürlerle Atatürk Evleri,* Bilay Vakfı, 1998)

Göztepe'deki evde, Latife'nin, Mustafa Kemal Paşa'ya sabah kahvesini götürdüğü fincan. (İzmir Özel Türk Koleji Uşakizade Latife Hanım Köşkü Müzesi'nde sergileniyor.)

Zübeyde Hanım, ölümünden kısa süre önce Uşakizadeler'in Karşıyaka'daki evinde. Solunda hastabakıcı kıyafetiyle Latife (yüzü rötuşlu) ve kardeşi Münci.

Mustafa Kemal Paşa'dan Latife'ye bir armağan: 9 eylül 1922 günü İzmir'e çekilen sancak. (Harbiye Askerî Müzesi)

Mustafa Kemal, Yunanlı Komutan Trikopis'in tabancalarını, İzmir'in kurtarılışının sembolü olarak Latife'ye armağan etmişti.
(Harbiye Askerî Müzesi)

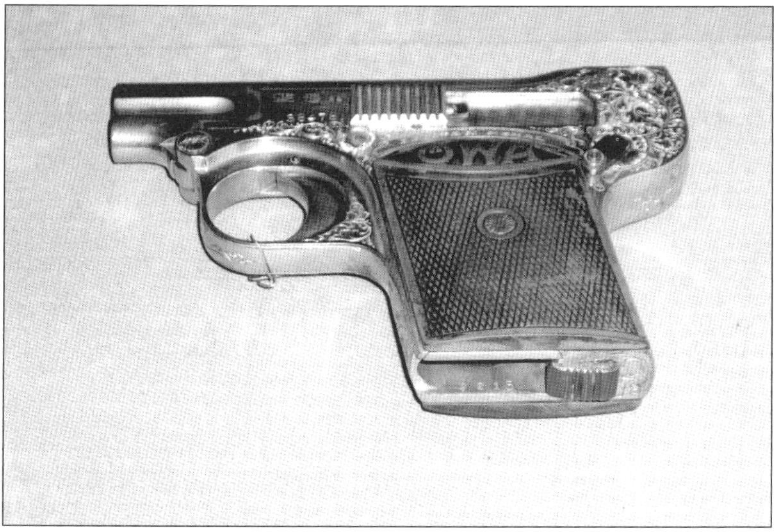

Mustafa Kemal Paşa'nın Latife'ye armağan ettiği tabancalardan biri...

Latife Hanım, ömrünün sonuna dek çantasında bu tabancayı taşıdı.
(Harbiye Askerî Müzesi)

KEMAL PASHA, HERO OF TURKEY, WEDS RICH GIRL
Chicago Daily Tribune (1872-1963); Jan 30, 1923; ProQuest Historical Newspapers Chicago Tribune (1849 - 1985)
pg. 15

KEMAL PASHA, HERO OF TURKEY, WEDS RICH GIRL

CONSTANTINOPLE, Jan. 29.—[United News.]—Mustapha Kemal Pasha, fearless in battle, but who always shied when a girl approached has been married.

Kemal, who drove the Greek armies into the sea, always boasted that he was a confirmed bachelor. Repeatedly he turned a deaf ear on friends who counseled that a man of his high standing should take a wife.

MUSTAPHA KEMAL PASHA.
[P. and A. Photo.]

But today Kemal called in the family imam—preacher—and was married to the beautiful 20 year old daughter of a wealthy Smyrna land owner.

The general met the girl more than a year ago and fell in love with her at once, but since then he has been so busy fighting the Greeks that he had little time for courtship.

The Pasha's wife is one of Turkey's "modern women." She is highly educated and has been active in behalf of the "rights for women" campaign that has swept over the nation.

Following the Moslem custom, Kemal and his bride were separated by a [illegible] while the ceremony was taking

Chicago Tribune nikâhı böyle duyurmuştu...

Report Kemal's Marriage To Rich Turk's Daughter
The Washington Post (1877-1954); Jan 30, 1923; ProQuest Historical Newspapers The Washington Post (1877 - 1988)
pg. 10

Report Kemal's Marriage To Rich Turk's Daughter

Constantinople, Jan. 29 (By the Associated Press).—It is reported that Mustapha Kemal Pasha, Turkish nationalist leader, was married today to the daughter of a rich Turkish merchant of Smyrna, Mouaamerou Chaki Bey. Mustapha Kemal's bride is said to have brought him a dowry of 1,000,000 Turkish liras.

Washington Post'ta yayımlanan evlilik haberi.

Evliliklerinden iki gün sonra Latife İzmir Gümrük Binası'ndaki toplantıda not tutuyor. Yanında Yaver Salih ile kız kardeşi Vecihe de var.

Latife ile Mustafa Kemal Paşa evlendikten sonra çıktıkları kısa balayı seyahatinde, Edremit'te...

BRIDE OF KEMAL OUTSHINES HERO IN EYES OF TURKS
LARRY RUE
Chicago Daily Tribune (1872-1963); Feb 21, 1923; ProQuest Historical Newspapers Chicago Tribune (1849 - 1985)
pg. 6

BRIDE OF KEMAL OUTSHINES HERO IN EYES OF TURKS

Wears Smart Sport Suit and Goes Unveiled.

BY LARRY RUE.
[Chicago Tribune Foreign News Service.]
[Copyright: 1923: By The Chicago Tribune.]

ESKISHEHR, Turkey, Feb, 18.—[Delayed.]—Dressed in a smart tan sport suit, unveiled and blushing, Mrs. Mustapha Kemal, first lady of Anatolia, accompanied by her husband, his general staff, bodyguard and Turkish newspapermen and photographers, arrived at Eskishehr today.

Their special train, composed of mixed freight and passengers cars, barely stopped before Mustapha Kemal stepped off the rear car and helped his wife to the platform, where Ismet Pasha and other notables, as well as 500 peasants, greeted him. Despite the nation-wide hero worship for Kemal, his wife rather than himself was the cynosure of all eyes as they paraded the platform, accompanied b Ismet and others.

Laughing and waving her hands at acquaintances, she added gayety and

Chicago Tribune, "Gelin Kahramanı Gölgede Bırakıyor."

1920'li yıllarda Çankaya Köşkü.

İsmet Paşa, Latife ve Mustafa Kemal Paşa.

MRS. KEMAL CHARMS AN AMERICAN VISITOR
New York Times (1857-Current file); Feb 28, 1923; ProQuest Historical Newspapers
pg. 1

MRS. KEMAL CHARMS AN AMERICAN VISITOR

Beautiful Bride Pours Tea for Foreign Newspaper Men in Home Near Angora.

SHE IS FOR WOMEN'S RIGHTS

Latife'nin Çankaya'daki çay daveti dünya basınına yansımıştı.

Latife Hanım'ın bayraklı kartpostalı...

Latife'nin başı kapalı, ama saçları omuzlarında. Latife ile Mustafa Kemal'in Adana'da çekilmiş bu fotoğrafı aleyhlerinde propaganda yapmak için dağıtıldı. Adana müftüsü "Eşiyle seyahat etmesi ve kıyafeti dine uygundur" diye onay vermişti.

Latife ile Mustafa Kemal Tarsus'ta.

MME. KEMAL'S CLOTHES ARE PLEDGE OF REFORM
New York Times (1857-Current file); Mar 15, 1923; ProQuest Historical Newspapers The New York Times (1851
pg. 2

MME. KEMAL'S CLOTHES ARE PLEDGE OF REFORM

Her Riding Breeches Indicate Her Intention of Sweeping Away the Harem Conventions.

ANGORA, March 14 (Associated Press).—One of the most laudable aims of the Nationalist régime in Turkey is to emancipate the Turkish women, who enjoy none of the freedom or privileges accorded other women of the world. The foremost exponents of women's rights in Turkey are Halide Edibe Hanum, a graduate of the American Girls' College at Constantinople, and Mme. Kemal, the pretty 19-year-old bride of Mustapha Kemal Pasha. Halide Edibe Hanum is already well known in the United States for her work as head of the Angora Ministry of Education and for her advocacy of more rational customs affecting Moslem women. Two of her sons are students at the University of Michigan.

But Mme. Kemal is a new element in Turkish civic and political life. Angora got its first glimpse of the young reformer when she came here from

"Bayan Kemal'in Giysileri Bir Reform Çağrısı"
Latife'nin giysileri *New York Times*'ta.

«Anadolu Osmanlı İhtilâl Komitesi» nin, metnini bi raz değiştirerek bu sayfalarda verdiğimiz galiz küfürlerle dolu beyannamesinin baş tarafı. Resimde görülenler (soldan sağa doğru) Recep Peker, Rauf Orbay, M. Kemal'in eşi Lâtife Hanım, M. Kemal ve Mil li Mücadeleye katılan subaylardan biridir.

tanbuldan kaçan kimselerin Pirede toplanmaları için İngilizler nezdinde teşebbüsatta bulunduğunu ve hâttâ Mısırda bulunan onsekiz Türk mülteciinin de Nisan nihayetinde Pireye getirildikleri ve maruf Çerkeş Bekir Sıtkının da Nisan iptidalarında Pireye geldiği ve bu adamın Çanakkalede bulunan İngiliz kumandanlığı ve İstanbuldaki İngiliz istihbaratı delalet ve yardımı ile (Bandırma ve çevresinde ve bilhassa Gönen ve Manyas dolaylarında bulunan bazı Çerkes beyleriyle muhabereye başladığını) fakat Bekir Sıtkı ile Eşrefin aralarında öteden beri mevcut anlaşmazlık dolayısiyle, İngilizlerce bunlara ayrı ayrı faaliyet sahaları verildiği ve Bekir Sıtkının bu gün yapmakla meşgul olduğu ... bitirir bitirmez faaliyete geçme... zere avenesiyle birlikte Kayas... sına gidecekleri ve öteki Sıtkı... len maiyetinde sekiz on kişi ... duğu anlaşılmıştır!»

Bu ihtilâl Cemiyetinin ... faaliyeti, daha doğrusu ... bu kadarla kalmıştır...

1923 yılı başlarında Latife'nin aleyhine dağıtılan bildiri: "Adam karısının başını açmış" ifadesine yer verilmişti.

"Ne düşündün Kemal?"

Latife ile Mustafa Kemal Paşa, Ankara'da birlikte fayton sürüyorlar.

Latife, tartışmaya neden olan şark motifli mangalın arkasında gülümsüyor. Mangalın içine onun dediği gibi bir çiçek saksısı yerleştirilmiş. Kadınlar ise, Kılıç Ali'nin eşi Hümeyra, (sol başta) ile kız kardeşi Vesiret.

15

Kocasına Kemal diyor, mahmuz takıyor

Latife ile Mustafa Kemal Paşa arasında hiyerarşiden uzak eşit bir ilişki vardı.

O yıllarda kadınlardan kocalarına "Beyim", "Paşam", "Beyefendi", diye hitap etmesi beklenirken, Latife'nin millî öndere "Kemal" diye seslenmesi huzursuzluk yaratıyordu. Latife eşine, başkalarının yanında "Paşam" veya "Paşa Hazretleri" de dese akılda kalan "Kemal" diye sesleniş̧iydi.

Latife'nin kız kardeşi Vecihe İlmen, "Biz kendisine 'Paşam' diye hitap ederdik. Latife Hanım da ona 'Paşam' derdi. 'Kemal' de derdi ama Atatürk 'Paşam' denmesini isterdi. O karısına Latife ya da Latif diye hitap ederdi" diye özetliyor durumu.

Latife'nin her "Kemal" deyişinde kadınlar kızarıyor, erkekler öfkeleniyordu.

Bunu şımarıklık olarak görenler de vardı, saygısızlık olarak görenler de. Anılarını kaleme alanlar, bu hitap tarzının Mustafa Kemal'i de öfkelendirdiğini düşünüyorlar.

Yeğeni Dilek Bebe ise farklı bir mantık yürütüyor. "Der tabiî, niye diyemesin ki? 'Kemal' de diyebilir. Kocasına 'Paşa Hazretleri' mi diyecek! Kemal Paşa hoşlanmasaydı öyle demesinden, izin verir miydi?" diye soruyor.[1]

Mustafa Kemal'in yakın arkadaşlarından Süreyya Bey'e (Yiğit) göre Latife'nin eşine Kemal deyişinden kadınlar da pek hoşnut değillerdi.

"Ankara sosyetesinin hanımları, kendi eşlerine, "Paşam", "Beyefendi", "Bey" diye hitap ettiklerinden ve doğrusunun o olduğuna inandıklarından Latife Hanım'ın kocasına adıyla seslenmesini hiç beğenmiyorlardı; hatta bir ara onu, başkalarının yanındayken eşi-

1. Can Dündar, "Ata'nın Resmiyle Öldü" *Milliyet*, 11 kasım 2004.

ne 'Paşam' diye hitap etmesi konusunda uyarmaya bile yeltendiler. Münasip bir çay toplantısında bu konuyu açacak oldular" diyor.

Ancak Latife'nin "Ben kocama nasıl hitap edeceğimi sizden öğrenecek değilim. Sizden terbiye dersi almaya da hiç ihtiyacım yok" benzeri bir tepki gösterdiği, bu olayın, Ankaralı hanımlarla arasına bir soğukluk soktuğunu, görüşmelerin seyrekleştiğini anlatıyor. Süreyya Yiğit'in aktardığında göre bu hitap şekli "Gazi'nin sabrını tüketmiş ve bir gün 'Senden önce hiçbir kadın bana Kemal diye hitap etmedi, biliyor musun?' diye kızgınlığını belli etmişti."[2]

Aslında, "Kemal" Mustafa Kemal Paşa'nın sevdiği isimdi. Sonraki yıllarda da imzasını Kemal Atatürk diye atacaktı.

Mustafa Kemal'in yakın arkadaşı Hüsrev Gerede de, "Latife Hanım'ın, Gazi'yi her yerde Kemal önadıyla çağırması da hiç kimsece hoş görülmemiştir. Bu değerli kadının resmî durumunu hiç kavrayamadığı anlaşılmaktadır" diyor.[3]

Farklı anı kitaplarından, Latife'nin kocasına hitap biçiminin daha çok üçüncü şahısları rahatsız ettiği anlaşılıyor. Ancak bu tür rahatsızlıkların, dönüp dolaşıp sonunda Mustafa Kemal'i de sinirlendirmiş olması mümkün.

Türkiye'ye ilişkin Sovyet belgelerine bile Latife'nin kocasına nasıl hitap ettiğine dair bir not düşülmüş. "Kocasına 'Paşa' diye hitap ediyor" deniliyor. Bu kitabın içinde yer alan pek çok alıntıdan da Latife'nin kocasına kalabalık ortamlarda "Paşam" diye hitap ettiği, sinirlendiği zamanlarda ve samimi ortamlarda "Kemal" dediği anlaşılıyor.

Sovyet belgelerine Latife'yle ilgili olarak düşülen ikinci notta ise "Sıradan Türk kadınları gibi kocasının karşısında yerlere kapanmıyor" deniyor.[4]

Kimilerinin Latife'den beklediği belki de buydu. Oysa Mustafa Kemal önünde yerlere kapanacak bir kadın istese herhalde Latife'yle evlenmezdi.

Çok şık giyiniyordu

Latife şık bir kadındı. Evlendikten sonra da aynen genç kızlığında alıştığı gibi Avrupa'nın ünlü butiklerine ısmarladığı kıyafetlerle geziyor, çarşaf giymiyor, peçe takmıyordu.

2. Nuyan Yiğit, *Atatürk'le 30 Yıl,* Remzi Kitabevi, İstanbul, 2005, s. 232, 233.

3. *Hüsrev Gerede'nin Anıları,* haz. Sami Önal, Literatür Yayıncılık, İstanbul, 2002, s. 247.

4. Mehmet Perinçek, *Atatürk'ün Sovyetlerle Görüşmeleri,* Kaynak Yayınları, İstanbul, 2005, s. 397.

Özellikle siyah rengi tercih eden Latife zaman zaman kulaklarına pırlanta ya da elmas küpe takıyor, parmağından da babasının hediyesi olan tek taş yüzüğü çıkarmıyordu.

Ankara'yı ziyaret eden Batılı gazeteciler, onun kılık kıyafetinden bol bol söz etmişler peçe takmadığına vurgu yapmışlardı.

> Mustafa Kemal Paşa'nın güzel karısı Bayan Kemal Türk sivil ve politik yaşamının yeni bir unsuru. Ankara, fevkalade zeki kocasıyla İzmir'den gelen bu genç reformcuyla yeni tanıştı. Trenden bir erkek gibi giyinmiş olarak indi; mahmuzları, çizmeleri, fütursuz spor başlığıyla Müslüman kız kardeşlerini şaşırttı.

New York Times gazetesi 14 mart 1923'te "Bayan Kemal'in Giysileri Bir Reform Çağrısı" başlığıyla sunduğu haberde, Latife'nin kıyafetini de yorumluyordu: "Binici pantolonu harem geleneğini silip süpürmek niyetini gösteriyor" sözleriyle başlayan haber, onun bir erkek gibi giyindiğine, binici pantolonuna, mahmuzlu çizmelerine ve fütursuz baş bağlama biçimine dikkat çekiyor. Peçesiz gezen ilk kadın Latife değildi ama, o liderin eşi olarak bir simgeydi bu yüzden tavır ve hareketleriyle, giyim kuşamıyla değişimin canlı bir örneği olarak kabul edildi.

Kadının, Türkiye çapında sosyal hayatta daha fazla yer aldığına ve peçe ile yaşmağın hızla ortadan kaybolduğuna dikkat çeken 14 mart 1923 tarihli *New York Times*, "Yeni rejimin en önemli amaçlarından biri Türk kadınını özgürleştirmektir" ifadesini kullanıyor.

İngiltere'de yayımlanan *London Illustrated News* adlı fotoğraflı dergi, 17 mart 1923 tarihinde Gazi ile Latife'nin yan yana çekilmiş bir fotoğrafını kullanmış, altına da şu satırları yazmıştı:

"Türk kadını için özgürlük simgesi Kemal'in peçesiz karısı."

Latife yalnız peçesiz gezmekle kalmıyor, o günlerde yaygın kullanılan peçenin kaldırılması için de bir model oluşturuyordu.

1922-1928 yılları arasında Türkiye'de *Le Temps* gazetesinin muhabiri olarak çalışan Paul Gentizon şu gözlemi yapmıştı:

"Gazi, genç karısını yüzü açık, çizmeleriyle askerî teftişlere ve lokantaya götürmekten çekinmiyordu. Mustafa Kemal özellikle kadının örtünmesine karşı çıkmaktadır."[5]

Mustafa Kemal'in eşi dünya önünde yeni Türkiye'yi temsil ediyordu.

5. Paul Gentizon, *Mustafa Kemal ve Uyanan Doğu*, çev. Fethi Ülkü, Kültür ve Turizm Bakanlığı Yayınları, Ankara, 1983, s. 131.

İsmet Paşa'nın karısı Mevhibe de Avrupa'ya giderken temsil kaygısıyla çarşafını çıkartmıştı. 8 nisan 1923 günü İsmet Paşa'yı Lozan'a uğurlamak için Sirkeci İstasyonu'na gelenler 26 yaşındaki Mevhibe Hanım'ı yüzü açık olarak gördüler.[6]

Lozan günlerinde İsmet Paşa, hiç istemeden Mevhibe'yi korkutmuştu. Bir gün oteldeki odalarına lüks bir mağazadan geldiği belli olan süslü kurdelelerle bağlanmış büyük bir karton kutu bıraktılar. Mevhibe, kurdeleyi çözüp kutuyu açtı. Renkli kâğıtların arasından birbirinden şık giysiler çıkınca şaşırdı kaldı. Son modaya uygun bir tayyör, bir elbise ve güzel bir pardösü... Kendi tarzına göre fazla modern, onun giyemeyeceği kadar Avrupai idi. Kocası kendisine söylemeden ona böyle giysiler almazdı. Aklına sayısız ihtimal geldi. İşin içinden çıkamadı. Sonunda paketlerin karşısına oturup İsmet Paşa'yı beklemeye başladı. Paşa, konferanstan döner dönmez de elinden tutup odaya götürdü. Yatağın üzerine serilmiş kıyafetleri işaret ederek:

> "Paşam, bunlar ne?" diye sordu. İsmet Paşa gülümseyerek yanıt verdi: "Hanımcığım gönlünü ferah tut... Kıyafetleri ben getirttim ama, her türlü suçtan masumum. Eşyalar çok muhterem bir hanıma ait. Latife Hanım, İzmir'de iken bu elbiseleri sipariş etmiş, mağazanın ismini de vermişti. Ona yollayacağım."[7]

Benim resmim de tuvaletle çıksaydı...

Leman Karaosmanoğlu, "Latife Hanım, güzel giyinirdi, elbiselerinin çoğu Avrupa'dan gelirdi, bazılarını da İstanbul'da diktirirdi. Kabul günlerinde misafirler gözlerini onun üzerindeki kıyafetlerden alamazlardı" diyor.[8]

Sabiha Sertel, Latife'yi anlatırken, "Gayet vakarlı giyinmişti. Siyah yeldirmesi, siyah başörtüsü ile olgun bir kadın hissini veriyordu" diyor. Latife aslında kendi ölçülerine göre muhafazakâr kıyafetlerle halkın önüne çıkıyordu. Yeğeni Muammer Erboy'un yorumu şöyle: "Ailenin hiçbir kadını başını ne Cumhuriyet'ten önce ne de sonra bağlamış. Teyzem de zaten çözümü başına taktığı o tuhaf poşu gibi şeyde bulmuş."

Latife başına sardığı eşarbın altına Avrupa'nın özel butiklerinin markasını taşıyan, külot pantolon, tayyör, pelerin giyiyordu.

6. Gülsün Bilgehan, *Mevhibe*, s. 117.

7. Gülsün Bilgehan, a.g.e., s. 139-140.

8. Gülsün Bilgehan Toker, "Çankaya'nın Hanımefendileri" *Milliyet*, 12 ekim 1982.

İsmail Habib Sevük'ün anılarından bir anekdot Latife Hanım'ın gerçek duygularını açığa vuruyor. Sevük onun bu zorunlu giyim kuşam tarzından şikâyet ettiğine tanıklık etmiş ve ona hak vermişti. Latife, görev bilinciyle kapanıyor, sonra fotoğraflarda kendisini gördüğünde acı acı hayıflanıyordu.

Konya gezisi dönüşü İsmail Habib, bitirdiği bir nutku Mustafa Kemal'e okumak üzere Çankaya'ya gitmişti. Salonda Latife ile Yusuf Bey (Akçura) da vardı. O sırada posta geldi. En üstte *İnci* mecmuası duruyordu. Kapağında Müfide Ferid'in çok güzel bir fotoğrafı vardı.

Yusuf Bey, Varşova Büyükelçisi Ferid Bey'le bacanaktı. Müfide Hanım onun baldızıydı. "Bak bizim baldıza" der gibi derginin kapağına bakınca, Latife söylendi: "Ahh benim fotoğraflarım da tuvaletli çıksaydı..."

İsmail Habib Sevük bu çekilen "ahh"ı şöyle yorumlamıştı:

> Hakkı var. Bütün seyahatte, yarı erkek bir kıyafetle, ayaklarında rugan çizme, bacaklarında süvari külotu, başında kulaklarına kadar her tarafını kaplayan siyah bir örtü... Yüzü sade kaşından çenesine kadar görünerek bütün seyahatte öyle gezmiş ve fotoğrafları o zamanların bütün gazeteleriyle mecmualarında hep öyle çıkmıştı. Zarar yok, onlar güzel çıkmadılar, fakat kadınlık inkılabımızda en güzel bir merhale oldular.[9]

Savaşların ardından 1910'lu yıllarla birlikte örtünme konusunda bir gevşeme yaşanmıştı. Kadınlar mağazalarda ve bürolarda kocalarının işlerini devralmışlar, iş hayatına girince, çarşafın yerine başın etrafını saran ve ensede düğümlenen başörtülerine yönelmişlerdi.

Balıkesirli Vecihi Efsun, gazeteci Selma Selçuker'e, Edremit'e gelişi sırasında gördüğü Latife'yi şöyle anlatmıştı:

> Latife Hanım çok münevver ve zarif bir hanımdı. Bir baş bağlayışı vardı, görseydiniz... Çorabına varıncaya kadar giyim kuşamı ile tam bir Avrupalı, fakat Türk âdetlerine de tam bağlı...[10]

O günlerde, yüzün tamamını gösteren giysiler daha çok salonlarda giyiliyordu. Sokakta gezenler daha dikkatli olmak zorundaydı. Yüzün tümden açılması barıştan sonra yaygınlık kazandı.

9. İsmail Habib Sevük, *Atatürk İçin*, s. 53-54.

10. Selma Selçuker, "Her İnsan Bir Bayrak Sanki" *Güneş* gazetesi, 10 kasım 1989.

Latife "Kadınlar açılsın, kadınlar görünür olsun, umacı gibi gezmesin" propagandası sürerken siyaset icabı "tesettürlüydü".

Onu fotoğraflarında örtünmüş bir kadın olarak görüyoruz. Ancak bu örtüler, geleneksel İslamî örtülere pek benzemiyor. Tarsus gezisinde kadınların tarif ettiği gibi o günlerde "Rus Başı" diye tabir edilen bir baş bağlama biçimi seçmişti. Bu konuda Mustafa Kemal'le sık sık siyasî ortamı gözden geçirdikleri, Latife'nin de "Artık bu örtüden kurtulmanın zamanı gelmedi mi" diye sorduğu anlatılıyor.

Latife'nin evliliği sırasında çekilmiş başı açık tek fotoğrafı, ailesiyle ve Mustafa Kemal'le birlikte poz verdikleri fotoğraf. Bu fotoğrafta en geride duruyor. Sanki görünmek istemiyor. Ailenin bütün kadınları başı, boynu, kolları açık giysiler içindeler. O ise yine boynuna kadar kapalı beyaz bir tayyör giymiş. Ancak arkadan topuz yapılmış saçları açıkta.

Mustafa Kemal'in siyaset adamı olarak kadınların örtünmesine karşı çıktığını biliyoruz. Kaldı ki o günlerde yaptığı konuşmalarda da bu konuya sık sık değiniyordu. Ama bir erkek olarak onun, kadınlara ve giyim kuşamlarına nasıl yaklaştığına ilişkin olarak Falih Rıfkı'nın ilginç bir gözlemi var. Mustafa Kemal'in kadının toplumsal dönüşümünde ısrar ederken erkek olarak geleneksel özelliklerini koruduğunu hatırlatıyor.

"Kadın anlayışında pek Garplı olduğu söylenemez. Hatta hanımların tırnaklarını boyamasını bile istemezdi. Son derece kıskançtı. Denebilir ki harem eğiliminde idi... Bu onun hissî mizacı ve alışkanlığıdır" diyor.[11]

Paşa'nın karısı soyundu döküldü

Gazetelerde yayımlanan fotoğraflarda, Muştafa Kemal Paşa'nın yanında, erkeklerin arasında onlar kadar kendinden emin bir kadının görünmesi hoş karşılanmıyordu. 1923 yılı başlarında dağıtılan bir bildiride bu fotoğraflardan biri kullanılmış, altına da küfür dolu satırlar yazılmıştı. Anadolu Osmanlı İhtilal Komitesi adına dağıtılan bildiride Latife'nin ayak ayak üstüne atmış bir fotoğrafı yer alıyor. Mustafa Kemal, Latife, Recep (Peker) ve Rauf beylerin (Orbay) yan yana poz verdikleri bu fotoğraf, Fransa'da yayımlanan *İllustration* dergisinden alınmış ve altına şunlar yazılmış:

> Sen canınla, malınla çalışarak verdiğin kurbanlara mukabil elham-

11. Falih Rıfkı Atay, a.g.e., s. 412.

dülillah Anadolunu kurtardın. Fakat padişahımızın makamını bin hile ve desise ile gasp eden ve hilafet-i uzma'ya (büyük hilafete) kâfircesine tekmeler atan... Mustafa Kemal'i gör. Hele şu resimdeki biçare karısını dikkat gözün ile gör. Hicabından yerlere, İslamiyet ve milliyet namına yerlere geç ve geçtikçe geç! Senin ismet ocağına, namus yuvana sokulan cinayetleri denaetleri (alçaklıkları) gör!

Ey ümmet-i Muhammed! Kuran'ın emirlerine sırt çeviren, İslam ve millî muaşeret adabını ayaklar altına alan düşman Ankara kapılarında iken gazilik ve müşirlik peşinde koşan...

Yarın senin de karı ve kızının bu hallere getirileceğini, ırz ve namusunun mubah kılınacağını düşün, vicdanına kulak ver! Dininin, namusunun ne kıratta bir Millet Reisi elinde oyuncak olduğunu anla! Ey dindaş! Fazla söze hacet yok, din ve ırk ocağımızın ta haremine kadar uzanan bu eli bugün kırmazsan, dinine, Kuranına, ırz ve namusuna ebediyen veda et."[12]

Yakın Tarihimiz dergisi, Anadolu Osmanlı İhtilal Komitesi'nin bildirisindeki öfkenin Latife'yi hedef alışındaki nedenin ayak ayak üstüne atmasından kaynaklandığına işaret ediyor. İkinci neden de erkeklerin arasında oturan kadına tahammülsüzlük olmalı.

Dedikodulara karşı Latife, biraz muhafazakâr görünmeye çalışıyordu. Ama bütün çabasına rağmen, Mersin gezisi sırasında Latife'nin istasyonda çekilmiş fotoğrafları aleyhte propaganda malzemesi olarak Anadolu'ya dağıtılmıştı.

"Görün bakın, Büyük Kurtarıcı dediğiniz adam karısının yüzünü açmış memleket içinde Müslüman dindaşımız arasında dolaşmaktadır. Olur şey mi bu efendim. Biz daha önceleri bu işlerin buralara varacağını söylememiş miydik? Dediğimiz çıktı işte. Buyurun bakın şu yüzü peçesiz, açık saçık kadın resimlerine..." diyorlardı.[13]

Son anda durdurulan mülakat

İsmail Habib Sevük Latife Hanım'la gazeteci olarak bir görüşme yapmak ve fikirlerini gazetesine yazmak istediğinde Mustafa Kemal önce "Ben razıyım, eğer kendi razıysa" demişti. Mülakatın zamanı konusunda da anlaştılar. İsmail Habib, Çankaya'ya çaya davet edilecek ve Latife ilk kez yerli basından bir gazeteciye mü-

12. *Yakın Tarihimiz,* cilt 2, sayı 16, s. 87-88.

13. İzzet Aslan, *Atatürk Silifke'de,* Ankara, 1981, s. 105.

lakat verecekti. Latife, hem çay içer hem konuşuruz demişti Sevük'e, "Siz zahmet etmeyin ben araba gönderirim..."

Hakikaten Ankara'ya geldiğimizin ikinci günü ve ikindi üstüydü. "Buyurun, hanımefendi otomobili gönderdi" dediler.

Gazi'den tekrar izin istemeye gerek yoktu. İzin dört beş gün evvel Konya'da verilmişti. Öyleyken mademki şimdi buradadır kendisine ihtiyaten haber vereyim dedim. İyi ki haber vermişim, iyi ki... İçeriye girip de meseleyi söyleyince masadaki evrakın yanında duran kalınca bir zarfı, sanki ben onun içinde ne olduğunu biliyormuşum gibi, eliyle işaret ederek:

"Bırak be çocuğum" dedi. "Baksana, ne propagandalar yapıyorlar. Seyahatte alınmış fotoğraflarımızı büyülterek karısını açık gezdiriyor diye en ücra yerlere kadar dağıtmışlar. Her şeyden evvel kız gibi bir meclis yapalım da ondan sonra istediğiniz gibi yazınız."[14]

İsmail Habib'in Latife'yle mülakatı da böylece suya düştü. Mustafa Kemal dağıtılan fotoğraflar yüzünden Latife'yle yapılacak söyleşiyi iptal etmişti.

Latife'nin ne giydiği bir memleket meselesi haline gelebiliyordu. Konya gezisi sırasında müftüden Latife'nin giyiminin şeriata uygun olduğuna dair fetva alındığını bir önceki bölümde yazmıştım. Bu yüzden o da giyim kuşam konusunda çok da kafasına göre hareket etmeyip Mustafa Kemal'e danışıyordu.

14. İsmail Habib Sevük, a.g.e. s. 57-58.

16

Latife'nin giysileri delik deşik

Mustafa Kemal ile Latife çıktıkları yurt gezisinden 25 martta döndüler. Ankara'ya geldiklerinde onları olağanüstü günler bekliyordu. 28 martta mecliste İkinci Grup diye anılan muhaliflerin lideri olarak bilinen Ali Şükrü kayboldu. Üstelik de hükûmete yönelttiği bir dizi sert eleştiriye, Mustafa Kemal'in gösterdiği öfkeli tepkinin ardından...

Olan biten Latife'yi de germişti.

Henüz iki aylık evliydiler, hâlâ kutlama mesajları alıyorlardı. 31 mart günü eski Bahriye Nazırı Cemal Paşa'nın karısı Seniye Hanım'dan "Sevgili eşinizle beraber mesut ve bahtiyar yaşamanız için dua ederim" diye başlayan bir mektup gelmişti.

> Eşiniz hanımefendiyi de tebrik eder, gözlerinden öperim. İsmet Bey'le kendilerine bir sırmalı maşlah takdim ediyorum. Eski Osmanlılarda gelinlere sırmalı bir şey hediye etmek âdeta bir uğur sayılıyordu. İnşallah hayırlı bir barış yaparak en mesut dakikalarında bazı akşam bunu giyerek burada da kendi saadet ve bahtiyarlıklarına dua eden bir kız kardeşleri olduğunu hatırlarlar.[1]

Sultanlık kaldırılsa da geleneği sürüyordu.

Ali Şükrü Bey hâlâ bulunamamıştı.

Meclisten sert tartışmalar oluyordu. Eleştiri okları, meclisin önderi, olarak Mustafa Kemal'e fırlatılıyordu. Ortalıkta bir cinayet kokusu vardı. İkinci Grup'un ünlü isimlerinden Hüseyin Avni (Ulaş), cinayetin siyasî olmamasını temenni eden konuşmasını şöyle bitirdi:

1. Utkan Kocatürk, *Kaynakçalı Atatürk Günlüğü*, s. 332.

"O mebusun ağzı, kalemi milletin namusudur. Bu namusa tecavüz eden eller kırılsın."[2]

Eleştirileri yanıtlayan Başbakan Rauf Bey, "Bağımsız yargı, polis ve jandarma görevini her türlü etkiden uzak olarak yapacaktır" dedi.[3]

Ali Şükrü Bey'in kaybolduğu akşam Karaoğlan Çarşısı'ndaki Kuyulu Kahve'de oturduğu, daha sonra Osman Ağa'nın müfrezesinden Mustafa Kaptan'la kol kola yürüdükleri görülmüştü. Ayrıca Şükrü Bey'in kaybolduğu gece Osman Ağa'nın evinden çığlıklar duyulmuş, ertesi gün de evin kapısına eşya nakli bahanesiyle bir araba getirilmişti.

Topal Osman Giresunluydu. Mustafa Kemal 1919 mayısında Samsun'a geldiğinde Pontus Rumlarını ezmek üzere Millî Mücadele'nin emrine girmiş, gönüllü alayları oluşturmuştu. Karadeniz yöresinde acımasızlığıyla ün yaparak 5 000 kişilik silahlı gücüyle öne çıkmış, yarbaylığa kadar yükselmişti. Ama cahil ve ümmiydi.

Kılıç Ali onu tanımlarken şu sözcükleri kullanıyor:

> Millî duygularla dolu, halim selim görünen, fakat ruhen şiddetli bir adamdı. Aklına her geleni yapar ve yapabilir karakterdeydi. Samanpazarı'nda kiraladığı evin üst katında bir iki adamıyla birlikte otururdu. Gazi'nin korunmasıyla görevli Laz müfrezesi ise Çankaya civarında Papazın Bağı denilen bağdaki köşkte bulunurdu.[4]

Cinayete kurban giden 39 yaşındaki Ali Şükrü Bey, Trabzonluydu. Bahriye Mektebi'ni bitirmiş Donanma Cemiyeti'ne katılmış, binbaşı rütbesindeyken askerlikten ayrılmıştı. İkinci Grup'un temsilcisi olarak mecliste bulunuyordu. İhtisasını Amerika'da yapan Ali Şükrü Bey, mükemmel İngilizce bilen, bilgili bir aydındı da.

Gayet inatçı, gayet aksi bir muhalif olarak nam salmıştı. Trabzon Mebusu Ali Şükrü Bey 19 ocak 1923'te İkinci Grup'un görüşlerini yaymak amacıyla *Tan* adıyla bir gazete çıkarmaya başlamıştı. Gazetesinin başyazılarını da kendisi yazıyordu. İngiliz gazetesi *The Times*, *Tan*'ın çıkışını "Ankara'da hükûmet aleyhine 80 kişilik bir fırka" olarak yorumlamıştı.[5]

Haftada altı gün yayımlanan *Tan*, topu topu 68 sayı çıkabildi.

2. Ahmet Demirel, *Birinci Meclis'te Muhalefet İkinci Grup*, İletişim Yayınları, İstanbul, 2003, s. 508.

3. *Kılıç Ali'nin Anıları* s. 188.

4. *Kılıç Ali'nin Anıları* s. 184.

5. Ahmet Demirel, a.g.e., s. 392.

Meclis yenilenecek

Ali Şükrü'nün kaybolması üzerine gelişen olaylar zinciri içinde Mustafa Kemal çareyi meclisi yenilemekte arayacaktı.

Mustafa Kemal ile Latife Çankaya'nın bahçesinde yürürken Latife: "Ne düşündün Kemal?" diye sormuştu.

"Ne mi düşündüm? Düşündüğümü nereden biliyorsun..."

"Sigara dumanından halkalar çıkarmaya başladın mı, düşünüyorsun demektir bu... Ne düşündün ne karar verdin bakalım."

"Hoppala! Hadi düşündüğümü duman halkalarından bildin, karar verdiğimi nereden çıkarıyorsun?"

"Karar vermesen bir sigara daha yakardın. Sigaranı kül tablasına başparmağını çevirerek bastırdın mı, meseleyi çözdün, çıkar yol buldun demektir."

"Amma da deşifre olmuşuz. Bari ne düşündüğümü de söyle de, kadınla değil, kâhinle evlendiğime inanayım."[6]

Gülüşmüşlerdi.

Mustafa Kemal "Latife benim aklımı okuyor" demeyi seviyordu. Sene başında, Azerbaycan Sefareti'nde evleneceğini açıklarken de onu dostlarına böyle tanıtmıştı. Karısı gerçekten de bu konuda iyice ustalaşmıştı. Atacağı adımları hesaplayabiliyordu.

Mustafa Kemal, sözü Lozan görüşmelerine getirdi. Başbakan Rauf ile Lozan'da görüşmeleri yürüten İsmet'in arasındaki soğukluktan söz etmeye başladı.

"İsmet Paşa, gerçekçi bir barışı Lozan'da imzalasa bile, bu peşin yargılı meclisten geçirmek mesele olacak. Onun için meclisten seçimi yenileme kararı isteyeceğim" dedi.

Latife de "Benim şu son üç beş gün içinde sofralarda işittiklerim bile meclisin böyle bir karar vermeye niyeti olmadığını ortaya koyar" diye cevap vermişti ona.

Latife Ankara politikalarını adım adım izliyor, "kehanet yeteneğini" meclisin atacağı adımlar için de kullanıyordu. Politika onu da sarıp sarmalamıştı.

Mustafa Kemal'in ısrarıyla 1 nisan 1923 günü meclisin yenilenmesine karar verildi.

Ali Şükrü Bey'in kaybolması Ankara'da şok etkisi yaratmıştı. Her taraf didik didik aranıyordu. Beşinci günün sonunda, 2 nisanda, sineklerin uçuştuğu bir toprak kümesinin altında Ali Şük-

6. İsmet Bozdağ, *Gazi ve Latife*, s. 139.

rü'nün cesedi bulundu. Ali Şükrü güçlü kuvvetli bir adamdı, Topal Osman ise cılız... Olay sırasında direndiği, sekiz on kişinin boynuna çadır ipi geçirmesi sonucu boğulduğu anlaşılıyordu. Ceset, Çankaya'ya çok yakın bir yere, Topal Osman'ın Papazın Bağı diye bilinen yazlık evinin bahçesine gömülmüştü.

Osman Ağa ve Mustafa Kaptan için tutuklama kararı verildi, Osman Ağa bulunamadı ama, Mustafa Kaptan tutuklandı. Rıza Nur, o günkü güçler dengesini anlatırken Adliye Vekili Rıfat Bey'in, hâkimlerin ve jandarmanın mecliste güçlü bir muhalefet yürüten İkinci Grup'tan olduklarını belirtiyor.[7]

Köşk her an saldırıya uğrayabilir

Meclisin polisi, komiseri tabancasını kapıda bırakıp içeri girerken, bu çete meclise yanlarında bombaları, tepeden tırnağa silahlarını kuşanarak gelebiliyorlardı. Hiç kimseden izin almadan toplantı salonuna bakabiliyorlardı.[8]

Çankaya'da resmî muhafız kıtası kurulmadan önce Mustafa Kemal Topal Osman ve çetesi tarafından korunuyordu. Bu görevi devralmak üzere düzenli bir muhafız taburu kurulmuş, başına da İsmail Hakkı (Tekçe) getirilmişti. Topal Osman'ın çetesine artık ihtiyaç kalmamıştı, ama bunu onlara bir türlü kimse cesaret edip de söyleyemiyordu. Sonunda korkulan olmuş Topal Osman çetesi Mustafa Kemal'i hedef almıştı.

Topal Osman'ın Çankaya'yı tehdit ettiği gün yaşananları Rıza Nur şöyle anlatıyor:

> Mustafa Kemal büyük salonunda kanepede oturuyor. Önüne eğilmiş. Yüzü tam sarı toprak gibi. Kımıldamıyor. Beni karşısına oturttu. Baktım İsmet de karşısında oturuyor. Tayyareci Fuat ile daha sonra dahiliye vekili olan Recep ayakta. Sanki balmumundan yapılmış iki heykel gibiydiler. Bir süre put gibi durduk. Neden sonra Mustafa Kemal "Ne yapacağız" dedi.
>
> Dedim ki "Bence bir an bile durmayın, Ankara'ya inin."
>
> Mustafa Kemal, "Osman sakindir, ben onu oyaladım. Ama mecliste ne yapacağız?" diye karşılık verdi.
>
> Biz İsmet'le döndük gittik Erkân-ı Harbiye'de yattık.[9]

7. Rıza Nur, *Hayat ve Hatıratım,* 3 cilt, İşaret Yayınları, İstanbul, 1992, 2. cilt, s. 380.

8. Cemal Şener, *Topal Osman Olayı,* (Mahir İz'den aktarıyor), Etik Yayınları, İstanbul, 2004, s. 103.

9. Rıza Nur, a.g.e., cilt 2, s. 389.

Tehlikeli bir durum vardı. Köşk her an saldırıya uğrayabilirdi.

Kalpaklı Latife, portakal sandıklarının üzerinde

Beklenen oldu. Topal Osman çetesi Çankaya'yı kuşattı. Latife'nin kız kardeşi Vecihe de oradaydı. Vecihe İlmen yıllar sonra yakın akrabalarına o gün yaşadıklarını anlatmıştı. Bu anlatım Topal Osman olayının bilinmeyen bir yönünü gün ışığına çıkartıyor:

Millî Mücadele'nin lideri tehdit altındaydı. Kısa bir tartışma yaşandı. Önemli olan Mustafa Kemal Paşa'nın yaşamıydı. Ona bir şey olursa zaten hiçbiri hayatta kalamazdı. Dışarıdakilerle pazarlık başladı. Âdet olduğu üzere "Kadınlar ve çocuklar önden çıksın" dediler. Plan şuydu. Mustafa Kemal Paşa kılık değiştirerek kadınlar ve çocuklarla birlikte dışarı çıkacaktı. Fakat evin içinde de birilerinin kalması gerekiyordu. Latife muhafızlarla birlikte evde kalmaktan yanaydı. "Ben onları oyalarım" diyordu. Mustafa Kemal Paşa önce şiddetle itiraz etti. Ancak Latife'nin inadını bilirdi. Vecihe bir çarşaf buldu getirdi. Mustafa Kemal çarşafı giydi baldızı Vecihe ve hizmetkâr kadınlarla birlikte dışarı çıktı.

Latife de bu arada onun kalpağını kafasına takmıştı. Erlerden birine "Mutfaktaki portakal sandıklarını getir" dedi. Sandıkları pencerelerin önüne dizdiler. Evde ışıklar yanıyor ve bahçeden bakıldığında içerdekiler fark ediliyordu. Boyunun kısalığı dışardan fark edilmemeliydi. Latife, portakal sandıkları üzerinde bir ileri bir geri yürüyor, dışarıdan gelen habercilerle iletilen mesajları evde Mustafa Kemal varmış gibi alıp cevap veriyordu. Ölüm tehdidi altında çeteyi oyalamayı sürdürüyordu. O sırada Mustafa Kemal, Topal Osman'a karşı yürütülecek harekâtı planlıyordu. Sonunda Topal Osman'ın adamları eve kurşun yağdırmaya başladılar. Ardından eve girdiler. Mustafa Kemal'in gittiğini anlayınca çılgına dönüp ne buldularsa parçaladılar. Onların aradığı Mustafa Kemal'di. Ama ellerinden kaçırmışlardı. O sırada Topal Osman çetesi muhafız taburu tarafından sarıldı.

Latife'ye zarar vermeye zamanları kalmamıştı.

Rauf Bey'in anılarından, kuşatmayı Mustafa Kemal'in yönettiği anlaşılıyor, ama o, olayı, Latife de yanlarındaymış gibi anlatıyor:

İstasyondaki dairede yemek yerken bir de baktım Mustafa Kemal Paşa ile Latife Hanım beraber otomobille geldi. Mustafa Kemal Paşa muhafız taburu kumandanı İsmail Hakkı Bey'i çağırdı ve nereden ne suretle hücum edilmesi gerektiğini krokisini çizerek kendisine anlattı. Ben sabırsız ve heyecanla istasyon platformunda bir aşağı bir yukarı gidip gelerek durumun alacağı şekli beklerken, Fethi Bey aklıma geldi. O da Çankaya'da idi, Mustafa Kemal Paşa'nın köşküne yakın bir yerde oturuyordu. Üstüne varılacağını sezince, Osman Ağa'nın yukardan fırlayıp hücum ettiği Çankaya Köşkü'nde kimseyi bulamayınca kapıyı kırıp, paltoları filan parçalayarak ortalığı karmakarışık ettiğini haber almışlardı. "Ya Fethi Bey'in hanımını dağa kaldırmaya kalkarsa ne yaparım" diye hemen Fethi Bey'e haber gönderdim. O da "Hanım hasta, çıkamam, gelemem" diye cevap gönderdi. O esnada Çankaya istikametinden silah sesleri başladı. Bir müddet sonra haber geldi, Osman Ağa altı yardımcısı ile vurulmuş ve ele geçirilmişti.[10]

Rıza Nur'un anlatımı şöyle:

> Sabaha karşı bir yaylım ateşi gürültüsü ile uyandım. Şafak sökmek üzere idi. Yani bizim Çankaya'dan hareketimizden üç saat falan sonra idi. Yataktan fırladım. Yanımdaki odada yatan İsmet'in odasına girdim. Baktım pencereyi açmış bakıyor.
>
> "Nedir?" diye sordum.
>
> "İşte akşamki iş. Müsademe" dedi.
>
> Anlaşıldı giyindik indik.
>
> Osman'a teslim ol demişler, olmamış, silaha davranmış... Mustafa Kemal bizden sonra Rauf'un evine inmiş.[11]

2 nisan günü saat sabah saat 07.00'de, istasyonda Başvekil Rauf Bey, Millî Müdafaa Bakanı Kâzım Paşa'nın (Özalp) yaverine telefonla şunları yazdırmıştı:

> Bugün saat 6'dan beri Çankaya'da, Gazi'nin köşkü civarında muhafız taburuyla Osman Ağa taburu arasında müsademe başladı. Osman Ağa ve on kadar maiyeti maktul düşmüş. Gazi, Latife Hanım'la birlikte, istasyonda Rauf Bey'in yanında İsmet ve Kâzım Karabekir paşaların gelmesini istiyorlar.
>
> Derhal gittim. Gazi'yi çok müteessir buldum. Muhafız nizamiye taburunun kendi dairesini delik deşik ettiklerini anlattı. Neticede Osman Ağa taburuyla anlaşırlar mı diye endişe ediyorlardı.[12]

10. Rauf Orbay, *Cehennem Değirmeni,* 2 cilt, Emre Yayınları, İstanbul, 1993, s. 129.

11. Rıza Nur, a.g.e., 2. cilt, s. 382-383.

12. Kâzım Karabekir, *Paşaların Kavgası, İnkılap Hareketlerimiz,* Emre Yayınları, İstanbul, 2000, s. 128.

Evin delik deşik edildiği ifadesi Rıza Nur'da da yer alıyor.

> Sonradan Latife'nin bana söylediğine göre Osman, Mustafa Kemal'in evine kurşun atmış. Hatta dolapta hanımın elbiseleri delinmişti.[13]

Latife ölümün eşiğinden dönmüştü. Bu ilkti, ama son olmayacaktı.

Meclis yara almıştı

Kılıç Ali anılarında Ali Şükrü soruşturmasını Gazi'ye kadar götürdüklerini, "İstinaf Mahkemesi Savcısı Ankaralı İbrahim Bey ile Ankara Polis Müdürü Çerkez Neşet Bey'in köşke giderek bu konuda Gazi'nin de ifadesini aldıklarını" söylüyor.[14]

"Gazi'nin Cevat Abbas Bey'e Ali Şükrü Bey ve matbaası hakkında söylediği sözlerin" yarattığı spekülasyon işi bu noktaya vardırmıştı.[15]

Bir grup adamıyla birlikte öldürülen Topal Osman gömüldüğü mezardan çıkartılıp meclisin kapısına topuğundan asılmış, bütün dünyanın dikkatle izlediği Türkiye Büyük Millet Meclisi dünya önünde bir yara almış, Çankaya'daki huzurlu ortam kesintiye uğramıştı.

Henüz barış anlaşması imza edilmemişti. Muhalif bir mebusun öldürülmesi, ardından cinayeti işlemekle suçlanan kişinin yargı önüne çıkartılmadan çatışmada yok edilip sonra da meclis önüne asılması hiç de istenen şeyler değildi.

Topal Osman üzerine bir araştırma kitabı yazan Cemal Şener, "Bugün sağ kesim Topal Osman'ı sevmez, Kemalist sol diye kendini ifade edenler de Topal Osman'a sahip çıkamıyor" diyor ve ekliyor. "Onu savunan tek kesim sağı ile solu ile Giresunlular..."[16]

Cinayeti işleyen Topal Osman'ın Giresun'un tepesinde bir anıtmezarı var. Giresun'un en büyük caddesinin adı da Osman Ağa. Cinayete kurban giden muhalif siyasetçi Ali Şükrü'nün ise Trabzon'da bir heykeli var.

13. Rıza Nur, a.g.e., s. 385.

14. *Kılıç Ali'nin Anıları*, s. 193.

15. Kâzım Karabekir, a.g.e., s. 129.

16. Cemal Şener, a.g.e., s. 115.

17

Latife milletvekili olmak istiyor

Lozan görüşmeleri sonunda imzalanacak barış anlaşması her şeyden önemliydi. Meclisten yenileme kararı çıkmış, seçime gidilecekti. Yeni rejimin kadınlara oy hakkı konusunda bir karar vermesi gerekiyordu. Latife, Adana gezisinin ardından kadınların siyasî hakları için Mustafa Kemal'e baskı yapmaya başlamıştı. Yaver Salih, anılarında Latife'nin tavrını şöyle anlatıyor:

> Latife, milletvekili olacağım diye tutturdu. Kadınların oy verme hakkı yoktu ve elbet seçilemezdi! Fakat Gazi Paşa'yı sıkıştırıyor, kadınlara oy hakkı tanınmasını ve seçme hakkı ile birlikte seçilme hakkı da verilerek milletvekili olmasının sağlanmasını istiyordu.[1]

Latife, bir doğu ilinden, Ağrı'dan aday olmayı hedefliyordu.[2] Çevredeki erkekler onun bu talebine sinirlenmişlerdi. "Kadına bak, her şey tamam da bir de milletvekili olmak istiyor. Sen zaten millî liderimizin karısısın. Böyle taleplerle onu mahcup etme!" diyen bakışlarla bakıyorlardı ona.

Latife, İngiltere'de okurken kadınların seçme ve seçilme hakkını 1918'de elde ettiklerini, aynı yıl Avam Kamarası'na ilk kadın milletvekilinin girdiğini biliyordu. Fransız İhtilali'nin kadın hakları açısından bir şey getirmediğini ama, Avrupa'nın pek çok ülkesinde kadınların siyasî haklarını elde ettiğini de. Finlandiya, Norveç, Sovyetler Birliği, Almanya, Avusturya, İsveç, Letonya, Polonya, Estonya, Hollanda, Belçika, İsveç, Amerika, Arnavutluk, Çekoslovakya, Ermenistan, Azerbaycan, Burma, Moğolistan, Tacikistan, Yeni Zelanda ve Amerika Birleşik Devletleri'nde kadınlar

1. İsmet Bozdağ, *Latife ve Fikriye*, s. 148.

2. Muammer Erboy'la görüşme.

oy kullanıyor, milletvekili olabiliyordu. 50 yıldır süren kadın mücadelesi ürün vermeye başlamıştı. Türkiye'de de kadınlar yeni rejimle birlikte siyasî hak isteğini yüksek sesle dile getirmekteydiler. Nezihe Muhiddin öncülüğünde bir grup kadın siyasî hak talebiyle ortaya çıkmıştı. Matlube Ömer, Kıbrıslı Azize ve Güzide Osman öne çıkan isimlerdi.

Kadınların kurtuluşuna dair net fikirleri olan Latife, Çankaya'da bulunduğu süre içinde bir kadın hakları savunucusu olarak davrandı, fikrini soran yabancı gazetecilere görüşlerini açıkça savundu.

Batı basını da Mustafa Kemal'in evlendiği kadından sufrajet –seçme seçilme hakkını savunan kadınlar böyle anılıyordu– ve kadın hakları savunucusu olarak söz ediyordu.

Türkiye'de kadınlar "çocuk" kabul ediliyor, seçme ve seçilme hakkı denildiğinde hatıra yalnız erkekler geliyordu.

20 ocak 1921 tarihli ilk anayasada meclis üyelerinin sadece erkeklerden oluşacağına dair bir madde yoktu. Ancak gerçek böyleydi.

Yeni seçim kanunu hazırlanacak, meclis yenilenecekti. Ancak, aynen Meşrutiyet döneminde olduğu gibi ülkede hiç kadın yokmuşçasına her 20 000 erkek nüfus için bir milletvekili seçmek esası izlendi. Kadınlar gelişip haklarını elde edene kadar aile fertleri arasında aile reislerine oy vermiş sayılsın denildi.

3 nisan 1923'te Seçim Kanunu görüşülürken tek bir itiraz yükseldi: Bolu mebusu Tunalı Hilmi Bey "Seçmek ve seçilmek hakkını vermiyorsunuz, fakat kadınları saymıyorsunuz da" deyince gürültüler başladı.

"Arkadaşlar, mübarek savaşımızın bu millete bıraktığı analar bugün erkeklerden fazladır. Ayaklarınızı vurmayınız Beyefendiler, benim mukaddes analarımın, bacılarımın başına vuruyorsunuz ayağınızı" deyince gürültü patırtı nedeniyle oturuma ara verildi.[3]

18 nisan 1923 günü Ahmet Emin ve Asım Bey'in (Us) çıkarttığı *Vakit* gazetesi kadınların siyasî hakları konusunda bir anket başlattı. "Kadınları İntihab" (seçme seçilme hakkı) başlıklı anket, büyük ilgi gördü.

Vakit'in yarattığı tartışma ortamı kadınların siyasî hak talepleri için elverişli bir zemin yarattı.[4]

3. Tezer Taşkıran, *Cumhuriyetin 50. Yılında Türk Kadın Hakları,* Başbakanlık Basımevi, Ankara, 1973, s. 97-99.

4. Yaprak Zihnioğlu, *Kadınsız İnkılap,* Metis Yayınları, İstanbul, 2003, s. 122.

Seni de aday göstereceklermiş...

Anket ilgi görünce *Vakit* gazetesi "Kadınlardan mebus namzedi kim olabilir" sorusunu eklemişti. Gelen yanıtlar içinde namzet olarak Latife'nin de adı geçiyordu.

Vakit'teki anket Çankaya'da da dikkatle izlenmekteydi. Bir akşam baş başa yemek yerlerken Mustafa Kemal, Latife'ye sordu:

"Bugün *Vakit* gazetesini gördün mü? Senin İstanbullu bir adaşın, Latife Bekir Hanım, kadınlara erkeklerle eşit haklar istiyor. Eğer siyasal haklarını ele geçirirlerse, seni İstanbul'dan milletvekili göstereceklermiş."

"Ben de kendileri gibi düşünüyorum, Paşam" dedi Latife. "Siz de öyle düşünmüyor musunuz?"

"Nasıl?"

"Kadınlarla erkeklerin eşit haklar içinde yaşamasını..."

"Bunu istediğimi sana birçok defalar söyledim."

"Peki milletvekilliğini bana yakıştıramıyor musunuz?"

"Bunu nereden çıkartıyorsun? Gerçi ben kadınların meclise girmelerinden yanayım ama, karımın Meclis'te olmasından yana değilim... Evimde rahat etmek isterim. Bana rahatı ancak sevgili karım verebilir."[5]

Yaverlerden birinin getirdiği bir şifreyle konuşma burada kesildi.

Latife siyasî temsil talebinde ısrarlıydı. Millet Meclisi'ne girmeyi hayal etmesi onun kadın hakları açısından durduğu yeri ve mücadeleci karakterini sergiliyordu.

Kadınlar Halk Fırkası

Kadın çevresindeki siyasi canlılık 30 mayıs 1923'te zirvesine ulaştı. Nezihe Muhiddin'in başını çektiği on üç kadın siyasî hakların elde edilmesi için mücadeleye başladıklarını duyurdular. Nezihe Muhiddin, Şükûfe Nihal ve Latife Bekir'in de aralarında yer aldığı kadınlar önce bir şûra toplayacaklar ardından oluşturacakları siyasî cemiyetin programına karar vereceklerdi. Girişimci heyette yer alan isimlerden Latife Bekir, Mustafa Kemal'in Latife'ye adaşın diye söz ettiği kadındı.

15 gün sonra toplanan kadın şûrasında "Kadınlar Halk Fırkası" adı altında bir siyasî parti kurmaya karar verdiklerini açıkladılar.[6]

5. İsmet Bozdağ, *Atatürk ve Eşi Latife Hanım*, s. 177-178.

6. Yaprak Zihnioğlu, a.g.e., s. 123.

13 haziran 1923 tarihli *The Nation* dergisinde, Arthur Moss-Florence Gilliam imzasıyla yayımlanan "Türk Efsanesi" başlıklı yazıda, oy hakkının artık cins, renk ve ırk farkı gözetilmeden uluslararası bir özellik kazandığı belirtilerek Türkiye'de de son derece güçlü bir kadın partisinin varlığına dikkat çekiliyor:

"Türk Kadınlar Partisi'nin ABD'deki Ulusal Kadınlar Partisi'ne yakın gücü var. Kemal de kısa bir süre önce bu partinin liderlerinden biri olan Latife Hanım'la evlendi" deniliyor.[7]

Latife bu partinin liderlerinden biri değildi, ama anlaşılan söyleminde bu girişimin önderliğiyle aynı dili kullandığı için böyle bir yorum yapmışlardı.

Salih Bey'in aktardığına göre, Latife siyasî haklar konusunu "sorun" yapmakta ısrar etti.

Seçim Kanunu kadınları çiğneyen maddelerle kanunlaştıktan sonra da Latife talebinden vazgeçmemişti.[8]

Çankaya'da hem kendisi için hem de hemcinsleri için siyasî hak talep eden bir kadın vardı.

Mustafa Kemal, seçim öncesi çok yoğun bir faaliyet yürüttü, bu listelerin hazırlanmasına ve çeşitli temaslarına Latife'yi de kattı.Yakın arkadaşı Kâzım (Karabekir) Paşa'yı 1923 seçimlerinde aday olması için ikna etmeye Latife'yle birlikte gitmişlerdi.

"Latife Hanım'la birlikte oturduğum havuzlu köşke gelerek beni aldılar ve ayrılmamaklığımı rica ettiler. Ben de artık muntazam beraberlerinde bulundum" diyecekti anılarında Kâzım Paşa.[9]

Kâzım Paşa, Birinci Meclis'teki muhalifleri dışlamak amacıyla oluşturulan seçim komitesine itibar etmemişti. Ülke oylarını yönlendireceğini düşünerek muhalif kalıyordu. Bunu hürriyet kavramına ters bulmuştu, dışta da itibar kaybına neden olacağını söylüyordu. Ancak kendisine yapılan ziyaret sonunda komitede yer aldı.

Latife imzasıyla Lozan'a şifreli mektup

Latife'nin milletvekili olma isteğini fark eden Mustafa Kemal onu siyasî işlere dahil ediyordu. Lozan'a İsmet Paşa'ya gönderilecek şifreli mektubu da Latife'ye yazdırdı ve 30 mayıs 1923 tarihi-

7. Adı geçen partinin oy hakkı elde etme serüvenini merak edenler için *Demir Çeneli Melekler* adıyla çekilen belgesel tadındaki filmi izlemelerini öneriyorum.

8. İsmet Bozdağ, *Atatürk ve Eşi Latife Hanım*, s. 177-178.

9. Kâzım Karabekir, a.g.e., s. 138.

ni taşıyan mektup onun imzasıyla postalandı.

Bu ilginç mektup İnönü Arşivi'nde duruyor. Latife'nin imzasını taşıyan mektubun hitap biçimi çoğul.

Muhterem kardeşimiz İsmet Paşa Hazretlerine

Memleketi sükûn ve saadete isal (ulaştırma) için sarf ettiğiniz himmet ve ecreylediğiniz mücadelenin kıymeti çok büyüktür.

Sizi sıkan bazı ufak tefek muamelelere ehemmiyet vermeyecek kadar vüs'at (geniş) ve azamet-i ruha (büyük ruh) malik olduğunuzu bildiğimizden, fazla endişe etmiyoruz. Biz, tahmin buyuracağınız derecede çok ve boğucu meşagilin (meşguliyetler) içindeyiz. Fakat Allah netayici (neticeler) müsbet ihsan ediyor. Ancak en büyük zafer ve saadetimiz sizin memleket için ihraz eyleyeceğiniz (elde edeceğiniz) parlak muvaffakiyet olacaktır. Emniyetle buna intizardayız (bekliyoruz). İki günden beri misafirimiz olan Fevzi Paşa Hazretleriyle birlikte hep fezailinizi (faziletlerinizi) tezkâr etmekteyiz (anmaktayız). Bu sıkıntılı ayrılık günlerinin artık uzamayacağını düşünüyoruz. Tahassürle (hasretle) sizi yâd ederiz.

Muhterem refikanız Hanımefendi'nin muhabbet ve samimiyetle gözlerinden öperim, efendim.

Latife Mustafa Kemal[10]

Hitap biçiminin çoğul olması mektubun Mustafa Kemal Paşa adına yollandığını göstermekteydi. Resmî yazışmalar Başbakan Rauf Bey'den geçtiği için Latife kanalıyla iletilen mektup kayda geçmeden gönderilmiş olabilir.

Mektup dikkatle okunduğunda ortaya çıkan anlam şöyleydi:

Mustafa Kemal'in düşüncesi detaylara takılmadan anlaşmayı yapmanızdır. Bundan korkmayın. Biz arkanızdayız. Seni savunuyoruz. İşler yolundadır. Ne yaparsan yap, ama anlaşmayı imzala. Buna inanarak sonucu bekliyoruz. Acele edin. İki gündür konuyu konuşuyoruz. Fevzi Paşa da sizi destekliyor. Bir an evvel işleri bitirmek gerekiyor.

Sandıktan Latife'ye oy

Seçimler, haziranda yapıldı. Kadınlar dışlanmıştı. Ama erkek seçmen, bazı illerde Latife'nin de aralarında olduğu öncü kadınlara aday olmadıkları halde oy vermişti.

İlk haber İzmir'den geldi. Latife'ye sandıktan oy çıkmıştı. Lati-

10. Utkan Kocatürk'ün *Atatürk Çizgisinde Geçmişten Geleceğe* adlı kitabından.

fe, 28 haziranda İzmir Belediyesi'ne ve Müdafaa-i Hukuk Heyeti'ne bir telgraf gönderdi:

> İzmir'in mebus intihabında muhterem hemşehrilerimin bana rey vermiş olmasının büyük manasını fahri mahsusla telakki ettim. Bu kıymetli teveccühe bir İzmirli olarak değil, bir Türk kadını olarak heyecanla ve şükranla mukabele eder, yüksek İzmir halkını selamlarım.[11]

5 temmuz günlü *İleri* gazetesi, Latife'ye ve Halide Edip'e sandıktan oy çıktığını okurlarına her iki kadının fotoğrafını yayımlayarak duyurdu. "İzmirliler mebuslarını intihab ederlerken Gazi Başkumandanımızın refika-i muhteremesi Latife Hanım'a bir rey verdikleri gibi Halide Hanım'a da bir rey vermişlerdir" diye fotoğraflı bir habere yer vermişti. Halide Edip'e Şarki Karahisar'dan da (bugün Giresun'a bağlı bir ilçe) iki oy çıkmıştı.[12]

Latife ile Mustafa Kemal ertesi akşam yemekte seçim sonuçları üzerine konuşuyorlardı. Yaverlerden biri elinde Konya'nın seçim sonuçlarıyla yanlarına geldi.

Mustafa Kemal listeye göz attıktan sonra güldü.

"Tebrik ederim Latif. Konya'dan 39 oy almışsın. Hem seçilme hakkın olmadığı halde. Demek namzetliğini koysan, parti listesini çiğneyeceksin."

"Sahi mi Kemal?" dedi, "Göreyim..."[13]

Gelen listede Latife Gazi Mustafa Kemal adı karşısında 39 yazıyordu.

Mustafa Kemal, "Konyalılara bir telgraf çek, teşekkür et... Bu güzel davranış bizim gelecek için düşündüklerimizi kolaylamış olacak..." diyerek onu teşvik etmişti.

Latife, 8 temmuz 1923 günü Konya Belediye Başkanlığı'na hitaben aşağıdaki telgrafı yazdı:

> Muhterem Konya halkının mebus intihabatı sırasında bana da 39 rey vermek suretiyle hakkımda gösterdikleri teveccüh ve itimada bilhassa, bunun şahsımdan ziyade Türk kadınlığına müteveccih âli bir temayül ve takdir olması ciheti ile arz-ı şükran eylerim. Aziz halkımızın takdirkâr enzarı (bakışları) karşısında Türk kadınlığı uhdesine terettüp eden (gereken) vazife-i milliye ve medeniyesini hüsn-ü ifa için

11. Niyazi Ahmet Banoğlu "Atatürk ve Latife Hanım", *AAMD*, s. 531.

12. Yaprak Zihnioğlu, a.g.e., s. 139.

13. İsmet Bozdağ, *Atatürk ve Eşi Latife Hanım*, s. 178-180.

(yerine getirmek) daha çok kuvvet ve cüret iktisap etmektedir. Muhterem Konyalılara derin hürmet hislerimi takdim ederim efendim.

Latife Gazi Mustafa Kemal

Latife yazdıklarını yüksek sesle okurken yer yer Mustafa Kemal de katkıda bulunuyordu. Telgraf bitince bir kez daha okundu.

Mustafa Kemal, "Çok güzel oldu, hemen çeksinler... Yalnız tarihî bir belgedir, Latif imzala..." dedi.

Latife imzasını attı. Bir kere daha gözden geçirdikten sonra telgraf çekilmek üzere postaneye gönderildi.

"Nasıl Kemal" dedi Latife, "hâlâ eski fikrinde misin? Milletvekili olmama müsaade etmeyecek misin?"

Mustafa Kemal'in cevabı değişmedi: "Meclise kadın milletvekili bulunur ama, ben kendime, Latif gibi bir eş bulamam. Onun için hoş gör. Eski fikrimdeyim."

"Ah sen, ah sen" diye başını salladı Latife. Merdivenleri çıkarken kocasının koluna girmişti.

Malatya ve Diyarbakır'dan gelen sonuçlar şaşırtıcıydı. Bu iki ilden Latife, Halide Edip, Mevhibe Hanım, Nezihe Muhiddin, Kara Fatma, Müfide Ferit, Aliye Fehmi'ye oy verenler olmuştu.[14]

Seçmen Meclis'ten daha duyarlıydı.

Latife Osmanlı İmparatorluğu döneminde iki Meşrutiyet arasında doğmuştu. Genç kızlığını Osmanlı'nın sunduğu koşullar içinde yaşamıştı. Bu yıllarda kadınlar hızla uyanıyor ve içinde bulundukları duruma başkaldırıyorlardı.

1900'lü yılların başında kadınlar uluslararası buluşmalar gerçekleştiriyor, binlerce kişinin katıldığı toplantılar, mitingler düzenliyorlardı. Avrupa'da kadınların başını çektiği güçlü bir barış hareketi vardı.

Osmanlı kadınları da büyük bir uyanış yaşamaktaydı. 1839 Tanzimat Fermanı kadınlar için kayda değer bir şeyler getirmese de fermanla başlatılan reform hareketi kadınları da kucakladı.

1847'de kız ve oğlan çocukların eşit miras hakkı tanındı.

1858'de kız rüştiyeleri, 1870'te de kız öğretmen okulu Darül-Muallimat açıldı. Aynı yıl, kız ve oğlan çocuklara eşit miras hakkı Arazi Kanunnamesi'ne de girdi.

1869'da kızların eğitimi için yasal zorunluluk getirildi. Durum 1876 yılında kabul edilen ilk anayasaya bir temel hak olarak gir-

14. İsmet Bozdağ, *Atatürk ve Eşi Latife Hanım*, s. 179.

di. Kız ve erkek çocuklara ilköğrenim zorunlu kılındı.

1897'de ücretli işçi olarak çalışmaya başlayan kadınlar 1913'te devlet memuru olma hakkını elde ettiler. Bir yıl sonra da tüccarlığa ve esnaflığa başladılar. Yine 1914'te kızlar için İnas Darülfünunu adıyla bir yükseköğrenim kurumu açıldı. 1921 yılında da Darülfünun'da karma eğitime geçildi, bir yıl sonra Tıbbiye'ye yedi kız öğrenci kaydolmuştu.[15]

Müslüman olmayan kadınlar ki o yıllarda ciddi bir nüfusa sahiptiler özel statülü okullarında XIX. yüzyıldan beri eğitim görüyorlardı.

Kadınlar Millî Mücadele'ye katıldılar ve örgütlendiler.

1919 yılında kadınların bilfiil üyesi oldukları derneklerin sayısı 19'u bulmuştu.

Yaygın kadın dergileri aracılığıyla aralarında oluşturdukları diyaloğu temel haklar tartışmasına dönüştürmüşlerdi.

II. Meşrutiyet'in ilk günlerinden itibaren kadınlar, toplumda insan kabul edilmek, bir mevkiye sahip olmak, siyasî alana, kamusal yaşayışa katılmak, çalışmak, eğitim olanaklarından yararlanmak; çokeşli evlilik düzeninden ve talaktan kurtulmak istiyorlardı.[16]

Makbule Leman, Fatma Aliye, Şair Nigâr, Emine Semiye, Yaşar Nezihe, Aziz Haydar kadın hareketinin ilk öne çıkan isimleriydi.

1917 yılında Rusya'da devrim yapılmış ve kadınlar katıldıkları bu devrimin sonunda önemli haklar elde etmişler, dünya kadınlarına örnek olmaya başlamışlardı.

Latife de Türkiye'deki kadın hareketinden güç alıyor, onların taleplerine destek olmaya çalışıyordu.

1923 yılına bakıldığında Türkiye'de kadınların durumu bir önceki yüzyıla göre çok daha iyiydi.

Gazeteci İsaac F. Marcosson, 1923 seçimlerinin ardından temmuz ayında Türkiye'ye geldiğinde, Latife'yle de konuşmuştu. Ekim 1923'te yayımlanan haberde Latife'nin kadınların oy hakkına ilişkin görüşleri de yer alıyordu.

> Bayan Kemal'in Türk kadınlarının geleceği konusunda kesin fikirleri var. Halide Hanım gibi o da, kadınların hürriyete kavuşmalarına kuvvetle inanıyor. Bu konuda şunları söyledi:
>
> "Türk kadınları için eşit haklara inanıyorum; bu oy verme ve Büyük Millet Meclisi'ne seçilme hakkı demek. Ama şuna da inanıyorum ki, eğitim oy hakkından ve kamu hizmetinden önce gelmeli. Cahil

15. Başbakanlık Kadın Statüsü Genel Müdürlüğü sitesinden alındı.

16. Yaprak Zihnioğlu, a.g.e., s. 56.

köylülerin sırtına oy hakkını yüklemek saçma olur. Uzun vadede, kadınlar için kadınlarca yönetilen okullarımız olmalı. Bunun, yavaş bir süreç olması kaçınılmaz."[17]

Latife seçme hakkından önce seçilme hakkının elde edilmesi konusunda Kadınlar Fırkası'nın görüşlerini savunuyordu.

Kadın hareketi, 1920'li yıllarda yalnız seçkinler için oy hakkı isteme ya da sadece seçilme hakkı isteme gibi politikalar izlemişti. 1923 yılında Kadınlar Halk Fırkası da seçme değil, seçilme hakkında ısrar ediyordu.

İlk zamanlar için yalnız münevver kadınlara hukuk-i siyasiye talep edilecekti. Kadınların seçme hakkını almadan önce seçilme hakkına sahip olmaları, hedefe ulaşmayı kolaylaştıracak bir aşama olarak görülüyordu. Fakat asıl elde edilmesi için çalışılacak olan kadınların seçme haklarının sağlanmasıydı.[18]

Önce okumuş yazmış aydın kadınlar için siyasî hak talebinde bulunuluyordu.

1923 yılı sonuna dek Kadınlar Halk Fırkası'na devletten bir yanıt gelmedi. Onlar da faaliyetlerini Türk Kadınlar Birliği adı altında sürdürmeye karar verdiler. Merkezî eğilim kadın haklarını ertelemek yönündeydi.

Kadınların meclise girmesi için tam 11 yıl daha beklenecekti.

Sevinçten kendimi toparlayamıyorum

Temmuz 1923 Ankara Hükûmeti için en heyecanlı aydı. Her gün Lozan'dan gelecek haber bekleniyordu. Rauf Bey başkanlığındaki hükûmetin İsmet Paşa'yla anlaşmazlığı ciddi gerginliklere neden olmuştu.

24 temmuz sabahı Ali Fuat Paşa'yı telefonla arayan Rauf Bey, Çankaya'ya Mustafa Kemal'in yanına çıkmak için ondan kendisine refakat etmesini istedi. Ali Fuat Paşa o günü şöyle anlatıyor:

> Köşk'e 10:30'da vardık. Aradan pek az zaman geçmişti ki Gazi, oturduğumuz odaya geldi. Sabahlık yerine kullandığı güzel maşlahına bürünmüştü. Bizi fazla bekletmemek için giyinmemiş olduğunu söyleyerek özür diledi.

17. İsaac Marcosson, "Türkiye'nin Kuruluş Yıllarında Bir Yabancı Gazetecinin Ankara Yolculuğu ve Atatürk'le Görüşmesi", çev. Ergun Özbudun, *AAMD,* 1. cilt, sayı 1, kasım 1984, s. 187.

18. Yaprak Zihnioğlu, a.g.e., s. 119-135.

Rauf Bey konuşmaya başladı:

"Bizi bekletmediğinize çok iyi ettiniz. Çünkü getirdiğimiz mesut haberin fazla beklemeye tahammülü yoktur. İsmet Paşa'nın sulh muahedesini imza ettiği hakkındaki telgrafını buyurun."

Bu habere çok sevinen Gazi heyecandan sapsarı kesildi. Gözlerini telgraftan ayıramıyordu.

İki eski arkadaşına ne kadar sevindiğini anlattı ve teşekkür etti. Sonra da:

"Sevinçten bir türlü kendimi toparlayamıyorum. Birer kahve ve sigara içersek belki kendimize gelebileceğiz" demişti.[19]

Ardından Rauf Bey başbakanlıktan istifasını rica etti. Mustafa Kemal de kendisine "Acele etme, İkinci Meclis toplanana kadar düşünelim" diye cevap verdi.

Çankaya'da bayram vardı. Mustafa Kemal ile Latife bu keyifli haberin neşesiyle trenle İzmir'e hareket ettiler. Üç dört gün tatil yapacaklardı.

19. Ali Fuat Cebesoy, a.g.e., s. 5.

18

Köşkte yaşam

"Latife Hanım eşinin en büyük yardımcılarından biriydi" diyor kız kardeşi Vecihe İlmen.

Latife'nin Çankaya'da geçirdiği 1 000 günün bir özeti bir bakıma bu satırlar.

Sabah Mustafa Kemal'den önce uyanır, gazeteleri, ajans bültenlerini görmek için aşağı inerdi. Latife, bir iki günlük gecikmeyle gelen gazeteleri heyecanla önüne koyar sayfa sayfa tarardı. Bu gazetelerde yalnız kocasının değil, kendi fotoğrafları da çıkabiliyordu. Örneğin 1923 yılında yayın yaşamına başlayan *Time* dergisi 24 mart tarihli kapağını Mustafa Kemal'e ayırmıştı. Birlikte, dünya gazetelerinde yayımlanan haberleri neşeli bir sohbet eşliğinde değerlendiriyorlardı. O, bir bakıma Mustafa Kemal'in dünyaya açılan penceresiydi. Mustafa Kemal'in gazete raporlarının tiryakisi olduğunu bilen Latife, Çankaya'da da uzun süre bu görevi sürdürmüştü.

Dünya basını yeni Türkiye'nin önderine olağanüstü ilgi gösteriyor, her gün Türkiye'yi ilgilendiren sayısız haber çıkıyordu. 1923 yılı ortalarında Zekeriya Sertel matbuat umum müdürü olunca, yabancı basında çıkanları derleyip *Ayın Tarihi* adında bir dergi çıkarmaya başlayacaktı.

Latife'ye ilişkin Zekeriya Sertel'in de bir anısı var.

1923 yılı ortalarında matbuat umum müdürüyken Zekeriya Sertel İsmet Paşa'yla birlikte Çankaya Köşkü'ne gitmişti. Latife'yi, "Siyahlar giyinmiş, ağırbaşlı çok nazik bir hanım" diye tarif ediyor. "Ellerimizi sıktı. Paşa beni kendisine tanıttı. Daha ilerde büyükçe bir odaya girdik" diyor. Odanın sol köşesinde bir masanın başında Atatürk, günün adliye bakanıyla derin bir konuşmaya dalmıştı. Zekeriya Sertel'i Mustafa Kemal'e İsmet Paşa tanıştırdı. Sonra o da onların masasına oturdu. Zekeriya Sertel ile Latife de kapının sağındaki masada sohbet etmişlerdi. Konuşulanlara uzaktan kulak kabartan Zekeriya Sertel o günü şöyle anlatıyor:

> Konuşulanları merakla uzaktan uzağa izlemeye çalışıyordum. Latife Hanım beni lafa tutuyor, konuşmaları iyi izlememe fırsat vermiyordu... Bu konuşma bir saat kadar sürdü. Sonra beni yanlarına çağırdılar. İsmet Paşa yeni matbuat umum müdürü diye beni tanıtırken *Hakimiyet-i Milliye*[1] adında bir gazete tanımadığımı da eklemekten geri kalmadı. Mustafa Kemal hiç duymamış gibi kayıtsız göründü. Biz Latife Hanım'la konuşurken o bizi yan gözle izliyordu.[2]

Anlaşılan Latife, görüşme masasına davet edilmeyen Zekeriya Sertel'i ev sahibi olarak yalnız bırakmamak için onunla uzun bir sohbete girişmiş, ama Sertel sırasını beklerken Latife'nin kendisini lafa tuttuğunu düşünmüştü.

Latife, Mustafa Kemal'le birlikte gittiği yurt gezilerinde elinde defter kalem Mustafa Kemal'in konuşmalarını not alıyordu. Mustafa Kemal'in kendisine dikte ettiği nutukları kâğıda döküyor, nutukların, mektupların yazımı sırasında onunla birlikte çalışıyordu.

Latife'nin Mustafa Kemal'in hayatını yazmaya başladığını Ankara'ya gelen bir gazetecinin notlarından öğreniyoruz. "Ben onun bir çeşit sekreteri görevini görüyorum. Kocamın biyografisini de yazmaya başladım" demişti.[3]

Biyografinin kaç sayfası yazıldı, daha sonra ne oldu bilmiyoruz. Ancak Latife Hanım'ın evrakları arasında sayılan kalemler içinde yer almıyor. Mustafa Kemal ona sık sık gençlik ve savaş anılarını da anlatıyordu. Demek ki elinin altındaki bu zengin malzemeyi bir yaşamöyküsü olarak yazmaya karar vermiş ve kâğıda dökmeye başlamıştı.

Latife Hanım ile 1953 yılında bir görüşme yaptığını söyleyen Niyazi Ahmet Banoğlu da bu biyografiden söz ediyor ancak, Latife Hanım'ın "Ben de o eşsiz insan hakkında bir eser yazmak istedim. Önce, dünya büyüklerinin hayatlarını okudum. Fakat her eseri okudukça, Atatürk daha çok büyüdü ve bir gün şuna kana-

1. Mustafa Kemal'in kurduğu gazete.

2. Zekeriya Sertel, *Hatırladıklarım,* Gözlem Yayınları, İstanbul, 1977, s. 122-123.

3. İsaac Marcosson, a.g.e., s. 185.

at getirdim ki Atatürk yazılamaz" dediğini söylüyor.[4]

Latife ile Mustafa Kemal'in ev oyunları

Latife ile Mustafa Kemal zaman zaman evde küçük oyunlar oynarlardı. Oyunları icat eden Latife'ydi. Odadaki eşyaların yerini değiştiriyor sonra da Mustafa Kemal'den bunları bulmasını istiyordu. Bir akşam havuzlu salonda paravana asılı duran küçük çini tabağı Kemal Paşa'nın oturduğu koltuğun altına bantla tutturdu; çini tabağı uzun uzun arayan Mustafa Kemal aramasına rağmen bulamayınca da koltuğun altından çıkartıverdi. İkisi de bu oyuna saatlerce gülmüşlerdi.

Mustafa Kemal, "Pes diyordu, bizim hanım hokkabaz olmuş! Bir sabah cebimden mendil yerine tavşan çıkarsa hiç şaşmayacağım."[5]

Karıkocanın en büyük keyiflerinden biri de at binmekti. Vecihe İlmen'in anılarında şu sahne yer etmişti:

> Bazı sabahlar at binerlerdi... Atatürk, İzmir'de de Çankaya'da da atla gezmeyi severdi. Sık sık bize, "Haydi bakalım sevkülceyş usulü bineceğiz" derdi. O önde, refikası, yaveri, ben, Rukiye. Sevkülceyş askerî usulde bir laf. Önünüze ne gelirse dere, hendek, tepe, çukur gideceksiniz. At hiç durmadan koşacak.

Bahçe uzmanı Mevlüt Bey de bir sabah baldızların at üstünde Mustafa Kemal'i bekleyişlerine tanık olmuştu.

Bastonumuz

Latife ile Mustafa Kemal'i fotoğraflarda ortaklaşa kullandıkları tek bir bastonla görüyoruz. O günlerden bir anı şöyle:

Çankaya'da karlı bir gün... Mustafa Kemal evde. Havuzlu salonda sigara içiyor, önce ağzına bol duman çekiyor sonra halkalar yapıyordu. Latife bir köşede o günkü *Yenigün* gazetesini okuyordu. Mustafa Kemal sigarasını söndürürken Latife, "Hava çok güzel biraz yürüyelim mi?" diye sordu.

"İyi olur herhalde, hadi bastonumuzu getir" dedi Mustafa Kemal.

Latife az sona elinde gümüş saplı bir bastonla döndü. Çankaya sırtlarında yürüyüşe çıkacakları zaman bu bastonu alırlardı; ba-

4. Niyazi Ahmet Banoğlu, *Atatürk'ün Siyasi ve Hususi Hayatı*, Pınar Yayınları, 1953, s. 3.

5. İsmet Bozdağ, *Atatürk ve Eşi Latife Hanım*, s. 212.

zen Gazi Paşa bazen Latife birlikte kullanırlardı. Onun için adı "bastonumuz"du.

Dışarıda güneşli ve soğuk bir hava vardı. Ara yollardan tepelere doğru yürüdüler. Latife elindeki bastonla ince karların üzerine Mustafa Kemal'in adını yazıyor, kara yazılan yazı aşağı kayarken neşeli kahkahalar atıyor, şarkılar mırıldanıyordu.

"Hanım bize Çaykovski çal!"

Yeni Türkiye'yi ilk tanıyanlardan biri Sovyetler Birliği'ydi ve Ankara'da elçiliği vardı. Mustafa Kemal ile Latife ülkesine geri dönmeye hazırlanan Büyükelçi S. İ. Aralov ile karısı Sofya İlniçna'yı 1923 yılı içinde yazlık mekânlarında ziyaret etmişlerdi.

Bahçedeki kameriyede, İran elçisi, Aralov'un eşi ve birkaç elçilik görevlisi birlikte çay içtiler. Mustafa Kemal sivil giyinmişti. Bahçede elçiliğe hediye edilen iki ayı yavrusu oynuyor, bazen ağaçlara tırmanıyor, yaprakları yoluyor, oturanların yanına kadar geliyorlardı. Mustafa Kemal ile Latife ayı yavrularının maskaralıklarına gülüp duruyorlardı. Kanadı kırık bir kartalın, çalımlı çalımlı bahçede dolaştığını gören Mustafa Kemal, "Kartal, Rus çarının alametidir" dedi. "Bakın, şu kartal aramızda kırık kanadıyla dolaşıyor; Rus halkı çarı kovdu" deyince sohbet halkların kardeşliğine uzandı, kadehler kalktı. Mustafa Kemal, Latife'ye "Hanım! Veda müziği olarak bize Çaykovski'nin şu sevgili romansını çal..." diye ısrar etti.

Aralov anılarında Latife'nin piyano dinletisinden hayranlıkla söz ediyor:

> Yazlığa girdik. Batmakta olan güneşin son ışınlarının kızıla boyadığı açık pencereli büyük salonda, küçümen bir kadının güçlü ve usta ellerinin altından büyüleyici melodiler yayılıyordu.
>
> Bu romansın Mustafa Kemal'in niçin hoşuna gittiği anlaşılmış oldu. Gazi, ince, lirik yaratışlı bir insandı. Yurduna, halkına olan sevgisi onu, Türkiye'nin düşmanlarına karşı amansız bir mücadele için gerekli olan sert, sağlam bir karakter edinmek zorunda bırakmıştı.
>
> Mustafa Kemal Paşa ile Latife Hanım'ın veda ziyaretleri, Kemal Paşa'nın eskiden olduğu gibi şimdi de Sovyetler Birliği'ne karşı dostça duygular beslemekte olduğunu gösterdi.[6]

Latife günün önemli bir kısmını okuyarak geçiriyordu. Kitapla-

6. S. İ. Aralov, *Bir Sovyet Diplomatının Türkiye Hatıraları*, 2 cilt, Cumhuriyet Kitapları, İstanbul, 1997, s. 279-280.

rını Çankaya'ya taşımıştı. Kâzım Karabekir üst katta, Latife Hanım'ın da birçok zarif ciltli, kıymetli kitapları bulunan kütüphanenin bütün duvarları kapladığını anımsıyor.[7]

Mustafa Kemal, Latife'nin kendisine kitap ve şiir okumasından, piyano çalmasından hoşlanıyordu.

Latife ile Mustafa Kemal'in, Zola'nın *Bir Hayat* adlı kitabını Fransızcasından birlikte okuduklarını anlatıyor Vecihe İlmen. *Bir Hayat*, Guy de Maupassant'ın kitabı. Büyük olasılıkla Zola'dan okunan *La Vérité*, yani *Gerçek* adlı yapıtı olmalı. O günlerde çok moda olan *Gerçek*, laik inanış ile kilisenin, yeni akım ile eski tutucu öğretinin yüzyıllar boyu sürüp giden amansız ve acımasız çatışmasını konu alan bir yapıttı.

"Latife uzun konuşmalar ve görüşmelerle geçen bir günün ardından kocasına Byron'dan Hugo'dan şiirler okurdu. Paşa dilini pek anlamadığı halde Byron'dan okunanları beğenir, insana garip bir musiki gibi tesir ediyor diyerek iltifatını esirgemezdi" diyor.

Gazeteci İsaac Marcosson Latife'yle Çankaya'da görüşürken onun edebiyat merakından etkilenmişti:

> Kitaplardan konuşmaya başladık. Bayan Kemal'in Longfellow'un büyük hayranı olmasına çok hayret ettim. "Hayat İlahisi"nin tümünü (Psalm of Life) ezberden okudu. Keats, Shelley ve Byron'u ne kadar iyi bildiğini görmek de benim için aynı derecede ilginçti. Yunan taraflısı görüşleri nedeniyle Byron'un Türkiye'de yasak olduğunu hatırlattım; neşeyle yanıtladı: "Bu tür uygulamalar artık Türkiye'nin gömülen geçmişinin parçasıdır."[8]

Bu sözler, Latife'nin her türlü sansüre karşı olduğunun açık işaretiydi.

Latife, görüşme sırasında, "Eşinizin eğlenceleri nelerdir?" sorusuna, "Müziği sever, dinlenmek istediği zaman piyano çalıyorum ona, okuyacak zaman bulduğunda Eskiçağ tarihiyle meşgul olur" diye karşılık vermişti. Sonra da yerde sıçrayıp duran üç cilveli köpek yavrusunu gösterip "Ona bu küçük köpekleri de aldım; onları çok sevdi" demişti.

Mustafa Kemal Paşa ile Latife, gece sofra kurulmadığı günlerde baş başa otururlardı. Latife onun dinlenmesi için elinden geleni yapıyor, okuduğu kitaplardan özetler çıkarıyor, bildiği güzel hikâyeleri anlatıyordu.

7. Kâzım Karabekir, a.g.e., s. 273.

8. İsaac Marcosson, "Kemal Paşa" *Saturday Evening Post*, 20 ekim 1923.

Mangal tartışması: "Düşündüğünü savunacaksın!"

Latife ile Mustafa Kemal zaman zaman ufak tefek günlük işler yüzünden tatlı tatlı çekişirlerdi. Çankaya'nın bahçesini düzenlemekle görevli Mevlüt Bey (Baysal) bir mangal yüzünden çıkan anlaşmazlığa tanıklık etmişti.

"Sizi hanım istiyor" dediler, bir gün ona. Latife'nin emirlerini sormak için içeri girdi. Fethi Okyar'ın eşi Galibe ayakta sigara içiyor, karşılıklı konuşuyorlardı. Ortada muhteşem bir mangal vardı. Şark motifleriyle işlenmiş bu mangal Hindistan'dan Mustafa Kemal Paşa'ya hediye olarak gönderilmişti. Latife, Mevlüt Bey'i Galibe'ye takdim etti. Galibe de ona selam verdi.

"Mevlüt Bey, kış geçti. Bu mangalı salondan çıkarmak da istemiyorum. Bir kaşpo (*cache pot:* saksı kabı) vazifesi gördürmek üzere bu mangalın içine bir palmiye koysak, diye düşündüm. Fikirlerinizi almak için çağırdım sizi, ne dersiniz?"

Mangal büyük ve güzeldi. Mevlüt Bey Latife'nin bu fikrini yerinde bulmuştu.

"Ancak bu takdirde mangalın, ateş konulan kısmını çıkarıp asıl gövdesi içine, mangalın güzelliği ve hacmiyle mütenasip bir fıçı yaptırmak ve fıçının görülecek dış kenarlarını verniklemek veya sedef kakmalarla süslemek yakışır" diye cevap verdi.

Bir metre bulup mangalın çapını ve derinliğini ölçmeye başladılar. O sırada Mustafa Kemal salona girdi. "Ne yapıyorsun Latife?" diye sordu.

Mangalın iç bölmesini çıkaracaklarını öğrenince:

"Bu parça bir köşeye atılıp unutulur, zayi olur, sonunda mangal da zayi olur, bu yüzden caiz değil" diye itiraz etti.

Latife o bölmenin, içine palmiye dikilemeyecek kadar küçük olduğunu düşünüyordu.

"Müsaade buyurun kararlaştırılmış şekle uyalım. Küçük parçayı ihtimamla saklatacağım" diye ısrar etti.

Paşa, "Olmaz!" deyip dışarı çıktı.

Latife, ziraatçi Mevlüt Bey'in ısrarcı davranmayışından rahatsız olmuştu. Mustafa Kemal'e hiç itiraz edilmemesini doğal karşılamıyordu.

"Canım" dedi "Paşa'ya karşı fikrinizi niçin müdafaa etmiyorsunuz? Böyle şey olur mu?"

Mevlüt Bey, iki arada kalınca çareyi iki ayrı fıçı ısmarlamakta bulmuştu. Latife'ye de "Aranızda nasıl mutabık kalırsanız o şekli tatbik ederiz" dedi. Çankaya'da çalışmanın böyle zorlukları olacaktı. Başından geçeni Yaver Hayati Bey'e de anlattı. O da ona, "Ham hum şaralop yap geç be birader" diye akıl verdi. Ama konuşmaya başyaver de tanık olmuştu. Olayın üzerinden bir hafta geçmişti ki, Mustafa Kemal Paşa Mevlüt'e "Geçen gün Latife Hanım size mangal için bir şeyler söylemişti. Ne yaptınız o işi?" diye soruverdi.

Melül mahzun başyaverin yüzüne bakıyordu Mevlüt Bey. Mustafa Kemal Paşa:

"Böyle ziraat mütehassıslığı olmaz" dedi.[9]

Mustafa Kemal, Latife'nin dediğine razı gelmişti.

"Sen en iyisini yaparsın" derdi

Köşkte, Latife'nin kısa sürede kurduğu düzen mükemmel bir şekilde işlemeye başlamıştı. Aslında onlarınki bir devlet başkanlığı konutunda görülenden çok, herhangi bir yeni evli çiftin sürdürdüğü yaşamdı.

Mustafa Kemal'in baldızı Vecihe, köşkteki yaşamı şöyle anlatıyor: "Çok muntazam, düzgün bir evdi. Ablam her şeyle kendisi ilgilenirdi, evi idare eden hep oydu, herhangi bir ev kadını gibiydi. Mustafa Kemal evle fazla ilgilenmezdi. Köşkün bütün idaresini eşine bırakmıştı. 'Sen en iyisini yaparsın' derdi" Günlük yaşam oldukça sadeydi. Savaş yıllarında da Mustafa Kemal'in işlerini emir erleri yürütürdü. Emir eri Bekir Efendi her türlü hizmetini görüyordu. Diğer emir erinin adı ise Ali Metin'di.

Vecihe İlmen, "Ben bile Atatürk'ün gömleklerini pantolonlarını ütülemişimdir. Günde iki üç kere kıyafet değiştirirdi. Mustafa Kemal çok temiz bir insandı, üstüne başına, şıklığına meraklıydı, ablam da bunu bildiğinden titiz davranırdı" diyor.

Latife geldiğinde köşkte, yemekleri yapan bir aşçı vardı. Ancak kısa süre sonra ölünce Latife babasından yardım istedi. Zaten dadısı Canan Kalfa da hemen ardından Çankaya'ya gelmişti. Muammer Bey aşçısı Mahmut Efendi'yi de kızına yolladı. Mahmut Efendi sarayda yetişmiş iyi bir aşçıydı. Tam bu sırada gene sarayda çalışmış siyah hizmetkâr Nesim Efendi de köşke geldi. Daha sonra da Yaşar isimli bir garson kadroya eklendi.[10]

9. Mevlüt Baysal, *Çankaya'da Gazi'nin Hizmetinde*, Ercan Matbaası, İstanbul, 1954, s. 95-100.

10. Gülsün Toker Bilgehan, "Çankaya'nın Hanımefendileri" *Milliyet* gazetesi, 11-12 ekim 1982.

Vecihe İlmen Çankaya'daki mutfağı da anlatıyor:

> Evdeki mönüleri Latife Hanım kendisi düzenler aşçıbaşıya bildirirdi. Daha önceden Mustafa Kemal ile görüşüp konuşurlardı, evde daha çok onun istediği yemekler pişerdi. Bir börek yapılırdı, çarpma hamurdan... içinde beyaz peynir, tavuk falan olurdu. Onu çok severdi. Balık severdi. Kefal balığı İzmir'de topan kefal derler. Izgarasını... İzmir çuprasını severdi. Muammer Bey Çankaya'ya bu balıklardan yolluyordu. Bir de irmik helvası ama suluca olacak. Ama zaten Mustafa Kemal çok az yemek yiyordu, Önünde biraz leblebi bulunsun isterdi. Bir de az pişmiş sulu omlete ve İtalyan soslu makarnaya bayılırdı. Çoğu zaman benden bu yemekleri ister, ben de hemen mutfağa koşardım.[11]

Mutfaktaki yaşlı Mahmut Usta, makarna pişiren Latife'yi veya omlet kıran Vecihe'yi gördüğünde gözleri fal taşı gibi açılır, "Tövbe tövbe ben buradayken niye zahmet buyuruyorsunuz" derdi. Ama köşkte mutfağa giren yalnız Latife değildi. Mustafa Kemal de sık sık Mahmut Usta'nın yanına gider, tencere kapaklarını açar, pişmekte olan yemeğe bakardı.[12]

Mustafa Kemal öğle yemeğini bazen yalnız yerdi, bazen iş yemeği gibi arkadaşlarıyla. Aile arasında yediği de olurdu. Öğle yemeğinden sonra yatak odasında 10 dakika kadar istirahat ederdi.

Baş başa yemek yerlerken Muammer Bey'in hediyesi olan Sévres yemek takımını kullanıyorlardı.

Mevlüt Baysal, "Gazinin aşçısı o kadar güzel yemekler pişiriyordu ki" diye yazıyor anılarında. Sofradan hiç eksik olmayan irmik helvasını merak ediyordu. Bir gün bu soruyu onun yerine Teşrifat Müdürü Ercüment Ekrem Bey sordu. Yaver Rusuhi Bey de Paşa'nın bu helvayı çok sevdiğini, ister yesin, ister yemesin ihtiyaten yapıldığını söyledi.[13]

Uşakizade ailesi Çankaya'da

8 temmuz 1923 günü Mustafa Kemal'in fotoğraf subaylığını yapan Esat Nedim (Tengizman) Çankaya'ya gelen Uşakizade ailesinin fotoğraflarını çekmişti. Fotoğraflardan biri evin içinde biri de önünde çekilmiş. Bu anı fotoğrafta Mustafa Kemal'i Vecihe'yi Rukiye'yi Adeviye Hanım'ı, Muammer Bey'i ve Latife'yi yan yana gö-

11. Yalçın Pekşen, "Atatürk'ün Özel Yaşamı." *Cumhuriyet*, 10 kasım 1984.

12. Gülsün Toker Bilgehan, a.g.y.

13. Mevlüt Baysal, a.g.e., s. 83.

rüyoruz. Bütün kadınların başı açık, üzerlerinde de günümüz tarzı elbiseler var.[14]

Latife'nin yalnızlığına çare olarak kız kardeşi Vecihe çok uzun süre Çankaya'da kalmıştı. Latife'nin annesi ile babası 16 mayıs 1924'te de Çankaya'daydı. *Cumhuriyet* gazetesi bu ziyareti "Reisicumhur Gazi Paşa'nın kayınpederi Muammer Bey bugün haremi ile birlikte İzmir'den buraya gelmiştir. İstasyonda Gazi Paşa ile kerimesi Latife Hanım tarafından istikbal olunmuştur" diye haber yapmıştı.

Latife'nin asi davranışlarıyla ün yapan erkek kardeşi İsmail'in de dışişlerinde çalıştığı, zaman zaman Çankaya'ya geldiği biliniyor. Mustafa Kemal'in özellikle Latife'nin en küçük kardeşi Münci'yi çok sevdiği anlatılıyor.

Halit Ziya ve Vedad

Latife ile Mustafa Kemal evlendikten sonra Halit Ziya, amca sıfatıyla yeni evlileri kutlamak için Çankayı'yı ziyaret etmişti. O günün koşullarında yolculuk kendisine ağır gelse de bu görevi büyük bir sevinçle yerine getirmişti. Halit Ziya, Mustafa Kemal'den gördüğü "normalin çok üstündeki iltifatlardan", Latife'nin ağırlamasından ve ikramındaki özenden çok memnun kalmıştı.

Halit Ziya İstanbul'a döndükten sonra, Türk Ocağı başkanı olan Hamdullah Suphi'den bir öneri geldi. Vedad, Ekrem ve Muhyiddin Sadak'ın (Muhittin Sadak) oluşturduğu üçlüyü Ankara'ya davet ediyordu.

O günlerin Türk Ocağı Rumlardan kalma eski bir yapıydı ve pek bakımsız bir haldeydi. Piyanosu bile yoktu. Latife "Konser için kendi piyanosunu bir otomobile yükleterek bozuk yollardan göndermek suretiyle büyük bir lütufta" bulundu. Türk Ocağı'ndaki müzik gecesi gayet başarılı geçti, "Vedad da doğal olarak Çankaya Köşkü'nde 'ablasına' konuk oldu."

Birkaç gün sonra İstanbul'a dönen Vedad babasına Ankara'da geçirdiği günleri ayrıntısıyla aktaracaktı. Hem cumhurbaşkanından hem de ablasından gördüğü "engin iltifatlardan" pek duygulanmıştı.

Bir gece İsmet Paşa'nın ve Tevfik Rüştü'nün de bulunduğu bir toplantıda Mustafa Kemal, Vedad'ın piyanosunu dinlemiş, ona Fransızca, Almanca, İngilizce gazetelerde yayımlanmış yazılardan sözlü çeviriler yaptırtmış, ardından Vedad'a, "Sen hariciyeci

14. Bu fotoğraflar ilk kez 7 mart 1958 tarihli *Hayat* mecmuasında yayımlandı.

olmalısın" demişti. Yanında bulunan Hariciye Vekili Tevfik Rüştü'ye (Aras) de bu dediğini onaylattırmıştı. O sıralar bir bankada çalışan Vedad'ın da gönlünde hariciye mesleği yatıyordu, çünkü yaptığı işten pek hoşnut değildi.

Halit Ziya ikinci kez Ankara'ya gidişinde, yine Çankaya'ya konuk oldu. Yine Vedad'dan söz edildi. Vedad'ın bankada çalışmaya devam ettiğini öğrenen Mustafa Kemal, hemen bir telgrafla Vedad'ın Ankara'ya çağrılmasını istedi.

Halit Ziya başını eğerek teşekkür etti. Ancak telgrafı çekmek üzere Mahmut Bey sofradan kalkınca Latife de arkasından kalktı. Latife kısa bir süre sonra bir göz işaretiyle amcasını topluluktan uzak bir köşeye çağırdı. "Mahmud'a söyledim, telgrafı çektirmedim. O içerken böyle birden aklına gelen düşünceleri olur; ertesi gün bunu unutur..." dedi.

Latife'nin bu davranışı Halit Ziya'yı incitmişti. Anılarında, "Latife niçin engel olmuştu? Niçin uygun görmemişti?" diye soruyor ama ardından ekliyor:

"Ne olurdu hep böyle engeller çıkmış olsaydı ve o da şimdi, belki hariciye kadar parlak bir meslekte değil ama, hayatta olsaydı."[15]

Latife çok istekli davranmasa da Vedad bir süre sonra iyi yabancı dil bildiği için Çankaya'da bir kâtiplik görevine getirildi ve köşkün bahçesindeki evlerden birinde yaşamaya başladı. Ankara'ya giderken babası onu uyaracak ve "Yalnız unutma, oradaki yerin pek kritik olacak" diyecekti.

Süreyya ile Tezer

Ankara'da gezmeye gidecek pek bir yer yoktu, tek bir yazlık sinema, bir de Türk Ocağı vardı.

Latife ile Mustafa Kemal dolaşmaya çıktıklarında Ankara havalisinden köylülerin evlerine ziyaretler yapıyorlardı.

Bahçenin aşağı tarafları Kavaklıdere'den itibaren yükselen vadinin sonuydu. Çevredeki evlerde dostları oturuyordu. Ankara eşrafından Nazım Bey'e ait olan büyükçe bir bağ köşkünde Fethi Bey ile Galibe Hanım (Okyar) yaşıyordu. Çok yakındaki iki küçük evden birinde Fuat Bey (Bulca), diğerinde Mahmut Bey (Soydan) oturuyordu. Çankaya'nın bir kısım evleri muhafız kıtasınca işgal edilmişti, geriye kalanların sahipleri de sadece

15. Halit Ziya Uşaklıgil, *Bir Acı Hikâye*, s. 112-114 (Vedad 1937 yılında intihar etmişti).

yaz aylarında geliyorlardı.[16]

Ağaoğlu ailesi o yıllarda Keçiören'de geniş bir eve taşınmış, alttaki ahır kütüphaneye çevrilmişti. Çok büyük bir bahçeleri, bol meyveleri vardı. Süreyya Ağaoğlu "Bahçedeki ufak evi önce imar bakanı olan Celal Bayar kiraladı, sonra Yusuf Akçura satın aldı. Pek çok tatlı anımıza sahne olan bu evi babam bir Ermeni'den 3 500 liraya satın almıştı" diye anlatıyor.[17]

Latife ile Mustafa Kemal, Ağaoğlu ailesine her hafta ziyarete giderlerdi. Süreyya Ağaoğlu "Orada tanıdığım Atatürk bir aile babası, tam bir aile ferdi gibi bir insandı. O zamanlar Ankara geniş bir aile gibiydi. Samimiyet dolu idi... Herkes birbirini tanır, müşterek bir ailenin fertleri gibi sayar ve severdi" diyor.[18]

Yine böyle bir ziyaret sırasında Tezer ile Süreyya'nın haşarılıklarıyla eğlenmişlerdi.

> Bir gün Tezer ile dört el piyano çalışırken çok güzel çalan kardeşimin düzeltme ve tenkitlerine dayanamayarak Tezer'in elini tırmaladım. O gece Latife Hanım ile bize gelen Atatürk, Tezer'e eline ne olduğunu sordu. O da, "Kedi tırmaladı efendim" cevabını verince, "Aman o tehlikeli bir kedi, atın onu evden" demişti. Tezer de kız kardeşine bakarak, çok seviyoruz. Atamayız" deyince iş anlaşılmış kahkahalarla gülmüşlerdi.[19]

Ağaoğlu ailesinin kızı Süreyya, Hukuk Fakültesi'ni bitirince, Mustafa Kemal ve Latife, kutlamak için Sitare Hanım'ı, Ahmet Bey'i ve Tezer ile Süreyya'yı Çankaya'ya davet etmişti. Gittiklerinde Latife'yi, Cevat Abbas'la ve Makbule Hanım'ın kocası Mustafa Bey'le otururken buldular.

> Latife Hanım bizi kabul etti ve "Kemal çiftlikte" dedi. Biraz sonra Atatürk geldi. Gri bir golf pantolonu ve gri getr giymişti. Büyük bir şevk ve ümitle uğraştığı çiftlikten traktörle dönmüş yorgun ve mesuttu:
>
> "Sitare Hanım, Ahmet Bey, üstümü değiştirmesem olur mu?" diye sordu ve "Aman Paşam hangi kıyafetle isterseniz onunla kalın" dedi Sitare Hanım.
>
> "Ahmet Bey, çamlar büyümüş orman olmuş; bak Etlik, Keçiören pı-

16. Salih Bozok-Cemil Sait Bozok, a.g.e., s. 99.

17. Süreyya Ağaoğlu, *Bir Ömür Böyle Geçti*, İsak Basımevi, İstanbul, 1975, s. 31-42.

18. Selma Selçuker "Kadın Gözü ile Atatürk, Süreyya Ağaoğlu ile Görüşme", *Güneş* gazetesi, Süreyya Ağaoğlu Arşivi Kadın Eserleri Kütüphanesi, kutu 1-5 (tarih yok).

19. Süreyya Ağaoğlu, a.g.e., s. 46.

rıl pırıl" diye devam etti. Halbuki o zaman çiftlik çamları birer fidan, sokaklar ise kapkaranlıktı. Bütün şehirde ölgün lambalar kullanılıyor, elektrik sadece Atatürk'ün evine ve şehrin küçük bir kesimine verilebiliyordu. Atatürk ise geleceği yaşayarak mutluluk duyuyordu.[20]

O gece yenilen yemekte Mustafa Kemal bir yanına Tezer'i oturtmuştu, diğer yanına da Süreyya'yı. Çok hoşsohbetti o gece. Geçmiş günlerinden eğlenceli anılar anlatıyordu. Yemek gelince garson önce Mustafa Kemal'e uzatmıştı tabağı, o da Süreyya'ya. Genç kız da çok tabiî olarak tabağı almıştı. Ancak sıra Tezer'e gelince o tabağı geri Mustafa Kemal'e uzatmayı akıl etmişti. Ahmet Bey'in gözleri Süreyya'ya duyduğu öfkeden çakmak çakmaktı. Yemek çok hoş geçiyordu. Latife, onları uğurlarken şöyle demişti gülerek Süreyya'ya:

"Evde çekeceğin var, baban sana çok kızdı!"

Gerçekten de Süreyya evde adamakıllı azar işitmişti.

Ankara çiçekleri donduruyor

1924 yılı sonlarında İzmir'de Mersinli Numune Bahçesi'ni düzenleyen fen memuru Mevlüt Bey (Baysal) Çankaya'nın bahçe düzenlemesiyle görevlendirilmişti.

Mustafa Kemal Çankaya'nın yemyeşil bir bahçesi olmasını istiyordu. Birlikte yürürlerken parlak fotinleri tozlanıyor, o da ayaklarını yere vurarak tozlarını silkiyordu.

"Mevlüt Bey! Şurası benim yatak odamdır. Sabahleyin kalkınca, yeşillik görmek isterim. Bunun için buraya çamlar diktiriniz!" dedi. Mevlüt Bey köşke hâkim bu tepenin ağaçlıklarla kaplanmasının köşkte loşluk ve nem yaratacağını düşünerek "Paşam, bu tepeciğin yegâne düz bir yerine çam dikmek yazıktır. Çamları şu kayalık araziye de dikebiliriz" demişti. Ardından da çamların kalınlaştıkça kayaları çatlatıp kayalar arasında köklenebileceğini söylemişti.

Mustafa Kemal, bahçedeki kaya öbeğinden de rahatsızdı. Mevlüt Bey bu kayalığın çimentoyla sıvanıp kaskatlarla maskelenip ortasından su geçirilmesini, önüne bir havuz yapılmasını önerince "çok güzel fikir" diye beğenmişti Kemal Paşa.

Ankara'nın iklimine uygun fidanlar getirtildi, Mevlüt Bey, İstanbul'dan bir gaz tenekesi içinde kırmızı balıklar taşıdı. İstan-

20. Süreyya Ağaoğlu, Bir Ömür Böyle Geçti, s. 39; Selma Selçuker "Kadın Gözü ile Atatürk, Süreyya Ağaoğlu ile Görüşme", *Güneş* gazetesi.

bul'dan tohum ve fide aldığı dükkânın sahibi Latife için büyük bir hezeran sepet hazırlamıştı:

> Ortaya kırmızı çiçekli bir azayla, etrafına halka şeklinde sıralanmış seçme Hollanda sümbül saksıları ve üçüncü halkaya da yine yaldızlara sarılmış, bol yapraklı kuşkonmaz saksıları ile mükemmel bir şekilde süslenmişti.[21]

Latife de yeşili ve bahçeyi seviyor, ama Ankara'nın havasında çiçekleri nasıl yaşatacağını kestiremiyordu.

Mevlüt Baysal'ın Latife'yle ilgili aktardığı bir anısı da şöyle:

> Bir sabah Latife Mustafa Kemal Hanımefendi, bana haber yollamış gittim. Üzgün bir halde "Mevlüt Bey, bu çiçeklere bir hal oldu" diye benden bir çare bulmamı istiyordu.
>
> İzmir'in tatlı iklimine alışık olan Latife Hanımefendi hava alsın diye o gece çiçekleri açıkta bırakınca, henüz pusuda duran Ankara'nın sert kışı onları avlayıvermişti. "Üzülmeyin Hanımefendi, inşallah daha iyilerini, daha güzellerini getirtiriz" demekten başka çare kalmamıştı. Latife Hanımefendi'nin çiçeğe karşı olan meclubiyeti (tutkunluğu), gösterdiği teessürden anlaşılıyordu.[22]

İstanbul'dan özene bezene gönderilen çiçekleri "ayaz" vurmuştu.

21. Mevlüt Baysal, a.g.e., s. 54, 66, 69.

22. Mevlüt Baysal, a.g.e., s. 76.

19

Cumhuriyet ilan ediliyor

Çankaya'da bir süredir gece sofraları hareketlenmişti. Mustafa Kemal'in önemli bir karar arifesinde olduğu anlaşılıyordu. 28 ekim 1923 günü Rize Milletvekili Fuat Bey ile Afyon Milletvekili Ruşen Eşref köşke gelmişlerdi. Mecliste konuşma fırsatı bulamadıkları Mustafa Kemal'i görmek istiyorlardı. Latife de Mustafa Kemal'i bekliyordu. Latife ile Ruşen Eşref yeni çıkmış Fransızca kitaplardan konuşmaya başlamışlardı ki, Mustafa Kemal kalabalık bir grupla eve geldi. Yanında İsmet Paşa, Kâzım Paşa (Özalp), Halit Paşa, Kemalettin Sami Paşa ve Fethi Bey (Okyar) vardı. Ruşen Eşref ve Fuat Bey'i görünce onları da yemeğe alıkoydu. O gece konuşulacak mesele oldukça önemliydi. Sofraya oturuldu. İçki de yoktu. Bir süre sonra Mustafa Kemal, "Yarın Cumhuriyet'i ilan edeceğiz" dedi. Herkes hararetle destekledi. Artık rejimin adının konulması gerekiyordu. Sofra erken dağıldı.

Mustafa Kemal Latife'ye,"İsmet Paşa bu akşam bizde kalacak, odasını hazırlamalarını emreder misin?" demişti.

Cumhuriyet'in ilanı için o gece iki arkadaş baş başa kalıp konuştular.

Nutuk'ta şöyle anlatacaktı Mustafa Kemal o geceyi:

"Bir yemek esnasında "Yarın Cumhuriyet'i ilan edeceğiz" dedim. Orada bulunan arkadaşlar, derhal fikrime katıldılar. Yemeği bıraktık. O dakikadan itibaren nasıl hareket edileceği hakkında kısa bir program yaptım ve arkadaşları vazifelendirdim. Yaptığım programın ve verdiğim talimatın uygulanışını göreceksiniz. O gece birlikte bulunduğumuz arkadaşlar erkenden benden ayrıldılar. Yalnız İsmet Paşa Çankaya'da misafirdi. Onunla yalnız kaldıktan sonra bir kanun tasarısı hazırladık. Bu tasarıda 20 ocak 1921 tarihli Teşkilat-ı Esasiye Kanunu'nun devlet şeklini tespit eden maddelerini şu şekilde değiştirmiştim: Birinci maddenin sonuna "Türkiye Devleti, Büyük Millet Meclisi tarafından idare olunur. Meclis, hükûmetin ayrıldığı idare kollarını icra vekilleri (bakanlar) vasıtasıyla yönetir.

O günlerde köşkte konuk olan Latife'nin kız kardeşi Vecihe de 28 ekim gecesini Yalçın Pekşen'e böyle anlatıyor.

Ben Cumhuriyet'in ilanı sırasında oradaydım. Bir gün İsmet Paşa'yı çağırttı. Çankaya'da yaveran dairesinde kalıyordu. Masada kendi yanına oturttu. "Sen buraya otur Paşa" dedi. Sonra kâğıt kalemi gösterdi, "Yaz" dedi. Hanedan-ı Ali Osman mülgadır." (1 kasım 1922'de ilga edilen saltanatın gerçek anlamıyla Cumhuriyet'le tarihe karışacağını kastetmiş olmalı.) Ondan sonra yazmaya devam ettiler. Bize anlattığına göre, Atatürk bunları daha Harbiye'de iken düşünürmüş. Vahdeddin ile seyahate gittiği zaman bile bunları düşünürmüş. Krallığı sevmediğini söylerdi. Bu yüzden Napolyon'u da sevmezdi. Bize sık sık cumhuriyetten söz ederdi. Tabiî biz cumhuriyetin ne olduğunu pek bilmiyoruz. Ama lafı geçerdi.

Hasan Rıza Soyak ise, Mustafa Kemal'in esas çalışmayı dört ay önce yaptığını, hazırladığı notları Latife Hanım'ın yanında kendisine verdiğini ve düzenlemesini istediğini söylüyor. Ardından bu notların Adalet Bakanı Seyit Bey'e gönderildiğini ekliyor.

1923 senesinin temmuz ayıydı. Büyük Millet Meclisi ikinci devre seçiminin arkası yeni alınmıştı. Atatürk, Halk Fırkası'nın kuruluşunu tamamlamakla meşguldü. Lozan Antlaşması da o günlerde ya imza edilmiş, yahut imza edilmek üzereydi. Hasan Rıza Bey, gönderilen bir otomobille köşke çıktı. Yanında Bolu Mebusu Cevat Abbas da vardı. O sıralarda bir bağ evi olan eski Köşk'ün genişletilmesine karar verilmişti. Bu maksatla evin arkasındaki kayaların bir kısmı atılıyor, yapılacak ilaveler için yer açılıyordu.

Mustafa Kemal onun geldiğini görünce, Latife ile misafirlerine, "İsterseniz bahçeye çıkıp kayaların nasıl atıldığını görelim. Biraz hava almış oluruz" dedi ve arkasından ilave etti:

"Hadi siz buyurun ben de geliyorum."

Onlar salondan çıktıktan sonra Hasan Rıza'ya yaklaştı, yelek cebinden birkaç küçük kâğıt parçası çıkardı; bu kâğıtlar o zaman daima kullandığı bir not defterinden koparılmış yapraklardı...[1]

1. Hasan Rıza Soyak, *Atatürk'ten Hatıralar,* Yapı Kredi Yayınları, İstanbul, 2005, s. 178-179.

Soyak'ın anlatımına göre, Mustafa Kemal, kâğıtları teslim ederken, "amirlerine bile bahsetmeye lüzum yoktur" demeyi ihmal etmemişti.

Konunun dört ay boyunca bir daha açılmadığını söylüyor Soyak. Kılıç Ali de benzer şekilde anlatıyor o günü.

Gazi, Hasan Rıza Bey'e notları verdikten sonra, onu salonda serbest bırakarak, Latife Hanım ve Cevat Abbas'la birlikte bahçeye çıktı. Neşeli bir şekilde bahçede gezdi. Hatta üç ayak atlama oyununu oynadı, eğlendi.

... Gazi'nin Hasan Rıza Bey'e verdiği ve Seyid Bey'e gönderdiği notlar Cumhuriyet ilanına ve Anayasa'nın değiştirilmesine ilişkin maddelerdi.

Gazi'nin *Büyük Nutuk*'ta, "Arkadaşları gönderdim, İsmet Paşa ile yalnız kalarak Anayasa'nın bazı maddelerinin değiştirilmesi için birer müsvedde hazırladık" diye İsmet Paşa'yı bu şerefe ortak etmesinin gerçek içyüzü budur.[2]

Mustafa Kemal Anayasa'yı değiştirip Cumhuriyet'i ilan etmeye ilişkin fikirlerini yakın çevresiyle ve gazetecilerle de paylaşıyordu.

Cumhuriyet'in ilanından bir ay önce, 27 eylülde, *Neue Freie Presse* muhabirine de bu yolda bir demeç vermişti.

Latife: "Millet cumhurreisliğini hoş görür mü ?"

Mustafa Kemal, Cumhuriyet konusunu Latife'yle de konuşuyordu. Yusuf Kemal Bey (Tengirşek) ile Latife arasında geçen bir konuşma, Latife'nin cumhurbaşkanlığı konusunda yakın çevrenin nabzını yokladığını gösteriyor. Bu konuşmanın bir başka ilginç noktası da görüşmeyi sağlayanın Mustafa Kemal oluşuydu.

Mustafa Kemal Paşa, Cumhuriyet'in ilanından bir süre önce Yusuf Kemal Bey'e, "Latife seni görmek istiyor" demişti. Bunun üzerine Yusuf Kemal Bey Latife'yi ziyaret etti. Görüşme sırasında Latife ona pek de beklemediği bir soru yöneltti. Israrla fikrini almak istiyordu. "Nasıl kabul eder mi millet bunu? Cumhurreisliğini hoş görür mü?" diye soruyordu Latife.

Yusuf Kemal Bey'in cevabı, "Hiçbir mahzur yoktur. Unvan değişti, başka bir şey yok... Zaten ne zamandan beri cumhurreisi değil miydi?" olmuştu.

Bir müddet sonra yanlarına gelen Mustafa Kemal Paşa'ya Latife

2. *Kılıç Ali'nin Anıları*, s. 218.

konuşulanı anlattı, Mustafa Kemal "Yok canım benden vazgeçin, ben başvekil olayım da çalışayım. Mücadele edeyim. Cumhurreisi Fevzi Paşa'yı yapalım..." deyince, Yusuf Kemal Bey, dayanamayıp, "Hayalatla uğraşmayalım Paşam" demişti.[3]

Latife'nin temmuz ayında Ankara'ya gelip Mustafa Kemal'le uzun bir söyleşi yapan *Saturday Evening Post* muhabirine söyledikleri de ilginçti. "O sadece büyük bir vatansever ve büyük bir asker değil aynı zamanda kendini düşünmeyen bir lider. O olmadan da kendi kendine ayakta kalabilecek bir hükûmet sistemi kurdu. Kendisi için hiçbir şey istemiyor. Kendi kaderini eline alan bir Türkiye'nin başarılı olacağına kanaat getirdiğinde kenara çekilmeye her an hazır" demişti.[4]

Bu mülakat, Cumhuriyet'in ilanından bir hafta önce yayımlanmıştı.

1923 ekiminin kronolojisine kısaca bir göz atarsak her şeyin bir plan içinde yürütüldüğünü görüyoruz.

13 ekim- Ankara başkent ilan edildi.

23 ekim- Ali Fuat Paşa, Büyük Millet Meclisi ikinci reisliğinden istifa etti.

26 ekim- Fethi Bey kabinesi istifa etti.

Ortaya çıkan kabine buhranının Mustafa Kemal tarafından desteklendiği anlaşılıyor. Çünkü hiç kimse bakan olmaya yanaşmıyordu. Sonunda Mustafa Kemal, Çankaya'da bulunanlara "Yarın Cumhuriyet'i ilan ediyoruz" dedi. Problem kökten çözülmüştü.

29 ekim günü Mustafa Kemal'e kötü bir diş ağrısı musallat olmuştu. Ağır bir nezle geçiriyordu. Bir gece önce İsmet Paşa'yla geç saatlere kadar çalışmışlardı. Büyük bir gayretle kalktı giyindi. İstiklal Madalyası'nı taktı. Latife de giyinip hazırlanmıştı. Çok önemli bir gündü. Cumhuriyet ilan edilecekti. Vecihe İlmen o günü anlatırken, "Latife Hanım'la birlikte meclise gittiler. Hastalığına rağmen cumhurbaşkanı seçildikten sonra çok güzel bir konuşma yaptı. Biz bütün ev halkı onun durumunu bildiğimiz için çok heyecanlanmıştık" diyor.[5]

Latife'nin Mustafa Kemal'le birlikte meclise gittiğine diğer kaynaklar pek dikkat etmemişler. Rukiye ile Vecihe de bu önemli

3. Ali Fuat Cebesoy, "Hayalatla Uğraşmayalım Paşam", *Yakın Tarihimiz*, İstanbul 1962, cilt 4, sayı 44, s. 143.

4. İsaac Marcosson, "Kemal Paşa", *Saturday Evening Post*, 20 ekim 1923.

5. Gülsün Toker Bilgehan, "Çankaya'nın Hanımefendileri", *Milliyet*, 11-12 ekim 1982.

günde meclisteydi. Cumhuriyet'in ilanını Mustafa Kemal'in baldızları, ablalarıyla birlikte locadan izlemişlerdi.

Devre dışı kalan üç komutan

Cumhuriyet'in ilanıyla Mustafa Kemal'in Millî Mücadele arkadaşlarından Ali Fuat Paşa (Cebesoy), Rauf Bey (Orbay) ve Kâzım Paşa (Karabekir) bir şekilde devre dışı kalmışlardı. Mustafa Kemal onların Cumhuriyet'e tavır aldıklarını düşünüyordu. *Nutuk*'ta da bu düşüncesine yer vermişti:

> Cumhuriyet ilanına karar vermek için, Ankara'da bulunan bütün arkadaşlarımı çağırmaya ve onlarla görüşmeye ve münakaşaya asla lüzum ve ihtiyaç görmedim. Çünkü onların aslında ve tabiî olarak benimle bu hususta aynı düşüncede olduklarından şüphe etmiyordum. Halbuki o sırada Ankara'da bulunmayan bazı kimseler yetkileri olmadığı halde, kendilerine haber verilmeden, fikir ve rızaları alınmadan Cumhuriyet'in ilan edilmiş olmasını bize gücenme ve bizden ayrılma vesilesi saydılar.

Ali Fuat Paşa, 25 ve 26 ekim geceleri Çankaya'da köşkteydi. Sabahın ikisine üçüne kadar süren görüşmelere katılıyordu. Mustafa Kemal kendisine 27 ekim akşamına kadar Ankara'da kalmasını ve her akşam Çankaya'ya gelmesini söylemişti. Ali Fuat Paşa, o sıralar meclis İkinci başkanlığından ayrılmış, merkezi Konya olan İkinci Ordu müfettişliğine tayin edilmişti. Mustafa Kemal onun yerine de Rauf Bey'in gelmesini önermiş, meclisin Rauf Bey'i memnuniyetle seçeceğini kendisine Ali Fuat Paşa aracılığıyla iletmişti.[6] Ancak Rauf Bey bu teklife sıcak bakmadı.

Ali Fuat Paşa, Ankara'dan İstanbul'a gelişinde Adnan Bey (Adıvar), Rauf (Orbay) ve Refet Paşa'yla (Bele) görüştü. Adnan Bey'e Cumhuriyet'in ilan edileceği günlerin arifesinde olduklarını söyledi. Adnan Bey'in de "Teşkilat-ı Esasiye Kanunu'nun kabulünden sonra ilan edilemez miydi" diye karşılık verdiği anlatılıyor. Hepsi de Cumhuriyet'in ilan edildiğini top seslerinden öğrenmişlerdi.

Ankara'da *Öğüt* gazetesinde çalışan ve Cumhuriyetin ilanını meclis muhabiri olarak izleyen Enver Behnan Şapolyo o günü şöyle aktarıyor:

> 1923 yılının ekim ayının yirmi dokuzuncu pazartesi sabahı idi. Gü-

6. Ali Fuat Cebesoy, Bilinmeyen Hatıralar, haz. Osman Selim Kocahanoğlu, Temel Yayınları, İstanbul, 2001, s. 269.

neşli bir hava. Samanpazarı ve Karaoğlan'dan insanlar sel gibi meclise doğru akıyordu. Kalpaklı, başlıklı, fesli erkekler ve bunların arasında kadınlar, meclisin karşısındaki Millet Bahçesi'nde toplanmışlardı.

Halk Millet Meclisi'nin kararını merakla bekliyordu. Birçokları tanımadıkları milletvekillerine yaklaşıyor, haber soruyordu. Güneş battı. Karanlık bastı. Buna rağmen halk dağılmıyordu. Hepimiz sabırsızlıkla bir haber bekliyorduk. Meclisin dar kapısından bir milletvekili çıktı. Orada bulunan gazeteciler, hepimiz milletvekilinin etrafını çevirdik. Bir milletvekili:

"Şu dakika içerde pek mutlu ve tarihsel kararlar veriliyor" dedi. Dışarıya sızan haber bu kadardı.

Akşam saat on sekiz kırk beşti, Millet Meclisi oturumu açıldı. Donuk bir ışık. Sağda dinleyicilere ayrılmış bir yer, solda gazeteciler balkonu, ortada okul sıralarında oturmuş milletvekilleri, Atatürk yok. Bütün milletvekilleri sıkışık bir durumda oturuyorlardı. Bu sessizlik içinde İsmet İnönü: Anayasa'nın birinci maddesinin "Egemenlik kayıtsız şartsız milletindir. Türkiye Devleti'nin hükûmet şekli cumhuriyettir" biçiminde değiştirilmesi için görüşme açılsın" dedi. Değiştirilmesi istenen başka maddeler de vardı. Değişiklik isteği üzerine birçok milletvekili söz aldı. Heyecanlı konuşmalar yapıldı. Bu sırada millî şair Mehmet Emin Yurdakul söz alarak orada bulunanları "Yaşasın Cumhuriyet" diye bağırmaya davet etti... Saat sekiz buçuktu. Bu dakikadan itibaren Türkiye Devleti'nin adı Cumhuriyet olmuştu.

Mustafa Kemal mecliste bulunan 158 milletvekilinin oyuyla Türkiye Cumhuriyeti'nin ilk cumhurbaşkanlığına seçildi. Meclis salonuna geldi ve alkışlar arasında kürsüye çıktı. Akşam saat sekiz otuz sularında Mustafa Kemal cumhurbaşkanı sıfatıyla ilk konuşmasını yaptı. 100 milletvekili oylamaya katılmamıştı.

Latife de eşini tebrik ederken "Çok mutluyum, millete ve devlete hayırlı olmasını diliyorum" demişti. Daha sonra "Arkadaşlarınız var, kalabalıksınız" diyerek odasına çekilmiş ve koltukta uyuyakalmıştı. Gazi sabaha karşı yatak odasına gidip de Latife'yi göremeyince, çalışma odasına baktı. Onu koltukta uyurken bulunca kucağına alıp yatak odasına götürdü. Yatağına yatırıp üstünü örttü. Kendisi de banyosunu yapıp uyumadan yeniden meclise gitti.[7]

30 ekim akşamı Çankaya'da büyük bir kutlama yemeği verildi. İsmet, Fevzi, Kâzım (Özalp) paşalar eşleriyle birlikte gelmişlerdi. Kutlama yemeğine, içki içiliyor diye Çankaya sofrasından uzak duran Mevhibe Hanım da katılmıştı. Yemek büyük bir neşe için-

7. İsmet Bozdağ, *Atatürk ve Eşi Latife Hanım*, s. 215-216.

de başladı. Rukiye ve Vecihe gecenin mükemmel olması için koşuşturuyorlardı. Latife misafirlerini o gece coşkuyla ağırladı.

20

Kalp krizi

Cumhuriyet'in ilanını izleyen günlerde Ankara çok gergindi. Mustafa Kemal, kasımın ikinci haftasında ciddi bir kalp krizi geçirdi. İlkini ikincisi izledi.

Kılıç Ali anılarında kriz anını anlatırken Mustafa Kemal'in bahçede yürürlerken fenalaştığını yazıyor:

> 1924 yılı idi. Atatürk bir gün Başyaver Rusuhi Bey'in Kapon Caddesi'ndeki köşkünün arka tarafında yaya gezinti yapıyordu. Ben, Rusuhi Bey, Salih Bozok ve birkaç arkadaş yanındaydık. Atatürk, çok sağlıklı ve neşeli görünüyordu. Hatta ara sıra uzun koşu ve atlamalar yapıyor, kayaların üzerinde sekiyordu. Bir ara rengi birdenbire sarardı ve terlemeye başladı.
>
> "Çocuklar bana bir fenalık geldi" dedi. Bizim telaşlandığımızı ve heyecanlandığımızı görünce ayağa kalktı ve yürümeye başladı.[1]

O günlerde Mustafa Kemal'in yanında bulunan Hasan Rıza (Soyak) ise iki krizden söz ediyor.

> Birinci kriz, 1923 senesi kasım ayının ilk yarısında, bir gün öğle yemeğinden sonra, daha sofradan kalkmadan gelmişti. O günlerde refikası sayın Latife Hanımefendi hasta idi, bir zatürree geçiriyordu. Onu tedaviye gelen rahmetli Refik Saydam da sofrada idi ve yanında, icap ederse Latife Hanımefendi için kullanılmak üzere bazı kalp kuvvetlendirici ilaçlar da bulunuyordu. Atatürk'ün durumunu görünce derhal müdahale ederek kendisine bir morfin şırıngası yapmış, krizin geçmesini sağlamıştı.

1. *Kılıç Ali'nin Anıları*, s. 608. Anılar yaşananlardan yıllar sonra yazıldığı için maddî hatalar içeriyor. Kılıç Ali'ye göre krizin tarihi 1924.

İki gün sonra yine öğle yemeğini müteakip bahçede gezinirken aynı şekilde fakat daha hafif bir fenalık geçirmişti.[2]

Hasan Rıza kalp krizini anlatırken Latife'nin de Çankaya'da olduğunu söylüyor. Ancak, Eriş Ülger'in *Latife Gazi Mustafa Kemal* adlı kitabında yer alan belgelerden Latife'nin Salih Bey'le İstanbul'da anne babasının yanında bulunduğu anlaşılıyor.

1923 yılı yazında Mustafa Kemal ile Latife, Çankaya'daki eski köşkün genişletilmesine karar vermişlerdi. Yaşadıkları evin hemen yanındaki üç odalı küçük binaya geçtiler.

Sonbahar gelmiş, sürekli yağmur yağıyordu. Sağlam olmayan yapının damları akmaya başlamıştı. Odaların duvarlarından sular damlıyordu. O gün Mustafa Kemal'e giden Hasan Rıza'nın tarifine göre, odanın ötesine berisine yağmur suyunu toplayacak leğenler yerleştirilmişti.[3]

Bu koşulların etkisiyle mi bilmiyoruz, ama 1923 yılı sonbaharında Latife hastalanmıştı.

Kılıç Ali de Salih Bey'in yanlarında olduğundan söz ediyor. Mustafa Kemal belki de ikinci spazmı Latife ile ona eşlik eden Salih Bey Ankara'ya döndükten sonra geçirmiş olabilir.

Ancak, Mustafa Kemal'in hastalığı nedeniyle Ankara'ya giden kalp mütehassısı Prof. Dr. Neşet Ömer Bey (İrdelp) Çankaya'ya iki kez çağrıldığını söylüyor. İlki, 13 kasım günü, ikincisi ise 27 kasımda. İkinci gidişinde Dr. Neşet Ömer uzun süreli kalmış, Mustafa Kemal'le birlikte İzmir'e de gitmişti.[4]

Utkan Kocatürk'ün kronolojisine göre Mustafa Kemal kalp krizini 11 kasımda geçirmiş.

Bütün bu ayrıntılar neden gerekli diye sorarsanız...

Mustafa Kemal'in Latife'nin çıkarttığı bir kavganın ardından kalp krizi geçirdiğine ilişkin bir iddia var. Ülger kitabında bazı telgraflara yer veriyor. Bunlardan, 13 kasımda İstanbul'a Salih Bey'e (Bozok) gönderilen telgraf şöyle:

> Neşet Ömer Bey bugün geldi. Diğer arkadaşlarla beraber muayene ve icab eden tedabiri (tedbirleri) tahakkuk ettiler. Hastalık seyr-i tabisini takip ediyor. Mucib-i endişe bir hal görülmedi. Daha üç gün kadar rahatsızlığın devamı tahmin olunuyor. Valideleri behemahal gelmek

2. Hasan Rıza Soyak, a.g.e., s. 684.

3. Hasan Rıza Soyak, a.g.e., s. 36, 684.

4. Faruk Alpkaya "Anadolu'da Yedi Gün 4 Şubat 1340" *Türkiye Cumhuriyeti'nin Kuruluşu,* İletişim Yayınları, İstanbul, 1998, s. 194, 193.

arzu ediyorlar mı? Bizi tereddüte sevk eden buradaki şerait-i hayatiyedir (hayata dair koşullar). Evvel emirde bu babdaki (konudaki) temayül-i hakikatin iş'arını (hakikatin bildirilmesini) rica ederim.

13 kasım 1923
Gazi Mustafa Kemal

Mustafa Kemal telgrafı kendisi çekmiş. Adeviye Hanım'ın gelip gelmeyeceğini de öğrenmek istiyor. Belli ki, bu İstanbul'a giden ilk bilgi değil. Hastalık haberi daha önce verilmiş.

İkinci telgraf Salih Bey tarafından Mustafa Kemal'e gönderilmiş.

Dün Vali Bey ile görüp telgrafnameyi okuduk. Sonra hanımefendinin yanlarına gittim. Kendilerini fevkalade müteesir ve endişeli gördüm. Gazetelerin beyanatı buna sebebiyet vermiştir. Kendisini kısmen teselliye muvaffak olmuş isem de, yarınki çarşamba treni ile üç gün için olsun Ankara'ya gelmek istiyorlar. Ve bunda musirler (kararlılar). Arzularını zat-ı devletlerine arz edeceğimi ve ulaşacağım emre göre hareketin muvafık olacağını bildirdim. Şimdi emri devletlerine muntazırlar (emirlerinizi beklemektedirler).

Bu telgraflardan Latife'nin 14 kasım çarşamba günü tek başına Ankara'ya dönmekte ısrarlı olduğunu anlıyoruz. Neden hiç değilse üç gün için dönmek istiyor, bunun yorumunu yapmak kolay değil. Gerçekten kocasının kendisini görmek istemediğini mi düşünüyordu? Yoksa Mustafa Kemal, Latife'nin hastalığı nedeniyle mi titizleniyordu? Bu konuda bir başka bilgiye ulaşmak mümkün olmadı.

"Öbür dünyaya gitmişim"

Latife söylediği gün Ankara'ya gitti ve kocasına özenle baktı.

Krizden 20 gün sonra Mustafa Kemal işbaşı yaptı. Onu istasyondaki dairesinde ziyaret eden Ali Fuat Paşa hastalığın izlerini yüzünde görecekti.

Daima pembe olan yüzünün rengi sararmıştı. Nefes darlığı gibi haller hissediliyordu. Umumî bir zayıflık hali de vardı. Bir ay evvel dinç ve sağlam bıraktığım Gazi'nin bu hali beni çok müteessir etti.

Mustafa Kemal Ali Fuat Paşa'yı yanaklarından öptükten sonra

ona kanepede yanında yer gösterdi.

"Hastalığımdan çok müteessir olduğunu bana söylediler. Teessürün el'an halinden anlaşılıyor. Şimdi çok iyiyim. Hele birer kahve sigara içelim..."

Zile basıp kahvesini istedi ve devam etti:

"... bundan sonra günde bir iki sigara, o kadar kahve içebileceğim. Mümkün olursa bunları büsbütün terk edeceğim. İçki ağzıma koymayacakmışım. Doktorların tertip ettikleri liste mucibince yemek yiyorum. Latife'nin rejim ve perhiz hususunda ne kadar ciddi ve dikkatli olduğunu bilirsin. Onunla oynamaya gelmez. Çocuk gibi kendisine itaat ediyorum."

Mustafa Kemal başlangıçta sağlığına çok dikkat ediyor, Latife'nin sözünden hiç çıkmıyordu. Çünkü ölümden döndüğünü düşünüyordu. Ali Fuat Paşa'ya da aynen böyle anlatmıştı o gün yaşadıklarını...

"Takriben 20 gün kadar evvel, bir sabah köşkün bahçesine inmiştim. Bahçede gezindim ve bir kahve içtim. Bu esnada büyük bir yorgunluk hissettim. Köşke girip istirahat edeceğim sırada tamamen kendimi kaybetmişim. Bundan sonra ne olduğunu bilemiyorum. Gözlerimi açtığım zaman, kendimi yatağımda uzanmış, halsiz buldum. Etrafımdakileri teşhis edebildim. Fakat kapıda duranları tanıyamadım. Kimseye bir şey sormadım, neler olduğunu kendim bulmak istiyordum. Bana öyle geldi ki, ben evvela öbür dünya gitmişim, sonra mucize kabilinden tekrar bu dünyaya dönmüşüm. Ahreti görecek kadar öbür dünyada kaldığıma kani olmuştum. Fuat Paşa kardeşim, cidden büyük bir tehlike atlatmışım."

Ali Fuat Paşa arkadaşını "Ömrünüzün yarısındasınız. Kendinize dikkat edecek olursanız daha çok seneler yaşarsınız. Bir müddet sonra Latife Hanımefendi'nin dikkat ve ihtimamıyla afiyet bulacaksınız fakat hiçbir şey olmamış gibi krizden evvelki hayatınızdan hiçbir şey feda etmeyeceksiniz" diye teselli etmişti. Bunun üzerine Mustafa Kemal, "Emin olunuz kardeşim, bu sefer tam rejim yapacağım. Ben yapamadığım zaman Latife'nin yaptıracağına inanabilirsiniz. Seninle bu akşam bize gidelim, Latife seni görürse çok memnun olur" diyerek onu Çankaya'ya davet etti.

Rauf Bey İsmet Paşa anlaşmazlığı üzerine konuşurlarken Mustafa Kemal yorulmuştu. Birlikte otomobile binerek Çankaya Köşkü'ne gittiler. Ali Fuat Paşa şöyle anlatıyor o geceyi.

> Latife Hanımefendi ziyaretimden hakikaten çok memnun olmuştu. Gazi bizi yalnız bıraktığı zaman kendisine birçok İstanbul havadisi verdim. Sonra beraberce sofraya oturduk. Gazi perhiz yemeğini yerken, bana biraz içki içmemi teklif etti. Arzusunu yerine getirdim.
>
> Gece saat 11 buçuğa kadar üçümüz yalnız kalmış pek samimi surette görünmüştük. Gazi daha fazla oturmak istedi. Ben de ona çok mütehassir olduğum (hasret duyduğum) için bu arzuyu yerine getirmek istedim. Fakat Latife Hanımefendi'nin haklı bir müdahalesi, konuşmalarımıza son verdirdi.[5]

Ali Fuat Paşa ile Mustafa Kemal İzmir'de Harp Oyunlarında görüşmek üzere birbirlerine veda ettiler.

Çevresinin gözlediğine göre Latife, Mustafa Kemal'e hastalığı nedeniyle sık sık müdahalede bulunuyordu. Kalp krizini izleyen günlerde yakın arkadaşlarının ziyaretine de bir sınır koymuş, bu yüzden tepki çekmişti.

İsmet Bozdağ'ın anlatımına göre Nuri Bey (Conker), Recep Zühtü, Kılıç Ali ve Salih Bey (Bozok) Mustafa Kemal'in oda kapısı önünde Latife Hanım tarafından durdurulmuşlardı. Hiçbiri bu durumdan hoşnut kalmamış, ateş püskürüyorlardı:

"Çıkamayacağın ağaca neden papuç çıkarırsın... Doktordan izin almış... Hıh... Latife Hanım Hazretlerinden izin aldın mı?"[6]

Latife'nin müdahalesi ziyaretlerle sınırlı değildi. Kocasının içkisine, sigarasına, kahvesine de karışıyordu.

Hasan Rıza Soyak, "Refikası aklımda kaldığına göre her gün tabakasına 10 sigara koyuyor ve bununla yetinmesini rica ediyordu" diye yazıyor.

Ancak, Mustafa Kemal kendisine konulan kuralları çiğniyordu. Köşkteki hizmetçilerden birini kandırarak hususî sigaralarından yüzlük bir iki paket almış, öğleden sonraları gittiği istasyondaki Hususî Kalem binasının üst katındaki çalışma odasına gizlemişti. Bir gün içeri giren Soyak paketi masanın üzerinde görünce, telaşla çekmecesine kaldırmış sonra da "Misafirlere veririm diye getirtmiştim de" demişti.[7]

Beş on günlük perhizden sonra sık sık kahve de içmeye başlamıştı.

5. Ali Fuat Cebesoy, a.g.e., 2. cilt, s. 59-60.

6. İsmet Bozdağ, *Atatürk ve Eşi Latife Hanım*, s. 220-221.

7. Hasan Rıza Soyak, a.g.e., s. 684.

Mustafa Kemal'in rahatsızlığı sırasında kendisini ziyaret eden Rauf Bey, Latife'nin kocasına gösterdiği ilgiye hayran kaldı ve anılarına şunları yazdı:

> Konsültasyon sonunda istirahat tavsiye edildi. Alman Hastanesi Baştabibi Orhan Abdi Bey beraberinde iki Alman şuvester getirmişti. Latife Hanım o kadar bilgili, dikkatli, aynı zamanda müşfik ve hassas idi ki, gelen şuvesterlere ihtiyaç olmadığını doktorlar katiyetle söylediler.

Bu ziyaret sırasında Mustafa Kemal de Rauf Bey ile Ali Fuat Paşa'ya "Hepimiz aynı derecede yorgun ve istirahate muhtacız. Beni görüyorsunuz. Yoo... Anlaşılıyor ki sizlere gelin hanım için kolları ben sıvayacağım" demişti.[8]

Doktorlar Mustafa Kemal'in dinlenmesi gerektiği inancındaydılar. Latife, "Neresi uygun?" diye sormuştu doktorlara. Neşet Ömer de "Bir kıyı şehri her bakımdan iyi olur, diğer arkadaşlarım da benim gibi düşünüyorlar" deyince İzmir gezisine karar verildi.

Baş başa kaldıklarında Mustafa Kemal,"Yönetimi iyice eline aldın Latife, bravo! Bu kadar becerikli olduğunu bilmiyordum" demişti. Ardından yol hazırlığı başladı.[9]

"Bayan Kemal Türkiye'yi yönetebilir..."

Basına da bir açıklama yapılmış, Mustafa Kemal Paşa'nın yorgunluk sonucu hastalandığı bildirilmişti. Ancak dış basın olaya büyük bir merakla yaklaştı. Mustafa Kemal Türkiye'yi yönetemez duruma gelirse sorusu dünya basınını spekülatif haberlere yöneltti.

Mustafa Kemal sağlığına kavuştuktan günler sonra, 23 aralıkta *New York Times* gazetesi "Kemal'in dul eşi Türkiye'yi yönetebilir" başlığıyla bir yoruma yer verdi. Frederick Cunliffe-Owen imzalı yazıda Türkiye'nin millî liderinin hastalığı nedeniyle Ankara'da dolanan dedikodulara dikkat çekiliyor ve halifelik kurumunun Mekke ya da Bombay'a taşınabileceği söyleniyordu.

Haberin özetlenmiş içeriği şöyle:

> Ağır bir kalp krizi geçiren Mustafa Kemal Paşa iki aydır rahatsız. Bütün görevleri üzerinde topladığı için ölümü halinde neler olacağı

8. Cemal Kutay, 3. cilt, a.g.e., s. 746.

9. İsmet Bozdağ, *Atatürk ve Eşi Latife Hanım*, s. 222, 223.

kestirilemiyor. Ulusal ya da uluslararası çapta ikinci bir isim yok. Elbette Lozan delegesi olarak tanınan İsmet Paşa, Başbakan Fethi Bey ya da Balkan Savaşlarının donanma kahramanı olarak tanınan Rauf Bey'in yönetime gelebileceği düşünülebilir. Ancak, bir bölümü Kürtlerden oluşan Ulusal Meclis'teki muhalifleri bu isimler nasıl idare edecek? Kürt temsilciler hâlâ barbarlığı terk etmediler; uluslararası politikanın önemini ve dostluk içinde bir arada yaşamanın gereğini kavrayamadılar.

Kimileri böyle kritik bir anda Kemal'in zeki, ilerici ve zengin karısının onun yerine ülkeyi yönetebileceğini düşünüyorlar. Eğitimini yurtdışında yapan bu kadın, ruh ve görüş olarak da kadın kurtuluş hareketinin temsilcisi...

Doğu'da Saba Melikesi ve Japon imparatoriçesi Haruko ülkelerini yarım asra yakın başarıyla yönetmişlerdi. Latife Hanım da ölümü halinde kocasının çizmelerini giyebilir.

Madam Kemal Paşa diktatörlükte ne kadar başarılı olabilir bunu kestirmek mümkün değil, ama onu halife pozisyonunda düşünemeyiz. Halifeliği üstlenmesi Kuran'ın kutsal hükümlerini ihlal eder.

Amerikalıları kara kara düşündüren halifelik kurumuydu. Padişahlık kaldırılmış, ama halifelik kurum olarak sürmekteydi. Batılılar o sıralar anlaşıldığı kadarıyla Türkiye'yi yöneten kişinin halifeliği de üstlenmesini bekliyorlardı. Mustafa Kemal'in ölümü halinde görevi Latife'ye uygun görseler de onu halifelik makamına oturtmayı gerçekçi bulmamışlardı.

Bu habere bakarak o günlerde Latife'nin dış dünyadaki imajı ülkeyi yönetmeye kadir bir kadının imajıydı diye düşünmek abartılı olur mu bilmiyorum. İsmet İnönü, Rauf Orbay ve Fethi Okyar'la yan yana adının geçmesi, üstelik onlara kıyasla daha avantajlı bir isim olarak sayılması Latife'nin o günkü konumunu anlamak açısından yol gösterici bir bilgi.

Bu gazete Mustafa Kemal ile Latife'nin eline geçtiğinde acaba aralarında neler konuşulmuştu? Kendisine Fethi, İsmet ve Rauf beyler kadar değer verilmesi Latife'nin hoşuna gitmiş olmalı. Mustafa Kemal sağlığına kavuştuğuna göre "dul eş" felaketinden de kurtulmuştu. "İşte bir gazeteci marifeti" diyerek bol bol eğlendiklerini düşünebiliriz.

21

İzmir'de el bombalı suikast

Mustafa Kemal Paşa ve Latife bir pazartesi akşamı Ankara'dan uğurlandılar. Tanışıp evlendikleri İzmir'de, Lozan Antlaşması'nın imzalanmasının ardından 27 temmuzda gelip kısa bir süre kalmışlardı. Bu kez Mustafa Kemal'in kalp rahatsızlığı nedeniyle dinlenme amacıyla geliyorlardı. Kar yağıyordu. Yanlarında Doktor Neşet Ömer, Dördüncü Kolordu Komutanı Kemalettin Paşa ile Birinci Kolordu Kumandanı İzzettin Paşa da vardı. Akşam yemeğini hep birlikte yediler. Mustafa Kemal, yemekten sonra Latife'yle ilk defa nasıl karşılaştıklarını ve nasıl evlendiklerini tatlı tatlı anlattı. Geceyarısına doğru kompartımanlarına çekilmişlerdi. Komutanlardan biri Eskişehir'de diğeri Afyon'da onlardan ayrıldı. Dumlupınar'da hava daha da sertleşmişti. Köprülerden birini tehlikeli buldukları için geceyi Güneyköy'de geçirdiler. Ertesi gün yola katarları ikiye ayırıp devam ettiler.

2 ocak günü saat dört buçukta Basmane İstasyonu'ndaydılar. Merasim istememişlerdi. İstasyonda bir bölük asker tarafından karşılandılar. Latife'nin doğup büyüdüğü eve değil, Buca'ya gidiyorlardı. Anlaşılan Muammer Bey ile Adeviye Hanım İzmir'de değillerdi. Geçmişte İngiliz krallığının temsilcisi Vorbes'in yaşadığı köşk onlar için hazırlanmıştı. 1908 yılında inşa edilen bu güzel köşk ufak bir tepenin üzerinde bakımlı bir bahçenin içindeydi. Güzel döşenmiş, sayısız salonu, banyolu yatak odaları vardı. Bütün ev ocaklarla ısıtılıyordu. Ne var ki, yolculuk bir buçuk ay önce planlandığı halde hiçbir hazırlık yapılmamıştı. Mustafa Kemal üzüntüsünden sabaha kadar uyuyamadı. Ertesi sabah erkenden Salih'le Erkânı Harp Kaymakamı Tevfik Bey'in kaldığı odaya gitti. İkisi de yataktaydı.

Salih Bey, "Paşa Hazretleri gecelikleriyle bulunuyorlardı" diye anlatıyor o sabahı. "Ne yapıyorsunuz ? Geceyi nasıl geçirdiniz:

ben hiç uyuyamadım. Burada fazla kalmak caiz değildir. Hemen kalkınız ve hazırlanınız buradan çıkıp gidelim" dedi.[1]

Derhal kalktılar, eşyalar toplandı, otomobiller geldi. Salih Bey, Neşet Ömer Bey ve Latife Göztepe'deki evin durumunu görmek ve düzenlemek için önden yola çıktılar. Evde her şey düzgün durumdaydı. Latife sobaları yaktırdı, öğle yemeği için aşçıya talimatlar verdi, selamlık dairesi konuklara ayrıldı. Öğle yemeği, Mustafa Kemal geldikten sonra yendi; ardından herkes odalarına çekildi. Akşam yemeği için harem dairesinde yeniden toplanmışlardı. Salih Bey, "Vorbes Köşkü'ne nazaran buradaki istirahatimiz mükemmeldi" diyecekti.

Köşkü gereği gibi hazırlatmadığı için İzmir Valisi Aziz Bey istifa etmiş, yerine Ankara Valisi Murat Bey tayin edilmişti.

Suikastta Latife yaralanıyor

Güle oynaya gittikleri İzmir'de Latife ile Mustafa Kemal ölümün eşiğinden döndüler. Resmî tarihe ve dönem anılarına yansımayan bir suikast girişimiyle yüz yüze kaldılar.

Dünya basınının "El bombasıyla Türkiye cumhurbaşkanına suikast girişimi" olarak sunduğu haber 7 ve 8 ocak tarihli gazetelerde yer aldı. İlk haber, 7 ocakta Kanada'da yayımlanan *Toronto Daily Star*'ın üçüncü sayfasında çıktı. Haber, "Mustafa Kemal'e isabet etmeyen bomba karısını yaraladı" başlığıyla vermişti. Aynı gazete, 18 ay sonra da suikastçının dikkatini dağıtan Latife'nin, eşini ölümden kurtardığını yazacaktı (*Toronto Daily Star*, 18 ağustos 1925).

8 ocak tarihli *New York Times* gazetesinin birinci sayfasında ise şu satırlar okunuyordu: "Mustafa Kemal Paşa kurtuldu, atılan bombayla karısı yaralandı. Midilli muhabirinden aldığı habere dayanan *Eleutheron Berna* gazetesi, İzmir'de Mustafa Kemal Paşa'ya bir suikast girişiminde bulunulduğunu haber veriyor."

En ayrıntılı haber 8 ocak tarihli *Chicago Tribune*'de çıkmıştı. "Bildirildiğine göre bomba Kemal'i de yaraladı" başlığıyla verilen haber Paris Radyo Servisi'ne dayandırılmıştı. Gazeteye göre, saldırgan Mustafa Kemal ile Latife'nin kaldığı eve gitmiş, Paşa'yla görüşmek istemişti. Kimliği bilinmeyen adamı önce Bayan Kemal kabul etmiş, eşini görmek için ısrar edince cumhurbaşkanı gelmiş bunun üzerine adam bombasını patlatmıştı. Bu haberde hem Mustafa Kemal'in hem de Latife'nin yaralandığı öne sürülmüştü.

1. Eriş Ülger, a.g.e., (Salih Bozok'un günlüğünden aktarıyor) s.120-121.

Olaydan bir süre sonra, "Türkiye cumhurbaşkanına suikast yaptığı iddiasıyla bir Giritlinin hapiste olduğu ortaya çıktı" diye yeniden yayın yapılmıştı.[2]

O günlere dair anılardan da Mustafa Kemal'in can güvenliğiyle ilgili bir tedirginlik yaşandığı anlaşılıyor. Hapisten çıkan Saadettin isimli bir adamın Vorbes Köşkü'ne bekçi olarak verildiğini, Rauf Bey'in (Orbay) eniştesi Aziz Bey'in aracılığıyla bulunan bekçinin Balıkesir polisi tarafından arandığı için İzmir'e gelişinde tutuklandığını öğreniyoruz.[3]

Cumhurbaşkanı Mustafa Kemal Paşa'yı hedef alan bu suikast girişimi Türk basınına yansıtılmadı.

Düğüne gidiyorlar

El bombalı saldırı Latife'ye önemli bir zarar vermemişti. Olaydan birkaç gün sonra Latife ile Mustafa Kemal bir düğüne gitmişlerdi. Latife'nin yeğeni Ayşe Talia, Latife'nin anneannesi Refika Hanım'ın Göztepe'deki köşkünde Ali Rıza Bey'le evleniyordu. Damat, Mustafa Kemal ile Çanakkale'de savaşmış bir askerdi. Düğün eğlencesine üç takım erkek saz, bir takım da kadın saz gelmişti. Yetişemezlerse diye Latife, yeğenine dadısı Binnaz'la babaannesinden kalma çok değerli bir yüzük yollamıştı. Pırlanta çerçevede ortasında büyük bir zümrüt olan yüzüğü, mor bir kadife kutunun içine yerleştirmiş, sonra da krem rengi Ödemiş ipeğine sarmıştı. Binnaz, düğün hediyesini iletirken, "Küçükhanım, size Paşa Hazretlerinin hediyesi" demişti. Latife ile Mustafa Kemal düğünün onur konuklarıydı. "Onlar içeri girince, büyük salon çökecek sandık" diyor Ayşe Talia Akatürk. Mustafa Kemal, Ayşe'ye yüzüğü Latife'nin takmasını istemişti.[4]

27 ocakta karıkoca Mersinli'ye bir otomobil gezintisi yaptılar.

Mustafa Kemal İzmir'e giderken doktoru da yanındaydı.

Anadolu'da Yeni Gün gazetesine göre, Doktor Neşet Ömer, 3 şubatta Mustafa Kemal'in izniyle İzmir'den ayrılmıştı. O günkü gazetelerde Latife'nin rahatsızlığından da söz ediliyor:

> Reisicumhur hazretleriyle refikaları hanımefendinin teşrinisani

2. "Türkiye Cumhurbaşkanı Büyük Çeyiz Getiren Eşini Boşadı", *Washington Post*, 14 ağustos 1925.

3. Eriş Ülger, a.g.e., s. 122.

4. Şadan Gökovalı, *Atatürk ve İzmir*, İzmir Gazeteciler Cemiyeti Yayınları, İzmir, 1981, s. 192-193.

(kasım ayı) bidayetinde hafif bir rahatsızlık geçirdikleri malumdur. Gerek Gazi Paşa Hazretlerinin gerek refika-yı muhteremelerinin kısa bir müddet devam eden rahatsızlıkları esnasında tedavilerine bilhassa ihtimam olunmuştur.[5]

Haberin devamında Mustafa Kemal'in şartların yarattığı gerginlikten dolayı hafif bir rahatsızlık geçirdiği anlatılıyor.

Mustafa Kemal'in evinde bir doktor bulunmasının halkı korkutacağı düşünülerek Latife'nin de hastalığı vurgulanmış olmalı.

Latife, Kemal Paşa'yı sıkı perhize sokmuştu.

"Daima Göztepe'deki hanımefendinin ikametgâhında bulunuyorduk. Paşamız rejime tabi tutulduğu için yemek, istirahat zamanlarımız hep sınırlıydı. Geceleri ara sıra sinema oynatıyor ve bu suretle birkaç saat vakit geçiriyorduk" diye anlatıyor o günleri Salih Bozok; Latife'nin tedbirlerini aşırı bulduğu notlarından anlaşılıyor.

Neşet Ömer, bir ay sonra Gazi'nin sağlığının gayet iyi olduğuna dair bir rapor yazıp yanlarından ayrıldı. Hadiyune Kampanyası'na ait Kamaka vapuruyla İstanbul'a hareket eden doktorun yanında da Salih Bey vardı. Vapur, Midilli'ye uğradıktan sonra İstanbul'a gitmişti.[6]

"Padişah mı bu adam, halife mi! Al Oku"

Mustafa Kemal Paşa içki içmiyor, gayet düzenli bir hayat yaşıyordu. Latife'yle çevrede at gezintilerine çıkıyor, okuyor, çalışıyor, keyifli bir tatil yapıyorlardı.

Latife ona kahvaltı zorunluluğu koymuştu. Masadan sadece kahveyle kalkmasına izin vermiyordu. Kemal Paşa, kısa süre içinde Nemse hamurundan yapılmış piroşkilerin baş müşterisi haline gelmişti.[7]

Bir ikindi vakti çay içerlerken, İsmet Paşa'dan şifreli bir telgraf geldi. Halife İstanbul'a gelen hükûmet üyelerinin kendisini aramadığından şikâyet ediyor, hilafet hazinesinin masrafları için hükûmetten para yardımı istiyordu.

Bu bir bakıma hükümetten temsilcilik istemek anlamına geliyordu.

5. *Hakimiyet-i Milliye,* 4 şubat 1924; aktaran Faruk Alpkaya *Türkiye Cumhuriyeti'nin Kuruluşu,* s. 194.

6. Eriş Ülger a.g.e., s. 123.

7. İsmet Bozdağ, *Atatürk ve Eşi Latife Hanım,* s. 223.

Mustafa Kemal kızmış, "Padişah mı bu adam, halife mi!" diye söyleniyordu. Latife de merak içindeydi. Şifrenin çözülmüş şeklini ona uzattı.

"Al oku" dedi. Mustafa Kemal resmî yazışmaları Latife'ye okutmakta tereddüt etmiyordu. Latife dikkatle okudu ve fikrini söyledi:

"Şaşılacak bir yanı yok. Daha geçen gün İstanbul'dan gelen bir arkadaşım, Beyoğlu'nda Saray mallarının el altından satıldığını bana söylemişti. Siz hem padişahlığı kaldırıp Cumhuriyet ilan ediyorsunuz hem de o sülalenin insanlarının halife adı altında eski saraylarında yaşamalarına izin veriyorsunuz. Bana, 'Devlet işlerine karışıyorsun' deme. Fakat Fransa'da bile krallık devrileli yüz yılı geçtiği halde krallar ülkelerinde yaşayamazlar. Cumhuriyet için hilafet bir tehlike kaynağı değil midir?"

"Bravo Latif... Doğru düşündün. Baştan ayağa haklısın. Al eline bir kâğıt kalem; hemen hükûmete bir mektup yazalım."[8]

Hükûmete, halifelik makamını eleştiren acı bir mektup yazdırdı Latife'ye. Latife bir ay önce *New York Times*'ta çıkan Mustafa Kemal'e bir şey olursa "Bayan Kemal Türkiye'yi yönetebilir" başlığıyla çıkan haberi hatırladı. Batı dünyası hilafet kalkınca bakalım ne yorumlar yapacaktı?

Mustafa Kemal tramvay sürüyor

Ünlü atlı tramvay hikâyesi de o günlerde yaşanmıştı. Latife'nin anlatımına göre Mustafa Kemal Paşa'nın uykusunun kaçtığı bir gece, "Ben bu gece atlı tramvaya binmek istiyorum" dedi. "Şehir uyku halinde" diye cevap verdi Latife. O saatte tramvay bulmak imkânsızdı. İstirahat etmesini rica etti.

> "Vaktin geç olduğunu söylüyorsun, ben de biliyorum, ben de bundan istifade ederek tramvaya binmek istiyorum."
>
> Yaverleri uyandırdım. Telefonlar edildi. Saat üçe doğru istenen tramvay hazırlanmıştı. Yaverleri de yanına aldı ve hep beraber tramvayın bulunduğu yere gelerek tramvaya bindik.
>
> İhtiyar bir sürücü idi. Atları kamçılayıp duruyordu. Atatürk sürücüye "Sen atları hep kamçı ile mi idare edersin?" diye sordu.
>
> "Tabiî Paşam, kamçısız idare edilir mi?"
>
> "Neden idare edilmesin?"
>
> "Biz görmedik."
>
> "Sen şu yerini bana ver de nasıl idare edilir göstereyim."

8. İsmet Bozdağ, *Atatürk ve Eşi Latife Hanım*, s. 224.

Mustafa Kemal sürücünün yerine geçti, dizginleri eline aldı, kamçıyı havada şaklatarak, deh deh diye tramvayı sürmeye başladı. Dizginleri de durmadan sallıyordu.

Sürücüye sordu:

"Nasıl sürebiliyor muyum?"

"Benden daha güzel idare ediyorsunuz, Paşam!"

"Ben de senin gibi bir idareciyim. Ben de yüz binlerce insanı idare ettim, onları ölüme giden yola sevk ettim. Ama hiçbirisine kamçı kullanmadım. Kamçısız idare ettim."

Ben söze karıştım:

"Ben de biletçi olsam Paşam" dedim.

Bana döndü, elini havaya kaldırıp avucunu havada çevirip ceketinin cebine sokar gibi yaparak:

"Bilet kes, ama paraları cebine atma" dedi.

Doğrusu ben merak içinde idim. Bunun mutlaka bir sebebi olmalıydı. Merak ediyordum, fakat soramıyordum. Birkaç gün geçmişti, yüzüme manalı manalı bakarak:

"Anlıyorum" dedi, "Hâlâ o geceyi merak ediyorsun ve ne idi o delice hareket diyorsun."

"Estağfurullah niye delice olsun?"

"Yok, görünüşe göre delice idi ama başka çarem yoktu. Maiyetimden biri o gece bizimle gelenlerden biri, kamçılı idareye benzeyen hareketle menfaatlenmişti. Meseleyi öğrendim ve çok üzüldüm. Bana ve memlekete büyük hizmetleri vardı. Menfaat peşinde koşmuş bir tanesine de sen bilet paralarını cebine atma diye bir ders verdim. Hem onu feda etmek hem de benim adamlarımdan birinin böyle hareket etmiş olmasının duyulması çok fena olurdu, ama ona da bir ders vermek icap ederdi. Yüzüne de vurmak istemedim. O takdirde onu uzaklaştırmak icap edecek, gene şayi olacaktı. İstedim ki, benim bildiğimi anlasın ve kendisine ders olsun!"[9]

Yeğeni Muammer Erboy da bu ilginç gecenin aile içinde efsane gibi dilden dile aktarıldığını söylüyor:

O zaman, Mithat Paşa Caddesi, Göztepe köşkünün önünden geçen caddede atlı tramvay işliyor. Atatürk kendi geçiyor sürücünün yerine. Ve çılgınca sürüyor. Latife Teyzemle kullanma mahallinde yan yanalar. Allah bilir dizginleri değiştirmişlerdir belki.[10]

9. Nazmi Kal, a.g.e., s. 182; Niyazi Ahmet Banoğlu, "Atatürk ve Latife Hanım", *Atatürk Araştırma Merkezi Dergisi*, cilt VII, temmuz 1991, s. 524-526.

10. Muammer Erboy'la görüşme.

Maiyetten olup da nüfuz ticareti yapan kişinin adı hep bir sır olarak kaldı.

Mevhibe'ye ziyaret

İsmet Paşa ve eşi, İzmir'e 1922 sonbaharında gelmişler, Göztepe'de kendilerine ayrılan büyük bir Ermeni evine yerleşmişlerdi. Deniz kıyısında, üç katlı bakımlı bir konaktı burası. Salonu Fransız işi siyah maun ağacından yapılmış zevkli eşyalarla döşeliydi. Salonun arkasından, pencerelerinden deniz görünen bir yemek odasına geçiliyordu. Burada da salondaki gibi bir şömine vardı. İzmir, İsmet Paşa'nın doğduğu, çocukluğunu yaşadığı kentti. İzmir, 1924 yılında görülmemiş bir kış yaşıyordu. Latife ile Mustafa Kemal İzmir'deyken Mevhibe yeni doğum yapmış, loğusa yatağında yatıyordu. Çini sobalarla bir türlü ısınmayan evde ayrıca mangallar yakılmıştı.

> Göztepe'deki evin kapısının önünde bir sabah bir fayton durdu.
>
> İçinden başı sarılı ama yüzü açık, paltolu ufak tefek bir hanım indi. Küçük yüzünde iri, siyah gözleri parlıyordu. Kapıyı açan hizmetkâra:
>
> "Gazi Paşa'nın refikasının geldiğini haber verin" dedi.
>
> Mevhibe'nin annesi Saadet Hanım aşağıya koştu. Büyük misafiri loğusanın odasına aldılar.[11]
>
> Hemen hemen aynı yaştaydılar ama, çok farklı kişiliklere sahip iki kadın ilk kez karşılaşıyordu. Mevhibe, methini çok duyduğu Latife'yi göz ucuyla, hayran hayran incelemeye başladı. O kendisi gibi değildi, kültürü, görgüsü, iddiası derhal fark ediliyordu.
>
> Mevhibe, Latife'nin cumhurbaşkanına çok uygun bir eş olduğunu düşünmüştü.
>
> İçeri, Saadet Hanım dantelli mavi portbebesi içindeki bebekle girdi. Sarı saçları, kocaman gözleriyle tatlı bir oğlandı. İsmet Paşa İzmir'e bir türlü gelemediği için bebeğin adı henüz konmamıştı. Birkaç gün sonra adı Ömer konacak olan bebeği Latife acemi hareketlerle kucağına aldı.
>
> "Maşallah Allah bağışlasın efendim. Ben bu kadar güzel çocuk görmedim" dedi. Mevhibe içinden Latife'nin de bir çocuk sahibi olmasını diledi. Toplumda önemli görevleri olan, ileri fikirli bu kadının da çocuk sahibi olmak istediğini gözlerinden okumuştu.[12]

Gerçekten de Latife yıllar sonra bir mektubunda, Mevhibe'ye

11. Gülsün Bilgehan, *Mevhibe*, s. 101.

12. Gülsün Bilgehan, a.g.e., s. 168-169.

"Onu kalbime bastırırken içimde ilk defa uyanan (altını çizmiş) annelik ihtiyacı hatıramda canlandı" diye yazacaktı.[13]

Komutanlar, gazeteciler ve profesörler İzmir'de

Mustafa Kemal İzmir'de kaldığı günlerde basının, üniversitenin ve ordunun önde gelen isimleriyle bir araya geldi. Mete Tunçay, Mustafa Kemal'in, halifeliği kaldırma konusunu fırkada bir karara bağlamadan önce basın, üniversite ve ordu desteğini sağlamak için nabız yokladığını söylüyor.

Kâzım Karabekir ile Ali Fuat paşalar da savaş oyununa katılmak üzere İzmir'e gelecekti. Harp Oyunları sırasında Mustafa Kemal ve İsmet Paşa, bir araya getirdikleri ordu müfettişleri ile kolordu komutanlarının iç ve dış politikada izlemek istedikleri yol hakkında onaylarını almayı gerekli görmüştü.[14]

İstanbul basını ile Ankara'nın arası gergindi. Yapılacak görüşmeyle ortalığın yumuşaması amaçlanıyordu. 2 şubat akşamı Altay vapuru, *İkdam* gazetesi sahibi Ahmet Cevdet, *Tanin* gazetesi başyazarı Hüseyin Cahit, *Tevhid-i Efkâr* başyazarı Velid Ebüzziya, *İleri* başyazarı Celal Nuri, *Akşam* başyazarı Necmeddin Sadak, *Vakit* başyazarı Mehmed Asım, *Vatan* başyazarı Ahmet Emin (Yalman) ve *Tercüman-ı Hakikat* başyazarı Hüseyin Şükrü'den oluşan bir heyetle İzmir'e yola çıktı. Bandırma'da kendileri için hazırlanan salonlu bir vagonla İzmir'e gittiler. Kendilerine törenli bir karşılama yapıldı, Naim Oteli'ne indiler. Sekiz kişiydiler. Velid Ebüzziya hariç gelenler Beyaz Köşk'te bekleniyordu. Mustafa Kemal Velid Ebüzziya'yı kabul etmek istememişti. Köşkten otele gelen iki açık otomobille Göztepe'ye Latife'nin babasının evine gittiler. Mustafa Kemal, İstanbul gazetecilerinin temsilcilerini 4 şubatta kabul etti. Nazik bir biçimde karşılandılar. Mustafa Kemal sakin sakin herkesin sorularını yanıtladığı üç saatlik konuşmasının sonunda heyete "Yarın akşam beraberce yemek yiyelim" dedi. Ertesi akşam saat altıda köşkteydiler. *Vatan* gazetesi sahibi ve başyazarı Ahmet Emin şöyle anlatıyor bu buluşmayı:

> Saat sekiz buçukta Latife Hanım geldi. Gazi eşini hepimize tanıttı.

13. Can Dündar, "Latife Hanım'ın Atatürk'süz Hayatı", *Milliyet*, 28 ekim 2003.

14. Mete Tunçay *Türkiye Cumhuriyetinde Tek Parti Yönetimi*, Tarih Vakfı Yurt Yayınları, İstanbul, 2005, s. 90.

Sonra sofraya oturduk. Sofra zevk ve itina ile tertip edilmişti. İhsan Bey'in idaresindeki Cumhurbaşkanlığı Orkestrası münasip havalar çalıyordu. Her şey şunu belli ediyordu ki, Gazi, memleket işlerini elbirliğiyle yürütmek bakımından basınla kurulacak barışa ve dostluğa büyük değer veriyordu. Sofrada Gazi ile Latife Hanım'dan ve yedi gazeteciden başka milletvekili Şükrü Saraçoğlu, Mahmud Esad ve Cumhurbaşkanlığı Umumî Kâtibi Yarbay Tevfik Bey bulunuyordu.[15]

Mustafa Kemal gazetecilerden, Cumhuriyet'in etrafına çelikten bir kale örmelerini istemişti.

Latife: "Eğitim dinden ayrılmalı"

Mustafa Kemal ve Latife İzmir'de tam 52 gün kaldılar ve ikinci bir balayı yaşadılar.

7 şubatta Türk Ocağı ve Altay İdman Yurdu'nu ziyaret ettiler. Aynı gün İstanbul'da Nezihe Muhiddin öncülüğünde Türk Kadınlar Birliği (TKB) kuruldu. Haber muhakkak İzmir'de duyulmuş olmalı. TKB'nin kuruluş haberi üzerine aralarında bir konuşma geçmiş miydi bilemiyoruz.

9 şubatta Ayasluğ (Selçuk) harabelerini, Kuşadası'nı, Efes harabelerini gezdiler, Söke'ye gittiler.

Anılarda Muammer Bey ile Adeviye Hanım'ın evdeki varlığından hiç söz edilmiyor. Halbuki, 13 şubatta İzmir'de Cumhuriyet döneminin ilk belediye seçimleri yapıldı ve 15 yıl aradan sonra Muammer Bey yeniden belediye başkanı oldu. Anlaşılan Göztepe'de kalmıyorlardı.

Aynı gün, Başbakan İsmet Paşa, Fevzi Paşa, Kâzım Paşa, Ali Fuat Paşa İzmir'e geldiler. Mustafa Kemal konuklarını istasyonda karşıladı. İsmet Paşa, Darülfünun'un ihtiyaçlarını görüşmek için Ankara'ya gelen heyeti de İzmir'e davet edince, hep birlikte yola çıkmışlardı. Gece Beyaz Köşk'te paşaların şerefine bir davet verildi.

Mustafa Kemal eşinin, ev sahipliğine hayran olmuştu. Mutluydu, gözlerinin içi gülüyordu. Hastalığından bu yana ilk defa perhizi bozdu, arkadaşlarıyla bir iki kadeh rakı içti. Eriş Ülger'in Salih Bozok'un notlarından aktardığına göre Mustafa Kemal Harp Oyunları başlamadan bir gün önce şöyle demişti Latife'ye:

> Bir buçuk sene öncesini hatırlıyor musun Latife. Gene böyle bir akşam İzmir'in yanışını buradan çaresizlik içinde seyretmiştik. Şimdi o günler çok geride kaldı. Bu akşam sofrada konuşulanları dinledin.

15. Ahmet Emin Yalman, *Yakın Tarihte Gördüklerim ve Geçirdiklerim*, s. 916-918.

> Hepsi birer kahraman... Sana da çok teşekkür ederim Latife. Seni bu güne kadar böyle hanım hanımcık hiç görmemiştim. Çok güzel bir ev sahibesiydin. Her şeyi ne kadar güzel hazırlamışsın. Hiç şüphen olmasın arkadaşlarım da çok memnun kaldılar.[16]

14 şubat günü Darülfünun heyeti öğle yemeğine Beyaz Köşk'e davetliydi. Rektör İsmail Hakkı (Baltacıoğlu), Edebiyat Fakültesi Dekanı Köprülüzade Fuat, Hukuk Fakültesi Dekanı Aynizade Tahsin ve Tıp Fakültesi Dekanı Doktor Vasıf gibi isimler yer alıyordu heyette. Yani İstanbul Üniversitesi'nin önde gelen profesörleri... Terbiye millî mi olmalı yoksa dinî mi olmalı konusu tartışıldı. Mustafa Kemal eğitim kurumlarının laikleştirilmesi gerektiğini düşünüyordu. Bir laiklik hareketini Türk milleti nasıl kabul eder diye sormuştu onlara. Latife'nin de eğitimle yakından ilgilendiği biliniyor. Bu konuyla ilgili olarak bir gazeteciye şunları söylemişti:

> Bu konuda fikirlerim çok net. Türkiye'de eğitim, dinden ayrılmalı ve bağımsız olmalıdır. Kendi milletimden kadınların fikrî olarak yükselebilmeleri için bunun gerekliliğine tamamen inanıyorum.[17]

Eğitimin laikleşmesi sürecine Latife de katılıyordu.

Geceyarısı üçe kadar oturan profesörler, İstanbul'a gittiklerinde de topluca Darülfünun'un, demokrasi ilkelerine kayıtsız şartsız destek olacağına ilişkin bir telgraf göndereceklerdi.[18]

Mustafa Kemal'in yönettiği Harp Oyunları, İzmir Orduevi'nde, 15'inde başladı. Eriş Ülger'in anlatımına göre karı koca açılışı birlikte izledi. Ertesi gece de Bahribaba Tiyatrosu'nda *Uçurum* adlı oyunu seyrettiler.

Canımı sana siper ederim

Ayrılış günü geldiğinde, Mustafa Kemal karısına beklemediği bir teklifte bulundu.

İsmet Bozdağ aralarında geçen konuşmayı şöyle aktarıyor:

> "Ankara'ya dönüyoruz. Fakat sen istersen birkaç gün daha İzmir'de kal."

16. Eriş Ülger, a.g.e., s.127.

17. "Kemal Paşa", *Saturday Evening Post,* 20 ekim 1923.

18. İsmail Hakkı Baltacıoğlu, *Atatürk,* Atatürk Üniversitesi Basımevi, Erzurum, 1973, s. 107-110.

"Neden sizinle gitmiyorum da birkaç gün sonra gidiyorum?"

"Misafirler geldi gitti, çok yoruldun. Belki birkaç gün kalıp dinlenmek istersin diye düşündüm."

"Bilirsiniz ki ben sizin yanınızda dinlenirim. Bana bu teklifi yapmanızın bir nedeni mi var acaba?"

"Nedeni var elbet... Fakat sana söylemek istemedim. Vesveseli kadınsın."

"Beni meraktan çatlatacak mısın Kemal? Asıl şimdi vesveseye düşeceğim."

Mustafa Kemal alçak sesiyle devam etti:

"Emniyet'e bana bir ölüm tuzağı kurulduğu ihbar edilmiş. Fakat nasıl ve nerede yapılacağı bilinmiyor. İstedim ki hiç yoktan başına bir iş gelmesin."

"Törenlerde senin yanında olacağım da ölüm tehlikesi karşısında ayrı olmaya razı mı olacağım sanıyorsun! Mutluluksa beraber. Ölümse yine beraber. Hatta atılacak kurşuna ben göğsümü gererek sana canımı siper ederim."

Mustafa Kemal Latife'yi omuzlarından tutarak:

"Oldu çocuk. Bu akşam gidiyoruz. Fakat en güvendiklerine bile gideceğimizi söyleme."

Mustafa Kemal Latife'nin fedakâr ve cesur tutumundan çok etkilenmişti.[19]

İzmir'de o gece yemek sırasında Mustafa Kemal, suikast ihbarını, Fevzi (Çakmak), Ali Fuat ve Cevat paşalara da anlattı:

Bana bir ölüm tuzağı kurulduğu hükûmete ihbar edilmiş. Hükûmet gereken tedbirleri aldı. Fakat benden de ihtiyatlı olmamı istiyorlar. Ben tedbir olarak trenin hareket saatini sakladım. İkinci bir tedbir olarak da istasyona senin (Ali Fuat Cebesoy'a hitaben) arabanla gitmeyi düşünüyorum. Arabada ben ve Latife olacağız senin yaverin şoförün yanında bulunacak. Başka kimse olmayacak. Ne dersin?

Ali Fuat Paşa, "Size en küçük bir fenalığın gelmeyeceğine eminim. Bu, bir ecnebi entrikasından başka bir şey değildir" diye açıklamıştı düşüncesini.[20]

Bu konuşmadan iki yıl kadar sonra, 14 haziran 1926'da, Musta-

19. İsmet Bozdağ, *Atatürk ve Eşi Latife Hanım*, s. 225-226.

20. Ali Fuat Cebesoy, *Siyasi Hatıralar, Büyük Zaferden Lozan'a* cilt 2, s. 67, *Bilinmeyen Hatıralar*, s. 273.

fa Kemal Paşa, İzmir'i ziyarete hazırlanırken Türkiye'yi altüst eden bir suikast girişimi ortaya çıkartılacaktı. Ali Fuat Paşa da ne gariptir ki, bu girişimle ilişkisi olduğu iddiasıyla suçlanacaklar arasında yerini alacaktı.

Ölüm tuzağı söylentileri ikinci balayı günlerine kasvetin gölgesini düşürmüştü. O gece Ankara'ya tedirgin bir hava içinde hareket ettiler.

Mustafa Kemal belki de atacağı önemli adımın engellenebileceğini düşünerek önlemleri sıkılaştırmıştı. Yeni rejimin din politikasını ilan edecekti. İslam dini, siyasetten uzaklaştırılacaktı. Açıklama 1 martta mecliste yapıldı. 3 mart günü Şeriye ve Evkaf Vekâleti kaldırıldı. Tevhid-i Tedrisat Kanunu kabul edildi. Bütün ilim ve öğretim kurumları Maarif Vekâleti'ne bağlandı. Bu düzende artık halifeye yer yoktu. 3 mart gecesi sabaha karşı Halife Abdülmecid yurtdışına çıkartıldı.

4 mart günü Büyük Millet Meclisi, hilafeti ilga eden kanunu kabul etti. "Devletin dini İslam'dır maddesi" Anayasa'da 1928 yılına kadar kaldı.

Mete Tunçay, "Hilafetin ve hemen ardından Şeriye ve Evkaf Vekâleti'nin kaldırılması, sonra da eğitimde ve yargıda birlik sağlanması, laikleşmenin yasal açıdan en önemli ilk adımlarıydı" diyor.[21]

21. Mete Tunçay, a.g.e., s. 228.

22

Çankaya'ya ilk protokol

Köşke gelen giden çoktu ve bu geliş gidişler yaverler tarafından gelişigüzel düzenleniyordu. Mustafa Kemal bu düzensizlikten yorgun düşmüştü. Kimi arkadaşları sabahın erken saatinde onu görmek gibi bir alışkanlık sahibiydi. Latife, köşke geliş gidişleri, kabul törenlerini bir düzene bağlamaya karar verdi.

Yaver Mahmut'u (Soydan) çağırdı ve düşündüklerini anlattı. Planladığı biçimiyle yeni düzeni ona bir bir not ettirdi.

O gün eve erken dönen Mustafa Kemal, Mahmut Bey ile Latife'yi kâğıt kalem çalışırlarken buldu.

Yaver Mahmut, "Hanımefendi Hazretleri köşk protokolünü yazdırıyor" dedi, Mustafa Kemal'e.

"Ne protokolü bu Latif?" diye sordu merakla Kemal Paşa.

"Sizi görmek isteyeni, doğru salona alıyorlar. Yaverler bölümünde alıkoysunlar, size haber versinler. Siz kimi kabul etmek isterseniz onları salona alırlar."

Köşke gelen gidenlerle Mustafa Kemal'in öylesine teklifsiz bir ilişkisi vardı ki, protokollü düzen ortalığı karıştırabilirdi.

"Latif" dedi "Yaverler salona kimi alacaklarını bilirler. Kimi geri çevireceklerini de. Sonra salona aldıkları da zaten benim en yakın arkadaşlarım."

Ancak Latife, "Kemal, bütün yakın arkadaşların bir sabah toplanıp buraya gelse, sen hepsini tek tek kabul edecek misin?" diye ısrar etti.

Bunun üzerine Mustafa Kemal'in, "Benim arkadaşlarıma dokunma, senin arkadaşların geldiği zaman istediğin protokolü uygula" dediği söyleniyor. Latife'nin protokol girişimlerini ağırdan almasının daha hayırlı olacağını düşünüyordu.

Latife gece davetlerinin de önceden planlanmasını istiyordu.

Evin çalışanlarına bir örnek kıyafet diktirtti, yemek servisi yapacak olanlara da beyaz eldivenler bulundu. Ancak beyaz eldivenleri giyen garsonlar, savaştan yeni çıkmış erlerdi. Eldivenler yüzünden yemek servisi sırasında iyice sakarlaşıyorlardı.[1]

Lord Kinross, Latife'nin yemek çağrılarını düzenleme girişimini şöyle yorumlamıştı:

> Mustafa Kemal'in yemek çağrılarını düzenlemeye kalktı. Kaç kişinin geleceğini önceden bilmek istiyor, hoşlanmadıklarına itiraz ediyor; Batı'da olduğu gibi davetlilerin eşlerini de birlikte getirmeleri gerektiğini söylüyordu. Bir ara yemeklere gece kıyafetiyle gelinmesini de ortaya atarak, çok kişinin özür dilemesine bile yol açmıştı. Bu "doğal" başkentte böyle şeyler pek bulunmuyordu. Bir akşam smokinle gelen konuklar, holde bir orkestranın çaldığını görünce şaşaladılar. Gazi'nin kendilerini karşılamak için sırtında onlarınki gibi smokin, yüzünde işkenceye uğramış gibi şakacı bir gülümseme, omuzlarını silkerek merdivenlerden indiğini görmek de hoşlarına gitti. Gazi böyle salon özentilerini hiç sevmez ve resmî toplantılar dışında dostlarını bu şekilde ağırlamaktan hoşlanmazdı. Rahat bir ev sahibiydi; herkese karşı nazik davranır, meşgul olur, ama bunları kendi alıştığı gibi sıkıntıya girmeden yapmak isterdi."[2]

Ancak genç kadın, karargâhtan bir başkanlık köşkü yaratmakta kararlıydı. Misafirlerini çok güzel ağırlıyor, kolalı örtülere kadar tek tek uğraşıyordu. Bugün çok sayıda görevlinin düzenlediği protokol işini Latife tek başına üstleniyordu.

Muammer Erboy, "Türkiye Cumhuriyeti'nin ilk protokolünü o hazırlamıştı. Sofrada servis nasıl yapılır, eğlence nasıl düzenlenir bunları belirlemişti" diyor.

Çocuklar için çalışıyor

Pek çok ülkede başkan eşlerinin hayır cemiyetlerinde çalışması âdettendi. Latife'nin Ankara'ya geldiği günlerde Himaye-i Etfal Cemiyeti'nin (Çocuk Esirgeme Kurumu) başında bulunan Bolu Mebusu Fuat (Umay) yardım toplamak üzere Amerika'ya gidiyordu. Latife'nin Himaye-i Etfal için çalışmaya başlaması kendisinin mi yoksa Mustafa Kemal'in mi fikriydi belli değil. Belki de cemiyetin başsız kalması Latife'nin bu görevi üstlenmesiyle sonuçlanmıştı.

1. İsmet Bozdağ, *Atatürk ve Eşi Latife Hanım,* s. 148-150.

2. Lord Kinross, a.g.e., s. 457.

Birinci Dünya Savaşı'nın sonunda kurulan cemiyet, cephede savaşanların gözü arkada kalmasın diye 1921 sonbaharında Ankara'da faaliyet yürütmeye başlamıştı. *Hakimiyet-i Milliye* gazetesinin matbaasında kuruma ayrılan odada on kişinin verdiği 20 lirayla işe başlanmış, daha sonra da Hacıbayram Caddesi'ndeki eski okul binasına taşınılmıştı. Cemiyette esas olarak hasta çocukların tedavisi yapılıyordu. Fuat Bey'in (Umay) para desteği sağlamak için Amerika Birleşik Devletleri'ne yaptığı dört aylık yolculuk sırasında bu görevi vekâleten Latife yürüttü. Fuat Bey'in Amerika'ya gitmesi için önayak olan Türk Teavün Cemiyeti'nin Başkanı da Sabiha Hanım'dı (Sertel). Mustafa Kemal Fuat Bey'le ABD'de yaşayan yardımseverlere bir de mektup göndermişti. 20 kadar toplantıda 100 000 dolara yakın yardım toplandı. Fuat Bey 25 mart 1923'te gittiği Amerika'dan 29 temmuzda dönerken yanında ABD'deki eğitimlerini tamamlayan Zekeriya ve Sabiha (Sertel) çifti de vardı. Fuat Bey, sosyal hizmet eğitimi alan Sabiha Hanım'a da Çocuk Esirgeme Kurumu'nda çalışmasını teklif etti.

Sabiha Hanım çalışmaya sosyal bir incelemeyle başlamak istedi. Latife ile Sabiha'nın yolları o günlerde kesişti. Fuat Bey, "Cemiyetimizin başkanı Latife Hanım'dır. Ben kendisine hazırladığınız projeden bahsettim. Toplantıdan önce projeyi dinlemek ve sizinle konuşmak istiyor" demişti. Sabiha Hanım, anılarında o günü anlatıyor:

> Ben projeyi Latife Hanım'ın dinlemesinde hiçbir mahzur görmedim. Müspet bazı fikirler verirse elbette ki faydalı olurdu. Latife Hanım'ın geleceği günü kararlaştırdık. Cemiyet'in merkezinde Fuat Bey'in odasında buluştuk. Kendisine düşüncelerimi anlattım. Projenin okunmasını istedi. Bu biraz uzun sürdü, ama dikkatle dinledi. Odada o, Fuat Bey ve ben üç kişiydik. Projenin okunması bittikten sonra, onun fikirlerini öğrenmek istiyordum. O, elinde sinirli sinirli çevirdiği bir cam hokkayı elinden bıraktı, kati bir sesle,"İyi hazırlanmış, etraflı bir proje" dedi. "Fakat bizim memleketimizde uygulanamaz." Sebebini sordum. Şu cevabı verdi. "Bu gibi şeyler ancak Amerika'da yapılabilir. Bizim şartlarımız buna uygun değildir" dedi. Ve ayağa kalktı. "Uzmanlar heyeti projeyi görsün, uygun bulurlarsa yürürlüğe girer" dedi.

Sabiha Hanım, yalnız yetim çocukların değil eğitim, okul ve öğretmen sorunlarını da ele almak istiyordu. Ankara köylerinden başlayarak bir yerel araştırma yapılmasını istiyordu. Bir hafta sonra yapılan Çocuk Esirgeme Kurumu yıllık toplantısına Mustafa Kemal, Fethi Bey'le birlikte geldi. Fethi Bey'in yaptığı konuşmadan Sabiha Hanım umutlanmış, hatta konunun Çankaya'da ele alındığını düşünmüştü. Projeyi, başta Ziya Gökalp olmak üzere uzmanlar da olumlu karşıladı. Ancak toplantıya son dakikada katılan Adalet Bakanı Yusuf Kemal yapılan işin kanunsuz olduğunu, böyle bir projenin ancak Genel Kurul kararıyla kabul edilebileceğini söyledi. "Siz yetkili değilsiniz" deyince, uzun bir tartışma yaşandı. Ziya Gökalp sinirlendi, önce kanuna uygun mudur karar verilsin sonra bizi davet etsinler deyip kapıyı vurup çıktı. Yusuf Kemal de ayrıldıktan sonra Sabiha, Fuat Bey'e "Bu rüzgâr Çankaya'dan esiyor değil mi" diye sormuştu. Aldığı yanıt "Galiba" idi.[3]

Çok kısa bir süre sonra da Zekeriya Bey (Sertel) matbuat umum müdürlüğünden istifa edecekti. "Hükûmetin basına sansür koyma niyeti yok" deyince kendisine "Nereden biliyorsun?" diye sormuşlardı.

Burada iki yorum yapılabilir. Birincisi, gerçekten Latife itiraz ettiği için proje suya düşmüş olabilir, ki bu Latife'nin hükûmet içinde sözüne değer verilir bir konumda olduğunu gösterir, ikincisi Sertel çiftiyle uzun boylu bir işe girmek istenmediği için... İkincisi daha akla yakın geliyor.

Himaye-i Etfal Cemiyeti 1923-1925 arasında yoğun bir faaliyet yürüttü. Yiyecek yardımı yaptı, pastörize süt dağıttı, köylere ebe gönderdi. 1923 yılında çocuklara yiyecek yardımı yapılmaya başlandı, bu yardım 517 000 çocuğa ulaştı. İzmir'de 1923'te Ankara'da da 1924 yılında birer Süt Damlası Kurumu açıldı. Bu kurumlar inek satın alıyor; parasız pastörize süt dağıtıyordu. 1924'te parasız süt dağıtımından 1 337 000 çocuk yararlanmış, 1925 yılında da 30 000 çocuk sair yardımlar adı altında yardım almıştı.[4]

Latife'nin konuşması

Latife'nin 10 ekim 1923'te Himaye-i Etfal Cemiyeti adına yaptığı konuşma *İleri* gazetesinin birinci sayfasında fotoğraflı olarak yayımlanmıştı:

> Türkiye Himaye-i Etfal Cemiyeti Merkezi Umumiyyesi Ankara'da evvelki gün Latife Gazi Mustafa Kemal Hanımefendi'nin riyaseti altında akd-i içtima etmişti. Bu küşadı, hususî muhabirimiz bildirmiştir.

3. Sabiha Sertel, a.g.e., s. 73-77.

4. Turgay Çavuşoğlu, *Çocuk Esirgeme Kurumu*, Beyaz Gemi Yayınları, İstanbul, 2001, s. 10.

İstiklal uğrunda bu kadar büyük fedakârlıklar yapan mübarek milletimizin mini mini yavruları ile uğraşmak gibi ulvi ve mukaddes bir vazifenin ifasına davet edilmiş bulunuyoruz. Kaniim ki cümlemizin bu ulvi vazifeyi tatlı bir heyecan ile ifa etmek hususunda hiçbir tereddüt yoktur. Nasıl olabilsin ki kendilerini içinde bulundukları müşkilattan tahlis edeceğimiz (zorluktan kurtaracağımız) vatan yavruları bizim sa'yi (çaba) ve himmetlerimiz (çalışmalarımız) sayesinde ölümden ve sefaletinden kurtulmakla yarının demir pazulu gürbüz vatan gençlerini teşkil edeceklerdir. Milletin küçük yavrularına yardım etmekte vatanın istikbaline ehemmiyetli ve büyük hizmetler vardır. Bendeniz şahsen bu hizmetlerin ulviyet ve kutsiyetine iman etmiş bir vatandaş sıfatıyla bu uğurda elimden gelebilecek faaliyetin azami derecelerini sarf ve ibzale (kullanmaya) çalışacağım. Şuna da kaniim ki burada hazır ve vatanperverlikleri delail-i faaliyesiyle sabit muhterem arkadaşlarımın azami müzaheretlerine mazhar (yardımlarına erişmiş) olacağım.

Muhterem arkadaşlar, deruhte ettiğimiz vazife ne kadar masum ise o kadar da mühim ve âlidir. Mazhar olacağımız müzaheretin (yardımın) yalnız kendi aramıza münhasır kalmayacağından emin olabiliriz. Biz kemal-ı hulus ve azm ile çalışalım. İnşallah muvaffak oluruz. Bu samimi mukaddimecikten sonra müsaadenizle işlerimize geçelim.[5]

Latife kendi konuşmasına "mukaddimecik" diyerek iddiadan uzak olduğunu vurgulamaya çalışıyor. Yaprak Zihnioğlu Latife Hanım'ın Himaye-i Etfal Cemiyeti'ndeki konuşmasını şöyle yorumluyor: "Kemalistlerin kadınlara ilişkin siyasalarında ağırlık aile ve çocukların korunmasını da içeren bir hıfzıssıhha ve nüfus siyasetiydi. Himaye-i Etfal'e verdikleri önem, TKB yöneticilerine siyasî haklar talep etmek yerine bu kuruluşta çalışmalarını önermeleri bu indirgemeci tutumun örnekleridir. Nitekim Latife Hanım'ın Ankara'da, Himaye-i Etfal Cemiyeti'nin merkezindeki konuşması da yeni yönetimin çocuk sağlığına verdiği önemi vurgular."[6]

8 şubat 1925 tarihli *Cumhuriyet* gazetesinden Latife'nin İstanbul'da Darülfünun'un karşısındaki Süt Damlası Kurumu'na 1 000 lira bağışladığını öğreniyoruz. Bu paranın o günkü karşılığı 6 600 dolardı. Yoksul Türkiye için büyük bir paraydı. "Latife Hanımefendi'nin mühim bir teberruu" başlıklı haber şöyle:

5. Yaprak Zihnioğlu, a.g.e., s. 222 (Zihnioğlu'nun kitabında metin olarak yer almayan konuşmanın transkripsiyonunu kendisinden aldım).

6. Yaprak Zihnioğlu a.g.e., s. 221.

> Himaye-i Etfal Cemiyeti İstanbul Merkezi'nden Türkiye Himaye-i Etfal Cemiyeti reise-i muhteremesi Latife Gazi Mustafa Kemal Paşa Hanımefendi Hazretleri tarafından merkezin taht-ı himaye ve idaresinde bulunan Darülfünun karşısındaki Süt Damlası müessesesine İstanbul Mebusu Doktor Hakkı Şinasi Paşa vedaatıyla (emanetiyle) bin lira ihda buyurmak (yollamak) suretiyle ibraz-ı semahatta bulunmuşlardır (cömertlik göstermişlerdir.)

Haberde, Latife'nin Himaye-i Etfal Cemiyeti'nin başkanlığını kabul etmesinden duyulan memnuniyet belirtiliyor, onun bütün mesaisini ve hayatını cemiyetin ilerlemesine ve gelişmesine vakfederek yetimlerin ve çocukların koruyucusu unvanını hak ettiği vurgulanıyor.

Himaye-i Etfal Cemiyeti, 1925 yılında Keçiören'de 39 000 metrekarelik bir sahadaki eski bir binaya taşınarak yuva hizmetini sürdürmeye başladı. Bu faaliyetlere Latife'nin emeğiyle ve parasıyla destek olduğu anlaşılıyor.

2005 yılı başlarında, Hıfzı Topuz ile İsmet Bozdağ'ın katıldığı bir "5 N 1 K" programında, Latife'nin Himaye-i Etfal'deki görevinin, bir meşguliyet bulsun da Mustafa Kemal'i rahat bıraksın diye icat edildiğinden söz edildi. Mustafa Kemal'in çevresindeki erkekler, Latife'nin aralarında bulunmasından hoşlanmadıkları için gerçekten de böyle düşünmüş olmalılar. Ancak Mustafa Kemal, Latife'nin toplum içine karışmasını ve sosyal alanda faaliyet göstermesini istiyordu.

23

Dönem kadınları

Kadınların kocalarının görevleriyle anıldığı yıllardı. İsimlerini öğrenmek bile çaba gerektiriyordu. Çünkü hemen hepsi, filan vekilin eşi, filan şehir mebusunun kızı diye anılıyordu. Onlardan aynen çocuklar gibi kocalarının konumlarıyla söz ediliyordu. Kaçgöç günleriydi. Özellikle Ankara'da sosyal hayat erkeklere mahsustu. Kadın ile erkeğin bir arada bulunması geleneğe aykırıydı. Halbuki savaş sırasında kadınlar evden çıkmışlar ve kocalarının yokluğunda pek çok işi omuzlayıp götürmüşlerdi. İşgal sırasında cepheye gidenler olmuş, cephe gerisindeki mücadeleye sayısız kadın katılmıştı. Yani kadınlar bir özgürleşme süreci yaşamışlardı. Ama bir taşra kasabası görünümündeki Ankara, başkent olduktan sonra da "kadınsız" olma özelliğini sürdürüyordu.

Meclis'in önemli bir kesimi muhafazakâr, kaçgöç yanlısı mebuslardan oluşmaktaydı. Kadınların soluk alabilmesi için köklü bir değişim gerekiyordu. Meclisin açılmasıyla birlikte Ankara'ya taşınmalar başlamış, kadınlar bu yer değiştirme sırasında ciddi zorlukları göze almışlar, gelenler Keçiören ve Çankaya çevresinde buldukları bağ evlerine yerleşmişlerdi. İstanbul'da oturmak ayıp, Ankara'da oturmak onur sayılıyordu. Ancak, Ankara'da yaşayacak ev bulmak kolay değildi.

Dönemi anlatan anılarda kadınların isimlerine rastlamak çok zor. Hatıralar, sanki kadınlar hiç yaşamamış gibi kaleme alınmış.

1923 öncesinde Ankara'ya gelen kadınlar, Mustafa Kemal Paşa'nın yanındaki kadın olarak Fikriye'yi tanımışlar, onunla dostluk kurmuşlardı. Fikriye'nin Kemal Paşa'ya kurduğu ev ortamından, ev sahipliğinden herkes hoşnuttu. Ankara'ya geldiğinde Halide Edip de ona uğruyordu. Fikriye'nin piyanosunu ilerletmesi için köşke bir piyano alınmıştı. Çankaya çevresinde at gezintilerine çıkan Fikriye, Hilaliahmer toplantılarında da görülürdü. Çankaya'ya çarşafla gelmiş daha sonra çıkartıp tayyör giymişti.[1]

Ancak Çankaya'nın hanımı olarak benimsenen Fikriye, Ankara'dan sessiz sedasız ayrılmış birkaç ay geçmeden de Latife gelmişti. Süreyya Yiğit, "Gazi, Latife Hanım'la Ankara'ya geldiğinde başkent sosyetesi çalkalanıyordu. Ankaralı hanımlar, Zübeyde Hanım'ın vefatından iki hafta sonra Gazi'nin alelacele evlenmesine bakarak Latife Hanım'ın önemli özelliklere sahip olduğunda hemfikirdiler" diyor.[2]

Latife'yi Ankaralı kadınlarla tanıştıran daha çok Cevat Abbas'ın eşi Memduha oldu.

Ankara'daki kadınlar...

Ruşen Eşref'in eşi Saliha Ankara'ya ilk gelenlerdendi. Ahmet Ferit Bey'in eşi yazar Müfide Ferit, Cevat Abbas'ın eşi Memduha; Falih Rıfkı'nın eşi Şefika (Mina Urgan'ın annesi), Ağaoğlu Ahmet'in eşi Sitare ve kızları Süreyya ile Tezer, Kılıç Ali'nin eşi Hümeyra ve kız kardeşleri; Celal Bey'in eşi Reşide (Bayar), Salih Bey'in eşi Pakize (Bozok) ve Süreyya Bey'in eşi Mediha (Yiğit), Rıza Nur'un eşi İffet ve Fethi Bey'in eşi Galibe (Okyar) da Ankara'da yaşamaya başlamışlardı. Annesiyle birlikte İzmir'de oturan Mevhibe, Latife geldiğinde henüz Ankara'ya taşınmamıştı.

Kadınların arka planı oldukça ilginçti. Aslında Millî Mücadele'ye katılmış erkeklere baktığımızda, çoğunun eşinin önde gelen ailelerden, eğitimli kadınlar olduğunu görüyoruz. Birçoğu kocalarına göre toplumun daha üst sınıfından olan bu kadınlar işgal sırasında pek çok zorluklara göğüs germeyi becermişlerdi.

Sitare, Ağaoğlu Ahmet Bey'le evlenip Bakû'den gelmiş eğitimli bir kadındı, İstanbul'da Birinci Dünya Savaşı sırasında kurulan Esirgeme Derneği'nin de kurucusuydu.

Celal Bey'in eşi Bursalı Reşide, Rüşdiye mezunuydu, eşini tutuklamaya gelen polisleri içeri almadığı sık sık anlatılırdı. İstanbul'da bir Mevlevî tekkesinde büyüyen Kılıç Ali'nin eşi Hümeyra, Mektebi Mülkiye-i Şahane'den bir maliye profesörünün kızıydı, Fransız okulunda eğitim görmüştü.

Rıza Nur'un eşi İffet, Serasker Rıza Paşa'nın torunuydu ve Avrupa'da büyümüştü.

1. Ziya Oranlı, a.g.e., s. 88.

2. Nuyan Yiğit, a.g.e., s. 231.

Cevat Abbas'ın eşi Memduha, 400 yıllık geçmişi olan bir aileden geliyordu. Evde eğitim görmüş, açık sözlü bir kadındı. Memduha, Mustafa Kemal'in özel trenini durdurarak kocasının eve hiç gelmeyişinden duyduğu öfkeyi dillendirmesiyle ün salmıştı.[3]

Latife, Galibe'yle sıkı bir dostluk kurdu. Babası Münih konsolosuyken Almanya'da okumuş, Almanca, İngilizce, Farsça öğrenmiş, çok kitap okuyan kültürlü bir kadındı. Biri kız biri oğlan iki çocuğu vardı. Latife için bulunmaz bir nimetti. Birlikte çekilmiş bir fotoğrafları hem dünya basınında yayımlanmış hem de *Süs* dergisine kapak olmuştu. Yine Mustafa Kemal ve Fethi Bey'in önlerinde Latife ve Galibe'yle birlikte verdikleri bir poz da o günlerin anısı olarak bugün pek çok kitapta yer alıyor. Fotoğraflarda Galibe'nin Latife'ye göre daha az örtündüğü görülüyor. Muhafazakâr gözler, Mustafa Kemal Paşa'nın eşine çevrilmişti.

Çankaya çevresindeki kadınların kimi modern giyiniyordu kimi de kapalıydı. Reşide Hanım (Bayar) başını örtmeyi tercih edenlerdendi. Medeni Kanun'da imzası bulunan Adliye Vekili Mahmut Esat Bey'in (Bozkurt) karısı Füheda Hanım ise hasır peçesiyle gezmeye devam ediyordu.[4]

Mevhibe, ilk kez Lozan'a giderken kocasının ısrarı üzerine çarşafını çıkarıp atmıştı. Galibe modern ve şık geziyordu, Cevat Abbas'ın, Kılıç Ali'nin, Süreyya Yiğit'in eşleri erken yıllarda çekilmiş fotoğraflarda hep başları açık poz vermişler. Ağaoğlu ailesinin kadınları da hem fikir hem de giyim kuşam olarak muhafazakâr geleneğe karşı çıkmış kadınlardı. Süreyya Hukuk Fakültesi'nin ilk kız öğrencisiydi, daha sonra milletvekili seçilecek olan Tezer de felsefe okuyordu.

Bu ses Ağaoğlu Ahmet Bey'in sesi...

Evlenip Ankara'da oturmaya başladıklarında Yakup Kadri, Leman'a, Latife Hanım'ı ziyarete gitsene demişti. O da "Herkesin içine girip de Yakup Kadri evlendi, ben onun karısıyım diyemem ki" diye itiraz ediyordu. 1924 kasımında bir gün randevu alıp birlikte gittiler. Latife'nin babası, Yakup Kadri'nin Bektaşî meclisinde dostuydu. O gün, Çankaya'ya gittiklerinde iki kadın baş başa kalmışlardı.

"Yandaki salondan sesler geliyor. Latife Hanım diyor ki, Bu ses Ağaoğlu Ahmet Bey'in sesi, bu ses falancanın sesi. Bütün sesleri

3. Hüseyin Gürer ve Deniz Baykal'la görüşme.

4. Gülsün Bilgehan, *Mevhibe*, s. 206.

söylüyor bana. Sonra bir ara 'Kemal konuşuyor' dedi. Gazi Paşa'dan Kemal diye bahsedince ben çok yadırgadım ama yine de doksan kulak kesildim ve dinlemeye başladım" diyor Leman Hanım, Yakup Kadri'nin ziyaretinin uzayacağı anlaşılınca ayrılmak istemiş, Latife de o sırada yanlarına gelen Mustafa Kemal'i görünce, "Kemal seni Yakup Kadri Bey'in karısıyla tanıştırayım" demişti.

Ben kendisinin yanında fazla kalıp rahatsız etmek istemezdim. Hatta o bana takılırdı. Diğer hanımlara derdi ki, "Efendim Yakup Kadri Bey eve gelmişlerdir diye erken kalkarlar." Bir de ben oradan davet gelmedikçe gitmek istemezdim. Ben bir mebus hanımıyım, o ise muzaffer bir kumandanın hanımı. Ona gitse gitse her gün başbakanın hanımı gidebilir. Ama beni her zaman çağırırdı. Latife Hanım iyi yetişmiş bir kadındı. Benimle sürtüşmesi olmadı. Herkesle olmuştur ama benimle asla.[5]

Leman Hanım'ın gözüyle o günün kadınlarına kısaca bir göz atalım...

Galibe Hanım da onun gibi kültürlü, lisan bilen, güzel giyinen bir konsolos kızıydı. Bir oğlu, bir kızı vardı. Ve Latife Hanım ile gayet iyi anlaşıyordu Memduha Hanım şişman, neşeli konuşkan bir kadındı. Davetlerde muhakkak bulunurdu. Misafir günlerine en çok gelenler arasında, Süreyya Ağaoğlu'nun kız kardeşi Tezer Taşkıran, Kılıç Ali'nin kardeşi Vesiret Hanım. Naime Hanım, Ruşen Eşref in eşi Saliha Hanım vardı. Mevhibe Hanım cumartesileri kabul gününe gelmez, ayrıca randevu rica ederdi.[6]

Çankaya'da kabul günleri

Ankara'yı değiştirmek için önce kadın-erkek arasındaki kaçgöçe son vermek gerekiyordu. Latife ile Mustafa Kemal uzun uzun planlar yapıp Çankaya'ya kadınların da gelmesi için kabul günleri başlattılar. Vecihe İlmen'in anlatımına göre, cumartesi günleri 15:00-18:30 arasında hanımlar geliyordu. Sonra Mustafa Kemal, bazı günlerde ben de çıkacağım, beyler de gelsin diyerek bu günlerin anlamını değiştirmişti:

Latife ile aralarında kararlaştırdılar. Hanımlar gelecek, otururken

5. Emin Çölaşan, "Leman Karaosmanoğlu ile Sohbet; Atatürk'ü İki Kadın Deli Gibi Severdi" *Hürriyet*, 10 kasım 1985.

6. Gülsün Bilgehan "Çankaya'nın Hanımefendileri" *Milliyet, 11-12 ekim 1982.*

Atatürk içeri girecek. İçeri girdi. Var mı o zaman erkekle kadın bir arada otursun. O girdi. Arkasından birkaç bey daha girdi. Böylece hanımların arasına beyler hatta yabancı elçiler de katıldı. Fakat Ankaralı kadınlar lisan bilmedikleri için ve bu durumdan çekindikleri için böyle toplantılar uzun sürmedi. Ama böyle böyle akşamları kadın-erkek bir arada oturmalar başladı.

Bu davetler Ankara'nın en önemli sosyal olayı olmuştu. Latife'nin misafir salonu olarak kullandığı mavi salonda yer bulunmuyordu. Misafirler arasında Ankaralı hanımlar, bakan, milletvekili, gazeteci eşleri de oluyordu. Yalnız Çankaya çevresi değil, Dikmen, Keçiören'den de geliniyordu. Hanımlar mavi salonu çevreleyen koltuklarda sessiz sessiz oturuyor, yemek odasının kapıları açılınca, Latife buyurunuz efendim diyerek konukları çaya davet ediyordu. Gülsün Toker Bilgehan, kabul günlerini annesinden dinlemişti:

Açık büfe olarak hazırlanan sofra son derece zarifti. Latife Hanım'ın çeyiz sandığından çıkarılmış işlemeli örtüler... Üzerine pastalar dizilmiş kristal tabaklar... Çay ayakta veriliyordu. Latife Hanım herkesin eline tabakları, bardakları uzatırdı.

Latife Hanım'ın zarafeti, ev sahipliği fevkaladeydi. Çok güzel giyinirdi. Elbiselerinin çoğu Avrupa'dan gelir, bazıları da İstanbul'da dikilirdi. Kabul günlerinde misafirler gözlerini onun üzerindeki kıyafetlerden, babasının hediyesi olan mücevherlerden, hele konuşurken devamlı çevirdiği tek taş yüzükten alamazlardı. Bu günlerde, hemen hep Latife Hanım konuşur, genellikle kimse bir şey söylemez herkes onu dinlerdi.[7]

Leman Karaosmanoğlu bir anısını şöyle aktarıyor:

Latife Hanım'ın çeyizinden çıkmış işli örtüler üzerinde pastalar dizili. Hanımefendinin misafir günüydü. Zamanın hanımları biraz çekingendiler. Kimse bir yere el uzatamaz, eski Türk terbiyesi gereği ayakta beklerlerdi. Latife Hanım eli ile ikram etmedikçe bir şey almazlardı. O bakın efendim, bu kurabiyeler güzel, bir tabak alın kendinize, diye ısrar ederdi. Ankaralı hanımefendiler daha sonraları göre göre mahcubiyeti bıraktılar.

Latife Hanım'ın zarafeti ve ev sahipliği fevkaladeydi. Yaz günlerinde sinek olmasın diye tepsilerin üzerleri oyalı tüllerle kaplıydı. Yiye-

7. Gülsün Bilgehan, "Çankaya'nın Hanımefendileri", *Milliyet*, 11 ekim 1982.

cekleri aşçı yapardı. Çok dolu bir sofraydı. Latife Hanım'ın söyledikleri evde bir kere daha anlatılır ve değişe değişe bütün Ankara'ya yayılırdı.[8]

Kabul günlerinde neler konuşulurdu? O günün politik ortamında anlaşılan Türkiye'nin önündeki değişim hamleleri konuşuluyordu. İnönü'nün torunu Gülsün Bilgehan kabul günlerindeki havayı anneannesinden dinlemişti:

> Başkentte sihirli bir hava vardı, kadın erkek herkesin millî duyguları doruktaydı; onca yokluğa, eksikliğe şikâyet etmeden katlanıyorlardı. Mustafa Kemal'in arzu ettiği gibi kadınlar toplumda görev almaya hazırdılar. Önderlerinin ulaştırmak istediği mesajı almışlardı, kendilerini ispat etmek istiyorlardı. Yılgınlığa düştükleri durumlarda Latife Hanım kendilerine ders veriyor, ümit aşılıyor, geleceğe güvenle bakmalarını sağlıyordu.
>
> Gazi Paşa'nın Hanımı'nın eşler üzerinde önemli bir etkisi vardı; ondan hem çekiniyorlar, hem de çok sayıyorlardı. Mustafa Kemal'in eşine olan düşkünlüğü biliniyordu; ona herkesin içinde çok itibar ediyor, fikirlerine değer veriyordu. Nazlı İstanbul hanımları Latife Hanım'ın salonunda otururlarken âdeta birer dişi aslan kesiliyorlar, hele Mustafa Kemal'in gerçekleştireceği devrimlerden söz açılınca, heyecana geliyorlar, azimlerini ortaya koyuyorlardı.[9]

Aslında nazlı diye tanımlanan İstanbul hanımları savaşta ayakta kalmayı başarmış, baskıya göğüs germiş, Millî Mücadele'ye destek olmak için çabalamış kadınlardı.

Kaçgöç davası

Süreyya (Ağaoğlu) ilk kadın hukukçu sıfatıyla arkadaşı Melahat'la birlikte Adalet Bakanlığı'nda staja başlamıştı. Öğle yemekleri sorun oluyordu. Bir gün babasından izin alarak hiç hanım müşterisi olmayan mebusların yemek yediği İstanbul Lokantası'na gittiler. Zaten başka da yemek yiyecek lokanta yoktu. Hayretler içinde kalan mebuslar hemen Ahmet Bey'i aradılar. O da akşam şöyle dedi Süreyya'ya: "Başbakan Rauf Bey, Süreyya ile bir hanım arkadaşının lokantada yemek yediğini ve herkesin bundan bahsettiğini söyledi. Bir de kütüphaneye giden bir hanım var-

8. Gülsün Bilgehan, a.g.y, 12 ekim 1982.

9. Gülsün Bilgehan, *Mevhibe*, s. 173.

mış. Onun hakkında da dedikodu yapılıyormuş. Bundan sonra öğle yemeklerinde bana gelin."

(Rauf Bey, kütüphanede çalışması yüzünden dillere düşen hanımın kendi kız kardeşi olduğunu sonradan öğrenecekti.)

Olayı Süreyya'dan dinleyen Mustafa Kemal, "Babanın da Rauf Bey'in de hakkı var" demişti. Ertesi gün Süreyya vekâlette çalışırken, Vekil Necati Bey, Süreyya'ya Paşa'nın gelip onu yemeğe götüreceğini haber verdi. Mustafa Kemal'i getiren açık gri renkli otomobilde Siirt Mebusu Mahmut Bey ve yaver Muzaffer de vardı. "Latife bugün seni öğle yemeğine bekliyor" dedi Mustafa Kemal, Süreyya'ya. Otomobil önce İstanbul Lokantası'nın önünde durdu. Bütün mebuslar lokantadan fırlamışlardı.

Mustafa Kemal mebuslarla konuşurken, "Ben bugün Süreyya'yı bize götürüyorum, yarın lokantada yiyecek" diye sesini yükseltti hafiften.

Çankaya'ya gittiklerine Latife, Süreyya'ya, şöyle dedi: "Kemal bu lokanta meselesine fena halde kızdı. "Bak ne yapacağım! dedi."

Ertesi gün, Bahriye Vekili İhsan Bey'in eşi Nuriye Hanım ile Hamdullah Suphi'nin eşi öğle yemeği için İstanbul Lokantası'ndaydılar. Ankara'nın tek yemek yenecek yeri olan İstanbul Lokantası'nın erkek müşterileri, o günden sonra kadınları kabul etmek zorunda kalmışlardı.[10]

Kaçgöç önce Çankaya'da kırıldı, ardından İstanbul Lokantası kadınlara açıldı. Sıra başka mekânlara gelmişti. Ankara'da yapılan ilk Türk Ocağı toplantısı için Falih Rıfkı şunları yazıyor:

> Kerpiçten bir okulu, galiba bir Rum okulu imiş, Hamdullah Suphi, Türk Ocağı'na çevirmişti. Mustafa Kemal ilk defa arkadaşlarını hanımları ile oraya davet etti.
>
> Hâlâ gözümün önündedir. Salonun bir tarafında kadınlar, bir tarafında da erkekler toplu olarak oturmuşlardı. Ayakta yalnız birkaç uyanık hanım vardı. Kadınlar büfeye gidip bir şey yemek için bile kımıldamıyorlardı. Hiç kimseye ailece takdim edilmiyorlardı. Kadınlar erkeklerin göz hapsinde idiler. Mustafa Kemal bize: Çocuklar ayaktaki hanımlara itibar ediniz. İkram ediniz. Oturanları kıskandıralım. Yavaş yavaş hepsi kalkar, diyordu. (...)
>
> Kadın hareketi büyük bir hızla gelişti. Mustafa Kemal ve İsmet Paşa davetlerin kadınlı olmasına bilhassa dikkat ederlerdi.[11]

10. Süreyya Ağaoğlu, *Bir Ömür Böyle Geçti*, İsak Basımevi, İstanbul, 1975, s. 40-42.

11. Falih Rıfkı Atay, a.g.e., s. 412.

Sofra

Mustafa Kemal'in sofrası bir muhabbet yeriydi.

"Yedi buçuk sekize doğru akşam sofrasına otururdu. Bu sofra çok uzun sürerdi hakikaten. En erken on bire kadar. Bazen bire ikiye kadar sürerdi. Atatürk'ün müsaadesi olmadan sofradan kalkılmazdı" diyor Vecihe İlmen ve sofraya oturanları tek tek sayıyor: Fevzi Çakmak, İsmet İnönü, Vasıf Çınar, Ruşen Eşref, Yakup Kadri, Yaver Muzaffer Kılıç, Ferit Tek, Şükrü Saracoğlu, Nuri Conker, Salih Bozok, Fethi Okyar ve Galibe Okyar, Ahmet Ağaoğlu ile kızı Süreyya Ağaoğlu.

Sofra başlangıçta sadece erkekler için kurulurken kısa süre sonra kadınların da katılmasıyla bir dönüşüm geçirmişti. Salih Bey'e (Bozok) göre Latife ilk başlarda düzenli olarak akşam sofrada bulundu. Konuşmalar uzadığı ya da kendisini ilgilendirmeyen ayrıntılara döküldüğü zaman odasına çıkar kitap okurdu. Sonraları sofraya seyrek inmeye başladığı, indiği zaman da fazla kalmadığı, Kemal Paşa yalnız kendi arkadaşlarıyla beraberse hemen odasına çıktığı söyleniyor.[12]

Latife akşam sofralarını denetimi altına almak için bir düzenleme yapmayı denemişti. Haftada bir Mustafa Kemal kendi yakın arkadaşlarıyla oturup içki içecek, bir akşam da politika görüşeceği arkadaşlarıyla buluşacak isterse içecek ve geri kalan akşamlarda baş başa içkisiz yemek yiyeceklerdi. Sabah da karıkoca sabah gezmesine çıkacaklardı.

Ancak bu plan pek tutmamıştı. Latife, bir gün, Yaver Salih'e:

"Zaten Paşa'yı siz baştan çıkartıyorsunuz" diye söylenmişti.[13]

Hem Mustafa Kemal daha az içsin hem de kendisiyle daha uzun vakit geçirsin istiyordu. Kemal Paşa zaman zaman Latife'nin gönlünü yapmak istese de genç kadın çoğu kez sofra-içki-muhabbet üçlüsüne yenik düşüyordu.

Latife sofradan şikâyetlerini annesine de anlatmıştı:

> Bir yerde, haydi "Kocamı dinlendiriyorlar" diyeyim; ama bu benim işim, benim görevim... Hadi bundan da geçtim, fakat kendileri çok az içtikleri halde kocama durmadan içiriyorlar.
>
> Kaç akşam sofrayı pencereden gözetledim. Kılıç Ali de Nuri Conker de Recep Zühtü de bir tek kadehle sabahı buldu. Kocam şişeler devirdi. İçmediği sabahlar yataktan bir kalkışı vardır, düşmana çekil-

12. İsmet Bozdağ, *Latife ve Fikriye*. s. 143, 144.

13. İsmet Bozdağ, *Latife ve Fikriye* s. 144.

miş savaş kılıcı sanırsın, öylesine pırıl pırıl. Bir de içtiği sabahlar var. Evet kalkar, nazlanmadan kalkar ama, ayakları kurşun kundura giymiş gibi sürüklenir. Bana değil, eğer millete, devlete acısalar, "sensiz hiçbir şey olmaz" diye çırpındıkları Mustafa Kemal Paşa'ya o kadar içirmezler, zamanını bu kadar hor kullanmazlar. Ben karısıyım. Bunlarla elbette savaşacağım. Ama ne yazık ki silahsızım. Tek başınayım.[14]

Latife sadece erkeklerin katıldığı sofra muhabbetini kendisine yönelik bir saldırı olarak algılıyor, nezaket kurallarına uygun davranılan uygar bir sofra istiyordu. Misafirlerin, bu davetlere eşleriyle birlikte gelmelerini sağlamak için uğraşıyor, kendi evinde yemek masasını hazırlayıp donatan bir kadın olarak geri plana düşmek hiç hoşuna gitmiyordu.

Bir keresinde kocasının yanında, bir daha cumhurbaşkanlığı köşküne yanında karısı olmadan gelmemesi konusunda Nuri Bey'i (Conker) uyarmış, aksi takdirde onu evden kovacağını söylemişti. Konumundan kuşku duymayan Nuri Bey, "Nasıl isterseniz Hanımefendi, ama eğer beni ön kapıdan kovarsanız arka kapıdan geri gelirim" demişti Latife'ye. Nuri Bey, Latife'yle arasında geçen bu diyaloğu evde ailesine anlatmış, kendisinin verdiği bu karşılığın Mustafa Kemal'i çok güldürdüğünü söylemişti.[15]

Sofrada sadece erkekler olduğunda neler yaşandığını tahmin etmek çok da zor değil. Kadınlar sofradan ürküyordu. İsmet Paşa'nın sofra davetlerine hep yalnız geldiği, Mevhibe Hanım'ın Latife'yi sadece gündüzleri ziyaret ettiği anlatılıyor. Dönemin kadınları sosyal yaşamın dışına itildikleri için o da çoğu zaman bir erkek topluluğu içinde kalıyordu. Latife bu yüzden kadınları sofra muhabbetinin seyri açısından bir güvence olarak görüyordu. Kadınların yer almadığı sofra, onun için ardından gerginliklerin yaşandığı gecelerin habercisiydi.

Latife, içki içen, sabah 03.00'lere kadar sofra başında oturan ve erkek muhabbeti yapan erkekler açısından katlanılması "zor" bir ev sahibesiydi. Lord Kinross sofradaki erkeklere tercüman oluyor:

> Latife Hanım hiçbir yerde eksik olmaz, Gazi'nin arkadaşlarıyla bir arada oturup demleneceği akşamlar bile, kısacık boyuyla masanın başına kurulurdu. Konuşmaları yönetmeye merakı vardı. Babasının

14. İsmet Bozdağ, *Atatürk ve Eşi Latife Hanım*, s. 211.

15. Volkan-İtkowitz a.g.e., s. 324, 325.

biricik şımarık kızı olduğu için o da söylediklerinin dinlenmesini isterdi. Oysa Gazi bu dinleyici rolünden hiç hoşlanmazdı.[16]

Latife'nin sofraya oturmasını, "masanın başına kurulması" olarak tanımlaması, "kısacık boyuyla" diyerek onun kadınlığına vurgu yapması kadını aşağı bir varlık olarak gören erkek bakış açısını ortaya koyuyor. Sohbeti yönetmeye kalkışmasını şımarıklık olarak değerlendirmesi de çok çarpıcı. Kinross'un, Mustafa Kemal biyografisi 1964 yılında yayımlandı. Yani 42 yıl önce. Erkeklerin kadınlara bakışında o günden bugüne büyük bir değişim yaşandığını söyleyebiliriz. Bu denli kadın düşmanı bir ifadeyi bugünün erkek biyografi yazarları bir cumhurbaşkanı eşi için kullanmaya cesaret edemezler diye düşünüyorum. Aslında, Kinross'un bu ayrımcılık dolu saptaması Atatürk biyografisini yazarken görüştüğü çok sayıda erkek ve kadının ortak görüşünü özetliyor.

Latife'nin her şeyi düzenleme merakı ev sahibi olarak ölçüyü kaçırmasına yol açabiliyordu. Bu yüzden sofrada yaşanan bir krizi Falih Rıfkı'dan öğreniyoruz. Herkes ne içeceğini söylüyordu. Şükrü Bey (Saracoğlu) da "Ben şampanya içerim" demişti. Latife için şampanya yemeğe eşlik eden bir içki değildi. Herkesle birlikte ve tercih edildiği takdirde yemeğin başında ve sonunda içilmesi âdetten bir içkiydi. Latife bu talebi geçiştirince Şükrü Bey ısrar etti. Bunun üzerine Latife de ona alçak sesle "Eskiden beri mi şampanya içerdiniz" deyiverdi. Bunu da Mustafa Kemal duydu. Şükrü Bey bir saracın oğluydu. Aşağılanması Mustafa Kemal'i öfkelendirdi ve Latife'ye ağır bir söz söyledi. Latife masayı terk etti. Hava buz gibi olmuştu. Nuri Bey (Conker) bu ağır havayı dağıtmak için pek ciddi bir tonla şöyle dedi: "*La hayre fi hine ve la büdde min hünne.*" Mustafa Kemal'in hayretle bakması üzerine "Efendim" diye devam etti: "Onlardan hayır yoktur, fakat lüzumludurlar. Hanımefendilerimiz için söylenmiştir de..."[17]

16. Lord Kinross, a.g.e., s. 457.

17. Falih Rıfkı Atay, a.g.e., s. 561.

24

Kadın hareketi ve Latife

Latife daha 18 yaşındayken Jön Türklerin kadınlara ilişkin politikalarını eleştiriyordu. *Mentor* dergisinde Beni Hasan imzasıyla yayımlanan bir yazıda Latife'den söz edilirken bu bilgiye de yer veriliyor. Mustafa Kemal ile Latife'nin geçmiş yıllarını ele alan yazı, Mustafa Kemal'in hedeflerinden söz ettikten sonra şöyle devam ediyor:

> Aynı günlerde, İzmir'den bir genç kızın sesi yükseldi. O da aynen Mustafa Kemal gibi, hatta daha da şaşırtıcı şeyler söylemekteydi. "Jön Türk hareketi yalnız erkekleri siyasî kölelikten kurtarmanın değil, kadınları da sosyal kölelikten kurtarmanın mücadelesini başlatmadıkça yanlış bir hareket olarak kalmaya mahkûmdur" demişti. Genç kız henüz 18 yaşındaydı. Onu yakalayıp ya hapishaneye ya da bir akıl hastanesine atacaklardı, ama babası İzmir'in zengin ve etkili tüccarı Muammer Bey'di. Kızın adı da Latife idi. Muhtemelen Mustafa Kemal ondan söz edildiğini duymuştu. Ama Latife, Mustafa Kemal'in varlığından ilk kez İngilizler Gelibolu'ya çıktıklarında haberdar oldu.[1]

Dergi, Ewing Galloway'in köpekleriyle poz veren Mustafa Kemal fotoğrafına da yer vermiş. Bu fotoğrafın tarihinin daha eski olduğunu, bu fotoğrafın Latife'ye ithaf edildiğini biliyoruz. *Mentor*'un yazısı 1927 mayıs tarihini taşıyor. Yani boşanmalarından iki yıl sonra yayımlanmış. *Mentor*, o yıllarda New York'ta çıkan iddialı bir dergi. Ancak, Beni Hasan, bu bilgileri nereden aldı, yazıyı yazarken Latife'yle mi görüştü yoksa dönemin arşivlerinde bir tarama mı yaptı bunu yıllar sonra anlamak mümkün değil. Kronolojilerde Beni Hasan'ın Mustafa Kemal'le görüştüğüne ilişkin bir not yok.

1. Beni Hasan, "Türkiye'nin Yeni Hâkimi Kemal Paşa Evinde", *Mentor*, mayıs 1927.

Ancak yazıdan anlaşılan şu ki, Latife, XX. yüzyılın ilk çeyreğinde, henüz Avrupa'da eğitime başlamadan önce de gerçek bir kadın bilincine sahipti. O yıllarda onun gibi kadınların sayısı az değildi. Latife de onlar gibi, dünyada ve Osmanlı İmparatorluğu'nda yükselen kadın hareketinden beslenmiş olmalı. Onu diğer öncü kadınlardan ayıran ise, Mustafa Kemal Paşa'yla evlenip Çankaya'da etkili bir konum elde etmiş olmasıydı.

Latife'nin kadın hakları konusunda düşünceleri berraktı. Kadının peçesini atmasını bir özgürlük kavgası olarak görüyor, siyasî temsil hakkını savunuyor, milletvekili olmak için Mustafa Kemal'e baskı yapıyor, talak ve çokeşliliği sona erdirecek bir Medeni Kanun projesini destekliyor, eğitimin dinden ayrılmasının kadınların ilerlemesi için şart olduğunu savunuyordu. Bütün bunları söylerken de bir lider eşi olduğunu unutmadan, kadınları özgürleştirme mücadelesinde Mustafa Kemal'e aktif destek verdiğini söylüyordu.

Yıllar içinde Latife'nin o günlerde oynadığı öncü rolün tamamen unutulmuş, unutturulmuş olmasını kadın hareketi açısından büyük bir kayıp olarak görüyorum.

Türk kadınına yaptığı hizmetler için Latife Hanım'a teşekkür

Cumhuriyet'in önde gelen isimlerinden ilk kadın avukat Süreyya Ağaoğlu da benzer bir rahatsızlık duymuş olmalı ki, Cumhuriyet'in 50. yılı için Türkiye Barolar Birliği'nin düzenlediği törende yalnız Mustafa Kemal'e değil, Latife'ye de teşekkür ediyor. Süreyya Ağaoğlu, Latife Çankaya'da bulunduğu günlerde 19 yaşındaydı ve Türkiye'nin ilk kadın avukatı olarak Latife'nin katkılarının değerini biliyordu.

Bir Ömür Böyle Geçti adını verdiği anı kitabını şu sözlerle bitirmişti:

> Gözümün önünde hukuk fakültesini kadınlara açtırdığımız günler, o arkadaşlar, hocalar olanca canlılıkları ile geçiyorlardı. "Yıllar ne çabuk geçmişti ya Rabbim. Yaptığım teşekkür konuşmasında gayri ihtiyari Atatürk'ten yanında eşi ve arkadaşı olan Latife Hanım'dan ve o günlerden bahsetmeyi vazife bildim. Ömrümün sonuna kadar da, Türkiye'ye ve bilhassa Türk kadınına yapmış olduğu hizmetler için Atatürk'ü ve başlangıçta yardımcısı olan Latife Hanım'ı hatırlamayı bir vazife bileceğim.[2]

2. Süreyya Ağaoğlu, a.g.e., s. 185.

Bu araştırmayı yaparken beni en çok heyecanlandıran dünya gazetelerinin eski sayıları oldu. Karıştırdıkça Latife Hanım'ın kadınlara dair fikirlerinin döne döne haber olduğunu fark ettim. Mustafa Kemal'in de Latife Hanım'la evliliği süresince kadın hareketine daha fazla odaklandığı yaptığı konuşmalardan anlaşılıyor.

Latife ile Mustafa Kemal'in evlilik yılları aynı zamanda Türkiye'de kadının görünür kılınması ve eşit haklara kavuşması yolunda önemli adımların atıldığı yıllar oldu.

Dünyanın Türkiye'den beklediği harem geleneğinin yıkılmasıydı. Osmanlı İmparatorluğu'nun son yıllarında bu konuda ciddi adımlar atılmıştı. Dünya yeni Türkiye'nin ne yapacağını bilmek istiyordu. Latife ile Mustafa Kemal'in nikâhı harem geleneğini çiğneyen bir üslupta kıyılmış, hemen ardından İzmir'de toplanan İktisat Kongresi yeni rejimin ilk kadınlı toplantısı olarak tarihe geçmişti. Türkiye İktisat Kongresi'ne kadınların davet edilmesi, hem delege hem de dinleyici olarak temsil edilmeleri planlı programlı bir çıkıştı.[3]

Mustafa Kemal kongreye Azerbaycan Sefiri İbrahim Abilov'u eşi Tamara'yla birlikte davet etmiş ve kolay seyahat etmeleri için özel bir tren hazırlatmıştı.

Abilov o yılların Ankarası'nın ilk yabancı temsilcilerindendi. Tamara'nın Latife'yi Mustafa Kemal'le yaptığı evlilik nedeniyle kutlarken ona siyasî içerikli bir mesaj gönderdiğini görüyoruz. Doğu kadınının toplum içindeki yerinin yükseltilmesi ve sosyal hayatta layık olduğu yeri alması gereğini vurgulayan bu kutlamaya, Latife, 8 şubat 1923'te şu cevabı yollamıştı:

> Azerbaycan Sefiri Hazretlerinin Refikası Tamara Hanımefendi'ye
>
> Akdimiz vesilesiyle ihzar bulunduğunuz hissiyat ve tebrikata bilhassa teşekkür ederim. Benim için en büyük saadet memleketimizin ve mazlum milletlerin halasını (kurtuluşunu) ve selametini görmektir. Şark kadınlığının itilası (yükselmesi) hakkındaki temenniyata bütün kalbimle iştirak ederim. Çünkü halas ve selametin mütevakkıf (bağlı olduğu) olduğu şerait (koşullar) arasında bilhassa kadınlığın yükselmesi birinci derecede haiz-i ehemmiyettir. Bu hususta da muvaffak olacağımıza itimadım ber-kemaldir.
>
> Latife Mustafa Kemal[4]

3. Bkz. "Nikâh Sonrası" bölümü.

4. Betül Aslan, *Türkiye Azerbaycan İlişkileri*, Kaynak Yayınları, İstanbul, 2004, s. 270-271 (Abilov, kongre sırasında geçirdiği kalp krizi nedeniyle ölmüştü).

Dünya, Latife'ye evlendiği günden itibaren kadın hakları penceresinden yaklaşmıştı. Bunun haklı nedenleri vardı. Latife Ankara'daki yabancı elçiliklerin temsilcilerini de kadın hakları konusunda sıkıştırıyordu.

Bir resepsiyonda İtalyan elçisiyle sohbet esnasında "Ülkenizde feminizmin durumu nedir" diye sorması gerginliğe neden olmuştu.

Elçi Latife'ye gülümseyerek şu yanıtı vermişti:

"Madam feminizm ülkemizde az gelişme göstermiştir. Ülkemin kadınlarının feminizmi kendilerine has bir yorumlama biçimi vardır. Onlar için feminizm yuva kurmak ve sağlıklı evlatlarla kocalarını temsil etmek demektir."

Bunun üzerine Latife, "Bu ne kadar çağın gerisinde bir anlayış" diye tepki göstermişti.

Bu haberi Latife ile Mustafa Kemal boşandıktan sonra yayımlayan *Le Carnet de Semaine* "Kocasının modernleşme yolunda kullandığı iktidarı, paylaşmak istediği için onun canını sıkan Latife Hanım yukarıda geçen olaya neden oldu. Türkiye cumhurbaşkanı Bayan Latife'yi İtalyan elçisine karşı saygısız davrandığı için o gün boşamaya karar verdi" yorumunu yapacaktı.[5]

14 mart 1923 tarihli *New York Times* gazetesi "Bayan Kemal'in giysileri bir reform çağrısı" başlıklı haberinde, kadın haklarının önde gelen savunucusu olarak öne çıkan iki kadından söz ediliyor. Biri Halide Edip, diğeri Latife.

> Bayan Kemal Ankara'ya geldiği günden beri, Mustafa Kemal'in Türk kadınlarını özgürleştirme mücadelesinde karısından tam ve aktif olarak destek aldığının vurgulanmasını istiyor.
>
> Türk kadınlarından siyah etekleri ile şallarını atmaları, kendilerini görünmez kılan peçelerinden kurtulmaları ve Bayan Kemal'in gelenek dışı giysilerine bürünmelerini beklemek doğru değil. Ama kesin olan şu ki, Bayan Kemal'le birlikte Muhammed tarafından kadınlar için getirilmiş kısıtlamalarda ve dinin emrettiği geleneklerde bir değişim ve reform yaşanacak.
>
> Bayan Kemal kadınların davranış ve giysilerine dair kuralların inancın kurucusu tarafından asırlar önce belirlendiğini, günümüzde ise uygulanamaz olduklarını vurguluyor; o, Türk kadınının hayatına bazı Batı geleneklerini sokmayı planlıyor.

5. "Kemal'in Karısını Boşamasına Dair Paris Hikâyesi", *New York Times,* 5 ocak 1926.

"Peçe, devrimle değil, evrimle kalkmalı..."

Latife'nin peçe konusunda iki açıklaması var: İlki Lozan anlaşması imzalanmadan önceki günlere ait. Marcosson'la konuşurken, "Peçenin kalkmasından yanayım ama biz hızlı bir değişimden yana değiliz; bu zaman içinde sağlanacak. Devrimden ziyade bir evrim şeklinde gerçekleşmeli" diyor. Altı ay kadar sonra da Amerikan dergisi *The Current Opinon*'da yayımlanan demecinde kadınların peçeden kurtulmasını bir özgürlük kavgası olarak gördüğünü söylüyor:

> Peçeyi atmak Türkiye'de, özellikle de İzmir, İstanbul ve batı bölgelerinde yaşayan kadınlar açısından yeni bir durum değil. Kocam Türk kadınlarının bundan böyle yüzlerini asla saklamamaları konusunda kararlı, Türkiye'nin kadınları da bu konuda onunla aynı saftalar. Erkeklerin bir bölümü kadınların yüzünü açmasına karşı çıkıyor. Ancak bu noktada onların ne dediği çok önem taşımıyor. Özgürlük davasını benimsedik, hiçbir millet kendi kadınlarını köleleştirirken özgürlük iddiasında bulunamaz.[6]

Kinross, Mustafa Kemal'in özellikle kadınların özgürlüğe kavuşmaları konusundaki tasarılarını Latife'yle tartıştığını söylüyor.[7] Vecihe İlmen de Latife'nin kadın devrimleri için Mustafa Kemal'le birlikte uğraş verdiğini anlatıyor. "Atatürk, kadın devrimlerini yaparken Latife Hanım'a danışır mıydı?" sorusuna ilginç bir cevabı var.

"Tamamen. Çok uğraştılar birlikte. Erkek kadın yan yana oturmaz, bunlar otururdu. Mesela kadının yüzünün açılması... o çarşafın çıkması... 'Ne dersin Latife, şöyle yapalım mı? Mesela sen şöyle yapsan?' O sıkma baş böyle çıktı. 'Nasıl yapalım, nasıl başlayalım?' diye oturup konuşurlardı."

Vecihe Hanım'ın anlattığı gibi bir olay 1925 ocağında, bu kez Tarsus'a yaptıkları ikinci gezide yaşandı. Birlikte Tarsus'ta misafir bulundukları evde Mustafa Kemal'in bir işaretiyle Latife içeri geçti. Odadan dışarı çıktığında başı açıktı, üzerinde sade ve modern bir giysi vardı. Tarsuslular kıyafeti sevmişlerdi.

Mustafa Kemal, "Bu değişik kıyafeti nasıl buldunuz?" diye sorunca, "Çok güzel Paşam!" cevabını verdiler.

6. "Bayan Kemal Türkiye Cumhurbaşkanıyla Romantik Evliliğini Anlatıyor", The *Current Opinion*, ocak 1924.

7. Lord Kinross, a.g.e., s. 456.

Mustafa Kemal de onlara "Bundan sonra Türk kadını bu kıyafeti giyecektir" demişti.[8]

Mustafa Kemal, gezdiği yerlerde halkın kılık kıyafet değişimiyle ilgili tepkilerine hassas davranıyordu.

Johannes Glaesneck 1923 ilkyazında çıktıkları yurt gezisi sırasında Latife'nin topluluklara konuştuğunu yazıyor:

> Çoğu zaman Latife de seyircilerin şaşkın bakışları altında konuşmak için kürsüye çıkardı. Bu birlikte yapılan gezi, çağdaşları olan insanlar üzerinde büyük etki yaptı. Mustafa Kemal, toplumsal ilerlemenin güvence altına alınması için erkekle kadının aynı hakları ve görevleri yerine getirdiği bir aile yaşamını kaçınılmaz görüyordu.[9]

Çankaya'nın bahçesinde konuşma provaları yapıyor

Vecihe İlmen, Kemal Paşa'nın, Latife'nin kadın toplantılarında, derneklerde konuşmasını arzu ettiğini söylüyor. Latife de yapacağı konuşmaların etkili olması için Çankaya Köşkü'nün bahçesinde prova yapıyordu. Hüsrev Gerede anılarında bu konuşma provalarından söz ederken, Latife'nin uğraşını, hırslı bir kadının, komutan eşinin öne çıkma çabası olarak yorumluyor:

"Bilindiği gibi Latife Hanım siyasal hırsa da kapılmış Gazi'nin yurt gezilerinde çarşafı ve peçesi ile halka nutuklar söylemeye kalkışmıştır. Atatürk'ün sonradan bana anlattığına göre, eski Çankaya Köşkü'nün bahçesinde sesini, davranışlarını eğitip düzeltmek için Demostenes gibi hitabet çalışmaları yaparmış" diyor. Sonra da bu konudaki değerlendirmesini ekliyor: "Bir bakıma Atatürk'le eşit olma, rekabet etme gibi çocukça davranışlara girmiş."[10]

Latife'nin halka hitap etme isteğini Mustafa Kemal'e karşı bir kalkışma gibi görenlerin sayısı az değildi. Gerede'nin yazdıklarından Mustafa Kemal'in bu durumdan şikâyetçi olduğu sonucu çıkıyor.

Hüsrev Gerede aslında yanılıyor. Latife'nin Çankaya'da çizdiği kadın modeli gerektiğinde halka hitap etmesini de bilen bir kadın yaver modeliydi. Konuşma provası yapması da görevine verdiği önemi sergiliyordu. Çankaya'nın bahçesi sonuç olarak onun eviydi, ya aynanın karşısında prova yapacaktı ya da açık havada bah-

8. Hikmet Öz, a.g.e., s. 21.

9. Johannes Glaesneck, *Kemal Atatürk ve Çağdaş Türkiye,* Cumhuriyet Kitapları, İstanbul, 1998, s. 34.

10. *Hüsrev Gerede'nin Anıları,* haz. Sami Önal, Literatür Yayıncılık, İstanbul 2002, s. 247.

çede. Latife'nin hırslı olduğu için ve eşiyle rekabet etmek için prova yaptığını düşünmek o günlerin erkek mantığına uygun düşse de, Mustafa Kemal Paşa'nın kadınları kamu alanına çıkartmak için gösterdiği çabayı çizip atmak anlamına geliyor. Latife'yle çıktıkları yurt gezilerinde kız öğrencilerin ve kadın öğretmenlerin konuşma yapmalarını Mustafa Kemal hep memnuniyetle karşılamış, teşvik etmişti. Zaten Afet Hanım da Çankaya günlerinde Mustafa Kemal'in teşvikiyle hitabet dersi almış, ayna karşısında konuşma provaları yapmıştı.

Medeni Kanun

Kadın hakları açısından değişimin en önemli göstergesi yasalardı. Kadının özgürlüğü önündeki en önemli engel çokeşlilik ve talaktı. Çokeşliliğe ve erkeğin kadını boşamasına dayalı aile hukukunun değiştirilmesi için komisyonlar kurulmuş, yoğun çalışmalar başlatılmıştı.

14 mart 1923 tarihli *New York Times* "Modern Müslüman kadın kocasının tekeşli olmasında ısrar ediyor" yorumuna yer vermişti.

Türkiye'ye Medeni Kanun getirileceği sözü Lozan görüşmelerinin ilk safhasında verilmişti. Türkiye'nin önünde iki yol vardı: Azınlıklar nedeniyle ya çok hukuklu bir sistem uygulanacaktı ki bu arzu edilmiyordu; ya da Batılı hukuk normları bütün yurttaşlar için benimsenip laik sisteme geçilecekti. İkinci yol, her bakımdan arzu edilendi.

Mecliste aile hukukunu ele alacak komisyon, 1923 yılı başlarında kurulmuştu. Komisyon fıkıh esaslarından yararlanacak ama modern milletlerin kabul ettiği esasları da göz önüne alacaktı. Çokeşlilikte ve boşanmada erkeğe üstünlük tanıyan gelenek hazırlanan ilk çalışmada olduğu gibi korunmuştu.

1923 yılı sonunda meclise getirilen Aile Hukuku Yasası iki zıt zihniyeti karşı karşıya getirmişti.

O günlerde yaşanan tartışmalara bir göz atalım:

26 aralık 1923'te ve izleyen günlerde Ahmet Bey (Ağaoğlu) Aile Hukuku Kararnamesi konusunda muhafazakâr kesimi riyakârlıkla eleştiriyordu.

> Sosyal gelişme taraftarları Türk kadınlığına cemiyet ve ailede önemli ve muhterem bir varlığa layık olan yerin ve hukukun sağlanmasını istiyorlar. Kendisine muhafazakâr ve ananeye bağlı namını veren diğer taraf ise, mevcudu olduğu gibi muhafazaya çalışıyorlar.

Hangi Türk vicdanıdır ki, erkeğin bir kelimesi ile yıllarca kurulmuş bir ailenin yıkılmasını, bir annenin yıllardan beri ısınmış olduğu ocak başından kovulmasını, evladından ayrılmasını kabul etsin?

... Bir taraftan kızlarımızın dimağ ve kalplerini teçhiz ediyoruz, onlara kendi varlıklarını anlatıyor, hayat mücadelesine hazırlıyoruz, kendilerini doğrudan doğruya müdafaa için ellerine silahlar veriyoruz, diğer taraftan kanunlarımız ve müesseselerimizle onların manevî şahsiyetlerini, varlıklarını inkâr ediyoruz. Bu ne tezat, bu ne riyakârlık?[11]

1924 yılı başında İstanbul'da Türk Ocağı'nda kadınlar büyük bir toplantı düzenleyerek mecliste görüşülmekte olan Aile Hukuku Yasası'nın şeriata dayalı hükümlerine karşı çıktılar. Erkeklerin kadınlara hükmeden tutumunu eleştirdiler. Türk Kadınlar Birliği adına söz alan Nezihe Muhiddin boşanma konusunda kadının düştüğü acıklı durumu şöyle özetlemişti:

Herhangi bir ani hiddetle erkek ağzından çıkacak boş kelimesi ile eşlikten düşeceğini bilen, hile gibi alçak bir yama veya yanağa temas gibi adi bir gönlünü alma ile bağlanacak pamuk ipliğinden çok zayıf bir bağla tekrar hayat arkadaşlığına güveni kalmayan kadın, bucağını benimseyip ona kutsal bir mabet gibi ısınamaz. Böyle alçak bir duruma düşmüş bir kadın soylu bir anne, yüksek bir eş, içten bir ev kadını olamaz! Kadını millet topluluğundan ayırmayan laik Cumhuriyetimizden evlilikte, boşanmada, mirasta, kadın ve erkek haklarının eşit olarak gözetileceğini beklemek hakkımızdır.[12]

Kadınların kimi değişim için daha yüzyıllar gerekeceğini söylerken kimi de, derhal hak isteriz diye düşüncelerini dile getirmişlerdi.

Toplantıya katılan İstiklal Mahkemesi Başsavcısı Vasıf Bey (Çınar) söz alıp kadınları destekleyen bir konuşma yaptı.

Aile hayatımızda iki facia vardır. Çokeşlilik ve boşanma. Eski yüzyıllarda kabul edilen çokeşliliği Cumhuriyetimiz kabul edemez... Malesef yasada açıkça değinilmiştir. Boşanma sorunu da pek önemlidir. Tabiîdir ki erkek ve kadının azap içinde kaldıkları zamanlar vardır. Evlilik hayatlarına son vermek gerekir. Fakat bu ayrılık ancak dü-

11. Tezer Taşkıran, a.g.e., s. 104-106.

12. Belma Ötüş-Baskett, *Nezihe Muhiddin ve Türk Kadını*, İletişim Yayınları, İstanbul, 1999, s. 156-159.

şündükten sonra olmalıdır. Halbuki bizde boşanma herhangi bir sarhoşun elindedir.[13]

Türk Ocağı'nda toplanan kadınların seçtiği komisyonun bir rapor hazırlamasına karar verildi. Hazırlanan rapor, Türk Kadınlar Birliği'ni ziyaret eden Adalet Bakanı Mahmut Esat Bey'e (Bozkurt) verilmişti. Cumhurbaşkanı Mustafa Kemal ve değişim yanlıları muhafazakârlığa karşı kadınları teşvik etmeye çalışmışlardı.

Enver Paşa'nın Aile Kararnamesi

Osmanlı İmparatorluğu'nda Batı'dan bir Medeni Kanun alma fikri ilk kez Tanzimat'tan sonra gündeme gelmiş, ancak üzerinde anlaşma sağlanamamıştı.

Devlet, evlenme ve boşanmaya 1881 yılında müdahale etti. Çıkarılan nizamnameyle evlenecek Müslümanların şeriye mahkemesinden, gayrimüslimlerin ise kendi dinî reislerinden izinname almaları öngörüldü. Evlenmeyi akdeden imam ya da dinî reis, evlenme tarihinden en geç 15 gün içinde, nüfus idaresine haber vermekle görevliydi. İzinnameyi veren memurlar, ayda bir evlenen kişilerin adreslerini nüfus idarelerine gönderirlerdi. Boşanma halinde de, mahalle ya da köy imamı, Müslüman değillerse de o cemaatin reisi, durumu nüfus idaresine bildirmek zorundaydı. Yani evlenmenin de boşanmanın da kaydı tutuluyordu.[14]

Birinci Dünya Savaşı'nda çok sayıda erkek cepheye gidince kadınlar, devlette memur, savaşta geri hizmetli, ticarette de esnaf konumuna geldi. Pek çok şehirde yüzlerce kadın amele olarak çalışmaya başladı. Bu durum yeni bir hukukî düzenlemeye ihtiyaç yarattı ve Enver Paşa'nın girişimiyle 1917 Aile Kararnamesi hazırlandı. Evleneceklere yaş şartı konuldu; hâkim huzurunda iki şahit önünde evlenme usulü getirildi; evlenmenin önceden ilanı şart koşuldu; nikâh iki şahit önünde kıyılacak, kadın ve erkek evlenmeden önce bir ilmühaber alacaklardı. Çok kadınla evlilik de kadının rızasına bağlı kılındı.

Kadın lehine yapılan bu kadarcık değişiklik bile muhafazakâr kesimin tepkisini çekmeye yetmişti.[15]

1919'da Osmanlı İmparatorluğu işgal edilince kararname kaldı-

13. Belma Ötüş-Baskett, a.g.e., s. 161.

14. Halil Cin, *İslam ve Osmanlı Hukukunda Evlenme*, Ankara Üniversitesi Yayınları, 1974, s. 288.

15. Halil Cin, a.g.e., s. 291.

rıldı çünkü gayrimüslimler kendi usullerine müdahale eden bu kararnameden hoşnut kalmamışlardı. Ancak bu kararnamenin yerine yenisi hazırlanmadığı için uygulamasının sürdüğünü söyleyebiliriz.

1923 yılında Türkiye Büyük Millet Meclisi'nin yürüttüğü Medeni Kanun hazırlığı, yürürlükten kaldırılan 1917 Aile Kararnamesi'nin bir benzeriydi. Halbuki beklenen bu değildi.

19 mayıs 1924 tarihinde, yeniden oluşturulan Ahkâm-ı Şahsiye Komisyonu Batı hukukundan yararlanarak yeni bir düzenleme hazırlamakla görevlendirildi.

Londra'da yayımlanan *Evening Standart* dergisinin 8 eylül 1924 tarihli sayısında "Harem Çöküyor" başlıklı haberde şu yoruma yer veriliyor:

> Son zamanlarda yükselişe geçen Türkiye'deki feminist hareket özellikle de Paşa'nın karısından aldığı destekle çok etkili bir güce dönüştü. Türk sufrajetleri İstanbul'da yaptıkları büyük bir toplantıda savundukları yeni fikirlerle modern Cumhuriyetçilerin Pierre Loti'nin ünlü eserinde tasvir ettiği harem prototipinden tamamen farklı olduklarını ortaya koydu.[16]

29 eylül 1924 tarihli *Cumhuriyet* gazetesinde, "Evlenme ve boşanma hakkındaki yeni layihada (tasarıda) Âdet-i Medeni tadil olunmuştur; zevc ve zevceden biri ayrılmak isterlerse, bizzat hâkime istida vereceklerdir" başlığıyla yayımlanan haber yeni yasanın alt başlıklarını topluma ilan ediyordu. O güne kadar kadın boşanmada söz sahibi değilken, söz sahibi kılınacağı vurgulanıyor, üstelik boşanma dilekçesinin bir hâkime verilmesi öngörülüyordu. Haberde, Ahkâm-ı Şahsiye Komisyonu'nun 94 maddeye ilaveten 19 madde daha düzenlediği belirtilmişti.

Ancak 1924 sonbaharında Adalet Bakanı Mahmut Esat Bey bu komisyon önünde yaptığı konuşmada, "Kanunlarımızı oldukları gibi Batı'dan almak zorundayız. Şimdiye kadar geçen hizmetlerinize teşekkür eder ve komisyonların vazifelerine son veririm" dedi. Eski yasayı biraz değiştirmekle çözüme ulaşılamayacağı anlaşılmıştı.[17]

Sonunda İsviçre Medeni Kanunu'nda karar kılındı. Kanun bazı

16. Bilal Şimşir, *Dış Basında Atatürk ve Türk Devrimi*, 1. cilt, TTK Yayınları, Ankara, 1981, s. 814.

17. Halil Cin, a.g.e., s. 309.

değişikliklerle bir bütün olarak iktibas edilecekti. Halil Cin çeviri çalışmalarının 11 eylülde başlatıldığını söylüyor. Anlaşılan Ahkâm-ı Şahsiye Komisyonu da çeviri çalışmaları başladıktan bir süre sonra dağıtıldı.

20 aralık 1925'te meclise gönderilen, 17 şubatta Resmî Gazete'de yayımlanan Medeni Kanun 4 ekim 1926 tarihinde yürürlüğe girecekti. Latife'nin Medeni Kanun için çaba göstermiş olduğu muhakkak; ancak bu konuda ayrıntılı bir belgeye ulaşamadım. Hukuk bilgisine sahip olan Latife'nin Medeni Kanun çalışmaları sırasında kadınlar adına aktif bir rol oynadığını tahmin etmek zor değil. Her ne kadar yerli kaynaklarda böyle bir noktaya değinilmese de, dış basında "Medeni Kanun"u, Latife'nin çabasıyla şekillenen ve ondan ilham alan bir kanun olarak değerlendiren yorumlara rastlamak mümkün.[18]

Time dergisi Latife'nin kadın hakları kavgasındaki önemli bir misyonunun tekeşlilik için verdiği mücadele olduğunu söylüyor. "Latife Hanım, pozisyonunu ve prestijini kullanarak kadın haklarını genişletmeye çalışmıştı ama geleneklerine bağlı olan bu muhafazakâr ülkede bu hakları yasallaştırmaya gücü yetmemişti. Ancak, onun tekeşlilik konusundaki ısrarlı tutumu büyük ölçüde başarı elde etmişti" görüşüne yer veriyor.[19]

Sovyetler'e mektup

Latife Hanım'ın kadın sorunu üzerine ne düşündüğüne dair elimizde 1924 mayıs tarihli bir belge var...[20] Latife Sovyetler Birliği'nin Ankara'daki büyükelçisi Surits'le yaptığı sohbetlerde Sovyetler'deki kadın hareketi sorunuyla ilgilendiğini söylemişti. Surits Latife'nin sorularını ülkesinden bir kadın hakları savunucusuna, Olga Kamaneva'ya iletti, yardımcı olmasını istedi. Sovyet Devrimi'nin önderlerinden Troçki'nin kız kardeşi ve Kamanev'in eşi olan Olga Davidovna Kamaneva o tarihte 39 yaşındaydı. Kamanev'le birlikte 1908 yılında Paris'e gitmiş Bolşevik dergisi *Proletariy*'in editörlüğünü yapmış, Sovyet Devrimi'nin ardından da

18. "Kemal Paşa'nın Boşanması" *Washington Post*, 16 kasım 1925.

19. "Boşandı" *Time* dergisi, 24 ağustos 1925.

20. Mete Tunçay, "Latife Hanım-Kamaneva Mektuplaşması", *Toplumsal Tarih*, mart 2003 (*Novyi Vostok*, sayı 7, 1925 s. 228-301'deki Rusçalarından İngilizce'ye şu kaynaktan aktarılmıştır. George Harris, *The Communists and the Kadro Movement*, İstanbul, İsis Press, 2002, Ek 3).

Eğitim ve Aydınlanma Komiserliği'nin Tiyatro Bölümü'nü yönetmeye başlamıştı. Kamaneva Latife'ye kadın hareketinin genel niteliklerini güzelce özetleyen bir kitapçık gönderdi. Makaleyle birlikte bir de mektup... Kitapçığın ne olduğunu bilmiyoruz ama mektup bugüne ulaştı. 16 mayıs 1924 tarihli mektupta Kamaneva, SSCB'de, kadınlar ile erkekler arasında mutlak eşitliğin sağlandığını bu yüzden artık ülkesinde "genel olarak bir kadın sorununun mevcut olmadığını" yazmıştı.

Aziz Madam

SSCB'nin Ankara'daki tam yetkili büyükelçisi Yoldaş Surits, bana sizin bizim ülkemizdeki kadın hareketi sorunu ile güzel sanatlar ve müziğin gelişmesi konularıyla ilgilendiğinizi söyledi. Size bunlara ilişkin bazı materyaller göndermemi istedi.

Bu isteği memnuniyetle yerine getiriyorum. Ama Yoldaş Surits bana sizin ilgilendiğiniz konuları sadece en genel çizgileriyle aktardığı için biraz sıkıntıdayım. Ayrıca ilgilendiğiniz alanlar öyle geniş ve yelpaze o kadar çok sorunu içeriyor ki, onlara doyurucu yanıtlar vermek, daha somut olmayı gerektiriyor.

Bu özellikle kadın sorunu için geçerli. Aslında SSCB'nin kamusal ve toplumsal yaşamı kadınlarla erkeklerin bütün hak ve yükümlülüklerinde mutlak eşitlik ilkesine göre kurulmuş olduğu için, bizde genel olarak kadın sorunu mevcut değildir. Kadınlar erkekler eşit olarak ülkemizdeki devlet görevlerine, serbest mesleklere, siyasal ve toplumsal işlere katılmaktadırlar.

Devrim Rusya'da Çarlık rejiminin sürekli olarak (erkeklere) uyrukluk konumunda tuttuğu kadınları, yaşamın önlerine koyduğu ödevleri yerine getirme bakımından pek hazırlıksız bulmuştu. Bu nedenle, Sovyet hükûmeti bütün varoluşu süresince, özellikle nüfusun en geri olduğu ve Çarlık yönetimince baskı altında tutulan (Tatar, Türkmen, Votiaki, Gürcü, Ermeni, Oset vb) ulusal azınlık yörelerinde kadınların eğitimine ve kültürel çalışmalara katılmalarına büyük önem verdi.

Size bu sorunu tanımanıza yardım edeceği umuduyla, kadın hareketinin genel nitelikleri hakkında genel bir makale göndereceğim. (Onu okuduktan sonra) Daha ayrıntılı bilgi edinmek isterseniz bana bildirirsiniz.

Latife de bu mektuba cevap verirken, gönderilen makaleyi çok beğendiğini ve yararlı bulduğunu yazıyor ve Türkiye'deki durumu anlatıyor. Latife'nin Kamaneva'ya gönderdiği mektup şöyle:

Aziz Madam,

16 mayıs tarihli mektubunuzu büyük bir memnuniyetle aldım. Teşekkür ederim.

Bana gönderme nezaketi gösterdiğiniz özeti büyük bir ilgiyle okudum. Komşumuz, dost ülke Rusya'daki kadınların toplumsal konumuna dair çeşitli konularda birçok bilgi edinmeme yarayan mektuplaşmanızı sağladığı için Bay Surits'e çok müteşekkirim.

Bizim devrimimiz yalnız siyasal değil, aynı zamanda toplumsal niteliktedir.

Kadınların özgürleşmesinin gelişimi için onların kültür düzeylerinin yükseltilmesini birinci ödev olarak üstlenmiştir. Bu amaç, bizim dünya kadınlar hareketini ilgilendiren her şeyle yakından ilgilenmemizi zorunlu kılıyor. Şimdi siz de, benimle birlikte Türk kadınlarının en iyi temsilcilerinin, çeşitli ülkelerdeki hemcinslerimizin manevî ve maddî yaşam koşullarını niçin merak ettiklerini anlayacaksınız.

Belirttiğim üzere, sizin verdiğiniz özet bu açıdan çok yararlı oldu.

Sizi de ilgilendireceğini düşünerek Türk kadınlarının da gelecekte başarılı olmayı umduracak sonuçlar aldığını kaydetmek istiyorum. Nihai başarının en önemli etkenlerinden biri olan, Türk köylü kadınlarının Millî Mücadele'de oynadıkları görkemli rolün yanı sıra, Türk kadınlarının devrimin başlattığı ilerlemelere olanca güçleriyle katıldıkları besbellidir. Şimdi tıp ve hukuk öğrenimi görüyorlar. Türkiye'de ve yurtdışında üniversitelere gidiyorlar; sadece serbest mesleklere değil, eskiden erkeklerin tekelinde olan başka birçok uğraşa da girerek, kendi yaşamlarını yetenekleriyle belirliyorlar.

Evlilikte de, artık kocalarının köleleri değiller; onlara eşit hak ve ödevlerle eşlik ediyorlar.

Aile ve özel yaşam alanında sağlanan ilerleme, bize en yakın gelecekte ülkenin siyasal yaşamına da katılacaklarını umduruyor.

Bu bakımdan, Türk kadınları derin bir saygı duydukları Rus hemşirelerinin yolunda gitmekle mutlu olacaklardır.

Sonuçta Aziz Madam, gönderdiğiniz not ve kitap için size teşekkür ediyorum. Rus yeteneğinin güzel sanatlar alanında parlak bir biçimde ortaya çıktığı karşı konulamayacak bir gerçektir. Sevimli ülkenizde kadın sorunlarının gelişme sürecinden beni bundan sonra da haberdar ederseniz, size sonsuz müteşekkir olurum.

Gerçek şükran ve derin saygılarımı ifade etmemi kabul etmenizi rica ediyorum.

Latife Mustafa Kemal

Mektuplardan Latife Hanım'ın Sovyet Devrimi'ne gayet sıcak

baktığı, kazanımlarını paylaşma konusunda ısrarlı olduğu anlaşılıyor. Ayrıca Sovyet kadınlarından söz ederken "kız kardeşlerim" sözcüğünü kullanması da dikkat çekiyor. Yalnız kız kardeş sözü değil burada altı çizilmesi gereken bir cümle daha var: Sovyet kadınlarının gittiği yoldan gideceklerini söylüyor. O yıllarda Sovyet kadınlarının kazanımları hatırlanacak olursa bu oldukça iddialı bir görüş. Latife, mektubunda evlilik kurumuna değiniyor ve kadınların kocalarının kölesi olmaktan çıkarak topluma eşit hak ve ödevlerle katılacağını söylüyor. Yazışma devam etti mi bilemiyoruz. Mektupların havasından etmişe benziyor.

Kamaneva ile Latife arasındaki yazışma dünyanın gözünden kaçmadı. Nisan 1925 tarihli *The Times* gazetesi iki kadın arasındaki mektuplaşmadan söz eden bir habere yer veriyor. Nisan ayı içinde Komünist Enternasyonal ve Köylü Enternasyonali toplanmıştı. Bu toplantı sırasında *Yeni Doğu* adlı Sovyet dergisinde Kamaneva'nın bir yazısı yayımlanmıştı. Kamaneva, bilgilendirme faaliyetinden söz ederken Latife Hanım'la yazıştıklarından ve kendisine broşür gönderildiğinden söz etmişti. *The Times* o günlerde Sovyet propagandasının nasıl yönetildiğini anlatırken bu olaya atıfta bulunuyor.[21]

Türk kadın hareketiyle bağı vardı

Türk kadın hareketinin o yıllardaki temsilcisi, Nezihe Muhiddin öncülüğündeki Türk Kadınlar Birliği'ydi. Birlik ile Latife iletişim içinde miydi? Bu konuda elimizde ayrıntılı bilgi yok. Ancak, 8 mayıs 1924'te Türk Kadınlar Birliği'nin (TKB) bir yetimhane açmak için harekete geçtiğini ve Latife'ye başvurduklarını biliyoruz. TKB millete devredilen saray ve köşklerden birinin yetimhaneye verilmesi için Mustafa Kemal'in eşine başvurmuştu. Savaşta ölen askerlerin çocuklarına yardım amacıyla İstanbul'un 540 mahallesini taramışlar ve 2 000 yetim çocuk tespit etmişlerdi. Bu çocuklara bir yer sağlamak gerekiyordu. Latife TKB'ye, Maarif Vekili Vasıf Bey'e konuyu bildirdiğini iletti. Latife'nin bu tutumu, Türk Kadınlar Birliği tarafından bir destek olarak kabul edildi. Maarif vekili bu yazışmanın ardından TKB'den hazırladıkları projeyi Vekâlet'e sunmalarını istemiş, onlar da başvurularını yapmışlardı.[22]

13 haziran 1923'te Amerikan *The Nation* dergisinin, Mustafa Kemal, Türk Kadınlar Partisi'nin liderlerinden biriyle evlendi bi-

21. "Sovyet Propagandası" *The Times*, 30 nisan 1925.

22. Yaprak Zihnioğlu, a.g.e., s. 7.

çimindeki yorumlu haberinden daha önce söz etmiştim. Bu bilgi doğru olmasa da Latife TKB'ye paralel görüşleriyle böyle bir izlenime yol açmaktaydı.

Atatürk Kitaplığı'nda Tanzimat kadınının öncüsü olarak tanınan Fatma Aliye Hanım'ın evrakı içinde bulunan Latife Mustafa Kemal imzalı bir mektup da Latife Hanım'ın "kardeşlerim" diye söz ettiği kadın hareketine yaklaşımını gösteriyor.

9 Nisan'da yazılan mektup 1924 senesine ait olmalı.

Çok muhterem Hanımefendi,

Mektubunuza hissiyat-ı âliyenize bütün samimiyetimle teşekkür ederim. Satırlarınızı arzunuz veçhile Paşa'ya da okudum; çok mütehassis oldu.

Temenniyatınız bizim için çok kıymetlidir; zira zat-ı âliyeleri kadınlık âleminin cidden iftihar edeceği bir kıymetli validesiniz. Kardeşlerime arz-ı muhabbet eder, kemal-i hürmetle ellerinizi öperim efendim.[23]

Latife'nin kadın hareketine ilgisi yalnız Sovyetler Birliği'ne değil, Amerika Birleşik Devletleri'ne kadar ulaşmıştı. 1925 yılı 26 şubatında Türkiye'ye gelen Uluslararası Kadın İttihadı Birliği Genel Sekreteri Dorothy Detzer kendisiyle görüşen *Cumhuriyet* muhabirine Latife Hanım'la görüşmek istediğini söylemişti.[24]

Senelerden beri Avrupa ve Amerika'da dolaşmaktayım. Her yerde konferanslar veriyorum. Bana verilmiş olan yüksek bir vazifeyi güzel bir şekilde yerine getirmeye çalışıyorum. Türkleri öteden beri severim. Bilhassa Gazi Mustafa Kemal Paşa'nın Anadolu zaferi, İsmet Paşa'nın Lozan muvaffakiyeti bütün Avrupa'da ve Amerika'da iyi tesirler bırakmıştır. Anadolu mücadelesinde kadınların çalıştıklarını da ayrıca kaydetmek isterim. Memleketiniz kadınları da çalışkan ve çok kabiliyetlidir. Burada temas ettiğim ve konuştuğum hanımlar bende pek kıymetli tesirler bırakmışlardır. İstanbul'daki temaslarımdan sonra mümkün olursa Ankara'ya kadar gideceğim. Pek yüksek bir kadın olan Latife Mustafa Kemal Paşa Hanımefendi'yle görüşmek istiyo-

23. Fatma Aliye Hanım Evrakı, Atatürk Kütüphanesi, 12 no'lu zarf, 29 numaralı belge, aktaran Zehra Toska, *Cumhuriyet'in Kadın İdeali, Eşiği Aşanlar ve Aşmayanlar, 75 Yılda Kadınlar ve Erkekler*, Tarih Vakfı Yayınları, 1998, İstanbul, s. 76. (Zehra Toska mektubun 1927 yılında yazıldığını söylüyor ama mektup 1924 ya da 1925'te yazılmış olmalı).

24. Osman Bahadır, "Kadınların Hukukunu Müdafaaya Gelen Kadın", *Cumhuriyet Dergi*, 10 nisan 2004.

> rum. Sizi temin ederim ki, pek çok Amerikalı ve Avrupalı, Türklerle yakından ilgilenmektedir. Ben de her gittiğim yerde Türkleri iyi bir surette tanıtmak için konferanslar vermekteyim. Güzel memleketinizi yakından görmekle bahtiyarım.[25]

Dünya basını ağızbirliği yapmış gibi Latife'den hep feminist, sufrajet ve kadın hakları savunucusu sıfatlarıyla söz ediyor.

Latife Hanım'ı görmezden gelmek

Resmî tarih, Latife Hanım'ı hep görmezden geldi. Atatürk üzerine çalışma yapanların genel tavrını kadınları görmezden gelmek olarak özetleyebilirim. Ama yerli Atatürk biyografilerinin ortak noktası Latife Hanım'ı ya hiç görmemek ya da olumsuz bir örnek olarak satır aralarına serpiştirmek biçiminde özetlenebilir. Onun katkılarından söz eden, bir Atatürk biyografisine rastlayamadım.

Mustafa Kemal'in uluslararası yazarlar tarafından yazılmış biyografilerinde Latife'nin kadın hakları açısından oynadığı role ve katkılarına değinenlerin sayısı oldukça kabarık.

Alman yazar Dagobert von Mikusch 1929 yılında yayımlanan *Gazi Mustafa Kemal* adlı kitabında Latife'nin Mustafa Kemal'in yanındaki işlevini tarif ederken ilginç bir ifade kullanıyor:

> Latife Hanım iki yıl süreyle önemli bir rol oynadı; Türkiye'nin bir numaralı kadınıydı, yönetime ortaktı, sosyal reformlarda, özellikle de kadının özgürlüğüne kavuşmasında önemli katkıları oldu.
>
> Latife yalnızca bir eş değil büyük adamın çalışma arkadaşıydı da. Mustafa Kemal, herkese, kendi yaşamı üzerinden kadına ilişkin Doğu'nun köhne sınırlamalarının kalktığını, kadının bundan böyle erkeğin yanı başına sosyal bir varlık olarak, insan olarak eşit haklarla yer alacağını göstermek istiyordu.[26]

Arjantinli diplomat Jorge Blanco Villata "Latife'nin reformların gerçekleştirilmesinde, özellikle de kadınların kurtuluşuna ilişkin reformlarda rol oynamasından Mustafa Kemal hoşnut kalmış, onunla gurur duymuştu. Ancak o, katılımcılığı ile Türkiye cumhurbaşkanının karısı olma konumunun çok ötesine geçmişti" diyor.[27]

25. Bu görüşmenin gerçekleşip gerçekleşmediği üzerine bir bilgiye ulaşamadım.

26. Dagobert von Mikusch, a.g.e., s. 319, 288.

27. Jorge Blanco Villalta, *Atatürk*, Türk Tarih Kurumu Yayınları, (İngilizce) Ankara, 1979, s. 362.

Türkiye'de kadın hareketi ve Latife Hanım

Türkiye kadın hareketi de Latife Hanım üzerinde pek durmadı. Belki Cumhuriyet döneminde sahneden ayrılan bir kadın oluşundan dikkatleri çekmedi, belki de önemsiz olduğu varsayıldı. Latife Hanım'ın sesinin erkek himayesinde yükseldiği önyargısı bir üçüncü neden olabilir.

Ben, Latife Hanım'ın sesinin Mustafa Kemal'in himayesinde yükselmiş bir ses olduğunu düşünmüyorum. Hem karakteri buna uygun değildi, hem de o erkeğine tabi bir kadın değildi. Onun, kendi cinsinin kurtuluşunu istediğini bu yüzden kadınlar için bir rol modeli oluşturmaya çalıştığını düşünüyorum.

Eğitimli kadınların kamusal alanda rol almaları teşvik edilirken, Latife Hanım da toplumsal projelerde bir simge olarak mı görevlendirilmişti sorusu da sorulabilir. Benim kanaatim kendi inisiyatifiyle görev aldığı doğrultusunda.

Latife Hanım projelerini yarım bırakarak Çankaya'dan ayrılmıştı. Feminist eğilimli Latife Hanım ile Mustafa Kemal Paşa'nın birlikteliğinin sonuçlarını 80 yıl sonra çözümlemek kolay değil.

25

Fikriye

Tahminen, 1924'ün mayıs ayıydı. Mustafa Kemal ile Latife baş başa oturuyorlardı. Sohbeti derinleştirmişlerdi ki, emir çavuşu Ali girdi içeriye. Tedirgin bir hali vardı. Mustafa Kemal Paşa'nın yüzüne bakıyor, bir şey söylemek ile söylememek arasında duraksıyordu.

Gazi, Ali'ye nedir der gibi baktı.

"Fikriye Hanımefendi geldiler, Paşa Hazretleri..."

Gazi, "Peki" dedi. Emir çavuşu çıktı. Latife birden ayağa kalkarak, "Bekletmeyelim Paşam" dedi. "Size çok hizmeti geçmiş bir kadındır. Kendisine 'hoş geldiniz' diyelim."

Kabul salonuna girdiklerinde Fikriye pencereden dışarıya bakıyordu. Latife Fikriye'nin yanına gitti, elini uzattı. Fikriye taş kesilmiş koluna bir türlü söz geçiremiyordu. Mustafa Kemal Paşa'nın sesi duyuldu.

"Hoş geldin Fikriye!"

Fikriye birden toparlandı. Elini Latife'ye uzatırken, başını Mustafa Kemal Paşa'ya çevirdi. Derin bir gülümseme vardı yüzünde.

"Hoş bulduk Paşam" dedi.

Kemal Paşa'nın ellerini sıkarken boynuna atılır gibi yaptığı için o da geri çekilmişti. Sonra oturup konuşmuşlar, yemeği birlikte yemişlerdi. Mustafa Kemal Fikriye'ye sanatoryumdan vakitsiz çıktığı için önce sitem etti, ama daha sonra, "Olmuşla, ölmüş üzerinde konuşulmaz. Her neyse, şimdi senin durumuna bakalım" deyip sözü değiştirdi. Yemekte kendisine Erenköy'de bir ev tutulması için gerekenlerin yapılacağını, evin çok güzel dayanıp döşeneceğini, para bakımından hiçbir sıkıntı çekmeyeceğini söyledi. Hiç ilgilenmemişti bu sözlerle Fikriye.[1]

1. İsmet Bozdağ, *Atatürk ve Eşi Latife Hanım*, s. 190; İsmet Bozdağ, *Latife ve Fikriye*, s. 150.

İsmet Bozdağ'ın karşılaşmaya dair yarı kurgusal anlatımı böyle. Fikriye Çankaya'nın kendi evi olduğunu düşünüyordu. Ankara'dan ayrılış biçimini hatırlarsak haklıydı böyle düşünmekte. Münih'e sağlık nedeniyle yaptığı gezi onun için bir felaketle sonuçlanmış, hayatının seyri tamamen değişmişti.

Fikriye, Mustafa Kemal'in evlendiğini Münih'teyken bir gazete haberinden öğrenip beyninden vurulmuş, hemen geri dönmüştü. Mustafa Kemal telgraflarını incelerken onun döndüğünü 6 mart 1923 günü fark etti. Fikriye Ankara'ya gelmek istiyordu. Kemal Paşa, Adnan Bey'i (Adıvar) bir telgrafla uyardı:

> Fikriye Hanım'ı tedavi için Almanya'ya göndermiştim. Benden izin almadan neden ötürü İstanbul'a gelmiştir? Kesinlikle Ankara'ya gelmesine izin veremem. Kendisine gereği kadar para vermiştim. Orada otursun ve bana açıklama yapsın. Benden izin almadan hareketine müsaade olunmamak için gerekenlere emir buyurmanızı ve bildirmenizi rica ederim.[2]

Bir anlatıma göre Fikriye İstanbul'da bir akrabasının yanında yaşıyordu. Şemsi Belli'nin, Fikriye'nin ev sahibi ve aile dostu Handan Gören'den aktardığı bilgiye göre, Ankara'ya gitmesine izin çıkmayan Fikriye bir buçuk senedir Gelibolu'da yaşıyordu.

> Gece gündüz ağlıyordu. Evimiz Fikriye Ablamın büyük acısıyla yas yerine dönmüştü. Ne kadar teselli etsek fayda vermiyordu. Bütün gayesi, Ankara'da Mustafa Kemal Paşa'nın yakınında olabilmekti. Paşa'nın evlilik yaşamına kesinlikle gölge olmak istemiyordu. Ama Paşa'nın çok uzağında sürgün yaşamak da istemiyordu. Hatta bir aralık İsmet Paşa ile bile bağlantı kurmuş, kendisinin Ankara'da Gazi Paşa'nın yakınında bir görevli gibi istihdam edilmesini rica etmiş, ama İsmet Paşa'dan beklediği yakınlığı bulamamış.[3]

Handan Gören, Fikriye'nin Mustafa Kemal'e pek çok mektup yazdığını, bu mektupların yaverlerin ya da Latife Hanım'ın elinde yok olduğunu düşünüyordu. Salih Bey (Bozok) ise Fikriye'nin sanatoryumdan Mustafa Kemal'e haftada bir iki mektup yazdığını doğruluyor ve "Gazi Paşa bu mektuplara karşılık yazılmamasını buyurduğu için, bazılarını açmadan olduğu gibi bir köşede biriktiriyordum" diyor.

2. Şemsi Belli, a.g.e., s. 96.

3. Şemsi Belli, a.g.e., s. 98.

Mustafa Kemal'in yakın arkadaşlarından Süreyya Yiğit'e göre Fikriye'yi tanıyanlar onun bir gün mutlaka Ankara'ya geleceğini biliyorlardı. "O deli kızın yapabilecekleri herkesin dilindeydi. Ama bu dedikoduların hiçbiri Köşk'ün duvarlarından içeri sızmıyordu."[4]

Fikriye'nin Çankaya'ya yaptığı ilk ziyaretin tarihini kimse anılarına not etmemiş.

Ankara'ya gelirken Fikriye bir karar vermişti. Tamamen görünmez olmayı değil, gidip kendisini göstermeyi, yüzleşmeyi tercih etmişti.

Fikriye'yi karşısında bulan Latife çok şaşırsa da gayet dikkatli davrandı. İlk gece kazasız belasız atlatıldı.

Ali Metin'e göre, ertesi gün akşamüzeri Fikriye'de bir gitme hazırlığı görmeyen Latife'nin neşesi kaçtı ve Ali'ye, "Bu hanım ne zaman gidecek?" diye sordu. Fikriye gitmezse diye korkmuştu. Karşısında Paşasını geri isteyen bir kadın vardı. Dönem, birden fazla eşe izin veriyordu.

Ali Metin, Fikriye'yi İstanbul'a yerleşmesi için ikna etmeye çalışıyordu.

Anlatılanlara göre o gece sofraya iki kadın birlikte oturmadı. Fikriye sofraya davet edilmemişti. Ama kendisi kalktı geldi, İsmet Bozdağ'a göre o gelince Latife masadan ayrıldı. Sofrada Kılıç Ali, Recep Zühtü, Nuri (Conker) ve Salih (Bozok) vardı.

Fikriye, valizlerinden birinin Haydarpaşa'da trene konmadığını söyledi. Önemliydi, çünkü içinde Mustafa Kemal için bir armağan vardı. Kılıç Ali valizi bulup getirtmeye söz verdi. Ertesi sabah Fikriye Çankaya'dan ayrılınca herkes mesele kapandı diye memnun oldu. İsmet Bozdağ ise, Fikriye'ye köşkte misafir ağırlanacağı yolunda bir uyarı yapıldığını, bunun üzerine köşkten ayrılıp birkaç gün otelde kaldığını söylüyor.[5]

Sonunda valiz geldi, Fikriye Paris'ten Mustafa Kemal için aldığı smokinleri de Ali Çavuş'la Mustafa Kemal'e gönderdi ve geri döndü. Salih Bozok'a göre, artık İstanbul'da bir akrabasının yanında kalıyor, Mustafa Kemal de bu akrabasına yardım ediyordu.[6]

Latife'nin yeğeni Dilek Bebe'nin bu olaya yaklaşımı şöyle:

> Sizin eskiden birlikte yaşamış olduğunuz bir hanım gelip kapınızı çalsa ve sizin evde kalmaya kalksa eşiniz ne der? Ben olsam sinirle-

4. Nuyan Yiğit, a.g.e., s. 232.

5. İsmet Bozdağ, *Atatürk ve Eşi Latife Hanım*, s. 195.

6. İsmet Bozdağ, *Latife ve Fikriye*, s. 153.

nirim. Kaldı ki Cumhurbaşkanlığı Köşkü'ndesiniz. Bu, çiftin arasındaki ilişkiyi de bozar. Çünkü normal bir durum değil. Halam bütün nezaketine rağmen bazı şeyleri anlatamayınca herhalde bir gün kapısının önünde "Bu Hanım hâlâ burada mı?" demiş. Bunu da Fikriye Hanım duymuş ve gitmiş zaten. Bence Mustafa Kemal Paşa Fikriye Hanım'ın ölümü nedeniyle vicdan azabı çekmiştir. Sonra yanlışlıkla onun adını söylemesi kasıtlı bir şey değildir, ama halam herhalde çok üzülmüştür buna. Bildiğim kadarıyla o olayın ardından İzmir'den annesiyle babasını çağırır, evi terk etmek istediğini söyler.[7]

Fikriye yeniden Çankaya'da

Fikriye Çankaya'ya bir ziyaret daha yaptı.

Çoğu anlatımda iki gelişi arasında bir hafta ya da 15 gün ara olduğu söyleniyor. Ali Metin ise Fikriye'nin Ankara'ya bir sene arayla iki kez geldiğini anımsıyor.[8] Mustafa Kemal'i her an beyninde taşıyan bir kadın için bir buçuk sene beklemek sanki olanaksız gibi.

Kılıç Ali anılarında Fikriye'nin Çankaya'ya iki tabancayla geldiğini yazıyor.

Kılıç Ali'nin yakın akrabası olan Muzaffer de o gün orada...

Anılardaki ortak anlatımlara göre Fikriye'nin son günü şöyle:

Ankara'ya sabah geldi, trenden inince doğru köşke gitti. Kapıda polis ve nöbetçilere kendini tanıttı. Bekletmeksizin köşke girmesine izin verdiler. Sonra da Yaver Muzaffer Bey'i haberdar ettiler. Fikriye'nin orta köşkte, konuklara ayrılan salonda beklemesi gerekiyordu, ama o yeşil salona girdi. Bekir Çavuş onun gelişini görünce henüz uyumakta olan Mustafa Kemal'i uyandırdı ve Fikriye'nin salonda beklediğini haber verdi. Mustafa Kemal, Başyaver Rusuhi'yi çağırttı, Fikriye'yle görüşmesini, arzusunu öğrenmesini istedi. Rusuhi, Fikriye'nin tanımadığı bir yaverdi. Kendisini Fikriye'ye takdim etti. Arzusunu öğrenip Mustafa Kemal'le görüşmesini sağlayacaktı, ama diğer salona geçebilir miydi?

Fikriye sinirlendi. "Ben buradan hiçbir yere gitmem. Ben bu evin hanımıyım" diye cevap verdi. Fikriye'nin bu olağandışı ve sinirli tavrı Rusuhi'yi şüphelendirmişti. Ziyaretçi salonuna gitmesini ısrarla rica etti, birlikte orta köşke geçtiler. Fikriye orta köşkte bir ara tuvalete gitti. Uzun süre tuvaletten çıkmaması üzerine Rusuhi, Muzaffer'e tuvaletin kapısını açıp bakmasını söyledi. O da bunu yapmak istemedi. Bunun üzerine kapıyı Rusuhi açtı ve Fik-

7. Can Dündar, "Ata'nın Resmiyle Öldü", *Milliyet*, 11 kasım 2004.

8. Ziya Oranlı, a.g.e., s. 145.

riye'nin çantasını karıştırdığını içinde küçük bir Browning tabanca olduğunu görünce, Fikriye'ye o gün Gazi'yle görüşmesinin mümkün olmadığını söyledi.

Fikriye çok üzgün bir halde yaverlere veda etti ve köşkten çıktı. Kapıda beklettiği faytona yürüdü. Bu arada posta erlerinden birine Rusuhi'yi görmek istediğini söyledi, ama Rusuhi bu çağrıyı yanıtsız bıraktı.

Kılıç Ali'nin sözleriyle devam edelim...

> Fayton köşkten ayrılarak yakında bulunan Fuat Bulca'nın köşkü hizasına geldiğinde, Fikriye Hanım, belki de Gazi'ye yahut Latife Hanım'a yöneltmek için çantasında taşıdığı tabancasını çekerek kalbi hizasına ateş eder ve can havliyle kendini hemen faytondan dışarı atar, oracıkta yığılıp kalır![9]

Fikriye, 30 mayıs 1924'te öldü. Kılıç Ali'nin yorumuna göre Fikriye, Mustafa Kemal ile Latife'yi öldürüp ardından intihar etmeyi planlıyordu.

> Kendisini vurduğu tabancadan başka ikinci bir tabanca da Fikriye Hanım'ın belinde, etekliğinin bel kuşağı arasına sokulmuş bir halde bulunmuştu. Bu iki tabancayı taşımasından ve birini tuvalette hazırlamasından tahmin edilmişti ki, maazallah Gazi ile görüşmesi mümkün olsaydı, ihtimal Gazi'yi ve Latife Hanım'ı öldürdükten sonra kendisi de intihar edecekti. Köşkten ayrıldıktan sonra birdenbire Rusuhi Bey'i çağırması ise, belki planını uygulamaya engel olduğu için hiç olmazsa onu öldürüp intikamını almak arzusunun sonucu olabilirdi.[10]

Şemsi Belli Ankara Memleket Hastanesi Başhekimi Dr. Ömer Vasfi Aybar'dan Fikriye'nin son anlarını aktarıyor:

> Fikriye Hanım, intihar ettikten sonra hemen hastaneye getirildi. Kendisini derhal hususî bir odaya aldım ve tedaviye başladım. Arabasının içindeki feci intihar olayından dolayı faytoncunun âdeta dili tutulmuştu. Kendisiyle konuşup bilgi almakta güçlük çekiyorduk. Browning tabanca mermisi sol akciğeri büyük çapla delip kalp nahiyesi yakınından geçmiş ve bu meyanda kalbin dış muhafazasını zedelemişti. Yaralıyı istirahate koyduktan sonra rahmetli Doktor Refik (Saydam) Bey hastaneye geldi.

9. *Kılıç Ali'nin Anıları* s. 545-546.

10. *Kılıç Ali'nin Anıları*, s. 547.

Refik Bey, Mustafa Kemal'in çok üzgün olduğunu, Fikriye'nin kurtarılması için her şeyin yapılmasını istediğini söylüyor. Dr. Ömer Vasfi Bey'in görüşü ise, Fikriye'nin birkaç gün sonra zatürreeye yakalanmasa hayatta kalabileceği yönünde. Doktorunun anlatımına göre kurtarılabilecek durumdaydı. "Ne yazık ki, tam bir hafta sonra yüksek ateş başladı. Muayene ettik. Tehlikeli bir zatürree... İki gün sonra öldü" diyor Ömer Vasfi.[11]

Can Dündar'ın *Fikriye* kitabında olayın intihar değil cinayet olduğu yönünde bir anlatım yer alıyor.

Fikriye'nin yeğeni Abbas Hayri Özdinçer, "Fikriye" belgeselinin yayınlanmasının ardından Can Dündar'ı bulmuş ve çocukluğundan beri dinlediği olayı şöyle aktarmıştı:

> Bize anlatıldığına göre halamı faytonu içinde sırtından vurulmuş olarak buluyorlar. Babam Enver Bey, o gün halamın ölümünden haberdar edilmiyor. Ertesi sabah sivil polisler Çankaya'dan gelen şifahi bir emirle babamı Ankara'ya götürüyorlar. Babamın ısrarlarına rağmen halamın cesedi kendisine gösterilmiyor. Mezkûr tabanca dahil merhumenin bütün şahsî eşyalarına el konuluyor. Babamın cesedi görmekte ısrar etmesine ve dava açma tehdidine karşı hâkim aynen şöyle diyor:
>
> "Bu tabir şekvalar hakkınızda hayırlı olmayacak neticeler doğurabilir. Başınız sağolsun Enver Bey."

Hayri Özdinçer'in söylediğine göre, babası daha sonra hastanede kalanları araştırmış ve "Alçaklar, katiller vurdular beni" diyen bir kadının o gece hastaneye getirildiğini öğrenmişti.[12]

Fikriye'nin yakını Handan Hanım, Şemsi Belli'ye hatırladıklarını anlatırken Ankara'da yayımlanan *Hakimiyet-i Milliye* gazetesinde çıkan Fikriye'nin birkaç satırlık ölüm haberinden de söz ediyor. Fikriye'nin ölümünün ardından evlerinin sivil polisler tarafından basılıp Fikriye'nin bütün eşyalarının, çantalarının, yazıp da yollayamadığı mektuplarının, fotoğraflarının ve değerli hatıralarının götürüldüğünü söylüyor. Ancak baskınla ilgili düşüncesi, "Paşa'nın haberi olamazdı" şeklinde.[13]

Fikriye'nin ölümü Ankara'da onu yakından tanıyan çevre tarafından üzüntüyle ve derin bir sessizlikle karşılanmıştı.

11. Şemsi Belli, a.g.e., s. 103.

12. Can Dündar, *Fikriye*, Milliyet Yayınları, İstanbul, 1992, s. 34.

13. Şemsi Belli, a.g.e., s. 99.

Muammer Bey ile Adeviye Hanım geliyor

Fikriye hayattayken Latife ile Mustafa Kemal arasında büyük bir soruna neden olmamışken ölümü ikisini de ağır biçimde etkilemiş, ölümün ağırlığı evliliğin üzerine çökmüştü.

Fikriye'nin ölümünü izleyen günlerde Latife ile Mustafa Kemal arasında büyük bir kavga çıkmıştı.

Ali Metin'in Fikriye'yi uğurladıktan üç dört gün sonra yaşandığını düşündüğü olay anlaşıldığı kadarıyla ölümden sonra patlak vermişti.

> Fikriye Hanım'ın gitmesinden üç dört gün sonra Atatürk ve Latife Hanım salonda oturuyorlardı. Köşkün havası iyiydi. Ben de o zaman nadir bulunan borulu bir gramofon çalıyordum. Vaktiyle cephede bir otomobilde bulup adını Trikopis koyduğumuz köpek yavrulamış, iki yavrusu ile oynuyordu. Atatürk evin havasından memnun olmuşlar rakılarını ağır ağır yudumluyorlardı. Köpeklerin oynaşmalarını ve çok sevimli hallerini gören Atatürk, Latife Hanım'a dönerek, "Bak Fikriye ne güzel oynuyorlar" deyince Latife Hanım fena halde bozularak baygınlıklar geçirdi.[14]

Mustafa Kemal'in Latife'ye o gün Fikriye demesi üzerine Latife'nin de çok öfkelenip "Fikriye'yi öldüren sensin. Sıra bana mı geldi. Hiç unutma Kemal ben Fikriye değilim ve ben kendimi korumasını bilirim" dediği öne sürülüyor.[15]

Mustafa Kemal, Latife'nin tartışmayı bu kadar büyütmesine sinirlenmişti. Öfkesini belli eden bir tonda "Latife" diye bağırdı. Latife gerginlikten bayılmıştı. Gözünü açtığında Mustafa Kemal'i başında görünce ona "Çekil" demişti "Seni görmek istemiyorum." Latife yukarı çıkıp yatmıştı.

Mustafa Kemal Paşa yukarı çıktığında Latife yatak odasında yoktu. Bitişik odaya taşınmıştı.

İsmet Bozdağ'ın *Atatürk ve Eşi Latife Hanım* adlı kitabında yer alan kavga sahnesi büyük olasılıkla o gün Çankaya'da olanların duyumlarına dayanıyor.

Ali Metin, "Atatürk ellerinde olmayarak sebep oldukları bu olaya çok üzüldüler. İki gün sonra Latife Hanım'ın babası Muammer Bey'den Ankara'ya geleceklerine dair telgraf aldık. Telgrafı Ata-

14. Ziya Oranlı, a.g.e., s. 146, 147.

15. Eriş Ülger, a.g.e., s. 113-119.

türk'e gösterdik. Bir müddet düşündükten sonra, 'Latife muhakkak tel çekmiş olmalı' dediler. Nitekim yaptığımız incelemede Latife Hanım'ın kendi eliyle yazdığı telgrafı devriyelere vermek suretiyle Çankaya postanesine gönderdiğini öğrendik" diyor.

Salih Bozok, "Bu yatak odalarının ayrılmasına kadar varan bir kavga nedeni oldu" diyor.[16] Latife ertesi gün yemeğini odasında yedi, gelen telefonlara da cevap vermedi. Odasından çıktığı anlarda da asık bir yüzle dolaştı. Mustafa Kemal de Ziraat Okulu'ndaki dairesine gitti. Sabaha doğru geldiğinde Latife yine odasına çekilip yatmıştı. Mustafa Kemal bunun üzerine Latife, sabah kahvesini odasına getirene kadar onunla ilgilenmemeye karar verdi. Olaya annesi ile babasını katmasından da hoşlanmamıştı.

2 haziran tarihli *Cumhuriyet*'te, Muammer Bey, kendisiyle yapılan bir konuşmada, haziranın ilk günlerinde Ankara'ya gideceğini söylüyor. Anlaşılan Fikriye'nin ölümü üzerine kızını görmek istemişti. Latife'nin kendilerini çağıran telgrafı tam da o sırada gelmiş olmalı.[17]

"Boşanmak istiyorum!"

Adeviye Hanım ile Muammer Bey Latife'nin telgrafı üzerine Çankaya'daydılar. Latife'yle konuşurken Mustafa Kemal Paşa'dan yanlarında kalmasını rica ettiler.

"Boşanmak istiyorum" dedi Latife.

Büyük bir sessizliğin ardından Mustafa Kemal sordu, "Sebep?"

"Sebep bir değil pek çok... Hangisinden başlayacağımı düşünüyorum. Sizi, ileri fikirli bir insan olarak sevdim. Severek, sevinerek de evlendim sizinle. Bana karşı şefkatli idiniz. Her gittiğiniz yere beni de götürüyor, fikirlerinizi benden gizlemiyor bir Batılı erkek gibi davranıyordunuz bana... Sonra, sonra düşüncelerinizi benden gizlemeye başladınız. Çalışmalarınızdan beni uzaklaştırdınız. Çevrenizi saran birtakım arkadaşlarınızla sabahlara kadar içki içmeye, sohbetler yapmaya başladınız. Ben haremde bir cariye gibi, bu köşkün içinde tek başıma kaldım. Önceleri, candan bir yaver gibi hizmetinizde iken, sonra sonra bir cariye gibi hareme itilmem, elbette kadınlık gururumu incitti. Beni bu kadar hor görmeye hakkınız yoktu. Fakat buna rağmen sabrettim. Fikriye olayı, bardağı taşıran damla oldu. Hem benimle evlendiniz, hem de bir başka kadını seviyorsunuz."

16. İsmet Bozdağ, *Latife ve Fikriye*, s. 154.

17. Eriş Ülger, a.g.e., s. 113-119.

Latife susmuş, Mustafa Kemal konuşmaya başlamıştı:

"Seninle evlendiğimde Fikriye vardı. Evlenmekle, kimi üstün tuttuğumu göstermiş oluyorum. Bu kadın bugün ölmüştür. Ölümüne gerçekten üzüldüm. Bu üzüntümün içersinde bir dil sürçmesiyle, Latife diyecek yerde Fikriye demişsem hoş görülmek gerekir. Duygularını anlıyorum. Fakat, yine bir tek söz için evimizi üç gündür cehenneme çevirişinin bir anlamı yoktur. Seni işlerimden uzak tuttuğum noktasına gelince. Devlet işleri sizin işiniz değil, benim işim! Siz de benim yaverim değil, karımsınız. Elbette devlet işleri sizin uzağınızda yürütülecek. Yoksa siz, bir Kösem Sultan olamadığınızdan mı şikâyetçisiniz?"

Latife, Kösem Sultan benzetmesinden hoşlanmamıştı.

"Ne münasebet" dedi. "Ben Kösem Sultan değil fakat bir başkan eşi olmak isterim. Bu da hakkımdır..."[18]

Bunun üzerine Mustafa Kemal, Latife'ye meclise geldiği gün gazetelerde çıkan yorumları hatırlattı ve "Demek ki ben sizi Batı ölçülerinin de ilerisinde devlet hayatına karıştırmışım" diye cevap verdi.

Konuşmanın sonunda Latife yumuşamıştı.

Muammer Bey, "Haksızsın" demişti Latife'ye. Adeviye Hanım da yüreğiyle kendisine, aklıyla da Mustafa Kemal'le hak verdiğini söylemişti.

"Evlilikte olur bunlar" diyerek Latife'yi ikna etmişlerdi.

Burada geçen konuşmalar, Latife'nin Fikriye olayının dışında da rahatsızlıkları olduğunu gösteriyor. Mustafa Kemal Paşa'nın değiştiğini düşünüyor ve kendisini "Haremde bir cariye" gibi hissettiğini söylüyordu.

Ertesi gün annesiyle yeniden dertleşti. Onun Mustafa Kemal Paşa'yı haklı bulmasına itirazı vardı.

"O kıyamete kadar daima haklı olacak. Çünkü erkek o! Çünkü Mustafa Kemal Paşa o!" Latife, Mustafa Kemal'i koca olarak şöyle tarif etti: "Bir koca ki avucunda tutamazsın, bir koca ki çizgisinde yürüyemezsin, dünyanın gözü üstünde. Benim belimi büken de bu."

Sonra da kocasının arkadaşlarından duyduğu rahatsızlığı dile getirdi. "Onlar kocamın boş zamanlarını haylaz çocuk gevezeliğiyle yemeseler, belki bir çıkış yolu var. Okul günleri böyle geçmiş, askerlik günleri böyle geçmiş, savaş günleri yine böyle. Tiryakisi olmuş bazı arkadaşlarının. Benim erkek kardeşlerim, nasıl ellerine fırsat geçti mi bisikletlerine koştularsa kocam da bir boş zaman ele geçirdi mi, arkadaşlarına koşuyor. Aralarına girmeyi

18. İsmet Bozdağ, *Atatürk ve Eşi Latife Hanım*, s.206-208.

düşündüm, denedim de... Hiç hoş karşılamadılar. Sen benim problemimi anlamadın anneciğim."

Latife annesine, derdinin Mustafa Kemal Paşa'nın ona Fikriye diye seslenmesinin çok ötesinde olduğunu söylüyordu. "Her kadın kocasının hayatındaki kadınlarla uğraşmak zorunda kalmıştır. Ama, kocanın vazgeçilmez erkek arkadaşları varsa ne yaparsın?" diyordu.[19]

Latife, Nadolny'yle görüşmüyor

Adeviye Hanım ile Muammer Bey ya dönmüşlerdi ya da dönmek üzereydiler...

16 haziran 1924 günü Latife, Alman sefiri Rudolph Nadolny'nin kendisini ziyaret etmek istediğini öğrendi.

Mustafa Kemal'e güven mektubu sunmaya gelen Nadolny, çok sözü edilen Latife Hanım'ı da ziyaret etmeyi gündemine almıştı. Raporunda olayı şöyle aktarıyor:

> Mustafa Kemal'e karısı Latife'yi ziyaret edip edemeyeceğimi sordum. O da evet dedi, ziyaretin zamanının bana bildirileceğini ekledi. Öğleden sonra Gazi'nin karısının dişinin ağrıdığı ve bu nedenle beni kabul edemeyeceği yönünde bir haber aldım. Sonradan duydum ki kabul için bir tören kıtası talep etmiş, bu talebi reddedilince o da beni kabul etmeyi reddetmiş.[20]

Hüsrev Gerede de anılarında Nadolny'nin kabulü için Latife'nin tören kıtasını ve bandoyu hazır ettiğini, ama Mustafa Kemal'in buna engel olduğunu yazıyor.[21]

Söz konusu görüşme gerçekleşmediği gibi söylentilere de neden olmuş, üzerine rapor bile tutulmuştu. Latife, Fikriye'den sonra bir süre kimselerle görüşmemişti. Buhranını atlatmaya çalışıyordu. Bu yüzden, Nadolny'ye söylenen diş ağrısı bahanesinin ardında bando mızıkadan çok, Mustafa Kemal ile Latife'nin evlilik krizinin yattığını düşünüyorum.

19. İsmet Bozdağ, *Atatürk ve Eşi Latife Hanım*, s. 210-211.

20. Cemil Koçak, "Arşivler Açıldı ya Belgeler" *Toplumsal Tarih* dergisi, mart 2005.

21. *Hüsrev Gerede'nin Anıları*, s. 248.

26

İş Bankası

Muammer Bey ile Adeviye Hanım İzmir'e endişeli döndüler. Latife'nin evliliğinin sarsılması onları tedirgin etmişti. Kızlarını çıkan kavgada haksız bulsalar da bu kolay bir evlilik değildi. İzmir belediye başkanı olarak Muammer Uşakizade'nin işi başından aşkındı. Cesur ve ümit verici vaatlerle işe başlayıp yeniden basının gözdesi olmuştu.

Ankara'ya gelmeden önce 2 haziran 1924 günlü *Cumhuriyet* gazetesiyle yaptığı uzun görüşmede şöyle diyordu:

> Şimdi yakılan yıkılan şehrin imar ve tanzimi için muhterem İzmirlilerin davetine icabet ediyorum. Sıhhî, ticarî, idarî ihtiyaçları tayin ve tespit etmek ilk vazifelerimizdendir. Halkın mesudiyeti evvela sıhhatle sonra işle kaimdir... Mesela şimdiden kışla ve müştemilatını, bütün un fabrikalarını belediyeye alıyoruz, vakıf elinde atıl kalmış olan iki mühim su menbaını asrî ihtiyaçlara göre tanzim ve isale edeceğiz. Yangın sahasını bir parka tahvil etmek üzere istimlakata hemen başlanmıştır. Tramvaylara ve itfaiye teşkilatına dair ilk hatveler atılmıştır. Telefon imtiyazımıza bir de elektrik hakkını ilave edeceğiz.

İtfaiye hizmetlerinin belediyelerce yürütülmesi için 20 mart 1924 tarihinde bir de yasa çıkartılmıştı. İzmir Şehir Müzesine dönüştürülen İtfaiye Binası'nda Muammer Bey'in belediye başkanıyken yaptığı hizmet anlatılırken, "Muammer Bey zamanında yangınla ilgili gerekli donanım alındı ve itfaiye kadrosu 40 kişiye yükseltildi" notu düşülmüş. Yangından büyük zarar gören İzmir için itfaiye en acil görevdi.

Ahenk ve *Anadolu* gazeteleri 20 haziran 1924'te Muammer Bey'den "Asil belediye reisimiz halkın temennilerini dikkat ve merakla mert bir oğlu sıfatıyla ümidimizi güldürüyor" ifadesiyle söz ediliyordu. İzmir yangını sırasında kanalizasyon şebekesi bile yok olan şehri yeniden ayağa kaldırmak gerekiyordu.

Can çekişen ekonomi

Türkiye Cumhuriyeti, 11 sene süren bir savaşın sonunda kurulmuştu. Her şeyin yeniden inşası gerekiyordu. Dünya basını durmadan "Avrupa'ya karşı mucizevi bir askerî zafer kazandılar ama ekonomiyi ne yapacaklar?" sorusunu soruyordu. 1923 yılı sonunda Sovyetler Birliği'nin resmî yayın organı *İzvestia* gazetesi, Türkiye'nin ekonomik durumunu şöyle görüyordu: "11 yıl kesintisiz savaş halinin ardından nüfusu çok azaldı; sıtma ve frengi salgın; bir tarım ülkesi olan Türkiye sadece İstanbul'u beslemek için 36 milyon liralık buğday almak zorunda; ihracatı neredeyse sıfıra düştü; ülkede gelişmiş tek sanayi kolu olan tütün sanayii bile can çekişiyor; vergiler çok ağır, bu yüzden insanlar ülke dışına kaçıyor; bütçe açığının çok yüksek olması bekleniyor..."[1]

Ancak 36 milyon abartılı bir rakamdı. 1923 yılında 3 milyon İngiliz lirası karşılığı buğday ithal etmişti.[2]

Posliednia Novosti gazetesinin Ankara muhabiri ise "Savaşın ardından terhis edilen askerler başıbozuklar halinde ülkenin her yanına yayıldı, onlar için iş de yok, emekli edip aylık ödeyecek kadar para da yok; Batı Anadolu çölü andırıyor, İzmir'in insan kaynayan sahili, şimdilerde saat sekizden sonra insansız bir karanlığa bürünüyor" diye yazıyor.

Yine aynı gazete, "Türkler savaş sırasında fazla para basmadıklarıyla övünüyorlar. Ancak bunun tek sebebi var; savaş boyunca tahıla ve büyükbaş hayvanlara el kondu. Nüfus karşılıksız çalıştırıldı. Şimdi Anadolu'da hiç büyükbaş hayvan kalmadı tarım mahvolmuş durumda" değerlendirmesine yer veriyor.[3]

Millî Mücadele sırasında gerçekten de her hane birer kat çamaşır, çorap ve çarık vermiş, tüccarın ve halkın elindeki patiska, pamuk, kösele çivi, semer vb'nin ve gıda malzemesinin yüzde 40'ına bedeli sonradan ödenmek üzere el konmuştu.[4] *İzvestia*'da durum şöyle özetlenmişti:

"Türkiye, Osmanlı İmparatorluğu'nun sahip olmadığı iki hazi-

1. "Bir İş Teklifi Olarak Yeni Türkiye", *The Literary Digest*, 15 aralık 1923.
2. Johannes Glaesneck, a.g.e., s. 43.
3. "Bir İş Teklifi Olarak Yeni Türkiye", *The Literary Digest*, 15 aralık 1923.
4. Doğan Avcıoğlu, *Türkiye'nin Düzeni*, Bilgi Yayınevi, Ankara, 1973, s. 207.

neye sahip bağımsızlık ve egemenlik. Bu iki değer, ancak ekonomi yeniden inşa edildiği takdirde bir mana ifade edecek."

Mustafa Kemal de zaten, İzmir'de toplanan İktisat Kongresi'nde hedefin ekonomik bağımsızlık olduğunu söylemişti.

Mete Tunçay'a göre, 1924 yılında Türkiye'deki yabancı sermaye toplamının yarıya yakını Alman, dörtte birinden çoğu Fransız, altıda biri İngiliz'di. ABD'nin payı ise yüzde 2'nin altındaydı.[5]

Türkiye kapitalist dünyayla bağlarını kopartmamak için yabancı imtiyaz sahiplerine tazminat ödüyordu.[6]

Uzun süren savaş yılları Latife'nin ailesinin malî durumunu da etkilemişti.

İzmir yangınında Uşakizade ailesinin 72 parça emlaki yanıp kül olmuştu. Bu emlakin çoğu yangının başladığı Ermeni Mahallesi'nin yanı başında, yani bugünkü fuar alanındaydı. (Söylediğine göre, bugün, Cumhuriyet Meydanı'nın yer aldığı arazi de aileye aitti.) Türkiye'nin yeni lideri ile kayınpederi Muammer Bey, İzmir'de yanan arazilerinin kamu yararına değerlendirilmesi için anlaştılar. Karşılığında Muammer Bey'e Türkiye'de petrol bulunursa, kurulacak ilk petrol şirketinden hisse verilecek, arazi karşılığı böylece ödenecekti. Petrol bulunamadı ve sonunda devlet Muammer Bey'e borçlu kaldı. Beğenilen yerler rica üzerine verilmiş, aile de yeni Türkiye'ye feda olsun demişti. Muammer Bey yangın yerindeki araziyi bağışlarken "fuar alanı olarak kullanılacak" şerhini de tapuya yazdırmıştı. Bugün fuar alanını farklı biçimlerde kullanmak isteyen belediye başkanları bu şerhle yüz yüze gelip planlarını değiştirmek zorunda kalıyorlar.

Muammer Bey'in, kızı Latife Mustafa Kemal'le evlenirken çok bonkör davrandığını, dünya basınına dayanarak kızına bir milyon lirayı çeyiz olarak armağan ettiğini yazmıştım. Bu para o günün 660 000 dolarına karşılık geliyordu.[7] 1924 yılı bütçesi 121 milyon liraydı, 1923 kasımında kabul edilen Riyaseticumhur bütçesi ise 10 milyon liraydı. Ekonomik gelişmeye ayrılan paranın 8 milyon olduğunu hatırlayınca Latife'nin çeyiz parasının yaklaşık değeri de ortaya çıkıyor.[8]

Anlaşılan Uşakizade ailesi bu çeyizi savaştan yeni çıkmış yok-

5. Mete Tunçay, a.g.e., s. 206.

6. Johannes Glaesneck, a.g.e., s. 52.

7. "Mustafa Kemal Evleniyor; Gelin İzmirli Zengin Bir Tüccarın Kızı", *New York Times,* 30 ocak 1923; "Kemal'in Zengin Türk'ün Kızıyla Evliliği", *The Washington Post,* 30 ocak 1923; "Boşandı" *Time* dergisi, 24 ağustos 1925.

8. Faruk Alpkaya, a.g.e., s. 190.

sul Türkiye'ye armağan etmişti. Latife'nin getirdiği çeyiz parası nasıl kullanıldı, hangi ihtiyaçlara ayrıldı bilemiyoruz. Ankara'nın inşası için kullanılmış olması mümkün.

İzmir'in kurtuluşunun ardından yeni yönetim, 1923 yılında İzmir Körfezi'nde Vapur İşletme imtiyazını Uşakizade Muammer Bey'e verdi.[9] İmtiyazın 1925'e kadar onda kaldığı anlaşılıyor. 1925 yılından sonra Körfez'de taşımacılık kamu ağırlıklı İzmir Liman ve Körfez İşleri şirketine devredilecekti. Muammer Bey de 1923 kasımında üç gemi satın aldı. Gemilere Mustafa Kemal, İzmir ve Yeni Türkiye isimlerini verdi.[10]

Muammer Bey, belediyeden aldığı yetkiyle İzmir'in havagazıyla aydınlatılması için bir anlaşma yapmıştı. Havagazı elektrikten daha ucuz olduğu için belediyenin kâr edeceğini düşünüyordu. Ancak farklı düşünenler vardı. Onlar da bu sözleşmenin millî elektrik şirketlerini zarara uğrattığını söylüyorlardı. Muammer Bey'in tutumu tepki topluyordu.[11]

Belediye Meclisi'nde görüş ayrılıkları başladı. 15'ten fazla kadın ve çocuğun yaşamını kaybettiği bir sinema yangınının ardından Muammer Bey başkanlıktan istifa etti. Ancak belediyeyle İzmir'in aydınlatılması konusundaki anlaşmazlığın da Muammer Bey'in görevden ayrılma isteğinde rol oynadığı anlaşılıyor.

Muammer Bey'in Cumhuriyet sonrası belediye başkanlığı 24 eylül 1924'te sona erdi.

İş Bankası projesi

Mustafa Kemal, Muammer Bey'e bir miktar parası olduğundan söz etmişti. Muammer Bey de bunun üzerine, İngiliz kraliçesinin de ortak olmasından esinlenerek Doğu Hindistan Kumpanyası'nı örnek alan bir şirket kurulmasını önerdi. Düşündüğü Dış Ticaret Bakanlığı benzeri bir yapılanmaydı. Bu şirket yurtdışına Türk ürünleri satacaktı. Sonuçta bu fikir hayata geçmedi ama ihracatçıları destekleyen bir banka kuruldu.

Doğan Avcıoğlu *Türkiye'nin Düzeni* kitabında, Gazi'nin Osmanlı Bankası'yla ortaklık kurarak bu bankayı az çok kontrol altına almak istediğini, Osmanlı Bankası'nın tutumundan hoşnut kalmayınca da bir millî banka kurmaya niyet ettiğini söylüyor.[12]

9. Sabri Yetkin, "Dünden Bugüne", *Milliyet Ege*, 9 şubat 2004.

10. E G. Mears, *Modern Turkey*'den aktaran Mete Tunçay, a.g.e., s. 199.

11. Erkan Serçe, a.g.e., s. 176-178.

12. Doğan Avcıoğlu, a.g.e., s. 247.

Falih Rıfkı'nın o günlere dair bir anısı şöyle:

Yabancı bankalardan biri, "acaba sizdeki 100 000 liramızla bankanıza ortak olamaz mıyız" sualine, Türklerin bu işle uğraşması yersiz gibi bir cevap verince Mustafa Kemal 100 000 lirayı hemen bankadan çeker, çuval içinde Kasaboğlu Çarşısı'nda bir dükkâna koyar ve önüne bir de nöbetçi diker. Şimdi sermayeleri yüz milyonları aşan resmî ve hususî bankaların temeli budur."[13]

Muammer Bey'in kızı Vecihe, İş Bankası'nın kuruluş girişimine tanıklık etmişti:

> Atatürk İzmir'deki evimizin selamlık kısmındaki özel odasında çalışırdı. Bakanlarla Atatük sık sık çalışma odasında görüşürdü. Celal Bey de sık sık çağırdığı bakanlarındandı. Gene böyle bir gün, Celal Bey önce Atatürk ile onun çalışma odasında görüştü. Sonra da bizim yanımıza geldi. Latife Ablam, ben ve babam selamlık bölümünde oturuyorduk. Babam ihracat ve ithalatın yabancılar tarafından yapıldığını hatırlatarak bu işleri yapacak bir Türk şirketinin kurulmasını önerdi. Celal Bey de bankacılık işlerinin de yabancılar elinde olduğunu hatırlatarak bir banka kurulmasının yararlı olacağını söyledi. Sonunda da görüş birliğine vardılar. Babam ile Celal Bey arasında Atatürk'ün 250 bin lirasının nasıl değerlendirilmesi gerektiği konuşuldu. Bugün gibi aklımda güzel bir akşam üstü idi. Daha sonra Atatürk de çalışma odasından çıkıp yanımıza geldi.[14]

Vecihe İlmen anılarını aktarırken babasının İş Bankası kurucuları arasında olduğunu bilmediğini ve kurucu hisse senetlerini de görmediğini aktarıyor.

Doğan Avcıoğlu'nun *Türkiye'nin Düzeni* adlı kitabında Celal Bayar'ın *Geçit* dergisine anlattığı öykü ise biraz daha farklı:

> İmar vekili bulunuyordum. Bir gün Atatürk'ün kayınpederi Uşakizade Muammer Bey bana geldi. Gazi'nin ve kendilerinin 250 000 liralarının bulunduğunu, bununla ihracat ve ithalat yapmak istediklerini, fakat Gazi Hazretleri'nin kendisine, "Bir kere Celal Bey'e sorunuz, ondan fikir alınız" dediğini söyledi. İthalat ve ihracat işlerinin çok riskli olabileceğini düşündüm. Sonra Gazi'nin bu gibi işlere isminin karışmaması gerektiğini düşündüm. Vaktiyle bankada çalışırken Türk tacirlerinin yabancı bankalardan faydalandıklarını görür ve millî bir

13. Mahzar Leventoğlu, *Atatürk'ün Vasiyeti,* Leventoğlu Yayınevi, İstanbul, 1968, s. 16; aktaran Doğan Avcıoğlu, a.g.e., s. 247.

14. "Bankamız Kurucuları" *İş Dergisi,* sayı 265, kasım 1988, s. 19-21.

Türk bankasına daima ihtiyaç duyardım. Bu 250 000 lira ile 1 milyon sermayeli bir banka kurulmasını, bunun aslında bir amme hizmeti olacağını düşündüm, bu telkini Muammer Bey'e yaptım. Atatürk bu fikri beğenmiş.[15]

Celal Bayar'ın anlatımından 250 000 liranın Mustafa Kemal ve Muammer Bey'e ait bir para olduğu sonucu çıkıyor. Celal Bayar da daha sonraki anlatımlarında 250 000 liradan Mustafa Kemal'in parası olarak söz ediyor.

İş Bankası'nın kurulacağına ilişkin basında çıkan ilk haber ise 8 temmuz 1924 tarihini taşıyor.

Banka'nın kuruluş sermayesinin Millî Mücadele sırasında Mustafa Kemal'e Hintli Müslümanlardan gelen destekle oluşturulduğu konusunda kaynaklar birleşiyor. 26 ağustos 1924'te Mustafa Kemal bankaya verdiği kuruluş sermayesi dışında, 207 400 liralık bir hesap da açtırmıştı.[16]

Sonuçta ihracatçıları destekleyen 1 milyon sermayeli bir banka kurulmuş, Muammer Bey de kurucular arasında yer almıştı. Ancak, Muammer Bey'in "güçlü bir ihracatçı birliği oluşturalım" dileği yerine gelmemişti. Banka ihracatçıya kredi vermek için gereklidir diye düşündüğü için, ihracatçı birliği kurmadan banka kurmayı öncelik açısından doğru bulmamıştı.

Muammer Erboy, evlilik sırasında Muammer Bey'in ticarî işlerini yavaş yavaş tasfiye ettiğini, Mustafa Kemal'in kayınpederi olarak çıkan ve çıkacak dedikodulara karşı böyle bir yolu tercih ettiğini söylüyor.

İş Bankası Tarihi adlı kitapta yer alan hesap hareketlerinden anlaşıldığı kadarıyla Muammer Bey İş Bankası'ndaki hisselerini de 1925 yılından itibaren Mustafa Kemal'e satıyor. 30 aralık 1925'te Mustafa Kemal, Muammer Bey'in 2 500 hisse senedine karşılık nısf bedeli olarak 12 500 lira ödüyor. Altı ay sonra yeniden 2 500 hisse senedine karşılık da 12 500 lira daha ödüyor. Bunun karşısında da 2 500 hisse senedi karşılığı nısf ahir bedeli notu düşülmüş. Daha sonraki yıllarda Mustafa Kemal'in hesabından Uşakizadelere yapılmış bir ödeme görünmüyor.[17]

15. Doğan Avcıoğlu, a.g.e., s. 247.

16. Uygur Kocabaşoğlu, *İş Bankası Tarihi,* Tarih Vakfı, İstanbul, 2001, s. 85.

17. Uygur Kocabaşoğlu, *a.g.e.*, s. 626.

27

Sonbahar gezisi

Latife ile Mustafa Kemal 30 ağustos 1924 günü bir buçuk ay sürecek bir yurt gezisine çıktılar.

Latife bu kez gezideki tek kadın değildi; Salih Bey'in (Bozok) eşi Pakize ve Fuat Bey'in (Bulca) eşi Sabiha da Latife'nin davetlisi olarak geziye katılmışlardı.[1]

Büyük zaferin yıldönümünde Dumlupınar'dan başlayan gezi sırasında Hamidiye Kruvazörü'nden[2] İstanbul'u seyrettiler, Sivas'ta insanların çektiği arabalarla taşındılar, Erzurum'da depreme ağladılar, Sarıkamış'ta ayrılıp Kayseri'de barıştılar.

Bu geziye katılanlardan Kılıç Ali anılarında şöyle diyor:

> 1924 sonbahar aylarında Mustafa Kemal uzun bir Anadolu gezisine karar vermişti. Latife Hanım'ı yanına almakla Türk kadınının gelişme aşamasını da göstermek istiyordu. Ayrıca Gazi'nin çevresini bir sevgi çemberi şeklinde kuşatan halkımıza kadınlarımızın da katılması sağlanacak, resmî kabullere ve toplantılara herkesin eşiyle birlikte katılmasına imkân hazırlanacaktı.[3]

Dumlupınar'a iki ayrı heyet olarak gittiler. Birinci heyette Gazi, Latife, Başbakan ve Dışişleri Bakanı İsmet Paşa, Genelkurmay Başkanı Fevzi Çakmak, Millî Savunma Bakanı Kâzım Özalp, Milli Eğitim Bakanı Vasıf Çınar vardı.

İkinci trenle de Fethi Okyar ve çok sayıda milletvekili geldi. Başyaver Rusuhi, Muhafız komutanı İsmail Hakkı Tekçe gibi

1. *Kılıç Ali'nin Anıları* s. 535.

2. O sırada çalışır durumdaki birinci sınıf tek savaş gemisi Rauf Orbay'ın zaferleriyle ünlenen Hamidiye Kruvazörü'ydü.

3. *Kılıç Ali'nin Anıları,* s. 535.

isimler de geziye Samsun'da katıldılar.[4]

Yola 29 ağustos günü saat birde özel bir trenle çıkıldı. Geceyarısı Eskişehir'de, sabah güneş doğarken Afyon'daydılar. İki uçak havadan treni selamlıyor, yolcular sevinçle uçaklara mendillerini sallıyorlardı. Başkomutanlık Meydan Savaşı'nın ikinci yıldönümünde aralarında çok sayıda kadının olduğu bir kalabalık tarafından karşılandılar. Sürekli film ve fotoğraf çekiliyordu.

Tören yerine Cumhurbaşkanlığı forsunu taşıyan bir arabayla gelen Gazi ve Latife, özel olarak hazırlanmış zafer takının altından geçti. Dinlenmeleri için çadırlar hazırlanmıştı. Kütahya milletvekilleri armağan olarak çok güzel iki vazo getirmişlerdi. Kısa bir dinlenmenin ardından, Şehit Asker Anıtı'nın yapılacağı yere gittiler. Anıt, bir anda çiçeklerle örtülmüştü. Gelen çelenklerin içinde Latife'nin Babası İzmir Belediye Başkanı Muammer Bey'in çelengi de göze çarpıyordu.

Mustafa Kemal anıtın ilk taşını Latife'yle birlikte koydu, ardından tahta kürsünün gölgesinde bir yere oturdu. O gün 30 Ağustos 1922 savaşını şiirsel ve edebî bir dille anlatan çok güzel bir konuşma yaptı. "Medeniyet yolunda muvaffakiyet, yenileşmeye bağlıdır. İçtimaî hayatta, iktisadî hayatta, ilim ve fen sahasında muvaffak olmak için tekâmül ve terakki yolu budur" dedi.

Latife, Uşak Şeker Fabrikası'ndan hisse alıyor

Uşak Şeker Fabrikası'nın kurucusu Nuri Efendi (Şeker) de tören için oradaydı. 1924 yılında hisse satarak fabrikasını kurmak için halkın katılımını istiyordu. Osmanlı Devleti o güne dek şekerini hep dışardan almıştı. Bu bir şeker fabrikası yolundaki ilk girişimdi.

Nuri Efendi 30 Ağustos 1924'te, Başkumandanlık Zaferi'nin ikinci yıldönümünde Dumlupınar'a gelen Mustafa Kemal'e de projesini anlatıp hisse satmak istedi. Mustafa Kemal projeyle ilgilendi, fakat yanında para olmadığını söyledi; İsmet Paşa da yanındaydı. Ona hisse almasını önerdi. İnönü 10 liraya 5 hisse aldı. Ancak projeye aslen Uşaklı olan Latife daha fazla ilgi gösterdi. 50 liraya tam 25 hisse aldı. Şirketin başlangıç sermayesi, 50 kurucunun her birinden üç taksitte alınan 200'er liraydı.[5]

Bu örnek Latife'nin parasını Mustafa Kemal'den bağımsız olarak kullandığını gösteriyor. Bende para yok diyen Mustafa Ke-

4. Nuri Onat, *Cumhurbaşkanı Gazi M. Kemal Paşa'nın Sonbahar Gezileri*, Çağdaş Yayınları, İstanbul, 1984, s. 13-15.

5. Osman Coşkunoğlu "Uşak Şeker Fabrikası'nın Kuruluşu", *Cumhuriyet*, 21 ocak 2004.

mal'in nasıl karşılayacağı telaşına kapılmadan çok miktarda hisse almıştı.

Dumlupınar'daki törenin ardından Bursa'ya gidildi. Kentin anacaddesine iki taraflı sıralanmış büyük kalabalığın yaşa sesleriyle karşılandılar. Belediyenin Mustafa Kemal'e bir önceki gelişinde armağan ettiği Çekirge semtindeki köşkte 11 gün kaldılar.

Uludağ'ın eteklerindeki Temenyeri'nde Bursa'ya hâkim bir noktada bulunan Hünkâr Köşkü, Sultan Abdülmecid tarafından 1859 yılında av köşkü olarak yaptırılmıştı. Sultan Abdülaziz ve Sultan V. Mehmed Reşad tarafından da kullanılan köşk, daha sonra Cumhuriyet Köşkü ya da Hünkâr Köşkü diye anıldı. Fransız stili iki katlı köşkün iç süslemeleri çok güzeldi. Bahçesinde de, Gümüş Suyu'nun –Bursa'nın en güzel suyu– aktığı bir çeşme vardı.[6]

Ege kent ve kasabaları iki yıl önce tam da o günlerde işgalden kurtulduğu için peş peşe telgraflar geliyordu. 9 eylül günü de İzmir Belediye Başkanı Muammer Bey'den bir telgraf geldi. İzmir'de kurtuluş şerefine büyük gösteriler yapıldığını haber veriyor, İzmirliler adına Gazi'ye teşekkür ediyordu. 11 eylüle kadar Bursa'da dinlendiler, halkla, gençlerle görüştüler. Söğüt yatıyla Gemlik'e kadar uzanan bir deniz gezisine çıktılar. Bursa'nın kurtuluşu 11 eylül günü Belediye Bahçesi önünde büyük bir coşkuyla kutlandı.

Latife ile Mustafa Kemal Bursa'da her yere birlikte gitmişlerdi.

Anlaşıldığı kadarıyla gezinin bundan sonrası çok ayrıntılı planlanmamıştı.

Hamidiye Kruvazörü Mudanya'da onları bekliyordu. Marmara'da bir tur atmaya karar verdiler. Mustafa Kemal, zaferden sonra hiç uğramadığı İstanbul'a Marmara'dan ve Boğaz'dan bakacaktı.

"Hadi" dedi, "gidip birkaç saat Marmara'da tur atalım. Hem deniz havası alır hem de yorgunluk çıkarırız." Bu gezi Latife'yi çok sevindirmişti. İlk kez bir savaş gemisine biniyordu. Topları, torpil kovanlarını merak ediyor, tek tek hepsini inceliyordu. Birkaç saatte Marmara'nın altını üstüne getirmişlerdi.[7]

İstanbullular Hamidiye'yi, 12 eylül günü saat on bire doğru uzaktan gördüler. Bütün gemiler düdüklerini çalarak kruvazörü

6. Hünkâr Köşkü'nün Mustafa Kemal'in yaşamında bir önemi daha vardı. Latife'den boşandıktan bir ay kadar sonra yeniden Bursa'ya gelmiş ve yine bu köşkte kalmıştı. Manevî kızlarından Türkiye'nin ilk kadın pilotu Sabiha Gökçen'i 1925 yılının 22 eylül-8 ekim tarihlerindeki Bursa gezisi sırasında 11-12 yaşlarındayken tanımıştı.

7. İsmet Bozdağ, *Atatürk ve Eşi Latife Hanım*, s. 249.

selamladılar. Kız Kulesi açıklarına gelindiğinde de Selimiye Kışlası'ndan 21 pare top atıldı.

İki kıyıda karşılıklı büyük bir kalabalık birikmişti. Hamidiye'yi karşılamaya çıkanlar Üsküdar-Beşiktaş arasına gelince geminin kıyıya yanaşacağını düşünüyorlardı. Ama resmî heyetlere gemiyi selamlama şansı bile verilmemiş, kruvazör Boğaz'dan geçip gitmişti. Gazeteciler durmadan Boğaz'daki karakolları arayıp soruyorlardı. Ama aldıkları cevap hep aynıydı. Mustafa Kemal geçerken İstanbullulara bir selam bile göndermemişti.

Şevket Süreyya gazetelerin durumunu anlatırken, "Hülasa gazeteciler bu geçen yolcu hakkında ancak Boğaz vapurlarının gemiyi yakından gören yolcularının gördüklerini nakledererek bir şeyler yazıyorlardı" diyor.

> Gazi, Hamidiye'nin güvertesindeydi. Siyah bir kostüm giymişti. Başı açıktı. Yanında eşi Latife Hanım vardı. Ona eliyle İstanbul'un şurasını burasını göstererek bir şeyler anlatıyordu. Hamidiye'nin ön tarafında beyaz elbiseler giyinmiş deniz askerleri selam vaziyetinde idiler. Latife Hanımefendi de beyaz bir bluz üstüne siyah bir ceket giyinmişlerdi.
>
> Bu yazılara tabiî, İstanbul halkının Gazi'ye hasretini ifade eden satırlar da ekleniyordu. Neden gelmek istemiyordu: İstanbul'a kırılmış mıydı? Neden?[8]

Kimse Mudanya'ya geri dönmek istemiyordu. Bunun üzerine "Devam edelim" dedi Mustafa Kemal.

Latife ile Mustafa Kemal şarkı söylüyor

İstanbul'a uğramadan Boğaz'dan geçip Karadeniz'e açıldılar. Hava çok güzeldi. Güvertede büyük bir sofra kuruldu. Güneş batarken kadehler kalktı, şarkılar başladı. Mustafa Kemal, "Karadeniz, Karadeniz, Gelen düşman değil biziz" diye bir şarkı tutturmuştu. Şarkıya eşlik edenlerin başında Latife vardı. Gemiye çok neşeli bir hava hâkimdi. Hamidiye bir savaş gemisinden gezi gemisine dönüşmüştü. Kıyılarda duruyor, kasabalılarla konuşup dertleşiyor, yiyecek alıp tekrar kruvazöre dönüyorlardı. Âdeta bir mavi yolculuktaydılar. Trabzon'a kadar kıyı kıyı eğlene eğlene gittiler.

Trabzon'a yaklaştıklarında mutluluk yerini hüzne bıraktı. 13

8. Şevket Süreyya, *Tek Adam,* 3. cilt, s. 295.

eylül günü Erzurum'da deprem olmuştu. O gece içki içilmedi. Karıkoca erkenden odalarına çekildi.

Mustafa Kemal Samsun'a dönüp karayoluyla Erzurum'a geçmeye karar vermişti. Ankara'dan ayrıntılı bilgi istenmiş, bu arada yol hazırlığı tamamlanmıştı.

Mustafa Kemal, Üçüncü Ordu Müfettişi Cevad Paşa'ya bir telgraf gönderip ordu sağlık ekiplerinin harekete geçirilmesini istedi.

Latife depremden çok etkilenmişti. Mustafa Kemal'e "Korkuyorum. Sanki deprem Erzurum'da değil de benim içimde olmuş gibi... Yeni bir felaket olacakmış gibi tuhaf bir duygu içindeyim" dediği anlatılıyor.

Mustafa Kemal'in, "Gelme seni Samsun'dan Ankara'ya yollayayım" teklifine:

"Bizi görmek bile onlar için bir teselli" diyerek itiraz etti.

Mustafa Kemal ona "Seninle biraz güvertede dolaşalım. Derin derin nefes al. Göreceksin bir şeyin kalmayacak" demişti.[9]

15 eylül 1924 sabahı saat 11.00'de Trabzon'daydılar. Heyecanla karşılandılar. Doğruca belediyeye gidildi. Öğleden sonra da, kendileri için dayanıp döşenen Soğuksu'daki köşkte dinlendiler. Bodrumuyla dört kat olan köşk Cumhuriyet'in ilanından sonra Özel İdare'nin mülkiyetine geçmişti. 16 eylül gecesi Halk Fırkası'nda iki buçuk saat süren bir ziyafet verildi. Parti adına yapılan teşekkür konuşmasında, "Aramızda bulunmak onurunu bağışladığınızdan dolayı size ve sayın eşinize sonsuz teşekkürlerimizi sunarız" deniliyordu. Latife Trabzonlu kadınlarla tanıştı, konuştu. *Cumhuriyet* gazetesinde buluşmaya ilişkin şu haber verilmişti: "Latife Hanımefendi'yi bugün şehrimiz hanımlarından pek çokları ziyaret etmiştir. Latife Hanımefendi bu ziyaretten pek ziyade memnun ve mütehassis olmuştur."[10]

16 eylül günü Erzurum'dan gelen telgraftan çok sayıda can kaybı olduğu anlaşılıyordu. Trabzon'dan Erzurum'a gidecek otomobil bulunamamıştı. Ankara'dan otomobiller gelene kadar yola denizden devam etmeye karar verildi. Hamidiye yeniden denize açıldı. Hamidiye kıyıya yaklaşmadan önce kayıklar denize açılıyor, yerlere Mustafa Kemal Paşa ve Latife şerefine halılar seriliyor, kurbanlar kesiliyordu. Rize, Giresun ve Ordu'da sevgiyle karşılandılar.

Samsun'un Mustafa Kemal için özel bir yeri vardı. Millî Mücadele'yi oradan başlatmıştı. Bunun değerini bilen Samsunlular yolları ve damları doldurmuştu. Belediyedeki büyük bir şölenin ar-

9. İsmet Bozdağ, *Atatürk ve Eşi Latife Hanım*, s. 249-250.

10. *Cumhuriyet* gazetesi, 18 eylül 1924.

dından Mustafa Kemal, Samsun-Çarşamba demiryolunun temelini gümüş kazma ve kürekle attı. Pek çok ziyaretin ardından gece de tiyatroda halkla birlikte bir oyun izlediler. Ertesi gün Öğretmenler Birliği'nde verilen çayda Başöğretmen Sabiha Hanım yaptığı konuşmada yalnız Gazi Mustafa Kemal Paşa'ya değil Latife'ye de saygılarını sundu. Latife'ye büyük ilgi gösteren genç öğretmenler, ona armağanlar verdiler ve birlikte fotoğraf çektirdiler. Latife de yanında getirdiği armağanları öğretmenlere hediye etti.[11]

Samsunlular gece Mustafa Kemal ile Latife'nin kaldıkları evin önünde şenlik yaptılar.

Bu arada, Ankara'dan yola çıkan otomobiller kafileyi Erzurum'a götürmek üzere Samsun'a gelmişti. Amasya'daki fener alayı bütün bir gece sürdü. Tokat'ta fener alayı eşliğinde "Yaşasın cumhuriyet" nidaları yükselirken uyuya kaldılar.

Tokat'ta buhran

Mustafa Kemal ile Latife Tokat'taki ikinci gecelerinde, Mustafa Kemal'in eski karargâh subayı Tokat Mebusu Mustafa Bey'in evinde misafir edildiler. O gece sofrada büyük bir gerginlik yaşandı. Mustafa Bey, o geceyi yıllar sonra Şevket Süreyya'ya anlattı:

> Bizim de yemek yediğimiz odaya kurulan sofrada davetliler oturmuş, yemek yemişlerdi. Fakat saat henüz erken sayılırdı. Ama Latife Hanım artık sofradan kalkılması için tutturur. Mustafa Kemal'in sıhhat ve istirahatini düşündüğünü anlatmak için direnir. Paşa onu biraz oyalar. Ama az sonra istek daha ısrarlı tekrarlanır. Halbuki Mustafa Kemal asıl gece yaşar. Hem Tokatlılarla konuşacaktır. Hülasa hem Gazi, hem misafirler sıkılırlar. Gazi gene idare etmek ister. Ama eşi hiddetle yerinden kalkar, yukarı kata fırlar. Gazi müteessir, hatta biraz mahcuptur. Fakat biraz ferahlamış görünür. Lakin olaylar bitmez. Bir süre sonra yukarıdaki yatak odasından tahta döşemeleri döğen hiddetli ökçe sesleri duyulur. Misafirler çekilmek isterler. Gazi ne yapacağını şaşırır.
>
> "Hayatımda yaptığım hatalardan biri evlenmektir" der.[12]

Kılıç Ali'ye göre, Latife, kocasını kucaklayan kadınları kıskanmıştı. Salih Bey'e (Bozok) dayanan Eriş Ülger de Latife'nin, Mustafa Kemal'in otomobile Kılıç Ali ile Salih Bey'i aldığı için sinirlendiğini yazıyor.

11. Eriş Ülger, a.g.e., s. 136.

12. Şevket Süreyya Aydemir, a.g.e., 3. cilt, s. 487-488.

Hatta, Kılıç Ali Mustafa Kemal'in patlayacak kavgayı hesaba katarak Pakize ve Sabiha hanımları Samsun'dan geri göndermeye karar verdiğini söylüyor. Kılıç Ali, "Latife Hanım özür dileyerek gezinin birlikte sürdürülmesini sağlamıştı" diyor.[13]

Tokat'tan ayrılırken Mustafa Kemal, arabasına Latife ile iki kadın arkadaşını almıştı.

Sivas'ta arabalarını insanlar çekti

Mustafa Kemal'e gösterilen sevgi seli Latife'yi de sarmalıyordu. Gezi notlarından anlaşıldığı kadarıyla Sivas'taki karşılama sırasında unutulmaz anlar yaşadılar. Gazhane'de toplanan halk Belediye yolunda arabanın atlarını çözdü, atların yerine geçen insanlar Gazi ile Latife'nin arabasını bizzat çektiler.[14]

Sivas'tan Erzincan'a giderken 28 eylülde Zara'ya uğradılar. Latife, bölgede çocuk doğum ve bakım âdetleriyle ilgili olarak çevresindekilere sorular sorunca, mahallî ebeler çağrıldı. İçlerinden biri konu hakkında Latife'ye bilgi verdi.

29 eylülde Erzincan'daydılar. Latife'nin İzmir'den yakından tanıdığı Kolordu Komutanı Asım Gündüz ve eşi de Erzincan'daydılar. Gece şereflerine büyük bir yemek düzenlendi. Geceyi de Asım Gündüz'ün evinde geçirdiler. Asım Gündüz, karıkocayı çok mutlu görmüştü.

30 eylül günü Erzurum'a geldiler. Mustafa Kemal, Erzurum çevresindeki bütün felaket bölgelerini tek tek gezdi. Latife, depremzedelere Mustafa Kemal'le eşit oranda para yardımı yaptı. Kayıtlara şöyle geçmişti yardımlar... Mustafa Kemal cebinden 10 000 lira, Latife Hanım 10 000, milletvekilleri üçer bin, yaver, umumî kâtip ve diğerleri yüz, iki yüz lira bağışta bulundular.[15]

Latife, kendisini eşiyle eşit ölçüde sorumluluk sahibi ve davanın bir parçası olarak görüyor; parasını özgür iradesiyle harcıyordu.

4 ekim günü Sarıkamış'ta, 6 kasım günü Kars'taydılar. Kars'ın kurtuluşunu anlatan bir temsil izlediler. Gecenin sürprizi ise "Hoş gelişler ola" türküsüyle birlikte oynanan oyundu. Kız ve erkek oyuncular hem oynuyor, hem de türküyü bir ağızdan söylüyordu. Salon alkıştan inlemişti. Mustafa Kemal ve Latife birkaç kez yerlerinden kalkarak gençleri selamladılar. Yeniden Sarıkamış'a döndüler.

13. *Kılıç Ali'nin Anıları*, s. 536.

14. Nuri Onat, a.g.e., s. 117.

15. Mehmet Önder, a.g.e., s. 149.

Gezi sırasında sevinci ve ölümü bir arada yaşamışlardı. Halkın büyük sevgisi ve depremin unutulmaz görüntüleri iç içe geçiyordu. Gezi bir anda karıkoca arasında alevlenen bir kavgayla gölgelendi.

Evlilik çatırdıyor

Çıktıkları uzun sonbahar gezisi Fikriye'nin ardından oluşan gölgeyi dağıtmaya yetmemişti. Kılıç Ali anılarında Sarıkamış'a gidişte, Latife'nin çok gergin olduğunu, âdeta sağına soluna çattığını yazıyor.

Sarıkamış'ta Ordu Kumandanı Ali Sait Paşa'nın evinde Gazi'nin onuruna verilen resmî akşam yemeğindeydiler. Sofrada Erzurum valisi, Sarıkamış'taki ordu kumandanları, askerî ve mülkî davetliler vardı. Latife ile ordu kumandanının eşi Naciye de sofradaydılar. Önce içildi, sonra da yemeğe geçildi. Mustafa Kemal Naciye Hanım'a iltifat ediyordu. Mustafa Kemal ile Latife bir gün önceden beri konuşmuyorlardı. Biraz da bu yüzden Mustafa Kemal sürekli Naciye Hanım'la konuşuyor, onun güzelliğini ve konuşmasını öven sözler söylüyordu. Bir garson makarna tabağını Mustafa Kemal'e uzattı. Latife birden yüksek sesle:

"Kemal ayaklarına dikkat et. Bana kadar uzanıyor" dedi.[16]

Ortalığı bir ölüm sessizliği kapladı. Mustafa Kemal izin isteyerek Latife'yle sofradan ayrıldı.

Yemek salonunun yanı başındaki özel dairelerine çekilmişlerdi. Kılıç Ali'nin de aralarında bulunduğu bir grup odadan gelen seslere kulak verince kıyamet koptuğunu anladılar. Ancak sesini yükselten Latife'ydi.

Anı kitaplarında yer almayan bir anlatıma göre Latife o gece Mustafa Kemal'e "Boşa beni" demişti. Eşinin nezaketen de olsa bir başkasına kur yapmasına katlanacak yapıda değildi.

Mustafa Kemal geceyi geçirmek üzere başka bir odaya geçti. Ertesi gün öğleden sonra Erzurum'a dönülecekti. Gazi sinirli, Latife pişman görünüyordu. Otomobillere binerlerken Mustafa Kemal yanına Naciye Hanım'ı aldı; öne de Rusuhi ile Salih binmişti. Yalnız kalan Latife, Genel Sekreter Tevfik Bey'in otomobiliyle yola devam etti.

Ertesi sabah çok erken saatte Salih Bey (Bozok), Kılıç Ali'nin kapısını çaldı. Gazi'nin sabaha kadar uyumadığını, geç vakit kendisini yanına çağırdığını, Latife Hanım'dan ayrılmaya karar verdiğini ve onu Ankara'ya göndermek istediğini söyledi.

16. İsmet Bozdağ, *Atatürk ve Eşi Latife Hanım*, s. 255.

> Meğer Salih Bozok benim odama gelmeden önce Latife Hanım'ın odasına uğramış. Orada bazı gereksiz ve münasebetsiz sözler söylemiş. Salih bunları Mustafa Kemal'e anlatınca, canı sıkıldı. "O daha benim adımı taşıyor, iyi yapmadın" dedi. Latife Hanım, Naciye Hanım'a da veda etmek istemiş ancak henüz hazır olmadığı için ziyaretini kabul etmemişti. Gazi bunu haber alınca yeniden üzüldü. Latife Hanım'ı kapıya kadar indirdi ve yolcu etti.
>
> "*Bon voyage*" dedi.
>
> Beni ve diğer arkadaşları Erzurum Kaplıcaları'na kadar Latife Hanım'ı uğurlamaya memur etti.[17]

Mustafa Kemal, Ankara'da İsmet Paşa'ya teslim edilmek üzere bir de mektup vermişti Salih Bey'e (Bozok). Mustafa Kemal'in bir başka kadına kur yapması şeklinde anlatılan kavga neredeyse boşanmayla sonuçlanacaktı. Latife, Salih Bey'le (Bozok) birlikte önce Erzincan'a gitti. Asım Gündüz ile karısını severdi. Geceyi birlikte geçirdiler. Asım Gündüz şöyle diyor:

> Ne hazin tesadüftür ki, seneler sonra ben Erzincan'da Kolordu Komutanı olarak bulunduğum sıralarda Gazi de eşi ile Doğu gezisine çıkmış ve bana bir gece misafir olmuşlardı. O kadar mesut ve hayatlarından o kadar memnunlardı ki, kısa zaman sonra Sarıkamış'tan aldığım bir tel beni hayretlere düşürmüştü. Bu telde Latife Hanım'ın yaverle beraber geldiği ve misafir etmem bildiriliyordu.
>
> Latife Hanım çok üzgündü. Eşimle uzun müddet dertleşmişler, fakat arada geçen olayı ne eşim sorabilmiş ne de o anlatabilmişti.[18]

Latife, Asım Gündüz'e, ertesi gün Erzincan'a gelecek olan Kılıç Ali'ye verilmek üzere bir mektup bıraktı. Bu mektubun içinde ayrıca Mustafa Kemal'e yazılmış bir mektup daha vardı.

Bu süreçte Kılıç Ali de Salih Bey de ayrılığı körükleyen bir tavır içine girmediler. Kemal Paşa'nın çok üzgün olduğunu görmüşlerdi. Demek ki barışmak istiyordu.

İşleri yoluna koymak için aralarında bir de şifre kararlaştırdılar. Mustafa Kemal'le birlikte yola devam eden Kılıç Ali'ye soracaktı Salih Bey "Hastanın durumu nasıl" diye. O da Mustafa Kemal'in ruh halini onlara iletecekti. Tabiî Kılıç Ali, şifreyi de Latife'nin kendilerinden haber beklediğini de Mustafa Kemal'e anlatmıştı. Bu oyuna kısa süre sonra Mustafa Kemal de katıldı.

17. *Kılıç Ali'nin Anıları*, a.g.e., s. 540.

18. Asım Gündüz, a.g.e., s. 210.

Latife'nin Erzincan'a varır varmaz Salih Bey'e çektirdiği telgrafa, "Hastanın ateşi devam etmektedir" diye cevap geldi. Suşehri'nde yeniden haberleşildi. Cevap değişmemişti. Bu şifreli haberleşmeden Mustafa Kemal sürekli haberdar ediliyordu.

Yolda giderken ara sıra Kılıç Ali'ye takılıyordu...

"Hastanın ateşi nasıl, devam ediyor mu Kılıç?"

Erzincan'da Kolordu Kumandanı Asım Paşa, Latife Hanım'ın kendisine bıraktığı mektubu verdi. Zarfın üzerinde Kılıç Ali'nin adı vardı ama içinden bir de Gazi'ye mektup çıkmıştı.

Kılıç Ali mektubu cebine koydu. Kumandanlık karargâhındaki yatak odasında olan Gazi'nin yanına gitti. Gazi böbreklerinden biraz sancılanmıştı. Rize Milletvekili Rauf Bey, sıcak tutsun diye beline yün kuşak sarıyordu.

Gazi onu görünce latife etti.

"Kılıç ne haber? Hastanın ateşi nasıl?"

Nerede o mektup?

Kılıç Ali hemen Latife'den gelen mektubu haber verdi Mustafa Kemal'e. "İzin verirseniz takdim edeyim" diye ekledi. Önce "Bırak!" dedi Mustafa Kemal, ardından sordu:

"Nerede o mektup?"

Kılıç Ali mektubu cebinden çıkarttı, zarfı yırttı ve okumaya başladı.

"Mektup gerçekten bir şaheserdi" diyor anılarında.

Latife Mustafa Kemal'den özür diliyor ve sözlerini şöyle bitiyordu:

"Ben bütün kötü huylarımı Erzurum'a felaket bölgesine gömdüm. Artık beni affet. O mutlu yuvamıza, Çankaya'ya yine birlikte neşeyle dönelim."

Mektup Mustafa Kemal'i çok memnun etmişti.

"Hasta iyidir der ve Kayseri'de bizi beklemelerini ilave edersin" dedi.[19]

Kılıç Ali'nin telgrafı anında Kayseri'ye gelmişti.

"Kayseri'den ileri geçmeyiniz, orada bana intizar ediniz (bekleyin)" diyordu Mustafa Kemal.

Salih Bozok o günü, daha sonra Kılıç Ali'ye şu sözlerle anlatacaktı:

> Latife Hanım tarif edilmez derecede sevindi. Mustafa Kemal'in Kayseri'ye gelmesini bile bekleyemiyordu. Onu ta 80 kilometre mesafeden

19. *Kılıç Ali'nin Anıları*, s. 540.

istikbale koştu. Atatürk'ün de o gün keyfi yerindeydi. Kendisine mülaki olduğumuz (kavuştuğumuz) yerde otomobilinden indi. Ve Latife Hanım ile beni otomobiline alarak ayrı ayrı iltifatlarda bulundu.

Mustafa Kemal karşılaştıklarında şöyle diyecekti Latife'ye: "Bakın Hanımefendi, Ankara'ya bu kadar acele gitmeniz için bir sebep yokmuş."

Herkes mutluydu. Yolda bir kır bahçesinde kahveler içildi. Dinlendiler.

Mustafa Kemal ertesi sabah Salih Bey'e İsmet Paşa'ya gönderdiği mektubu sormayı ihmal etmedi. Boşanma isteğini bildiren mektubun akıbetini merak etmişti. "Yanımdadır" deyince, "Yırt at onu" diye eklemişti. Salih Bey, mektubu yırttıktan sonra, Mustafa Kemal'in talimatıyla atmayıp sakladığını söylüyor. Salih Bey zaten Latife Hanım'la ilgili bütün mektupları saklıyordu. İptal edilen mektup şöyleydi:[20]

> Azizim İsmet,
>
> Latife Hanım takaddüm ederek (önceden) Ankara'ya geliyor. Beraber seyahata devamı münasip görmedik. Çünkü iki senelik tecrübe beraber yaşamak imkânı olmayacağına kanaat hasıl ettirdi. Kararımdan kendisini haberdar ettim. Çok üzüntülü ve mahzundur.
>
> Zatıâlinizin ve belki Fevzi Paşa Hazretlerinin ihtilaf için delaletinizi rica edecektir. Kararım katidir. Yalnız gerek kendisinin ve gerek ailesinin şeref ve haysiyetini rencide etmek istemiyorum. Kendine ve ailesine hörmetimi ve hakiki dostluğumu muhafaza edeceğim. Suret-i infikâki (ayrılış biçimini) Ankara'da kararlaştırınız. Sükûnetle İzmir'e gitmeye muvafakatini temin lazımdır. Gözlerinizden öperim.
>
> Gazi M. Kemal[21]

Sivas'ta bir gece kaldıktan sonra Kırşehir yoluyla Ankara'ya döndüler. Kırşehir Valisi Atıf Bey, Latife'ye bir çift Kırşehir halısı armağan etti.

Ankara Mustafa Kemal'i özlemişti. Büyük bir törenle karşılandılar.

Latife, barışmalarında oynadığı rol nedeniyle Kılıç Ali'yi bir ay Çankaya Köşkü'nde konuk etmişti. Gergin gezi mutlu sonla bitmişti.

20. Salih Bozok, Cemil S. Bozok, a.g.e., s. 222, *Kılıç Ali'nin Anıları*, s. 540.

21. Salih Bozok, Cemil S. Bozok, a.g.e., s. 223.

"Bana Veled Çelebi'yi çağırın!"

Latife, sonbahar gezisinin ardından dönemin önde gelen Mevlevîsi Veled Çelebi'yi davet etmişti Çankaya'ya. Mustafa Kemal'e nasıl davranacağını zaman zaman bilemediğini söyleyip ondan akıl sormuştu. Leman Karaosmanoğlu'nun aktardığı öykü şöyle:

> Veled Çelebi Mevlânâ ahvadından. En büyük Mevlevî. Bunu bana Veled Çelebi'nin hanımı anlattı. Ona demiş ki, Çelebi Efendi, sizi rahatsız ettim. Ama biraz dertleşmeye ihtiyaç duydum. Başka hiç kimseyle sizinle konuşacağım gibi rahat konuşamam. Durum böyle böyle, ben ne yapayım?
>
> Çelebi, ona demiş ki, "Bakın her genç kız evlenmeden önce bir sürü hayal kurar. Bu her genç kızın hakkıdır. Bazen hayallerinden daha güzel bir dünyayla karşılaşır. Bazen de bunun tam tersi olur. Siz evladım, siz herhangi bir insanla evlenmediniz. Bir kaplanla, bir arslanla evlendiniz. Bunu demir kafeslere hapsedemezsiniz. Hapsetseniz bile parmaklıkları kırıp yine çıkar. Sizin bütün derdiniz buradan geliyor."[22]

Şevket Süreyya Aydemir de Veled Çelebi'ye atıfta bulunarak şöyle diyor:

> Bir eş olarak Latife Hanım haklı mıydı? Elbette... Fakat ya bir kaplanın eşi olarak?.. Evet, tam bir İzmir kızıydı. Hem de kültürlü, ince ruhlu, biraz şekle bağlı bir İzmir kızı. Gazi'nin hayatına bir nizam unsuru, bir devlet reisi hanımı olarak girmek istedi. Her yerde ona hâkimiyetini göstermek ister gibi "Kemal" diye hitap ettiği Gazi'nin, kendi yanında uysal bir cici koca olmasını bekledi. Fakat ne var ki bu şartlar, kaplanın alıştığı hayatın ve onun mizacının lügatinde yoktu... Bu dil birliği olmayınca da, hayat birliği elbet olmazdı ve olamadı da...[23]

Şevket Süreyya'nın yorumu böyle... Ancak Latife annesiyle konuşurken Veled Çelebi'nin kendisine söylediklerini hatırlayarak şöyle diyecekti: "Bir kaplanla aynı evde olmaktan hoşlanıyorum. Ama ben kaplana gem vurmaya kalkmıyorum, kaplanın pençesinden kurtulmaya çalışıyorum."[24]

22. Emin Çölaşan, "Leman Karaosmanoğlu ile Sohbet, Atatürk'ü İki Kadın Deli Gibi Severdi", *Hürriyet*, 10 kasım 1985.

23. Şevket Süreyya Aydemir, a.g.e., 3. cilt, s. 488.

24. İsmet Bozdağ, *Atatürk ve Eşi Latife Hanım*, s. 209.

Latife ile Veled Çelebi arasındaki yazışmalar da Türk Tarih Kurumu'nda.

Evrak listesinde Veled Çelebi'ye ait bir mektup var.

28

Muhalefet günleri

Sonbahar gezisinden döndüklerinde dönemin önemli düşünürü Ziya Gökalp ölüm döşeğindeydi. Mustafa Kemal, Gökalp'in sağlığıyla yakından ilgilendiğini bildiren bir telgraf yolladı. Gökalp, bu telgrafa yanıt verirken *Türk Medeniyeti Tarihi*'ni Mustafa Kemal ve Latife'ye ithaf ettiğini iletiyordu. Gökalp'in telgrafı şöyle:

> Teşekkürlerimi yazınız. Ölürken beni hatırladığı için minnettarım. Gazi Paşa ile Latife Hanım'a ithafen yazdığım *Türk Medeniyeti Tarihi* eserimi bastıramadan ölüyorum çocuklarıma babalık vazifemi yapamadım. Onları Milletime ve Halaskârımıza bırakıyorum..."[1]

Kadınların eşitliği konusunda hassas olan ve öncü sayılabilecek makaleler kaleme alan Ziya Gökalp'in bu tavrı kayda değerdi. Ziya Gökalp 25 ekim günü öldü. Latife, Mustafa Kemal'den ayrı olarak Gökalp'in karısı Vecihe Hanım'a bir başsağlığı telgrafı gönderdi.

Telgraf metni şöyleydi:

> İstanbul Vilayeti Vasıtasıyla Ziya Gökalp Bey'in Refikası Hanımefendiye,
>
> Türkiye'nin ilim âlemi için çok kıymetli bir uzvu olan muhterem zevciniz Ziya Gökalp Bey'in ufulünden mütevellit teessür ve hissiyat-ı taziyetkâranemi arz ederim efendim.
>
> Latife Gazi Mustafa Kemal[2]

1. Mehmet Önder, *Atatürk'ün Bildirileri*, TC Kültür Bakanlığı Yayınları, Ankara, 2002, s. 56.

2. *Türk Yurdu*, cilt 15, sayı 163-164, 1924.

Ziya Gökalp'in karısı Vecihe Hanım da cevaben hem Mustafa Kemal'e hem de Latife'ye bir telgraf göndermişti.

Zevcimin ziyaından mütevellit nihayetsiz teessürlerimize iştiraklarınızı bildiren taziyet telgrafınız bizi çok derinden mütehassis ve minettar etmiştir. Arz-ı şükran ederim efendim.

Ziya Gökalp'in refikası Vecihe[3]

Mustafa Kemal'in eşi olmakla kendisi olmak arasındaki dengelere dikkat eden Latife, taziyet mesajını da kendi adına yollamıştı.

Politika ve Latife

Sarıkamış krizini atlatan Latife ile Mustafa Kemal'i siyasetin gergin günleri bekliyordu. Onları, Ankara'ya gelişlerinde karşılayanlar arasında kimi eski dostları göremeyen Mustafa Kemal, bunun iyiye işaret olmadığını anlamıştı. Aslında huzursuzluk yeni sayılmazdı.

Gerginliğin arka planı Lozan günlerine uzanıyordu. Rauf Bey başbakanlığı sırasında, İsmet Paşa'nın Lozan'daki tavrından rahatsız olmuş, onun Ankara'ya döndüğü gün istifasını sunmuştu. Musul çözümünün Lozan sonrasına ertelenmesini çok isabetli bulmadığını daha sonra anılarında uzun uzun anlatmıştı. Millî Mücadele'nin önde gelen üç komutanı, Ali Fuat, Karabekir paşalar ve Rauf Bey, Cumhuriyet'in ilanını top seslerinden öğrenince dışlandıklarına kanaat getirmişlerdi. Hilafetin kaldırılması sırasında ortalık yeniden gerilmiş, üç komutan bu karara muhalefet ettiklerinde hilafet yanlısı olmakla suçlanmışlar bunu da kendilerine yedirememişlerdi.

Pek çok politik karar Çankaya'da verildiği için Latife de bütün süreci dikkatle izliyordu. Mustafa Kemal'e yüzde yüz hayrandı, ama kendi fikirleri de vardı. Hep tartışıyor, itiraz ediyor, düşündüğünü korkmadan söylüyordu. Hukuk eğitimi gören Latife, iki yıl da Mustafa Kemal'in "politika mektebine" devam etmişti. Sadece evin düzeniyle ilgilenip siyasî olaylara seyirci kalan bir cumhurbaşkanı eşi değildi. Armstrong, *Bozkurt* adlı kitabında, "Latife bir politikacıydı" diyerek onun bu yönüne vurgu yapıyor.[4]

Meclis tartışmaların eşiğindeydi. Musul sorunu üzerine verilen önergeler bekliyordu. Ancak, kopuşa götüren gerginlik Lozan

3. Mehmet Önder, *Atatürk'ün Bildirileri*, s. 60.

4. H. C. Armstrong, a.g.e., s. 179.

mübadilleri yüzünden patlak verdi. Yunanistan'dan gelen mübadillerin durumuna ilişkin olarak meclise bir dizi soru önergesi sunulmuştu. Halk Fırkası'ndan bazı kişilerin Lozan Antlaşması'yla giden Rumların mülkleriyle zengin oldukları konuşulmaktaydı. Ankara Birinci Ordu müfettişliğini yürüten Kâzım Karabekir bu görevinden istifa etti. Karabekir Paşa'yı Refet Paşa ile Ali Fuat Paşa izledi, onlar da ordu müfettişliklerinden istifa ettiler. Komutanlar muhalefete geçmişlerdi. Muhalefetin mecliste 30-40 sandalyesi olduğu tahmin ediliyordu. Latife'nin eski başbakan Rauf Bey'le yakın bir dostluğu vardı. Ali Fuat ise Mustafa Kemal'in en eski arkadaşlarından biri olarak Latife'nin özel olarak yemeğe davet ettiği bir kişiydi.

Mustafa Kemal bir uzlaşma arayışındaydı 30 ekim gecesi Ali Fuat Paşa köşke davet edildi. Ama nasıl olduysa bu davet haberi Ankara'da bulunan Ali Fuat Paşa'ya ulaştırılmadı.[5] Uzlaşmayı birileri engellemişti. Ertesi sabah (1 kasım) meclisi sakin bir konuşmayla açan Mustafa Kemal, gerginliklere hiç değinmedi.[6]

Paşaların istifası Mustafa Kemal'i bir Paşalar Komplosu'yla karşı karşıya olduğuna inandırmıştı. Komplocuların ordunun desteğini kazanarak iktidarı ele geçirmeye çalıştıklarından bir yılı aşkın bir süredir kuşkulanıyordu. Tedbirlerini almakta gecikmedi. Ordunun üst kademelerinin kendisine bağlılığından emin olmalıydı. Orduyu teslim ettiği komutan Fevzi Paşa'ya (Çakmak) güveni vardı, ondan milletvekilliğinden vazgeçmesini istedi. Birinci, İkinci ve Üçüncü Kolordu komutanlarına da aynı istek iletildi. İstifa mektupları mecliste alkışlar arasında okundu. Mete Tunçay, "Mustafa Kemal Paşa bir 'Paşalar Komplosu'ndan' kuşkulanarak kendisine bağlı komutanları meclisten çekip Ordu üstündeki denetimini pekiştirmişti" diyor.[7]

Latife'nin meclise hangi sıklıkta gittiğini tespit edemedim. Ancak, 5 kasım günü Mustafa Kemal'in, Latife'yi de yanına alarak meclise gittiğini, hadiseli oturumu locadan birlikte izlediklerini Erik Jan Zürcher'in kitabından öğreniyoruz.[8]

5 kasım önemli bir gündü, zira Mübadele, İmar ve İskân Vekâ-

5. Eric Jan Zürcher, *Terakkiperver Cumhuriyet Fırkası*, İletişim Yayınları, İstanbul, 2003, s. 72; Ali Fuat Cebesoy, "Atatürk ile Milli Mücadele Arkadaşları", *Yakın Tarihimiz*, 4. cilt, s. 225-233.

6. Eric Jan Zürcher, a.g.e., s. 74.

7. Mete Tunçay, a.g.e., s. 104.

8. Erik Jan Zürcher, a.g.e., s. 76.

leti hakkındaki soru önergeleri gensoruya dönüştürülmüştü. Rauf Bey sıtma olduğu için o gün mecliste değildi. 19 kişi hükûmete güvenoyu vermedi. Oylamadan hemen sonra Rauf Bey ve on arkadaşı Halk Fırkası'ndan istifa ettiler.

40-50 istifa daha bekleniyordu.

Tasfiye yaparsak azınlıkta kalacağız

İstifaların ardından hizipleşmeye çare bulmak için Çankaya'da bir toplantı düzenlendi. Toplantıya yalnızca partinin Merkez İdare Heyeti ile öncü kadrosu katılmıştı. Hizipçilerin partiden çıkartılması önerildi. Toplantıya başkanlık eden Mustafa Kemal Paşa konuşmuyor, hizipçi diye sayılan isimleri alt alta yazıyordu. Birden durdu ve alt alta yazdığı isimleri kaleminin ucuyla saymaya başladı. Gülümseyerek:

"Arkadaşlar" dedi "bu listeye göre bir tasfiye yaptığımız takdirde, öyle görüyorum ki ekalliyette (azınlıkta) kalacağız."

Herkes acaba şaka mı ediyor diye yüzüne bakıyordu. Mustafa Kemal, hizipçi diye adı geçenleri çağırıp konuşmaya karar vermişti. O gece nöbetçi olan yaverlerden biriyle Diyarbakır mebuslarından ikisini çağırttı. Onlar güvenlerini beyan ederlerken Mustafa Kemal önünde birikmiş mektupları açıyordu.

"Arkadaşlar mesele kendiliğinden halloldu" dedi; açtığı mektubu yüksek sesle okumaya başladı. Ali Fuat Paşa Halk Fırkası'ndan istifa ettiğini bildiren mektubunda Terakkiperver Cumhuriyetçi Fırka (TCF) adıyla bir de parti kurduklarını haber veriyordu.

Mustafa Kemal de aylardan beri süregelen gizli kapaklı siyasetin "meşru" bir zemine oturmasından hoşnut görünüyordu.[9]

İstifacı paşalar, gelecek için siyasî planlarını yürürlüğe koymuşlardı. Meclisin 5 kasım oturumunda su yüzüne çıkan gerginlik bir muhalefet partisi doğurmuştu. Terakkiperver Cumhuriyet Fırkası 17 kasımda kuruldu.

Tekpartili Cumhuriyet'e ikinci parti gelmişti, Halk Fırkası'ndan istifalar birbirini izliyordu. İstifa edenlerin hepsi de İstiklal Savaşı'na katılmış, devletin önemli kademelerinde görev almış önemli isimlerdi. Bu isimlerin siyasî duruşlarındaki değişiklik bir süre sonra Latife'yi de de etkileyen bir ortam yaratacaktı.

Bugün, geçmişi değerlendiren tarihçiler Terakkiperver Cumhuriyetçi Parti'nin programının Halk Fırkası programına göre daha liberal olduğunu söylüyorlar. Örneğin Mete Tunçay, yeni parti oluşu-

9. Yakup Kadri Karaosmanoğlu, a.g.e., s. 66-70.

munun beyanname ve programını siyasal ve ekonomik açıdan liberal demokrasiyi savunan belgeler olarak nitelendiriyor.[10]

Ancak TCF kadınlara oy hakkını programına koymadığı gibi kadınlarla ilgili bir politika da geliştirmemişti. Kadınların geçmiş kazanımları bir türlü kalıcı metinlere dönüşmüyordu.

Türkiye'yi daha önce yöneten iktidar partisi İttihat ve Terakki'nin cemiyet biçiminde örgütlenmiş bir kadın kolu olmasına karşın,[11] Halk Fırkası'nın henüz bir kadın kolu yoktu. Oy kullanamayan kadınlar siyasî partilerde de temsil edilmiyorlardı.

Zekeriya Sertel'in gözüyle Türkiye

Matbuat umum müdürüyken hükûmetle anlaşmazlığa düşen ve görevinden ayrılan gazeteci Zekeriya Sertel'in *Resimli Ay*'a yazdığı bir değerlendirme yazısından o günleri anlamaya çalışalım:

> ...geçen 1924 senesi zarfında Millet Meclisi azası arasında için için yürüyen bir irtifak (ayrılık) vardı. Reisicumhurun etrafında toplananlar millî hareketi benimsiyor, cumhuriyet ve istiklali kendi eserleri olarak göstermekten zevk alıyorlardı... Halk Fırkası bir millet fırkası idi, bir fikir fırkası değildi. Laik ve demokrat bir hükûmete istinadgâh olduğu zamanlar içinde muhafazakârlar ve mutaassıplar vardı. Bu gayri tabiî hal ancak fevkalade zamanlarda devam edebilirdi. Halk Fırkası'nı tasfiye zamanı gelmişti... Bu yeni fırkanın başında Rauf Bey, Karabekir Kâzım ve Ali Fuat paşalar vardı. Esas itibariyle Halk Fırkası erkânı gibi düşünüyorlardı. Yalnız Halk Fırkası mensupları daha mutaassıp daha inhisarcı bir zihniyetle hareket ediyor, yeni fırka azası daha liberal düşünüyordu. Bu fırka gürültü ve patırtısı İsmet Paşa kabinesinin başına patladı. Zaten İsmet Paşa yorulmuş, hastalanmıştı. Tedavi ve istirahate muhtaçtı. Bu ihtiyaç altında istifasını verdi ve yerine Fethi Bey kabinesi geldi.

Zekeriya Sertel TCF'nin kuruluşunu aklı selim devrinin başlangıcı olarak değerlendirmiş, tekelci zihniyetin sona ermesini memleket için yararlı bulmuştu.

> Yeni fırkanın teşkili memlekette zafer ve istiklalin dimağları donduran sihrinin zeval bulunduğuna ve halkın yeniden salim bir tarzda düşünmeye başladığına delalet etmek itibarıyla şayan-ı kayıt bir hadi-

10. Mete Tunçay, a.g.e., s. 105.

11. Tarık Zafer Tunaya, *Türkiye'de Siyasal Partiler,* 1. cilt, Hürriyet Vakfı Yayınları, İstanbul, 1988, s. 477.

> sedir. Zaferi müteakip gözlerimiz kamaşmış, tefekkür kabiliyetimiz kaybolmuştu. Önümüzde yalnız zaferi veren yüksek enmuzecler (örnekler) canlanıyor, başka bir şey göremiyorduk. Fakat o vecit ve heyecan devri geçti. Şimdi aklı selim devri başladı. Artık tenkit ve takdir kudretimizi kullanabiliriz. Bu tenkit kabiliyetini kullanmak imkânı bize idol gibi görünenleri tahlil edebilmekliğimizi temin etti. Halk Fırkası bu ilk şaşkınlık ve heyecan devrinde gördüğü mutlak mutavaattan (bağlılıktan) mağrur ve hodgam (bencil) oldu. Bütün zaferi benimsedi ve hariçte kalanlara kıskanç bir nazarla bakmaya başladı. Bu inhisarcı zihniyet derhal bir aksülamel (tepki) yaptı ve memleketin her tarafında taraf taraf muhalefet cereyanları baş gösterdi. İşte bugünkü fırka bu cereyanın mahsulüdür.

Zekeriya Sertel olan biteni kendi muhalif bakış açısından özetlerken kalemini son derece rahat kullanıyor. 1925 başlarında yazılan bu yazı, basın özgürlüğünün derecesini de gösteriyor. Ancak Zekeriya Sertel, birkaç ay sonra çıkacak Takrir-i Sükûn Kanunu'yla birlikte sürgün cezasına çarptırılacak gazeteciler arasına girecekti.

Sertel aynı yazıda, "askerî bir millet olmak zihniyetini" asla terk etmediğimizden söz ediyor ve şöyle diyor:

> Bugünkü fırkanın başında bulunanlar bu fırka esnasında da mevki-i iktidara gelebilecek insanlardı. Fakat onların gözleri yalnız vekâlet sandalyesinde değildi. Memlekette teessüse başlayan diktatörlüğün önüne geçmek istiyorlardı... 1924 senesinin siyasî tarihi memlekette yeni bir fırka doğurmakla bitti. 1925 senesi bu yeni yavruyu büyütecek ve temenni edelim ki sıhhatli ve mesut bir evlat yapacaktır.[12]

"Sıkıyönetim ilan edilsin"

TCF'nin kuruluşunu Mustafa Kemal sükûnetle karşılarken, İsmet Paşa sıkıyönetim ilan edilmesini önermişti.[13]

TBMM'de hükûmete karşı muhalefet hiç eksik olmamıştı. Ancak meclis muhalefetini tek bir fırkanın içinde barındırıyordu; Cumhuriyet ilan edilirken oylamaya 100 kişi katılmamış,[14] Lozan Antlaşması'nın oylanması sırasında aleyhte oy verenler olmuştu. Yine de örgütlü bir muhalif parti kolay kolay hazmedilemedi.

12. M. Zekeriya (Sertel), "Türkiye'nin Siyasi Tarihi" *Resimli Ay*'dan aktaran Mete Tunçay, a.g.e., s. 128-133.

13. Tunçay, a.g.e., s. 110.

14. Hakkı Uyar, *Tek Parti Dönemi ve CHP*, Boyut Yayınları, 1999, s. 104.

1930'da Afet İnan'ın Mustafa Kemal'in anlattıklarından tuttuğu notlarla hazırladığı *Medeni Bilgiler ve M. Kemal Atatürk'ün El Yazıları* kitabında muhalefet partisine ilişkin tarif, o günlerin ruh halini açıklıyor:

> Muhalefet etmek, tenkit etmek maksatları bir fırka teşkili için esas olamaz. Muhalif fırka mefhumu bizde yanlış anlaşılmış ve yanlış tatbik edilmiştir.
>
> Bir fırka teşkil etmek, mevcut bir fırkaya veya fırkalara muhalif yollar takip eylemek gibi sabit bir fikre esir olmak demek değildir. Böyle hareket edenler, ileri gidişi tutan, yoldan alıkoyan menfi insanlardır. Bunlar, kendilerini beğendirmek için başkalarına fena demeyi tek vasıta olarak kullanan insanlara benzerler.[15]

Erik Jan Zürcher, Mustafa Kemal'in muhalif parti girişiminden daha kurulmadan bilgisi olduğunu, özellikle doğu bölgesinin anahtar niteliğindeki mebuslarıyla görüşmeler yaparak muhalefetin desteğini zayıflattığını savunuyor:

"Mustafa Kemal'in TCF"ye karşı politikası başlangıçta son derece ihtiyatlı oldu... bölünmenin ortaya çıkmasından sonra, oldukça uzlaşmacı bir yol izlediği görülüyordu" yorumunu yapıyor.[16]

Latife TCF'ye üye miydi?

Latife'nin TCF'ye yaklaşımı neydi? Bu soru çok zihnimi kurcaladı. Ali Fuat Cebesoy'un yeğeni Ayşe Cebesoy'la yaptığım görüşmede, kendisine Latife Hanım'ın TCF'ye yaklaşımını sordum. O da hiç beklemediğim bir yanıt verdi; "TCF'nin üyesiydi" dedi. Ali Fuat Paşa'nın anılarında Latife Hanım'ın üyeliğine dair birkaç satır bulunduğunu düşünüyordu. Bu nedenle verdiği bilgi önemliydi. Ayşe Cebesoy, anıları amcasından dinleyerek kaleme alan kişiydi. Ancak kitaplarda bu konuda bir bilgi yoktu. Bunun üzerine, Ayşe Cebesoy, dostu tarihçi Cemal Kutay'ı yanımdan aradı ve ona sordu. Cemal Kutay, "Latife Hanım TCF'nin aktif üyesiydi" diye cevap verdi. Kutay'ın bundan kuşkusu yoktu.

Latife'nin gerçekten muhalif partiyle ilişkisi var idiyse şu mantığı yürütebiliriz:

Mustafa Kemal, Latife'nin muhalif partiye girmesini belki Tür-

15. Afet İnan, *Medeni Bilgiler ve M. Kemal Atatürk'ün El Yazıları*, Türk Tarih Kurumu Yayınları, 1988, Ankara, s. 236-237.

16. Eric Jan Zürcher, a.g.e., s. 87.

kiye'deki siyasî gerginliği giderecek bir yöntem olarak düşünmüştü. Mustafa Kemal'in taktiklerinden biri de gerginliklerin giderilmesinde Latife'den yararlanmasıydı.

Mustafa Kemal'in 1930 yılında kız kardeşi Makbule Hanım'ı Serbest Fırka'ya yönlendirdiğini, ve o sırada Serbest Fırka'nın programına kadınların siyasete katılımını sağlayacak bir madde eklettirdiğini unutmamak gerek. Latife bu partiye kadınlara siyaset hakkı verilmediği bir dönemde resmen üye olmuş olabilir mi? Yaprak Zihnioğlu kadınların Cumhuriyet Halk Fırkası'na ilk üyelik başvurularını 1926 yılında yaptıklarını yazıyor.[17] Ama Mustafa Kemal'in karısı olmak Latife'ye böyle bir avantaj sağlamış olabilir.

Şeyh Said İsyanı

TCF oluşumunun ardından şubat ayına kadar yaşanan en önemli olay İsmet Paşa ve hükûmetinin istifasıydı. Yeni kabineyi Fethi Bey (Okyar) kurdu. TCF'nin kuruluşu üzerine sıkıyönetim ilan etmeyi öneren İsmet Paşa çekilmiş, ortam yumuşamıştı.[18] TCF'nin başına Kâzım Karabekir geçti ve Fethi Bey hükûmetini destekleyeceğini açıkladı.[19]

Latife ile Mustafa Kemal, 1 ocak 1925 günü Konya'ya hareket ettiler. Adana ve Tarsus'tan sonra da Mersin'e gittiler. Birlikte çıktıkları son yurt gezisiydi bu. Mersin'de, Marumati adıyla anılan çok güzel bir evde kaldılar. Mersin-Silifke yolunun çok kötü oluşu nedeniyle Mustafa Kemal Silifke'ye giderken Latife'yi götürmedi. Silifke'de bir çiftlik almak istiyordu. Taşucu'ndaki Rum Bodosaki çiftliğini gezdi ve beğendi.[20]

Bir ay süren bu yurt gezisi sırasında Latife ile Mustafa Kemal arasında yaşanan bir gerginlikten söz edilmiyor. 2 şubat günü Ankara'ya geri döndüler. Her şey bir anda değişmiş, Türkiye'nin geleceğini etkileyen, belki de Latife'nin kaderinde dönüm noktası olacak ayaklanma başlamıştı. Doğudan silah sesleri geliyordu.

13 şubat 1925 günü Genç'te (bugün Bingöl'ün bir ilçesi) haklarında eşkıyalıktan tutuklama kararı olan Şeyh Said'e bağlı 10 kişi

17. Yaprak Zihnioğlu, a.g.e., s. 177.

18. Mete Tunçay, a.g.e., s. 110.

19. Erik Jan Zürcher, a.g.e., s. 107.

20. İzzet Aslan, a.g.e., s. 131.

jandarmalara teslim olmak yerine silahla karşılık verdiler. İsyancılar Elazığ'ı ele geçirdiler, Diyarbakır'ı kuşattılar. Ayaklanmanın önü alınamıyordu.

Bölgede, sıkıyönetim ilan edilmesi isteniyordu. Kâzım Karabekir, hükûmeti destekledi ve Türk ulusunun tekvücut olduğunu belirten bir konuşma yaptı, sıkıyönetim oybirliğiyle kabul edildi.[21]

Sert tedbirler için sert kanunlar gerekiyordu. Hıyanet-i Vataniye Kanunu'na dinin siyasete alet edilmesini engelleyici bir hüküm eklendi. TCF bu kanuna muhalefet etmedi.[22] Meclisteki barış, Fethi Bey hükûmetinin düşürülmesiyle bozuldu. Yeni başbakan, doğuda alınan önlemleri yeterli görmeyen İsmet Paşa'ydı.

İlk icraat olarak meclise hükûmete olağanüstü yetkiler tanıyan Takrir-i Sükûn Kanunu'nu sundu. Kâzım Karabekir, temel anayasal hakların ayaklar altına alınmasının yanlış olduğunu söyledi. Bu kanun hükûmete iki yıllık bir süre için ülkenin her yanında sınırsız yetki veriyordu.[23]

TCF'nin karşı çıktığı kanun mecliste ciddi eleştirilere yol açsa da 4 Mart 1925 günü kabul edildi.

6 martta, altı gazete ve dergi *(Tevhid-i Efkâr, İstiklal, Son Telgraf, Aydınlık Orak Çekiç, Sebilürreşat)* bir ay sonra da Hüseyin Cahit'in *Tanin*'i kapatıldı.[24]

Sosyalist ve komünist 33 kişi tutuklanarak mahkemeye çıkarıldı.

İstiklal Mahkemeleri harıl harıl çalışıyordu.

Lord Kinross hükûmete "geniş diktatoryal yetki tanınmıştı" diyor.[25] Baskı dönemi başlamıştı. Doğu illerinde çok sayıda TCF'li tutuklandı. TCF irtica ve gizli faaliyetle bir ilgisinin bulunmadığını ilan etti.

15 nisanda yenilgiyi kabul eden Şeyh Said teslim oldu. Bastırma hareketi mayıs sonuna kadar sürdü. Şeyh Said İsyanı dinsel gericilik ve karşıdevrim miydi yoksa din görüntüsü altında bir ulusal başkaldırı mıydı sorusu bugün hâlâ tartışılıyor.

Şeyh Said hareketinin karmaşık yönleri o günlerde de kafaları

21. Eric Jan Zürcher, a.g.e., s. 117.

22. ay.y.

23. Eric Jan Zürcher, a.g.e., s. 121-122.

24. Mete Tunçay, a.g.e., s. 149.

25. Patrick Kinross, *Atatürk, Rebirth of a Nation*, Phoenix, Londra, 1995, s. 400.

kurcalamıştı... Falih Rıfkı, 29 mayıs 1925 günü *Hakimiyet-i Milliye* gazetesinde şu soruyu soruyordu:

"Acaba Şark İsyanı bizim ilk günlerde hükmettiğimiz gibi bir irtica hareketi değil de siyasî ve millî bir ihtilal mi idi?"[26]

Latife, Türk Ocağı fahrî başkanı

Latife, 1925 baharında, Himaye-i Etfal Cemiyeti'ne göre daha iddialı bir kurumun Türk Ocakları'nın merkezî heyetine ve fahrî başkanlığına seçildi. Türk Ocakları ikinci kurultayında Latife'yi oldukça ön planda görüyoruz. Türk Ocakları'nın İkinci Kurultayı, 23 Nisan perşembe günü Ankara'da Hamdullah Suphi Bey'in konuşmasıyla açıldı. 23 Nisan millî bayram olduğu için gelen üyelerle yetinilmesi istendi. Ahmet Ağaoğlu, Kurultay İkinci Başkanı Mehmet Emin Bey yerine, Latife'nin seçilmesini önermiş ama Latife öneriyi reddedince ikinci başkanlığa Samih Rıfat getirilmişti.[27] 29 nisan günü yapılan ikinci toplantıda gerçekleştirilen seçimlerde Merkez Heyeti'ne girenler arasında Latife de vardı. Hamdullah Suphi ile Ziya Gökalp'in öncülüğünde 1912 yılında kurulan Türk Ocakları kadınlara kapalı değildi. Kadınlara açık konferanslar, kadınları toplumsal yaşama katma çabalarının yanı sıra, Halide Edip, Müfide Ferit gibi isimlerin Türk Ocağı'nın konferansçıları arasında yer aldıklarını, hatta 1913 seçimlerinde de Türk Ocakları Encümeni'ne girdiklerini görüyoruz.[28]

Cumhuriyet öncesindeki günlerde Türk Ocakları, kadınların temsili sorununu gündemden düşürmüyordu. Birinci Dünya Savaşı yıllarında faaliyeti aksayan cemiyet, Cumhuriyet'le birlikte örgütlenmesini hızlandırmış, 1923 sonunda şube sayısı 40'ı aşmıştı. Dönemin önde gelen isimlerinin rağbet ettiği Türk Ocakları, temsillere, konserlere de ev sahipliği ediyordu. Fikir akımları burada tartışılıyor, devletin önemli mevkilerinde bulunan isimler ocağın yayın organı olan *Türk Yurdu* dergisinde fikirlerini kaleme alıyorlardı. Türk Ocakları o yıllarda Cumhuriyet ideolojisinin anlatıldığı, yapılacak reformların duyurulup tartışıldığı bir kültür kurumuydu. Bu yüzden modernleşme çabasında da önemli bir yeri vardı.

Şeyh Said İsyanı nedeniyle, Türk Ocakları'nın 1925 yılındaki kurultayına milliyetçilik ve Türkçülük politikaları damgasını vurdu.

Merkezî heyet şu isimlerden oluştu: Latife Gazi Mustafa Ke-

26. Mete Tunçay, a.g.e., s. 136.

27. Füsun Üstel, *Türk Ocakları*, İletişim Yayınları, İstanbul, 2004, s. 172.

28. Füsun Üstel, a.g.e., s. 65.

mal, Osmanzade Hamdi, Reşit Galip, Muhiddin Baha, Mehmet Emin (Yurdakul), Rıdvan Nafiz. Aralarında Kılıç Ali'nin de yer aldığı yedi yedek üye belirlenmişti.[29] Latife, kurultaya, 10 eylül 1924'te Kars'ta kurulan Türk Ocağı'nı temsilen katılmıştı.

2 mayıs 1925 tarihli *Cumhuriyet* gazetesi birinci sayfasından verdiği haberde, "Latife Hanımefendi'nin Mühim Bir Nutku" başlığıyla Türk Ocağı'nda yaptığı konuşmayı duyuruyordu. Aynı haber, 2 mayıs 1925 tarihli *Vatan* gazetesinde de yayımlanmıştı. Anlaşılan konuşmanın özeti, Latife'nin alkışlandığı yerler de vurgulanarak bir metin olarak Anadolu Ajansı mahreciyle basına dağıtılmıştı.

Latife, önemsenen konuşmasında, "ülkeyi bölen mezhep ve fikir akımları olduğunu, Türk Ocakları'nın milleti karıştıran bu akımlara karşı sürekli mücadele ettiğini ve etkili bir sonuç alındığını" vurguluyordu. Latife bu konuşmasıyla devletin politikalarına açıktan destek veriyordu.[30] Konuşmanın basında sunuluş biçimi de Latife'nin hükûmete verdiği desteğin oldukça önemsendiğini gösteriyor. Ahmet Ağaoğlu, Latife'nin kurultay delegelerine hitaben yaptığı konuşmayı "Türkçülük tarihinde önemli bir gün" olarak tanımlamıştı.[31]

Kurultayın ardından 17 mayısta Merkez Heyeti, Latife'yi fahrî başkanlığa getirdi. Latife, Çankaya'daki iki buçuk yıllık çabasının sonuçlarını almış, Türk fikir hayatı açısından son derece değer verilen bir kurumun fahrî başkanlığına seçilmişti. Politikadan dışlanmaya gösterdiği direnç sonuçsuz kalmamıştı. Ocağın başkanı yine Maarif Vekili Hamdullah Suphi'ydi. Umumî kâtipliğe Muhiddin Baha, muhasipliğe de İş Bankası Genel Müdürü Celal Bey (Bayar) seçildi.

Türk Ocağı yönetimi ile Latife Hanım arasında fahrî başkanlığı nedeniyle mektuplaşmalar olmuştu. Bu mektuplar *Türk Yurdu* dergisinde yayımlanmıştı. Mektuplar şöyleydi:

> Latife Gazi Mustafa Kemal Hanımefendi'ye
>
> Merkezî Heyet geçen pazar günü akdettiği bir icraatında zat-ı âlinizi kendi azası arasında görmekten mütevellit hüsn-i iftihar ve teşekkürünü kaydettikten sonra heyetimiz, riyaset-i fahriyesinin taraf-ı isme-

29. Füsun Üstel, a.g.e., s. 174.

30. Konuşma metninin gazetelerde yayımlanmış biçimi için bakınız Ek 6, "Latife Hanımefendi'nin Mühim Bir Nutku."

31. Füsun Üstel, a.g.e., s. 172.

tanelerinden kabulünü rica etmeye karar vermiştir. Müstesna mevkii itibarıyla olduğu kadar şahsî evsaf ve liyakatiyle de kalbimizde çok mümtaz bir mevkii olan büyük hemşiremizin bu intihabı tasvip ve kabul etmesini rica ederek Merkezî Heyet'in ihtiramat-ı mahsusasını arz ve tekrar arz ve tekrar ederim efendim.

18 mayıs 1341
Merkezî Heyet namına
Hamdullah Suphi[32]

Bulunduğu mevki kadar kişisel özelliklerini de öven mektuba Latife şu cevabı vermişti:

Türk Ocakları Merkezî Heyeti Riyaset-i Âliyesine
Muhterem Beyefendi
Fahrî riyasete intihap suretiyle Merkez Heyeti'nin hakkımda gösterdiği teveccühten son derece mütehassisim. Muhterem arkadaşlarıma teşekkürlerimin ve selamlarımın iblağını rica ederim efendim.

Latife Gazi Mustafa Kemal[33]

Latife'ye iftihar madalyası

Latife'nin 1925 mayısında dikkat çekecek kadar ön planda ve faal bir konumda olduğu anlaşılıyor. 25 mayıs 1925 tarihli *Cumhuriyet* gazetesinde, "Fransız sefiri, Latife Hanım nezdinde... Fransız sefiri Mösyö Albert Sarrault bugün Latife Hanım tarafından kabul edilmiştir" şeklinde bir haber yer alıyor.

Türk havacılığını geliştirmek için 1925 yılında kurulan Cevat Abbas başkanlığındaki Tayyare Cemiyeti, kadınlara özel ilk madalyasını yine o günlerde Latife'ye sunuyordu. Türk basını Latife'yi göklere çıkartıyordu. Türk kadınlığının fedakârlık ve necabet (soyluluk) örneği olan Latife Hanım'a sahip olduğu yüksek mevki ve şereften duyulan iftiharla, Türk Tayarre Cemiyeti'nin hanımlara özel ilk madalyası takdim ediliyordu.[34]

Latife bu madalyaya 27 mayıs tarihli gazetelerde bir teşekkür cevabı göndermiş ve "amaç ve faaliyetini pek takdir ettiği cemiyetin başarılı olmasını" dilemişti.

32. *Türk Yurdu,* 9. cilt, Tübitak Yayınları, Ankara, 2001, s. 196 (tıpkıbasım; cilt 16/2, sayı 171).

33. *ay.y.*

34. *Cumhuriyet* gazetesi, 24 mayıs 1925, sayfa 3.

TCF'nin son günleri

Terakkiperver Cumhuriyet Fırkası'nın üstünde kara bulutlar dolaşıyordu. İki partiyi meclis bir türlü hazmedememişti. Muhalefet partisi Ali Fuat Cebesoy'un anılarında yer alan ilginç bir bilgiden Latife'nin o günlerde siyasî planda etkin bir kimlik sergilediği anlaşılıyor. Terakkiperver Cumhuriyet Fırkası kapatılmadan kısa bir süre önce Halk Fırkası'nın İstanbul Kongresi toplanmıştı. Mustafa Kemal Paşa'nın İstanbul'u boykot ettiği yıllardı, ama Halk Fırkası'nın kongresine Latife katılmıştı. Muhtemelen Mustafa Kemal Paşa'nın isteği üzerine gelmiş olmalı.

Ali Fuat Paşa bu kongrede konuşulanları anlatırken şöyle diyor:

> Bu kongrede Başmutemet Refik İsmail Bey, Terakkiperver Fırka'nın bir irtica fırkası olduğundan uzun uzadıya bahsetmiş, bunu da yeter görmeyerek isyana katılmak suretiyle memlekete ihanet ettiğini, bu fırkanın yakında kapatılacağını pervasızca söylemişti. Aynı kongrede bulunan Latife Hanımefendi de (Gazi'nin Refikaları) Refik İsmail Bey'e şu cevabı vermişti: "Türk vatanının necatı, Türk vatandaşlarının çelikten yekpare bir medeniyet kütlesi teşkil etmeleriyle kaimdir."[35]

Halk Fırkası'nın İstanbul Kongresi TCF'nin kapatılmasından bir hafta önce, 25 mayıs 1925'te Robert Kolej'de toplanmıştı.

Ali Fuat Paşa'nın anlatımından, Latife'nin Halk Fırkası'nın İstanbul Kongresi'nde Terakkiperver Cumhuriyet Fırka aleyhine sarf edilen sözlere de karşı çıkan ve birlik mesajı veren bir konuşma yaptığı anlaşılıyor. TCF son günlerini yaşarken Latife'nin söylediği sözler acaba, Mustafa Kemal'in son uzlaşma çabasının mı bir ifadesiydi. Latife'nin İstanbul'da kendi iradesiyle böyle bir tavır sergilemesi mümkün görünmüyor.

Terakkiperver Cumhuriyet Fırkası 3 haziran 1925'te yasaklandı. (Yargı bir yıl sonra İzmir suikastinin ardından üyelerin peşine düşecek, kimi yurtdışına kaçacak, kimi yargılanıp serbest bırakılacak kimi de idam edilecekti. Kâzım Karabekir ile Ali Fuat Cebesoy idamdan döndü, Rauf Orbay, Adnan ve Halide Edip (Adıvar) ise yurtdışına çıkmışlardı.)

Şeyh Said davasına bakan Şark İstiklal Mahkemesi, aynı günlerde ayaklanmayı dolaylı olarak kışkırttıkları iddiasıyla İstanbul

35. Ali Fuat Cebesoy, a.g.e., s. 170.

basınının önemli isimlerini tutukladı. Ahmet Emin (Yalman), Suphi Nuri (İleri) ve Ahmet Şükrü (Esmer) de ağustosun ilerleyen günlerinde tutuklandılar.[36]

Ahmet Emin Yalman, "İstanbul basını Gazi Paşa'yı ve muhitini kızdırdı. Basının aleyhinde bulunanlar, istedikleri gibi at oynatmak ve ortalığı bulandırmak için serbest kaldılar. İzmir'den sonra ortaya çıkan anlaşmazlık memlekete ve basına pahalıya mal oldu ve 1925 ile 1936 arasında memlekette gerçek manasıyla tek bir gazete kalmamasına yol açtı" diyor.[37]

28 haziranda Şeyh Said ve 46 arkadaşı Diyarbakır'da Ulucami'nin önünde idam edildi.[38]

Şeyh Said, idam sehpasına giderken oradaki komutana, "Gel General, düşmanına veda et" demişti.

Latife politikanın neresindeydi?

Dış basın ısrarla Latife'nin politik yaşamda etkili olduğunu yazıyor. Latife, gazetecilere Türkiye üzerine görüşlerini anlatmakta tereddüt etmemiş, hatta evliliklerinin ilk günlerinde, gazeteci Ward Price'a "Benim size söylediğim her şeyi Gazi söylemiş gibi kabul edebilirsiniz" demişti.[39]

İsmet Bozdağ ise, Latife'nin başlangıçta devlet işlerine bir yaver, bir sekreter görünümünde katılıp karıştığını, sonraları devre dışı bırakıldığı için bu durumu hazmedemediğini yazıyor.[40]

Mustafa Kemal'in ilk sene her şeye dahil ettiği Latife, evliliğin ikinci yılında kendisini dışlanmış bir eş olarak görmeye başlamıştı. Bunu Mustafa Kemal'in yanında annesiyle babasına da söylemişti. Ancak boşanmanın hemen öncesinde 1925 mayıs ayında onun yine ön plana çıkması konumunun değiştiğini gösteriyor.

Atatürk üzerine yazılan anı kitaplarında, Latife'nin politikaya ilgisinden hep kusur gibi söz ediliyor; onun politikaya merakı, haddini aşmak olarak yorumlanıyordu. Ne de olsa, politika, kadınların alanına girmeyen bir erkek işi olarak görülüyordu.

Arjantinli Diplomat Villalta'nın *Atatürk* adlı kitabında ilginç bir değerlendirmesi var:

36. Mete Tunçay, a.g.e., s. 149.

37. Ahmet Emin Yalman, "Yakın Tarihte Gördüklerim Geçirdiklerim" (C 2), s. 922.

38. Mete Tunçay, a.g.e., 164, Lord Kinross, a.g.e., s. 402.

39. Patrick Kinross, a.g.e., s. 390; Ward Price, a.g.e., s. 141.

40. İsmet Bozdağ, *Gazi ve Latife*, s. 182-183.

> Latife kocasının izlediği politikanın Türkiye'ye en uygun politika olmadığını anlamıştı; yabancıların önünde, hatta açıktan yaptığı konuşmalarda, bunu söylüyordu. Kemalizm'e muhalif bir kimlik sergilemeye başlamıştı. Kemal'in sabrı taşmıştı, hatasını kavradı ve hızla kararını verdi.[41]

Armstrong'a göre de Latife siyaseten muhalif bir tutum içindeydi:

> Devlet içinde kadının konumu hakkında en belirgin ve gelişkin bağlamda özgür düşüncelere sahipti. Her iki cinsin eşit hak ve ve fırsatlara sahip olması gerektiğine inanıyordu. Gittikçe daha çok çatışmaya başlamışlardı. Muhaliflerine yakınlık duyuyordu. Politikada kendi çizgisini oluşturdu ve Mustafa Kemal'e yönelik muhalefete ilişkin birtakım ihtiraslar geliştirmeye başladı. Özel yaşamlarında olduğu gibi, sosyal yaşamlarında da onu eleştirmeye başladı. İşine ve kararlarına müdahale etti. Kadınlarla yaptığı toplantılarla yetindiği sürece, Mustafa Kemal'in bir itirazı yoktu...[42]

Bu iki yorum belki de abartılı değerlendirmelerdi. Latife'nin Çankaya'da politik olarak Mustafa Kemal'in yanında olduğu anlaşılıyor. Ancak onun her şeyi sorgulayan, muhasebe yapan kimliği belki de muhalif olarak görülmesine yol açabiliyordu. Latife, Mustafa Kemal'e mutlak bir karşı çıkış ya da mutlak bir boyun eğiş sergilemiyordu. Latife ile Mustafa Kemal'in aralarında sık sık çıkan gerginliklerde Türkiye'de yaşanan politik çalkantılar rol oynamış olmalı.

41. Jorge Blanco Villalta, *Atatürk*, Türk Tarih Kurumu Yayınları (İngilizce), Ankara, 1979, s. 361.

42. H. C. Armstrong, a.g.e., s. 178-179.

29

Nasıl bir evlilikti?

Latife, Mustafa Kemal biyografilerinin vazgeçilmez bölümlerinden biri. Atatürk'le ilgili çalışmalar yapanlar mutlaka Latife'den de söz ediyorlar. Mustafa Kemal'in iç dünyasını anlatmayı esas alan *Ölümsüz Atatürk* adlı Volkan-İtkowitz imzalı psikolojik biyografi çalışması bu evliliğe ilginç bir yaklaşım getiriyor.

> Mustafa Kemal'in evliliği, Latife'nin cinsel cazibesinin ve Gazi'nin onun kendisine olan büyük aşkından duyduğu hazzın ötesinde nedenlere dayanıyordu. Görünen o ki, Mustafa Kemal, Latife'yi kendi bireysel başarısının bir nişanı olarak algılamıştır. Latife'nin zihninde ülküleştirmiş olduğu kahramanıyla evlenmiş olmaktan büyük memnuniyet duyduğu açıktır, fakat Latife, Mustafa Kemal'i bir insanoğlu olarak nesnel bir gözle tanıma arzusunu hemen hiç duymamıştır.[1]

Sayısız filme konu olabilecek türden ayrıntılar içeren iki buçuk yıllık evlilik aşka ne kadar yakındı sorusuna herkesin başka bir yanıtı var.

Şevket Süreyya, iki tarafın da aşktan başka faktörler nedeniyle evlendiğini düşünüyor:

> Mustafa Kemal Ankara'ya bir devlet reisi olarak yerleştiği zaman, kadın ve aşk bahsinde, ancak bakir bir erkekti ve henüz 43 yaşındaydı.
>
> Kadın demek mutlak aşk demek değildir. Gerçi o bir aralık hatta evlendi de... ama bu aşk evlenişi değildi. Evet bir yuva kurulur gibi göründü. Ama arada iki taraflı aşk yoktu. Bu evlenme olup bitti ile başladı ve bir olup bitti ile sona erdi. Çünkü arada bir şeyler eksikti.

1. Volkan-İtkowitz, a.g.e., s. 297.

Karşılıklı aşk yoktu.[2]

Şevket Süreyya'nın aksine Halide Edip tanışmalarının hemen ardından Mustafa Kemal'in Latife'ye âşık olduğunu düşünenlerden. Halide Edip hem kadın gözüyle bakıyor hem de olayın bire bir tanığı. "Mustafa Kemal Paşa onun aklını başından almıştı, kendisinin de Latife Hanım'a âşık olduğu aşikârdı" diyor.[3]

İkisinin de ilk aylarda yüzlerinde güllerin açtığı söyleniyor.

Armstrong da Mustafa Kemal'in çılgınca âşık olduğunu yazıyor.

> ... geçici bir cinsel ilginin ötesinde onu çeken, bir eş ve yardımcı olacak kapasitede bir kız vardı karşısında. Ve bütün bunların yanı sıra yumuşacık ve mis kokulu, arzu uyandırıcı, güzel ve baştan çıkartıcıydı. Onu çıldırtmış, ayaklarını yerden kesmişti. Tutuşmuştu adeta. İlk kez âşık oluyordu.[4]

Mustafa Kemal'in Latife'ye derin tutkusu yazılı anıların satır aralarında kolayca okunabiliyor. Mustafa Kemal belki Şevket Süreyya'nın kastettiği anlamda kara sevdalı değildi, ama karşısına âşık olmak istediği tarzda bir kadın çıkmıştı.

Sabiha Gökçen ise Latife-Mustafa Kemal beraberliğinin bir aşk izdivacı olmadığına inananlardan. İzmir'de Mustafa Kemal, Latife'nin evinde kalırken dolaşmaya başlayan "evlenecekler" şayiası nedeniyle Latife'yle hayatını birleştirdiğini düşünüyor. Şemsi Belli'yle yaptığı görüşme sırasında, Belli'nin "O halde, Atatürk'ün Latife Hanım'la evlenmesi bir aşk izdivacı değil!" saptamasını onaylıyor ve "Hayır, hayır" yanıtını veriyor.[5]

Atatürk'ün manevî kızlarından Sabiha Gökçen bu görüşmede Fikriye ile Latife'yi kıyaslamış ve onlar üzerine değerlendirmesini şu sözlerle aktarmıştı:

> Fikriye Hanım genç, güzel, entelektüel bir hanımmış. Arada hissî bir bağlantı olmuş olabilir. Belki Atatürk'ün de Fikriye Hanım'a hissî bir yaklaşımı vardı... Ama daha çok Fikriye Hanım Atatürk'e bağlanmış hissen... Fikriye Hanım hakikaten âşık. Atatürk de bu aşka karşı ilgisiz

2. Şevket Süreyya, *Tek Adam,* 3. cilt, s. 486.

3. Halide Edip, a.g.e., s. 388.

4. H. C. Armstrong, a.g.e., s. 142.

5. Şemsi Belli, a.g.e., s. 106.

değildi. Onun da Fikriye Hanım'a bir ilgisi var... ama Fikriye Hanım'ınki kadar değil... Ve nitekim bu aşkı yüzünden intihar etti Fikriye Hanım.

Latife Hanım, işin başında hiçbir zaman hissen Fikriye Hanım gibi olmadı. Latife Hanım, belki sonradan hissen bağlandı Atatürk'e... Ben, her zaman, keşke Atatürk, Fikriye Hanım'la evlenseydi diye düşünürüm. Çünkü Fikriye Hanım, hakikaten her zaman aklını kullanan, Atatürk'ü sevmiş bir kadın... Ben tanımadım. Ufak tefek kaprisleri olabilir her insanın.. Atatürk'ün de olabilir... ama Fikriye Hanım, onları hoş görebilirdi... Latife Hanım ise onları hoş göremedi maalesef.[6]

Sabiha Gökçen'in, Mustafa Kemal'in sofra sohbetlerinden edindiği izlenim böyle. Mustafa Kemal keşke Fikriye'yle evlenseydi diye hayıflanan Sabiha Gökçen Mustafa Kemal'in aklından böyle bir şeyin geçmediğini de sözlerine ekliyor.[7]

Fikriye, bir haksızlığa uğramıştı. Belki de bu yüzden Latife'yle çok kıyaslandı. Bugün 80'li yaşlarında olan kadınların pek çoğu Fikriye'yi Mustafa Kemal'e daha çok yakıştırıyor ve Mustafa Kemal, Fikriye'yle evlenseydi daha mutlu olurdu yorumunu yapıyorlar. Fikriye'nin Latife'den farklı olarak Mustafa Kemal'in sözünü tek söz olarak kabul etmesi bu cümleyi önemli kılıyor. Ancak Mustafa Kemal iki buçuk yıla yakın bir süre yanında kalan Fikriye'yle nasıl evlenebilirdi? Türkiye'ye evliliğiyle de örnek olmak gibi bir kaygısı varken, aynı evi paylaştığı kadınla "Biz artık evlendik" diyerek ortaya çıkması yadırganacaktı. Kaldı ki acaba Mustafa Kemal, sözünden çıkmayan bir kadınla hayatı paylaşmayı acaba ne kadar istiyordu?

Mustafa Kemal'in Latife'yle evlenmesindeki en önemli nedenlerden biri de Latife'nin pek çok meselede aykırı sözler söyleyebilmesi, kendisiyle tartışmaya girmesi ve kafasında oluşturduğu fikirlere katkıda bulunmasıydı. Anlatıldığına göre Fikriye daha farklı bir kadındı ve Mustafa Kemal'in arkasında durmayı sevgisini göstermenin başlıca yolu olarak görüyordu.

Anı kitaplarında Mustafa Kemal'in ayrılmaz bir parçası olarak kabul edilen Fikriye'ye herkes çok sıcak yaklaşıyor. Belki genç yaşında öldüğü için, belki de herkesin gönlünü almayı bildiği için. Latife'ye yönelik sivri okların hiçbiri Fikriye'yi hedef almıyor. Savaşın sıcak günlerinde Çankaya'da beliren bu güzel ve fedakâr kadın herkes tarafından kabul görmüş ve konumu hiç de kafa karıştırmamıştı. Bunda Fikriye'nin Mustafa Kemal'le uzak-

6. Şemsi Belli, a.g.e., s. 105.

7. Şemsi Belli, a.g.e., s. 106.

tan akrabalığının da payı olsa gerek. Çevresindekiler Fikriye'yi müşfik ve olgun buluyorlardı.

Latife'nin kendisine güvenli tavrı, açık fikirli ve samimi olması, Mustafa Kemal'i ilk günden cezbetmişti. Eşit ilişki talep eden bir kadınla evlenmeye karar vermek o dönemin anlayışları çerçevesinde Mustafa Kemal'e de özel bir haz veriyordu. Onun karısı geleceğin kadın modelinin bir temsilcisiydi.

Latife'nin konumunu Patrick Kinross şöyle yorumluyor:

> Gölgede kalacak bir kadın olmayan Latife Hanım, kişiliğini herkese duyuruyordu. Evliliklerinin başından beri Mustafa Kemal, onun arkadaşlığında, başka hiçbir kadının henüz kendisine vermediği bir uyarıcılık bulmuştu. Üstelik kendisine hâlâ biraz "sekreterlik" ettiği için çalışmasına da yardımcı oluyor, öğüt veriyordu. Akıllıydı, iyi eğitim görmüştü; kendine güveni, kendine özgü düşünceleri vardı; karşılıklı ciddi şekilde tartışabiliyorlardı. Aralarında Batı'da olduğu gibi, eşit koşullarda bir karıkocalık bağı vardı ki, bunu Gazi de görüyordu.[8]

Evlilikte paranın rolü var mıydı?

Makbule Atadan'la da uzun görüşmeler yapan yazar Şemsi Belli, Latife'nin Mustafa Kemal'le parası için evlendiğini ima ediyor. Makbule Hanım'ın, Atatürk'ün kendisine, "Latife beni mevkiim ve param için sevmiştir. Fikriye yalnız ben olduğum için" dediğini öne sürüyor.[9]

Mustafa Kemal'in liderlik karizması ve Millî Mücadele'ye önderlik etmiş oluşu mutlaka Latife'nin aşkında rol oynamıştı. Ama Latife'nin Mustafa Kemal'le parası için evlenmiş olması pek makul görünmüyor. Çünkü esas varlık sahibi olan Latife'ydi. Bence Makbule Hanım'ın böyle bir şey söylemiş olması da akla yakın gelmiyor.

Sol eğilimli Amerikalı gazeteci Louis Bryant ise tam tersi bir iddia öne sürerek, Mustafa Kemal'in Latife'yle zengin olduğu için evlendiğini savunmuş, "Latife, Türk kadınlarının ne en cesuru, ne en güzeli, ne en zekisi, ne de en çekicisiydi. O en zenginleriydi. Türkiye'nin en zengin adamının, İzmirli bir tüccarın kızıydı; bu adamın, Kemal'in ihtiyacı olan tek şeyi: parayı temin etmesi bekleniyordu" yorumunu yapmıştı.[10]

Latife, Mustafa Kemal'e fazlasıyla âşıktı. Daha onunla tanışma-

8. Lord Kinross, a.g.e., s. 456.

9. Şemsi Belli, *Ağabeyim Mustafa Kemal* (Anlatan Makbule Atadan), Ankara, 1959, s. 58.

10. Louis Bryant "Türkiye'den Bir Boşanma", *The Nation*, 26 ağustos, 1925.

dan başlamıştı aşkı ve artarak sürdü. Hayatının son günlerinde bile Mustafa Kemal'in fotoğrafıyla baş başa yaşadığı, penceresinden onun güzel bulduğu bir heykelini seyrettiğini biliyoruz.

Ancak Latife'nin aşkı kayıtsız şartsız bir aşk değildi. Onurunun çiğnendiğini düşündüğü anlarda kontrolünü yitiriyor ve bütün köprüleri yakarak meydan okuyordu.

Kuvvetler çatışınca

Bu kadar kuvvetli iki karakter bir arada nasıl yaşayacaktı?

Berthe Georges-Gaulis bu soruyu evliliğin ilk günlerinde sormuştu:

> Bu iki insandan hangisi diğerine üstün gelecekti? Muhakkak ki birinden biri kaçınılmaz olarak diğerinin karşısında boyun eğecekti. Etraflarındaki hiç kimse bunu söyleyemedi, oysa herkes bunu merak ediyordu. Latife'nin kendini korumak için yeterince silahı vardı. Ancak, bugüne kadar her türlü tahakkümü reddetmiş, sürekli metamorfoza uğrayan o muhteşem zekânın sürekli cazibesi altındaydı. Kim kazanacaktı?[11]

Mikusch "İkisi de güçlü karakterlerdi, gururluydular, serttiler, tavizsizdiler; ikisinin karakterleri de o kadar çok birbirine benziyordu ki bir uyum sağlamaları mümkün olmadı. Kimin üstünlük sağlayacağını belirleyecek sessiz bir savaşa girişmeleri kaçınılmazdı" diyor.[12]

Vamık Volkan ile Norman İtkowitz de bu kanaati paylaşanlardan.

> Paradoksal olarak Mustafa Kemal, Latife ile annesinden çok farklı bir kadın olarak göründüğü için evlenmişti, hatta sahip olduğu atılganlığı, kendi bildiğini okuyan tavırları, hep ileri atılması ve sınırları sonuna kadar zorlaması ona kendisini hatırlatıyordu. Çok geçmeden Latife'nin kuşatıcı, boğucu yanlarına da tanık olacaktı.[13]

Armstrong, "Her ikisi de güçlü, iradeli, sert ve altta kalmaz kişilerdi. O da, kendisi gibi zeki, hazırcevap ve keskin dilliydi. O da en az kendisi kadar eleştiriye tahammülsüzdü. Onları yumuşatacak ve bir arada tutabilecek bir çocukları da yoktu" diyor.[14]

11. Berthe Georges-Gaulis, *La Nouvelle Turquie*, s. 215.

12. D. v. Mikusch, a.g.e., s. 319; Vamık Volkan 10 Kasım TRT Konuşması.

13. Volkan-İtkowitz, a.g.e., s. 296.

14. H. C. Armstrong, a.g.e., s. 178-179.

Bir aile istiyordu

Latife, Mustafa Kemal'in kurdukları ailenin bir parçası olmasını istiyordu. Şevket Süreyya'nın yorumu şöyle: "Latife Hanım bir ev adamı ve bir aile reisi arıyordu, Mustafa Kemal ise hayatı boyunca devam eden alışkanlıklarına bağlıydı."[15]

Latife, Türkiye'yi yöneten erkekle evliydi ve sabaha kadar sofrada oturmasından hoşlanmıyordu.

Süreyya Ağaoğlu, "Latife Hanım onun sağlığını düşünüyordu" diyor ve ekliyor:

> Mesela on ikide yatağına girmesini istiyordu. Etrafındakiler de Latife Hanım'ı bunun için sevmiyorlardı. Latife Hanım içki içmesini istemiyordu. Biz ailece Latife hanım'a hayrandık, çok severdik. Bir kadın gözüyle ayrıca söylemek isterim ki Atatürk evli kalsaydı, Latife Hanım'dan ayrılmasaydı... Hem daha uzun yaşayabilirdi... Hem de daha başka şekilde örnek olacak hareketlerde bulunabilirdi.[16]

Latife'nin içkili sofraları sınırlama gayreti Mustafa Kemal'i öfkelendiriyordu. Lord Kinross, "Latife Hanım'ın düştüğü en büyük psikolojik yanlışlık, Gazi'nin içkiciliğini uluorta önlemeye çalışmasıydı. Sofrada içkiyi sınırlamaya kalkıyordu. Arkadaşlarının önünde odaya girer, ona 'Nedir bu Kemal, yine mi içiyorsun' diye bağırırdı" diyor.[17]

Oysa, o günlerde Türkiye'nin kaderi üzerinde etkili olan isimlerden önemli bir kesimi bu konuda Latife'nin gayretlerinden medet ummaktaydı. Mareşal Fevzi Çakmak, "Çok zeki ve görgülü olan Latife Hanım'dan çok mühim bir vazife beklenir. Latife Hanım, kumandanın içki sofrasını kurdukları ailenin haremine nakledebilirse memlekete en büyük hizmeti yapmış olacaktır" diye ifade ediyor görüşünü.[18]

Ondan, sağlığına hiç aldırmayan Mustafa Kemal'i daha mazbut hayat koşullarına yönlendirecek mahareti göstermesini bekleyenler az değildi. Latife de elinden geleni yaptı, ama beklenen biraz daha incelikli, daha hünerli bir idareydi. O ise karakteri icabı daha dobra bir yol izliyor, cebinde anahtarlarla dolaşıyor, Musta-

15. Şevket Süreyya, *Tek Adam*, cilt 3 s. 486.

16. Selma Selçuker "Kadın Gözü ile Atatürk, Süreyya Ağaoğlu ile Görüşme", *Güneş* gazetesi, Süreyya Ağaoğlu Arşivi, Kadın Eserleri Kütüphanesi, kutu 1-5 (tarih yok).

17. Lord Kinross, a.g.e., s. 457.

18. Süleyman Külçe'den aktaran Oğuz Akay, *Gazi*, Truva Yayınları, İstanbul, 2005 s. 87.

fa Kemal de özgürlüğünün kısıtlanmasına dayanamıyordu.

Bir çocuğu olsaydı...

Mustafa Kemal de Latife de çocukları çok seviyordu. Hüsrev Gerede'nin söylediğine göre Mustafa Kemal'in çocuğu olmuyordu.[19] Rıza Nur'a göre, bunun nedeni gençlik yıllarında geçirdiği bir hastalıktı. Latife bu gerçekle ne zaman yüz yüze geldi, konu aralarında açık açık konuşuldu mu bilmiyoruz. Ama Ankara'da bulunduğu iki buçuk yıl içinde onu hep bebeklere isim koyan, doğum yapan anneleri ziyaret eden bir kadın olarak görüyoruz. O günlerde dünyaya gelen Kılıç Ali ile Hümeyra'nın oğluna Altemur adını veren de Latife'ydi. Mevhibe İnönü'ye loğusa yatağında yaptığı ziyaret sırasında "Benim de bir çocuğum olsa" diye geçirmişti aklından. Bu duygusunu yıllar sonra Mevhibe Hanım'a bir mektupta anlatmıştı:

> Pek muhterem Hanımefendi,
>
> Canım kardeşim,
>
> Dün akşam Ömer'den beni çok mütehassis eden bir mektup aldım; ve kendi öz evladıma yazar gibi derhal cevap verdim. Kaliforniya'nın insanlarını, iklimini ve kendi tehassüsatını o kadar güzel anlatmış ki, satırlarını zevkle okudum. Sonra uzun uzun düşünmeye daldım, onun (Ömer'in) mini mini kundaklı hali ve benim onu kalbime bastırırken içimde ilk defa uyanan (altını çizmiş) annelik ihtiyacı hatıramda canlandı. Onlar neşe ve ümit dolu günlerdi. Kısa bir zaman içinde bütün emellerim, ihtiyaçlarım hatta insanlık ve vatandaşlık haklarım birer birer sararıp solup sonbahar yaprakları gibi yerlere saçıldı. Hiç kimsenin anlamadığı nice yoksunluklarla boğuştuğum bu acı günleri düşündüm. Ve bu müddet zarfında sizin samimi şefkat ve alakanızın benim biricik (altını çizmiş) desteğim olduğunu bir kere daha hissettim. Gayri ihtiyarî gözlerim yaşardı. Beni daima olduğum gibi gören ve anlayan güzel kardeşim. Allah sizden razı olsun.
>
> İmza: Latife Uşşaki[20]

Latife çok mu kıskançtı?

Mustafa Kemal'in cinsel yaşamı pek çok yazarın merakını çekti. Onu çapkın diye tanımlayanlar çoğunlukta. Mustafa Kemal'in kaçamaklarını Latife'nin kabul etmesini istiyorlar, ondan

19. *Hüsrev Gerede'nin Anıları*, haz. Sami Önal, s. 270.

20. Can Dündar, "Latife Hanım'ın Atatürk'süz Hayatı" *Milliyet*, 28 ekim 2003.

uysal davranmasını bekliyorlardı.

Ülkeyi yönetenlerin asırlardan beri haremleri vardı.

Çok kadınla evlilik düzeni sürerken Mustafa Kemal, Çankaya'da tekeşli ve karısıyla eşit olmaya çabalayan bir erkek konumundaydı. Üstelik Latife rol yapmıyor gerçekten eşit bir beraberlik istiyordu. Eşitlikte bu denli ısrarlı bir kadınla evlilik yürütmek Kemal Paşa'nın pek çok alışkanlığından taviz vermesini de gündeme getiriyordu. Latife'nin kendisine meydan okumasına izin veriyor ama sık sık da bunalıyordu. Gerginliğin had safhaya vardığı durumlarda evden kaçtığı anlatılıyor.

Cumhuriyet kurulduktan sonra Cumhurbaşkanlığı genel sekreterliğine getirilen Ercüment Ekrem (Talu), Latife'nin Mustafa Kemal'in yalnız özel değil resmî yazışmalarını da görmek istediğini söylüyor.

Ercüment Ekrem'in kızı Esin Çelikkan, yayımlanmamış anılarında Latife'nin tavrını şöyle yorumluyor:

> Latife Hanım kıskanç, hırçın, kaprisli. Belki haksız değil. Fikriye Hanım "Atamı göreceğim" diye Çankaya kapısına dayanalı şunun şurası az bir zaman geçmiş. Sonra bir sürü hanımefendi, Atasına göz süzüp duruyor. Latife Hanım değil özel mektupları, resmî yazışmayı bile görmek istiyor, babam "Olmaz efendim" diyor. Biraz da canı sıkılmış olacak ki, Latife Hanım gönlünü almak için "Kızmayın Ercüment Bey şaka yaptım" diye yumuşatmak istiyor. Ercüment Ekrem, "İyi ama Latife! Latife latif gerek!" diye çıkışını yapıveriyor. Haydi güle güle.[21]

Lord Kinross, Mustafa Kemal'in Latife'ye olan duyguları küllenmeye başlayınca Latife'nin onu kıskanmaya başladığını söylüyor:

> ... kıskançlığı öyle bir hal alıyordu ki, Latife Hanım, harem kadınları gibi bunu saklayamıyor, açığa vuruyordu. Gazi'nin iltifat ettiği kadınları, erkek arkadaşlarını, onların Gazi üzerindeki etkilerini, daha ötesi köpeğini ve köpeğiyle ilgilenmesini bile kıskanıyordu. Bir akşam, Gazi, Latife Hanım'ın piyano çalan genç yeğenini tebrik için omzunu okşamıştı. Latife Hanım bunu bile çekemeyip kavga çıkardı.[22]

Kavgalara dair yazılıp çizilenleri üst üste koyduğumuzda iki

21. "Latife latif gerek" sözünden Latife Hanım'ın genelde çok hoşlandığı ve şaka konusu yaptığı anlatılıyor. Ercüment Ekrem'in görevden alınmasında rol oynayan gerçekten o muydu yoksa Ekrem Bey mi böyle düşünmüştü bilmek mümkün değil.

22. Lord Kinross, a.g.e., s. 492.

buçuk yıl içinde sonuncusu boşanmayla sonuçlanan üç büyük kavga yaşandığı anlaşılıyor. Bu kavgalarda da söylendiği kadarıyla hep kıskançlık rol oynamıştı.

Süreyya Ağaoğlu, "Her şeyden önce Latife Hanım Atatürk'e âşık bir kadındı. Ve her kadın gibi kıskançtı. Sevdiğini kıskanır kadın. Atatürk'ü kıskanıyordu, buna hiç şüphe yok. Herkes diyor ki, düşünmesi lazımdı. Ben aynı fikirde değilim" diyor.[23]

Mustafa Kemal, Latife'ye ihanet etmediği inancındaydı. "Bir keresinde Nuri Conker'e evlendikten sonra Latife'ye sadık kaldığını, onu hiç aldatmadığını söylemişti."[24]

Demek ki, birlikte oldukları süre içinde Mustafa Kemal, Latife'yi kırmamak için çaba gösteriyordu. *Bozkurt* yazarı Armstrong Mustafa Kemal'in Latife'den boşandıktan sonra kendisini tümüyle içgüdülerine terk ederek pervasızca yaşadığını yazıyor.[25]

Topuk vurma anlatılarını Galibe Hanım yalanlıyor

Latife-Mustafa Kemal ilişkisinde sembolleşmiş bir topuk vurma hikâyesi var. Özellikle Salih Bozok anılarında Latife'nin kafası kızınca üst kata çıkıp topuklarını yere vurduğunu ve ortalığı birbirine kattığını söylüyor. İsmet Bozdağ'ın o günleri yaşayanların anlatımlarına dayanarak yazdığı tefrika ve kitaplarda, bu topuk meselesi her 10 Kasım geldiğinde gazetelere konu olmaya da devam ediyor.

Latife'nin en yakın arkadaşı Ali Fethi Okyar ile Galibe'nin oğlu Osman Okyar'la 30 yıl evli kalan Aydan Eralp kayınvalidesine dayanarak bu anlatımın uydurma olduğunu söyledi.

> Gazetede Latife Hanım'ı anlatan bir yazı dizisi yayımlanıyordu. O da düzenli kesiyordu yayınlananları. Tepinme hikâyesi çıktığı gün çok öfkelendi ve üzüldü.
>
> "Çok çirkin şeyler bunlar. Çok ayıp ediyorlar. Son derece entelektüel, Atatürk'e çok fazla hayran olan, seven, son derece aklı başında bir insandı. Böyle yapacak bir insan mıydı o. Hiç sesini çıkarmamış olduğu halde bunu yapıyorlar ona..." dedi.[26]

Latife Hanım'la ilgili 29 haziran 1973 tarihli *Hürriyet* gazetesi

23. Selma Selçuker "Kadın Gözü ile Atatürk, Süreyya Ağaoğlu ile Görüşme" *Güneş* gazetesi, Süreyya Ağaoğlu Arşivi, Kadın Eserleri Kütüphanesi, kutu 1-5 (tarih yok).

24. Volkan-İtkowitz, a.g.e., s. 325.

25. H. C. Armstrong, a.g.e., s. 254.

26. Aydan Eralp'le görüşme, nisan 2005.

Galibe Okyar'ın evrakları arasında hâlâ duruyor. Galibe, 1925 martına, kocası Paris'e büyükelçi tayin edilene kadar Latife'yle iç içe yaşamış, dostlukları daha sonra da sürmüştü.

Bazı erkeklerin Çankaya'daki topuk seslerinden şikâyetleri doğrudan Latife'nin varlığından duydukları huzursuzluğun da ifadesi gibi görünüyor. Latife'nin yürürken döşemeye çok sert bastığı ve merdivenleri sarstığı anlatılıyor. O günlerin eski bağ evlerinin tahta döşemelerinde yüksek topuklarıyla ve sert adımlarla dolaşıyor oluşu bu topuk efsanesinin de kaynağı olabilir.

Önünde duruyordu

Latife'nin evlilik sırasında Mustafa Kemal'in önüne geçmeye çalıştığını düşünenlerin sayısı az değil. Kinross, bu görüşleri kitabında "Latife Hanım'ın suçu onu yönetmeye kalkmasıydı. Fikriye ile arkasında değil, yanında duracak bir eş istediği için evlenmemişti. Öte yandan, hiç istemediği bir şey varsa o da, Latife Hanım gibi, önünde yer almaya kalkan bir eşti" sözleriyle özetliyor görüşünü.[27]

Hüsrev Gerede, "Taşıdığı üstün özelliklere karşın Latife Hanım, nasıl olup da Atatürk gibi yüce bir kişinin Türk ulusu için gerekliliğini anlayamadı, kendi kişiliğinden özveride bulunamadı? İşin bu yönü anlaşılamaz" diye soruyor ve devam ediyor:

> Latife Hanım, ne yazık ki büyük bir askerin, komutanın önünde komutan olunamayacağını, büyük bir devlet başkanının hukukunun paylaşılamayacağını bilemiyordu. Bu bilgisizlik, büyük devlet adamının ev yaşamını güçlüklerle zehirlemiş, sonunda Latife Hanım'ın pişman olup ağlamasına, elindeki tarihsel nimeti kaçırmasına neden olmuştur.[28]

Bütün söylenenlere eklenebilecek bir şey daha var. Mustafa Kemal Paşa, sık sık kendisinin de belirttiği gibi, evli erkek modeline uymayan bir karaktere sahipti. Evlenmekle büyük bir hata yaptığını düşünmeye başlamıştı. Ankara'da yaşayanlar, yabancı temsilcilikler evliliğin büyük bir bunalıma gebe olduğunu konuşmaktaydılar. Ancak Latife bunu fark edememişti.

27. Lord Kinross, a.g.e., s. 458.

28. *Hüsrev Gerede'nin Anıları*, haz. Sami Önal, s. 247.

30

Boşanma öyküsü

Çankaya'da Latife ile Mustafa Kemal arasında onları ölüme kadar ayıracak tartışma, sonunda bir geceyarısı sofra dağıldıktan sonra patladı. 1925 temmuzunun 20'si ya da 21'iydi. O gece, aralarında ne geçmişti, tam olarak bilemiyoruz. Mustafa Kemal bahçedeydi. Latife pencereden seslendi ve onu çok sinirlendiren bir şeyler söyledi. Mustafa Kemal'in neredeyse sinirden bayılacak hale geldiği anlatılıyor. Mosmor kesilen ve boncuk boncuk terleyen Mustafa Kemal Paşa, eve girmiş, çalışma odasına geçip telefonla Yaver Salih'in ve Kılıç Ali'nin hemen bulunmasını istemişti.

Kılıç Ali geceyarısı telefonla arandı. Arayan, Yaver Muzaffer'di. "Gazi sizi emrediyor" dedi.

Kılıç Ali, yolda Salih Bey'e rastladı. Birlikte Gazi'nin odasına girdiklerinde yüzü kıpkırmızıydı. Kanepenin üzerine elbisesiyle uzanmıştı. "Bu evden kaçayım, yoksa gaz döküp bu evi yakacağım" diyordu.

Yaver Salih hemen Mustafa Kemal'in boynundaki kravatı gevşetti, gömleğinin yaka düğmesini çözdü.

Lord Kinross, Latife "Bir akşam Çankaya'da kendini tutamamış ve Gazi'nin birlikte içtiği arkadaşlarına dönerek hepsi için bir bir ağzına geleni söylemişti" diyor.[1]

Avusturya Dışişleri Bakanlığı belgesinde de olayın İsmet Paşa ile Fevzi Paşa'nın da bulunduğu bir ortamda patlak verdiği anlatılıyor.[2]

Latife belli ki o gece bütün kontrolünü yitirmişti. Çünkü öfkesini muhafızlar ve posta erlerinin önünde dile getirmişti. Ama o gece yaşanan olayın ayrıntılarından kimseye söz etmedi. Çünkü, Mustafa

1. Lord Kinross, a.g.e., s. 493.

2. Bkz. s. 340.

Kemal'e söz vermişti. Boşanmalarına neden olan olay her ne ise Çankaya Köşkü'nün kapıları arkasında kaldı.

Vecihe İlmen, "Atatürk ile Latife Hanım, hususî hayatları üzerinde hiçbir şey anlatmayacaklarına dair mütekabilen birbirlerine söz vermişlerdir. Ben birçok şeyi bilmeme rağmen anlatmam imkânsızdır" diyor.[3]

Yine Kılıç Ali'nin anılarına dönelim:

> Gazi yana yakıla bunları bize anlattıktan sonra dedi ki: "Şimdi siz kalınız, ben şöyle bir kafamı dinlendirmek için çıkayım. Biraz otomobil ile hava alayım."
>
> Başyaver Rusuhi Bey'i yanına aldı, otomobiline bindi ve "Yozgat"a doğru diyerek Köşk'ten ayrıldı.
>
> Yozgat'a doğru diyen Gazi o gece Marmara Köşkü'ne gitmiş. Kendisini kim arar ve sorarsa köşkte olmadığını söylemelerini emretmiş. Geceyi orada geçirirken, Latife Hanım'ın hemen İzmir'e gönderilmesi emrini vermiş.

Salih Bozok, tartışmanın ardından Mustafa Kemal'in İsmet Paşa'yı telefonla aradığını anımsıyor.

İsmet Paşa'nın ısrarı fayda etmedi

Bir akşamüzeriydi. Pembe Köşk'ün kapısı çalındı. Uşak açmaya koştu. Seslerden Mevhibe gelenin cumhurbaşkanı olduğunu anladı, derhal misafirini karşılamaya çıktı. Antrede Mustafa Kemal Paşa ile karşı karşıya geldi. Gazi'nin yüzü o kadar asıktı ki, ev sahibesi ne söyleyeceğini şaşırdı.

"Hoş geldiniz efendim, Hanımefendi nasıllar?" diyebildi. Gazi çok gergindi. Ters bir ifadeyle, "İyidir" dedi ve içeri girdi. Mustafa Kemal İsmet Paşa'yla konuşmaya gelmişti. Boşanacaktı. İsmet Paşa haberi karısına verirken sesinin üzüntüden titremesine engel olamadı. Bütün ısrarına karşı Gazi'yi fikrinden caydıramamıştı.

ABD Dışişleri Bakanlığı raporunda da, "Latife'nin İzmir'e bir telgraf çekerek artık Ankara'da yaşayamayacağını bildirdiği, gelip kendisinin alınmasını istediği" bilgisine yer veriliyor.[4]

3. Yalçın Pekşen, "Atatürk'ün Özel Yaşamı, Vecihe İlmen Anlatıyor", *Cumhuriyet*, 10 kasım, 1984.

4. Mehmet Barlas, "Latife Hanım'ın Dramı" 10 kasım 1986, *Güneş* gazetesi (metin için) bkz. s. 338.

Ankara'da herkes şaşkındı. Başkent dedikoduyla çalkalanıyordu. Mustafa Kemal ortadan kaybolmuştu.[5]

O günü Rıza Soyak da anlatıyor:

> Bir gece aralarında münakaşaların en şiddetlisi olmuş, Atatürk köşkü terk ederek istasyondaki Hususî Kalem binasına inmişti. Halinden ve sözlerinden ayrılmaya, her iki tarafı da çok üzen bu hayata artık son vermeye kati karar verdiği anlaşılıyor fakat bunu derhal açıklamayı muvafık bulmuyordu.
>
> Hususî Kalem'deki yazı odasında Latife Hanım'a bir mektup yazdı; öğrendiğime göre, bunda her iki tarafın asabî olduğundan bahsederek sükûnete gelebilmek için bir müddet ayrı yaşamalarının münasip olacağını bildiriyor ve o gece İstanbul'dan Ankara'ya gelmek üzere yolda bulunan annesi ile beraber İzmir'e gidip bir müddet istirahat etmesini tavsiye ediyordu. Mektubun ertesi sabah Hanımefendiye verilmesini ve seyahatinde kendisine Yaver Yüzbaşı Muzaffer Kılıç Bey'in refakat etmesini emretti.[6]

Latife bu mektubu ömrünün sonuna kadar sakladı. Ölümünden sonra evraklarıyla birlikte Türk Tarih Kurumu'na teslim edilen mektup için, TTK Başkanı Halaçoğlu, "Çuvallar dolusu belge ve mektup var. Ama en çok ses getirecek olanı galiba boşanma mektubu. Çok etkileyici bir şekilde kaleme almış. Kaleminden çok etkilendim. Sanırım boşanma mektubu göz yaşartacak" yorumunu yapıyor. Prof. Dr. Yusuf Halaçoğlu Atatürk'ün mektuplarda kullandığı dilden Latife Hanım'la aralarındaki ilişkinin çok farklı olduğunun anlaşıldığını söylüyor. "Mektupta Atatürk 2,5 yıllık evliliğinin bitmesini eşine izah ediyor. Arşiv açıldığında Atatürk'ün özel hayatıyla ilgili büyük bir sır perdesi aydınlanacak" diyor.[7]

Kılıç Ali ve Salih Bey'in ne kadar öfkeli olduğunu anlattıkları Mustafa Kemal Paşa anlaşılan Latife'ye bu denli sinirlenmesine rağmen sevgi dolu bir mektup yazmıştı. Mektubu okuyan Halaçoğlu'nun anlatımından çıkan bu.

"Vedad artık burada kalamazsın!"

Latife, İzmir'e doğru yola çıkmadan önce Çankaya'da kalmakta olan yeğeni Vedad'a telefon etmişti: "Biz gidiyoruz; sen burada

5. İsmet Bozdağ, *Atatürk ve Eşi Latife Hanım*, s. 266.

6. Hasan Rıza Roza Soyak, a.g.e., s. 10.

7. "Atatürk'ün Boşanma Mektubu Göz Yaşartacak", *Yeni Şafak*, 6 aralık 2004.

benden dolayı ve benim konuğum olarak bulunuyorsun. Artık burada kalamazsın; ya kentte bir yer bulur ya da İstanbul'a dönersin" demişti.

Vedad ise Latife'ye hemen "evet" dememiş, babasına sorması gerektiğini söylemişti.

Halit Ziya, Çankaya'ya geliş gidişlerinde, Mustafa Kemal'in sabırla vakit kolladığı ve kesin bir kararla durumu çözmek niyetinde olduğu yargısına varmıştı. Bu evliliğin son bulacağını düşünüyordu.

Baba oğul uzun uzun konuşmuşlar, Vedad da babasına bir kriz çıkması halinde, hariciyeyi bırakıp rahatlıkla bankaya geri dönebileceğini söylemişti.

Vedad Latife'nin Ankara'dan ayrılması üzerine babasına yazdığı mektupta Halit Ziya'ya kehanetinin gerçekleştiğini, Latife'nin annesi, kız kardeşi ve küçük Münci'yle birlikte İzmir'e gönderildiğini haber verdi. Bu olayın ardından boşanmanın gerçekleşmesine kesin gözüyle bakmak gerektiğini yazıyordu. Telaşlanmıştı, ne yapması gerektiğini babasına soruyordu.

Halit Ziya o günkü ruh halini şöyle aktarıyor anılarında:

> Bu evliliğin böyle bir sonuçla noktalanacağı pek beklenilen bir şey olmamakla birlikte, her beklenen kötü olayın insanda doğuracağı şaşkınlık içinde elime geçen bir hesap defterinin boş yapraklarından birini kopararak Vedad'ı rahatlatmak ve bundan böyle izleyebileceği yolun ne olacağını göstermek üzere, kurşunkalemiyle ona bir cevap yazdım. Her şeyden önce Latife hakkındaki üzüntülerimi bildirdikten sonra asıl yanıt verilecek husus konusunda da şunları yazdım.
>
> "Sen orada Latife'nin konuğu olmaktan fazla cumhurbaşkanının konuğusun ve onun koruması altındasın; o ne emrederse onu yapmalısın" dedim.[8]

Çankaya'da son gün

Latife'yi Çankaya'dan ayrılmadan önce en son görenlerden biri de Mevhibe'ydi. Sabah erkenden Latife'yi ziyarete gitti. Genç kadın onu odasında kabul etti. Yüzü bembeyazdı, bitkin bir şekilde, Mevhibe'ye dağınık yatak odasını gösterdi.

"Her şey o kadar karışık ki" diye söylendi.

Mevhibe, Latife'nin ortaya yayılmış eşyalarına, açık çekmecelerine, kenara dizilmiş bavullarına baktı. Latife'nin aslında altüst

8. Halit Ziya Uşaklıgil, *Bir Acı Hikâye*, s. 116-118.

olmuş odayı değil, kendi hayatını kastettiğini düşündü. Latife, Mustafa Kemal'le geçirdiği iki buçuk yılın bir ömre bedel olduğunu anlamıştı.[9]

Leman Karaosmanoğlu'nun o güne dair hatırladıkları ise şöyle:

> Galiba günlerden Cumartesi idi. Bana dedi ki, (Latife) "Annemle kardeşlerim Ankara'ya geliyorlar. Biraz bizimle burada kalacaklar."
>
> Güzel güzel konuştuk. Ben yine izin istedim. Ertesi gün öğle vakti bizim eve Ağaoğlu Ahmet Bey, İzmit Mebusu Süreyya Bey ve birkaç mebus daha geldiler. Ağabeyim Burhan Belge'nin yattığı bir oda vardı. Fıs fıss hepsi kafa kafaya vermişler ben de salondayım. Yani salon dediğime bakmayın, bunlar eski Ankara'nın bağ evleri. Ne oldu beyefendiler diye sordum. Ağaoğlu Ahmet Bey, "Hanımefendi siz üzüleceksiniz ama ben söyleyeyim... Latife Hanım, Gazi Hazretlerinden ayrıldılar. Ankara'dan da ayrılıp gittiler" dedi. Bütün gün ağladım.
>
> Coli ortada dolaşıyormuş. Coli Atatürk'ün tazı köpeği. Latife Hanım şöyle bir bakmış, "Ne tuhaf Coliciğim, sen kalıyorsun burada ama ben kalamıyorum artık" demiş. Ağaoğlu bunları anlatınca daha da kötü oldum.[10]

Mustafa Kemal hazırlanmış olan iki vagonluk küçük bir özel trene binerek Sivas'a doğru yola çıktı. Yanında yakın arkadaşı Nuri (Conker), Recep Zühtü (Soyak) ve Yaver Rusuhi ile Hasan Rıza (Soyak) da vardı.

Sivas hattı o zamanlar henüz tamamlanıp işletmeye açılmıştı. Tren Yozgat istasyonunda durdu; istasyondaki telgraf hattı üzerinden özel kalemle telefon bağlantısı sağlandı. Ankara'dakiler orada olup biteni haber veriyorlardı.[11]

Sabah Latife'yi trene götürecek olan arabaya Kılıç Ali ile kendisine İzmir'e kadar refakat edecek olan Yaver Muzaffer (Kılıç) da bindi. Başvekil İsmet Paşa, Genelkurmay Başkanı Fevzi Paşa, bazı hükûmet üyeleri ve milletvekilleri Latife'yi uğurlamak için istasyona gelmişlerdi.

Latife Çankaya'dan ayrılırken ufak tefek birkaç parça özel eşyasını almakla yetinmişti. Kılıç Ali'nin anlattığına göre Latife ona şöyle demişti: "Siz bir defa beni böyle bir vaziyetten kurtarmıştınız. Şimdi ümidim yine sizdedir." Ne var ki Kılıç Ali yaşanan ola-

9. Gülsün Bilgehan, a.g.e., s. 186.

10. Emin Çölaşan, "Leman Karaosmanoğlu ile Sohbet: Atatürk'ü İki Kadın Deli Gibi Severdi", *Hürriyet*, 10 kasım 1985.

11. Hasan Rıza Soyak, a.g.e., s. 10.

yın telafi edilemeyeceğini düşünüyordu.[12]

Yeğeni Muammer Erboy, yıllar sonra Mustafa Kemal ile Latife'nin kaldığı evi gözyaşları içinde gezdiğini söylüyor:

> Birkaç yıl önce köşkü gezme fırsatı bulduk. Aynalı ejderhalı sehpa metruk bir kapının önünde duruyordu. Buradaki köşkte de aynanın eşi vardı, yok oldu. Köşkü iki göz iki çeşme gezdik. Büyük dedem üç kızına da aynı çeyizi yapmıştı. Çatalından yatağına... Köşk'teki yatak odasındaki yatağın eşi teyzemdeydi. Yedi deve yüküyle gidip bir bavulla çıktığı yerdi köşk.

"Kara ruhlu herife söyle..."

İzmir'e giderken, Latife bu gidişin bir son yolculuk olduğunu düşünmüyordu. Mustafa Kemal de ilk başta bir süre ayrı yaşamalarında fayda olduğunu düşünmüş olmalı.

Latife'nin İzmir'e gittikten sonra Salih Bozok'a İzmir Göztepe'den gönderdiği 29 temmuz 1925 tarihli mektup da bunu gösteriyor:

> Tanıştığımız, içinde günlerce bütün bir samimiyetle yaşadığımız beyaz evden yazıyorum. Gerçi en elemli dakikalarımı yaşarken beni aramadınız. Sizi, Mahmut Bey'den birkaç kereler sordum. Hatta veda vazifesini de kendisine tevdi ettim. Belki bu lakaydinizden dolayı sizi Ankara'da aramak cesaretini kendimde bulamadım. Fakat nasiyesinde (alnında) bir tek leke olmayan ecdat evinde siz en uğurlu en hayırlı bir misafir olarak mukayyetsiniz (kayıtlısınız). Burada sizi hatırlamamak güzel bir maziyi gömmek demektir. Halbuki ben nankör değilim.
>
> Salih Bey, sen kızarsın söylenirsin, fakat büyük meziyetlerin vardır. Samimisin. Ve daima hakikati söylersin. İnsanların yüzüne söyleyemeyeceğin şeyi de arkadan söylemezsin. Babasın. Evlatların için ağlarsın. Zavallı annem mütemadiyen seni sayıklıyor. Çünkü o kara ruhlu herifin yerine sen olsaydın beni bir cambaz gibi ipte oynatmazdın. Bana hakikati söylerdin. Fakat zarar yok. Bu dünya elbette ona da kalmaz.
>
> Salih Bey, bundan üç yıl önce bana karşı babalık vazifesini ifa edeceğini babama vaat etmiştin. O şimdi Avrupa'da. İşlerine mani olmamak için, burada olduğumu haber bile veremedim. Artık bir teessür yığını gibi her tesadüf ettiği koltuğa çöken bir annem ve ihtiyar halinde benim yüzümden fena muameleye duçar olmuş bir babaannem

12. "Kılıç Ali Hatıralarını Anlatıyor", *Milliyet*, 7 aralık 1951; aktaran Oğuz Akay, a.g.e., s. 179.

var. Öksüzüm. Kimsem yok. Onun için ikinci babalık vazifesini deruhte eden ve sözünün eri olan Salih Bey'e yazıyorum. Git Paşa ile görüş. Ben kocamdan eminim. Çünkü kadirşinastır. Yüksek ruhludur. İnsandır. Aramızdaki gerginliğe nihayet vermesini, güzel bir mazinin vereceğini kuvvetle rica et. Ben kendisine yazdığım mektupta seni refikanla göndermesini rica ettim. Bir haftadır uykusuz, gıdasız, idama mahkûmum. Esbabı çocukluk. Halbuki çocuklar bu ağır cezadan muaftır. Salihsin. Salah ve sulh getireceğine eminim.

Latife Gazi Mustafa Kemal[13]

Bu mektuptan anlaşıldığına göre Latife İzmir'e 22 temmuz günü gitmişti.

"Kara ruhlu herif"in kim olduğunu hayal gücünüze bırakıyorum.

Talakname arkadan gönderiliyor

Mustafa Kemal Latife'ye ayrı yaşayalım derken aklından kesin olarak boşanmayı geçiriyor muydu, yoksa bu kararı geçen günlerde mi verdi bunu tam olarak bilmek mümkün değil.

İzmir'e gönderilecek talakname (boşanma evrakı) daha sonra hazırlanmıştı.

Latife boşanma evraklarını İzmir'e gidişinden iki buçuk hafta sonra teslim aldı.

Hasan Rıza Soyak, "Talak hakkındaki vesikayı, (Mustafa Kemal) İzmir'e, Hanımefendi'nin yakınlarından Kastamonu mebusu, deniz albaylığından emekli rahmetli Ali Rıza Bey vasıtasıyla göndermiş, aynı zamanda boşanmanın vuku bulduğunu Başvekilliğe yazdığı bir tezkereyle hükûmete bildirmişti" diyor.[14]

Boşanma bildirisi 12 ağustosta Anadolu Ajansı tarafından gazetelere gönderildi. Tebliğde iki tarafın ayrılmaya karar verdikleri belirtilse de taraflar hâkime dilekçe vermemişler, dolayısıyla karşılıklı bir beyanda bulunmamışlardı.

Latife'nin kız kardeşi Vecihe İlmen olayı en veciz biçimiyle, şöyle anlatacaktı:

> Atatürk ayrılma arzusu gösterdi. Ayrılalım dedi. Bir yazı yazdı. Bunu bir adamı ile gönderdi. "Aramızda karar vermiş bulunuyoruz... Bu izdivaca son verme..." diye. "İstiyorum" demedi. Yazı aynen böyledir.

13. Salih Bozok, Cemil Bozok, a.g.e., s. 219.

14. Hasan Rıza Soyak, a.g.e., s. 10.

Alaturka boşanma böyleydi. Yani alafranga evlendiler fakat alaturka ayrıldılar.

1923 ocağında evlendiklerinde, müftü çağrılmış ve bir evlilik akdi düzenlenmişti. Bu akdin, hükûmet tebliğiyle sona erdirilmesi kurallara ve günün koşullarına uygun muydu?

O dönemin hukuku oldukça bulanık. Türkiye bir geçiş dönemi yaşıyordu. Boşanmanın ve evlenmenin yeniden düzenlenmesi için yoğun bir çalışma yürütülmekteydi.

Medeni Kanun'un çeviri süreci devam ediyordu. Yani şeri hukukun imkân verdiği biçimiyle erkeğin kadına "boş düştün" demesi, hele de bunun Mustafa Kemal tarafından yapılması genel havaya tamamen ters düşüyordu.

Mustafa Kemal, Latife'yi Medeni Kanun'un hazırlanması aşamasında boşamıştı. Muhafazakâr kesim kadın üzerinde yüz yıllardır sürdürdüğü üstünlüğü elinden kaçırmak istemiyor, Aile Hukuku'nda böylesine köklü bir değişikliğe karşı tepkili davranıyordu. Bu yüzden Mustafa Kemal'in, kamusal alanda son derece radikal davranırken, kendi özel yaşamında muhafazakârları güçlendirecek bir boşanmaya karar vermesi Batı dünyasınca yadırgandı.

Medeni Kanun için çaba gösteren Latife Hanım hiç beklemediği bir biçimde "boş düşülmüş"tü.

Yıllar önce yaşanmış bu olayın yasalara uygun olup olmadığını tartışmayı burada gereksiz görüyorum. Ayrıca hükûmet kararnamesi söylem olarak usule uygundu: Mustafa Kemal'in karısından ayrılmaya karar verdiğini söylemiyor, "aramızda karar vermiş bulunuyoruz" deniyordu.

Mutlaka 1900'lü yılların başında ve daha önce başka liderler de eşlerini boşamak istediklerinde benzer yöntemi kullanmışlardır. Ancak, Türkiye'nin kadınları her alanda eşitlik vaadinin gerçekleşmesini beklerken, bu örnekten olumsuz etkilendiler.

Bu boşanmanın kamu vicdanında makul bir yere oturması için Latife Hanım'ın kötü bir kadın olarak anılması gerekiyordu. Bu boşanmayı hak edecek kadar kötü. Yıllardır ona karşı yürütülen yıpratma kampanyasının nedeni de bu olabilir.

Boşanmayı makul bulan Kinross da biçimine itiraz ediyor, "Batı usulü bir ilişkinin, eşitlik koşullarıyla bağdaşamayan bu iki Doğulu karakterin yalnız boşanmaları değil, bu boşanmanın biçimi de tuhaftı. Mustafa Kemal boşanırken, bir erkeğe sorgusuz sualsiz karısını boşama hakkını tanıyan İslam yasalarına göre davranmıştı. Birkaç ay sonra olsa, böyle davranamazdı"[15] diyerek yürürlüğe girmek üzere olan Medeni Kanun'a dikkat çekiyor.

"Nasıl mı boşarım? Gayet basit..."

Latife ile Mustafa Kemal boşanmış, aradan yıllar geçmişti. Mustafa Kemal'in "Orduları idare ettim ama bir kadını idare edemedim" diye düşündüğü oluyordu. Dolmabahçe Sarayı'nın balkonunda bir gün havadan sudan konuşulurken Atatürk, kendi evliliğinden söz etmeye başladı. O gün söylediği iki cümle Latife'yle evliliğine ilişkin duygularını da özetliyor. Şöyle demişti Mustafa Kemal, "İzdivaçta kadının her arzusunu yapmak çok güç. Mesela siz kitap okumak istersiniz; o esnada kitap okumanızı istemez. Bizim izdivacımızda da bu kabil ihtilaflar çok olurdu." Ardından sözlerine devam etmişti:

> Asıl tuhafı Latife Hanım, benim kendisinden ayrılabileceğime hiç ihtimal vermezmiş. Bir gün bu ihtimali mevzubahis edince bana, "Nasıl olur? Dünyaca tanınan Mustafa Kemal, dünya önünde zevcesini nasıl boşar?" diye ayrılığın imkânsız olduğunu söylemek istemişti. Meğer, Latife Hanım formalitelerin vaziyetimden dolayı neredeyse imkânsız olacağını farz edermiş.
>
> Kendisine, "Gayet basit" dedim. "Öyle bir vaziyet olmasını istemem. Fakat şayet mecbur kalırsak, zile basarım, Kâtibi Umumî Tevfik Bey'i çağırırım. Anadolu Ajansı'na iki satır vererek, Gazi Latife Hanım'dan ayrılmıştır, derim, iş olur biter." Latife Hanım bu cevaba karşı hayret içinde kalarak, "Bu kadar basit mi" diye sordu. Ve ben de "Evet, bu kadar basittir" dedim.[16]

Napolyon'un Joséphine'i nasıl boşadığını, VIII. Henry'nin eşlerinin hikâyelerini bilen biri olarak Latife'nin Mustafa Kemal'in kendisini boşayabileceğini tahmin etmemesi imkânsızdı. Ancak, Mustafa Kemal'in, Türkiye'yi asırlardır geçerli olan adaletsiz boşanma geleneğinden kurtarmaya çalışırken kendisini boşayamayacağını düşünüyordu.

Ne var ki Latife yanılmıştı. Mustafa Kemal onu tam da dediği biçimde iki satırlık bir hükûmet tebliğiyle boşamıştı. Bu tebliğde yer alan sözler şöyleydi:

15. Lord Kinross, a.g.e., s. 493.

16. Altan Deliorman, *Atatürk'ün Hayatındaki Kadınlar*, Bayrak Yayım, İstanbul, 2000, s. 215-216.

Reisicumhur Gazi Mustafa Kemal Paşa Hazretleri Başvekalete yazdıkları 11 ağustos 1925 tarihli tezkerelerinde Uşakizade Latife Hanımefendi Hazretleri ile rabıta-i izdivaciyelerine hitam (son) vererek birbirlerinden ayrılmaya karar verdiklerini ve 5 ağustos 1925 tarihinde talak vuku bulmuş olduğunu tebliğ buyurmuştur. Keyfiyet malum olmak üzere Vekiller Heyeti kararı ile resmen tebliğ olunur.[17]

17. Hasan Rıza Soyak, a.g.e., s. 10.

31

İki belge

ABD Dışişleri Bakanlığı'na gönderilen rapor

Atatürk ile Latife arasındaki anlaşmazlık Ankara'daki diplomatik çevrelerin de gündemi olmuş, diplomatlar bu konuda ülkelerine raporlar göndermişlerdi. ABD Büyükelçilik Maslahatgüzarı Shelton David Crosby 10 ağustos 1925 tarihinde ABD dışişleri bakanına şu mektubu göndermişti.[1]

Sayın Dışişleri Bakanı

Washington

Efendim,

Bakanlık ilgilenir diye, Cumhurbaşkanı Mustafa Kemal ile eşi Latife Hanım arasındaki evlilik ilişkilerinde ciddi bir kopukluk meydana geldiği yolunda teyit ettiremediğimiz ancak inanılır saydığımız söylentileri saygıyla sunuyorum.

Haber verildiğine göre geçen hafta aralarında sert bir tartışmadan sonra Latife Hanım İzmir'deki annesi Bayan Uşakizade'ye bir telgraf çekerek artık Ankara'da yaşayamayacağını bildirmiş, gelip kendisini almasını istemiştir. Annesi Çankaya'ya gelmiş, bir gece kaldıktan sonra ertesi gün kızıyla birlikte İzmir'e dönmüştür. Ayrılmadan önce eşini görmek istemeyen Latife Hanım'ı, anlatılanlara bakılırsa başta İsmet Paşa olmak üzere Ankara'daki bakanlar, istasyona gelip uğurlamışlardır. İsmet Paşa onu kalması için ikna etmeye çalışmış, ancak başaramamıştır. Skandal çıkmasını önlemek için Ankara'dan ayrılışı hummaya yakalandığı, iklim değişikliğinin gerekli görüldüğü, bu nedenle İzmir'e gittiği biçiminde açıklanmıştır. Bunu daha önce yaz aylarında yapmıştı. Ama o zaman cumhurbaşkanı her zaman eşlik etmişti. Gidişinin sabahı Mustafa Kemal Paşa'nın çok ilgilendiği çiftliğine gittiği böylece eşiyle karşılaşmaktan kaçınma olanağı bulduğu bildiril-

1. Mehmet Barlas, "Latife Hanım'ın Dramı", *Güneş* gazetesi, 10 kasım 1986.

miştir. Belirtildiğine göre, Mustafa Kemal'in eşinden ayrılışı, Ankara'daki siyasî çevreleri rahatsız etmiştir. Olayların bu gelişimi ile ilgili olarak basında hiçbir haber yayımlanmamış, yalnızca Latife Hanım'ın ailesini ziyaret için İzmir'e gittiği bildirilmiştir. Ayrılma konusunda bir başka gerekçe ise Latife Hanım'ın cumhurbaşkanına bir vâris doğurmamış olmasıdır.

10 ağustos 1925
Shelton David Crosby
maslahatgüzar

Avusturya mashalatgüzarının raporu

O günlere ilişkin bir başka belge daha var. Türkiye'deki Avusturya Elçiliği'nden Dışişleri Bakanı Dr. Heinrich Mataja'ya 20 ağustos 1925 tarihinde İstanbul'daki maslahatgüzardan gönderilmiş:

Sayın Bakan,

Buralarda uzun süredir, Gazi Mustafa Kemal Paşa ile İzmirli zengin bir tüccar kızı olan Uşakizade Latife Hanım arasında 1923 ocağında başlayan evlilik ilişkisinin ahenksizlikten ve geçimsizlikten uzak bir şekilde yürümediği söylentileri dolaşıyordu; hatta, gene oldukça ihtiyatlı bir biçimde bu evliliğin kısa zamanda sona ereceğinden söz ediliyordu. Nihayet vuku bulan boşanmanın da, yalnızca resmî bir tebliğle duyurularak, Türk kesiminde yayımlanan hiçbir gazetenin bu tebliğe tek bir hece eklemeye cesaret edememesi, bu konuda kamuoyunun ağzının ne denli sıkıca bağlandığını işaret ediyor. Türkiye'nin iç siyasî gelişmeleri bakımından gayet anlamlı olan bu olay, hiçbir yorum yapılmadan sineye çekildi. Yabancı gazetelerin buradaki muhabirleri de kendilerini, olayları azamî itina göstererek izlemeye zorunlu gördüler; öyle ki, gazetesi tarafından bu konuda bir tefrika hazırlaması istenen *Neue Freie Presse* muhabiri, sınır dışı edilme korkusundan, bu talebe uymaya cesaret edemedi.

Dışişleri Bakanı Sayın Bay Dr. Heinrich Mataja'ya

Olayın evveliyatı çok ilginç;

İzninizle önce, iki eş arasındaki son kavgayı anlayabilmek bakımından çok önemli olduğu için, Latife Hanım üzerine bir şeyler söylemeliyim.

Latife Hanım zengin bir ebeveynin evladı olarak, örnek bir eğitim görme fırsatı bulmuştur. Dünyanın bütün önemli kültür dillerini konuşup yazabilmekte, Avrupa'yı bizzat kendi görgüsüyle tanımaktadır; bunların ötesinde, gerçekten son derece zeki, akıllı ve güzel bir kadındır. Kendisiyle tanışma fırsatı bulan bütün Avrupalılar, bilgililiğini övmektedirler. Elbette kişiliği, bu iyi niteliklerin büyük bölümüyle paralellik arz eden birtakım eğilimlerle bütünlenmektedir: egemenlik isteği, kendisine antipatik gelen kişilere karşı haksızca tavırlar alması ve alaycılığı, kuşkusuz, kocasıyla ve kocasının yakın çevresiyle olan ilişkileri açısından tehlikeli özelliklerdi. Şu da var ki, haklı olarak, Gazi'ye kötü etkide bulunabileceğini sezinlediği insanlara karşı çıkışları nedensiz değildi. Yaklaşık bir ay önce, Başkan'ın konutunun bulunduğu Ankara yakınlarındaki Çankaya'da, İsmet Paşa, Genelkurmay Başkanı Fevzi Paşa ve bazı önemli şahsiyetlerin yanı sıra, piyano virtüözü bir beyin de katıldığı bir akşam yemeği verildi. Yemekten sonra Mustafa Kemal, eşini piyanoda güzel bir şeyler çalmaya davet etti. Latife Hanım'ın yorgunluğunu öne sürmesi üzerine Gazi, sözü geçen piyano virtüözünün çalmasını söyledi; bunun üzerine Latife Hanım'ın belki pek de yerinde olmayan bazı sözleri oldu. Parçanın çalınmasından sonra Mustafa Kemal, teşekkürlerinin ifadesi olarak piyanisti kışkırtıcı bir tarzda alnından öptü. O an Latife Hanım'ın sabrı taşarak bütün davetlilerin önünde Gazi'ye sert biçimde çatmaya başladı. Ondan sonra olanlar, şaşırtıcı ve Gazi'nin yapısını göstermek bakımından anlamlı: Tek söz söylemeden yerinden kalkarak eşine gürültülü bir şamar indirdi. Latife Hanım'ın kendini savunmak için kaldırdığı eli de, tesadüfen Paşa'nın yanağını sıyırdı. Başka olayların da vuku bulduğu söyleniyor. Latife Hanım hemen o akşam Çankaya'dan ayrıldı ve ertesi sabah en erken trenle İzmir'e ebeveyninin yanına döndü.

Gazi de hemen boşanma işlemlerine başlanmasını söyledi ve boşanma 5 ağustos günü gerçekleşti.

Bütün bu gelişmelerin yansıması, yukarıda söz ettiğim ve bir örneğini izninizle ilişikte sunduğum 13.8 tarihli resmî tebliği oldu.

Birçok benzeri durumda olduğu gibi burada da, suçun kimde olduğuna ilişkin kesin bir sonuca varmak zor. Kesin olan bir şey varsa, Latife Hanım'ın kendi gücünü bazen haddinden fazla abartarak, hatta bazen sadece kişisel nedenlerle olayların gidişine müdahale etmeye kalkıştığıdır. Örneğin kocasının haberi olmadan, kardeşi İsmail'in Paris'teki Türkiye elçiliğine atanmasını sağlamıştı. Gazi Paşa, konudan, ancak sözü geçen İsmail'in Paris barlarından birinde, karısının kafasına şampanya şişesi atarak karıştığı bir dövüş üzerine görevinden alınması talebi kendisine ulaşınca haberdar oldu. Sadece kamu yönetimi düzeyinde değil, siyasal düzeyde de vuku bulan ve benzeri olaylar, elbette, Latife Hanım'a karşı düşmanlık hisleri besleyen –deyim yerindeyse– saray entrikacıları tarafından, kocasının onun hakkındaki görüşlerini olumsuzlaştırmak için fütursuzca kullanılıyordu.

Öte yandan, Latife Hanım'ın kocası üzerinde birçok bakımdan olumlu olan etkisinin bu tatsız olayları telafi etmediğini söylemek, kuşku götürür bir yaklaşım olur. Bu raporda sözü geçen, başkanın etrafındaki bu kötü şöhretli adamların önünde şimdi hiçbir engel kalmadı. "Kurtarıcı"nın, gerek bağımsızlık savaşı sırasında, gerekse sonrasında kazandığı sınırsız popülaritenin böylelikle ağır yaralar alması muhtemeldir. Bunun sonuçları da, Türkiye'deki iç siyasal gelişmeler bakımından oldukça önemli olacaktır. Beni, yukarıda sergilenen talihsiz olayları bir rapora konu etmeye iten de, olayların taşıdığı önemi göz önüne almamdır.

Sayın Bakan, lütfen kesin sadakatimi ifade etmeme izin verin.

Maslahatgüzar[2]

Boşanma nasıl karşılandı?

Latife ile Mustafa Kemal'in boşanması kimi çevrelerde memnuniyet, kimi çevrelerde de derin bir üzüntü yaratmıştı. "Kocasına zulmediyordu, o da onu boşadı" diyenler de vardı, "Çok kötü oldu" diyenler de. Rauf Orbay, Ağaoğlu ailesi, Fahrettin Altay, Asım Gündüz, İsmet Paşa ve Mevhibe Hanım Mustafa Kemal'in Latife'den ayrılmasına üzülmüşlerdi. Özden Toker, İsmet Paşa'nın günlerce kara gözlük taktığını anlatıyor. "Boşandıklarında babam çok üzülmüş. O kadar ki, üzüntüsünü gizlemek için kara gözlükler takmış" diyor.[3]

Fethi Okyar ile Galibe Okyar Paris'teydiler, öğrendiklerinde çok canları sıkıldı. Galibe'nin Latife'ye gönderdiği mektup Türk Tarih Kurumu'ndaki evrakların içinde.

Fahrettin Altay Paşa, 1925 yılından söz ederken, "Bu yılın en üzücü olayı Atatürk'ün Latife Hanım'dan ayrılmasıdır" diye yazmıştı anılarına.[4]

O günlerde Mustafa Kemal Paşa'yla yolları ayrılan Rauf Orbay ise boşanmayı Mustafa Kemal açısından büyük bir kadersizlik olarak tanımlıyor.

Ben Latife Hanımefendi'nin Gazi'nin hususî hayatını sıhhati bakımından tanzim edebilmek için nasıl emek verdiğinin şahitleri arasındayım. Mevzuu, bana olan ve sonuna kadar arızasız devam eden itimadı

2. "61. Yıldönümünde Atatürk'ün Boşanma Öyküsü", *Tarih ve Toplum,* ağustos 1986, sayı 32, çev. Tanıl Bora.

3. Can Dündar, "Latife Hanım'ın Atatürk'süz Hayatı" *Milliyet,* 28 ekim 2003.

4. Taylan Sorgun, *İmparatorluktan Cumhuriyet'e Fahrettin Altay Paşa Anlatıyor,* Kamer, 1998, 2. baskı, İstanbul, s. 389-390.

> dolayısıyla bilenler arasındayım. Onun bu hassasiyetinin bazı muhitleri ve şahısları huzursuz ettiğini de söyleyebilirim. Daha sonraki hayat şekli ve neticeleri de hatırlayarak diyeceğim ki, Atatürk'ün hayatında en büyük kadersizlik, Latife Hanımefendi'yi kaybetmesi olmuştur.[5]

Ahmet Ağaoğlu, bu boşanmaya ne kadar üzüldüğünü Mustafa Kemal'e söyleyenlerdendi.

"Paşam, Türkiye'de iki büyük şanssızlık oldu, biri Latife Hanım'dan diğeri eski silah arkadaşlarınızdan ayrılmanız" demişti.[6]

Ağaoğluların evine her zaman karısıyla giden Mustafa Kemal, Latife'yle boşandıktan sonra onlara gitmez olmuştu. Bu arada Ankara'daki siyasî hava da gerginleşmiş, muhalifler zor günler geçirmeye başlamıştı. Ağaoğluların Keçiören'de yaşayan komşuları birer ikişer hapse giriyorlardı. İstanbul Mebusu Ali Rıza Bey, Kozan Mebusu Saip Bey ve İhsan Bey hapse atılmış, sonra da Keçiören'in fırını yıkılmıştı. Mahallede yaşadıkları bu olayların ardından Sitare Hanım (Ağaoğlu) Mustafa Kemal'le karşılaştı.

> Latife Hanım'dan ayrıldıktan sonra ailece münasebetlerimiz kesilmiş olan Atatürk, Kâzım Özalplerin evinde anneme rastlayınca sormuş Keçiören'de ne var ne yok diye... Annemin da yanıtı şöyle olmuştu: "Paşam ayakta kalan bir fırın vardı, o da akşamki fırtınada yıkıldı.[7]

Süreyya Ağaoğlu'na göre,"Atatürk Latife Hanım'dan ayrıldıktan sonra yalnızlığından faydalanan kimselerin etkisi altındaydı."

Mustafa Kemal'in yakın çevresinden olup anılarını yazanlardan, Salih Bozok ile Kılıç Ali, boşanmadan memnun kalan iki isimdi.

Salih Bozok, "Latife'nin bir noktaya geldiğinde pişman olabileceği şeylerin hepsini bir anda yapabildiğini, kezzap gibi beynini yakan öfkesini durdurmanın ve yatıştırmanın mümkün olmadığını" söylüyor:

> Mustafa Kemal, Çankaya'da topuk sesleri dinlemekten bıktığı için bekârlık günlerinde yattığı Ziraat Okulu'ndaki dairesine gidiyor, her zamankinden fazla içiyor, sinirli ve öfkeli bir kişilik bağlıyordu. Biz de kendisiyle birlikte olduğumuzdan bizim hayatımızın dengesi de kalmamıştı. Nerde akşam, orda sabah haline gelmişti. Ve bu yaşam biçimimiz, Mustafa Kemal Paşa'nın devlet işlerini aksatmasa bile,

5. Cemal Kutay, a.g.e., s. 746.

6. Süreyya Ağaoğlu, a.g.e., s. 58-59.

7. Süreyya Ağaoğlu, a.g.e., s. 59.

Mustafa Kemal Paşa'yı eritiyordu.[8]

Kılıç Ali anılarında ailede dirlik ve düzenlik kalmadığını, Latife'nin Mustafa Kemal'e eza cefa ettiğini söylüyor:

Gazi neden hoşlanıyorsa onu yapan Latife Hanım, Gazi neden hoşlanmıyorsa onu yapmaya, Gazi kimi seviyorsa onları sevmemeye, onlara âdeta düşman olmaya ve birtakım hırçınlıklara başladı. Gün geçtikçe hırçınlıklar artıyor ve Latife Hanım, Gazi Mustafa Kemal ile değil de sıradan bir insanla evlenmiş gibi sevimsiz ve acayip davranışlarla dayanılabilir olmaktan çıkıyordu.

Gazi, Latife Hanım'ın izlediği bu yolu hoş görmüyordu. Ve artık yavaş yavaş eski sofra âdetlerine dönmek eğilimi gösteriyordu. Nitekim çok geçmedi, eskiden olduğu gibi bazı arkadaşlarını tekrar sofraya davet etmeye başladı. Gün oluyordu ki sofrasında eskisi gibi sabahlara kadar siyasal, bilimsel, askerî konular tartışılıyor, bazen de eğlence ve saz dinlenerek sabahlanıyordu.

Gazi de insandı. Her insan gibi O'nun da neşeli ve neşesiz zamanları vardı. Latife Hanım, her iki durumda da Gazi'ye eza etmekten özel zevk alıyor gibiydi. Bu hareketleri herkesin dikkatini çekiyor ve herkesi üzüyordu.[9]

Çocuk Esirgeme Kurumu Başkanı Fuat Umay'ın kızı Esin Umay şöyle diyor:

Babama Amerikalılar defalarca sormuşlardı. Bu kadar büyük işleri idare eden Mustafa Kemal Latife Hanım'ı neden idare edemedi diye. O da şunu söylemekle yetinmişti: "Hiçbir erkek Atatürk kadar dayanıklı değildir."

Fedakârlık etmeliydi...

Latife'nin küçük kız kardeşi Rukiye, ablasının daha çok fedakârlık etmesi gerektiği kanısındaydı. Arkadaşı Leman Karaosmanoğlu'na bir konuşmalarında şöyle demişti:

"Bir gün bana, 'Biliyor musun Leman, benim ablam çok büyük bir hata etti. Ben Atatürk'ün karısı olsaydım, derdim ki, Sev canım... Bütün kâinatı sev... Sev canım her şey senin hakkındır. Hepsi senin hakkındır. Ve hiç mesele çıkarmazdım'."

8. İsmet Bozdağ, *Latife ve Fikriye*, s. 175-176.

9. *Kılıç Ali'nin Anıları*, s. 532-533.

Münci Uşakizade de, "Ablam fevkalade bir kadındır. Fakat Gazi'ye karşı herhangi bir erkeğe yapacağı muameleyi yaptı. Tarihte ender yetişen bir 'dâhi' ile evli olduğunun farkında değildi. Bu yüzden Gazi için bir handikaptı" diye aktarmıştı görüşünü.[10]

Sabiha Gökçen ise, "Latife Hanım biraz daha sabırlı olsaydı, akıllı olsaydı, akılsız demiyorum yanlış anlaşılmasın, belki ömür boyu bir evlilik olabilirdi" demişti.[11]

Amcası Halit Ziya'nın Latife'yi anlatan satırları onun karakterini sergilemek açısından çok çarpıcı: "Latife'yi pek akıllı, pek uyumlu ve uysal, çeşitli bilgi ve kültürle süslü, aile için övünmeye değer, eşsiz benzersiz bir kız olarak tanımakta hepimiz görüş birliği halindeydik. Onda ilkbahara özgü gelip geçici kasırgalar çeşidinden kaynamalar taşmalar olurdu. Üstelik bir seferinde kendisini aydınlatıp uyarma gereği bile duymuştum."[12]

Latife de yıllar sonra yakınlarından Şehvar Çağlayan'a evliliğini değerlendirirken, "Bak şimdiki aklım olsaydı başka türlü idare ederdim. Çevrede o kadar yiyici vardı ki, ben de çok toydum, mücadele edemedim" diyecekti.[13]

Mikusch ve Villalta...

Mustafa Kemal biyografisi kaleme alan erkekler Latife'nin hırçınlığı ve hükmedici tavırlarıyla kocasının sabrını taşırdığını ve boşanmayı hak ettiğini düşünüyorlar.

Mikusch şu görüşte:

> Latife Hanım iki yıl süreyle önemli bir rol oynadı; Türkiye'nin bir numaralı kadınıydı, yönetime ortaktı, sosyal reformlarda, özellikle de kadının özgürlüğüne kavuşmasında önemli katkıları oldu. Çocuklardan yoksun kaldı. Ama sonunda konumunun önemini kendi gözünde abarttı ve kocası üzerinde elde etmesi mümkün olmayacak kadar büyük bir güç kazanmaya çalıştı. İkisi de güçlü karakterlerdi, gururluydular, serttiler, tavizsizdiler; ikisinin karakterleri de o kadar çok birbirine benziyordu ki bir uyum sağlamaları mümkün olmadı. Kimin üstünlük sağlayacağını belirleyecek sessiz bir savaşa girişmeleri kaçınılmazdı.

10. "Atatürk ve Kayınbiraderi", *Cumhuriyet* gazetesi, 10 kasım 1963, kaynağından aktaran Oğuz Akay, a.g.e., s. 184.

11. Şemsi Belli, *Fikriye*, s. 105.

12. Halit Ziya Uşaklıgil, *Bir Acı Hikâye*, s. 116.

13. Şehvar Çağlayan'la görüşme.

Latife evin sınırlı çevresiyle yetinmeyecek kadar zekiydi. Fakat yalnızca kadın meziyetleriyle kocasını kendisine bağlayacak, onda eksik olanı ve ihtiyacını duyduğu şeyi kendisine verecek kadar zeki değildi. Kocasının oldukça keyfî ve başına buyruk yaşam tarzını taşıyamadı ve ona bu konuda kısıtlamalar getirmek istedi. Öyle görünüyor ki tıpkı geçmişte İzmir'de ona sağlığına zarar verebilecek her şeyi kısıtladığı gibi. Bu da bardağı taşıran son damlaydı herhalde. Evliliği gerçekleştirdiği hızla karısına (o günlerde eski İslamî hukuk hâlâ yürürlükteydi) boşanma mektubunu yazdı. Latife Çankaya'yı terk etmek zorunda kaldı.[14]

Arjantinli diplomat Jorge Blanco Villalta, Latife'nin reformların gerçekleştirilmesinde, özellikle kadın haklarının tanınması alanında, Türkiye cumhurbaşkanının karısı olmak konumunun çok ötesine geçtiğini, yapacağı pek çok şey varken kendi alanı içinde kalmaktan hoşnut olmadığını söylüyor. Demek ki, "göründüğü kadar zeki değildi" yorumunu yapıyor ve ekliyor: "Tartışmalar ve soğukluk başlamıştı. Latife gitgide daha otoriter bir kimliğe bürünmüştü. Her konuda söylediğinin yapılmasını istiyordu. Kocasının hayatına ve alışkanlıklarına hükmediyordu."[15]

Lord Kinross, "Latife Hanım Batılı bir kadın gibi baskı altında tutulmaya karşı geliyordu. Üstelik duygularını gizlemek ve Gazi'yi belli etmeden çekip çevirmek için gerekli olan kadınca incelikten de yoksundu. Gazi'yi eleştiriyor, canını sıkıyordu" dedikten sonra, karı kocanın karşılıklı birbirlerini incitmeye başladıklarını, Latife'nin kıskançlıklarının dayanılmaz bir hal aldığını yazıyor. Sabrı taşan Mustafa Kemal'in onu boşamaya karar verdiğini ekliyor.[16]

14. D. v. Mikusch, a.g.e., s. 319.

15. Jorge Blanco Villalta, a.g.e., s. 361.

16. Lord Kinross, a.g.e., s.492, 493.

32

Boşanma dünya basınında

Mustafa Kemal'in Latife'den boşanması Türk basınında kısacık bir haberle duyurulurken dünya basını ise Mustafa Kemal'in "ültramodern karısı" ndan boşanmasına geniş yer verdi. Bu haberlerin ortak noktası, muhafazakârlığa karşı yürütülen mücadelede modernleşmenin sembolü olarak öne çıkan Latife'nin Türkiye'deki kadın hareketinde oynadığı öncü rol nedeniyle kurban edildiğiydi.

Dünya basınında çıkan haberleri o günlerde herhalde okuyanlar olmuştu. Ancak bu değerlendirmeler, Türkiye'de daha sonra Latife'yi anlatan kitaplarda yer almadı. Belge niteliğindeki bu yorumları ilk kez okuyacaksınız. Boşanmayı izleyen bir yıl içinde *New York Times*, *Washington Post*, *Toronto Daily Star* ve *Chicago Tribune* gazeteleri ile *Time* dergisi konuyu gündemden düşürmedi.

Bu yorumların bir kısmı boşanmanın biçimi ile ilgiliydi; Mustafa Kemal'in karısını hükûmet kararnamesiyle boşaması tuhaf karşılanmış ve yeni Türkiye'nin imajına uygun görülmemişti. Türkiye cumhurbaşkanının karısı politik sıfatlarla anılıyor, "Mustafa Kemal sufrajet karısını bir kararnameyle boşadı" deniliyordu. Dış basın boşanmaya politika karıştığını iddia ediyordu. Bu haberlerde, Latife'nin İzmir'e geri döndüğü günlerde bir gazeteciye yaptığı açıklama da rol oynamış olmalı. Latife, boşanmalarını Josephine ile Napolyon'un boşanmasına benzetmişti. Dünyanın gözü yeniden Türkiye'ye, Osmanlı İmparatorluğu'nun mirası olan evlilik ve boşanma kurumlarına odaklanmıştı. Bu haber ve yorumları yer yer özetleyerek, yer yer de alıntılayarak aktarıyorum.

Boşandı

Gazi Mustafa Kemal Paşa karısından boşandığını ilan etti. Bunu yaparken bir belge imzalama dışında herhangi bir formaliteye gerek görmedi. Evliliklerindeki çatlağın nedenlerine ilişkin değerlendirmeler birbiriyle çelişiyor. Kimileri ateşli bir feminist olan Bayan Kemal'in kendisini ilgilendirmeyen meselelere karıştığını ve kocasına âdeta hükmeden bir şekilde davranmaya yatkın olduğunu söylüyor. Kimileri de, kocasını katlanılmaz bulan Latife'nin artık onunla birlikte yaşamak istemediğini, bu yüzden de boşanma isteğinin kadından geldiğini iddia ediyor. Resmî açıklamalarda ise hiçbir bilgi yer almıyor. Kesin olarak bilinen şu ki, üç hafta önce Madam Kemal ansızın Ankara'dan ayrıldı. Hükûmet üyeleri kendisini uğurlamak üzere oradayken cumhurbaşkanının bulunmayışı dikkat çekti. İri, parlak siyah gözleri ve insanın içine işleyen bakışlarıyla güzel, balıketinde, kısa boylu, zarif Latife Hanım bir dönem New York Borsası'nda oynamış olan İzmirli zengin tüccar Muammer Bey'in kızıdır. Başarılı, zeki, canlı ve parlak Latife, dönemin Türk kadınlarından çok farklıydı. Anadili Türkçe'ye çok iyi hâkim olduğu gibi İngilizce, Fransızca, Almanca da biliyor ve kendi cinsinin aydınlanmasına inanıyordu. Hedefi, Türk kadınının toplumsal ve kültürel düzeyini Batılı kadının düzeyine çıkartmak ve kadını yüzyıllardır erkeğin kölesi konumuna düşüren (pek çoğu Kuran'da yeri olmayan) gelenekleri yıkmaktı. Üstelik zengin bir ailenin kızıydı. Mustafa Kemal ona kalben meyletti.

(24 ağustos 1925, *Time* dergisi)

Kemal'in boşanmasında politika rol oynadı

John Carter

Çanakkale kahramanı ve modern Türkiye Cumhuriyeti'nin mimarı büyük ihtiraslarıyla tanınıyor. Şu anda da kişisel iktidarının zirvesinde. Onun kariyeri, amaçlarından güç alan bir dâhi olduğunu gösteriyor. Demokratik değişiklikler yaptı, ama gerçek iktidarı esas olarak kendi ellerinde tutuyor. Neler planlıyor, kimse söyleyemiyor. Acaba Napolyon gibi bir imparatorluk mu hayal ediyor? Türkiye'nin eski eyaletlerini geri mi almayı planlıyor: Zafer kazanmış bu yurtsever, parçalanmış ülkesi için acaba ne gibi planlar yapıyor?

John Carter yazısında Mustafa Kemal'in etraflı bir başarı öyküsüne ve Latife'yle yaşadıkları romansın ayrıntılarına da yer veriyor. Bu evliliğin Türkiye'de alışılanın aksine ailelerce kararlaştırılmış bir evlilik olmadığına işaret ediyor:

Nikâhın ardından aylarca Anadolu'da seyahat ettiler. Orta boylu, sert dudaklı, utangaç ve gergin bir insan olan Kemal, neşeli, tombul, kısa boylu karısıyla büyük bir çelişki oluşturuyordu. Tıpkı Napolyon ve Joséphine gibi kasım ve mayıs aylarında seyahatlere çıktılar. Mustafa Kemal Paşa kuzu derisinden bir kalpak giyer, karısı ise resmî kılıkta gezer, peçesini yüzüne değil başına sarardı.

Evliliklerinin ardından büyük olaylar meydana geldi. VI. Mehmed tahttan indirildi ve sultanlık ilga edildi. Türkiye Mustafa Kemal'in başkanlığında bir Cumhuriyet oldu. Ardından tarihî bir hata olarak görülen halifelik ilga edildi. Bu icraatlar onun gücünü ve itibarını artırdı. Kürt ayaklanmasından önce padişahlık yanlılarının muhalefetiyle karşılaştı. Ama Kürtleri bozguna uğrattıktan sonra eskisinden daha fazla güç kazandı.

Makale Mustafa Kemal'in bir sonraki adımının İslam dünyasının başına geçmek olabileceğini öne sürüyor:

Latife Hanım'ın kocasının emelleri önünde bir engel olduğunu söyleyen çevreler var. Ve o şimdi gitti. Kemal Paşa artık dilerse peygamber soyundan bir kadınla evlenebilir.

Artık isyancılar Kemal'in projeleriyle geri kazanılacak. Latife Hanım her ne kadar kendisi bir feminist lider değilse de nefret edilen değişikliklerin ve modernleşmenin sembolüydü. Bu boşanma muhafazakâr İslamî duygulara sunulmuş bir lokma yerine geçecektir.

(23 ağustos 1925, *New York Times)*

Türkiye'nin kadınları eski sınırları zorluyor

Makaleyi kaleme alan W. J. Rapp Türkiye'den yazıyor.

"Yeni Türkiye'nin lideri modern Türkiye kadınlarının hayata erkeklerle eşit düzeyde katılması isteğinde samimi değil mi? Bir feministle yaşamak, yoksa, Türk liderine kadının eski statüsüne geri dönmesi gerektiğini mi düşündürdü?" sorularını soran W. J. Rapp yazısına şöyle devam ediyor:

Yeni Türkiye'nin lideri karısını geleneğe uygun biçimde boşadı. Çünkü onun çok modern olduğunu ve dünyada erkeğe biçilen rolü oynamakta aşırı istekli davrandığını düşünüyor. Bu da gösteriyor ki, Türkiye'nin yüzlerce yıllık geleneklerinden kurtulabilmesinin önünde daha uzun bir yol var. İstanbul ve bazı büyük kentlerde kadınların peçesiz geziyor olmaları Batılı kardeşlerine denk bir hareket özgürlüğü elde ettikleri anlamına gelmiyor. Toplum içine çıkmaları ve bulunmaları hâlâ kısıtlanıyor. Örneğin İstanbul'da bile pek az aile, kızlarının oğlanlarla bir arada bulunmasına izin veriyor.

Rapp, kadınların hukukî konumunun benzersiz radikallikte bir değişimden geçtiğini, ama Türkiye'nin bu yenilikleri içselleştiremediğini Ankara ve İstanbul dışında değişen bir şey olmadığını anlatıyor ve kadınların ikincil konumu üzerine bir Türk gazeteciyle tartışmasını aktarıyor. Türk gazetecinin "Ne yani mutlu değiller mi? Bir annenin ya da ev kadının konumu bir işçiden, avukat ya da doktordan daha mı kötü?" diye sorduğunu kendisinin ona "Aynen erkekler gibi kadınların da yeni bir koca almak isteyebileceklerini söylediğini" yazıyor.

Vekâletle evlilik son bulmuş durumda. Köylerde gelin ile damat yerel yargı makamının önüne çıkıyor. Türkiye'de evlenmek artık dinî değil kanunî bir tören. Daha önce bir kadı yani dinî yargıç marifetiyle son bulan evlilikler de sivil yargıçların kararıyla son buluyor. Ancak Türkiye'nin büyük önderi, kendi boşanmasına kendisi karar verdi. Eski düzende bir erkek karısını pek çok nedenle boşayabiliyordu; kadıya armağan edilen birkaç koyun ya da birkaç kilo şeker boşanma kararını elde etmeye yetiyordu. Şu an daha boşanma hukukuna dair hükümlerin mahiyeti belli olmadı. Ancak Batı ülkelerindekine benzer bir uygulama bekleniyor. Ne var ki sivil yargıçların da sunulacak armağanlara kadılar kadar hevesli göründükleri anlatılıyor.

Savaş nedeniyle Türkiye'de son yıllarda kadın nüfus erkek nüfusu geride bırakmıştı. Bazı bölgelerde, bir erkeğe beş kadın düştüğü hesaplanıyor. Çokeşlilik tarımla uğraşanlar arasında yerini koruyor.

Entelektüeller içinde bekârların sayısı artıyor. Kadın üretici olmadığından modern Türkler evlenmekte tereddüt ediyor. Ülkenin ekonomik durumu bir erkeğin zar zor geçinmesine olanak veriyor.

Latife Hanım, bütün erkekler için evliliği zorunlu kılan bir kanun teklifini destekledi, ama yasa meclisten geçmedi. Kurtulduğu iddia edilen Türk kadını zor durumda. Değişen koşullara uyum sağlayacak eğitim ve imkânlara sahip değil. Kadının geleceği kuşkulu gözüküyor.

(*New York Times* Pazar İlavesi, 30 ağustos 1925)

Türkiye cumhurbaşkanı kendisine büyük çeyiz getiren karısını boşadı

Kemal Paşa Latife Hanım'dan ayrıldığını bildiren kararnameyi yayımladı. Söylentiye göre aralarının açılmasına eşinin hükmetme eğilimi neden oldu. Boşadığı karısı, kadın mücadelesinin lideriydi.

Bu konuda yapılan resmî açıklamaya göre, karısını boşamaya karar veren lider 5 ağustos tarihinden itibaren geçerli olacak bir kararname yayımladı. Boşanma konusunda herhangi bir neden gösterilmiyor. Ancak ortalıkta bir süredir liderin özel yaşamıyla ilgili söylentiler dolaşıyordu. Kimi çevreler, boşanma nedenini, Bayan Latife'nin hükmetme eğilimine ve onu ilgilendirmemesi gereken işlere karışma arzusuna bağlıyorlar.

İki hafta önce karıkoca arasında baş gösteren ciddi anlaşmazlık üzerine Bayan Latife ailesine döndü. Bu nedenle düzenlenen uğurlama merasiminde cumhurbaşkanı dışında bütün Türk resmî heyeti hazır bulundu.

Latife Hanım kocasına büyük çeyiz getirmişti

Mustafa Kemal Paşa İzmirli zengin bir tüccar olan Muammer Uşaki Bey'in kızıyla 29 ocak 1923'te evlenmiş, kadının bir milyon Türk lirası çeyiz getirdiği söylenmişti. Kadın hakları savunucusu olarak bilinen Latife Hanım, birkaç ay sonra İstanbullu kadınlar tarafından Türk Parlamentosu'na aday gösterilmişti. Çünkü o günlerde İstanbullu kadınlar Mebus Salih Efendi'nin erkeklere zorunlu evlilik öngören kanun teklifine öfkelenmişlerdi.

Mustafa Kemal Türk kadınlarının durumunu iyileştirme konusuna yakın ilgi gösterdi. Evlendikten iki ay sonra 25 mart 1923'te Konya'da şerefine verilen bir şölene, kadınları da davet ederek iki geleneği birden kırdı. Hem kadınlar ile erkekler ilk kez resmî bir davette bir arada bulundular hem de güneş battıktan sonra kadınların sokağa çıkmama geleneği çiğnenmiş oldu. Türk lideri daha az muhafazakâr bir giyim kuşamdan yana olduğunu açıklayarak kadınların kıyafetine yönelik bir reform gerçekleştirmişti.

Ocak 1924'te Bayan Latife'nin kocasını hedef alan bir suikast sırasında atılan el bombasıyla yaralandığı bildirilmişti. Bu daha sonra resmen yalanlandı ancak bir süre sonra, bir Giritli'nin cumhurbaşkanına suikast iddiasıyla hapiste olduğu öğrenilince haber doğrulanmış oldu.

Bayan Latife evlendikleri tarihte kocasından 19 yaş küçüktü. İri, siyah gözlü, zarif ve çekici bir kadın olarak tarif ediliyor. Evlenmelerinin ardından Mustafa Kemal'e resmî bir gezide ilk kez eşlik ettiğinde geleneksel Türk peçesini takmamış, onun yerine saçına parlak renkli ipek bir eşarp sarmış, Avrupa modasına uygun bir kıyafet giymişti.

İzmir'deki evlilik Türk usullerine uygundu.

Bayan Latife'nin kocasına getirdiği bir milyon liralık çeyiz yaklaşık 650 000 dolar değerinde.

(*Washington Post*, 14 ağustos 1925; AP)

Bir Türk boşanması

Louise Bryant'ın makalesi, dünya basınını, Latife'yi gereğinden fazla önemsedikleri noktasında eleştiriyor ve bu boşanmanın Türk kadınları açısından hiçbir şey ifade etmediğini savunuyor. Feminist bir yazar olan Bryant, Latife'ye pek de feminist bir bakış açısıyla yaklaşmıyor.

Paşa karısını boşadı. Kemal, Latife Hanım'ı, muzaffer ordusuyla dört yıl önce son Yunanlıları da denize dökerken ansızın koparıp aldığı baba evine geri gönderdi. Bir zamanlar Yakındoğu'nun tarihini değiştirmeyi vaat eden bu aşk macerası, galiba pek çok aşk için ölümcül olan ve etkisini ağır ağır gösteren bir zehirle; çocuksuzlukla nihayet buldu.

Kemal, Latife'yle evlendiğinde, Türkiye onun ayaklarının altındaydı. O imkânsızı başarmıştı. Yenik düşmüş, tükenmiş, açlık çeken, mahvolmuş bu ülkede iradesinin gücüyle yarattığı bir orduyla Yunan işgalcilerini yok etmiş, onların Britanyalı destekçilerini utandırmıştı. İstanbul'da yenilginin ve utancın sembolü olan bir sultan-halife vardı. Kemal ise yeniden doğuşun ve zaferin sembolü, İslam'ın kahramanıydı.

Daha da ötesi, sultan, Kemalist isyana yalnızca karşı durmakla kalmamış, birliklerini de Kemalistlerin üstüne sürmüş, Kemal'in başını getirene ödül vaat etmişti. İşte bu yüzden sultanlığın ilgası kaçınılmaz bir sondu. Ancak Kemal sultanı tahtından indirmekle yetinmedi, sultanlığı da lağvedip bir cumhuriyet kurdu; din ile devletin birlikteliğine nokta koyarken tahtın vârisinin sadece halife unvanını korumasına izin verdi. Napolyon'un erken siyasî manevralarla imparator unvanını alması gibi, Kemal'in de Türkiye'de sultanlığını ilan edeceğine inanılıyordu. Kemal, Latife'yle evlendiğinde, yeni bir hanedan kurulması kaçınılmaz görünüyordu. Türkiye'nin en zengin adamının, bir İzmirli tüccarın kızıydı; bu adamın, Kemal'in ihtiyacı olan tek şeyi, parayı temin etmesi bekleniyordu.

Halifenin de sürgüne gönderilmesinin ardından, Kemalist hanedan için pek elverişli bir ortam doğmuştu. Ama ortada bir hanedan yoktu. Latife çocuksuzdu.

Batı dünyasında Latife'nin güzelliğini, yeteneklerini, cesaretini, ilericiliğini ve çekiciliğini tasvir etmek için nehirler dolusu mürekkep dökülüp saçılmıştı. Türkiye'de ise bu manada sadece birkaç nehir akmıştı. Çünkü Latife, Türk kadınlarının ne en cesuru, ne en güzeli, ne en zekisi, ne de en çekicisiydi. O en zenginleriydi. Güçlü arzuları vardı bağımsızlığına düşkündü. Güzelliği ya da çekiciliği sınırlı, hırslı, hükmedici, kıskanç bir kadındı.

(...)

Mustafa Kemal'in kışlasında serbest ve eğlence dolu bir yaşam sürmekteyken Latife'nin gelişiyle birlikte evine çekildiğini söyleyen Bryant, şöyle devam ediyor:

Latife ve Kemal Ankara'da iç içe bir aile yaşamı sürüyorlardı. Altı odalı evleri, iki inatçı mizacı barındıramayacak kadar küçüktü. Bu evin çok ufak olduğu meydandaydı.

Latife'ye yol verilmesi Türk kadınları için hiçbir şey ifade etmiyor. O ülkesindeki kadın hareketinin lideri değildi. Böyle bir hareket mevcut. Bu hareket ona doğrudan işbirliği yapmayı teklif etmiş, o bunu reddetmişti. Bu hareketin en önde gelen lideri Konstantinopollü Nezihe Hanım'dır, Halide Edip Hanım ise yıldızıdır. Ne var ki eski İstanbul evlerinde ve Boğaz kıyısındaki yalılarda aynen Londra, Paris ve New York'ta olduğu gibi çok parlak, muhteşem eğitim almış, hoşgörülü ve ilerici yüzlerce şahane kadın yaşıyor. Onlar uzun yıllar beklemeden oy haklarını elde etmeyi amaçlıyorlar. Bu kadınlar, zamanlarının çoğunu ve paralarının tamamını bugün Türkiye'de açlık çeken yüz binlerce yetim ve mültecinin bakımı için harcıyorlar.

(*The Nation*, 26 ağustos, 1925, Louise Bryant[2])

Louise Bryant yazısını şöyle bitiriyor: "Mustafa Kemal'in bir hanedan kurmak için bir aileye sahip olması gerekiyordu, ama belki o da vârissiz kalmasının tamamen Latife'nin kusuru olup olmadığını düşünüyor."

Latife Kemal

Bayan Kemal'i Türkiye'nin cumhurbaşkanı olan kocası bir kararnameyle boşanmış bulunuyor; diyorlar ki koyu dindar tüm İslam âlemi, ancak dinî bir liderin deruhtesinde olan bir yetkinin bu biçimde kullanılması nedeniyle ayağa kalkmıştır. Bu durum, dine uygun ol-

2. *Nation* dergisi, bugün hâlâ yayın yaşamını sürdüren bağımsız bir yayın organı. Louise Bryant o yılların Amerikası'nın Marksist çevrelerinde iyi tanınan bir yazar ve gazeteciydi. Sufrajet hareketine katılan Louise kendisini eşitlikçi feminist olarak tanımlıyordu. Amerikan solunun en ünlü isimlerinden John Reed'le evlendi. Birlikte Rus Devrimi'ni izlediler. John Reed'in ölümünün ardından 1920-1923 yılları arasında İnternational News Service adına Rusya ve Türkiye'yi izledi. Mustafa Kemal-Latife üzerine makalesini yazdığında Türkiye'den ayrılalı bir buçuk yıl olmuş, Fransa'nın Amerika Elçisi Bullit'le evlenmişti.

muş olsa bile çok anlamsız görünüyor. Burada, bize bir Türk boşanmasının, Türk kocanın canı nerede ve nasıl istiyorsa başvurabileceği bir uygulama haline gelip gelmediğini bize söyleyebilecek İslam hukukçuları yok.

Boşanmaya dair sürecin bazı dinî gerekleri dışladığını, bu yüzden Kemal'in, dinî kuralları ihlal ettiği söyleniyor.

Modern Türk dünyasında, herhangi bir başka dünyada olduğu gibi, her şey olabilir; ancak tarihten aktarılan gelenekler yalan değilse, herhangi bir Müslüman koca, dört meşru karısından herhangi birini sadece "git" diyerek boşayabilir ve o da gider.

Burada üç kez boş düşmek yerine kararname yayımlanması irdeleniyor.

Makale, Latife'nin de boşanmayla ortaya çıkan sonuçtan en az kocası kadar hoşnut kaldığı; kocanın da "Türk kadınlığının daha geleneksel tiplerine geri dönüş yapacağı" yorumuna yer veriyor.

Lady Mary Montague 150 yıl önce İstanbul'dan yazdığı mektuplarda İslam dininin kadınlara bir cennet sağlamadığını yazmıştı.

Latife Hanım, İzmirli zengin bir tüccarın kızıydı.

Anadolu'ya Paris ve Londra'nın kent banliyösündeki –Chislehurst'teki III. Napoléon'un zorlukla mezun olduğu okul– eğitiminden dönen küçük Latife böyle birisiydi.

Versailles'dan aldıkları cesaretle İzmir'i işgal eden Yunanlıları, Anadolu'dan atmak isteyen Türkler İzmir'e girince karşılaştı Latife ile Kemal. Bu karşılaşma hilafetin kurallarına hiç uygun düşmüyordu. Kısa zamanda evlendiler, çeyiz sandığı Paris'ten geldi. Elbiseleri, tavırları Lady Mary'nin anlattığı sultanlarınkine değil, Fransa ve İngiltere'deki okul kızlarının elbiselerine benziyordu. Bütün dünya, bir Türk generaliyle ve onun eşiyle tanıştı. Sonra bu görüntünün yerini Türk devlet başkanı ile yanından hiç ayrılmayan genç karısının görüntüsü aldı. Onun burnu, ağzı ve çenesi hiçbir zaman tülbent arkasında değildi. Tepeler ve kayalar arasında gezerken, hareket etmesini engelleyen, ayaklarına dolanan uzun bir giysisi yoktu. O, kısa etek modasının Asya'daki öncüsü gibiydi.

Deniliyor ki, 18 ay önce şüpheli bir şahsın dikkatini kendi üzerine toplayarak Kemal'i, boşanmanın artık gereksiz kalacağı bir başka dünyaya geçişten kurtardı. Ve şimdi bir kenara atılmış durumda; görünen o ki, Türk hâlâ Türk. Genç Türk o bildiğimiz klasik Türk oluyor yeniden.

(Toronto Daily Star, 18 ağustos 1925)

"Hayalü'l-Zil"

1990 yılında ABD'de Princeton Üniversitesi Yakındoğu Çalışmaları Bölümü'nde Johns Kütüphanesi'nde düzenlenen bir sergide Latife ile Mustafa Kemal'in boşanmasına ilişkin bir karikatür yer almıştı. Türkiye'nin liderini, Batı maskesini çıkarıp karısını evine gönderen Doğulu bir erkek kılığında gösteren bu karikatürde, elinde bohçası kafasında şapkası olan Latife, şalvara bürünmüş kocası tarafından kovalanırken görülüyor.

Bu sergideki karikatürden yola çıkan Yeşim Arat, şu yorumu yapıyor: "Batılılaşmanın ve kadın haklarının bir numaralı savunucusu Atatürk'ün bile özel yaşamında nasıl geleneksel bir aile reisi olduğunun (ya da olabildiğinin) çarpıcı bir örneğidir. Bir Mısırlının çizdiği ve 1925'te Kahire'deki haftalık *Hayalü'l-Zil* dergisinde çıkan bu karikatürün konusu, geleneksel giysiler içindeki Atatürk'ün Batı eğitimi görmüş karısı Latife'yi boşamasıdır. Modernist maskesini ve Batıcılığının simgesi olan melon şapka ile smokinini üzerinden çıkarmış olan Atatürk, şeri boşanma usulüyle karısına evden ayrılmasını emretmektedir. Özel alanda karısıyla ilişkisi söz konusu olduğunda, kadın haklarının öncüsü Atatürk, geleneksel bir aile reisine dönüşmekte, erkek-kadın farkı kadınların aleyhine biçimlenmektedir."[3]

3. Yeşim Arat, "Türkiye'de Modernleşme Projesi ve Kadınlar," der. Sibel Bozdoğan ve Reşat Kasaba. *Türkiye'de Modernleşme ve Ulusal Kimlik,* İstanbul, Tarih Vakfı Yurt Yayınları, 1998, s. 82-119.

33

Joséphine ve Latife

Boşanmanın ardından Latife için çok acılı bir süreç başladı. Onun öfkesi bir anda patlar, kısa sürede sönerdi. İzmir'e gittiğinde öfkesi geçmiş, geriye sadece üzüntüsü kalmıştı. Böyle bir sondan dolayı kendisini de sorumlu görüyor, "çocukluk" ettiğini düşünüyordu.

İzmir'deki Beyaz Köşk ona hep geçmişi hatırlatıyor, hangi odaya gitse anıları canlanıyordu. Mustafa Kemal'le ilk karşılaştıkları verandaya çıkamıyor, onun duvardaki yağlıboya tablosuna bakamıyordu. Sevgi sözcüklerinin fısıldandığı bu ev şimdi ona bir mezar gibi görünüyordu. Başına gelenlere inanamıyordu. Annesi, babaannesi ve Latife hep birlikte ağlıyorlardı.

Latife'nin bakmak bile istemediği İngilizce, Almanca, Fransızca gazeteler, kendisinden söz etmekteydi. Özellikle Amerikan basını Latife'ye övgüler yağdırıyor, boşanmayı sürekli gündemde tutuyordu. Latife, sersemlemiş bir vaziyette başına gelenleri anlamaya çabalarken kapısı çalındı ve bir Amerikalı gazeteci onu ziyarete geldi. Önceden tanıdığı birisi miydi, yoksa gazeteci en uygun anı mı yakalamıştı bilmek mümkün değil. Gazeteciyi kabul etti ve onunla konuştu. Latife Hanım'ın Türkiye'de yayımlanmamış bu ilginç röportajı çökmüş bir kadından çok yaşamaya kararlı bir kadının sözleriyle örülü. *Toronto Daily Star*, *Time* dergisi ve *New York Times*'ta ağustos ayının son haftasında yayımlanan sözlerini birlikte okuyalım.

Türkiye'nin lideri Mustafa Kemal'in başkanlık kararnamesiyle bir kenara ittiği güzel karısı Latife Hanım, özel bir röportajda, "kendisinin modern bir Joséphine" olduğunu söyledi.

"Bir insanın mutluluk rüyasının bu şekilde tuzla buz olması ve aşkının bir anda hayatından çıkıp gitmesi korkunç bir şey" diyen Latife Hanım'ın evliliğine son veren kararnameye ilişkin ıstırap dolu yorumu şöyle: "Eşim, çevresindekilerin kendisini, kariyeri önündeki engelin eşi olduğuna ikna etmelerine izin verdi ve Napolyon gibi aşkını emellerine feda etti."

Latife Hanım, gözle görülür biçimde etkilenmişti. Evliliğinin ve mutluluğunun karaya oturacağı korkusu içinde İstanbul'dan bir süre önce ayrılırken her şeye rağmen "işlerin düzeleceğini" umut ediyordu.

Gazete, onun önce İstanbul'a gelip sonra İzmir'e gittiğini varsayıyor.

"İşte yeniden bir Napolyon ve Joséphine vakası. Ben kocamı sevdim. Onun kendisi ve ülkesi için tüm arzularını gerçekleştirmesi uğruna elimden gelen her şeyi yaptım. Ama artık birlikteliğimiz onun daha fazla ilerlemesine engel oluşturuyor. Joséphine'in durumunda olduğu gibi yine feda edilmesi gereken, kadın. Ama benim hiçbir şikâyetim yok. Eğer boşanmakla onun mutluluğunu sağlayabileceksem, bundan memnuniyet ve gurur duyarım, ama yaşadıklarımı hatırladığım zamanlarda belki biraz yüreğim burulur."

Latife Hanım, eşinin siyasî konumunu sağlamlaştırmayı bilen ve Türkiye tarihinde bu kadar önemli rol oynayan bir kadından beklenen etkileyici duruşa sahipti.

Bu güzel ve metanetli kadının hükmedici bir havası vardı ve devlet işlerinde epey usta olduğu belli oluyordu.

"Allah'ın bir araya getirdiği bu iki kişi ayrıldı, çok yazık oldu.

Bizimki, sizin Batı'da anladığınız şekilde tam anlamıyla bir aşk evliliğiydi. Kocamla ben cennet bahçesinde bir kadınla bir erkeğin olabileceği kadar mutluyduk. Ta ki yılan çıkıp gelene kadar... Yılan kim diyeceksiniz. Sorunun kafanızda şekillendiğini görebiliyorum. Ancak bu soruya cevap veremem. Bu benim sırrım ve benimle birlikte mezara gidecek. Dünya şu kadarını bilsin yeterli: Kocam geleceği ile eşi arasında bir seçim yapması gerektiğine inandırıldı. O da seçimini yaptı."

Latife Hanım, "Mutlaka söylemem gereken bir şey var" diye sürdürdü sözlerini: "Bu benim kariyerimin sonu değil. Kadınların kırık kalpten öldüğü günler artık çoktan geçmişte kaldı. Yaralı, örselenmiş bir kalp için çok çalışmaktan daha iyi bir merhem yoktur. Ben de şu andan itibaren ülkem ve kendi cinsim için böyle bir çalışmaya atılacağım. Onlara benim tabiatımdaki bir kadının hevesini kırmanın kolay olmadığını göstereceğim.

("Latife Hanım İhtirasa Yenik Düştü"
28 ağustos 1925, *Toronto Daily Star*)

New York Times ve *Time* dergisinde yayınlanan haberlerde de Latife'nin benzer sözler söylediği görülüyor. Boşanmaya dair "ölene dek saklayacağım" dediği sırrın peşine düşen *New York Times* gazetesi Ankara'daki siyasî ortamı yorumlarken, Türkiye'nin Çanakkale Savaşı'ndan bu yana en büyük tehditle karşı karşıya olduğu için bu boşanmanın gerçekleştiği sonucuna varıyor.

Devlet adamları ve muhabirler, Latife'nin Ankara'dan babasının evine kalbinde taşıdığı kilitli kutunun içindeki sırrı araştırıyorlar. Bu bilmeceyi çözecek tek yöntem tahmin yürütmek. "İblis kimdi?" sorusunun cevabı Musul ve Irak sınırlarında toplanan kara bulutlar olabilir.

Türkiye'nin kurtarıcısı ve Türkiye Cumhuriyeti'nin Cumhurbaşkanı Gazi Mustafa Kemal Paşa'nın güzel, genç sufrajet karısı Latife Hanım'ı boşadığı öğrenilince kahve dedikodusu alevlendi. Bütün yabancı temsilciler kulaklarını kabarttı, dünya basını boşanma olayına açıklık getirecek en ufak ayrıntıyı yakalayabilmek için kulak kesildi.

Zira hiçbir kral, imparator ya da ülkesine hâkim bir lider, Yunanlıları yenen bu sarı saçlı, çelik gözlü, ciddi ifadeli dâhi kumandan gibi kolayca nikâhlanıp boşanmaz.

Yetkililer sükût ediyorlar. Onun adına konuşanlar da boşanmanın "tamamen kişisel" olduğunu söylüyorlar. Mümkün. Doğulu yöneticiler bu tür olaylarda kalplerinin sesini dinleme konusunda ün yapmışlardır.

Joséphine ile Latife arasındaki benzerliğin peşine düşen *New York Times*'tan John Carpenter, "Kemal'in Boşanmasına Politika Karıştı..." başlıklı 23 ağustos 1925 tarihli yazısında "Napolyon karısı Joséphine'i devlet çıkarları uğruna boşamıştı, Latife de kendisini Joséphine'e benzetiyor" yorumuna yer veriyor. Napolyon'un Joséphine'le karşılaştığında yoksul bir topçu subayı olduğuna, planlarını olgunlaştırıp hayata geçirmesinde Joséphine'den büyük destek aldığına dikkat çekiyor.

Joséphine-Napolyon aşkı

Tarihin bu unutulmaz aşk hikâyesine kısaca göz atalım:
Napolyon ile Joséphine birlikteliğinin en belirleyici yanı birbir-

lerine olan aşkları ve dramatik ayrılıklarıydı. Evlendiklerinde Napolyon yoksul ve tanınmamış bir generaldi, Joséphine ise Paris sosyetesinin pırıltılı kadını.

Joséphine, Napolyon'un toplum içinde yükselmesine yardımcı oldu. Fransız aristokrasisi ile Napolyon arasında ilişki kurdu. Napolyon onu hep başlıca desteği olarak görür, savaş meydanında da Joséphine'den kuvvet alır, ondan "şans yıldızım" diye söz ederdi.

Joséphine, tahta Napolyon'la birlikte oturmuştu. Tarihçiler Joséphine'i karizması ve cazibesi olan bir kadın olarak tarif ediyor. İmparatoriçeliği çok güzel taşımış, çekici yürüyüşü ve etkileyici üslubuyla bütün Paris'i kendisine hayran bırakmıştı.[1]

Joséphine Napolyon'a beklediği vârisi veremedi. Metreslerinden biri hamile kalınca da Napolyon çocuk sahibi olabileceğini fark etti. Yine de kendisine Joséphine'den ayrılmasını telkin eden bakanı Talleyrand'a: "Benim için o kadar çok şey yapmış olan bir kadını boşamak son derece büyük nankörlük olur!" diye karşı çıktı.[2]

13 yıllık evlilik sonunda noktalandı. Napolyon, Avusturya hanedanından Prenses Marie-Louise'le evlenip tahtını sağlamlaştırmaya karar verdi. Boşanma kararını bir akşam yemeğinde söyledi sevgili karısına. En mutlu günlerini onun yanında geçirmişti ama Fransa'nın menfaatleri ayrılmalarını gerektiriyordu. Joséphine onun kararını öğrenince düşüp bayılmıştı.

Boşanma törenleri çok dokunaklıydı. Joséphine, yaptığı konuşmada, bir vâris dünyaya getiremediği için Fransa'nın yüce çıkarları uğruna, boşanmaya rıza gösterdiğini söyledi. Böylece Napolyon'a olan büyük bağlılığını kanıtlayacaktı. Napolyon da tören sırasında, yaşamını taçlandıran bu 13 yılın kalbinden hiç silinmeyeceğini açıkladı.

Joséphine, boşandıktan sonraki yaşamını bir gül bahçesinde geçirdi. Eski kocası zaman zaman onun hatırını sormaya gelirdi. Napolyon'un Rusya Seferi'ne çıkmadan önce Joséphine'i ziyaret ettiği, "Ne diyorsun" diye sorduğu bilinir.

Joséphine, Napolyon Elbe'de sürgündeyken 1814 yılında öldü. Haber Napolyon'a ulaştığı zaman ünlü kumandan kendisini bir

1. Napolyon'un sık sık metresleri olur ama bu ilişkiler onun Joséphine'e olan aşkını gölgelemezdi. Sosyal ilişkilerinden övgüyle söz edilen Joséphine de Napolyon sefere çıktığında başka erkeklerle birlikte olur, bu yüzden aralarında şiddetli kavgalar patlak verirdi. Latife kendisini Joséphine'e benzetirken evliliklerinin ve imparatoriçenin bu yönlerini hiç düşünmemiş olmalı.

2. Emil Ludwig, *Napolyon*, 2 cilt, Kastaş Yayınları, İstanbul, 1998, s. 323.

odaya kapatıp günlerce yas tuttu. Elbe'den kaçtığı günlerde Joséphine'in sevdiği menekşelerle doldurduğu kutuyu ömür boyu yanında taşıdı. Tarih kitaplarına geçen son sözleri Fransa, ordu ve Joséphine olmuştu.

Onların hikâyesi Mustafa Kemal ile Latife'ninkinden oldukça farklıydı.

Mustafa Kemal Paşa Napolyon'a benzetilirdi

Latife'nin kendisini Joséphine'le karşılaştırmasının birkaç nedeni vardı. Pek çok kişi Mustafa Kemal'i Napolyon'a benzetir, hem komutan olarak hem de siyaseten ikisi arasında benzerlik bulmaya çalışırdı. Bu kıyaslama Latife'yi de ister istemez Joséphine'in konumuna oturtuyordu. Bu yüzden Napolyon-Joséphine benzetmesini evli oldukları günlerde de kullanıyordu.[3]

Latife, Napolyon ile Joséphine'in hayatına ilişkin kitaplar okurdu. Joséphine'in el falına bakan falcının hikâyesi, ona hep çocukluğunda kendi el falına bakan Çingene'yi hatırlatmıştı. Çünkü, falcılar ikisine de büyük saadet ile felaketi bir arada yaşayacaklarını söylemişlerdi.

Mustafa Kemal, Napolyon'a benzetilmeye hep karşı çıkar, bir general olarak Napolyon'u takdir etse de onun, kendi çıkarlarını, Fransa'nın çıkarlarının üstünde tuttuğunu düşünürdü. "Napolyon taç ve şeref peşinde koşan bir maceracıdır" derdi.[4]

Bir İngiliz gazeteciye de şunları söylemişti:

> Ben Napolyon'u hiç sevmiyorum. Çünkü Napolyon her şeye kendi şahsını sokardı. Mücadelesi muayyen bir dava için değildi; kendi şahsı içindi. İşte bu cihetle bu gibi adamlar için kaçınılmaz olan felakete uğradı.[5]

Kadın hakları açısından bakıldığında Mustafa Kemal bu konuda öncü bir rol üstlenmeyi kendine ilke edinmiş bir lider olarak kabul ediliyor.

Napolyon'un kadın hakları karnesi ise zayıf. Tahta çıkışının 200. yılında Napolyon'un, altıncı kuşak torunu Charles Napoléon ünlü imparatora şu eleştiriyi yöneltmişti:

3. Eric Lawyer; "Adı Türklerin Babasıydı ve Öyleydi", *Smithsonian,* mart 1996, cilt 26.

4. Damar Arıkoğlu, a.g.e., s. 304.

5. *Atatürk'ün Söylev ve Demeçleri,* III, s. 81.

Napolyon'un en büyük başarısızlığı ne Waterloo yenilgisidir ne de Rusya'da yaşadıkları, kadınlara karşı tamamen tepkisel ve muhafazakâr tutumudur. Bugün kadın haklarından ve kadın-erkek eşitliğinden söz eden bizler için bir utançtır.[6]

Napolyon boşanırken kendi yaptığı kanunu çiğnemişti

Napolyon, imparatorluk çapında geçerli olacak kanunları yazılı hale getirirken bütünlüğü olan bir hukuk sistemi kurdu. Napolyon Yasası olarak anılan Fransız Medeni Kanunu'nu da hazırlatan Napolyon'du.

1999 tarihli bir Joséphine biyografisinde, Napolyon'un sosyal yaşamı düzenleyen kanunların hazırlanmasında Joséphine'e yetki verdiği anlatılıyor. Carolly Erickson'a göre Napolyon, pek çok reforma Joséphine'in önayak olduğunu düşünerek bu görevi ona bırakmıştı.[7]

Napolyon'un hayatını yazan Emil Ludwig de Joséphine'nin medeni kanunun boşanmayla ilgili kısımlarının taslağı hazırlanırken çok büyük bir alaka gösterdiğini yazıyor:

> Napolyon bu sıralarda karısının çocuğu olmaması halinde devletle ilgili nedenlerle karısını boşamak zorunda kalıp kalmayacağını düşünmeye başlamıştı. Joséphine'nin bu olasılıktan korkması onu evlilik bağlarının güçlendirilmesi taraftarı haline getirirken, Napolyon ise kendi çıkar hesaplarının dürtüsüyle evliliğin sona erdirilemez olmasına ısrarla karşı çıkıyordu. Napolyon, evlilikle ilgili konularda hukuk mahkemelerinin işe karışmasına karşı çıkar ve "Mahkeme sadece bu isteğin varlığı durumunda boşanmayı ilan etmekle yükümlüdür" derdi.[8]

Kanadalı tarihçi Prof. Roderick Phillips'in Napolyon-Joséphine boşanmasına ilişkin yorumu şöyle:

> Napolyon'un düştüğü çelişkilerden biri de kendi boşanmasıdır. Karısını, 1809'da karşılıklı rıza temelinde boşanmaya razı etmiştir. 1806 tarihli imparatorluk yasası imparatorluk ailesi içinde boşanmaya izin vermiyordu. Kendi çıkarttığı 1803 tarihli boşanma kanunu ise eşin 21-45 yaşları arasında olması kaydıyla karşılıklı rıza ile gerçekleşmesine izin veriyor ve yeniden evlenilmesi için boşanmanın üzerinden üç yıl

6. Associated Press, 2 aralık 2004.

7. Carolly Erickson, *Joséphine: A Life of the Empress,* St Martins Pr, 1999, s. 240.

8. Emil Ludwig, *Napolyon,* s. 191-192.

geçmesini şart koşuyordu. Napolyon, Joséphine'i boşadığında o 46 yaşındaydı ve kendisi boşanmanın üzerinden üç ay geçtikten sonra Avusturya Arşidüşesi Marie-Louise'le evlenmişti.[9]

Latife Hanım'ın benzetmesindeki alt anlamları çözebilmek için epey gayret sarf ettim. Napolyon-Joséphine benzetmesiyle, Latife Hanım'ın, Medeni Kanun çıkmak üzereyken Mustafa Kemal'in kendisini geleneksel usulde boşamasına bir gönderme yaparak Türkiye'nin liderine üstü kapalı bir eleştiri getirdiğini söyleyebiliriz. Zira her iki boşanmada da benzer yönler bulmak mümkün.

Mustafa Kemal, Latife'nin dünya basınına verdiği bu demeci gördüğünde ne demişti bilmiyoruz, ama boşandıktan yıllar sonra bir büyükelçinin kızıyla Napolyon'un aşkı üzerine yaptığı tartışma çok ilginç. Lord Kinross bu konuşmayı şöyle aktarıyor:

> Büyükelçilerden birinin zeki bir öğrenci olan kızını yemekte, saatlerce tarih konuları, özellikle Napolyon üzerine sorguya çekmişti. Kız Napolyon'un Joséphine'e gönül vermiş olduğunu söyleyince, Atatürk kızdı. Bu kadar işi olan bir adamın âşık olmasına imkân yoktu. Kıza, "Canımı sıktınız" dedi ve konuyu değiştirerek Sezar'dan söz etmeye başladı.[10]

9. Roderick Phillips, *Family Breakdown in Late 18th Century France*, NY: Cambridge University Press, 1988, s.186-188; Lord Kinross a.g.e., s. 551.

10. Lord Kinross, a.g.e., s. 551.

34

Ayrılık

Ayrılığın ilk günlerinde Latife ile Mustafa Kemal'i barıştırmak isteyenler olmuştu. Vecihe İlmen, Latife'nin ayrılık sonrası günlerini şöyle anlatıyor:

> Latife Hanım kendi kafasına denk bir insan bulup onu kaybetmekten büyük ıstırap duyuyordu. Etrafı ikiye ayrılmıştı. Biri tekrar Latife Hanım'la Atatürk'ü buluşturmak için... Biri de ayırmak için... Kulağımla duydum kaç kere, Nuri Conker, "Aman Paşam kadın lakırdısı dinlenir mi? Gelin içelim..." demiştir.

İzmir'e, baba evine gönderilen boşanma evraklarını teslim aldıktan sonra yeni hayatı Latife'nin gözünde yavaş yavaş biçimlendi. Çok acı çekecekti.

Latife, bir anda zirvedeki örnek kadınken, ülkenin bir numaralı erkeği tarafından "evine gönderilen" bir kadın durumuna düşmüştü.

Muammer Bey, boşanma günlerinde Trieste'deydi. Latife, İzmir'e döndüğünü babasına haber vermek istememişti. Muammer Bey, olan biteni dönüşünde öğrendi ve Mustafa Kemal'e bir veda mektubu gönderdi.

> Kızım hakkındaki irade-i devletlerine Trieste'den perşembe günü avdetimde muttali oldum.
>
> Millet ve memleketin Reis-i Muhteremi ve Münci-i Azamı olan zat-ı devletlerini münsi (bu sözcük *mensi* ise "bir kenara atılmış" anlamını taşıyor) ve mütezayid (ziyade, çoğalan) hürmetlerle sevmiştik. Yine sevmekte devam edeceğiz. Şerefbahş (şereflendiren) fırsatlar zuhurunda temenniyatımızın (isteklerimizin) ara sıra müsaade buyrulmuş

olmasından mütehassıl (meydana gelen) minettarlığımı takdim eder ve teveccühat-ı devletlerini çok niyaz eylerim efendim hazretleri.

Uşakizade Muammer[1]
16 ağustos 1925

O günlerde Latife'ye Amerikalı bir Kongre üyesinden Paris ve New York'ta konferans vermeye davet eden övgü dolu iki mektup geldi. "Zekânız, inceliğiniz, cesaretiniz ve pırıltınızla bütün dünyanın ilgisini çektiniz; genç yaşınızda ülkeniz için yaptıklarınızla unutulmaz bir konuma yükseldiniz" diyen satırlar ona büyük moral vermişti.

Filmlerinin Amerikan sinemalarında gösterildiği, hakkında yüzlerce haber çıktığı, eğer kabul ederse bu konferans turuyla dünyanın en önde gelen kadınlarından biri olarak ülkesine yararlı olabileceği belirtiliyordu. Katılımcıların ücret ödeyeceği konferanslardan Latife 100 000 dolar kazanacak, Madam Curie kadar ilgi görecekti. Konferansların konusu da belliydi: Dünü, bugünü ve yarınıyla, Türkiye, kadınlar ve dünya.

Mektupta kullanılan sıfatlar baş döndürücüydü, ama Latife karar vermekte zorlanıyordu. O, Türkiye cumhurbaşkanının boşanmış eşiydi yurtdışı seyahatlerini, konferans tekliflerini iyi ölçüp biçmeliydi.

Mustafa Kemal'e gönderdiği not

Latife, Mustafa Kemal'in maddî yardım teklifini "ihtiyacım yok" diyerek reddetmişti.

Romanya Devlet Arşivi kaynaklı *Hürriyet* gazetesince yayımlanan bir belgede ise Mustafa Kemal'in Latife'ye ayrılırken 50 000 lira (o günün değeriyle 1 milyon 240 bin YTL olarak hesaplanmış) verdiği söyleniyor. Belge, Romanya'nın İstanbul temsilcisi V. Anastasiu'nun 27 ağustos 1925 tarih ve 44292 sayılı raporuyla Romanya Devlet Arşivi'ne girmiş.[2]

Latife, ilk aylarda bir işe girip çalışabileceğini zannediyordu. Bu nedenle aklına gelenleri not olarak Mustafa Kemal'e gönderdi. Sıkıntılarını da aktardı.

Bu notlar, 1925 ekiminde aile dostları Rıza Bey aracılığıyla Mustafa Kemal'e iletildi. Kendisine, bir okulda öğretmenlik, ya-

1. Utkan Kocatürk, *Atatürk Çizgisinde Geçmişten Geleceğe*, s. 375.
2. Celal Demirbilek, "Kriptodaki Dedikodu", *Hürriyet*, 29 mayıs 2005.

hut bir sefaret kâtipliği, bir memuriyet verilmesini rica ediyordu.

O günlerde Çankaya'da misafir kalan General Fahrettin Altay, anı defterine şu notları düşmüş:

> Hakarete duçar olmak korkusuyla sokağa çıkamıyormuş, tesadüf ettiği bazı bildiklerinin kendisinden yüz çevirmesi ağrına gidiyormuş. Bir memuriyet olursa vakit geçirebilirmiş. Atatürk bunları gayet sakin ve bitaraf bir tavırla anlatıyor fakat kararını açıklamıyordu. Afet Hanım'a dönerek öğretmenliğe başlamasını, daha sonra da Paris'e tahsilini ikmale (tamamlamaya) göndereceğini söyledi.[3]

Fahrettin Altay, mektup okunduktan sonra Mustafa Kemal'in sohbet konusunu değiştirdiğini kaydetmiş notlarına.

Anlaşıldığı kadarıyla Latife memuriyet isteğine olumlu bir yanıt alamadı. Bunca eğitim gören, pek çok şey yapmak isteyen bu genç kadına bundan sonra bütün kapılar kapanacak mıydı? Latife, birikimi, yetenekleri ve enerjisiyle baş başa mı bırakılacaktı?

O günleri yine dünya basınından izleyelim... "Kemal Paşa'nın boşanması" başlıklı haber Latife'ye ilişkin ilginç bilgiler içeriyor:

> Şimdi de Mustafa Kemal'in karısı Latife Hanım'ın Paşa'nın onu boşamasına karşı Türk mahkemelerine başvuracağı söyleniyor. Gerçek anlamda ilk özgür kadın olan Latife Hanım kocasına İslamî boşanma biçimine son verip yeni evlenme kanununu çıkarması için ilham veren kişiydi. Boşanma, herhangi bir Türk mahkemesi yerine Kemal'in kendi açıklamasıyla kararlaştırılmıştı. Bu tür boşanmalara olanak sağlayan eski İslamî hukuk artık geçerli değil... Türkiye'den gelen haberlere göre Mustafa Kemal'in eski karısı ve yakın arkadaşları boşanmanın iptalini isteyecek. Büyük ölçüde Latife Hanım'ın kişisel etkisiyle şekillenen yeni yasa böylece sınavdan geçirilmiş olacak.
>
> (16 kasım 1925, *Washington Post*)

Latife'nin boşanmanın iptaline dair bir başvurusu olup olmadığını bilmiyoruz. Ama, aklından geçmiş olduğunu tahmin etmek zor değil. *Washington Post*'un haberinde ayrıca Türkiye'de gerçekleştirilen şapka reformundan sitayişle söz edilirken, erkeklerin eşlerini tek yanlı boşamaları eleştiriliyor.

3. Taylan Sorgun, *Fahrettin Altay Paşa Anlatıyor, İmparatorluktan Cumhuriyet'e*, Kamer, 1998, İstanbul, s. 403.

Bakalım bir erkeğin karısını bir kenara itiverme konusundaki tartışmasız imtiyazı da değişime gebe mi? Değişimin tekerleği Boğaz sınırlarının ötesine geçebilecek mi?

Üzerinde harıl harıl çalışmalar sürdürülen Medeni Kanun henüz Millet Meclisi'ne gelmediği için belki de Latife'nin yapabileceği fazla bir şey yoktu. Ancak gazeteciler genel hukuk mantığından yola çıkarak Türkiye'de gerçekleştirilen reformları yorumluyor ve İslamî yasaların artık geçerliliğini yitirdiği, bu nedenle de Latife'nin boşanmaya itiraz edebileceği sonucuna varıyorlar. Latife'ye ve Türkiye'de yaşayan bütün kadınlara soluk aldıracak Medeni Kanun taslağı, bu haberin yayımlanmasından bir ay sonra 20 aralıkta TBMM'ye sunuldu.

Washington'un karısı Latife gibi olsaydı...

Boşanmanın ardından Uşakizade ailesi de gözden düşmüş, ihtiyatla yaklaşılan bir aileye dönüşmüştü.

İzmir'de yaşamak zorlaşmıştı. Uşakizadeler, kendilerine yüz çeviren sayısız eski "dost" arasında kalmayı gereksiz buldu. En doğrusu İstanbul'a yerleşmekti. İstanbul'da Gümüşsuyu'ndaki Ekselsiyor Palas'ta çok güzel deniz manzaralı bir daireleri vardı. Ama hem aile kalabalıktı, hem de sıkıntı büyüktü. İstanbul'da daha geniş bir ev bulunmalıydı.

6 haziran 1926'da, *New York Times*, "Böylesi romanlarda bile görülmez" başlığıyla Latife ile Mustafa Kemal Paşa'nın boşanmalarını neredeyse bir yıl sonra yeniden haber yapmıştı.

"Karısının ilerici taleplerini meclis çatısına taşıyan bir George Washington tahayyül edebilir misiniz?" diye başlayan yazıda Latife ile Washington'un karısı Martha karşılaştırılıyor.

> Ona ülkesinin George Washington'u diyorlar. Türkiye'nin bir numaralı askerî dehası, yorgun köylülerden yarattığı orduyla meydan muharebesi verdi, işgalci kuvvetleri topraklarından kovdu, ülkesini Avrupa'nın tahakkümünden kurtardı ve kendi ayakları üstünde durmaya çalışan genç cumhuriyetin başına geçti.
>
> Ama onun karısını Martha Washington'a benzeten olmadı. George Washington'un, Martha Custis'i ilk kez, Yorktown'a paçavralar içinde giren askerlerin önünde yürürken gördüğünü farz edin. Birkaç hafta sonra ikisinin bir rahibin değil de... koşa koşa Custislerin evine çağ-

rılan bir nikâh memurunun önünde hayatlarını birleştirdiklerini düşünün. Başkan Washington'un karısının, ülkenin ilk *first lady*'si olarak kendi cinsinin kat kat geleneksel giysilerinden sıyrılıp, mesela başkan, New York'ta başıbozuk askerleri teftişe gittiğinde kısa binici pantolonuyla belirdiğini düşünün.

Bu anlatılanları yeterli bulmadıysanız, George Washington'un karısının ilerici fikirlerini yalnız tasvip ve tasdik etmekle yetinmeyip Kongre'de yaptığı konuşmalara da yansıttığını hayal edin. Son olarak da çoğunluğu çiftçilerden oluşan, yıllardır değişime direnen Kongre'nin George ile Martha'nın bu modern davranışlarını uysallık içinde onayladığını farz edin.

Bütün bu anlatılanlar, tarih tekerrür etse de tarihî olaylar arasında paralellikler kurmanın tehlikeli olduğunu gösteriyor.

Bu karşılaştırmayla anlatımı sürdürmek halen ülkesinin lideri olan Kemal'in karısının hikâyesini zedeleyecek. Kadın, incirlerin geldiği şehrin bin basamak yükseklikteki bir tepesinde doğmuştu. Babası dış dünyayı bilen, kızını katı İslam geleneklerine göre yetiştirmeyi reddeden güçlü bir tüccardı. Genç bir kızken Paris'te Fransızca, Londra'da İngilizce öğrenmişti. Entelektüel olarak kozmopolit, ama ruh olarak Türk kalmıştı.

Modern bir törenle evlenmişler, İslamî geleneğe göre boşanmışlardı. Erkeğin gerçekleştirdiği tek formalite karısından ayrıldığını açıklamak oldu. Yeni Türkiye'yi ve Türk kadınının kurtuluşunu temsil edenler, kurtulmaya çalıştıkları geçmişe onay veren bu tavır karşısında ikiye bölündüler.

Türkiye cumhurbaşkanının eski karısı tecrübelerine modern bir ışık altında bakmayı reddediyor. Çünkü bu konuda bir kitap yazma teklifini geri çevirdi. Ama o yine de bir kadın olduğu için belki de bu konular üzerine konuşacak.

Ankara Hükûmeti, Mustafa Kemal'in boşadığı Latife Hanım'a Londra ve Amerika'da konferanslara katılmasını sağlayacak bir pasaport vermeyi reddetti.[4]

Latife Hanım'ın TTK'daki belgeleri arasında Mustafa Kemal Paşa'ya yazılmış, 18 mart 1926 tarihli bir mektup göze çarpıyor. Boşanmalarından dokuz ay sonra yazılmış bu mektup muhtemelen pasaport isteğiyle ilgiliydi.

Mektubu bilirkişi olarak okuyan Reşat Kaynar, Latife'nin, mektubu verem olduktan sonra yazdığını, tedavi için Avrupa'ya gitme

4. S. T. Williamson, "Stranger Than Fiction, Detained by Order", *New York Times*, 6 haziran 1926.

izni istediğini anımsıyor. "Mustafa Kemal, Latife Hanım'ın ancak kimseyle konuşmaması şartıyla bu izni veriyor" diyor.[5]

1926 haziranında, Latife'ye yurtdışına çıkış vizesi verilmediğine ilişkin haberler dünya basınında sık sık yer alıyor. Kitap yazması ve konferans vermesi için gelen tekliflerin engellendiği ileri sürülüyor.

> Ankara Hükûmeti, Mustafa Kemal'in eski karısı Latife Hanım'a Avrupa ve Amerika'ya yapacağı konferans gezisi için pasaport vermeyi reddetti.
>
> (6 haziran 1926, *New York Times*)

> Mustafa Kemal Paşa'dan boşanan Latife Hanım, eski eşini ve milliyetçi rejimi "eleştirecek derler" endişesiyle ABD'de planlanan konferanslar için pasaport almak istemiyor.
>
> (10 haziran 1926, *Toronto Daily Star*)

Latife o sıralarda pasaport almak istedi mi yoksa, dünya basını mı ortaya böyle bir iddia attı belli değil. Belki de kendi endişeleri Ankara'nın tutumuyla birleşince Latife de kararsızlığa sürüklenmişti. Zira, yeğeni Dilek Bebe de, "Tüm dünyadan konferans teklifleri geliyordu. Yazı yazmasını, üniversitede ders vermesini öneriyorlardı. Ama hiçbirini yaptırmadılar" diyor.[6]

Latife'nin pasaport isteği Türkiye'de siyasî hayatı altüst eden bir gelişmeye, Mustafa Kemal'e karşı düzenlenen İzmir Suikastı günlerinin öncesine denk düşmüştü...

1926 haziran: İzmir suikastı girişimi

14 haziran 1926 günü Mustafa Kemal Paşa İzmir'e hareket etmeye hazırlanırken, İzmir Valisi Kâzım Dirik'ten gelen telgraf bütün Türkiye'nin keyfini kaçırdı. İzmir'de Mustafa Kemal'e karşı bir suikast girişimi ortaya çıkarılmıştı. Paşa'dan yolculuğunu ertelemesi isteniyordu.

Suikast girişiminin başını çektiği söylenenler aynı gün İzmir'de yakalandı. Bir önceki mecliste muhalefetin başını çeken İkinci Grup'un ateşli hatibi Ziya Hurşit, üç tetikçiyle birlikte tutuklandı. İddia şöyleydi: Rize eski mebusu Ziya Hurşit, tetikçiler Mustafa

5. Sefa Kaplan, "Latife Hanım'ın Günlüğü'nü Bir Bilim Kurulu İncelesin" *Hürriyet*, 3 ocak 2005.

6. Can Dündar, "Ata'nın Resmiyle Öldü", *Milliyet*, 11 kasım 2004.

Kemal Paşa'ya ateş ederken ortalıkta panik çıkartıp katillerin kaçmasını sağlayacaktı. Herkes öfkeliydi. Suikastçıların İstiklal Mahkemesi'nde yargılanmasına karar verildi. İstiklal Mahkemesi, olayın arkasında bulunduğu öne sürülen sanıkları tutuklamaya başladı. Hedeftekiler Terakkiperver Cumhuriyet Fırkası milletvekilleri ile Cumhuriyet öncesi yılların iktidar partisi İttihat ve Terakki'nin önde gelen isimleriydi. Eski bakanlar, milletvekilleri ve Mustafa Kemal'in bazı silah arkadaşları suikastçılarla ilişkili olduklan iddiasıyla tutuklandılar.

Ali Fuat Cebesoy ve Kâzım Karabekir de tutuklananlar arasındaydı. Rauf Orbay ortalıkta yoktu. Mustafa Kemal Paşa'nın Kurtuluş Savaşı günlerinden yakın dostu Süreyya Yiğit, Rauf Orbay'ı evinde saklamış sonra da İstanbul'a ardından Avrupa'ya kaçması için yardımcı olmuştu.[7]

Halide Edip ile eşi Adnan Adıvar ise daha önce yurtdışına çıkmışlardı.

İzmir İstiklal Mahkemesi tarafından idama mahkûm edilen 13 kişi sabaha karşı suikastın planlandığı sokak ve meydanlarda asıldı.

İsmet Paşa ağırlığını koyunca, Kâzım Karabekir, Ali Fuat, Refet ve Tayyar paşalar beraat ettiler. 2 ağustosta Ankara'da başlayan İstiklal Mahkemesi duruşmasında İttihat ve Terakki'nin eski liderleri Anayasa'yı değiştirmek ve TBMM'yi dağıtmaya teşebbüsten yargılandılar. 26 ağustosta mahkeme kararını açıkladı: Aralarında maliye eski nazırı Cavit'in de olduğu dört İttihatçı idama mahkûm edilmişti.

İzmir'de ve Ankara'da, milletvekili, eski bakan, vali ve bürokratlardan oluşan sanıklar, hukukçu olmayan bir heyet tarafından yargılanmış, avukat tutmalarına izin verilmeden idama gönderilmişlerdi.

Latife İstanbul'da

Latife'nin 1926 haziranında o kritik günlerde İzmir'den ayrılıp İstanbul'a yerleştiğini bir Amerikan gazetesinden öğreniyoruz.

> Latife Hanım'ın İstanbul'a dönüşü Mustafa Kemal'in onu neden boşadığına ilişkin söylentileri yeniden canlandırdı.
>
> Onun ağzı mühürlü, yeni Türkiye'nin yeni cumhurbaşkanı da bu

7. Nuyan Yiğit, a.g.e., s. 248-252.

> konuyu tartışmaya hiç yatkın görünmüyor. Yaşlı kadınlar çocuk doğuramadığı için kocasının onu boşadığını düşünüyor. Bütün Türkler çocuk istiyor, özellikle de erkek çocuk. Latife iki yıl birlikte yaşadığı kocasına bir veliaht veremedi.
>
> Siyasetle ilgilenen genç ve modern kadınlar daha farklı düşünüyor. Latife, kocasının çevresini saran çoğu politikacıyla iyi ilişkiler içinde değildi. O kocasına tapıyordu. İddia edildiğine göre arkadaşları konusunda öylesine kıskançtı ki, Kemal'e gönderilen mektup ve telgrafları açıyordu.
>
> (14 haziran 1926, *Washington Post)*

Mustafa Kemal Paşa padişah ya da imparator değildi. Latife'yle boşanmasının nedeni de dünyaya gelemeyen bir veliaht değildi, ama anlaşılan böyle yorumlar da yapılmıştı.

1930'lu yıllarda bir Fransız gazetesinde çıkan haberde Latife de "eşine bir çocuk veremediğini, bu yüzden boşandıklarını" söylemişti. Cumhuriyet'in 13. yılında yayımlanan haberin Latife'ye ilişkin bölümü şöyle:

> Kemal Atatürk, Osmanlı kadınının kurtarıcısı, Türkiye'nin eski yöneticilerinin harem anlayışına karşı çıkıyor, Gazi'nin hayatından bir kadın geçiyor. Latife Hanım, Kemalist destanın sanat tanrıçası oluyor. Zafer sahibi onu, zaferine ortak ediyor. Bu kadın onun eşi oluyor ve fetheden, inşa eden ve kanun koyanın ardından şarkı söylemeye başlıyor. Acaba o, bu liri yanlış mı çalacak? 5 ağustos 1925'te Türk halkına kısa bir bildiriyle Cumhurbaşkanlığı çiftinin boşandığı haberi veriliyor.
>
> Kendisine bu olaydan sonra soru soranlara Latife Hanım şöyle cevap veriyor: "Zevcelik rolümün esasını yerine getiremedim. Eşime çocuk vermedim."[8]

Latife'nin neden böyle söylediğini anlamak zor değil. Boşanmaları üzerine bitmez tükenmez yorumlar yapılmasından bunalıp, klasik boşanma nedeni olan çocuk meselesini öne sürmüş olmalı. Yoksa Latife açısından böyle bir problem yoktu. "Benim çocuğum olmaz" diyen Mustafa Kemal Paşa'ydı.

Latife dönemin medyatik kadınıydı. Dünyanın beklentisi Türkiye'de yaşanan değişim sürecini Latife gibi önemli bir kadının ağzından öğrenmekti. Bu yüzden Latife, 1930'lu yıllara dek dünyanın gündeminde kaldı, davetler almaya devam etti. Dünya basınıyla ya-

8. Louis Combaluzier, "Kemal Atatürk 13 Seneden Beri Türkiye'nin Babası" (adı ve tarihi belli olmayan Fransızca bir gazete kupüründen).

kın ilişkisi vardı. Gazetecilerle yapılan görüşmelerde hazır bulunmuş, kimi zaman tercüman, kimi zaman da ülkenin birinci kadını sıfatıyla bilgilendiren kişi olmuştu. Bu gazeteciler doğal olarak boşanmanın ardından Latife'yi ne yapacak diye merakla izlediler. Türkiye onu bir kalemde silip atarken, dünya Latife'yi, haksızlığa uğramış bir kadın olarak görüyor ve yanında saf tutuyordu.

Arayanı soranı var mıydı?

O günlerde Latife'nin arayanı, soranı, ziyaretçileri var mıydı? Rıza Nur'a göre, Başkâtip Tevfik ile Siirt Mebusu Mahmut (Soydan) Latife'yi ziyaret edenler arasındaydı. Rıza Nur bu ziyaretin çok da dostane amaçlı olmadığını "Latife'ye kimseye bir şey söyleme" tembihatında bulunmak amacıyla geldiklerini söylüyor.

Rıza Nur'a göre, Latife İstanbul'a gelince, eşi İffet'i çağırtmıştı. Latife ile İffet Ankara'dan tanışıyorlardı. Ayrıca, İffet, Süreyya Paşa'nın erkek kardeşinin kızıydı; Latife'nin kız kardeşi Vecihe 1925 martında Süreyya Paşa'nın oğlu iktisatçı Hayri İlmen'le evlenince akraba olmuşlardı. Bir gün Rıza Nur, Latife'yi ziyarete gitmiş, havadis almak için uğraşmıştı.

> Türlü yollardan girdim; bir şey söylemedi. Mahsus saatlerce kaldım. Babası da bizi bir dakika yalnız bırakmadı. Tedbirli adam. Herkes yanına gitmeye korkuyordu. Bir daha gittim. Yine havadis almak tecrübesi yaptım. Yine olmadı. Zavallı kimseyle görüşmüyordu. Kahretmiş sokağa da çıkmıyordu. Güç vaziyet. Daha dün hakim-i mutlak halinde idi. Merasim ve alkışlar içinde idi. Şimdi basit bir fert... Evvelce Çifte Mekteplerin üzerinde Latife Gazi Mektebi yazılı idi. Boşandığının ertesi günü adını kazıyıvermişler. Sonra kendi de işitmiş bunu. Pek gücüne gitmişti. "Hava almak lazımdır" dedim. Dinlemedi. Gittikçe zayıfladı, sarardı, âdeta verem oluyordu.[9]

Latife'nin ikinci hayatıyla ilgili bildiğimiz şuydu. İnzivada yaşayan, terk edilmiş, mahvolmuş kadın! Yeğeni Muammer Erboy'la yaptığım uzun konuşmalar sonunda karşıma başka bir Latife Hanım çıktı. Acısını hazmetmeye çalışan, günlerini sevdikleriyle geçirmiş, pek çoğumuzdan daha iyi bir hayat sürmüş bir kadın. Türkiye ve dünya sorunlarını sürekli izleyen, kütüphanesine çekilip durmadan okuyan, yazan, dış dünyaya karşı Mustafa Kemal'i silse de hep içinde yaşatan bir Latife Hanım.

9. Rıza Nur, *Hayat ve Hatıratım*, 3. cilt, s. 316.

Uşakizadelerin yeni mekânı

Uşakizade ailesi, Ayaspaşa'daki Boğaz manzaralı dört katlı ahşap konağı satın alınca, Latife de dördüncü kata yerleşti. İstanbul'un en güzel evlerinden birinde, şehrin göbeğinde yaşıyorlardı. Demek ki şehirle ve insanlarla ilişkilerini kesmek gibi bir düşünceleri yoktu.

Ayaspaşa'daki konağı Muammer Erboy bütün görkemiyle anlatıyor:

> Harika bir bahçe kapısı vardı. Bir de garaj kısmı vardı, bir alt kapıdan girilen... Ana kapı deniz tarafında değil de karaya bakan taraftaydı. Üç mermer basamakla çıkılırdı. Çok güzel işlemeli camları olduğunu hatırlıyorum. Açılınca, bir sıra daha cam çıkardı karşınıza, dışarının soğuk havası içeriye girmesin diye. Ağır perdeler asılıydı bu camlarda.
>
> Muazzam bir evdi, bir holden girilirdi. Holün üstünde iki tane büyükçe kapı, biri çift kanatlı, sağdaki yemek odasına gider, tek kanatlı olan da mutfağa inen merdivenlere. İki kanatlı kapı büyük bir salona açılırdı. Topkapı Sarayı, bütün Boğaz ayağınızın altında olurdu bir anda. Duvarlarda kenarları altın yaldızlı yağlıboya tablolar, tavanda kristal avizeler, görkemli merdivenin iki ucunda bronzdan yapılmış meşale tutan "üryan" kadın heykelleri yerleştirilmişti. Ayaspaşa'daki eşyalar 1920 Parisi'ndendi. Kadife püsküllü lamba bütün salonu aydınlatırdı.
>
> Girişin iki yanındaki duvarlarda, III. Napoléon döneminden aynalar asılıydı, tavan 4,5 metre yükseklikte olduğu için tepede bir metre boşluk kalırdı. Uzun bir koridordan gri, bej, kırmızı halıların serildiği çifte merdivenlerle üç kat çıkılırdı. Bu halılar Uşak'ta dokutulmuştu.
>
> Köşkün pencerelerinden Boğaz'ın girişi, Kızkulesi ve Sarayburnu açıkları görünüyordu. Arka tarafta kocaman ağaçların gölgelediği büyük bir bahçe uzanıyordu.

Kocaman bir ıhlamur ağacı olan bu bahçenin çok iyi bir bahçıvanı vardı. Karaağaçlı, uzun gri pardösülü Duşan Efendi'yi komşular ve mahallenin çocukları çok severdi. Ayaspaşa'daki konak aslında beş padişaha vezirlik eden Namık Paşa'nın torunu Sayha Hanım için yapılmıştı. Namık Paşa'nın torunlarından Nur Varkin, sonraki yıllarda yıkılan evin geçmişiyle ilgili şu bilgiyi verdi:

> Asıl konak karnıyarık tabir edilen bir uzun bir yermiş, Sarayarkası

Sokak'tan başlayıp set üstüne kadar inermiş. Kâzım Taşkent'in evinin olduğu yer ve yanımızdaki yer dahil. Bir adaymış burası. Set Otel'in olduğu yer ahırlarmış, bizim evin olduğu yer de hamamlıkmış. Aralarda enginar bahçeleri varmış. Namık Paşa'nın vefatından sonra çocukları arasında bölünmüş, orası Mustafa Bey'e düşmüş, benim bugün oturduğum evi de dedem Ali Bey'e ayırmışlar. Kendisi sürgünde imiş Midhat Paşa ile beraber Medine'de. Namık Paşa annemin (Meryem Çelebiler) dedesi oluyor. Muammer Bey'in aldığı ev Mustafa Bey'in kızı Sayha Hanım için yapılmış. O da evi satmış. Mösyö George diye birisi almış derler. Muhtelif insanlar kirada oturmuşlar, sonra Muammer Bey onlardan satın almış o eve düşen hisseyi.[10]

Ticarî faaliyetini Mustafa Kemal'in kayınpederi olmasının ardından yavaş yavaş tasfiye eden Muammer Bey, haziran 1926'da, 78 000 liraya satışa çıkartılan 27 dönümlük Ayaspaşa Mezarlığı'na talip oldu. Anlaşılan servetini bir yatırıma dönüştürmek istemişti. Ancak, mezarlık bir başkasına satıldı.[11]

Latife'nin üç kardeşi, Ömer, İsmail ve Vecihe, o Çankaya'dayken evlendiler. 2 mart 1925 tarihli *Cumhuriyet* gazetesinde çıkan bir haber İsmail ile Vecihe'nin evleneceklerini duyuruyordu. Uşakizadeler İstanbul'un ünlü siması Süreyya Paşa ailesiyle akraba oluyordu. Süreyya Paşa ile Adalet Hanım'ın kızı Melahat, Latife'nin erkek kardeşi İsmail'le, oğulları Hayri de Latife'nin kız kardeşi Vecihe'yle evlenecekti. Rukiye de ablası Çankaya'dayken tanıştığı Cevat Açıkalın'la evlenip Ankara'ya yerleşti. Rukiye, kızların en güzeliydi. Aile Fransa'dayken Latife, Vecihe ve Rukiye'ye zarafetlerinden ötürü "üç zarifler" anlamına gelen "Les Trois Graces" adı verilmişti. Fransızlar, Rukiye'ye Mademoiselle Beaute (Bayan Güzellik), Vecihe'ye Mademoiselle Grace (Bayan Zarafet), Latife'ye ise Mademoiselle İntelligence (Bayan Zekâ) derlerdi.

Herkesin, çok yakışıklı diye anlattığı Ömer, Osmanlı Bankası'nda, İsmail de Hariciye'de çalışıyordu. Ömer'in, Kapanizadelerin kızı Atıfet'le yaptığı evlilik, modern bir düğünün habercisi olarak dönemin ünlü dergisi *L'Illustration*'da yayımlandı. Gelin ile damadın düğün fotoğrafları, Mustafa Kemal ile Latife'nin ayrı çerçeveler içinde duvara asılmış fotoğraflarının önünde çekilmişti.

İsmail ile Melahat'ın evlilikleri çok kısa sürdü. Onlar boşanın-

10. Nur Varkin'le görüşme.

11. Burak Çetintaş, "Ayaspaşa Mezarlığı", *Toplumsal Tarih*, aralık 2004, sayı 132, s. 90-94.

ca, ailesi oğulları Hayri'nin de Vecihe'den boşanmasını istedi. Süreyya Paşa özellikle Kadıköy yakasındaki kentsel faaliyetlerin başını çeken isimdi. 1927 yılında Süreyya Sineması ile Süreyya Opereti'ni kurmuş, milletvekili olarak siyaset yapmış, belediye hizmetlerine fiilen katılmış büyük servet sahibi bir kişiydi. Dresden'de ekonomi eğitimi gören Hayri, bu garip isteğe direnince ailesiyle arası açıldı. Bunun üzerine Vecihe ile Hayri Ayaspaşa'daki konakta yaşamaya başladılar. Kız kardeşi Vecihe, Latife'nin yine yanındaydı.

Ayaspaşa'daki baba evinde yakınları ve hayalleriyle yaşamını sürdüren Latife, odasında uzun saatler geçiriyor, Boğaz'a hâkim bahçesindeki manolya ağaçlarının gölgesinde yürüyüşler yapıyordu. Odasının penceresinden baktığında, Mustafa Kemal'in Dolmabahçe'ye geliş gidişlerini görebiliyordu. Latife eski eşini gün gün takip ederken devletin de onu gözlediğine dair söylentiler dolaşıyordu.

Vasıf Çınar'a mektuplar

Latife'nin boşanmayı izleyen 1926-1927 yıllarında nasıl bir ruh hali içinde olduğunu çok iyi biliyoruz. 21 ağustosta eski bakanlardan yakın dostu Vasıf Çınar'a yazdığı ilk mektupta da kendisinden İstanbul'un bir köşesinde elem ve ıstırap içinde yuvarlanan İzmir'in bedbaht kızı olarak söz ediyor. Mehmet Barlas'ın yayınladığı altı mektup Latife'nin duygularını bütün çıplaklığıyla yansıtıyor.

Eski dostu, tam da Mustafa Kemal'den boşanmasının birinci yıldönümüne rastlayan günlerde onu hatırlamıştı. Mektuplardan yazışmayı başlatanın Vasıf Çınar olduğu anlaşılıyor

Vasıf Çınar'ın yeğeni Neriman Selgil'in yıllarca muhafaza ettiği mektupları okuyunca, fevkalade üzgün ve umutsuz bir Latife çıkıyor karşımıza.

Latife kendisini bir sonbahar yaprağı gibi toprağa karışmaya hazırlanan bir varlık olarak tarif ediyor. Yani ölümü düşünüyor. Hem manen hem de maddeten hasta olduğunu yazıyor. Türk dilinden ve Türk yurdundan uzaklaşmak istemediğini söylüyor. Anlaşılan pasaport alamadığı günler geride kalmış. Latife yine de gidip gitmemek konusunda tereddütlü.

Kederini zarif, derinlikli ve edebî cümlelerle anlatan Latife, "Elem büyük mürebbiyedir. Bilseniz bana neler öğretiyor..." sözleriyle yaşamakta olduğu trajediyi özetliyor. Yıkılmak üzereyken kahredici elem duygusunun pençesinde yeniden dikilip ayağa kalktığını yazıyor; bir gün dünyanın her acısını küçük görecek kadar kuvvetli olmayı hayal ediyor.

21 ağustos 1926'da Latife'nin İstanbul'dan yazıp gönderdiği ilk mektup "siz" diye kaleme alınmış.

İstanbul'un bir köşesinde elem ve ıstırap içinde yuvarlanan güzel İzmir'in bedbaht kızını bir suretle hatırlamanız, ahlakınızın, hissiyatınızın, nezahat ve asaletine en büyük delildir. Seyahat meselesini unutmuştum. Saadetimden, yuvamdan, kıymetli emellerimden öyle feci şekilde uzaklaştırıldım ki, kendimi çok sevdiğim Türk dilini ve beklemekte canımla başımla merbut (bağlı) olduğum Türk yurdunu seyretmekten de mahrum bırakmak istemiyordum. Samimi ve mucip bir lüzum olduğu halde, memleketimden ayrılmaya karar veremiyorum. Belki Latife Hanım'ı azim sahibi, benlik sahibi bilirdin. Bu ne zaaf. Kendini niçin bu kadar derin bir eleme kaptırdın? Onun yüksek izzetinefsi, kadınlığı, şerefi nerede diyeceksiniz? Çok rica ederim, beni sakın tağyip etmeyesiniz (ayıplamayasınız). Hayatta öyle muammalara, öyle müthiş fırtınalara tesadüf edilir ki, bazen en kuvvetli dimağ bile muvazenesini kaybedecek kadar sarsılır. Böyle vaziyetlerde, bence yakın bildiğimiz insanların, hazan yaprakları gibi titreye titreye, çırpına çırpına kızarıp sarardıklarını, solduklarını ve nihayet merbut oldukları dala tutunamayarak düştüklerini ve toprağa karıştıklarını görürüz. Fakat bazen elem, yine o kahhar (kahredici) pençe, tefrik ettiği müstait (eğilmeye hazır) bir ruhu kuvvetli yumruğu içinde sıkar. Bir gün dünyanın her acısını küçük görecek kadar kudretli olarak, yepyeni bir zihniyetle (vazife zihniyetiyle) beşeriyetin içine atar. Öyle zannediyorum ki, mensup oldukları heyet-i içtimaiyeye (sosyal topluluğa) en büyük hakları sebkat etmiş (geçmiş) olanlar, bu mektuptan çıkanlardır. Elem büyük mürebbiyedir. Bilseniz bana ne hakikatler öğretiyor. Bana sıhhatli ve neşeli bir hayat temenni ediyorsunuz. Mutlaka bir hakk-ı hayat edebilmek için, evvela sıhhatli olmak lazımdır. Bilhassa dimağ ve his meselesi mühimdir. Maalesef hem manen, hem maddeten hastayım. Çok mustarip bir haldeyim. Neşeyi unuttum.

Latife[12]

Mehmet Barlas mektupları *Güneş* gazetesinde ilk kez yayımladığında kime hitaben yazıldıklarını saklı tutmuştu. Ancak, Latife

12. Mehmet Barlas, *Latife Hanım'ın Sırları ve Türk Sosyetesi*, Birey Yayınları, İstanbul, 2005, s. 18.

Hanım'ın evrakları açılacak denildiği günlerde yeniden *Sabah* gazetesinde yayımlarken eski Büyükelçi ve Millî Eğitim Bakanı Vasıf Çınar'a hitaben kaleme alındıklarını açıkladı. Mektupları Mehmet Barlas'a veren Vasıf Çınar'ın yeğeni Neriman Selgil'di. 2004 nisan ayı içinde Selgil ölmüş, 2004 yılı sonunda da Latife Hanım'ın bütün evrakının açılması gündeme gelmişti. Bu nedenle Mehmet Barlas'ın verdiği sözün de bir geçerliliği kalmamıştı.

Vasıf Çınar kimdi? Neden Latife onunla mektuplaşmıştı?

Vasıf Çınar da Latife gibi İzmirliydi. Babası Bedirhanlardandı, annesi Giritli. 1896 yılında Girit'te doğan Vasıf Çınar, İzmir'de büyümüştü. İşgale direnenlerin safında yer almış ve Latife gibi o da hukuk okumuştu.[13] Latife'yle neredeyse yaşıttı. Ağustos 1923'te meclise girmiş, Latife Çankaya'dayken millî eğitim bakanlığına getirilmişti. Latife'nin çok yakından ilgilendiği Tevhid-i Tedrisat Kanunu'nu hazırlayan ve meclise sunma görevini üstlenen kişi de Vasıf Çınar'dan başkası değildi. İstanbul İstiklal Mahkemesi savcılığı yaptığı günlerde 17 ocak 1924'te, Aile Hukuku Kararnamesi için Nezihe Muhiddin öncülüğündeki Kadınlar Halk Fırkası kurucularının İstanbul Türk Ocağı'nda düzenlediği büyük toplantıya katılan erkeklerden biriydi. İstanbul kadınlarının bu konudaki düşüncelerini saptamak için bir heyet kurulmasını öneren Vasıf Çınar Latife'nin yakın dostuydu.

Latife'nin Vasıf Çınar'a yazdığı ikinci mektup 10 aralık 1926 tarihini taşıyor. Mektup, ne olursa olsun yaşamaya karar vermiş bir Latife'nin habercisi. "Sonunda seyahate çıkıp, dışarıda tedavi olmaya razı oldum" diyor. Sanatoryuma yatacağını, bir hastabakıcıyla yola çıkacağını söylüyor. Latife'nin "kemal" sözcüğüne yer vermesi de dikkat çekici. Mustafa Kemal Paşa'dan açıkça söz etmek istemediği zamanlarda "kemal" sözcüğünü, evlilik günlerinde şifre olarak kullanmıştı.

> Bugün karşınıza kemal-i cesaretle çıkıyorum. Çünkü beni düşünenlerin, beni yaşatmak isteyenlerin sözünü dinlemeye, kendimi ciddi surette tedavi ettirmeye karar vermiş bulunuyorum. Son zamanlarda fazlaca rahatsızdım. Sonunda seyahate çıkıp, dışarıda tedavi olmaya razı oldum. Seyahatimde iz'ac edilmemek için incognito (gizli kimlik-

13. Tülay Alim Baran, *Vasıf Çınar ve İzmir'e Doğru Gazetesi Yayınları*, Arma Yayınları, 2001, İstanbul, s. 11-27.

le) kalacağım. Mamafih, sizi bizzat haberdar etmekten men-i nefs edemedim (kendimi alamadım). Pazartesi günü hastabakıcı ile Viyana'ya müteveccihen hareket edeceğim. Otel Bristol'e inmeyi düşünüyorum. Orada azami bir hafta kalacağım. Mütehassıs profesörlerin fikrini aldıktan sonra, bir sanatoryuma çekilip bir an evvel iyileşmeye gayret edeceğim. Karpatlar'daki meşhur Tatra'nın eteğinde, son sistem inşa edilmiş bir müesseseyi çok methettiler. Adı Syontag Sanatoruim Palace. Benim, sirayet devresine dahil olmuş hastalarla bulunmaklığımı tasvip etmediklerinden, bu sanatoryumu bilhassa tavsiye ediyorlar. Karar Viyana'daki profesörlerindir.

Latife[14]

Latife, Çekoslovakya'nın Tatra kasabasında bir sanatoryumda yatarken Vasıf Çınar da Türkiye büyükelçisi olarak Çekoslovakya'daydı. Haziran 1925'te gittiği Prag'da 1927 aralığına kadar kaldı.

Latife'nin Tatra'dan Vasıf Bey'e gönderdiği mektuplarda Fatma Sadık imzası göze çarpıyor. Latife yurtdışına Fatma Sadık adıyla çıkmıştı. Vecihe İlmen, "Tanınmasın diye. Atatürk öyle arzu etmiş. Atatürk'ün arzusuyla kendisine Fatma Sadık diye pasaport çıkartılmış" diyor.

Latife, Avrupa'yı yakından tanırdı. Acaba neden Prag yakınında, Tatra'da bir sanatoryum seçmişti? O sıralarda Türkiye büyükelçisi olarak Vasıf Çınar'ın Prag'da bulunuşu mutlaka etkili olmuştu. Mehmet Barlas ise bu seçimde İsmet Paşa'nın Latife'yi yönlendirdiğini düşünüyor. 1924 yılında yaşamını yitiren Kafka 1921-1922 arasında Tatra'da bir sanatoryumda kalmış, ünlü yapıtı *Şato*'yu orada yazmış, Milena'yla son kez orada buluşmuştu. 1925 yılında yayımlanan *Dava*'nın ardından, Kafka ilgi çeken bir yazar olarak öne çıkmış, 1926'da da *Şato* yayımlanmıştı. Muhtemeldir ki, Latife, Kafka'yı o günlerde ruhuna uygun bulmaktaydı.

Vasıf Çınar'a yazdığı 26 ocak 1927 tarihli mektuptan Latife'nin çocuklar için bir kitap yazdığını öğreniyoruz.

Bir haftadan beri yatıyorum. Hafif bir enflüanza (İspanyol nezlesi) geçiriyorum. Bu sabah ikinci bir radyografi yapıldı. Beş haftalık ciddi bir tedavi geçirdiğim için, müstefit olduğumu (istifade ettiğimi) temin ediyorlar. Şimdilik yegâne emelim bu muhitten uzaklaşmaktır. Maarif Vekili Necati Bey'in seyahatini gazetelerden öğrendim. Eğer sıhhatim

14. Mehmet Barlas, a.g.e., s. 27.

avdet ederse, kendilerine uzun zaman çalışarak vücuda getirdiğim ve memleket için çok müfit (faydalı) olacağını zannettiğim mini mini bir eser hediye edeceğim. Tabiî eserim kendim kadar küçüktür. Fakat yavrularımıza, vatan ve millet aşkını telkin hususunda, mürebbiyelere çok yardım edecektir. Yeter ki Vekâlet-i Celile (Herhalde Millî Eğitim Bakanlığı'nı ifade ediyor) bizlerin tahassüsatından (hislerinden) atfı ehemmiyet etmeyi faideli bulsun.

Fatma Sadık

Şubat 2005'te "Latife Hanım'ın belgeleri" TTK tarafından açıklanmış olsaydı belki de onun Türk eğitim sistemine ilişkin görüşlerini içeren bu "Mini mini eser"i de okuyabilecektik.

Fatma Sadık imzalı 4 şubat 1927 tarihli dördüncü mektupta yine Tatra'dan yazılmış.

Muhterem Muazzez Kardeşim,

Vefa ve samimiyetinizin, size gücenmekte haksız olduğumu bana daima ispat edeceğini söylüyorsunuz. Ben bu ayın sonuna kadar buradayım. Kalan altı ayın üç ayını da, başka bir memlekette sahilde geçireceğim. Viyana'daki profesörlerle böyle görüşmüştük. Benim gibi sonsuz ve mühlik (helak edici) boşluk içinde yuvarlanan felaketzede bir kadın, hayatta yalnız başına mücadele ederken, fazla teessür ve heyecan gösterirse, ince ve asil ruhlu insanlar, onu anlamak mecburiyetindedir. Burada gayet müteessir yaşıyorum. Tatra'nın havası cidden nefis, fakat muhit itibariyle, emsaline nadiren tesadüf ettiğim bir yer.

Fatma Sadık[15]

25 şubat 1927 tarihli beşinci mektupta Vasıf Çınar'la yaptığı bir telefon görüşmesinden söz ediyor. Telefonda verilen haberin ne olduğu ise anlaşılmıyor. Eylül ayında Türkiye'ye dönmeyi planlıyor. Çünkü yolculuğunun altı ay daha süreceğini, bu altı ayın yarısını da başka bir ülkede sahilde geçireceğini yazıyor. Tatra'dan Viyana'ya oradan İtaya'ya, Alp Dağları eteklerindeki Meran'a geçeceğini öğreniyoruz.

Muhterem Muazzez Kardeşim,

Telefonda vaat ettiğiniz habere intizar ettim (bekledim). Geciktiğini görünce yine rahatsız etmeye mecbur oldum. Geldiğim günden beri sıhhatime, istirahatime çok itina eden Doktor Sintag, mart ve nisan

15. Mehmet Barlas, a.g.e., s. 47.

aylarını bu rahatsızlık için pek ziyade tavsiye edilen ve ilkbaharda letafetine doyulmayan Meran'da geçirmekliğimi istiyor. Kardan, yeşillik ve çiçek içine gitmek benim de hoşuma gidiyor. Esasen martın 10'undan sonra burası çok ratip (rutubetli) olurmuş. Martın 5'inde Doktor Sintag'ın refikası gelecek. Arzu ettiğim takdirde bana refakat edeceğini söyledi. Hakiki bir anne olan yaşlı ve tecrübekâr madamın refakatinden istifade etmeyi doğru buluyorum.

Sıhhatim çok iyileşti. 4 kilo aldım. Güneşte de yattım. Meran'ın güzel, ilkbahar havasını 6-7 hafta teneffüs etmekle keder hayatına nihayet verebileceğimi söylüyorlar. Sevgili yurduma avdet edeceğim gün yaklaşıyor. Bilseniz nasıl seviniyorum. Bazen çocuk gibi ağlıyorum. Artık hastane hayatı yaşamaktan sıkıldım.

Latife[17]

Latife o günlerde Mevhibe Hanım'a da bir mektup göndermişti. Tarihi ise 5 temmuz 1928. Bu mektuptan yine hasta olduğu anlaşılıyor. Anlaşılan planladığı gibi geri dönemedi.

Pek Muhterem Mevhibe Hanımefendi Hemşireme,

Bir haftadan beri sanatoryumdayım. Kalbim biraz zayıf olduğundan irtifaya henüz alışamadım. Fazla çarpıntı yapıyor. Doktorlar bu halin geçeceğini temin ediyorlar. Burası çok güzel, her taraf karlar içinde. Ne olurdu Anadolu'nun dağlarından birinde böyle bir müesseseye malik olsaydım...

Latife[18]

17. Mehmet Barlas, "Felaketzede Bir Kadınım", *Güneş* gazetesi, 11 kasım 1986.

18. Nebil Özgentürk, "Felaketzede Yalnız Bir Kadın", *Sabah*, 31 ekim 2003.

35

Boşandıktan sonra Mustafa Kemal

Latife boşanmayı izleyen günlerde "felaketzede bir kadın" olduğuna inanıyordu. Mustafa Kemal ise boşanmayı isteyen taraftı. Bekârdı, tamamen özgürdü. Zaman zaman eline ayağına dolanan evlilik bağından kurtulmuştu. Planladığı reformlar, sahip olduğu iktidar, bir dediğini iki etmeyen silah arkadaşları ve sayısız hayranı olsa da o artık yalnız bir erkekti.

Acaba verdiği karardan memnun muydu? Anılarda bu nokta hep üstü kapalı geçilmiş.

1922 eylülünde İzmir'e giren ilk Türk komutan olarak bilinen Fahrettin Altay Paşa o günlerden söz eden belki de tek isim. Misafir edildiği Çankaya'da bir de anı defteri tutmuş.

Fahrettin Paşa o günleri anlatırken Mustafa Kemal'in çok üzgün olduğunu vurguluyor:

> Bu yılın en üzücü olayı Atatürk'ün Latife Hanım'dan ayrılmasıdır. Bu ayrılışın onu çok üzdüğü fakat kimseye hissettirmemeye çalıştığı hissediliyordu. Odasında "Bağrı Yanık Bülbüle Döndüm" türküsünü çaldırarak ağladığı duyulmuştu.[1]

Kız kardeşi Makbule Atadan onun için "Kolay kolay ağlamazdı. En acı hadiselerde bile gözünü yaşartmazdı. Annem öldüğü zaman ağladığını hatırlıyorum. O günden sonra ağladığını bilmiyorum" demişti.[2]

Latife'nin üzüntüsünü paylaşacak yakınları vardı. Ancak Mus-

1. *Fahrettin Altay Paşa Anlatıyor İmparatorluktan Cumhuriyet'e*, haz. Taylan Sorgun, Kamer, 1998 2. baskı , İstanbul, s. 389-415; Fahrettin Altay, *10 Yıl Savaş*, İnsel Yayınevi, 1970, İstanbul, s. 30.

2. Şemsi Belli, *Ağabeyim Mustafa Kemal*, Ankara 1959 s. 50.

tafa Kemal bu anlamda çok da şanslı değildi.

Latife'den birkaç ay sonra, Mustafa Kemal Paşa, Fahrettin Altay'ı da yanına alarak İzmir'e gitmişti. Cumhuriyet'in kayıtlara geçen ilk balosu da sanki Latife'ye inat İzmir'de verilmişti. Bu gezi iki tarafa da acı vermiş olmalı.

"Onun sinir buhranı geçirmesinden korkuyorduk!"

Fahrettin Paşa samimi bir üslup içinde karısını boşayan kocanın üzüntüsünü aktarırken Mustafa Kemal'in bir sinir buhranı geçirmesinden korktuklarını yazıyor. İzmir'de bu gezi sırasında karşısına çıkan Afet'in (İnan) muhtemel bir sinir buhranını önlediğini düşünüyor. O günlerde 16 yaşında olan Afet İzmir'de Reddi İlhak Okulu'nda üç haftalık öğretmendi. 11 ekimde okulda verilen çayda Afet'i Mustafa Kemal ile Kâzım Paşa'nın (Özalp) arasına oturtmuşlardı. Genç kızın Selanik'in Doyran kasabasından oluşu Mustafa Kemal'in ilgisini çekti. Mustafa Kemal o gün Afet'i Fahrettin Paşa'yla da tanıştırdı:

> Öğretmenler topluluğunda konuşurken genç bir öğretmen kız dikkatini çekti. Selanik'te onlara akraba olacak kadar yakınmış. "Öğretmen Hanım" diye tanıttı, hürmetle selamladım. Çok genç sarı saçlı mavi gözlü kibar tavırlı bu öğretmen bayanı şu tarzda anlatmaya başladı: "Ailesi Selanik'te bizim aile ile akraba denecek kadar yakındır. Kendisine burada tesadüf ettiğime sevindim. Annesi ölmüş babası genç bir kızla evlenmiş bu da hayatını kazanmak için öğretmen olmuş. Okumaya çok meraklı fakat tahsilini ilerletmeye imkân bulamıyormuş. Kızım olmayı kabul etti. Ankara'ya gelecek. Hem öğretmenlik yapacak hem de tahsilini yükseltmek imkânı bulduracağım."
>
> Atatürk'ün üzüntüsünü giderecek bir arkadaş bulmuş olmasına hepimiz çok sevinmiştik, bir sinir buhranı geçirmesinden korkuyorduk.
>
> Bu hanımın bunu önlemiş olması vatanımız için büyük bir hizmettir.[3]

Fahrettin Paşa not tutmaya 22 ekim 1925 cuma günü başlamış. Ondan öğrendiğimize göre, Latife gittikten sonra, "Daire Müdiresi" diye adlandırdığı 55 yaşındaki Madam Baver ile dört kız çocuğu Çankaya'da yaşamaya başlamışlardı. Madam Baver İsviçre'den getirtilen uzunca boylu, ağır başlı, kibar bir kadındı. "Atatürk'ün kızlarına Avrupa terbiyesi verecekmiş" diyor Altay.

3. *Fahrettin Altay Paşa Anlatıyor, İmparatorluktan Cumhuriyet'e*, s. 390.

Fahrettin Paşa Mustafa Kemal'le birlikte Meclis'e gittiklerini, yemekleri birlikte yediklerini ve köşkte, her gece başka davetliler olduğunu anlatıyor.

Altay, edilen dansları, gelen konukları, yenilen yemekleri ve bahçedeki evcil hayvanları bile ayrıntılarıyla kaydetmiş.

İlk geceki sofra muhabbetini şöyle anlatıyor:

> Saat 20.30'da Atatürk tarafından yemeğe çağrıldım. Salonda müzik çalıyordu. Atatürk, İsviçreli Madam ve manevî evlat edindiği dört küçük kız ile yeşil odada oturmuş neşeli neşeli konuşuyordu. Önünde bir rakı kadehi ile leblebi vardı.

O gece sofraya İsmet Paşa ile Tevfik Rüştü de (Aras) davetliydi. Tevfik Rüştü, frak giyinmiş, elinde körüklü bir gece şapkası, yanında eşi ve kızıyla birlikte gelmişti, "Biz o vakit, ne fıraktan ne de bu gibi şapkalardan anlamıyorduk" diyor Fahrettin Paşa. İsmet Paşa davete her zamanki gibi Mevhibe'siz gelmişti. Sofrada Afet de vardı ve İnönü'nün sağına oturmuştu. Madam Baver ile küçük kızlar sofrada yerlerini almışlardı.

Yemekte çorba, külbastı, ograten, patlıcan, krema ve kavun yenildi. Yemek sırasında şarap, sonunda şampanya içilmişti. Latife'nin âdetleri sürüyordu sofrada. Yemekten sonra Mustafa Kemal, Madam Baver'le fokstrot yapmış, sonra da hiç dans etmesini bilmeyen Altay'a, Madam Baver'i dansa kaldırması için işaret etmişti.

"Gençlik hayatım memleketin doğu bölgesinde geçtiğinden ömrümde ilk dans bu 55'lik madamla kısmetmiş" diye yazıyor. Sonra Madam Baver ile Mustafa Kemal'in izleyenleri hayran bırakan bir vals yaptıklarını söylüyor. Tevfik Rüştü'nün kızı Emel'in saçlarına bakan Mustafa Kemal Paşa, onun uzun saçlarını beğenmemiş, "Bunun modası geçti" diyerek Sabri'yi çağırtmış ve Emel'in saçlarını kestirtmişti. Sonra da şöyle demişti Emel'e:

"Bak şimdi daha güzel oldun, modayı ihmal etmemeli!"

Vakit geceyarısını bulunca ilk izin isteyen İsmet Paşa oldu.

Latife'nin evden ayrılmasıyla ortaya çıkan boşluk, dört kız çocuğu, Afet Hanım ve Madam Baver'le doldurulmuştu... Kızlardan biri Bursa'dan gelen Sabiha'ydı. Ama diğerlerinin adları kaydedilmemiş. Rukiye ile Nebile daha sonraki yıllarda evlat edinilmişlerdi.

23 ekim 1925 günü Fahrettin Altay, Yaver Muzaffer'le (Kılıç) bahçede gezinirken adatavşanları, iki küçük ayı yavrusu, iki ceylan, bir küçük maymun, tavus kuşları ve tavuklar görmüştü. Bah-

çenin bir kenarında büyük tel kafesler içinde çeşit çeşit güzel güvercinler uçuyordu. Birkaç at ve birkaç taydan söz ederken o sırada karşısına çıkan Sakarya'yı öpüp sevdiğini anlatıyor.

"Atatürk'ün artık bunlarla uğraşmaya vakti olmadığından yazık ki bu güzel atlara layıkı ile bakılamıyor, uzun zamandır da ahırdan çıkarılmıyorlarmış" diye esef ediyor.

Fahrettin Altay, Latife gittiği için atlara bakılamıyor demiyor ama anlatmak istediği bu sanki. Sakarya'nın Mustafa Kemal'in Latife'ye nişan hediyesi olarak gönderdiği at olduğunu herkes biliyordu. Latife'nin gidişiyle bu güzel al Arap atının mahzun kaldığını düşünmekten kendisini alamamıştı Fahrettin Paşa.

Vecihe İlmen, ayrılmalarının ardından Latife, Sakarya'yı bir furgon'a koyup "Bu ancak size yakışır" diyerek Mustafa Kemal'e göndermişti, diyor.

O günlerin Çankayası'nda başka değişimler de gözleniyordu. Salih Bozok'un eşi ve kızları yeni moda şapkalar giymişler, Avrupaî kıyafetlere bürünmüşlerdi. Fahrettin Paşa, Ankara'da gezinirken herkesi şapkalı gördüğünü bu yüzden eski bildiklerini tanımakta zorlandığını yazıyor. Mustafa Kemal 25 ağustosta İnebolu'ya yaptığı gezide Panama şapkasıyla ortalıkta görününce, kadınlar da erkekler de şapkaya rağbet etmeye başlamışlardı. Şapka Kanunu ise 25 kasım 1925'te çıkarılacaktı.

Fraklı, tuvaletli Çankaya sofraları

Fahrettin Paşa, Çankaya'da kurulan akşam sofralarında da "misafirler hep fraklı, hanımlar hep tuvaletli"ydi diyor. Mustafa Kemal'in Latife'nin köşkte protokol uygulamasından hoşlanmadığına ilişkin yorumların doğru olmadığı, fraklı ve tuvaletli davetlilerden anlaşılıyor.

23 ekim cumartesi gününden bir anısı ise şöyle:

> Atatürk'ün kızları çeşitli renkte ipekli elbiseleri ile etrafını bir çiçek halkası gibi sarmışlar. Bu akşam Madam Baver de çok şıktı. Boyalı ve pudralı. Etekleri saçaklı siyah dekolte bir gece tuvaleti giymişti. Afet Hanım da siyah ipekli ve sırma işlemeli bir gece tuvaletini kendisine pek yakıştırmıştı.

Yemeğin ardından holdeki orkestra, vals, zeybek havası çalmış, herkes horon tepmişti. Küçük kızlar uykuya gönderildikten sonra esneyen Madam da odasına gönderilmişti.

Mustafa Kemal, neşesiz görünen Afet'i kastederek Fahrettin Paşa'ya, Fransızca –söylenenler ikisinin arasında kalsın diye– şunları söylemişti: "Bu kız çok iyidir ve daha iyi olacaktır. Onu mükemmel yetiştireceğim, benim bu hallerim ona zor geliyor ama alışacaktır."

Bir köşede uyuklayan Salih Bozok'u işaret etmişti Kemal Paşa arkadaşına. Ardından ortalık bir gösteriyle neşelenmişti.

"Yakışıklı bir delikanlı olan garson Saib güzel bir kadın elbisesi giymiş olarak ortaya çıktı, bazı numaralar yaptı. Eski ortaoyunlarında erkeklerin yaptıkları zenne rolünün güya modernleştirilmesi gibi bir şeydi. Takdir edildi," diyor Fahrettin Paşa.

Hep ayakta dolaşan Kemal Paşa, kanepede oturan Afet'in yanına oturmuş, Fahrettin Paşa'ya Afet için söylediklerini daha değişik bir üslup içinde tekrarlamıştı:

"Kızım Afet beni çok sever, hem de okumak meraklısıdır. Bazı hallerime üzülüyor, haklıdır. Ben de onu çok severim. Kabiliyetini gördüğüm için ona en yüksek tahsili yaptıracağım, lisan öğretteceğim. Geleceğin yüksek bir hanımefendisi olacaktır. Küçükler de benim birer pırlantamdır."[4]

Sofra sabah 3.00'ten sonra dağılmıştı.

Ertesi sabah (24 ekim günü) Fahrettin Paşa kahvaltı olarak getirilen kaşarpeynirinin çok kötü olduğunu görünce, "İdare adamları dikkatsiz" diye düşünmüştü. Çankaya'ya bu peyniri yakıştıramamıştı.

Sofraya davetli olan İsmet Paşa, Mevhibe Hanım'ın rahatsızlığını haber vererek gelmemişti. Misafirler yine fraklı ve tuvaletliydi. İçki olarak şarap içilmiş, yine danslar ve alaturka oyunlarla konuklar neşelendirilmişti. O gece şampanya yoktu.

25 ekimde köşkteki çocuklara bir de "Ayşe isimli topaç gibi yetim bir kızcağız" katılmıştı.

26 ekim 1925 günü Latife'den söz edildi. Latife, Rıza Bey aracılığıyla kimi isteklerini iletmişti ayrıldığı eşine. Bu konuda suskun kalan Mustafa Kemal, Mahmut Bey'e eski kaynatası Muammer Bey'e İzmir'deki borçları için yardım edilmesini emretti.

O gün Afet, Fahrettin Paşa'ya evi gezdirdi. Yazılanlardan anlaşıldığına göre Latife'yle paylaştığı yatak odasında bir değişiklik yapılmamıştı.

"Karşıda Atatürk'ün büyücek yatak odası, fevkalade süslü kıymetli eşya vardı. Yan yana iki karyola, odaya bitişik banyo odası

4. *Fahrettin Altay Paşa Anlatıyor, İmparatorluktan Cumhuriyet'e*, s. 399.

her tarafı fayansla kaplı büyücek ve ferah..." diyor Fahrettin Paşa.[5]

Küçük kızlara çatı arasındaki odalar verilmiş, Afet'e ise merdiveni çıkınca sağdaki, Mustafa Kemal'in yatak odasının karşısındaki oda ayrılmıştı.

O gece küçük kızlar sofraya çağrılmamış, genç bir artist alaturka ve alafranga oyunlarla gelenleri eğlendirmişti. Madam Baver iki gündür ortalıkta yoktu. Mustafa Kemal, Tevfik Rüştü'ye "Benim eski karım toz alırdı bu ise azamet satıyor, yalnız emir vermek istiyor. Bir kolayını bularak bunu defediniz" demişti.

27 ekim gecesi Fahrettin Paşa, İnönü ailesinin konuğuydu.

Mevhibe Hanım, başını siyah bir başörtüsü ile sıkıca sarmış, üzerine de boydan boya düğmeli uzun kollu koyu renkli bir elbise giymişti. Çarşafın yeni atıldığı o günlere bu kılığı uygun bulmuştu Fahrettin Paşa.

Anılar, 1 kasım 1925'te son buluyor.

Latife İzmir'den Çankaya'ya Göztepe'deki aşçı ile bir iki hizmetkâr da getirmişti. Gidişinin ardından onlar da köşkten ayrılmış olmalı. Halit Ziya'nın oğlu Vedad'ın bir süre daha Çankaya'daki kâtiplik görevine devam ettiği anlaşılıyor.

Latife'siz bir Çankaya gecesini Halit Ziya'nın anılarından aktarıyorum.

Gece toplantısında Vedad, piyanoda, "aldığı bir emir üzerine *Cavaleria Rusticana*'yı çalarken", İstanbul'dan gelen mektuplar dağıtıldı. Bu arada Halit Ziya'nın kurşunkalemle yazılmış mektubunu da Vedad'a verdiler. Vedad piyanoyu bırakarak mektubu okumaya başladı. Mustafa Kemal merak etmişti.

"Vedad" demişti, "mektup babandan mı? Ne diyor, ver bakayım?"

Halit Ziya'nın deyimiyle bir biçim ve anlatımdan yoksun olan bu kâğıtları büyük bir dikkatle okuyan Mustafa Kemal:

"Bunlar bende kalsın!" dedi.

Halit Ziya anılarını şöyle sürdürüyor:

> Vedad'a verdiğim talimattan pek duygulanmış olan Mustafa Kemal boşanma olayının bana karşı gösterdiği iyi kabul eserlerini ortadan kaldıracak nitelikte olmayacağına karar vererek, o tarihten sonra ne zaman bir rastlantıda beni görse hep iltifat eder, Vedad için korumalarını cömertlikle gösterirdi. Mustafa Kemal, hakkımdaki iltifatlarının ilk ürününü, boşanma olayının hemen ardından bana gönderdiği bir

5. *Fahrettin Altay Paşa Anlatıyor, İmparatorluktan Cumhuriyet'e*, s. 405.

resimle, Vedad hakkındaki koruyuculuğunun ilk belirtisini de onun Ankara'da kalmasını doğru bulmayarak hemen Londra elçiliği üçüncü katipliğine atamak suretiyle gösterdi.

Halit Ziya anılarını yazarken mektupta neler dediğini pek hatırlamadığını ekliyor:

> Gariptir ki o zaman Vedad'a yazdığım mektup, kim bilir nasıl bozulup değiştirilmiş biçimlerde kulağına erişmiş olduğu için Latife'de tamamıyla ters bir etki yaratmış ve onda çeşitli vesilelerle, bana ve Vedad'a karşı bir öfke ve küskünlük yaratmıştır. Bunu kendisiyle hiçbir zaman açıktan açığa konuşarak tartışmadık. Kimi zaman hayatta ortaya öyle sorunlar çıkar ki onlar üzerinde görüş alışverişi yapmak yararlı olmaktan çok zararlı olur.

Bu mektup yüzünden Latife ile Halit Ziya uzun süre konuşmadılar.

Acaba Çankaya'da Latife'nin aleyhine konuşuluyor muydu?

Ahmet Ağaoğlu'nun torunu ve Tezer Taşkıran'ın kızı Suna Güler'le yaptığım görüşmede, Mustafa Kemal'in Latife aleyhinde konuşulmasından hoşlanmadığını öğrendim. Suna Güler aile içinde anlatılan bu anıyı şöyle aktarıyor:

> Boşanacağı zaman yakın çevresinden birisi Latife Hanım'ın aleyhinde konuşurken o karı diye söz etmiş.
>
> Mustafa Kemal bunun üzerine hiddetle, "O bir hanımefendidir, her zaman da bir hanımefendi olarak kalacaktır" demiş, dedemin hazır olduğu bir mecliste...[6]

Anılarında, Latife'nin boşanmasına ilişkin Çankaya'da yaşanan değişime değinenlerden biri de Ağaoğlu ailesinin büyük kızı Süreyya.

Latife ile Mustafa Kemal, evlilikleri süresince en çok Ağaoğlu ailesiyle birlikte olmuşlardı. İki yetişkin kız ve anneleri Sitare Hanım Latife'nin iyi dostlarıydı. Karşılıklı ev ziyaretleri sırasında hoşça vakit geçirilirdi.

Süreyya Ağaoğlu, "Karısından ayrıldıktan sonra biz de Atatürk'ü ancak balolarda, çeşitli resmî günlerde görebilmek durumunda kaldık" diyor ve ekliyor: "Dostluğumuz devam ediyordu.

6. Suna Güler'le görüşme.

Biz görmesek bile babam çok sık beraber oluyordu."[7]

Mustafa Kemal yeni yapılan Çankaya Köşk'üne 1932'de yerleşti. Ev yeniden düzenlendi. Mustafa Kemal'in yatak odası İstanbul'daki ünlü usta Psalti'ye ısmarlandı. Misafir salonuna Latife Hanım'ın getirdiği mavi koltuklar yerine yeşil bir takım konuldu.[8]Eski köşk anıların bir parçası olarak içindeki eşyalarla bahçede hâlâ duruyor.

Vecihe, Gazi'nin yanındaki Kılıç Ali'nin elini sıkmıyor

Mustafa Kemal, 1927 yılında İstanbul'a ilk gelişinde Dolmabahçe Sarayı'nda bir balo veriliyordu. Kemal Paşa, Vecihe ve Hayri İlmen çiftinden ısrarla davete katılmalarını istedi. Vecihe loğusa yatağından yeni kalkmıştı, özür diledi, gidemeyeceğini bildirdi. Israr devam edince gitmeye karar verdiler. Boşanmanın ardından bu ilk görüşmeleriydi.

O gece balo salonuna girerken karşılaştı Vecihe Mustafa Kemal'le. Yanında, her zamanki gibi Kılıç Ali vardı. Vecihe'ye elini uzattı; Vecihe ise Kılıç Ali'ye elini vermedi. Bunun üzerine Mustafa Kemal, "Ablasının kız kardeşi... Yanımda gördünüz iadei itibar ediyorsunuz, ama o size hak ettiğiniz muameleyi yapıyor" demişti.

Ardından konuşmaya başladılar. Mustafa Kemal "Vecihe, şu halime bak" deyince o da ona, "Ne var Paşam?" dedi.

"Şu halime bak, bana bakan kimse yok..."

O sırada Latife Ayaspaşa'da oturuyordu. Mustafa Kemal, Ayaspaşa'daki evi kastederek "Orada, değil mi?" diye sordu.

"Orada Paşam" diye yanıtladı Vecihe Hanım.

"Çok yazık değil mi Vecih?"diye devam etti konuşmasına... "Paşam" dedi, "bunu siz arzu ettiniz. Kimsenin kabahati yok." Bunun üzerine Mustafa Kemal, "Benim kabahatim" anlamında kullanılan ağır bir sözcükle kendisini suçladı.

Vecihe Hanım, Mustafa Kemal Paşa ile Dolmabahçe sarayındaki karşılaşmalarını yakın çevresine böyle anlatmıştı.

Latife'nin protokolde boşalan yeri doluyor

Afet, Lozan'a Rochemont isimli bir okula Fransızca öğrenmeye gönderilmişti. Yurtdışından 1927'de döndüğünde İstanbul'da

7. Selma Selçuker, "Kadın Gözü ile Atatürk, Süreyya Ağaoğlu'yla Görüşme", *Güneş* gazetesi.

8. Gülsün Bilgehan Toker, "Çankaya'nın Hanımefendileri" *Milliyet*, 11-12 ekim 1982.

Notre Dame de Sion'a yazıldı, sonra da Ankara'da öğretmenliğe başladı. Protokolde Latife'nin yerini almıştı. 1929 yılıydı. Afet, Ankara'da öğretmenlik yaparken, bir gün sınıfa bir seçim sandığı koydu ve çocuklardan oy atmalarını istedi. Oğlan çocuklardan biri, ama kızların oy hakkı yok ki deyince, dünya başına yıkıldı. "Hiç bilmiyordum, yani meşgul olduğum bir şey değildi" diyor. Mademki benim böyle bir hakkım yok ama öğrencinin var, o zaman hocalık yapamam diye düşündü. Ağlaya ağlaya okuldan ayrıldı. Mustafa Kemal Paşa onun ağlamasına gülmüş, sonra da bak bakalım diğer ülkelerde nasıl demişti. Arkasından kitaplar geldi ve araştırmaya başladı. Ertesi yıl nisan ayında Uluslararası Kadın Kongresi İstanbul'da toplandığı günlerde belediye seçimlerine kadınların da katılmasını sağlayacak bir yasa değişikliği yapıldı. Kendisi de Türk Ocağı'nda kadınların seçme ve seçilme hakkı üzerine bir konferans verdi. Bu konferans için Mustafa Kemal Paşa'nın önerisiyle Hamdullah Suphi'den hitabet dersi almış, aynanın karşısında konuşma provaları yapmıştı.[9]

Latife'nin bahçede konuşma provaları yapmasıyla alay eden, bu çabasını komutanın önüne çıkmak diye yorumlayanlar ona çok haksızlık etmişlerdi.

Afet, İsviçre'ye yükseköğrenim yapmaya gitti, ama Türkiye'de iken hep Atatürk'ün yanında bulunuyor, gezilerde ve önemli davetlerde ona eşlik ediyor, çalışmalarına yardımcı oluyordu. Latife'nin fotoğraflardaki ve protokoldeki yerini Mustafa Kemal'in yine İzmir'de karşısına çıkan bir kadın almıştı.

9. *Afet İnan*, haz. Arı İnan, Remzi Kitabevi, İstanbul, 2005, s. 269-271.

36

Emil Ludwig'le dostluk

Latife, Türkiye'den çıkışlarında belli bir gizliliğe dikkat ediyor, dostluk kurduğu insanlara da kendisini pasaportunda yazdığı gibi Fatma Sadık olarak tanıtıyordu. Bu gizlilik, gözlerden uzak kalmak isteyen Latife'ye rahat hareket etme olanağı veriyor, Türkiye cumhurbaşkanının eski karısı olarak tanınmaktan kurtuluyordu.

Henüz çok gençti, çok da etkileyici bir kadındı. Ancak, kırık kalbi onunla ilgilenen erkeklere kapalıydı. Tatra'da, sanatoryumda kaldığı günlerde ona yakın ilgi gösteren ilginç bir erkek çıktı karşısına. Yakışıklı ve kültürlüydü. Yaşı da Mustafa Kemal'inki kadardı. Bu erkek Latife'nin kaldığı sanatoryumda tedavi olan dönemin ünlü yazarı Emil Ludwig'di (1881-1948). Kitap alışverişiyle başlayan yakınlık, ortak noktaları olan derin bir arkadaşlığa dönüştü.

Ludwig, Birinci Dünya Savaşı yıllarında İstanbul'da gazetecilik yapmıştı, bu yüzden Türkiye'yi yakından tanıyordu. Kitaplar, müzik ve dünya siyasetine dair konuşmalarla ilerleyen arkadaşlıkları ikisine de iyi gelmişti. Erich Maria Remarque, Thomas Mann ve Stephan Zweig'in dostu olan Emil Ludwig'in zengin dünyası Latife'ye sıkıntılarını unutturuyordu. Emil Ludwig'in 1925 yılında yayımlanan Napolyon biyografisi o günlerde üzerinde çok konuşulan bir kitaptı. Latife ile Emil Ludwig Napolyon üzerine derin sohbetler yapıyorlardı. Emil Ludwig, Fatma Sadık adıyla tanıdığı Latife'nin Mustafa Kemal'in eski eşi olduğunu bilmiyordu.

Emil Ludwig'in Latife'ye gösterdiği yakınlık, arkadaşlık sınırlarını aşmaya başlayınca Latife allak bullak oldu. Karşısına beyin olarak tam da anlaşabileceği bir erkek çıkmıştı yeniden. Ancak Latife, kendisini çok yorgun hissediyordu, bir başka ilişkiye mecali yoktu. Fatma Sadık kimliğiyle çıktığı sanatoryum yolculuğu onu beklemediği bir anda gafil avlamıştı. Emil Ludwig'e gerçek kimliğini açıklamaya karar verdi. Mustafa Kemal Paşa'nın eski eşi olduğunu, yaşamını bir başka erkekle paylaşmasının mümkün olmadığını anlattı. O gecenin duygusal ortamında Latife, yaşamına dair pek çok ayrıntıyı Ludwig'le paylaştı.

Emil Ludwig aslında evliydi. Anılarında övgüyle söz ettiği eşi Elga'yla o sıralar yolları ayrılmış olabilir miydi? Zira, Emil Ludwig, Latife'yle ömür boyu sürecek bir ilişkinin arayışları içine girmişti.

Bir erkeğin kendisine ilgi göstermesi Latife'ye geçmişi hatırlatmıştı. Onarmaya çabaladığı yaraları hâlâ acıyordu. Mustafa Kemal'e aşkının bitmediğini anlamıştı.

Latife, gazeteci Niyazi Ahmet Banoğlu'na Emil Ludwig'ten şöyle söz etmişti:

> Hayatımı bütün ayrıntıları ile bilirdi, çünkü sohbetlerde sorar ben de anlatırdım. Hayatımı yazmak istedi, müsaade etmedim. Ama o istediğini yazabilirdi, çünkü dediğim gibi her şeyi biliyordu. Bir gün bana: "Yazmayacağım" dedi, "senin gözyaşları ile yıkanmış hatıralarına hürmet edeceğim ve yazmayacağım." Ve yazmadı.[1]

Emil Ludwig, Latife'nin yaşam hikâyesini anlattığı tek insan oldu. Banoğlu, Emil Ludwig ile Latife'nin Nice'te yan yana evlerde oturduklarını yazıyor. Bu bilgiyi de Latife Hanım'a dayandırıyor. Latife ile Emil Ludwig'in bir sanatoryumda tanıştıklarını biliyoruz. Ancak iki dost, Latife'nin sonraki Avrupa'ya çıkışlarında Nice'te buluşmuş olabilirler.

Emil Ludwig biyografi yazarı olarak Mustafa Kemal'i hep yakından tanımak isterdi. Bu amaçla, 25 kasım 1929'da Türkiye'ye geldi. Napolyon'un, Bismarck'ın, Bolivar'ın, Beethoven'in, Goethe'nin Michelangelo'nun, İsa'nın, Sigmund Freud'un biyografilerini yazan Ludwig, Mustafa Kemal'le tanışmak istiyordu. Bu konuda gazetecilere şunları söylemişti:

> Ben öteden beri büyük simaları tetkik ile meşgulüm. Avrupa'nın büyük devlet adamları ile görüştüm. Onların karakterleri ve görüşlerini öğrendim. Büyük Gazi de meydana getirdiği büyük eserlerle kendisinden çok söz ettirmiş bir şahsiyettir. Bu sebeple özellikle Gazi ile görüşmek isterim. Bu amaçla Ankara'ya gideceğim.[2]

1. Niyazi Ahmet Banoğlu, *Atatürk ve Latife Hanım*, s. 324.
2. *Cumhuriyet*, 26 kasım 1929; aktaran Utkan Kocatürk, *Kaynakçalı Atatürk Günlüğü*, s. 423.

Ludwig ile Mustafa Kemal Paşa 1 aralık 1929'da Çankaya'da görüştüler.

"Size diktatörlük atfediyorlar" diyen Ludwig'e Mustafa Kemal sofrasında çalışan hizmetçileri göstermiş "Bunlar bile benden korkmaz" cevabını vermişti.

Mustafa Kemal'den etkilenen Ludwig "Gazi Hazretleri eylem adamı oldukları kadar da bir düşünürdürler" diye özetlemişti görüşünü.

Ludwig'in Mustafa Kemal'le din ve çoksesli müzik üzerine yaptığı görüşme, 1930 martında *Wiener Freie Presse*'de yayımlandı.

Emil Ludwig İstanbul'dayken Latife'yle de görüştü mü? Sanatoryumda başlayan dostlukları devam etti mi? Bu konuda bir bilgiye ulaşamadım. Ancak, Latife'nin 1929 yılında İstanbul'da olduğu biliniyor.

Latife, Tatra'dan döndükten sonra kız kardeşi Vecihe ile eşi Hayri'nin kaldıkları Süreyya Paşa Çiftliği'ne konuk oldu. İstanbul'un Maltepe sırtlarında bugün Süreyya Paşa Sanatoryumu'nun yükseldiği yer onların yazlığıydı. Marmara'ya tepeden bakan rüzgârı bol, yeşillikler içinde kocaman bir çiftlikti.

Süreyya Paşa'nın torunu (Atıf Bey'in oğlu) Vedii İlmen o günleri şöyle anlatıyor:

> İki bina vardı bu çiftlikte. Sağ taraftaki haremdi, sol taraftaki selamlıktı. Sağ tarafta mutfak, taşlık ve taşlığın üstünde bir oda vardı, orada yemek yeniyordu, hava soğuk olduğu vakit. Babaannem Adalet Hanım, harem binasında kalırdı. Onun üst katındaki odalarda amcam Hayri ile Vecihe yengemler otururdu, tek katlı selamlıkta da biz. Latife Hanım'ı çiftlikte gördüğümde sekiz yaşındaydım. Yanına da gitmiştim, ama bir şey söylememiştim. Bir süre çiftlikte kaldı ama ne kadar kaldı onu da bilmiyorum. Biz üç kardeştik, kardeşim Sinan vardı, bir de kız kardeşim Şehvar vardı. Öteki tarafta da amcamın oğlu Erdem, Muammer'in (Erboy) annesi Gönül, bir de Gülümser vardı. Bisikletle dolaşırdık, hep birlikteydik. Büyükleri bilmem ama biz çocuklar neşeliydik. Denize giderdik Maltepe'ye yüzerdik. Bizde kaçgöç yoktu. Hep beraber gidilirdi denize.[3]

Latife Londra'da Rauf Orbay'a haber gönderiyor

Latife'nin yurtdışına çıkışlarını yıl yıl izlemek artık mümkün

3. Vedii İlmen'le görüşme.

değil. Ancak, 27 şubat 1930 tarihli bir *New York Times* haberinden, onun Londra'ya esrarengiz bir gezi yaptığı anlaşılıyor. "Kemal'in karısı Londra'da" başlığıyla verilen haber şöyle: Türkiye cumhurbaşkanının eşi Bayan Kemal İstanbul'dan Ostend'e yaptığı 15 saatlik uçuşun arkasından Londra'da. 1 500 millik uçuşun önemli bir kısmı gece gerçekleştirildi. Bayan Kemal, Farman Havayolları'nın Alman pilotu Max Sizoo'nun kullandığı uçakla, yarın Londra'dan ayrılacak. Gideceği istikamet belli değil."

Dünyada sivil havacılık yeni yeni gelişmekteydi. Bu uçuş da havayollarının uzun seferlere çıkışlarının ilgiyle izlendiği yıllarda gerçekleştirilmişti. Yolcunun Latife Hanım olması olayı daha da cazip kılmış, Latife'nin uçuşu bir gazete tarafından haber yapılmıştı. Gazetenin, boşanmış olmasına rağmen Latife'den Bayan Kemal diye söz etmesi de garipti. Anlaşılan Latife bu yolculuğa çıkarken Fatma Sadık adını kullanmamıştı.

Latife yurtdışına çıkışlarında eski dostlarıyla görüşüyor muydu? İzmir Suikastı davası sırasında idam edilmekten kıl payı kurtulan Rauf Orbay, Türkiye dışında yaşamak zorunda kaldığı yıllarda kendisini "çok çok duygulandıran birkaç hatırlanış ve davet almıştı." Gözden düşen eski başbakanı hatırlayıp davet eden Latife Hanım'dı.

Orbay Latife'nin davetini tarihçi Cemal Kutay'a anlatmıştı:

> (Aldığım davet) Gazi'den ayrıldıktan sonra vatanda kalmayan ve evvela tahsil ettiği Londra'ya gelerek bir müddet kalan sonra hastalanarak İsviçre'ye tedaviye giden Latife Uşşaki Hanımefendi'dendi. İmkân bulabilirsem beni misafir etmekten zevk duyacağını bildiriyordu. Bu âlicenap hatırlayış gözlerimi yaşarttı. Bu pırlanta yürekli hanımefendi, böyle bir ziyaretin, pusuda bekleyen iftiracılar için nasıl meşum bir tahrik sermayesi olabileceğini elbette düşünemezdi. O Çankaya'dan ayrılırken Gazi'ye verdiği söze sadık kalmış, müşterek hayatları üzerinde tek kelime konuşmamıştı. En ciddi İngiliz neşriyat müesseselerinin büyük meblağlar teklif etmelerine rağmen... Bu müstesna feragatini olduğu yerde bırakmanın hassasiyeti içinde kendisine kalbî şükran ve dualarımı arz etmekle iktifa ettim.[4]

Rauf Orbay'ın anlatımından bu haberleşmenin Latife yurtdışındayken gerçekleştiği anlaşılıyor. Anlaşılan Latife, Londra'ya gittiğinde Rauf Orbay'la ilişkiye geçmiş, ancak Rauf Orbay, böyle bir

4. Cemal Kutay, 3. cilt, a.g.e., s. 350.

görüşmeyi Latife açısından tehlikeli gördüğü için tedbirli davranmıştı. Rauf Orbay'ın o sıralarda Londra'da yaşayan Halide Edip ve Adnan Bey'le görüştüğü biliniyor.

37

Latife Serbest Fırka'yı destekledi

1930 ağustosunda Latife Avrupa'dan dönmüştü. Türkiye'de hâlâ demokrasi konusunda pek bir adım atılamamıştı. İzmir Suikastı'nın ardından kurulan idam sehpaları kaldırılmış olmasına karşın, mahkemenin yarattığı korku sürüyordu. Meclisten ve basından muhalif ses yükselmiyordu. Zaten yoksul olan ülke, dünya ekonomik bunalımından da payını almıştı. Latife, boşandıktan sonra ilk dört yılını parçalanan ruhunu, iflas eden bedenini tedavi ederek geçirdi. Artık acısıyla eğitilmiş, hayatını yeniden düzene koymaya istekli bir kadın vardı baba evinde.

Paris'in Türkiye Büyükelçisi Fethi Okyar, 1930 temmuzunda eşi Galibe ve çocuklarıyla iki aylık iznini geçirmek için Türkiye'ye gelmişti. Latife'nin babası Muammer Bey'in de yakın dostu, dönemin hukuk bilgini, Necmeddin Molla'nın Büyükdere'deki yalısında kalıyorlardı. Fethi Okyar, Yalova'ya Mustafa Kemal'i görmeye gitti. Eski arkadaşına Fransız hükûmetinin Türkiye'ye dair görüşlerini aktarmıştı. Mustafa Kemal de ona Türkiye'deki durumu şöyle özetlemişti:

> Bugünkü manzaramız aşağı yukarı bir dictature manzarasıdır... Vakıa bir meclis vardır, fakat dahil ve hariçte bize dictateur nazarıyla bakılmaktadır. Geçen sene Ankara'yı ziyaret eden Alman muharrirlerinden Emil Ludwig, bana şekl-i idaremiz hakkında tuhaf sualler sormuş ve diktatörlüğümüze kanaat ederek geri dönmüş ve bu kanaatini de yazmıştır. Ben ise memlekete miras olarak bir istibdat müessesi bırakmak, ve tarihe o suretle geçmek istemiyorum.[1]

1. *Fethi Okyar'ın Anıları,* haz. Osman Okyar, Mehmet Seyitdanlığoğlu, Türkiye İş Bankası Kültür Yayınları, s. 98; *Fethi Okyar, Üç Devirde Bir Adam,* haz. Cemal Kutay, İstanbul, Tercüman Yayınları, 1980, s. 378.

Ardından, "Ben bunun çaresini buldum" diye devam etmişti: "Memlekette muhalif bir fırka teşkil etmek lazımdır. Böyle bir fırka vücuda gelirse, mecliste münakaşa serbest olur. Mesela siz böyle bir fırkanın başına geçerseniz bildiklerinizi serbestçe mecliste söylersiniz."

Fethi Okyar'ın ilk tepkisi "Beni bu görevden affedin" demek oldu.

Mustafa Kemal, o gün Yalova'dan Fethi Okyar'la döndü ve kendisine ertesi akşam Büyükdere'de kaldıkları eve yemeğe geleceğini söyledi. 30 temmuzda motorla yalıya geldiğinde karar vermişti:

"Sizin partinizin ismini buldum."

Sonra da Galibe'ye dönerek, "Bir daha Paris'e dönmeyeceksiniz gibi gözüküyor" dedi.

Galibe, "Ümit ederim ki bir sene daha Paris'te kalırız ve tasavvurunuzu ondan sonra tatbik edersiniz" karşılığını verdi.

"Hayır, hayır bir sene sonra değil derhal, hatta yarın bu iş olmalı" dedi Mustafa Kemal. Bu sözler ağzından döküldüğü an herkes siyasetin hareketleneceğini anlamıştı.

Fethi Okyar'ın yeni partiyle ilgili kafasını kurcalayan bir iki nokta vardı. Mustafa Kemal'in tarafsızlığını halka da göstermesi için Halk Fırkası reisliğinden ayrılmasını istedi. Mustafa Kemal ise ona bu konuda net bir şey söylemedi.

Cumhuriyet'in ikinci muhalif fırkası Serbest Cumhuriyet Fırkası (SCF) adıyla Fethi Okyar'ın başkanlığında 12 ağustos 1930'da kuruldu. (Bu parti daha sonra genellikle Serbest Fırka olarak anıldı). İsmet Paşa'yla yapılan pazarlık sonucu yeni partinin 70 milletvekiliyle yola çıkması kararlaştırıldı.[2]

Mustafa Kemal'in, yeni fırkanın Cumhuriyet Halk Fırkası'na göre daha liberal ve bu manada daha sol bir konumda olmasını istediği söyleniyor.[3]

Latife'nin Avrupa'dan dönüşü tam da gazetelerde SCF'ye ilişkin haberlerin çıktığı günlere rastlamıştı. Yeni parti, Latife'yi de heyecanlandırmıştı, böyle bir oluşumu gerekli görüyor, ama geleceğinden emin olamıyordu.

Siyaset, onu terk etmeyen bir alışkanlık haline gelmişti. Siyasî olayları günlük gazetelerden ve dostlarından takip etmekten zevk alıyordu.

2. Fethi Okyar, *Serbest Cumhuriyet Fırkası Nasıl Doğdu Nasıl Feshedildi ?*, İstanbul, 1987, s. 7-37.

3. *Fethi Okyar'ın Anıları*, s. 66.

Serbest Fırka ve kadınlar

Latife'nin Çankaya'dayken destek verdiği kadın hareketi suskundu. Türk Kadınlar Birliği'nin lideri Nezihe Muhiddin'in tasfiye edilmesinden sonra yerine siyasî haklar için uğraşmaya karşı çıkan ve Muhiddin'in taleplerini boş bir hayal olarak gören Latife Bekir gelmişti. Belediye Yasası'ndaki değişikliğin ardından kadınlar, Halk Fırkası'na üye olmaya başlamışlardı.

Serbest Fırka, Halk Fırkası'ndan bir adım öne geçerek kadınlara da siyasî hak tanınmasını programına almış, kadın meselesi programa bizzat Mustafa Kemal tarafından eklenmişti. Mustafa Kemal, kadınlarla ilgili maddeyi SCF programına eklerken, kız kardeşi Makbule Hanım'ın da bu partiye girmesini istemişti. Sonra da Fethi Okyar'a sormuştu.

"Nasıl! Hemşiremi fırkana verirsem memnun olur musun?"

Yeni fırkaya katılmayı düşünenler Mustafa Kemal Paşa'nın tutumunu merak ediyorlardı. Makbule Hanım'ın bu fırkaya girmesi bir anlamda, Kemal Paşa'nın desteğinin de ifadesi olacak, Fethi Okyar'ı rahatlatacaktı.

Latife o günlerde Mustafa Kemal'in kuruluşuna önayak olduğu Serbest Fırka'nın oluşumunu adım adım izliyordu.

Fethi Okyar ve eşi Galibe onun en yakın dostlarıydı. Galibe ile Latife, uzun bir ayrılıktan sonra siyasetin ısındığı günlerde bir aradaydı.

"Bravo hemşerilerime..."

Latife, bir gün kardeşi Vecihe ve eşi Hayri'yle Sarıyer'e, Altınkum'a, Fethi Bey ve Galibe'yle buluşmaya gitti. Denize girmişler, kumda sohbet ediyorlardı.

Fethi Bey, Latife'nin Serbest Fırka'ya ilişkin düşüncelerini merak ediyordu.

"Ne dersiniz son hadiseyi, nasıl telakki edersiniz?"

Latife, Fethi Bey'in sorusundan memnun kalmıştı.

"Çok mütehassis oldum, bu milletin ümidi sizdedir. Herkesin canı yanmış, biraz nefes almak istiyor" dedi.

Fethi Okyar, propaganda gezilerine Latife'nin memleketi İzmir'den başladı. 5 eylül günü kaldığı İzmir Palas Oteli'nin önünü kalabalık bir halk topluluğu doldurmuştu. Halk Fırkası'nın İzmirli yöneticileri, SCF'nin yapacağı toplantıya büyük bir karşı gösteriyle cevap verdiler. Ortaya çıkan gerginlik ortamında, Serbest

Fırka aleyhine yayın yapan bir matbaa taşlanınca polis halka ateş açtı. 10 yaşlarında bir çocuk yaşamını yitirdi.

Fethi Bey, postaneye giderek Mustafa Kemal'e telgraf çekmek istedi. Ancak memurların engellemesiyle karşılaşınca valiye sorumluluğunu hatırlattı. Telgraf sonunda adresine ulaşmıştı. Mustafa Kemal, Fethi Okyar'a, cesaretlendiren bir cevap verdi.

"Anlıyorum ki sana nutkunu söyletmek istemiyorlar. Fakat sen mutlaka nutkunu söyleyeceksin..."

7 eylül günü bütün engellemelere karşı Fethi Bey konuşmasını yaptı ve onu dinlemeye 50 000 kişi geldi.

Latife, Fethi Bey'in İzmir gezisiyle ilgili haberleri veren gazeteleri saklamış üzerine de şu notu düşmüştü.

"Bravo hemşerilerime!"

O günlerde İstanbul'a gelen Millî Eğitim Bakanı Vasıf Çınar, telefonla Latife'yi aradı.

"Burada olduğunuzu tesadüfen haber aldım. Reisicumhurla yola çıkmadan önce sizi ziyaret etmek, kendimi affettirmek istiyorum..."

"Kendinizi affettirmeniz için bir neden yok" dedi Latife ona. Sabah okuduğu gazetelerin etkisinden hâlâ kurtulamamıştı. Fazla ortalığa çıkmadan yaşasa da kulisleri bir türlü terk edemiyordu. Siyasetten zevk almış bir insan olarak alışkanlıklarını bırakamamıştı.

Vasıf Bey bir saat sonra Ayaspaşa'daydı.

"Bu akşam onunla birlikte Ankara'ya dönüyoruz." Sonra da Mustafa Kemal Paşa'nın kendisine yeni fırkaya girmesi için ısrarda bulunduğunu, ama kabul etmediğini anlattı Latife'ye.

"Asıl vazifeniz bundan sonra söyleyecekleriniz" diye düşüncesini söyledi Latife.

Vasıf Bey düşünceliydi, İsmet Paşa'nın huzursuzluğundan söz ettiler.

Latife, Vasıf Bey'e katılıyordu.

"Netice belki Fethi Bey'in lehine olmayacak. Fakat bu fedakârlıkla millete hizmet edecektir. Ona neticede teşekkür borçluyuz" dedi.

Vasıf Bey, "Fethi Bey çok endişe ediyor" diye yanıt verdi.

Latife, Yakup Kadri'nin İzmirlileri yeren bir yazısına sinirlenmişti. İki İzmirli dertleştiler. Latife, bu yazıya duyduğu öfkeyi Vasıf Bey'e anlattı:

"İzmirliler taşkınlığa mecbur edilmişlerdir. Canları yansın istenmiştir. Her halde Yakup Kadri Bey'in dediği gibi ne adidirler ne de bayağıdırlar. Beni üzen ikinci mesele, gazetelerin her şeyi şahsiyete dökmeleridir. Matbuat hürriyeti ancak bu hürriyeti herkesin aynen benimsemesiyle temin edilebilir."

19 eylülde reisicumhura Ankara yolculuğunda eşlik edecek Vasıf Bey sohbetleri bitince, Latife'nin müsaadesini isteyip ayrıldı.

İzmir olaylarının ardından Serbest Fırka'nın aleyhinde başlatılan yayınlar hem yeni partiyi hem de İzmirlileri topa tutmaktaydı. İzmirlilerin kınanmasına çok canı sıkılan Latife, İzmirlileri eleştirenlerle tartışıyordu:

"Bu taşkınlıklar elbette olmamalıdır. Fakat sebebiyet verilmiştir. İzmirlileri bundan dolayı tahkir etmeye kimsenin hakkı yok. Halk açtır, çıplaktır, halkın dişinden tırnağından artırdığı parayla o, bu zengin olmaktadır. Canı yanmış bu adamlara yardım etmek lazım."[4]

Tekparti dönemine son vermek isteyen Mustafa Kemal, İzmir olaylarından sonra, Halk Fırkası'nın geleceğinden kuşkuya düşmüş, Serbest Fırka'nın büyümesi karşısında safını belirlemeye karar vermişti. Kararını, "Ben artık biraz tarafgirlik yapacağım. Yoksa Halk Fırkası yıkılacak, gene tek fırkayla kalacağız, ki doğru değildir" diyerek açıkladı.[5]

Fethi Okyar'ın İzmir gezisini izleyen günlerde, Fethi Okyar ile Galibe Okyar'ın kaldığı Büyükdere'deki eve gelenlerden biri de yeni fırkanın kurucularından Makbule Hanım'dı. Latife'nin Galibe'ye gittiği bir gün eski gelin görümce karşılaştılar. Latife ile Mustafa Kemal'in ayrılığından duyduğu üzüntüyü ifade eden Makbule Hanım, Latife'yi Ayaspaşa'daki evinde de ziyaret etmişti.

"İlelebet böyle sakin yaşayamazsın"

Latife hareketli günlerine geri dönmüştü; Mustafa Kemal Dolmabahçe'de kalıyor, onu görmeye gelenler Dolmabahçe'den ayrıldıktan sonra Latife'yi de ziyaret ediyorlardı. Bu ilginç trafik içinde Mustafa Kemal Paşa'nın haberlerini Latife'ye ulaştıranlar, büyük olasılıkla Latife'nin haberlerini de Paşa'ya iletiyorlardı.

Büyükdere'deki evde, Latife ile Galibe geçmişe ve geleceğe

4. "Bravo Hemşerilerime" bölümündeki anlatım, çok sayıda görüşmeden yola çıkarak kurgulandı.

5. Fethi Okyar, *Serbest Cumhuriyet Fırkası Nasıl Doğdu, Nasıl Feshedildi?* s. 73.

dair konuşuyorlardı. Kemal Paşa'dan da söz ettiler.

Galibe, Latife'nin, Mustafa Kemal Paşa'yla yeniden birleşebileceğini düşünüyordu.

"Benim çok umudum var, olsun istiyorum" dedi.

Latife, "Buna imkân yok, ben kararımı verdim. Dört sene ağladıktan sonra dünyanın güzelliklerini başka türlü görmeye başladım. Evlenmek elzemse, ki bu kanaatte değilim, yeni bir hayatı tercih ederim. Aile hayatının samimiyetini tadamayacak olduktan sonra, ne hacet!"

Galibe, Büyükdere'de Latife ile Makbule Hanım'ın karşılaştığı günden söz etti:

"Makbule Hanımefendi, arkandan çok ağladı. Seni methetti. Ben orada olsaydım, böyle olmazdı" diyor.

Latife, suskunluğunu bozarak şöyle dedi:

"Bu tesadüfler tabiîdir. Cemiyet hayatında işgal ettiğim mevkie veda etmedim. Böyle bir mecburiyet hissetseydim, memlekete veda ederdim."

Galibe, "Sen ilelebet böyle sakin yaşayamazsın, buna imkân yok. Herhalde memlekete hizmet edeceksin... Bu zamana kadar çok doğru hareket ettin. Hiç kimsenin tenkidine mahal vermedin" diye cevap verdi.

Latife, "Vazifemi yapıyorum. Daima ona karşı hürmetkâr kalacağım. Artık çalışmak istiyorum. Fakat henüz nasıl ortaya atılacağıma karar veremedim" dedi.

Galibe, arkadaşını, Serbest Fırka çatısı altında çalışmaya davet etmekteydi. Latife ise açıktan siyasî faaliyete girişmesinin sonuçlarını düşünüyordu. Serbest Fırka deneyiminin kısa ömürlü olacağını görebiliyordu. Bunu söyleyip Galibe'nin moralini bozmak istemedi.

Galibe, "Sensiz Ankara'da nasıl yaşarım, bilemiyorum" dedi Latife'ye. O sırada yanlarına gelenleri görünce sustular.[6]

Serbest Fırka seçime giriyor

Fethi Okyar Mustafa Kemal'in tavrını belli etmesi üzerine partiyi kapatmanın en doğru karar olduğunu düşünüyordu. SCF, son bir siyasî denemeye daha katılacaktı. Türkiye'nin önünde belediye seçimleri vardı. Cumhuriyet, ilk kez tek dereceli bir seçim yaşayacaktı.

Fethi Okyar'ın oğlu, Osman Okyar babasının bu kararını şöyle yorumluyor:

6. Bu anlatım çok sayıda görüşmeden yola çıkılarak kurgulandı.

Öncelikle Fethi Bey, İzmir ve Ege gezisinde karşılaştığı halk desteğinin boyutlarının farkına varmıştı. Ayrıca fırka programında ileri sürmüş olduğu tek dereceli seçim sisteminin kabul edilmiş olması, bu halk desteği avantajını kullanmasına imkân tanıyordu. Öte yandan, parti programında yer alan kadınların iştirak ettiği bir seçimi iktidara giden yolda değerlendirmek istemiş olmalıydı.[7]

Seçimler 1930 yılı ekim ayının başında yapıldı. Kadınlar ilk kez adaydılar. CHF ve SCF'nin 9 kadın aday gösterdiklerini ve kadın adayları liste başına yerleştirdiklerini görüyoruz. Beyoğlu listesinin başındaki isim, Makbule Atadan, ikinci isim ise TKB'nin eski başkanı Nezihe Muhiddin'di.[8]

Serbest Fırka'nın elde ettiği sonuçlar, beklenenin üzerindeydi. Seçim sonuçlarına ilişkin resmî açıklamalara göre, 502 seçim bölgesinden 31'inde SCF kazanmıştı. İstanbul'da 36 000 oydan 13 000'i SCF'ye verilmişti. İzmir'de ise CHP 14 600 SCF 10 000 oy elde etmişti.[9]

Seçimlerin ardından Serbest Fırka, irtica suçlamalarıyla yüz yüze kaldı. Serbest Fırka'yı irticayla suçlayanlardan biri de Yakup Kadri Karaosmanoğlu'ydu.[10]

Başta valiler, her düzeyde devlet görevlileri seçimlere Cumhuriyet Halk Fırkası lehinde müdahale etmiş, İçişleri Bakanlığı, polis ve jandarma, Serbest Fırka'nın kaybetmesi için gayret göstermişti. Fethi Bey içişleri bakanı aleyhine gensoru görüşmesi açılmasını istedi. Gensoru görüşmesi 15 kasımda yapıldı. Ancak Fethi Bey mecliste yalnız kalmıştı. Bunun üzerine Fethi Bey 17 kasımda Serbest Fırka'yı feshetti.

O sırada *Son Posta* gazetesini çıkaran Zekeriya Sertel, Serbest Fırka haberlerine geniş yer veriyor, Fethi Okyar'ın açıklamalarını yayımlıyordu. Sertel, Serbest Fırka olayını şöyle anlatmıştı:

> Biz, Serbest Fırka'nın ortaya attığı ilkeleri beğenmiyorduk. Serbest Fırka liberalizmi savunuyordu, özel sermayeye önem veriyordu, devletçiliğe karşı durum almıştı. Biz ise özel sermayeye devletçe yapılan yardıma karşı şiddetli bir savaşa girişmiştik... Serbest Fırka'nın kuruluşu memlekette biraz daha özgürlük havasının esmesine yol aç-

7. *Fethi Okyar'ın Anıları*, s. 76.

8. Mete Tunçay, a.g.e., s. 280-282.

9. Çetin Yetkin, *Atatürk'ün Başarısız Demokrasi Devrimi Serbest Cumhuriyet Fırkası*, Toplumsal Dönüşüm Yayınları, 1997, s. 194,195.

10. Yakup Kadri Karaosmanoğlu, *Politikada 45 Yıl*, İletişim Yayınları, İstanbul, 2002, s. 96.

tı. Herkes daha özgür konuşabiliyordu. Biz de hürriyet ve demokrasi savaşını daha açıktan yapabiliyorduk... İçlerinde yalnız Ağaoğlu Ahmet Bey özdenlikle liberaldi ve ne istediğini biliyordu.[11]

Türkiye yeniden tekpartili günlerine geri döndü. Muhalefete geçenler ezilmişlerdi.

Bu sürecin sonunda, "nasıl ortaya atılacağına bir türlü karar veremeyen" Latife de geri planda durmasının daha uygun olduğunu fark etmişti.

Armstrong'un "Bozkurt"u yayımlanıyor

Latife, 1930'lu yılların başında Ayaspaşa'daki evin dördüncü katında, büro gibi kullandığı odasında tercümeler yapıyordu. Türkiye'yi tanıtmak amacıyla kurulan Türkiye Turing ve Otomobil Kulübü'nün başkanı Reşit Saffet Bey Uşakizade ailesinin hem dostu hem de akrabasıydı. Kulübün 1930 ağustosunda yayın yaşamına başlayan bir de dergisi vardı. O günün önde gelen kalemleri bu dergiye Türkiye'yi tanıtmak, turizmi teşvik etmek amacıyla yazılar yazmaktaydı. Latife'nin de bu dergiye imzasını kullanmadan yazılar verdiği, tercümeler yaptığı biliniyor. Yeğeni Dilek Bebe, Latife'nin o yıllarda gazetelere başka isimle tercümeler yaptığını, romanlar, hikâyeler yazıp para kazandığını söylüyor.

Latife'nin kendine mahsus edebî bir üslubu vardı. Kullandığı imza bilinmese de belki bir gün bu yazılara ulaşmak mümkün olabilir.

Türkiye'yle ilgili önemli bir kitap çıktığında Latife'nin tercüme edip ortak dostları aracılığıyla Mustafa Kemal'e gönderdiği de anlatılıyor. Yani, bir anlamda Çankaya'daki çevirmenlik görevini sürdürüyordu.

1932 ekiminde Armstrong'un *Bozkurt* kitabı yayımlandı. Mustafa Kemal Paşa'yı kurda benzeten bu tartışmalı kitap Türkiye'nin liderinden pervasız bir dille söz ediyor, özel hayatına saldırıyordu. Kitabın Türkiye'ye sokulması yasaklandı. Latife, Mustafa Kemal'in bu kitabı okuması gerektiği inancıyla oturup tercüme etmiş ve ona bir ortak dostları aracılığıyla göndermişti.

Bir gün Çankaya'da sofrada, Mustafa Kemal, "Getirin şu eseri okuyalım" dedi. O gece *Bozkurt* sofrada okundu ve herkes dinledi.

"Ne yaptınız bu kitabı?" diye sordu Mustafa Kemal.

"Yurda girmesini yasak ettik."

"Niçin?"

11. Zekeriya Sertel, *Hatırladıklarım,* Gözlem Yayınları, İstanbul, 1977, s. 193-195.

"Hakkınızdaki iftiralar dolayısıyla..."
"İçki filan mı?"
"Evet efendim."
"Az bile yazmış. Bırakın kitabı yurda girsin, millet de okusun."[12]

Kılıç Ali de o gün sofradaydı. Onun anlatımına göre Mustafa Kemal, kitabı okuduktan sonra "Bunun ithalini men etmekle hükûmet hataya düşmüş. Adamcağız, yaptığımız sefahati eksik yazmış, bu eksiklikleri ben ikmal edeyim de kitaba müsaade edilsin ve memlekette okunsun" diye şakasını bile yapmıştı.[13]

Ne var ki kitap yine de Türkiye'ye sokulmamıştı.

Mustafa Kemal'in kitapla ilgili düzeltmeleri Necmettin Sadak'ın kaleminden dönemin *Akşam* gazetesinde 7 aralık 1932'de yayımlanmıştı.

Akşam'da yayımlanan cevapların dörtte üçünün Mustafa Kemal Paşa tarafından dikte ettirildiği söyleniyor.[14]

Mustafa Kemal, düzeltmelerini yaparken Latife'yi anlatan bölümlere de değinmişti. İlk karşılaşmalarına dair kitapta yer alan ve hep anlatılan "Karargâha gelen kız" hikâyesinin doğru olmadığı Mustafa Kemal Paşa'nın ağzından bu yayında anlatılmıştı. Ancak ilk karşılaşma hikâyesi dışında, yanıtlar Latife açısından oldukça incitici ifadeler içermekteydi.

Armstrong kitabında Mustafa Kemal'in Latife'ye çılgıncasına âşık olduğunu yazmıştı. Mustafa Kemal ise bunun doğru olmadığını, Latife'ye âşık olmadığını, onunla şefkatinden evlendiğini yazdırmıştı. Açıklamada Latife'nin büyük İzmir yangınına dair "Ailemizin bütün serveti yandı, mahvolduk: fakat zararı yok. Siz geldiniz, memleketimizi ve bizi kurtardınız; bu bize yetişir" şeklindeki sözlerine yer verilerek şöyle denilmişti:

> Bu söz ve Mustafa Kemal'in Latife Hanım'da farz ve tahmin ettiği kıymet, Mustafa Kemal'de Latife Hanım'ın ailesi hakkına bir koruma ve şefkat hissi uyandırdı. Yazarın dediği gibi onunla duygusal bir ilişki yüzünden evlenmiş değil, sadece şefkat ve koruma hissiyle hareket etmiş, uyumsuzluğa rağmen onunla birkaç sene yaşamıştır.

Boşanmalarından yedi yıl sonra Mustafa Kemal, Latife'yi ilk

12. Sadi Borak, *Atatürk'ün Armstrong'a Cevabı*, Kaynak Yayınları, İstanbul, 1997, s. 29.
13. Kılıç Ali, *Atatürk'ün Hususiyetleri*, Cumhuriyet Kitapları, İstanbul, 1988 s. 96.
14. Sadi Borak, a.g.e. s. 30.

kez kırıyor, hem de bunu basın aracılığıyla yapıyordu. *Akşam* gazetesinin yayınında Latife'nin canını acıtacak bir üslup kullanılmış, aralarında aşka dair bir duygu olmadığı yazılmıştı. Halbuki, Latife Hanım'ın TTK'ya teslim edilenler arasında "Mustafa Kemal'in aşk mektupları" başlığıyla tasnif edilmiş belgeler bulunuyor. *Akşam*'ın yayınında Latife'yi kıran başka ifadeler de vardı. Mustafa Kemal Paşa'nın annesinin Latife'yi gördüğü an "Oğlum bu kızla evlenmesin" dediği; Latife Hanım'ın Mustafa Kemal'e "hiçbir diplomasını gösteremediği" vb cümlelere de yer verilmişti.

Latife tahsilini yarım bıraktığı için diploması yoktu. Mustafa Kemal Paşa'yla evlendikten sonra, zaman zaman bu konuda hayıflandığı, Mustafa Kemal'in de bu sözlere tepki gösterdiği anlatılıyor. Samet Ağaoğlu lise yıllarında, bir akşam yemeğinde böyle bir karıkoca tartışmasına tanıklık etmişti:

> Bir aralık bahis, Atatürk'ün evlenme hikâyesine geldi. Konuşulurken Latife Hanım:
>
> "Ah" dedi. "Böylece yüksek tahsilim yarıda kaldı."
>
> Atatürk'ün yüzü birden asıldı, biraz kısık bir sesle:
>
> "Öyle mi Hanımefendi?" dedi, "Serbestsiniz, yarım kalmış okumanıza hemen devam edebilirsiniz."
>
> Latife Hanım yanlış bir söz söylediğini hemen anladı. Atatürk'ün elini tutarak öptü. Ve heyecanlı bir sesle:
>
> "Ama..." dedi, "Dünyanın en büyük üniversitesine böyle girdim işte..." diyerek işi tatlıya bağladı.[15]

Akşam'ın yayınını okuduktan sonra Latife, İsmet Paşa'ya bir mektup yazmış, ondan da mektubuna yanıt almıştı. Hakkında yazılanlarla ilgili olarak *Akşam* gazetesine de iki ayrı cevap gönderdi. Latife, *Akşam*'ın yayınına karşı tepkisini böyle göstermişti. Ama onun verdiği cevaplar hiçbir zaman yayımlanmadı. Bunun üzerine Latife de yazdığı cevapları belge olarak saklamıştı.

Latife Hanım'ın, Osmanlı Bankası'ndaki kasasından çıkan evrak arasında *Bozkurt* yayınıyla ilgili beş kalem görünüyor:

> 98. *Akşam* gazetesinin 932 tarihli yazısı Latife Hanım'ın cevabî yazıları (2 adet)
>
> 99. *Bozkurt* adlı kitaba (cevaben yazdığı) Necmettin Sadak'ın iki

15. "Atatürk'ten Sesler," *Milliyet* gazetesi, 16 kasım 1980; aktaran Oğuz Akay, *Gazi*, s. 127.

makalesi ile Latife Hanım'ın bu kitapla alakalı notu.

100. Latife Hanım'ın İsmet Paşa'ya gönderdiği mektup (2 sahife).

101. Başvekil İsmet Paşa'ya Armstrong'un eseri hakkında *Akşam* gazetesindeki makaleler üzerine Latife Hanım'ın notlar gönderdiğini bildirmektedir.

102. İsmet Paşa'nın buna karşı vermiş olduğu cevap İsmet Paşa imzalı.[16]

Volkan-İtkovitz, "Mustafa Kemal'in Armstrong'un kendisinin Latife'yle yaşadıkları müşterek hayatın ayrıntılarını öğrenmek için Latife'yle ilişkiye geçmiş olabileceğinden kuşku duyduğu bilinir" diyorlar.[17]

Mustafa Kemal belki kitabın içinde yer alan bazı özel bilgilerin Latife kaynaklı olabileceğinden kuşkulanmıştı, belki de Latife'nin kitabı çevirip kendisine göndermesine gücenmiş, bu tavrında bir başka niyet aramış ve Latife'nin canını acıtmıştı.

Münci'nin ölümü

1932 yılı sonlarında Latife yeni bir felaketle yüz yüze geldi. Çok sevdiği kardeşi Münci bir sevda hikâyesi yüzünden yaşamını yitirdi. Bu ölümün intihar mı kaza mı olduğu anlaşılamadı.

Münci İstanbul'da Hukuk Mektebi'ni bitirdikten sonra, Türkiye'nin tanıtımını üstlenen Reşif Saffet Bey'in başkanlığındaki Turing'de çalışmaktaydı. Ablasına sık sık mektup yazar, onunla sıcak ilişkisini sürdürürdü. Latife tam yaralarını tedavi ettiğini düşünürken, çok sevdiği kardeşi Münci'nin ölümü bütün acılarını yeniden depreştirdi.

İlk kadın senatör ve ilk kadın dışişleri görevlisi Adile Ayda, Hukuk Mektebi'nden sınıf arkadaşı Münci ile Mustafa Kemal'in bir karşılaşmasına tanıklık etmişti.

1932 ocak ayının ortalarında Türk Ocağı olarak yapılıp sonra Halkevi'ne dönüştürülen binada Çocuk Esirgeme Kurumu bir kıyafet balosu veriyordu:

Adile Ayda da okul arkadaşı Münci'yle balodaydı. Mustafa Kemal'in, yanında Salih Bozok, Kılıç Ali, Ali Çetinkaya, Şükrü Kaya ve Falih Rıfkı'yla (Atay) birlikte içeri girişini, arkadaşı Münci'nin elektriklenmiş gibi içeriye giren kafileye doğru ilerlediğini hatırlıyor:

16. Bkz. Ek 2, "Kasadan Çıkanlar".

17. Volkan-İtkowitz, a.g.e., s. 344.

Biz de kendisini yavaşça takip ettik. Münci'nin tereddütsüz adımlarla Şükrü Kaya'nın yanına kadar giderek, Gazi Paşa'nın hayret dolu bakışları karşısında, kulağına eğilip bir şey söylediğini, bunun üzerine Şükrü Kaya'nın biraz çekinerek Münci'yi Gazi Paşa'ya takdim ettiğini gördük. Gazi, ilk önce anlamadı veya işitmedi. Sonra birden yüzü aydınlandı:

"Ne o? Münci mi? Sen Münci misin?" diyerek eski kayınbiraderine döndü.

Ve yakınındakilere:

"Biliyor musunuz, ben bunu, on sene evvel kucağımda hoplatırdım" dedi.

Belli idi ki, küçük kayınbiraderini vaktiyle pek sevmiş; fakat Latife Hanım'dan ayrıldıktan sonra hiç görmemiş. Artık gerçek bir aile sahnesine tanık olunmakta idi. Gazi Paşa, bir eli Münci'nin omzunda:

"Şimdi kaç yaşındasın? Hangi mektebi okudun? Ne tahsil ediyorsun?" gibi sorular soruyordu.

İlgisi memnuniyeti gittikçe artıyordu. Ve ilgisinin bir nişanesi olarak nihayet şu soruyu sordu:

"Eh daha sonra ne olmak istiyorsunuz?"

Münci ilk önce önüne baktı, sonra başını kaldırarak şu cevabı verdi:

"Reisicumhur olmak istiyorum!"

Gazi Paşa'nın hayretle irkildiği görüldü. Buz gibi bir sessizlik ortalığı kapladı. Herkes birbirine korku ve endişe ile bakıyor ve Gazi'nin bu küstah çocuğa ne şekilde haddini bildireceğini merakla bekliyordu.

Gazi şöyle etrafa göz gezdirdi. Münci'yi yukarıdan aşağı süzdü ve ani bir ifade değişikliği ile ona gülümseyerek:

"Reisicumhur mu olmak istiyorsun? Tebrik ederim seni!" dedi.

Ve devam etti: "İnsanın hedefi çok uzakta olmalı ki, hiç olmazsa yarı yola varabilsin! Bu yalnız fertler için değil, milletler için de böyledir. Bir millet emellerinin yüksekliği nispetinde yükselir..."

Adile Ayda *Cumhuriyet* gazetesine yazdığı bu anıyı şöyle bitiriyor:

Münci Uşakizade ne yazık ki, yarı yola bile varamadı. Zekâsı, kültürü ile herkesi hayran bırakan bu parlak genç, 1932 sonbaharında bir kaza kurşunu ile kurban gitti.[18]

18. Adile Ayda, "Atatürk ve Kayınbiraderi", *Cumhuriyet* gazetesi, 10 kasım 1963; aktaran Oğuz Akay, *Gazi* s. 185-186.

Latife, Halit Ziya'yla buluşuyor

Mustafa Kemal'le boşanmasının ardından Halit Ziya ile aile arasına bir soğukluk girmiş, Latife çok sevdiği amcasını aramaz olmuştu.

Bir gün telefonu çaldı Halit Ziya'nın, karşıdaki ses:

"Alo! Alo! Amca benim!" diyordu. Sesleniş biçiminden ve sesinden karşısındakini hemen tanımıştı Halit Ziya, ama hemen karşılık vermeyip beklemişti. Boşanma olayından sonra ilk kez sesini duyuyordu Latife'nin.

Ortak dostlarına Halit Ziya ve ailesiyle bozulan ilişkisinden söz ettiği oluyordu. Amcasının suskunluğu üzerine, "Amcacığım, benim, Latife. Sizi o kadar göreceğim geldi ki sonunda işte dayanamadım" diyordu.

Halit Ziya anlaşılan hangi ses tonuyla karşılık vereceğine karar verememişti. "Doğal olarak aynı halde karşılık vermek gerekiyordu..." diye düşünmüştü. Biraz da istemeye istemeye, "Ben de pek çok özledim" cümlesi çıkmıştı ağzından. Bu görüşme anlaşılan telefonla sınırlı kalmayacaktı, çünkü:

"Nasıl görüşebiliriz?" diye soruyordu Latife.

"Bir yaramazlık yapmak, onu Yeşilköy'e çağırmak mümkündü. Öyle söyledim; o özür diledi, uzun uzun oturduğu Yeşilköy köşküne uğramak istemedi. Nedenini hiçbir zaman anlayamadık. Önerisinden sonra günü saati belirledim. Büyük bir sıcaklıkla teşekkür etti. Kesinlikle aramızda açıklama istemek, açıklama yapmak çeşidinden tek bir söz edilmemek üzere kabul ettim."

Görüşme gerçekleşti, koşullara tamamıyla uyuldu. "Sarılmalardan öpüşmelerden sonra söyleşme konusunu şu, bu ve tamamiyle Vedad" oluşturacaktı.

Halit Ziya Latife'nin amcaoğluna ilişkin ablalık sevecenliğinden bir zerre bile eksilmediğine karar vermek gerektiğini düşünmüştü.

"Pek tatlı geçen bu buluşup görüşmeden sonra amca ve yeğen birbirlerine yaklaşmış ve ısınmış olarak" ayrılacaklar ancak Latife'nin erkek kardeşi Münci'nin ölümüne kadar bir daha yeniden karşı karşıya gelmeyeceklerdi.[19]

Halit Ziya'nın tarih vermediği bu görüşme 1932 yılından önce yapılmış olmalı.

Halit Ziya'nın torunu Zeynep Lange, Halit Ziya ile Latife Hanım'ın yakınlığını şöyle anlattı:

19. Halit Ziya Uşaklıgil, *Bir Acı Hikâye*, s. 135-136.

Latife Hanım, Halit Ziya Uşaklıgil'i çok sever ve sayarmış. Kendisine birçok mektup yazmış, hatırlıyorum, babamızın evinde mavi bir kurdeleyle bağlıydılar. Babam bir gün Latife'ye telefon edip, "Bu mektupları ne yapayım?" diye sormuş. O da "Lütfen Bülend bunları yak, yanlış ellere düşmesin" demiş. Maalesef mektupların metnini hiçbir zaman kimse bize okumadı. Ancak hatırlıyorum ki Atatürk'ü ilk gördükten sonra yazdığı bir mektupta "iki güzel mavi gözle karşılaştım" demiş.[20]

20. Zeynep Lange'le görüşme.

38

Atatürk'ten Latife'ye özel soyadı

1934 yılında Soyadı Kanunu çıkınca, Halit Ziya, Uşaklıgil soyadını alıyorum diye Muammer Bey'e haber yolladı. Bazı Lakap ve Unvanların Kaldırılmasına Dair Kanun nedeniyle, zadeyle biten isimler soyadı olarak verilmiyordu. Bu yüzden aile, Uşakizade soyadıyla anılamayacaktı. Ne var ki, Muammer Bey "gil"li soyadı istemiyordu. Uşaklıgil soyadını Halit Ziya'yla paylaşmayı uygun görmemişti, o da Uşşaklı soyadını istedi. Ancak İstanbul mercileri ailenin soyadını bir türlü onaylayamıyordu. Kanun gereği Latife'nin de babasının aldığı soyadını alması gerekiyordu. Ancak işler bir yerde takılmıştı. Nüfus cüzdanları, üst makamlar derken Çankaya'ya kadar çıktı. Muammer Bey ve aile sonunda Uşşaklı soyadını aldılar. Ancak Latife Hanım'a başka bir soyadı uygun görüldü.

Anlatıldığına göre Atatürk, getirin bakayım kâğıtları demiş, ardından Muammer Bey'in soyadını onaylamıştı. Ancak sıra, Latife Hanım'ınkine gelince Uşşaklı'yı çizip Uşşaki yapmıştı. Ardından, yanındakilere bakıp, "Ne demektir bilir misiniz?" diye sormuştu. Sonra da "Âşıklardandır" manasına gelir diye eklemişti. Devrin önde gelenleri olayı böyle aktarmıştı aileye.

Pek çok metinde Latife Hanım'ın soyadı Uşaklıgil olarak yazılmaya devam ediyor. Halit Ziya ünlü bir isim olduğu için Latife Hanım'ın soyadının da Uşaklıgil olduğu sanılıyor.

Muammer Erboy soyadına ilişkin bu anıyı aktarırken kafalardaki soyadı karmaşasına açıklık getiriyor. "Lügat anlamına bakın, âşıklardır. Yıl 1934" diyor.

Soyadı Kanunu sırasında, tanıdıklarına en çok yakışan soyadını bizzat seçmekten hoşlandığını bildiğimiz Atatürk, Latife'ye, pek özel bir soyadı aramış ve aile isimlerinden yola çıkarak türettiği bir kelime oyunu ile "âşıklar" soyadını armağan etmişti.

Aile içinde soyadı meselesi yorumlanırken anlatılan bir hikâye de şöyle: Latife Hanım evlenmeden önce Avrupa'da yaşadığı yıllarda, Uşakizade uzun geldiği için "Ouschaki" (Uşaki) soyadıyla tanınıyordu. Biraz da bu yüzden Latife, öfkelendiği zamanlarda ben Latife Uşşaki'yim diyordu. Mustafa Kemal acaba bu yüzden mi bu soyadını seçti diye Latife'ye takıldıkları olurmuş.

Mustafa Kemal'den Latife'ye güller

Muammer Erboy, "Atatürk İstanbul'a her gelişinde, lütfen buyursun diye haber yolluyormuş. Araba yollar, yaver yollarmış Latife Teyzeme. Güller gönderirmiş. Anneannem ile dedem bütün davetlere gitmişler. Dedem Atatürk'le hep poker oynarmış" diyor.

Kız kardeşler Mustafa Kemal'i o kadar severlerdi ki yazı yazarken küçük "k" harfini hiç kullanmadılar ısrarla. "k" harfi konusunda gündelik alışveriş listesinden tutun mektuplarına kadar iki kardeş de Atatürk'ün imzasındaki "k" harfine benzer büyük harf kullanırlardı. Birbirlerine sık sık Mustafa Kemal'in seslendiği gibi seslenir Vecih ve Latif derlerdi.

Ancak, Latife Mustafa Kemal'le birlikte resimlerini koymamıştı evine. İkisinin de tek fotoğrafları dururdu. Mustafa Kemal'i dışarıya karşı silmişti hayatından.

Latife'nin ayrıldıktan sonra Mustafa Kemal'den tek bir isteği olmuştu. "İnanılmaz bir gururu vardı. Nafaka hiçbir şey istememiş" diyen Muammer Erboy bu isteği şöyle anlatıyor:

> Verem oluyor pasaport vermiyorlar. Paşam gider yurtdışında yabancı gazetecilerle konuşur, izin vermeyin diyorlar. Hayatında tek isteği bu olmuş Mustafa Kemal'den. Gitmek mecburiyetindeyim, diye haber göndermiş. Fatma Sadık adıyla bir pasaportla çıkmış sonunda.

Özden Toker'e göre de Latife Hanım, safrakesesinden rahatsızlandığında Atatürk, tedavisi için kendisine pasaport çıkarttırıp Avrupa'da doktorlardan randevu aldırmıştı."[1]

Boşandıktan sonra hiç karşılaşmışlar mıydı? Latife'nin kız kardeşi Vecihe İlmen, bir gün Göksu'da karşılaştıklarını söylüyor:

"Latife Hanım Göksu'da sandalla dolaşıyormuş. Atatürk'ün de bir motoru vardı. Adını hatırlayamıyorum. Birbirlerini görünce, Atatürk kalkmış selam vermiş. Çok ağladı Latife sonradan tek

1. Can Dündar, "Latife Hanım'ın Atatürk'süz Hayatı", *Milliyet*, 28 ekim 2003.

karşılaşmaları budur. Fakat gördüğü günden ölünceye kadar sevdiği insandı..."

Mustafa Kemal ile Latife boşandıktan sonra hiç konuşmuşlar mıydı? Birbirlerinden dolaylı haberler aldıklarını biliyoruz. Ancak, gazeteci Niyazi Ahmet Banoğlu, ikisinin arasında geçen bir telefon konuşmasından söz ediyor.

Bu telefon konuşmasının 1930 yılının son günlerinde, Serbest Fırka'nın kapatılmasının ardından gerçekleşmiş olması mümkün. Zira o sıralarda Şükrü Kaya Mustafa Kemal Paşa'yla birlikte İstanbul'da. Ancak Mustafa Kemal ile İçişleri Bakanı Şükrü Kaya'nın İstanbul'da birlikte oldukları günlerin sayısı az değil. Sözü edilen telefon konuşmasını, Latife Hanım'ın aileden yakınlarıyla paylaşmadığı anlaşılıyor. Banoğlu bu anıyı Latife Hanım'dan dinlediğini söylüyor.

> Çokça dışarılara çıkmıyordum ama, bazı ziyaretler yapmakta idim. Neden sonra fark ettim, bir sivil memur beni daima takip etmektedir. Bir yağmurlu gündü, artık tanımaya başladığım bu memur, beni köşkün kapısına kadar takip etmişti. Çokça yağmur yağıyordu. Memura işaretle çağırdım ve:
>
> "Evladım artık seni tanıdım, beni takip ediyorsun, çok ıslandın kulübeye gir de kurulan" dedim. Köşke girdikten sonra aklıma geldi. Atatürk Dolmabahçe Sarayı'nda idi. Telefonla aradım ve şöyle dedim:
>
> "Paşam, benden bir suikast mı bekleniyor ki, polis beni takip ediyor?" Konuştuk. Yarım saat geçmemişti. Orada imiş, Şükrü Kaya geldi. Atatürk göndermiş, benden özür diliyordu. Şükrü Kaya şöyle dedi: "Atatürk'ü bu derece hiddetli hiçbir defa görmedim. Çok ağır konuştu. 'Size kim emir verdi benim karımı takip edin diye, bu ne rezalettir'."[2]

Kardeşlerin çocukları, torunları

Muammer Bey 1951, Adeviye Hanım da 1956 yılına dek yaşadılar. Ailesi Latife'yi kucaklamıştı. Her torun onda yaşama isteği uyandırıyor, çocuklara büyük sevgiyle yaklaşıyordu.

Vecihe'nin üç çocuğu oldu; Gülümser, Gönül ve Erdem. Erdem ailenin ilk oğlan çocuğuydu, sarışındı, Latife'nin gözbebeğiydi. İsmail'in bir oğlu bir kızı oldu; Kemal ve Füsun. Sarı saçlı mavi gözlü Füsun'u Latife çok seviyordu. Rukiye'nin de Gülten ve Nur

2. Niyazi Ahmet Banoğlu, "Atatürk ve Latife Hanım", *Atatürk Araştırmaları Merkezi Dergisi*, s. 526.

isimli iki çocuğu olmuştu. Ömer'in kızı Meral, annesi Atıfet (Kapanizade) ile babası ayrılınca konakta yaşamaya başladı. Giden kardeşlerin yarattığı boşluk kısa sürede doldurulmuştu. Kendi çocuğu yoktu, ama seneler ilerledikçe aileye doğan torunları kendi çocukları gibi sevecekti.

Latife Hanım'ın bilmediğimiz yaşamına ilişkin bu ayrıntıları da bu torunlardan biri, sekiz sene boyunca her çarşamba, okul çıkışı onun evine giden, birlikte yemek yiyip sohbet eden Muammer Erboy anlatıyor:

> Anneannem Vecihe ile Hayri Dedem arasında 7 yaş fark vardı. 1900 doğumlu olan dedem Latife Teyzeme ablacım derdi, o da, "Yaş farkımız mı var, ne ablası?" der, şakacıktan kızardı. Dedem anneanneme körkütük âşık, anneannem de körkütük severdi dedemi.
>
> Kızların karşısına hep mükemmel insanlar çıkmış. Hepsi aşk evliliği yapmışlardı.

Vecihe ve Hayri İlmen, Uşakizade Konağı'ndan sonra Nişantaşı'nda, bugünkü Millî Reasürans'ın karşısındaki Aziye Palas'ta yaşadılar, yine Ayaspaşa'ya yakındılar. Daha sonra, 1947 yılında Bebek'teki Ayşe Sultan Korusu'na taşındılar. Vecihe, İstanbul Filarmoni Orkestrası'nın kurucularındandı. Turing Otomobil Kurumu'nun müsameresi için Hanımlar Komitesi'nde ve Darülaceze'de çalışıyordu.

Vecihe İlmen'in, ilk yıllarında filarmoni için büyük işler yaptığını düşünüyor Muammer Erboy:

> 13-14 yaşımdayım. Öğleden sonra üç dört gibi Latife Teyzeme giderler sonra da müzik meraklısı olan yakın akrabaları Frumet Hanım'la (Tektaş) İstanbul Devlet Senfoni'nin kurucularından Refika Tektaş'ın evine... Latife Teyzem de çok sık bize gelirdi.
>
> Güzelliği dillere destan Rukiye Teyzem hariciyeci Mehmet Cevat Bey'le (Açıkalın) hayatını birleştirmişti. Eşi, Rukiye'den neredeyse 15 yaş daha büyüktü. Mehmet Cevat Bey mükemmel bir hariciyeciydi. İkinci Dünya Savaşı esnasında Ankara'da ve Rusya'da; bir Londra'sı bir de Roma'sı var. Hariciye genel sekreterliği yaptı uzun yıllar. Rukiye Teyzem Londra, Roma, Moskova'da sefire olarak bulundu.

Aile içinde Mehmet Cevat Bey'e ilişkin hep anlatılıp gülünen bir öykü şöyleydi: Türkiye'ye gelen Amerika Maslahatgüzarı Numan Menemencioğlu, İsmet Paşa ve Mehmet Cevat Bey'le görüşmüştü. Üçünün de kulakları duymazdı. Onların ardından maslahatgüzarı Atatürk kabul etti. Maslahatgüzar, yine bağıra bağıra konuşmaya devam ediyordu. Atatürk, "Bu niye bağırıyor, nesi var?" diye sormuş, sonra da "Ben onlar gibi değilim, söyleyin" demişti.

Ayaspaşa'daki sofra

Aile herkesten uzak bir hayat sürmedi. Muammer Bey, mason olduğu için geniş bir çevresi vardı. Dönemin fikir sahibi pek çok siması sık sık bu evde bir araya geldi. "Dedemin İstanbul'daki salonunda ulema toplanırdı" diyor Muammer Erboy ve ekliyor: "Dönemin ünlü edebiyatçıları, yazarları, gazetecileri, fikir insanları gelir gider, evde uzun edebiyat sohbetleri yapılırdı."

Uzun yıllar karşıdaki evde oturan Nur Varkin, Uşakizade konağındaki yaşamı anlatırken çamların altında oyun oynayan çocukları, bahçenin ortasındaki büyük bir ıhlamur ağacının altında, beyaz kıyafetleriyle bahçede servis yapan garsonları anımsıyor. "Aile yazları tarhlar şeklinde ekilmiş çok bakımlı olan bahçede otururdu, duvarı çok alçaktı, dolaşanlar görülürdü" diyor.

Her cumartesi torunlarla düzenli öğle yemeği yeniyor, sonra bazen dedeli, bazen dedesiz toplu halde sinema veya tiyatroya gidiliyordu.

Muammer Erboy, Ayaspaşa'daki evde kurulan sofrayı aileden hep dinlemişti: "Bu torun torba yemekler gayet formelmiş, ama sofrada terbiyeden af yokmuş" diyor.

Yedi sekiz çeşidin arka arkaya sunulduğu, her akşam 15-20 kişinin yemek yediği, sevilen misafirlerin geldiği, çok kıymetli porseleniyle, gümüşüyle, en büyük ayrıntısına kadar zevkle hazırlanmış sofralarda Fransız ve Osmanlı mutfağından Adeviye Hanım'ın hazırladığı harika yemekler yeniyordu:

> Çocukların da sohbete serbestçe iştirak ettikleri, sere serpe, uluorta dedeleriyle ve nineleriyle yedikleri yemeklermiş. Özellikle Adeviye Hanım'a yemeğin şusu olmuş busu olmamış, hani bunun taratoru, nerde bunun krem şantisi diye takıldıkları, isteklerini ilettikleri, şakalar yaptıkları, cıvıl cıvıl bir sofraymış. Ama sofra başına biri bir geçe gelenin vay haline. Çatalı bıçağı yanlış kullanan yandı. Sırayı şaşıran hepten yandı... Sofraya en son gelme hakkı o zaman bir tek Latife Teyzeme tanınırmış.

Sonraki yıllarda Meral Teyzem (Bebe) devralmıştı Adeviye Hanım'ın ustalığını. Yılbaşlarında ve özel günlerde pek zor bir yemek yapardı galantin diye... Piliç parçalanmadan içi tulum çıkartılıyor, eti çeşitli baharatla değirmenden geçiriliyor, o derinin içine butuna kadar incik fıstıklarla dolduruluyor, ona göre özel kaplarında buharda pişirilip sonra çıtırdasın diye fırınlanıyor, şaraplar falan katılıyor içine.

Ailenin baş yemeklerden biri de muhallebili baklava. Az şekerli bir muhallebi pişirilir, baklava yufkaları arasına döşenip fırınlanırdı.

Giriş kapısının sol tarafında camekânlı bir yer hatırlıyorum, büyükçe mermer lavabo gibi bir şeyin bulunduğu... Bu kocaman mermer lavabonun içinde şeker ve limon kabuğu dururdu, limonata için. Büyük miktarlarda limonata yapılır ve her gelene ikram edilirdi. Teyzemin yardımcısı Kalyopi yapardı limonatayı. Nane ile şeker, limon kabuğu elle ezilirdi. İyice eriyip hallolup su bırakınca, limon suyu ve su ilave edilir, dinlendirilir, buzlu ikram edilirdi. Çocukluğumdan hatırlıyorum, kızım arada bir ister benden ben de hatırladığım gibi yaparım ona.

Latife de sofra geleneğini sürdürmüştü. Bayram ziyaretleri Latife'nin evinden ve unutulmaz sofralarından başlar, 20 kişilik sofralar kurulurdu. Muammer öğrencilik yıllarında her cumartesi annesi Gönül'le Latife Teyzesine öğlen yemeğine giderdi. İncecik saydam, kıtır kıtır patates cipsine bayılıyordu. Latife Teyzesinde yediklerinin tadı bir başka, sanki şekerli gibi olurdu. Latife ona "Bak senin için yaptırttım" derdi.

Küçük muska börekleri... Buzlu suyun içinde buzdolabında tutulur, misafir gelince kızarttırır içkiyle ikram ederdi. Üzerine pudra şekeri serpilirdi. Gül pembesi bir ayva peltesi yapardı, içine kaşık işlemezdi.

Jöle gibi. Kokusu inanılmaz olurdu, yemeden önce tabağı ters çevirirsiniz, öyle şeffaf olurdu ki kubbe gibi arkasını görürdünüz. Çok zevkliydi. Aşure kapları falan hepsi ayrıydı.

Kabuklarıyla çekirdekleriyle özel reçeller yapardı. Eski Fransız mutfağı kitapları vardı. Tulumba tatlısı gibi zor tatlılar yaptırtırdı.

Bayram ziyaretine gideceğiz diye heyecan duyardım. İkinci, üçüncü gün o, anneanneme gelirdi. Hacıbekir lokumu, likör, ayva murabbaları, pelteleri yapar eve yollardı.

Şarap severdi, ama o zaman Türkiye'de şaraplar çok iyi değildi. Babama özel bir tane her zaman saklardı. İncecik işlemeli karafın içinde yarı açık yarı kapalı cam bir sürahide dinlendirirdi. Tatlı olsun diye özel rakı dinlendirirdi. Tarçınlı vişne şurubunu da kendi yapar, minnacık kadehlerle ikram ederdi.

Çocukluk günlerinde bu evi ziyaret eden ve hafızasına kazıyan bir başka çocuk daha vardı. Gömleklerin en beyazını giyip, kravatların en moda olanını taktıktan sonra Ayaspaşa'nın yolunu tutmuştu. İki tüy ve bir kıldan ibaret sakalını tıraş etmiş, akşamdan şiltenin altına ütüye yatırdığı pantolonunu giyip süslenmişti. Üzerinde "Villa Uşşaki" yazan demir bahçe kapısından "Konağa hoşgeldiniz Küçükbey" diyen bir hizmetçi tarafından buyur edilmişti.

Köşkü ziyarete giden çocuk, Muammer Bey'in torunu Meral'in, üvey kardeşi Güneş'ti (Karabuda). 1933 doğumlu Güneş, İstanbul'da Galatasaray Lisesi'nde yatılı okurken, ablası Meral'i görmek için Ayaspaşa'daki konağa gitmişti.

Güneş, önce ablasının dedesi Muammer Bey'in elini öptüğünü anımsıyor.

Tiril tiril krem rengi ipek gömleğine papyon kravat bağlayan Muammer Bey, şık ayakkabılarına da "getr" takmıştı. Alnı açıktı, beyaz bıyıklarıyla babacan bir görünüşü vardı.

Yemek vakti geldiğinde merdivenlerden sade ve şık giyimli, "zeki bakışlı ama asıkça yüzlü" bir kadın inmişti. Gelen Latife Hanım'dı. Güneş'le de çok ilgilenmişti.

Yemek masasına kolalı, beyaz, keten örtü seriliydi, peçeteler ve kristal bardaklar bir de sayısız çatal bıçak görmüştü. Büyük yuvarlak yemek masasındaki sıra sıra dizili çatal ve bıçaklar Güneş'i korkutmuştu. Önünde tam bir düzine, gümüş çatal, bıçak ve değişik boyda üç bardak duruyordu. Aile fertleri arasında hararetli bir konuşma sürüyordu. "Yavrum sen acıkmışsındır başla" dediler. Neyse ki, Meral Ablası ona göz kırparak çatal sırasını işaretleyeceğini belli etmişti. Kazasız belasız yemek bittiğinde rahat bir nefes almıştı.

Latife Hanım Güneş'i kolundan tutarak bir koltuğa oturttu, kendisi de karşısına geçti. Okuluna, derslerine, boş zamanlarında neler yaptığına dair sayısız soru sordu. Verdiği yanıtları içten bir ilgiyle dinliyor, yüzünün asıklığı gitmiş gülümsüyordu.

"Önüne bakan, sadece evet-hayır deyici çocuklardan değildim. Ağzımın laf yapması hoşuna gitmiş olmalı ki konuşmayı sürdürüyordu."

"Söyle bakalım Güneş müzik sever misin?" sorusunu pek ayrıntılı yanıtlamıştı Güneş.

"Çok severim efendim" demişti. İkinci soru birincisini izlemişti. "Pekiyi ne tür müzikten hoşlanırsın?"

"Verdi'nin *La Traviata*'sı, Puccini'nin *La Boheme*'i en sevdiklerim arasındadır, hele *La Boheme*'de Rudolphe'un aryasına bayılırım efendim." Latife Hanım gülümsemeden gülmeye geçmiş, kahkahalar atıyordu. "Bak sen hele şuna neler de biliyor! Aferin, aferin âlem çocuk bu ayol" diyordu.[3]

Sofradan kalktıktan sonra herkes bir köşeye çekilmiş. Kimi kitap, kimi gazete okumaya başlamıştı. Latife Hanım kitap okuyanlardandı. Muammer Bey ise alışık olduğu siestasını almak için kütüphanesine çekilmişti.[4]

İleriki yıllarda belgeselci olarak dünyaca ünlenen Güneş'in izlenimleri böyle.

Lise yıllarında Kılıç Ali'nin oğlu Altemur, yakınlarına haber vermeden Latife'yi ziyaret etmişti. "İçimde bir ukde vardı; amcama babama herhangi sebeple, kırgın olup olmadığını sordum" diyor. Latife'nin kendisine, "Hayır, ikisi de bana çok efendice davrandılar" dediğini anlatıyor. 1924 yılında Ankara'da doğduğunda ona Altemur adını Latife vermişti.[5]

Ayaspaşa'daki evin ziyaretçilerinden biri de Süreyya Paşa'nın torunu Vedii İlmen'di.

Latife Hanım'ın kardeşi Ömer Bey'in kızı Meral'le arkadaştık biz. Babası annesi ayrılmıştı, babaannesi bakıyordu ona. Onunla arkadaştık biz. O zamanlar böyle her gün birbirini görmek falan yoktu. Doğum günlerinde, bazı vesilelerle birbirimizi görüyorduk Meral'le arkadaşlık ediyorduk, akrandık. Meral'e gittiğim zaman, yani Ayaspaşa'daki eve çağrıldığım zaman Latife Hanım'ı da görüyordum.

Latife Hanım'la bizim senlibenli konuşmamız düşünülemezdi bile. Ama dediğim gibi...

O vakit çocuklar görünürlerdi de sesleri duyulmazdı. Düşünün ben 17-18 yaşındayım, Latife Hanım'a kalkıyorum da soru soruyorum. Böyle bir şey olmazdı.

Birincisi Latife Hanım ulaşılmaz geliyordu bana, ikincisi de, eski terbiyenin sonlarını almıştık biz. Cumhuriyet'in ilk kuşağı olarak bi-

3. Güneş Karabuda, "Latife Hanım'la Köşkte", *Yeni Yüzyıl*, 7 mart 1998.

4. Güneş Karabuda, *İndim Zaman Bahçesine*, Yapı Kredi Yayınları, İstanbul, 1998, s. 22-28.

5. Altemur Kılıç, "Latife Hanım'ın Evrak-ı Metrukesi" *Kent Haber*, 6 şubat 2005.

zim ebeveynlerimiz Osmanlı'dan Cumhuriyet'e geçen insanlardı. Osmanlı'da doğmuş büyümüş, sonra da Cumhuriyet'e geçmiş. Bir miktar eski terbiye hep vardı.

Vedii İlmen bir Ayaspaşa ziyaretinde de Uşakizade Muammer Bey'in 1903 yılında New Orleans'ta bir sergide gördüğü kadayıf makinesinden söz edişini unutmamış:

> Yine Meral vesilesiyle Ayaspaşa'daki konağa gitmiştim. Muammer Bey'in sofrasında yemek yedik. O gün, Tevfik Sadullah da vardı.[6] Hem gazeteci, hem rejisör...
>
> "Ben 1903'te New Orleans sergisine gittim, orada tel kadayıf makineleri vardı, bir taraftan kadayıf giriyor öbür taraftan kızarmış şerbetli olarak çıkıyor" deyince, Türkiye'de böyle bir şey olur mu olmaz mı diye konuşmuştuk. Kolejin mühendislik kısmında olduğumuz için gazete, kitap ne bulursak okuyorduk. Muammer Bey, bana memleketin geleceği hakkında birtakım sorular sordu, ben de ona aklımın erdiği, ermediği kadar bir şeyler söyledim. Her şey hakkında birtakım fikirlerim vardı.[7]

Tek taş pırlantasını hiç çıkartmazdı

Latife Hanım nasıl yaşıyordu, giyimine kuşamına özen gösterir miydi?

Latife, gezmesinden, keyfinden lüksünden, vazgeçmemişti. Çok şık ve özenli geziyordu. Favori rengi siyahtı. Babasının armağanı tek taş pırlanta yüzüğünü parmağından hiç çıkarmıyordu.

Muammer Erboy, "Zeynep (Erboy) geçenlerde onun 1920'lerden bir elbisesiyle baloya gitti" diyor:

> Yatakta bir tek kez gördüm onu ölümüne yakın. En çok pilav, makarna severdi ama şişmanlamamıştı. Şeker bir tombulluğu vardı.
>
> Beyaz saçları olağanüstü güzeldi. Dalgalı dalgalı kabarık kabarık, şık taraklarla tutturur, enseden yukarıya doğru ters koni gibi bir topuz yapardı. Önleri daha çok gri arkalar beyaz, ama naturel renkleriydi. Teyzem beyazlanan saçlarını gri mavi tonda ışıltı veren bir şampuanla yıkardı. Saçını dağınık hiçbir zaman görmedim. Saçlarını toplayıp fildişi tarağıyla tuttururdu. Babasının hediyesi olan bir pırlantalı bir pandantif takardı boynuna etrafı pırlantalı dikdörtgen Çin tarzı si-

6. Adeviye Hanım'ın erkek kardeşinin oğlu, Naci Sadullah'ın kardeşi.

7. Vedii İlmen'le görüşme.

yah bir kordona takılı bir mücevher tam 1930'lar. Hep boynundaydı.
Ben hep siyahlı gördüm onu. Ama çok güzel pembe bir elbisesi daha sonra sergilendi. Fotoğraf çektirmeyi sevmiyordu.

Karşı komşuları Nur Varkin Latife'yi modern kıyafetleriyle anımsıyor:

Latife Hanım'la yolda karşılaşır selamlaşırdık. Çok kibar giyinirdi, tayyörlü, eldivenli, gayet modern bir hanımefendiydi. Sokağa sık sık çıkardı. Yolda rastlardık. Çok hürmet ettiğimiz ciddi bir insandı. Ama çok içine kapalı yaşardı. Küçük teyzemle daha çok görüşürdü. Teyzemin kendisine gittiğini hatırlıyorum. Hürmet edilir, selam verilir, hatır sorulurdu.

Latife'nin piyanoya olan tutkusu boşandıktan sonra onun için kaçabileceği bir dünya yaratmadı.

"Bir defacık hatırımı kırmayıp, *Ay Işığı Sonatı*'nı çalar mısınız?" diye yalvardığını anlatan Muammer Erboy, "Müziğin iyiliğinden mi çalanın şahsiyetinden mi çok güzel çaldığını hatırlıyorum; bir defa çalmıştı. Bugünkü kulağımla dinlesem ne derdim bilemiyorum ama..." diyor.

Latife piyanosunu neden terk etmişti? Piyano, onun yaralarını acıtıyordu belki de. Bu yüzden uzak durmayı tercih ediyordu.

"Piyanonun onda derin bir izi olmalı" yorumuma katılıyor Muammer Bey, "Tabiî kesinlikle ve derin bir iz olmalı. Neden devam etmediğini bilemiyorum, aslında onun ruh yarasına en iyi ilaç olurdu ama, yazılarını yazmayı tercih etti galiba."

Yaşayan ölülere türbedarlık ediyorum...

Latife'nin ilişkisinin kesintisiz sürdüğü bir aile de Ağaoğullarıydı. Süreyya ve Tezer Ağaoğlu, sık sık Latife Hanım'ı ziyarete giderlerdi. Süreyya'ya bir de fotoğrafını hediye etmişti imzalayarak. Yakın dostu Sitare Ağaoğlu 1933 yılında 52 yaşındayken öldü. Latife bunun üzerine İstanbul Topağacı'nda oturan Ağaoğlu ailesine başsağlığına gitti.

"Ahmet Bey" demişti, "niye ağlıyorsunuz, başınızı çevirdiğiniz zaman otuz güzel sene hatırlayacaksınız. Bırakın da benim gibi yaşayan ölülere türbedarlık edenler ağlasın." Süreyya Ağaoğlu, bu anısını aktarırken, "Haklıydı" yorumunu yapıyor.[8]

8. Süreyya Ağaoğlu, a.g.e., s 70.

Latife Hanım'ı yalnız bırakmayanlardan biri de Cevat Abbas'ın karısı Memduha'ydı. O yıllarda kendisi de eşinden ayrılan Memduha Hanım, Ayaspaşa'daki evin kapısını sık sık çalardı.

Leman Karaosmanoğlu, Latife Hanım'la ilişkisini sürdürenler arasındaydı. Leman Hanım bu ilişkiyi şöyle anlatmıştı:"Yakup da ben de mektuplaşırdık. Hatta ilk mektubumda, 'Siz gidince Çankaya boşaldı, Hanımefendi' diye yazmıştım".

Ayaspaşa'daki konağa gelen gidenlerden biri de Falih Rıfkı'nın eşi Şefika'ydı. Mina Urgan, annesi Şefika'yla Latife Hanım'a gidişlerini hatırlıyordu:

> Annem Mustafa Kemal ile evliliği sırasında Latife Hanım'ı pek tutmamıştı. Ama boşandıktan sonra Don Kişot Şefika, terk edilen kadından yana çıktı. İstanbul'a her gelişinde mutlaka onu görmeye giderdi. Bir defasında ben de peşine takılmıştım. Durum çok ilginçti. Mustafa Kemal Paşa lafı hiç edilmezdi; havadan sudan konuşulurdu.

Ziyaretin sonuna doğru, Latife derin derin içini çekerek kısık bir sesle sorardı: "Paşa nasıl Hanımefendi?"

Şefika da içini derin derin çekerek, "Nasıl olacak Hanımefendi, bildiğiniz gibi işte," derdi. Mina Urgan'ın yorumuna göre, annesi Mustafa Kemal'i ayıplarcasına söylerdi bunu. Sonra laf hemen kapanırdı. İki hanımefendi içlerini çeke çeke, hüzün içinde ayrılırlardı birbirlerinden.

Mina Urgan, annesine "Hep mi sorar?" demişti merakla. "Evet" demişti Şefika Hanım, "Her zaman sorar, ama böyle kısaca."[9]

Atina Üniversitesi'nden Profesör Neoklis Sarris, çocukluğunu geçirdiği İstanbul Büyükparmakkapı Sokak'taki Hayat Apartmanı'nda, Falih Rıfkı'nın eşi olan Şefika Hanım'ın dairesinde annesiyle briç oynayanlardan birinin de Latife Hanım olduğunu anımsıyordu. Sarris, Mustafa Kemal aleyhinde konuşmayan Latife Hanım'ın daha çok onun yakınındaki kişilerden rahatsız olduğuna kulak misafiri olmuştu.[10]

Zarafeti, terbiyeyi deri gibi giymişti...

1920'li yılların meclis zabıt kâtiplerinden Necmettin Sahir ile Cemile Sahir'in kızı Şen Sılan, Latife Hanım'ı "Latife Teyze" diyecek kadar yakından tanıyordu. İstanbul'a geldiklerinde de Baha-

9. Mina Urgan, *Bir Dinozorun Anıları*, Yapı Kredi Yayınları, 1998, s. 165.

10. Ragıp Zarakolu, "Sarris Adlı Hemşerimiz Üzerine", *Gündem* gazetesi, 11 mayıs 2002.

riye Caddesi'nde Asım Gündüz ile eşine bahçeleri bitişik olan bir evde oturmuşlardı. Muammer Uşakizade babasının dostuydu. Cumhuriyet ilan edildikten sonra babası Necmettin Sahir önce Fethi Okyar'ın, ardından da onun yerine gelen İsmet Paşa'nın özel kalem müdürlüğüne atanmıştı.[11]

Sılan ailesinin, Latife Hanım'la o günlerde başlayan dostluğu ileriki yıllarda da sürdü. Şen Sılan Latife'yi şöyle anlatıyor:

> Muammer Bey çok rahat, sıcak bir adamdı, kasıntı değildi, kucağına alırdı beni. Annesinin kültürünü ölçemem, ama zarif, sessiz bir hanımefendiydi. Latife Hanım da ona çok benzerdi. Güzel bir kadındı. Yuvarlak bir yüzü, tatlı bir dudak şekli, yumuşak, güzel bir yüz. Vücudunun yuvarlak hatları vardı. Cazibesi de var, kıvrık bir kadın, kıvır kıvır, ince, uzun değildi. Yuvarlaktı hatları. Saçı hep muntazam, kıyafeti sade, şık ve zarifti. Her hareketiyle zarif. Elegant ve tertemizdi.

Anılarını vermeye söz vermişti Latife, Şen Şılan'ın babası Necmeddin Sılan'a. Şen Sılan, *Pişman Değilim* adını verdiği anı kitabında da Latife'den söz etmişti.

> Annem ve babamla Ayaspaşa'daki evde aileyi ziyaret edişlerimizde Latife Teyze'nin sevdiğini bildiğimiz 4711 kolonyası da mutlaka elimizde olurdu. Hele Muammer Beyefendi bize geldiğinde hemen onun kucağına oturuverirdim. Çocuklar onları seveni ve güzeli hep severler galiba. Ben de onda hem bu sevgiyi hem de güzelliği buluyordum sanırım.
>
> İstanbul'a gittiğimizde mutlaka Latife Teyze'yi o deniz manzaralı, ağaçlar ve çiçeklerle bezeli güzel köşkte ziyaret ederdik. Onun ufacık boyuna rağmen öne çıkan kişiliği, hareketliliği, açık sözlülüğü ve gururlu kadınlığı beni hep heyecanlandırmış ve ona hayran bırakmıştır. Çok bilgili, çok sade ve çok da yalnızdı. Bu yalnızlığını benimsemiş olduğundan hiç de şikâyeti yoktu, ama hep hüzünlü bir hali varmış gibi gelirdi bana.
>
> Ben çocuk olduğum günlerde bile, bana yetişkinmişim gibi davranırdı. Bir yerde okumuştum. Shakespeare bir gün bir dostuyla konuşurken "Annem kocamandı" demiş, annesini önceden tanımış olan arkadaşı "Ama o ufak tefekti" diye itiraz edince de "Evet. Boyu ufaktı ama kendisi kocamandı" diye yanıtlamış. İşte bence Latife Hanımefendi öylesine kocamandı.
>
> Vecihe mütevazı, kültürlü, şık ve sıcacık.

11. Şen Sahir Sılan'la görüşme.

Rukiye Hanımefendi bebek kadar güzel, şık, zarif, ufacık kemikli güzel vücutlu.[12]

Şen Sılan, nişanlanmaya karar vermişti. Latife Teyzesini ziyaret edip bu haberi vermek istiyordu. Annesiyle birlikte Ayaspaşa'ya gittiği gün Latife'nin sevgi ve aşk üzerine de tavsiyelerini alacaktı.

Bizi her zamanki zarafeti ve sevgisiyle karşıladı o güzel insan.

"Ben evlenmeye karar verdim" dedim.

İlk sorusu "Seviyor musun?" oldu. "Bilmiyorum ama beğeniyorum. O beni seviyor" dediğimde "Bu daha iyi. Bırak da o seni daha çok sevsin. Böylece daha az kırılırsın; ıstırap çekmezsin" sözlerinden sonra annemin görüşlerini de dinleyip hayır duaları etti ve yanından ayrıldık.

Latife Hanımefendi'nin davetiyesini annemle birlikte onu ziyaret edip elden götürmüştük. O canım kadın davetiyeyi okuduktan sonra bir dakika diyerek yerinden kalktı ve salondaki şık bir 'marketöri' dolabı açıp içinden süslü kâğıtlara sarılmış üç paketle yanımıza döndü. "Şenim bunları senin için hazırlamıştım. Sen benim kızımsın. Bir yabancı için çarşıya gider, bir şeyler alırdım. Ama sana böyle bir hediye veremem. İstersen paketleri aç, sana hikâyelerini anlatayım."

Elime ilk aldığım paket inceydi. Açtım içinden iki fincanlık, ağır gümüş ve tuğralı bir tepsi çıktı. "Bu seni çok seven babam Muammer Uşşaki, annemle evlendiği zaman zifaf gecesi kahveleri için sultan tarafından hediye edilmiş olan tepsidir" dedi.

Şen Sılan şaşırmıştı. "Sen de evlendiğinde, kocanla ikinizin kahve fincanlarınızı bunun üstünde taşırsın" dedi ona Latife. İkinci paket uzuncaydı. Açınca gümüş bir kokteyl karıştırıcısı çıktı. Latife, "Bu da babamındı. Bazen kullandığım oldu, ama siz gençlere daha uygun. Martini yaparsanız amcanın anısına da kadeh kaldır" dedi. Şen Sılan ağlamaya başlamıştı.

O yakışıklı, neşeli, zarif beyefendinin kucağında oturduğu mutlu anları hatırladı. Üçüncü armağan nefis, üzerinde çiçekler olan, koyu lacivert ve beyaz renkli, kapak ve kâse kenarları incecik altınla çevrili, dört köşe kocaman bir Sèvres porselen şekerlikti.

Latife, "Evlendiğimde Fransa cumhurbaşkanı göndermişti. Bunun içinden gözyaşı karışmamış, tatlı şekerler yemeni dilerim" dedi.

12. Şen Sahir Sılan, *Pişman Değilim*, İletişim Yayınları, İstanbul, 2003, s. 67-68.

Şen Sılan, "Gözleri gene bir hazin bakıyordu. Ne diyeceğimi bilemez bir halde boynuna sarılıp, ellerini öpüp doyasıya ağlamıştım. Tepsi hâlâ duruyor" diyor.[13]

Genç kadın Latife'nin hediyeyi veriş tarzından ne denli etkilendiğini şöyle anlattı:

> Bu zarafeti kaç kişi gösterebilir? Çok derin bir kadındı. Derin derken hediye verirkenki tavrını düşünüyorum. Bu verdiklerinden vazgeçebilmişti. Ben onun verdiği tepsiden hâlâ vazgeçemedim. Ondaki, o gün olan bir şey değil, doğuşundan itibaren terbiye ve zerafeti deri gibi giymişti. Edinilen bir şey değildi. Bir grandiyözü vardı. Ortalıkta öyle seyis, uşak, şoför görünmezdi ama hepsi etrafta imiş gibiydi. Bir görgü vardı her şeyde.

Vedad intihar ediyor

Vedad, Latife'nin Ankara'dan ayrılmasının ardından Londra elçiliği üçüncü kâtipliğine tayin edildi. Oğlu göreve başladığında Halit Ziya, Mustafa Kemal'e bir teşekkür telgrafı yolladı. Halit Ziya bu telgrafın tarihini 17 ağustos 1342 (1926) olarak kaydetmiş.

Vedad, Hariciye'de on yılı aşkın bir süre çalıştı ancak sonraki yıllarda kendisini hep tutunamayanlardan biri olarak hissetti. Bir virtüöz düzeyinde piyano çalarken, piyanoyu da terk etti. Dışişleri Bakanlığı'ndan birileri kendisine sürekli kötü davranıyor, beklemediği anlarda merkeze çağrılıyordu. Kolay bunalıma kapılan bir kişiliği vardı Vedad'ın. Tiran Büyükelçiliği son durağı oldu.

Elçilikte bayram nedeniyle büyük bir şölen veriliyordu. Bir neden gösterilmeksizin bakanlık emrine alındığını bildiren şifreyi çözdüğünde Vedad donmuş kalmıştı. Şölenle ilgili bütün hazırlıkları tamamladıktan sonra, "Biraz yorgunum dinleneceğim" diyerek odasına çekildi ve beni uyandırmayın diye sıkı sıkı tembih etti. Ceketini asmış, pijamasını giymiş, dosyalarını düzenlemiş ardından dört kutu Luminal içip ölüme yatmıştı. 1937 yılının aralık ayıydı.

Halit Ziya, Atatürk'ün, intihar olayına son derece üzüldüğünü söylüyor; cenazesinin getirilmesi için para gönderilmesini emrettiğini sonradan öğrenmişlerdi.

13. Şen Sahir Sılan, a.g.e., s. 142-146.

1938: Acı yılı

1938 yılı geldiğinde Atatürk'ün hastalığı kulaktan kulağa yayılmaya başladı. Kendisi de ölümün yakın olduğunu görüyordu. 5 eylül günü Atatürk Dolmabahçe Sarayı'nda vasiyetini yazdırdı. Latife'nin sevdiği erkek ağır hastaydı, ama onun bundan haberi yoktu. Aylardır tedavi gördüğü İsviçre'deydi. 10 kasım günü, Latife, İsviçre'nin Bern kentinde bir hastanede yatıyordu. 11 kasım günü kendisine getirilen gazeteler sevdiği erkeğin öldüğünü yazıyordu. Latife "beyninden vuruldu".

Anlaşılan bu acı haberi yakınları ona söylemeye cesaret edememişti.

O gün Latife, İsmet Paşa'ya yazdığı mektupta acısını satırlara döktü:

> Reisicumhur General İsmet İnönü, Ankara
>
> Çok Aziz ve Muhterem Şefim,
>
> Bu sabah, aylardan beri yattığım hastane odasında, mutat üzere gelen gazeteleri görünce beynimden vurulmuşa döndüm.
>
> On üç senedir çektiğim azabı bütün vicdanıyla tartmış, beni her suretle korumuş olan zatı devletinizin, bu büyük felaketle ne kadar sarsıldığımı tahmin buyuracağına eminim.
>
> Şu anda, beni millet ve memleket adına müteselli eden, onun taşıdığı ağır mesuliyetin sizin omuzlarınıza yüklenmiş olmasıdır.
>
> Size ne derin bir samimiyetle hitap ettiğimi bilirsiniz. Bütün merbutiyetimle daima muvaffakiyet, sıhhat ve uzun ömür dilerken, bu kanatları kırık ve hasta kızınızı şefkat ve himayenizden mahrum etmemenizi rica eder, mübarek ellerinizden öperim.
>
> Latife...
>
> Adres: F. Sadık, Lindenhospital, Bern, Suisse[14]

Latife evliliği sırasında Mustafa Kemal'in sağlığı için evdeki barış ortamını bozmuş, içkisini, sigarasını, sofrasını sınırlamak, onun ömrünü uzatabilmek için çok çaba harcamıştı. Son günlerinde yanında olamadığı, ona bakamadığı için yası ölüm kadar ağırdı.

Atatürk'ün ardından Latife Hanım'a kimler başsağlığı dilemek nezaketinde bulundu bilmiyoruz. Mustafa Kemal'in ölümüne bütün Türkiye ağlıyordu, ama Latife için bu bambaşka bir acıydı. Ona veda bile edememişti.

14. "Latife Hanım 10 Kasım'da Neler Hissetti ?" *Milliyet*, 8 mayıs 2006; *Cumhurbaşkanlığı Tarihi*, Ankara, 2006.

Atatürk'ü Anıtkabir'e 1953 kasımında taşıdılar. Latife, Ayaspaşa'daki eve ziyaretine gelen Jale Tulga'nın Ankara'ya gideceğini öğrendi. Ondan bir ricada bulundu.

> Kim bilir ne kadar değişti koca Ankara? O şehri öyle merak ediyorum ki. Demek bana bir istediğin var mı diyorsun. Pekâlâ işte sana bir sır; daha doğrusu bir emanet... Yıllardan beri gerçekleştirmek istediğim bir şey vardı; cesaret edip kimseye söylemediğim. Ankara'da bir çiçekçiden, bir tek kırmızı gül al lütfen. Ama bir tek. Onu Anıtkabir'e götür ve Mustafa Kemal'in mübarek kabrinde yere bırak. Ayak ucuna. Kimden geldiğini o anlar, ama sen yine de, "Bunu Latife gönderdi" diye söyle! Bu iyiliği bana yapabilir misin?

Jale Tulga gerçekten de kıpkırmızı tek bir gülle sabah erkenden Anıtkabir'deydi. Merdivenleri çıktığında resmî kalabalıktan ürktü, kocaman çelenkleri görünce kenara çekildi, işlerini bitirmelerini bekledi.

İçeri girmeden bir subaya sormuştu, "İçerde kim var?" diye, "Devlet başkanımız" yanıtını almıştı. Demek ki, Anıtkabir ziyareti yapılan resmî günlerden biriydi. Genç kadın bir an geri dönmeyi düşündü. Sonra Latife Hanım'ın sesi kulaklarında yankılandı ve yoluna devam etti. Protokol kalabalığına takılıp içeriye kadar girmeyi başardı. "Bunu size Latife Hanım gönderdi" diye mırıldanarak gülü kabrin ayak ucuna bıraktı. Herkesle beraber dışarı çıktı.

O gece bir türlü onu uyku tutmadı. Tek gül kocaman çelenklerin arasında ezilip gitmiş miydi? Sabah olur olmaz, yeniden Anıtkabir'in yolunu tuttu. Yine sabahın erken saatiydi. Jale Tulga'yı, dışarıya bırakılmış kocaman çelenkler karşıladı. Çelenkleri gece içeri bırakmayıp dışarıya taşıyorlardı. Ama tek gülü kimse fark edip dışarı çıkartmamıştı. İçeri girdi ve kırmızı gülü bıraktığı yerde buldu. Latife Hanım'ın selamı yerli yerindeydi.[15]

Latife'nin erkek kardeşi Ömer de Mustafa Kemal'le aynı yıl, 1938'de öldü.

Muammer Bey ise 79 yaşına kadar yaşadı, 1951'de kalp krizinden öldü. Ölümünün ardından *Cumhuriyet*'in ikinci sayfasında çıkan tek sütunluk ilanda, kısa süren bir rahatsızlığın ardından İzmir eşrafından Uşakizade Sadık Bey'in oğlu Muammer Uşşaklı'nın 22 ocakta yaşamını yitirdiği belirtiliyordu. Muammer Bey, boşanmasını izleyen yıllarda, Latife'den şefkatini ve

15. Nezihe Araz, *Mustafa Kemal'le 1000 Gün*, Dünya Yayıncılık, İstanbul, 2002, s. 5-6.

maddî desteğini hiç esirgememişti.

Ancak yanında bu konunun açılmasını da istemiyordu. "Evleneceğim" dediği gün, Latife'ye şöyle demişti: "Şayet boşanıp benim evime dönersen bana bu meseleden söz etmeyeceksin..." Latife babasına evlenirken verdiği sözü tam 26 yıl tuttu ve onun yanında evliliğinden, boşanmasından ve Mustafa Kemal'den hiç söz açmadı, hiç konuşmadı. Adeviye Hanım, eşinin ardından beş yıl daha yaşadı ancak son yıllarını Alzheimer'la boğuşarak geçirdi ve 1956 yılında yaşamını yitirdi.

Daima gururluydu, başı dikti...

Kadınları görünür kılan bir kadın sembolü olan Latife, geri kalan yıllarında görünmez kadın olarak yaşadı. Türkiye'de yapabileceği onca şey varken ona biçilen rol sessiz ve işlevsiz bir hayattı. Sahneden çekilmişti, ama kulisleri izliyordu. Kendi ifadesine göre, "Cemiyet hayatında işgal ettiği mevkie veda etmemiş"ti. Yakın çevresinin anlatımına göre "Böyle bir mecburiyet hissetseydim, memlekete veda ederdim" diyordu.

Latife Hanım'ı anlatanlar yıkılmış mahvolmuş bir kadından söz etmeyi seviyorlar. Ne var ki bu anlatımlar hep Latife Hanım'ı tanımayanların, onunla ilişkisi olmayanların değerlendirmeleriydi. Onunla ilişkisini sürdürenler ise bambaşka bir Latife Hanım'dan söz ediyorlar. Süreyya Paşa'nın oğlu Atıf Bey ile Mardinilerden Fatiş Hanım'ın kızı Şehvar Çağlayan, "Yıkılmış bir kadın mıydı" sorusuna hemen itiraz ediyor. "Hayır yıkılmamıştı, daima gururlu, sözünü geçiren bir kişiydi ve kişiliğinden hiç ödün vermedi başı dikti. İnsan onun karşısında kişiliğinin kuvvetini hissederdi" diyor ve ekliyor: "Çok sevdiğim bir insandı. Saygım var. Hem tavırlarıyla hem de beyniyle Avrupalıydı. Anılarının ortaya dökülüp saçılmasından hoşlanmıyorum."[16]

"O, bedbaht ama yıkık değildi" yorumunu yapan Şen Sılan, "Evliliğinden bahsetmezdi. Hep hüzünlüydü gözleri ve gülüşü. Tek kalmışlığın ıstırabı gözlerinde okunurdu. Gözleri bana çok tesir etmiştir" diyor. Şen Sılan'ın 1960'lı yıllara dair Latife Hanım anlatımı ise Berthe Georges-Gaulis'in 1923 yılında çizdiği Latife portresini hatırlatıyor:

> Müthiş bir empozansı vardı. Hemen bir toparlanmak ihtiyacı hisse-

16. Şehvar Çağlayan'la görüşme, 2005.

derdi insan onun yanında. İyi yetişmiş bir genç kızın, onun zarafeti ve şahsiyetinin tesirinde kalmamak mümkün değildi. Karşısında eğildiğimi hissederdim. Onun yanında olmak bir kazançtı.

Takdirine layık olduğunuzda kendinizde bir şeyler bulurdunuz.

Merdivenlerden bir inişi vardı ki hayranlık duymamak imkânsızdı. Yanında olmak büyük bir olaydı. Atatürk ile evlenmemiş olsaydı? Önemli bir kişi olurdu hiç şüphesiz.[17]

Çok sevdiği mavi gözlü sarı saçlı yeğeni Füsun İşcan, "Benim için o, Atatürk'ün karısı değil, halamdı. Çok kuvvetli bir insandı. Kendi başına devlet gibiydi. Gölgede kalacak birisi hiç değildi" diyor.[18]

Meral Bebe, iç sıkıntısını hiçbir zaman belli etmediğini düşünüyor: "Anlatacak bir şeyi de yoktu zaten. İnsanlar bazı şeyler üzerine konuşmak istemezler. Halam da öyle biriydi. Ama yeri geldiğinde söylenecek bir şey varsa söylerdi."[19]

Dilek Bebe, onun yalnızlığına vurgu yapıyor: "Canlıyken mezara gömülmek gibiydi onun hayatı. Halam çok yalnız bir insandı. Ama bence bütün büyük insanlar yalnızdır. Tabiî ki hüzünlüydü de. Yanına ne kadar gidip gelsek de, bir yalnızlık vardı içinde, sadece ondan değil, anlaşılamamaktan dolayı da bir yalnızlık."

Latife evlendiğine pişman mıydı? Yeğeni Meral Bebe'nin anlatımına göre pişman değildi. "'Bir daha dünyaya gelsem, yine aynı şeyi yapardım' derdi."

Latife Hanım, ikinci bir evlilik yapmayı hiç düşünmedi mi? Meral Bebe, Nebil Özgentürk'ün sorusuna, "Düşünmedi bile hiç" yanıtını verirken, kızı Dilek Bebe, "Halam evlenmek isteyenleri hep reddetmiştir" diyor.[20]

Profesör Yurdakul Yurdakul, *Atatürk'ten Hiç Yayınlanmamış Anılar* adını verdiği kitabında, "Latife Hanım büyük Atatürk'ten ayrıldıktan sonra, pek çok evlilik talebini reddetmiş; Atatürk öldükten sonra da ona bağlılığını her hareketiyle ölünceye kadar sürdürmüş bir hanımefendidir" diye yazıyor.[21]

Şehvar Çağlayan'ın yorumu ise daha farklı: "Ben ona evlenme

17. Şen Sahir Sılan'la görüşme.

18. Füsun İşcan'la görüşme, 2005.

19. Nebil Özgentürk, "Gazi'den Sonra", *Sabah*, 19 ağustos 2000.

20. Nebil Özgentürk, "Halam Hep Yalnızdı", *Sabah*, 1 kasım 2003.

21. Yurdakul Yurdakul, a.g.e., s.172-176.

teklif etmeye cesaret edebileceklerini sanmıyorum..." diyor.

Latife Hanım'ın ikinci kez evlenmeye ilişkin görüşü netti. ABD Başkanı Kennedy'nin ölümünden sonra eşi Jacqueline, Yunanlı işadamı Onassis'le evlenince, "Çok mu ihtiyacı varmış hem paraya hem adama. Attan inip eşeğe binilir miymiş?" diye konuşmuştu.

Konaktan apartmana

Latife annesinin ve babasının ölümünün ardından Ayaspaşa'da uzun bir süre tek başına yaşadı, sonunda kendisine çok büyük gelen, ısıtmakta zorlandığı evden ayrıldı.[22] 1960'lı yılların sonunda Harbiye'ye Safir Apartmanı'nın en üst katına taşındı. Yeni evine piyanosunu götürmemişti.

Aile burayı başka türlü değerlendirelim diye kendi içinde anlaştı. Boğaz'da hangi yalıyı istese alırdı. Ama o Harbiye'deki daireyi tercih etti. Bir gün dedi ki "Apartman aldım kendime. Harbiye'de İpragaz'ın yedinci katı." "Yahu" dedik, "Beş metre tavandan iki metre tavana, nasıl yaşarsın sen orada?"

"Zaten sığsın diye kütüphanemi kestirttim" dedi. Teyzesinin bu anısını, benimle paylaşan yeğeni Muammer Erboy, Harbiye'deki yaşamının tanıklarındandı:

> Teyzem kitapları olmadan hiçbir yere gitmiyor. Çankaya Köşkü'ndeki kitapları orada kalmıştı. Şimdi müze olarak kullanılan köşkün kütüphanesinde duruyor olmalı. Ayaspaşa'daki kütüphane özel bir odaydı bizi sokmazlardı o yüzden pek hatırlamıyorum. "Bu binaya taşındıktan sonra en acıdığım şey o güzelim kütüphanemi ortadan ikiye kestirmek oldu" diye anlatırdı. O zamanlar salon salomanje taksimatı yeni başlamış. Bu apartman da öyle bir apartmandı. Dikdörtgen, upuzun bir salonu vardı, 90 derece ona kavuşan L gibi oraya kavuşan bir yemek odası bölümü vardı. Teyzem ortada yazıhanesi, duvarları donataraktan düzenlemişti orayı. Çok güzel bir yazıhanesi, gümüş kaplı güzel bir kalemliği vardı. Ayaspaşa'daki odasına giremezdik, ama sonra kendi evine geçtiği zaman yatak odasına girerdik. Ecza dolabı gibi kullandığı camlı dolaplar vardı yatak odasında.

O günlere dair Şehvar Çağlayan'ın bir anısı ise şöyle:

> Hiçbir şekilde randevu alınmadan gelinmesini istemezdi. Ölmeden

22. Ev, müteahhit Muzaffer Tahmas tarafından dış cephesini aynen yapması koşuluyla yıktırıldı. Bugün arsa otopark olarak kullanılıyor.

önce randevu alıp gitmiştim. Aynı apartmanda oturanlar "Ne biçim kadın hoş geldine gittik, randevunuz var mı?" diye sordu, demişler. Prensip sahibiydi. "Bu benim prensibim" dedi mi biterdi. Babam (Atıf İlmen) onu çok severdi. Bayramlarda hep ziyaretine giderdik. Bayramda randevusuz gidilirdi.

Biz İngiltere'de yaşıyorduk. Döndüğümüzde telefon ettim. "Çocuklarımın İngiliz gibi büyümelerini istemiyorum. Size getireceğim. Onlara Atatürk'ü anlatır mısınız" dedim. "Gel" dedi. Albümü eline alarak tek tek fotoğrafları göstererek anlattı. Bu budur diye. Ne anladılar bilmem ama ben keyiflendim. Kimseyi yatak odasına sokmazdı. Bu sefer sana hiç görmediğin bir resim göstereceğim dedi. Yatak odasına gittik. Yatak odasında Atatürk'ün hiç görmediğim bir fotoğrafı vardı.

Yazmayı düşünüyordu. Bu anılar hiç ortaya çıkmadı.

Muammer Erboy, "Harbiye'deki evde üzeri Çin ipeği kaplı mini mini bir pufun üzerine neredeyse yarım popo oturup aşağıyı seyrediyordu. Nasıl diye sordu. Bakın bakın tam karşıya bakın diye ısrar etti. Tam karşıda Harbiye Orduevi vardı. Sonra gösterdi. Atatürk'ün bir heykeli. "En sadık kalınarak yapılmış olan, ona en çok benzeyen" dedi. Sonra ekledi. "Yoksa böyle bir apartmana gider miydim?"

"Aşk hiç bitmedi" diyor Muammer Erboy.

Yeğeni Meral Bebe ise Latife Hanım'ın Mustafa Kemal Paşa'ya olan aşkını anlatırken "Her şey toz pembe değildi, ama hep saygı ve sevgi vardı. Ve o sevgi ölene kadar hep onunla beraberdi" diyor ve ekliyor: "Hatta ben kızardım bazen. Ne biçim şeysin sen, diye. Yani bir yere kadar sever insan. Hiç senin izzeti nefsin yok mu, diye."[23]

Latife Hanım'ın belgelerini okuyan Reşat Kaynar da "Atatürk'e çok âşıkmış" diye belirtiyor kanaatini.[24]

Kaynar bir başka açıklamasında da şöyle diyor: "Mektuplardan birisi, muhtemelen ayrılma kararından sonra yazılan bir mektuptu bu, 'Mukaddes Paşam' diye başlıyor ve Atatürk'ün kendisi için taşıdığı önemi dile getiriyor."[25]

23. Nebil Özgentürk, "Gazi'den Sonra", *Sabah*, 19 ağustos 2000.

24. Bülent Günal, "Latife Hanım'ın Hatıra Defterini Okuyan Tek Adam", *Vatan*, 7 ağustos 2004.

25. Sefa Kaplan, "Latife Hanım'ın Günlüğünü Bir Bilim Kurulu İncelesin", *Hürriyet*, 3 ocak 2005.

Kenterlerden koltuk almıştı

Harbiye'deki ev Kenterlerin tiyatrosunun birkaç bina ötesindeydi. Muammer Erboy, teyzesiyle birlikte Yıldız Kenter'i izlemeye gittiklerini hatırlıyor:

Konserlere, tiyatrolara, beraber giderdik. Özellikle Kenterlere giderdik. Yıldız Kenter sandalye satıyordu, o iki tane aldı. Tabiî Latife adını yazdırmadı. İki üç bine satıyorlardı, o, 10 000 TL verip almıştı. Kadınları hep destekledi.

Beni hep birlikte götürürdü. Yıldız Hanım sonradan öğrendi ve çok şaşırdı. Sinemaya ender giderdi.

Öğle yemeğine çıkardık, anneannem briç karesine giderken. Radyo dinler, gazete çok okurdu. Hakkında çıkan yazılara çok üzülürdü. En çok okuduğu yazar Burhan Felek'ti.

Latife Hanım'ın boşandıktan sonra Rusça öğrendiğini Dilek Bebe'nin anlatımlarından öğreniyoruz. Muammer Erboy da bu anlatımı doğruluyor:

Puşkin'i Rusça aslından okurdu. Shakespeare'i, Corneille'yi severdi. *El Cid* mesela... Her şeyi orijinalinden okurdu. Benimle sık sık Goethe'yi, Schiller'i konuşurdu. Ahmet Haşim, Yahya Kemal, Tevfik Fikret, Baudelaire'i, Rus yazarları çok severdi.

Arapçası, Farsçası harikaydı. Almancası İngilizcesi ve Fransızcası da. Rumca ve İtalyanca da bilirdi. Onun Almanca'da hiç yanlışını bulamamıştım.

Anneannem ve Latife teyzem şiiri, özellikle de sembolizmi çok severlerdi.

Hediyeleriyle, mektuplarıyla yol gösterici bir insandı. Karşısındakini etkileyen bir kadındı. Derin görüşüne hayrandım. Diyabolik bir zekâsı vardı. Çok espriliydi.

İki kız kardeş seslerini yükseltmeden gözleriyle idare ederlerdi insanları. Misafir önünde ağız açmazlardı. Aile yakınmayı severdi. Ama hep küçük şikâyetler...

Ayşe Sultan'daki ev yanıyor, bir şey kalmıyor. Anneannem telefon ediyor, Latife Teyzeme, "Ev yandı, çocuklar sana gelecek" diye. "Aşçı da beni bıraktı gitti" yanıtını alıyor ondan.

Kişisel sorunlarından hiç bahsetmezdi. Ama gayri ciddi sorunlardan çok sık söz ederdi. Bir trajedi içinde olduğunu hissettirmedi bizlere.

"Sen çok Makyavelistsin Teyze" derdim. 'Ya ya çok Makyavelist olduğum için ayrıldım" derdi.

Yeğeni Dilek Bebe, Nebil Özgentürk'e Latife Halasının sık sık Beyoğlu'na çıktığını anlatmıştı. Bir keresinde Dilek'i okuldan kaçtığında sinema kapısında yakalamıştı.

Halam Allah'ın her günü bir şey yapardı. Arkadaşlarıyla buluşur, konuşurdu. Sürekli okurdu. Çok da dolaşırdı. Beyoğlu'nu gezerdi. Tanınmamak için değişik kıyafetler giyerdi. Beni de bir keresinde yakalamıştı. Okuldan kaçmıştım. Hukukta okumak istemiyordum. Bir sinemaya gideyim dedim. Tesadüf ve şanssızlık. Sinemanın kapısında bir el dokundu omzuma, halamdı: "Meral'in kızı senin burada ne işin var. Annene söyleyeceğim. Seninle yarın evde bir görüşelim" dedi. Bütün gece uyumadım. Anneme söylemedi tabiî.

Latife, bir 10 Kasım günü yaşadıklarını yeğeni Dilek'e şöyle anlatmıştı:

Bir gün Beyoğlu'nda dolaşıyor halam. Günlerden 10 Kasım. Çok rüzgâr varmış. Bir gazeteci köşe başında yığdığı gazeteleri satıyor. Adam, "Atatürk Latife Hanım" diye bağırıyormuş. Yığın halindeki gazetelerin rüzgârdan uçmaması için adam yığının üzerine bir taş koymuş. Taş tam halamın fotoğrafının üzerinde duruyormuş, onun yüzünü kapatmış. Halam da tam adamın arkasında duruyormuş. Adamın sırtına dokunmuş, "Evladım, yazık değil mi o kadının suratına taş koymuşsun. Zaten Allah onun bahtına taş koymuş, bir de sen koymuşsun. Ölmüş o zaten" demiş. Tam o sırada arkasından birisi ona şöyle seslenip "Hanımefendi Hazretleri siz hep bizim kalbimizdesiniz" demiş. "Bir döndüm yüzümü Dilek" dedi halam, "Gencecik bir subay, masmavi gözlü aynen Kemal gibi."[26]

Çocuklara şefkat gösterirdi

Latife çocuklara çok düşkündü. İzmir'deki Beyaz Köşk boş duruyordu. 1950 yılıydı. İzmir Türk Koleji'nin kurucusu Bahaattin Tatiş Bey geldi ziyaretine. Beyaz Köşk'ü okul yapmak istiyordu. Okul kurmak istediğini anlayınca, "Benim payımı kiralamaya hazırım. Bu sayede küçük Mustafa Kemaller yetişir" demişti ona. Sonunda İzmir'deki ev okul oldu.

26. Nebil Özgentürk, "Latife Hanım, Bir Yudum İnsan", 2003, atv.

Yakınlarının çocuklarıyla ilişkisi çok sıcaktı. Kuzenlerine, yeğenlerine incelikle seçilmiş doğum günü hediyeleri veriyor, kendisi de doğum günlerine katılıyordu.

Muammer Erboy o günlere geri dönüyor ve Latife Teyzesinin ince ince, bütün beyaz liflerine kadar soyduğu mandalinaları dilim dilim kendisine yedirdiğini anımsıyor:

> 13 yaşıma girdiğim gün kibar bir zarf aldım ondan üstü el yazısıyla yazılmış. Hediyem yok mu diye baktım. Zarfı açtım. 1970 yılıydı, haftalığım 10 liraydı, zarfın içine 100 lira koymuştu. İçinden bir de kart çıktı. Şunları yazmıştı karta. "Artık genç bir adam oldun. Bir beyefendiye hediye seçmek doğru olmaz. Kendin al." Hediyesini verdikten sonra da şöyle demişti: "Hangi kitabı alırsan bana da söyle..."
>
> Ben İzmir'e okula gönderilirken benim ardımdan, "Bunu İzmir'e götürüyorlar, burada kalsa ufku açılır, diplomat olurdu" demiş. Keşke bu söylediklerini biri bana söyleseydi, kimya yerine diplomasi okurdum.
>
> Kız kardeşim Amerikan Koleji'nde okuyordu. Latife Teyzemle Shakespeare üzerine bir İngilizce ödev hazırladılar, profesör işi gibiydi. *Bir Yaz Gecesi Rüyası* ile *Hamlet* üzerine. Kız kardeşim Emine'ye ilk Almanca derslerini de o vermişti.
>
> Her seferinde bir şey öğreniyordum ondan. Çocuk şımartmaya bayılıyordu. Ama bana yatak yaptırttılar, yer sildirdiler, yemek yaptırttılar. Her şeyi yapabileyim istediler.
>
> Çocukların önünde olmaz derlerdi hep konuşurken. *"Pas devant les enfants!"* Adeviye de böyle derdi. Vecihe Teyzemle ben anlamayayım diye Fransızca konuşurlardı. Ben de bu arada anlamaya başlamıştım Fransızca'yı. "Senden bıktık" demişti, "bir de Fransızca öğrendin, şimdi de Çince mi öğreneceğiz?"

O yıllarda çocuk olanlar, Latife'nin, kendilerine hiç "durun, yapmayın" demediğini, değerli eşyalar için "Aman kırılacak" diyenlere, "Ne var, çocuktan kıymetli mi, kalbini kırmaya değmez ki" diye itiraz ettiğini hatırlıyorlar.

Latife'nin bir kedisi, bir kuşu olmamıştı, ama hayvanları çok seviyordu. Mustafa Kemal Paşa'yla birlikte sevdikleri köpekler ise Çankaya'da kalmıştı.

Latife evdeki personeli devralmıştı. Aşçı Ali Bey ile can yoldaşı İrfan Hanım vardı. İnanılmaz lezzette köfte ve cips yapardı İrfan Hanım. Aşçı Ali Bey kırk kat yufka, 40 yumurtayla börek hazırlardı. Yufkası çarşaf gibi açılırdı tepside. Ali Bey Bolulu, usta bir aşçıydı, Vecihe'nin de evine yemek yapmaya gidiyordu.

Zübeyde Hanım'ın son günlerini geçirdiği Karşıyaka'daki köşkün bahçesinden sepet sepet kayısılar, ayvalar gelir, İrfan Hanım çok güzel reçeller kaynatırdı.

Öğle yemeklerine yeğenleri, kuzenleri geleceği zaman İrfan Hanım çağrılırdı. İrfan Hanım aynen Latife gibi saçlarını arkada tarakla toplayan, şişman bir kadındı.

Latife, sokağa çıkacağı zaman, Ayaspaşa'dayken taksici Ali Bey'e haber verirdi. Bir de hiç terk etmediği kasabı İlyas Efendi vardı. Genç kızlığından beri birlikte olduğu Kalyopi, ondan yaşça biraz daha büyük bir Rum'du. Küçük bir kamburu vardı, beyaz saçlar, mavi gözleriyle incecik bir kadındı. Siyah elbise giyer, dantel, beyaz yaka takardı. Çankaya'dan Safir Apartmanı'na Latife'nin yanından hiç ayrılmamıştı.

İsmet Paşa ve Mevhibe Hanım

Latife Hanım'la ilişkisini sürdürenlerin sayısı az değildi. Bu durum Mustafa Kemal'i rencide ediyor muydu? Böyle olmadığı anlaşılıyor.

Latife'nin sık sık görüştüğü ailelerden biri de İnönü ailesiydi. İsmet İnönü'nün kızı Özden Toker, ailesinin, boşandıktan sonra da (Atatürk'ün de oluruyla) Latife Hanım'la görüşmeye devam ettiğini belirtiyor. Herhalde hassas bir konu olduğu için Mustafa Kemal'in onayını gerekli görmüşlerdi.

Özden Toker şöyle diyor:

> Onun dışlanmışlık duygusunu yok etmek için ailemiz çok uğraştı. İstanbul'a gittiğimizde annem özellikle el öpmeye götürürdü. Ayaspaşa'da ailesine ait bir köşkte yaşıyordu. Köşkün tepesinde kule şeklinde bir kat vardı. Atatürk'le fotoğraflarının bulunduğu o katta, bütün ömrünü 2 yıllık evliliklerinin hatıralarıyla geçirdi. Yeğenleri dışında yapayalnızdı. Ama ölene dek Atatürk'e bağlı kaldı.[27]

Çankaya'daki cumhurbaşkanlarının eşleri hakkında yorum yapar mıydı sorusuna,

"Hiçbir şey söylemeye gerek duymazdı" yanıtını veriyor Erboy ve ekliyor: " Öteki başkan eşlerinden pek söz etmezdi."

Ancak Mevhibe Hanım'ın yeri ayrıydı. Muammer Erboy, "Mevhibe Hanım, Latife Teyzemi hep arardı. Anneannemle de dosttu.

27. Can Dündar, *Milliyet*, 28 ekim 2003.

İsmet Paşa da gelirdi. Bu bir iadei ziyaret gelmesi olmazdı hiçbir zaman" diyor.

İnönü ailesi ile Latife'nin ilişkisi Mustafa Kemal'in ölümünden sonra sürdü. Bu arada, İsmet Paşa'nın erkek kardeşi Rıza Temelli'nin kızı Mutlu, Vecihe'nin oğlu Erdem'le evlenmiş, aralarında bir de akrabalık bağı oluşmuştu.

İnönü cumhurbaşkanı olarak Dolmabahçe Sarayı'nda kaldığı günlerde Latife sık sık öğle yemeğine davet edilirdi. Davetli olduğu günlerde, Latife Hanım geliyor diye sarayın hareketlendiği, Latife'nin sarayda gece yatısına kaldığı da anlatılıyor.

Latife Hanım'ı tanımayanlar, İsmet Paşa'yı alnından öpen bir kadın gördüklerinde "Kim bu" diye merakla sorarlardı. İsmet Paşa'yı alnından öpen Latife Hanım'dan başkası değildi.

Mevhibe ile Latife dostluklarını mektup yoluyla da sürdürmüşlerdi. İsmet Paşa'nın not defterlerinde, 8 eylül perşembe 1949 için düşülmüş bir not göze çarpıyor:

> Hasta olan Atatürk'ün eski eşi Latife Hanım, 16 eylülde tedavi için Fransa'ya gidecektir.[28]

İsmet Paşa, Latife'nin sağlık sorununu, ilgileneceği önemli işleri arasına kaydetmiş.

27 Mayıs

Latife Hanım Türkiye'deki siyasî olaylarla hep yakından ilgilendi. 27 Mayıs'ın ardından "Menderes çok yanlış yaptı, çok gericilik yaptı" dese de darbeyi sevinçle karşılayanlar arasında değildi. Yassıada Duruşmaları'ndan idam kararları çıkınca İsmet Paşa'ya telefon ettiği anlatılıyor:

"Paşam" demişti, "Siz Kızılay Meydanı'na çıkarsanız, size hayır diyemezler, o zaman siz çıkın Kızılay Meydanı'na; arkanızda bir sürü kişiyle, size bir şey yapamazlar; size karşı gelemezler. Demokrasiyi siz getirdiniz bu memlekete, bu darbe size karşı yapılmış sayılır."

1960 yılında duruşmaları izlemeye gelen Adnan Menderes'in eşi Berrin Hanım Yassıada dönüşlerinde onu ziyarete giderdi.

1970'li yılların başında Latife'nin kız kardeşi Rukiye eşiyle birlikte bir trafik kazasında yaşamını yitirdi. Altı kardeşten dördü de

28. İnönü, *Defterler*, s. 615.

erken sayılacak yaşlarda ölmüştü. Muammer Erboy Rukiye'nin ölümünü şöyle anlatıyor:

> Ankara, Mehmet Cevat Bey'e (Açıkalın) bir nişan verecekti. Rukiye'yle birlikte gidiyorlar. Şoförü yanında olduğu halde arabayı kendisi kullanıyordu. Benzin aldıktan sonra üstlerine gelen kamyonu ne görüyor, ne duruyor. Bacağı sakattı. Araba kullanmayı çok severdi, karıkoca birlikte ölmeyi isterlerdi.

Latife'nin son yılları her zaman yakınında olan Vecihe'yle birlikte geçti.

Latife Çankaya'da piyanosunun başında.

"Bastonumuz!" Karıkoca tek bastonla çıktıkları bir yürüyüşte.

Uşakizade ailesi kızlarını ziyaret için Ankara'da, 16 mayıs 1924.

Latife, annesi ve kız kardeşleriyle Çankaya'da.

Latife'nin annesi ile kız kardeşleri o günlere göre dekolte giysiler içindeler.

Latife'nin kız kardeşi Vecihe Çankaya'da fayton sürüyor, arkada oturan Rukiye.

WIDOW OF KEMAL MAY RULE TURKEY
By FREDERICK CUNLIFFE-OWEN, C.B.E.
New York Times (1857-Current file); Dec 23, 1923; ProQuest Historical Newspapers The New York Times (1851 - 2001)
pg. E5

WIDOW OF KEMAL MAY RULE TURKEY

Interesting Speculation Aroused by Illness of the Angora National Leader.

SOME NEAR-PRECEDENTS

Future of the Caliphate in Doubt Also—It May Move to Mecca or Bombay.

By FREDERICK CUNLIFFE-OWEN, C. B. E.

The treaty negotiated by Joseph C. Grew at the Congress of Lausanne, giving the United States—despite the handicap of the negotiator's status there as a mere official observer—the most favored nation conditions from Turkey, will soon be before the Senate for adoption, and already there is a strong agitation for its rejection.

The chief concern at present should be, however, its execution in accordance with its provisions rather than its de-

Turkey should have gone on in this fashion without any token of disapproval from the dictator is in itself a pretty plain indication from Kemal that it would avert much embarrassment and annoyance if the Caliph were to follow the ex-Sultan into Swiss exile.

It may be hoped that the Caliph, if he should have to go, will come to some understanding with Kemal with regard to a sort of pension or allowance, since the Prince is not known to possess any independent fortune of his own. Nor has his eldest son, Prince Omar Farouk Effendi. It may, however, help the Caliph to eke out a modest income as a professional pianist, a painter or a drawing master if he should get a modest sum. Several of his pictures have been accorded the honor of exhibition at the Paris annual Salon. But whether his artistic efforts will receive equally flattering appreciation when he is no longer a Caliph or a Prince in the immediate line of succession to the Ottoman throne, but merely a member of a dethroned dynasty, is problematical. Prince Zia, heretofore the heir apparent of the dynasty, now deprived of his rank and pay as a General of the Ottoman Army, is, however, more likely to succeed in earning enough to live on as a dermatologist, being a very clever physician who has specialized in diseases of the skin.

Two Possible New Leaders.

The position and inevitable abdication of Abdul Mejid from the Caliphate have been foreseen for some time past, and have been the subject of much discussion throughout Arabia, Egypt, Northern Africa, India (where the Moslems number near 100,000,000), in the Dutch Indies, in certain portions of the Philippines, and even in China, where there is a Moslem population of near 10,000,000. Indeed, communications have already emanated from Mecca with regard

New York Times'ın Mustafa Kemal Paşa'nın rahatsızlığı üzerine yayımladığı yorum. "Kemal'in eşi Türkiye'yi yönetebilir".

NEW REPORT SAYS BOMB HIT KEMAL
Chicago Daily Tribune (1872-1963); Jan 8, 1924; ProQuest Histor
pg. 1

NEW REPORT SAYS BOMB HIT KEMAL

Wife of Turk President Is Also Wounded.

LONDON, Jan. 7.—[United News.]—Both Mustapha Kemal Pasha, president of the Turkish republic, and his attractive wife were wounded by a bomb thrown by an assailant who invaded their home, according to unconfirmed dispatches from the near east, which vary in detail.

The Athens correspondent of the United News cables that Smyrna messages report the bomb was thrown in an attempt to assassinate Kemal. The leader escaped, but Mme. Kemal was injured, according to the report.

The radio service of Paris states that the assailant appeared at Kemal's home and demanded to see him. Mme. Kemal received the man at first, and then called her husband. When the president appeared, the man threw a bomb, wounding Kemal slightly. Mme. Kemal also was wounded.

The Athens correspondent of the

Attempt on Life of Kemal Pasha Fails, But Wife Is Wounded by Bomb Thrown
By Wireless to THE NEW YORK TIMES
New York Times (1857-Current file); Jan 8, 1924; ProQuest Historical Newspapers The New York Times (1851 - 2001)
pg. 1

Attempt on Life of Kemal Pasha Fails, But Wife Is Wounded by Bomb Thrown

By Wireless to THE NEW YORK TIMES.

ATHENS, Jan. 7.—According to a telegram from its Mytilene correspondent, published in the Eleutheron Bema, an attempt has been made to assassinate Mustapha Kemal Pasha in Smyrna.

A hand grenade was thrown at the Turkish President, who escaped injury, but his wife, Latife Hanum, is said to have been wounded by the explosion.

Under the direction of its President, Mustapha Kemal Pasha, President of the Turkish Republic since Oct. 29, 1923, the Grand National Assembly had already made it impossible for a law-abiding Turk to have more than one wife when he married the woman who was injured in the attack made upon him yesterday.

This was in January, 1923. Her name was Latifé Hanum, the 31-year-old daughter of a wealthy merchant of Smyrna, who after having been educated in France and England had taken up "settlement" work in her native city, where she was called "the new woman." It is said that she and Kemal first met through correspondence, he being impressed by her theories for the emancipation of her countrywomen. They had been married less than three months when at a banquet presided over by him at Koniah he dealt two blows at the traditional harem: at the banquet men and women mingled and they were "ordered" to be outside their harems after sundown and without their veils.

Mme. Kemal is said to have brought her husband a dot of 1,000,000 Turkish pounds and to have had a continued influence in shaping his policy, particularly in the fields of sociology and education—as her numerous interviews have indicated.

Mustafa Kemal Paşa'ya düzenlenen suikasta ilişkin kupürler.

Latife ve Mustafa Kemal Paşa, Galibe ve Fethi Okyar'la.

Türkiye'nin önde gelen iki kadını Latife ve Galibe, *Süs* dergisinin kapağında; 15 eylül 1923.

Latife, Çankaya'nın bahçesinde.

Latife ile Mustafa Kemal Paşa, Afyonlu genç kızların süslediği faytonla şehir turunda.

Latife ile Mustafa Kemal Paşa, Bursa'da; Uludağ eteklerinde 10 gün kalmışlardı.

Mustafa Kemal, Cumhuriyet'i ilan etmeyi planladığı günlerde...

Latife, Halk Fırkası'ndan istifaların başladığı gün Mustafa Kemal'le meclisteydi.

KEMAL'S DIVORCE INVOLVES POLITICS
By JOHN CARTER.
New York Times (1857-Current file); Aug 23, 1925; ProQuest Historical Newspapers The New York Times (1851 - 2001)
pg. XX4

KEMAL'S DIVORCE INVOLVES POLITICS

Latife Likens Herself to Napoleon's Josephine, Discarded for Purposes of State —Ambitions of Turkish President May Lead to New Marriage and Caliphate

Latife boşandıktan sonra kendisini Joséphine'e benzetmişti.

3. Boşanan Mustafa Kemal'i, Batılı maskesini çıkarırken betimleyen karikatür (Hayalü'l-Zil, *Ağustos, 1925)*

Mısır'da yayımlanan *Hayalü'l-Zil* dergisinde boşanmanın ardından çıkan karikatür...

Vecihe ile Hayri'nin (İlmen) düğününde Süreyya Paşa ve Uşakizade aileleri... Arka sıra: Süreyya Paşa, Fatiş Hanım, Münci (Uşşaklı), Atıfet ile Ömer (Uşşaklı), Atıf Bey (İlmen), Muammer Bey ve Rukiye (Uşşaklı); orta sıra: Adalet Hanım (İlmen), Adeviye Hanım, gelin ile damat. Ön sırada gençler görülüyor. (1925)

İsmail (Uşşaklı) kısa süre evli kaldığı Melahat'la (İlmen).

Latife, yeni doğum yapan Vecihe'nin bebeği Gönül'le Ayaspaşa'da.

Latife Avrupa'dan tedaviden döndüğü günlerde...

Latife Hanım, çok sevdiği yeğeni Erdem İlmen'le. (1960'lı yıllar)

Emile Ludwig, Latife'nin yaşamını yazmak istemişti.

Süreyya Paşa Çiftliği'nde Latife, kız
kardeşi Vecihe'nin oğlu Erdem'le... (1929)

Latife, yanından ayırmadığı yeğeni Erdem'le Ayaspaşa'daki konağın bahçesinde. (1930)

1930'lu yılların başında Latife, kızkardeşi Vecihe'ye, Mevhibe Hanım'a ve Süreyya Ağaoğlu'na bu fotoğrafı imzalayarak vermişti.

Vecihe'nin üç çocuğu da Ayaspaşa'daki konakta doğdu, Latife onlarla kendi çocukları gibi ilgilendi.

Muammer Uşşaklı torunlarıyla.

Gönül'ün düğününde... Talat Erboy, Vecihe İlmen, Latife, Mehmet Erboy, Gönül Erboy, Erdem İlmen.

Yeğeni Gönül'ün (Erboy) düğününde Latife Hanım
bir yakınıyla.

Latife'nin Kadıköy'de, fotoğrafçı
Reks'te çekilmiş bir vesikalığı...

Latife'nin kız kardeşi
Rukiye (Açıkalın).

39

Karalama kampanyası

Latife Hanım, Mustafa Kemal'in yaver kılığındaki eşi olarak siyasî yaşamda önemli bir yer edinmiş, pek çok konuda söz sahibi olmuştu. Zirvedeki günleri sona erince saldırıya açık bir kadına dönüştü. Onu star konumundan mutlaka indirmek gerekiyordu. Mustafa Kemal'in yakın çevresinde Latife'yi sevmeyenler, onu karalamak için seferber olmuşlardı.

Kocası tarafından baba evine gönderilen kadın toplumun gözünde kusurludur. Karısını gönderen erkek, Mustafa Kemal Paşa olduğu için, Latife kusurlu bulunmakla kalmadı, "kötü kişi" olmaya mahkûm edildi.

Önce, Latife, Mustafa Kemal'e düşman bir kadın olarak yeniden yaratıldı. Sonra da bu sahte imaja durmadan saldırıldı. Muhaliflere uygulanan yıpratma taktikleri aynen Latife'ye de uygulanıyordu.

Latife bir eski lider eşi olarak potansiyel bir tehditti. Eski eş lidere zarar verebilirdi, toplum tarafından dışlanması sağlanmalıydı. Sağlandı da, genel hava kısa süre içinde Latife açısından boğucu bir hal almıştı.

Karalama kampanyasının bir nedeni de Latife'nin Çankaya'da yaşarken tanık olduğu olaylardı. Herkesin içini dışını biliyordu. Mustafa Kemal önemli evrakını Latife'ye saklatıyordu.[1] Türk siyasetinin önemli isimleri birkaç eksiğiyle o günlerin simalarıydı. Latife'nin Atatürk'e atıfta bulunarak söyleyeceği birkaç söz siyaseti bulandırabilirdi. Latife'nin karalanması, hem onun geride durmasını sağlayacak hem de ona kulak kabartanlara verebileceği bilgileri değersiz kılacaktı.

Latife'nin etrafında onu tecrit eden özel bir çember oluşturul-

1. Rıza Nur, a.g.e., cilt 3, s. 315.

du. Onun aleyhinde konuşmak artık bir modaydı.

Dış basında çıkan haberlerden Latife'nin bir tür gözetim altında tutulduğu anlaşılıyor. İsmet Bozdağ'a göre, İstanbul valisi evinin karşısına bir polis noktası dikmişti.[2]

Latife ise ısrarla susuyor, bütün görüşme taleplerini geri çeviriyordu. Kendisine ulaşanlara hep aynı cümleyi tekrar ediyordu:

"Bizim birbirimize verilmiş bir sözümüz var boşanırken, bu sözün dışına çıkamam!"

Söz verdik dediğine göre, Mustafa Kemal'in de Latife'ye sözü vardı. Latife'nin İzmir'e gidişini izleyen günlerde hakkında sarf edilen hakaret sözlerini, bir keresinde Ahmet Ağaoğlu'nun önünde öfkeyle susturmuş, "O bir hanımefendidir ve hep öyle kalacaktır" demişti.

Öfke yaratan *Bozkurt* kitabı yayımlandığında pek çok kimse Latife'den kuşkulanmıştı. *Bozkurt*'un ardından her çıkan yeni kitap, "Ya Latife konuştuysa!" korkusuyla karşılandı. Ankara kazanı durmadan kaynıyordu. Ancak yerli kalemler bir türlü kazandakileri yazamıyordu. Zaten Mustafa Kemal'in özel yaşamına ilişkin anılar o ölene dek Türk okuruna aktarılmadı. Anılar piyasaya 1938 kasımından sonra sürülmeye başlandı.

Ölümüne dek Atatürk'ün yanından ayrılmayan Yaver Salih Bozok, Mustafa Kemal'in özel yaşamına ilişkin anılarını 1939 şubatında, yani onun ölümünün ardından üç ay sonra *Cumhuriyet* gazetesinden Selahaddin Güngör'e anlattı. Bozok'un anıları, Latife'ye son derece saygılıydı. Bu özenli yayında, Salih Bozok'un tutumu mu tayin edici olmuştu yoksa Atatürk'ü kaybetmenin taze acısı mı bilmek mümkün değil. Latife'nin İzmir'in en eski ve asil ailesinin kızı olduğu vurgulanıyor, hep meziyetlerinden söz ediliyordu. Çok güzel başlayan bu müşterek hayatın aynı samimiyetle idamesine imkân kalmamıştı yorumuyla yetinilmişti.[3]

Latife'den duyulan tedirginlik Mustafa Kemal'in ölümünün ardından giderek arttı. Ya bir gün siyasete atılmak isterse korkusu pek çok şeyi etkilemiş olabilir. Siyaset içinde yoğrulmuş, kadının statüsünün değişmesi sırasında aracı rolü oynamış bir Latife Hanım iki partili siyasî yaşamın yeni isimlerinden biri olabilir ve oy da alabilirdi. Geçmişin gözden düşmüş isimleri birer ikişer siya-

2. "BEŞ N BİR K", 2 haziran 2005.

3. Selahaddin Güngör, "Atatürk'e Aid Hatıralar" (Salih Bozok Anlatıyor) *Cumhuriyet* gazetesi, 5, 6 şubat 1939.

set sahnesinde görünmeye başlarken Latife'nin adı hiçbir zaman telaffuz edilmedi. Latife Hanım'a sandalye verecek bir parti 1950'li yıllarda prestij sağlar mıydı? Bu sorunun yanıtını vermek çok zor. Belki de böyle bir ihtimalin önünü kesmek istemişlerdi.

Zaman içinde anıların seyri değişti; sözlü karalamalar artık yazıya dökülmeye başlandı.

Latife'yi yerden yere vuran ilk isim Kılıç Ali'ydi. 1951-1952 yılında *Milliyet* gazetesinde yayımlanan anılarında Kılıç Ali, (öl: 1971) Latife'yi, yemek salonunun üst katındaki odada avizeyi âdeta yere serecek gibi ter ter tepinerek davetlileri rahatsız edecek kadar hırçınlık eden bir kadın olarak tarif ediyordu.

Tarih yazarı ve gazeteci İsmet Bozdağ, duyduklarını, dinlediklerini not alıyordu. Bozdağ da Mustafa Kemal'e her fırsatta hakaret eden, onu çileden çıkaran, arkadaşlarıyla arasına mesafe koymaya çalışan, gece sofrası uzadıkça üst kattan topuk vuran bir Latife Hanım portresi çizdi. "Topuk senfonileri" dinleten ve "çığlıklar" atan bir Latife Hanım imajı çok ilgi gördü. Bozdağ'ın Latife Hanım hakkında üç önemli kitabı var. Bu kitaplardan *Atatürk'ün Başyaveri Salih Bozok Anlatıyor: Latife ve Fikriye İki Aşk Arasında Atatürk* adlı kitap doğrudan Bozok'un anlatımlarına dayanıyor. Bozok'un Bozdağ'a anlattıkları ile *Cumhuriyet* gazetesine 1939 yılında anlattıklarının çok farklı olduğu görülüyor.

Kapısına dikilen gazeteciler

1950 yılında *Zaman* gazetesinde Niyazi Ahmet Banoğlu'nun çeşitli kaynak ve kişilerden derlediği Atatürk'e ait hatırat yayımlanıyordu. Latife, yazıları okuyunca, gazetenin sahibi Feridun Dirimtekin'i aradı ve çok ağır konuştu. Çok kısa bir süre geçmişti ki "Hanımefendi'yi görmek istiyorum, kendilerini ilgilendiren bir konu için geldim" diyen bir erkek Villa Uşşaki'nin kapıcı kulübesine dayandı. Feridun Dirimtekin, Niyazi Ahmet Banoğlu'nu "Kendisini ziyaret ederek müsaade al" diyerek Latife'ye göndermişti.

Karşısında çok yaşlanmış bir kadın bulduğunu söyleyen Banoğlu, Latife'yi "Karlı bir dağbaşı ve dağların uçurumlarını andıran derin kırışıklıklarla dolu bir yüz" diye tarif ediyor. Latife, 1950 yılında 51 yaşında olduğuna göre bu anlatım pek yerine oturmuyor.

Latife "Buyurunuz efendim" dedikten ve kahveler içildikten

sonra gayet öfkeli bir şekilde şöyle demişti:

"Ne hakla benim hayatımı yazıyorsunuz? Kim veriyor bu hakkı size?"

Banoğlu irkilmiş ve verecek cevap bulamamıştı.

"Atatürk hakkında bildiklerinizi öbür dünyaya götürmeye hakkınız yok" diye ısrar edince Latife ikna olmuştu:

"Seni sevdim oğlum, samimisin... Yalnız sana bilmediğin bir şey söyleyeyim. Biz ayrılırken Mustafa Kemal bana, 'Latif, bana asker sözü ver. Müşterek hayatımıza dair, hiçbir gazeteciyle konuşmayacaksın' dedi ve ben de asker sözü verdim. Kesinlikle neden boşandığımıza dair tek kelime cevap veremem. Bunu babam da sormadı. Sorsaydı da cevap alamayacaktı zaten" demişti.

Latife, o gün Banoğlu'na bir anısını aktarmıştı:

Mustafa Kemal'in şefkatini özetleyen bu anı şöyleydi:

> Bir Konya seyahatinde idik. Mevsim kıştı. Mustafa Kemal, orduevinde bir toplantıda bulunacaktı. Ben, misafir kaldığımız evde yemekten sonra yatak odasına geçmiş, harıl harıl yanan sobanın karşısında koltuğa gömülmüş, ayaklarıma da bir battaniye örtmüştüm. Uyumuşum. Uyandığım zaman ne gördüm tahmin edemezsiniz. Mustafa Kemal beni koltukta uyur görünce uyandırmaya kıyamamış olacak, yataktan bir yastık alarak ayak ucuma koymuş, yorganı da alıp üstüne çekmiş, halı üzerinde uyuyor. Yerimden fırlamak istedim, fakat bu sefer ben kendilerini uyandırmamak için kımıldamadım.[4]

Dört buçuk saat içeride kaldığını söyleyen Banoğlu, Latife'den çok etkilenmişti:

> Evet, bir mabede girer gibi girmiş, uzun yılların uyuttuğu hatıraları uyandırmış, tam dört buçuk saat dua eder gibi konuşmuş ve Türk milleti, Türk kadınlığı adına gurur duyarak ayrılmıştım. Gurur duyuyordum çünkü Latife Uşaklıgil, aşkı, imanı ve feragati ile abideleşmiş bir varlıktı.[5]

Niyazi Ahmet Banoğlu o gün dinlediklerinin bir bölümünü gazetesinde kullandı, kullanmaktan kaçındığı bilgileri de yıllar sonra ekleyerek 1991 yılında "Atatürk ve Latife Hanım" adıyla *Ata-*

4. Mevsim kış olduğuna göre ocak 1925'te gerçekleştirilen Konya gezisi olmalı...

5. Niyazi Ahmet Banoğlu, "Atatürk ve Latife Hanım", *Atatürk Araştırma Merkezi Dergisi, I.* cilt, temmuz 1991, sayı 21.

türk Araştırma Merkezi Dergisi'nde yayımladı.

1958 yılında Ayaspaşa'daki evin kapısını ikinci kez o günlerin genç gazetecisi Nezihe Araz çaldı, "Hatıraları için patronlarının istediği parayı vermeye hazır olduklarını" söyledi. Latife genç kıza küçümseyerek baktı ve "İnsanlar hâlâ her şeyin parayla satın alınabileceğini sanıyorlar" diye içini çekti. Sonra da onun fikrini sordu.

"Ne diyebilirim ki efendim. Patron onlar."

"Çok gençsin. Hakkın var. Ne diyebilirsin? Ama ben artık genç değilim ve onlar gibi çok patron gördüm. Bak kızım... Şimdi onlara de ki... Benim tarafımdan... Yok onlara bir şey demen gerekmez. Ben bir gerçeği sana söylemek istiyorum. Senin bilmeni istiyorum. Osmanlı hanedanının hüküm sürdüğü yıllar boyunca, hiçbir hükümdar karısı; ne sebeple olursa olsun... Ölümle veya talakla; kocasından ayrı düştüğü zaman hiç kimseye evliliği veya evlendiği kimse hakkında hiçbir şey söylemedi. Yazmadı, konuşmadı. Böyle bir şey vaki değil. Demek ki bu bizim töremizde var. Şimdi ben, bu haklı ve güzel töreyi bozup, bana verecekleri üç beş kuruş için... Ona ait hatıralarımı satacak mıyım? Nasıl bir düşünce bu? Satabilir miyim?"[6]

Latife bir ülke liderinin eski eşi olarak lider eşlerinin töresine uymayı kendisine uygun görmüş ve konuşmama politikasını hep sürdürmüştü.

Yeğeni Muammer Erboy, "50 sene boyunca ketum kaldı. Hiçbir yere konuşmadı. Bunu pespayelik olarak görürdü" diye yorumluyor onun ruh halini.

Mustafa Kemal'in yaşamını anlatan kitapların hemen hepsi karı-koca boşandıktan ve Latife'nin "kötü"lüğü ilan edildikten sonra yazıldı. Yazarlar hep erkekti. Dedikodu kazanı kaynıyor, herkes Latife'nin aleyhinde konuşuyordu. Onlar da duyduklarını, dinlediklerini erkek bakış açıları içinde kitaplara aktarıyorlardı. Bu yüzden Latife'nin tarihi en kötü sıfatlarla yazıldı. Genç kızlık dönemi övgüyle anlatılırken, evlilik süresi içinde hırçın ve otoriter tavırlarıyla kocasını bezdiren bir kadın tarifi yazılanları daha cazip kılmaktaydı.

Latife şımarık ve kaprisli kadın olarak tanımlanmaktan kurtulamadı.

Şen Sılan, "Şımarıktı diyorlar... Ne diyorsunuz?" sorusuna da şu yanıtı veriyor:

"Şöyle diyelim. 22 yaşında bir genç kız dünyanın hayran olduğu bir adamın karısı oluyor, ona cilveler yapmış olabilir. Belki iş-

6. Nezihe Araz, *Mustafa Kemal'le 1000 Gün*, s. 9.

te, genç kızlık, gençliktir, şımarıklık dedikleri."[7]

Kinross ve Şevket Süreyya

Lord Kinross kitabında pek fevkalade bir genç kız portresi çizdikten sonra keskin bir dönüşle Latife'yi "babasının şımarık kızı" olarak tarihe yazdı (1964).[8] Latife Hanım, Atatürk'ün ilk kapsamlı biyografisini yazan Lord Kinross'un defalarca kendisine haber göndermesine, randevu talep etmesine rağmen onunla konuşmamıştı. Kinross, Latife Uşşaki kendisini kabul edip anılarını paylaşsaydı belki de ona bu denli düşmanca yaklaşmazdı; kim bilir? Türk yazarlardan ilk biyografiyi kaleme alan Şevket Süreyya olayların akışı içinde ona hiç yer vermedi. Sadece kitabın en sonundaki özel hayat bölümünde Latife'den söz etti. Onun da Latife'ye yaklaşımı olumsuzdu.

Bu anlatılar sevilmişti; Latife Hanım'ın hikâyesini tersine çevirmeye çalışan olmadı.

70'li yıllar geldiğinde Latife Hanım'dan korkacak bir şey de kalmamıştı. Ama basın geçmiş defterlere meraklıydı. Onun konuşmadığını görenler karalama kampanyası sırasında anlatılanları yeniden yazıp büyük reklamlarla sunmaya başladılar. 28 mayıs 1973 pazartesi günü *Hürriyet* gazetesi sürmanşetten şu haberi duyuruyordu:

> Atatürk'ün Karısı Latife Hanım
> Bir hafta boyunca, "İlk defa Atatürk'ün özel hayatını belgesel bir roman üslubu içinde bu büyük eserde izleyeceksiniz."

3 haziran 1973 pazar günü İsmet Bozdağ'ın kaleminden diye dev anonslarla duyurulan dizi için afiş de yapılmıştı. Latife öylesine öfkelendi ki, o sıralar Gazeteciler Cemiyeti başkanı olan Burhan Felek'ten yazı dizisinin durdurulmasını istedi; yayını durdurtmak için ayrıca mahkemeye de başvurdu.[9]

Yeğeni Meral Bebe'nin anlattığına göre Latife, "Bu fazlasıyla yalan yazılar için" şöyle demişti: "Bunun için affetmeyeceğim Paşa'yı, beni buralara kadar düşürdü."[10]

7. Şen Sahir Sılan'la görüşme.

8. Patrick Kinross, a.g.e., s. 389-390.

9. Burhan Felek, "Latife Hanım", *Milliyet* gazetesi, 16 temmuz 1975.

10. Nebil Özgentürk, "Bir Başka Latife", *Sabah*, 2 aralık 2000.

Latife Hanım hakkını aramış, hem Gazeteciler Cemiyeti'ne hem de mahkemeye başvurmuştu. Ama suskunluğunu yine bozmamıştı. Konuşmak yerine, Şair Ziya Paşa'nın dilinden hiç düşürmediği dizesini tekrarlamakla yetiniyordu:

Yağmur yerine dürrü güher yağsa semadan,
Bibaht olanın bağına katresi düşmez.

Latife Hanım, Atatürk'ün hayatta kalmış karısıydı ve hiç konuşmamıştı. Onu adım adım izleyen gazeteciler vardı. Latife Hanım teklifsizce kapısına dikilen bu gazetecilerden çok bizardı. "Babam beni şanoya (sahneye) çıkarmadı ama Allah beni bir şanoya çıkardı, ömrümün sonuna kadar indirmedi" diyordu. Paris yıllarında Muammer Bey, Latife'ye gelen konser teklifine "Ben kızımı şanoya çıkartmam" diye itiraz etmişti.[11]

Latife'yi izleyen gazetecilerden biri de Mete Akyol'du ve Latife Hanım'ın nasıl kapısına dayandığını haber yapmıştı. Latife'yi izleme serüveni de haber olarak kabul edilmekteydi.[12]

Mete Akyol, Harbiye'deki evin kapıcısını ayarlayıp Latife Hanım'ın oturduğu kata kadar çıkıp zili çalmayı başarmıştı. Kapı açılınca da ayağını araya koyarak tedbir aldı. Ama Latife Hanım onu azarladı: "Sen beni yazacağına, git de Taksim Meydanı'nda namaz kılanları yaz" dedi. Mete Akyol, Latife Hanım'ın karşısında hazır ola geçtiğini ve telaştan fotoğraf çekemediğini, ancak ayağını kurtarabildiğini anlatıyor. Foto muhabiri arkadaşı Özkan Şahin ise yılmayıp, sekiz aylık bir takibin ardından Latife Hanım'ı bir taksinin içinde fotoğraflamayı başardı. Bu çirkin ve zoraki fotoğraf büyük bir zafer işareti olarak gazetelerde yayımlandı. Halit Ziya'nın oğlu Bülend Uşaklıgil, bu yayının ardından kızı Emine'yle birlikte bir sonbahar günü, Latife Hanım'ı ziyarete gitti. Emine'nin karşısına "ufak tefek ama dimdik duran, havalı" bir Latife Hanım çıkmıştı. "Fotoğraftaki kadın o değildi" diyen Emine Uşaklıgil Latife Hanım'ın son derece esprili bir tarzda kendileriyle sohbet ettiğini anımsıyor.

Onu anlayan hiç mi kimse olmamıştı?

Elbette Latife'yi anlayanlar da olmuştu. Asım Gündüz, Rauf Orbay, Ali Fuat Cebesoy, Süreyya Ağaoğlu gibi isimlerin yücelte-

11. Nebil Özgentürk, "Yanlış Anlaşıldı", *Sabah,* 1 kasım 2003.

12. Mete Akyol, "Benim Gazetecilik Günlerim", *Bütün Dünya,* temmuz 2002.

rek andığı Latife Hanım'ın hakkındaki olumlu sözler kaybolup gitmişti. Örneğin, 1924 tarihli *La Nouvelle Turquie* isimli kitaptaki Latife'yi öven satırlara sonraki yıllarda geri dönüp bakan olmamıştı. Halbuki, kitabın yazarı Berthe Georges-Gaulis, Lord Kinross'un tanımıyla Corinne Lütfü gibi Mustafa Kemal'e çok yakın olmuş bir kadındı.[13] Ama Latife'yi olağanüstü bir kadın olarak tasvir etmekte tereddüt göstermemişti. Belki de *La Nouvelle Turquie* bu yüzden Türkçe'ye çevrilmemişti.

Aile dostlukları nedeniyle Makbule Atadan'la yaşamı süresince sık sık beraber olan Profesör Yurdakul Yurdakul, karalama kampanyasına öfkesini dillendirenlerdendi. Dönemin önde gelen isimleriyle yaptığı görüşmelerden derleyerek yazdığı kitabına Mehmet Ali Birand ve Halit Refiğ'e gönderdiği iki mektubu da eklemişti. Halit Refiğ'in o yıllarda kaleme aldığı Latife konulu senaryoyu filme çekeceğini öğrenince (senaryo metni Kültür Bakanlığı tarafından yayımlanmıştı) onu daha iyi bilgi toplaması konusunda uyarmış, İsmet Bozdağ'ın Atatürk'ün çok özel hayatını bilecek kadar yakınında olmadığını, Latife Hanım'ın topuk vurarak avizeler sallamasının çok gülünç bir hayal ürünü olduğunu hatırlatmıştı.[14]

Geçmiş yıllarda Niyazi Ahmet Banoğlu, sonraki yıllarda da Mehmet Barlas, Nezihe Araz, Can Dündar ve Nebil Özgentürk, bu rüzgâra karşı durarak gerçek Latife Hanım'ı ortaya çıkarmaya çalıştılar.

Nezihe Araz 1993 yılında *Mustafa Kemal'le 1000 Gün* adını verdiği kitabı yazdı. Latife Hanım'ı "kendi yasalarına göre yaşamayı seven, cüretli, atak" bir kadın olarak tanımlarken önemli bir noktaya parmak bastı. Ancak kitabın geneli kıskançlığına gem vuramayan bir genç kadını anlatıyordu. Kitap Latife Hanım yerine Mustafa Kemal'in adını taşısa da ana tema olarak hatalarından duyduğu pişmanlık öne çıkarılsa da Latife'ye daha gerçekçi bir gözle bakılıyordu.

Karalama furyasına şiddetle karşı çıkan Şen Sahir Sılan şöyle diyor:

> Latife Hanım dediklerinde bile kızıyorum. Herkese hanım deniyor.

13. Patrick Kinross, a.g.e., s. 329; Bir Osmanlı ailesinin kızı olan Corinne Lütfü, Mustafa Kemal Paşa'nın Harbiye'de okurken tanıdığı, sonraki yıllarda yazışmaya devam ettiği bir kadındı. Paris Konservatuarı'nı bitiren Corinne, 1909 yılında Osmanlı Kadınlar Cemiyeti'ni kuranlar arasındaydı.

14. Yurdakul Yurdakul, *Atatürk'ten Hiç Yayınlanmamış Anılar*, s. 172-176.

O bir hanımefendiydi. Öyle bir hanımefendi dünyaya gelmedi. Başka bir şeydi. Diğerlerini kocalarıyla gördüm onu tek başına...

Atatürk için de müthiş bir kazanç olmuş olması gerekir, öyle bir insanla birlikte olmak. Müthiş bir hanımefendiydi, öyle bir hanımefendi olmak isterdim.

Kimsenin ona dilini sürmemesi lazım. Atatürk gibi bir adam alıp onu karısı yapmış, kendisine layık görmüş. Onun aleyhinde konuşulduğunda, canımdan birisi için kötü konuşuluyormuş gibi geliyor, içim eziliyor, hayranlığım o kadar büyük ki.[15]

Bir yorum da Nâzım'dan

Nâzım Hikmet'in 1930 tarihli "Mavi Gözlü Dev" adlı şiirinin pek çok yorumu olsa da Latife Hanım'ın aile çevresi bu şiirin Mustafa Kemal ile Latife'yi anlattığını düşünmüştü. Nâzım Hikmet, Latife'nin dayısının oğlu Naci Sadullah'ın yakın dostuydu. Nâzım'ın babası da Süreyya Paşa'nın kurduğu Süreyya Sineması'nın müdürüydü. Nâzım, Ayaspaşa'daki evi de İzmir'deki evi de bilenlerdendi. Her ikisinin bahçesinde de mor salkımlar vardı.

Şiirin Nüzhet Hanım ya da Piraye Hanım için yazıldığını düşünenler de var.

Şiirin annesi Piraye için yazıldığına inanan Memet Fuat, Nâzım'ın son dizeleri Piraye'ye evlenmeye karar verdiklerinde eklediğini söylüyor.[16]

Bu şiiri yazarken Nâzım, acaba Mustafa Kemal ile Latife'yi mi anlatmıştı?

Mavi Gözlü Dev, Minnacık Kadın ve Hanımelleri

O mavi gözlü bir devdi.
Minnacık bir kadın sevdi.
Kadının hayali minnacık bir evdi,
bahçesinde ebruliiii
hanımeli
açan bir ev.

Bir dev gibi seviyordu dev.
Ve elleri öyle büyük işler için

15. Şen Sahir Sılan'la görüşme.

16. Nâzım Hikmet, *Piraye'ye Mektuplar,* der. Memet Fuat, cilt 1, Adam Yayıncılık, İstanbul, 1998, s. 10.

hazırlanmıştı ki devin,
yapamazdı yapısını,
çalamazdı kapısını
bahçesinde ebruliiii
hanımeli
açan evin.
O mavi gözlü bir devdi.
Minnacık bir kadın sevdi.
Mini minnacıktı kadın.
Yoruldu devin büyük yolunda.
Ve elveda! deyip mavi gözlü deve,
Girdi zengin bir cücenin kolunda
bahçesinde ebruliiii
hanımeli
açan eve.
Şimdi anlıyor ki mavi gözlü dev,
Dev gibi sevgilere mezar bile olamaz:
Bahçesinde ebruliiii
hanımeli
açan ev.

(1930)

40

Kanserini saklamıştı

"1975 yılında Avusturya Lisesi'nde okuyorum, karneyi aldım gittim. Ağır bir yanık kokusu geldi burnuma. Latife Teyzem kanserdi. Yazdıklarını mı, hatıratını mı yakmıştı bilmiyorum. 31 mayıstı. Onu temmuzda kaybettik."

Yeğeni Muammer Erboy, teyzesinin ölümünden iki ay öncesine ilişkin anısını böyle aktarıyor.

Latife Uşşaki kansere yakalandığını İsviçre'de öğrendi. Doktorlar akciğerinde bir şeyler görmüşler ve bunu kendisine de söylemişlerdi. Hastalığının 1969 yılında başladığı tahmin ediliyor.

Latife Hanım, Türkiye'ye gelişinde doktora gitmediği gibi hastalığından kimseye de söz etmedi. Kanserini sırdaşı Kalyopi'ye söylemekle yetindi. Ancak önlemini almıştı. Kalyopi'ye kimseye söylemeyeceğine dair Hıristos üzerine ve haç üzerine yemin ettirdi.

Yeğeni Gülümser'in eşi Profesör Doktor Nevzat Öke bir gün Harbiye'deki evde Latife Hanım'ın alt katında yaşayan bir yakınının doğum gününe gitmişti. "Bir de Teyze Hanımefendi'ye uğrayayım" diyerek üst kata çıktı ve Latife Hanım'ın kapısını çaldı. Bu habersiz ziyaret her şeyi ortaya çıkarttı.

Kendisine kapıyı açan Kalyopi'de bir tuhaflıklık göze çarpıyordu. "Latife Hanımefendi hasta, bugün sizi kabul edemeyecek" diyordu. Nevzat Öke, bir anlam verememişti onun davranışına. Israr etti, Latife Hanım'ı görmek istiyordu. O içeri girdiğinde, Latife Hanım kolunu örtmeye çalışıyordu. Son zamanlarda giydiği uzun kollu kıyafetlerle kolundaki yaraları saklamayı başarmıştı. Nevzat Öke, Latife Hanım'ın kolunda büyük bir yara gördü. Akıyordu. Biraz sıkıştırınca da uzun süredir kanser olduğunu öğrendi. Yaralara bakınca herhangi bir tedavi için çok geç kalındığını hemen anladı.

Latife Hanım, ısrarla Nevzat Öke'den kimseye söylememesini rica ediyordu. Ancak Nevzat Öke bir doktor olarak böyle bir şey yapamazdı.

"Anlatmak zorundayım" dedi.

"Yine de üç gün bana izin ver, ben herkese kendim söyleyeceğim. Ama önce yapmam gereken işler var" demişti ona Latife Hanım.

Nevzat Öke, bu kez öfkesini Kalyopi'den aldı. Kendisini kaybedip onu tuttuğu gibi duvara vurdu.

"Bunu nasıl bizden saklarsın" diye bağırdı. Kalyopi de yanıt olarak her zamanki gibi "Pa pa papa..." dedi Kalyopi. "Bana Hıristos üzerine yemin ettirdi, ne yapsaydım."

Nevzat Öke, verdiği söze rağmen eşi Gülümser'e Latife Teyzesinin durumunu anlattı.

"Üzüleceksin ama, bil ki Teyze Hanımefendi'nin durumu kötü" dedi.

Kanserde her dakikanın kıymetli olduğunu bilen bir uzmandı. O ise yıllarca tedavi ettirmemişti kendisini.

Latife Hanım, bu üç günlük süreyi kullanarak bazı evrakını yakmıştı. Muammer Erboy'un duyduğu yanık kokusu, Latife'nin ölüme gitmeden önce yok ettiği bazı anıların kokusuydu.

Kalyopi onun yaşamak istemediğini biliyordu, belki de doğru olanı yapmıştı. Muammer Erboy teyzesinin hastalığını saklamasını şöyle yorumluyor: "Kanserini tedavi ettirmedi, çünkü, 'Hayatım boyunca canlı ölüydüm, iki gün fazla yaşamak azap' demişti." Latife Hanım'ın pek çok yakınına "Ben iki kere öldüm, 1925'te ve 1938'de" dediği biliniyor.

Yeğeni Dilek Bebe onun ölümünü intihar olarak tanımlıyor:

"Ben intihar diyorum. Kanserdi, bile bile senelerce sakladı. Tedavi edilmek istemiyordu. Oysa ailede doktorlar vardı" diyor.[1]

Hastalık ortaya çıktıktan sonra da hastaneye yatmak istemeyen Latife Hanım, son günlerinde Güzelbahçe Kliniği'ne yatırıldı.

Yakın dostu Süreyya Ağaoğlu, hastanedeyken ona yazdığı anı kitabını göndermişti. İçinde kendisine dair anılar da vardı. Latife Hanım, kitabı okumuş ve memnun olmuş, "Hiç kimse beni Süreyya gibi anlatamadı" demişti. Süreyya Ağaoğlu Latife'yi bir gazeteciye anlatırken, "Latife Hanım kendini tanıtamadı, onu anlayamadılar" diyecekti.[2]

1. Can Dündar, *"Ata'nın Resmiyle Öldü"*, *Milliyet*, 11 kasım 2004.

2. Selma Selçuker, "Kadın Gözü ile Atatürk, Süreyya Ağaoğlu ile Görüşme", Süreyya Ağaoğlu Arşivi, Kadın Eserleri Kütüphanesi. *Güneş* gazetesi.

Latife Hanım'ı, ölümünden iki gün önce ziyarete giden yeğeni Dilek Bebe, Atatürk resmi bulunan kravat iğnesinin göğsüne takılı olduğunu görmüştü.[3]

Doktoru Kemal Atalay'dı. Güzelbahçe'de süit odada kalıyor, ziyaretçi istemiyordu. Çiçekler aşağıda alınıyor, yukarıya kimse bırakılmıyordu. Bir kadın gelmişti ziyaretine. Tanınan bir isimdi. Yukarıya kadar çıkmış kapısına gelmişti. Hemşiresi, Latife Hanım istirahat ediyor diyerek ziyaretçiyi kabul etmeyip çiçeği aldı. Latife Hanım istemediği ziyaretçinin çiçeğine de sinirlenmiş, hemşirenin, ücretinin verilip yollanmasını istemişti.[4]

Latife Hanım 1975'in 12 temmuz günü sabah altı sularında yaşama veda etti. Yakınlarına öldükten sonra eve götürülmesini vasiyet etmişti. Bu yüzden toprağa verilmeden önce evine götürüldü.

Latife Hanım'ın ailesi *Milliyet* ve *Cumhuriyet* gazetelerine çeyrek sayfalık ölüm ilanları verdi. Ölüm ilanlarında dikkati çeken bir nokta daha vardı; "Aziz ve değerli varlığımız Latife Uşşaki'nin" diye başlayan ilanlarda Mustafa Kemal'den hiç söz edilmemiş, Sadık Bey'in Muammer Bey'in ve Adeviye Hanım'ın adlarıyla yetinilmişti. Belki Latife böyle ister diye düşünmüşlerdi belki de, eski eşinin adını yazarak törenin seyrini değiştirmek istememişlerdi.

Latife Hanım, rencide edici yayınları nedeniyle *Hürriyet* gazetesine ölüm ilanı vermeyin diye vasiyet ettiği için, *Hürriyet*'e ölüm ilanı verilmemişti.[5]

Cumhuriyet, Milliyet, Tercüman ve *Hürriyet,* ölüm ve cenaze haberlerini birinci sayfalarından fotoğraflı olarak yayımlamışlardı.

Latife Hanım'a gazeteler ölümünde saygılı davranmıştı. Ancak, haberlerinde Latife Hanım'a ilişkin olarak verdikleri bilgiler birbirini tutmuyordu.

Hürriyet'e göre Latife Hanım 73 yaşında, *Cumhuriyet* ve *Tercüman*'a göre de 77 yaşında ölmüştü. *Cumhuriyet*'in haberine göre, Latife Hanım İzmir Lisesi'ni bitirmiş, yükseköğrenimini de Avrupa'da tamamlamıştı; *Milliyet*'e göre Muammer Bey'in gayet iyi yetişmiş birkaç dil bilen kolej mezunu kızıydı. *Tercüman* ise 1919-1921 yılları arasında Paris ve Londra'da eğitim gördüğünü yazıyordu. *Cumhuriyet* gazetesi ondan, Latife Uşşaki, *Hürriyet* gazetesi Latife Uşakizade olarak söz ederken diğer gazeteler ise

3. Can Dündar, "Ata'nın Resmiyle Öldü", *Milliyet*, 11 kasım 2004.

4. Nur Varkin'le görüşme.

5. Nebil Özgentürk, "Bir Başka Latife", *Sabah*, 2 aralık 2000.

Latife Hanım demeyi tercih etmişlerdi.

Hürriyet gazetesinin sürmanşetten Celallettin Çetin imzasını taşıyan haberi, Latife Hanım'ın kendisinden izinsiz çekilen yayımlandığında da çok canını sıkan fotoğrafıyla birlikte sunulmuştu. *Hürriyet* gazetesi, bu fotoğrafın yanı sıra, onun Mustafa Kemal'le çekilmiş ve sonradan renklendirilmiş bir fotoğrafını sağ üst köşesine koymuştu. Fotoğrafın altında şu satırlar göze çarpıyordu: "İyi bir öğrenim yapan, geniş bir kültüre sahip bulunan Latife Hanım ölünceye kadar hatıralarına sadık kaldı." Haberde ise, "Atatürk'e olan büyük sevgisi nedeniyle başka evlilik düşünmeyen Latife Hanım, bütün yaşamını okumak, ülke sorunlarıyla ilgilenmek ve en önemlisi yazmakla geçirdi" deniliyordu. Celalettin Çetin haberinde ayrıca, Latife Hanım'ın anılarını yazıp ölmeden önce bir banka kasasına emanet ettiği bilgisine yer veriyordu.

Haberlerde Latife Hanım'ın iki ay Güzelbahçe Kliniği'nde yattığı, tedavi olmak için yurtdışına gitmeyi kabul etmediği belirtilmişti.

Latife Hanım 13 temmuz günü Teşvikiye Camii'nden uğurlandı. Cenaze için devlet töreni yapılmadı. İstanbul Valisi Namık Kemal Şentürk'ü aile İzmir'den tanıyordu. Şentürk yetkisini kullanarak kara, hava ve deniz birliklerinden oluşan bir şeref kıtası gelmesini sağladı. Son dakikada bir bayrak olmadığı fark edildi. Cenazeye katılanlardan Gültekin Ağaoğlu, "Tabut üzerine bir Türk bayrağı bile konmamıştı. Ablalarımla birlikte ısrar ettik, bir bayrak bulunup üstüne örtülmesini sağladık" diyor.[6]

Gerçekten de son dakikada bulunan bir bayrak Latife Hanım'ın naaşının üzerine örtüldü. Bayrağın örtülmesi için çaba gösterenlerden biri de Vali Şentürk'tü.

Cenazeye İstanbul Valisi Namık Kemal Şentürk, Fahrettin Kerim Gökay, Medeni Berk, Merkez Komutanı Tuğgeneral Edip Bayoğlu katılmıştı. Ankara'daki devlet yetkililerinden katılan yoktu.

Latife Hanım'ı yeğenleri, onların eşleri, torunları ve çok yakın bir dost topluluğu Edirnekapı Şehitliği'ndeki son durağına uğurladı. Cenazesinde bulunanlar arasında Ağaoğlu'nun üç kızı Tezer, Süreyya ve Gültekin de vardı.

Cenaze töreninde dua okuyan Hacı Hafız Nusret Yeşilçay'ın "Atatürkçü geçinenlerin Ata'nın eşinin cenaze törenine ilgisizlikleri ibret verici bir manzaradır, utanılacak bir durumdur" dediğini gazete haberlerinden öğreniyoruz.

6. Gültekin Ağaoğlu'yla görüşme.

Yakınlarından Şehvar Çağlayan ise o güne ilişkin anısını şöyle aktarıyor: "Cenazede en ön sıradaydım. İmamı alnından öpecektim. 'Hepiniz Atatürkçü geçiniyorsunuz. Asıl Atatürkçü bu kadın. Bir gün Atatürk hakkında bir şey söylemedi. Ortaya çıkmadı. Kendisini inzivaya koydu. Onun anısını zedeleyecek bir şey yapmadı' demişti. Koçların cenazesi gibi kalabalık değildi, ama normal bir grup insan vardı."

Yeğeni Muammer Erboy, "Yaşarken devlet ihtimam etmedi" diyor. Ancak, cenaze töreni, ölümünden sonra da ihtimam edilmediğini gösteriyordu.

Latife Hanım'ın kardeşlerinden tek hayatta kalan Vecihe İlmen'di. Latife, Vecihe'den, 40 gün evinde kalarak odasında ışık yakmasını istemişti. Vecihe İlmen, onun bu isteğini 14 gün boyunca yerine getirdi. Safir Apartmanı'na her gün tencereler dolusu yemek taşınıyor, taziyete gelenlere incik, hünkârbeğendi, zerde ikram ediliyordu.

Bütün ömrünü birlikte geçirdiği Kalyopi'nin Türkiye'de yaşaması için bir neden kalmamıştı. Kalyopi'yi Atina'ya götürdü akrabaları. Bir süre sonra da öldü.

20 temmuz günü *Milliyet* ve *Cumhuriyet* gazetelerinde çıkan teşekkür ilanlarından anlaşıldığı kadarıyla çelenk gönderenler arasında Cumhurbaşkanı Fahri Korutürk, Başbakan Süleyman Demirel, Genelkurmay Başkanı Semih Sancar, CHP Genel Başkanı Bülent Ecevit, Rahmi Koç, Feyyaz Tokar ve Hayrettin Erkmen de vardı.

Times gazetesi, Latife Hanım'ın ardından yayımladığı yazıda, "Türkiye'de Atatürk'ün idolleştirilmesi sürecini bulandırabilecek anılarını kimseyle paylaşmadı" yorumunu yapıyordu.[7]

Latife Hanım'ın ölümü üzerine basında, onunla ilgili tek yazı *Milliyet* gazetesinde yayımlandı. Burhan Felek 16 temmuz günü köşesini Latife Hanım'a ayırmıştı:

> Bilgisi, edası, yerini dolduruşu beni tesir altında bırakmıştı. Hangi konuya değinseniz, selahiyetle mütalaa beyan edebilecek kadar geniş bilgi sahibiydi. O kadar ki, bu bilgi bazen onun "feminite" (kadınlık) hasletlerini ikinci plana itecek kadar ağır basıyordu. (...)
>
> Ne Gazi Mustafa Kemal bir hünkar olabilirdi, ne Latife Hanım bir kadınefendi... İki Türkiye vatandaşı gibi birleşmelerine de günün Osmanlı tortusuyla bulanmış suları asla müsaade etmedi.[8]

7. Bkz. Ek 1, ölümünün ardından *Times* ve *Washington Post*'ta çıkan iki yazı.

8. Bakınız Burhan Felek'in yazısı, Ek 4.

Burhan Felek dışında dönemin köşe yazarları, ki o zaman sayıları bugünkü gibi fazla değildi, Latife Hanım üzerine değerlendirmeler yapan yazılar kaleme almadılar. Tarihçilerden ya da fikir insanlarından da pek bir ses çıkmadı. Geleneğimizde ölenin ardından onu yücelten ve öven yazılar yazmak gibi bir âdet varken Latife Hanım'ın başına böyle bir şey gelmedi. Yıllar içinde onu yok saymayı ya da karalamayı tercih eden anlayış ölümüyle bile kırılmadı. Latife Hanım, nefret ettiği bu anlayışı Ahmet Ağaoğlu'nun ölümünün ardından "eski dost" rumuzuyla yazdığı bir yazıda dile getirmişti:

> Biz ölüyü, bütün davalarından, bütün ihtiyaçlarından, bütün menfaatlerinden, bütün iddialarından, ihtiraslarından, arzularından istifa etmiş bir insan olduğu için severiz; dirisine düşman olduğumuz bir insanın bile ölüsüne yanışımız bundandır.
>
> Bu hakikati düşününce, körün, öldükten sonra niçin "badem gözlü" olduğunu kestirebilmek de güç değildir! (...)
>
> Hayatlarındayken gördükleri umumî lakaydînin, umumî alakasızlığın, umumî nankörlüğün ve inkârın acısını kan kusarak çekmiş nice kıymetler, nice şöhretler var ki, bugün, mezarları başında insana ölümü sevdirebilecek kadar parlak ihtifaller (anmalar) yapılıyor.[9]

1975 yılının Türkiyesi Latife Hanım'ı "badem gözlü yapmak" için hiçbir çaba harcamadı. Ölümünün ardından yüceltilmek felaketine uğramadı.

9. Bakınız Latife Hanım'ın "Ölmek" yazısı, Ek 5.

41

Kasasında Cumhuriyet tarihini sakladı

Latife Hanım öldükten sonra, önemli bir gerçeğin farkına varıldı. O, Mustafa Kemal'li yıllarına ilişkin tek söz söylemeden bu dünyadan ayrılmıştı. Bu durum Latife'ye düşmanlıkla yaklaşanları şaşırtmış ve onu yeniden "hanımefendi" konumuna oturtmuştu. Artık söze şöyle başlanıyordu: "Saygıdeğer bir tutum aldı ve hiç konuşmadı..." Nedense herkes onun Mustafa Kemal Paşa aleyhine konuşacağına inanıyor ve bu yüzden korkuyordu. Halbuki Latife, Mustafa Kemal'in düşmanı değil, eski karısıydı. Onu düşman kılığına sokanlar sonunda kendi yarattıkları düşmandan korkmak zorunda kalmışlardı.

Latife Hanım anlaşılmadan öldü, anlaşılmadığı için de çok üzgündü. Ama onu anlamamıza imkân verecek pek çok belgeyi özenle sakladı ve İstanbul'da iki ayrı banka kasasında muhafaza etti. Vefatından sonra ondan kalan mektuplar başta basın olmak üzere bütün Türkiye'nin ilgisini çekti. Anı defterlerinin İsviçre'de bir bankada durduğuna dair yayınlar yapıldı.

Ailesi, Latife Hanım'dan kalan belgelerin aile içinde paylaşılmasının yanlış olacağını düşündü. Cumhuriyet tarihine ait bu belgelerin aile fertleri arasında paylaşılması bütünlüğünü bozacak, belgelerin dağılması tehlikesine yol açacaktı. Tam da böyle bir sıkıntı yaşanırken, Türk Tarih Kurumu'nun (TTK) o günlerdeki başkanı Ord. Prof. Enver Ziya Karal 17 mart 1976'da aileye başvurdu. "Bize vermeyi düşünür müsünüz" diye bir teklifle gelince, belgelerin TTK'ya verilmesi kararlaştırıldı.

Enver Ziya Karal'ın Türk Tarihi Kurumu adına yaptığı 17 mart 1976 tarihli başvuru aileye, Latife Hanım'ın mirasının paylaşılması için açılan davanın görüldüğü İstanbul 13. Sulh Hukuk Hâkimliği üzerinden gönderildi:

Rahmetli Latife Uşşaki'nin terekesinde meydana çıkan ve anıları ile ilgili olduğu anlaşılan kapalı zarfların tarihsel değeri olabilir. Vârislerin ileri sürecekleri koşullara uyulmak kaydıyla bunların Kurumumuz arşivine verilmesi imkânı bulunursa çok memnun kalacağımızı bildirir, saygılar sunarım.

Aileden dört kişiye hitaben ilgili mahkemeye gönderilen mektuba şu not düşülmüştü:

"20 gün içinde kasadaki vesikaların tetkikine muvafakat edip etmediğinizi bildirmeniz, cevap verilmediği takdirde muvafakat edilmemiş sayılacağınız tebliğ olunur."

Ziraat Bankası'ndaki kasa, 1977 yılında Osmanlı Bankası'ndaki kasa ise 1979 yılında açıldı. Çıkan belge, mektup, telgraf, anı defterleri ve notlar zabıt kâtipleri tarafından Latife Hanım'ın ailesinden temsilcilerin ve bilirkişinin önünde 219 başlık altında sıralanıp okundu.

Cumhuriyet tarihine ait belgelerin Türk Tarih Kurumuna teslim edilmesini uygun gören aile, bu belgeler üzerinde bir hak iddia etmedi ve yeddiemin olarak vermeyi düşünmedi. Bilindiğinin aksine Latife Hanım'ın belgelerine el konmamış, ailenin isteği üzerine; İstanbul 13. Sulh Hukuk Hakimliği, 26 kasım 1979 günü miras davasını sonuçlandırırken, belgelerin Türk Tarih Kurumuna gönderilmek üzere teslim alındığını karara bağlamıştı. Belgeler Türk Tarih Kurumu'nun malı olmuştu.

Türk Ocakları olarak faaliyete geçmiş, daha sonra Türk Tarihi Tetkik Kurulu adıyla Afet İnan'ın as başkanlığında varlığını sürdürmüş, yıllar sonra Türk Tarih Kurumu olarak anılmaya başlanmıştı. Latife'nin Çankaya'dan ayrılmadan önceki son görevi 1925 yılında seçildiği Türk Ocağı fahrî başkanlığıydı.

O, bu görevini kendi kendine sürdürmüş ve tanık olduğu Cumhuriyet tarihini kayıtlara geçmiş, belgeleri biriktirmiş, ayrıca günlük tutmuştu. Yıllardır açılmasından korkulan belgeler yalnız onun özel tarihi değil, hepimizin ortak tarihiydi. Latife Hanım, kendi başına bir tarih kurumu gibi çalışıp günlükleri dahil pek çok şeyi saklamıştı.

Bu belgeleri incelemeden Cumhuriyet tarihi yazılamaz

2005 yılı başında Türk Tarih Kurumu adına konuşan Başkan Yusuf Halaçoğlu'nun Latife Hanım'ın evraklarının açılacağını söylemesi büyük bir tartışma başlattı. Vesikaların açıklanmasını

Atatürk'ün yaşamına saygısızlık olarak gören bazı isimlerin yarattıkları gergin ortam içinde Latife Hanım'ın ailesi, belgelerin açıklanmaması için Türk Tarih Kurumu'na başvuruda bulundu. Sonunda belgeler yeniden kaderine terk edildi. Bu torbadan Mustafa Kemal'i yerecek bir şeyler çıkacak korkusu yersizdi. Evrakların açılmasına karşı çıkanlardan Kılıç Ali'nin oğlu Altemur Kılıç da benzer bir şey söylüyor, "Ben eminim ki bu belgelerde asla Mustafa Kemal'i küçük düşürebilecek hatta Latife Hanımefendi'ye karşı tutumunda eleştirilebilecek bir husus yoktur" diyor.

Latife Hanım'ın Mustafa Kemal'e hiç öfkelenmediğini söyleyemeyiz. Çok sevmeye devam etse de kâbusa dönüşen yaşamında onun rolü büyüktü. Bu yüzden acılarını kalemiyle paylaşmıştı.

Ordinaryüs Profesör Reşat Kaynar, belgeleri okuyup inceledikten sonra 10 nisan 1979'da kanaatini şöyle yazmıştı:

> Bu belgeler gerek devrim tarihimizin gerek Cumhuriyet tarihinin gerçek belgelere dayanması yolunda başlıca vazife görecek niteliktedir. Bu belgeleri incelemeksizin devrim tarihinin daha doğrusu Cumhuriyet tarihinin yazılması mümkün olmaz. Belgeler her ne kadar Latife Hanımefendi'nin kimi zaman hissî ifadelerini belirtmekte ise de bütün bunların tarihimize çok kuvvetli kaynak olma rolünü asla değiştiremez.

Reşat Kaynar, 25 yıl sonra, aynı belgeler için şunları söyleyecekti.

> Latife Hanım'ın bütün evrakı metrukesi bana teslim edildi. Ben de günlerce okudum ve tasnif ettim. İçlerinde Atatürk'le ve yakın tarihimizle ilgili çarpıcı bilgiler vardı.
>
> Bir tarihçi olarak bunların o günün şartlarında kamuoyunun bilgisine sunulmasını uygun bulmadım. (...)
>
> Hatırlayabildiğim kadarıyla günlükleri tam beş cilt defterden müteşekkildi. Asıl önemli bilgiler de burada zaten. Evlilik hayatına ilişkin itiraf ve sıkıntıları bu günlüklerde yer alıyor. Ayrıca derin bir pişmanlık mevcut. Latife Hanım'ın sağlığında hiçbir gazeteciyle konuşmadığını hatırlarsanız, Atatürk'le olan evliliği, hem de yakın tarih açısından ne kadar önemi olduğunu kavrayabilirsiniz. Bunun için bu önemli belgelerin bir bilim kurulu tarafından incelenmesi çok daha sağlıklı olacaktır.[1]

1. Sefa Kaplan, "*Latife Hanım'ın Günlüğünü Bir Bilim Kurulu İncelesin*", *Hürriyet*, 3 ocak 2005.

Latife Hanım'ın sakladığı belgeler arasında neler var? Boşanmasının ardından Galibe'nin ona Paris'ten yazdığı mektup; Halit Ziya ve Yakup Kadri'nin mektupları; Latife Hanım'ın Zübeyde Hanım'a yazdığı mektup; Halide Edip'le Münih'ten yazışmaları; *Bozkurt* kitabının çıkışıyla ilgili olarak tuttuğu notlar ve İsmet Paşa'ya mektubu; kadınlık durumuna ilişkin yazıları; doğum günü olan bir 17 haziran gecesi tuttuğu notlar; Atatürk'ün ona, onun Atatürk'e yazdığı gün ışığına çıkmamış mektuplar.

219 kayıtlı belge arşivde açıklanacakları günü bekliyor.

Latife Hanım'ın kasalarından çıkan malzemelerin listesini kitaba aldım. Osmanlı Bankası'nın kasasından çıkanlara yer yer tarih konmuşken, Ziraat Bankası'nın kasasından çıkanlar ne yazık ki tarih verilmeden tasnif edilmiş. Basında sadece bir bölümü yayımlanan bu liste, her türlü savrukluğuna rağmen torbalarda tutulan gerçek bir tarihe işaret ediyor.

Saklanan nikâh yüzükleri

Latife Hanım, varlıklı bir kadın olarak ölmüştü. Mücevherleri dışında, İstanbul Pangaltı'da bir dairesi, İzmir'de bir evi, bir hanı, iki arsası ve yine İzmir'de 35 adet hisseli arsası ile bir de hisseli binası vardı.

Latife'nin özel eşyaları tasnif edilirken bir nikâh yüzüğü çıktı. İçinde Eski Türkçe "Latife 1339" (1923) yazılıydı. Latife'nin kasasından çıkan yüzük, Mustafa Kemal'in ona nikâh sırasında mihri muaccel olarak verdiği 10 gümüş parayla birlikteydi. Latife, değer verdiği bu hatıraları pembe kâğıda sarıp bir mücevher kutusuna koymuş, kutuyu da tülbent muhafazada saklamıştı. Bu kutunun içinde bir de altın mühür vardı, bir yanında Latife, diğer yanında Mustafa Kemal yazılıydı. (Mühür Mustafa Kemal Paşa'yla çıktığı bir gezide kendisine armağan edilmiştir) Mücevher kutusundaki anılar, "tarihî eşya" olarak tutanağa geçirildi, sonra da yüzük, gümüş paralar ve mühür yeniden mücevher kutusuna konulup pembe kâğıdına sarılarak tülbent muhafazasına yerleştirildi; 10 nisan 1979 günü Osmanlı Bankası Beyoğlu Şubesi'nde açılan tülbent torbanın ağzı mahkeme mührüyle mühürlendi.

Atatürk'ün ölümünden sonra açılan kasadan çıkanlar arasında

da "ince bir parmak için yapıldığı belli olan bir nişan yüzüğü" vardı. Yüzükte "1339 Gazi M. Kemal" yazılıydı.[2]

Yüzükleri ayrıldıktan sonra birbirlerine iade etmişlerdi. Latife de, Atatürk de Lozan'dan İsmet Paşa'nın armağan olarak getirdiği nikâh yüzüklerini ömürlerinin sonuna dek saklamışlardı. Mustafa Kemal Paşa ile Latife'nin yarıda kesilen evliliklerinden bir hatıraydı bu yüzükler.

2. Mazhar Leventoğlu, *Atatürk'ün Vasiyeti,* Leventoğlu Yayınevi, İstanbul, 1968, s. 107.

Ek 1

Latife Uşşaki'nin ölümünün ardından yayımlanmış iki yazı. İstanbul mahreciyle verilen AP kaynaklı haber:

Latife Uşşaki, Atatürk'ün karısı

Bir zamanlar Türkiye Cumhuriyeti'nin kurucusu Atatürk'ün karısı olan Latife Uşşaki, boşandığı kocasının ölümünden 37 yıl sonra öldü. Ölümü kalp sorunundan kaynaklandı. Latife Hanım sade bir törenle gömüldü. Cenazesine birkaç resmi yetkili katıldı, küçük bir kalabalık vardı. Atatürk'le 1923 yılında evlenmişler ve iki buçuk yıl evli kalmışlardı.

(14 temmuz 1975, *Washington Post*)

Latife Hanım
Türk kadını için sembolik rol

Modern Türkiye'nin kurucusu Mustafa Kemal Atatürk ile iki yıl evli kalan ve Türk kadınlığının kurtuluşunda sembolik bir rol oynayan Latife Hanım İstanbul'da 76 yaşında öldü.

1898'de zengin bir İzmirli ailenin kızı olarak dünyaya gelen Latife Hanım, Yunanlı işgal birliklerini önünden kovalayarak İzmir'e giren muzaffer komutanla 1922 yılında karşılaştı. İzmir'in büyük kısmını yakan yangın sırasında Birinci Dünya Savaşı'nın Müttefik devletleriyle Türkiye'nin bağımsızlığı ve yeni sınırları üzerine görüşmeler yürütmekte olan Atatürk'ü dış kesimde bir mahallede bulunan ailesinin Bornova'daki evinde kalmaya davet etti. Fransa'da eğitim görmüş olan Latife Hanım Atatürk'ün sekreterliğini yaptı diplomatik yazışmalarını Fransızca ve İngilizce'ye tercüme etti. Atatürk 20 gün kaldıktan sonra Türkiye'nin yeni başkenti Ankara'ya döndü.

Ekim 1922'de Latife Hanım ona (kısa süre önce yayımlanan) yazdığı mektupta şöyle dedi:

"Bütün mutluluğum ekselanslarınıza hizmet etmektir. Tek arzum, sadakatimin sizin safınızda bir silah olmasıdır. Ekselanslarınızı gerçekten her türlü kişisel çıkardan uzak olarak seven acaba kaç kişi vardır?"

Evlilik boşanmayla son bulmasına rağmen, Latife, bir Türk yazarın sözleriyle "bu büyük ismi politikanın sansasyonlarıyla sömürmemek" için konuşmayı redderek sadakatini kanıtladı.

Atatürk 1923 yılında İzmir'e gelerek Latife'yle evlendi. O günlerde Latife 24, Atatürk 42 yaşındaydı. Atatürk, Latife'yi 1923 yılında ilan edilecek Cumhuriyet rejiminde kadınlardan beklenen davranışı göstermek için kullandı. Cumhurbaşkanı eşini peçesiz olarak ülkede gezdirerek, yerel yetkililere gelenekleri kırıp eşlerini topluma çıkarmaları gerektiğini hatırlattı. Latife Hanım, Atatürk reformları çerçevesi içinde kadınların İslamî anlayışta yeri olan harem geleneğinden ve peçeden kurtuluşunun bir sembolü oldu.

Latife ile Atatürk arasında yoğun programlı çalışma günlerine ek olarak kurulan gece sofrası ve çok içki içmesi yüzünden sürtüşme baş gösterdi. Latife, Atatürk'ün gücünü koruması için onu engellemeye kalkıştı. Bu durum sonunda Atatürk'ü huzursuz etti. 5 ağustos 1925'te, basit bir açıklamayla –zaten bunu yapması yeterliydi– onu boşadı. Kısa bir süre sonra da kadınlara boşanmada eşit haklar tanıyan Türk yasaları kabul edildi.

Latife Hanım, sonraki yıllarında İstanbul'da Ayaspaşa'da Boğaz'a bakan evinde bir inziva hayatı yaşadı. Yaşamının sonuna kadar basınla görüşmeyi reddetti, Türkiye'de Atatürk'ün idolleştirilmesi sürecini bulandırabilecek anılarını kimseyle paylaşmadı. Atatürk'e yakın isimlerden Şevket Süreyya Aydemir'in son zamanlarda yazdığı gibi inzivada yaşaması ve suskunluğuyla "vakur bir görüntü, hassas ve dokunaklı bir karakter" çizdi.

(17 temmuz 1975, *The Times*)
imzasız

Ek 2

Kasadan çıkanlar

Osmanlı Bankası Beyoğlu Şubesi 32 no'lu kasa:

Verilen karar gereğince belli gün ve saatte davacı vekili tarafından temin edilen vasıta ile birlikte Hâkim İ. Fethi Erdem vekâlete atanan Z. Kâtibi İbrahim Engin Mübaşir Mehmet Can ve Bilirkişi Ord. Prof. Reşat Kaynar ile birlikte Beyoğlu Osmanlı Bankası Şubesi kasa dairesine gelindi. Hazırlardan Vecihe İlmen, Meral Bebe, Dilek Bebe, Birgül İlmen, Doğan Nur Açıkalın, Gülten Devres Vekili Av. Yavuz Kadıoğlu, Vecihe İlmen vekili Av. Gülseren Dabak'ın dahi hazır bulunduğu görüldü. Birlikte 32 numaralı kasa açıldı kasa içersinden çıkan mevcutlar masa üzerine çıkartıldı. Bilirkişiye vazife verildi.

Banka müdürlüğünün evvelce tebliğ edilen yazımız gereğince üst katta mahsus yerde münasip odanın tahsis edildiği görülmekle kasa mevcudu birlikte bu yere getirilip tetkike başlanıldı. Bilirkişiden mevcut vesikaların tetkiki ile:

a. Tarih Kurumu'nu ilgilendiren vesikaların

b. Kurumu ilgilendirip de hatıra niteliğindeki yazı vesikaların ayrılması istendi.

1. Bir defter halinde 172 sahifelik Latife Hanım'ın Arap harfleri ile yazılmış roman sitilinde bir eseri kendi el yazısı ile.

2. Eski Türkçe yazılı Yakup Kadri'nin Latife Hanım'a göndermiş olduğu mektuplar (5 adet).

3. Eski Türkçe yazılı Kastamonu Mebusu Ali Rıza Bey'in Latife Hanım'a yazdığı mektup sarı renkli kâğıtta tek sahife Latife Hanım'ın eski yazılı isimlerin bir numarada geçen deftere ait Latife Hanım'ın eski Türkçe el yazılı olduğundan onun içersine konuldu.

4. Latife Hanım'ın bir defter halinde Konya, Adana, Mersin, Tarsus

yollarında seyahatlerle ilgili eski harflerle yazılmış bir defteri.

5. Latife Hanım'ın Eski Türkçe el yazılı not defteri.

6. İzmir'de yapılan askerî manevralar sırasında ziyafete ait protokol.

7. Halit Ziya Bey'in Latife Hanım'a yazdığı mektuplar (5.2.1925; tarihsiz; Ayestefanos 1922) tarihlerini taşımaktadırlar.

8. (Atlanmış)

9. Tevfik Hüsnü Bey'in Hanımının Latife Hanım'a gönderdiği mektup. Mektubun başında Latife Hanım'ın (bir dalkavukluk numunesi mi herhalde nefis bir parça).

10. Fethi Bey'in hanımı Fransızca 15 ağustos tarihli mektup.

11. Beş yapraklı Fethi Bey'in hanımı Galibe Hanım'a Latife Hanım'ın yazdığı mektup suretleri.

12. Latife Hanım'ın Paris'te bulunduğu sırada Kilyon Oteli'nde Sefarete gönderdiği bir mektup.

13. Galibe Hanım'ın Fransızca yazdığı Latife Hanım'a mektup.

14. Latife Hanım'ın İsmet Paşa'ya gönderdiği 20.11.929 tarihli mektubu.

15. Siirt Mebusu Mahmut Bey'in Latife Hanım'a gönderdiği 16 kânunusani tarihli mektubu.

16. Siirt Mebusu Mahmut Bey'in Almanya'dan Latife Hanım'a gönderdiği 12.4. tarihli mektubu (zarfı ile birlikte).

17. Latife Hanım tarafından Mahmut Bey'e yazılmış mektup.

18. Recep Bey'in Latife Hanım'a gönderdiği bayram tebriği.

19. Mevhibe Hanım'ın iki adet bayram tebriği.

20. Halit Ziya Bey'in Latife Hanım'a yazdığı 11.2.923 tarihli mektup.

21. Yakup Kadri Bey'in Latife Hanım'a gönderdiği mektup 14.10.1339 tarihli (zarf içerisinde).

22. Yakup Kadri Bey'in Latife Hanım'a Viyana'dan gönderdiği 29.9.923 tarihli mektup.

23. Latife Hanım'ın boşanmasından sonra malların iadesi yolunda Mustafa Kemal Paşa'nın dikte ettiği sanılan bazı notlar.

24. Latife Hanım tarafından Mustafa Kemal Paşa'ya yazılmış mektup (iki adet).

25. Mustafa Kemal Paşa'nın Latife Hanımefendi'yi boşadığına ait kendi imzasını taşıyan tasdikname ile şahit Diyanet İşleri reisinin ve şahit Adliye Vekili Mahmut Esat Bey'in 5.8.1341 tarihli mektubu.

26. Reisicumhur Mustafa Kemal Bey'in Latife Hanım'a yazdığı 5.8.1341 tarihli hususî mektubu (her ikisi bir zarf içerisinde).

27. Mustafa Kemal Paşa'nın Latife Hanım'a gönderdiği aşk mektupları.

28. Reisicumhur Gazi Mustafa Kemal Paşa Hazretleri'nin mart 1340 nutuklarının eski harflerle yazılmış kopyaları.

29. Mustafa Kemal Paşa tarafından yazılmış 22.7.1341 tarihli Latife Hanım'a gönderdiği mektup (vesika zarf içerisinde).

30. Tevfik Bey tarafından Latife Hanım'a gönderilen mektup (Zarf içinde 2.8.1925 tarihli).

31. Rauf Bey tarafından Mustafa Kemal Paşa'ya gönderilen 2.2.339 tarihli mektup (zarf içinde).

32. Mustafa Kemal Paşa Hazretleri'nin Latife Hanım'a yazdığı tarihi notlu mektubu ve aynı zarf içinden çıkan 10.10.336 tarihli (338 olmalı) Mustafa Kemal Paşa tarafından Latife Hanım'a yazılmış mektup (aynı zarfa konuldu).

33. Latife Hanım'a babası tarafından yazılmış mektup sureti.

34. Reşat Galip Bey'in Gazi Paşa karşısında söylemiş olduğu nutkun sureti (Mersin Millet Bahçesi'ndeki).

35. 17.1923 yılında Konya'da (Tarsus'ta) Matbuat Umum Müdürlüğü'ne Paşa'nın seyahati ile ilgili Tarsus'ta geçen konuşmaları ve Paşa'nın nutukları (İsmail Habip Bey tarafından yazılmış) (10 adet).

36. Kars Türk Ocağı reisi tarafından gönderilen telgraflar (sekiz adet).

37. Türk Ocakları merkezine Dolyan kazası Türk Ocağı'ndan gönderilen mektup.

38. Ağalı (Ağaoğlu) Ahmet imzalı Latife Hanımefendi'ye merkez azalığına tayin edildiğinin teklifi.

39. Türk Ocağı ile ilgili bazı notlar.

40. Türk Ocağı'nın matbu yazısı.

41. Latife Hanım'a belediye reisi eşinin yazdığı bir kart üzerinde notu.

42. Macar (ismi belli değil) Türk Ordusu ve Mustafa Kemal Paşa hakkındaki mütalaası.

43. 12 sayfalık (dördüncü sahifesi noksan) Latife Hanım'ın Macar reisi ile konuştuğu sırada aldığı notlar.

44. Naşit Hakkı'nın *Vakit* gazetesi muhabiri olarak Latife Hanım'dan bir röportaj yapması talebi ve gerekli soruların hazırlanması.

45. Latife Hanım'ın Türkçe ve Fransızca olan o güne ait olan bazı notları (4 adet).

46. Latife Hanım'ın Mustafa Kemal'le ilk tanışmasını belirten notu.

47. Latife Hanım'ın yeni hayatında Fatma Sadık imzası ile Kemal Atatürk'e gönderdiği mektup (zarf içinde) Zarfın üstünde (göndermekten sarfı nazar ettiği bildirir mektup) yazılı.

(Üç adet ya da üç sayfa).

48. İsmet Paşa'nın Reisicumhur'a yazdığı bir not. 29.7.1925 tarihli.
49. Reisicumhur'un İsmet Paşa'ya gönderdiği cevabî notu.
50. Latife Hanım'a Siirt Mebusu Mahmut Bey'in telgrafı.
51. Latife Hanım tarafından yazılmış Mustafa Kemal Paşa'ya ait bir mektubu (notu).
52. Latife Hanım tarafından Mustafa Kemal Paşa'ya yazılmış mektup 18.3.1926 tarihli (2 sayfa ya da 2 adet).
53. Latife Hanım'ın aynı mealde ikinci mektubu. Tarihsiz. (2 sayfa ya da 2 adet).
54. Latife Hanım'ın Atatürk'e yazdığı 20.11.1338 tarihli mektup.
55. Latife Hanım'ın Mustafa Kemal Paşa'ya 922 aralık tarihli mektubu.
56. Salih Bey'in Mustafa Kemal Paşa'ya yazdığı mektup.
57. Latife Hanım'ın Mustafa Kemal Paşa'nın annesine yazdığı mektup.
58. Latife Hanım'dan Mustafa Kemal Paşa'ya yazılan mektup.
59. Latife Hanım'ın Mustafa Kemal Paşa'ya gönderdiği mektup.
60. Latife Hanım tarafından yazılmış 28.12.1338 tarihli Mustafa Kemal Paşa'ya yazılan mektup.
61. Salih Bey'e Latife Hanım tarafından yazılmış mektup.
62. 29.11.931 tarihli ve Münci imzalı Fransızca Türkçe yazılmış mektup.
63. Dört sahifesi noksan Mustafa Kemal Paşa'nın bir nutuk sureti (12 sayfa).
64. Latife Hanım'ın Mustafa Kemal Paşa'ya duyduğu hissiyatı bildirilen mektubu.
65. 28 sayfalık Eski Türkçe ve Fransızca yazılmış Latife Hanım'a ait bir not defteri.
66. Latife Hanım'ın Galibe Hanım'a gönderdiği mektup.
67. İngiltere'den İslam derneklerinden gelen Latife Hanım'a ait mektup.
68. Yakup Kadri tarafından Latife Hanım'a gönderilen iki kart.
69. Mustafa Kemal Paşa'nın ihtiyar bir köylü ile konuşmasını belirten Mustafa Necati Bey'in kartı.
70. 14 Kalem eşyayı gösteren ve yazının kime ait olduğu bilinmeyen bir belge.
71. Latife Hanım'ın boşanma sırasındaki eşyalara ait notları.
72. 16.9 çarşamba akşamı yazılan ve yazının kime ait olduğu belli olmayan bir not.
73. Küçük notlar kime ait olduğu belli olmayan.
74. Kastamonu Mebusu Rıza Bey'e Mustafa Kemal Paşa tarafından gönderilen telgraf.

75. Latife Hanımefendi ile boşanmaya talik eden ve Mustafa Kemal Paşa tarafından belirtildiği anlaşılan notlar.

76. Ali Rıza Bey'e ait olduğu anlaşılan bir mektup.

77. 1932 yılına ait Latife Hanımefendi'nin tutmuş olduğu Fransızca el yazılı notları.

78. 28.1932 yılında yazmış olduğu Fransızca Latife Hanım'ın notlarını gösterir notlar.

79. Latife Hanım'a ait Fransızca yazmış olduğu not (3 sahife).

80. Latife Hanım'ın günlük notları eski harflerde yazılmış.

81. Latife Hanım'ın günlük notu.

82. Latife Hanım'ın yazmış olduğu bir gece notu.

83. 17 haziran gecesinde yazmış olduğu Latife Hanım'ın hatırası (2 sayfa).

84. 5 sayfalık bir Fransızca not Latife Hanım'a ait.

85. Latife Hanım'ın Fransızca bir notu.

86. Latife Hanım'ın şiirlerini ihtiva eden çeşitli mısralar.

87. 4 sahifelik Latife Hanım'ın Fransızca tuttuğu notlar.

88. Almanca bir mektup (5 sahife) ve İtalyan kütüphanesinden gelen fatura (zarf içersinde).

89. Latife Hanım'ın Türkçe ve iki sahife Fransızca 932 senesine ait üç sahifelik notları.

90. Türkçe yazılmış el yazılı notlar (3 sahife).

91. 931 senesinde Fransızca ve Türkçe yazmış olduğu Latife Hanım'ın not defteri.

92. 2 kartvizit.

93. Adres gösterir kart.

94. Latife Hanım'ın notları (1 sahife).

95. Latife Hanım'ın Bayan Peker'e yazdığı yeni Türkçe bir mektubu.

96. Mevhibe İnönü'ye ait Latife Hanım tarafından yazılmış Eski Türkçe mektup.

97. Latife Hanım tarafından yazılmış Eski Türkçe mektup (4 sahife).

98. *Akşam* gazetesinin 932 tarihli yazısı Latife Hanım'ın cevabî yazıları (2 adet).

99. *Bozkurt* adlı kitaba (cevaben yazdığı) Necmettin Sadak'ın iki makalesi ile Latife Hanım'ın bu kitapla alakalı notu.

100. Latife Hanım'ın İsmet Paşa'ya gönderdiği mektup (2 sahife).

101. Başvekil İsmet Paşa'ya Armstrong'un eseri hakkında *Akşam* gazetesindeki makaleler üzerine Latife Hanım'ın notlar gönderdiğini bildirmektedir.

102. İsmet Paşa'nın buna karşı vermiş olduğu cevap İsmet Paşa imzalı (her ikisi de zarf içine konuldu.)

103. Latife Hanım'ın günlük notları (iki adet).

104. Süheda Hanım'ın Latife Hanım'a yazdığı mektup.

105. Halk Fırkası'na Latife Hanım'ın gönderdiği mektup (1 sahife).

106. Latife Hanım'ın 19 sahifelik roman stilindeki notları.

107. Latife Hanım'a Mustafa Kemal Paşa Hazretleri'nin evlenmeleri yolunda İzmir kadısının mührünü ve imzasını ve şahitlerden Kâzım Karabekir Paşa ile Mustafa Halit Bey'in ve Salih Beyler'in imzalarını taşıyan izinname şerhinin aslı.

108. Latife Hanım'ın altı sahifelik kadınlık hayatına ait yazmış olduğu notlar.

109. Latife Hanım'ın Lozan'da yazmış olduğu notlar.

110. Latife Hanım'ın İtalya'da yazdığı hususî notları.

111. Latife Hanım'ın Arap harfleri ile tuttuğu notlar (23 sahife).

112. 11 sahifelik evlenmeden önce Mustafa Kemal Paşa ile ilk tesadüflerine ait hissî hatıralarını belirten özel notlar.

113. Latife Hanım'ın bir yazısı.

114. Latife Hanım'ın özel notları.

115. Latife Hanım'ın eski harflerle yazılmış notlarıyla Fransızca notları (iki adet).

Latife Hanımefendi'nin terekesinde ayrı ayrı incelediğim ve yazıları okuduğum belgeler üzerinde kesin mütalaam şu mahiyettedir:

Bu belgeler gerek devrim tarihimizin gerek Cumhuriyet tarihinin gerçek belgelere dayanması yolunda başlıca vazife görecek niteliktedir. Bu belgeleri incelemeksizin devrim tarihinin daha doğrusu Cumhuriyet tarihinin yazılması mümkün olmaz. Belgeler her ne kadar Latife Hanımefendi'nin kimi zaman hissî ifadelerini belirtmekte ise de bütün bunların tarihimize çok kuvvetli kaynak olma rolünü asla değiştiremez. Bu itibarla şimdiye kadar okuduğum ve zapta geçirdiğim belgelerin tamamiyle haricî belgelere ait olduğu kanaatimi teyin (teyit) ediyorum.

Kasa içersinde çıkan ve üzerinde kırmızı kalemle yazılı (Karşıyaka gayrimenkulatı, evler, arsalar, tapu ve harita) yazılı açık zarf bilirkişilerin tetkikine bırakıldı. Bu belgeler esas itibariyle özel nitelikte olup bunların veraset elinde kalması daha uygundur mütalaasındayım.

Yine kasa içersinde çıkan 14.10.975 tarihli tutanağa geçen liste okundu, ve bilirkişiden soruldu.

Bilirkişi gerek bu mührün, platin alyans içersinde Eski Türkçe Latife 1339 tarihli ve diğer altın mühür üç taraflı olup Eski Türkçe yazılı bulunan bir tarafından Mustafa Kemal diğer tarafından Latife isimleri yazılı olup zaptına göre 1 300 lira değer biçilen her iki menkulun yukarıda açıklandığı gibi kesin olarak tarihî nitelik arz etmektedir dedi. Aynı tutanağın ikinci numarasında yazılı 10 adet gümüş kuruşlar da nikâhta mihri muaccel olarak kullanıldığı cihetle tarihîdir dedi.

Yukarıda sayılan alyans yüzük, altın mühür ve 10 adet gümüş para küçük mücevherat kutusu içersine konuldu evvela pembe kâğıda sarılmak şartı ile tülbent muhafazasına alındı ve ağzı mahkeme mührü ile mühürlendi.

Bilirkişi tarafından tarihî vesika olarak isimlendirilenler vesikalar beş ayrı küçük paket yapılıp sicimle bağlandıktan sonra banka tarafından verilen torba içersine beşi dahil konuldu ve ağzı mahkeme mührü ile mühürlenip.

Tarihi olmayan ve üzerinde kırmızı kalemle yazılı vesikalar keza zarfın içersine konuldu sicimle usulünce bağlandı mühürlenmeksizin.

Mücevherat vesair menkulat evvelce mevcut olan bakalit kutu ve beyaz renkli bezler içersine konularak yerleştirildi.

Yakınları, avukatları ve Banka Müdürü'nün imzasını taşıyan belgede bilirkişi imzası Reşat Kaynar'ın.

Vesikalar kasaya konup yeniden mühürlendi. (10.4.1979)

Ziraat Bankası, Harbiye Şubesi 615 no'lu kasa:

1. Latife Hanım'a yazılmış özel mektup, imzası okunamadı.
2. Muzaffer Bey tarafından Latife Hanım'a yazılmış mektup.
3. Latife Hanım'a ait muhasebe cetveli.
4. Latife Hanım'ın evlendiğinin ertesi gün çıkan resimler, ve hatıra kartları (5 adet).
5. Rauf Orbay'ın makine başında evlenme dolayısı ile gönderdiği şifreli mektup.
6. Latife Hanım'a Adnan Adıvar'ın göndermiş olduğu tebrik mektubu. (Halide Edip ve Adnan), Siyasi Partiler adlı Fransızca eserin bölümlere ayrılarak bir bölümünün Latife Hanım tarafından Türkçe'ye çevrilmesi için yazı.
7. Evlenmeyi kutlama telgrafları (55 adet).
8. Kemalettin tarafından Ali Rıza Bey'in Parti Halk Fırkası riyasetine yazdıkları bir takrir.
9. Recep Bey'le Hayati Bey'in yazıları.
10. Mustafa Atatürk tarafından İsmet Paşa Hazretleri'ne yazılan (Latife Hanım tarafından İsmet Paşa'ya yazılan ve Mustafa Kemal Paşa'nın da imzasını taşıyan mektup).

11. Ali F ?ut (Fuat) Paşa'nın yazdığı tebrik mektubu.

12. Salih Bey'in bir mektubu.

13. Mustafa Kemal Paşa'nın annesinin ölümü dolayısıyla evlenmeden önce gönderdikleri taziye telgrafına Mustafa Kemal Paşa'nın verdiği cevap.

14. Mustafa Kemal Paşa'nın annelerinin ölümü sırasında tutulan notlar.

15. Vecdi imzalı Latife Hanımefedi'ye yazılan özel mektup.

16. Latife Hanım'a Mustafa Kemal Paşa tarafından Bursa'dan gönderilen telgraf sureti.

17. Şükrü Ali Bey'e yazılan Latife Hanım'ın seyahati ile ilgili mektup.

18. Mustafa Kemal Paşa'ın İzmir'den ayrılması dolayısı ile Seryaver Salih tarafından iki müsvedde ve Latife Hanım'ın Mustafa Kemal Paşa'ya Ankara'ya gönderdiği İzmir'den hareketi dolayısı ile çektiği özel telgraf.

19. Seryaver Salih Bey'in Bursa'daki memurlara gönderdiği telgraf (2 adet).

20. Latife Hanım'ın Mustafa Kemal Paşa'ya İzmir'de kendisine gösterdiği yakınlık dolayısı ile teşekkür telgrafı.

21. Latife Hanım'ın Mustafa Kemal Paşa'nın Bursa'da başlatılan.

22. ....Başyaver Salih Bey'in cevabı.

23. Latife Hanım'a Seryaver Salih Bey'in gönderdiği mektup. Paşa'nın kulağından rahatsızlığı sebebi ile.

24. Latife Hanım'ın evlenmeden evvel Mustafa Kemal Paşa'ya gönderdiği mektup (iki adet).

25. Seryaver Salih Bey'e İzmir'e Paşa'nın tekrar gelmesi hususunda göndermiş olduğu mektup.

26. Latife Hanım'ın İsmet Paşa ve Asım Paşa'nın gelmeleri ile ilgili notları.

27. Mustafa Kemal'in kendisine gönderdiği telgraf (2 adet).

28. Latife Hanım'ın Mustafa Kemal Paşa Hazretleri'ne Ankara'ya gelmesini belirten bir yazı sureti.

29. Latife Hanım'ın Ankara'ya gelmediğine dair kalemi mahsusun bir yazısı.

30. Latife Hanım'ın küçük bir notu.

31. Latife Hanım'ın Fransızca notu ve beş yaprak Mustafa Kemal Paşa'ya gönderdikleri (yanlış oldu) Latife Hanım'ın Salih Bey'e gönderdiği mektup.

32. Latife Hanım'a gönderilen İffet ve Belkıs Cemali iki özel mektup.

33. Belkıs Cemali tarafından Latife Hanım'a gönderilen mektup.
34. Renna tarafından gönderilen özel mektup.
35. 3 Fransızca mektup.
36. Kızılay Kâtibi Umumîliğinden kalemi mahsusa gönderilen teşekkür yazısı.
37. Bust imzalı bir mektupta Avrupa'dan bir manto gönderildiği ve İsviçre'den gelecek eşyanın da hazırlanmış olduğunu bildiren bir yazı.
38. Latife Hanım'a bir anket dolayısı ile soru yazıları. (3 adet)
39. Latife Hanım'a gönderilen bir özel mektup.
40. Nazlı imzalı Latife Hanım'a gönderilen bir özel mektup.
41. Fethi Bey'in eşi Galibe Hanım tarafından gönderilen mektup ve Fethi Bey'in Mustafa Kemal Paşa'ya gönderdiği mektup (3 adet ya da sayfa).
42. Latife Hanım'a imzası okunmayan bir özel mektup.
43. İmzası okunmayan Latife Hanım'a yazılan mektup.
44. Latife Hanım'a hitaben yazılan Fransızca mektup.
45. Latife Hanım'a gönderilen özel bir mektup.
46. Latife Hanım'ın hastalığı ve iyileşmesi dolayısı ile kendisine gönderilen telgraf (12 adet).
47. Nakliye (?) Hanım tarafından kendisine gönderilen bir mektup.
48. Latife Hanıma gönderilen özel bir mektup Kadir tarafından.
49. Başkâtip Tevfik Bey'in Salih Bey'e göndermiş olduğu telgraf.
50. Salih Bey'in göndermiş olduğu mektup.
51. Salih Bey'in Latife Hanım'a gönderdiği özel mektup.
52. Latife Hanım'a gönderilen Fransızca mektup.
53. Latife Hanım'a yazılan İngilizce mektup.
54. Latife Hanım'a yazılan İngilizce mektuplar (3 adet).
55. Elişi nizamname sureti.
56. Refet Paşa ile General ... (Kelle') nin bulunduğu kart.
57. Latife Hanım'a gönderilen telgraf.
58.———
59. Fethi Bey'in hanımı Galibe Hanım'dan Latife Hanım'a gönderilen mektuplar (5 adet).
60. Suat Davaz'ın hanımı Fatima Hanım'dan Latife Hanım'a yazılan özel mektup.
61. Fusine Hanım'dan Latife Hanım'a gönderilen özel mektup.
62. Refika Hanım'ın Latife Hanım'a gönderdiği özel mektup.
63. Fatinen Hanım'ın özel mektubu.
64. Latife Hanım'ın hesabına ait cetvel.
65. Kızılay'ın Mustafa Kemal Paşa'ya gönderdiği mektup.
66. Ahmet Kâzım Paşa'dan Latife Hanım'a gönderilen bir mektup.

67. Latife Hanım'a gönderilen özel mektuplar (3 adet).

68. Münih'ten Halide Edip Hanım'ın yazdığı bir mektup.

69. Evlenmeleri dolayısıyla gönderilen tebrik mektubu ve ayrıca bir Fransızca mektup.

70. Belkıs Cemali'nin Fransızca yazdığı mektup.

71.Tahsin Bey'in Latife Hanım'a gönderdiği özel mektup.

72. Esma tarafından Latife Hanım'a gönderilen mektuplar (dört adet).

73. Tahsin Bey'in Latife Hanım'a gönderdiği özel mektup.

74. İzmir Verem Cemiyeti'nin mektubu.

75. Aydın Mebusu Tahsin Bey'in yazdığı bir şiir Mustafa Kemal Paşa için.

76. Latife Hanım'a gönderilen imzasız bir mektup.

77. Velet Çelebi tarafından Latife Hanım'a gönderdiği özel mektup.

78. Şeyh Sunisi'den gelen bir mektup.

79. Saadet imzası ile yazılan bir mektup.

80. Şükriye imzası ile gönderilen özel mektup.

81. Adnan Bey'in gönderdiği özel mektup.

82. Mücahade adlı bir gazete nüshası.

83. Muallimler Birliği'nden gelen ve Muallimler Birliği'ne yazılan bir mektup.

84. Latife Hanım'ın amcasına yazdığı bir mektup.

85 (atlanmış)

86. Hamdullah Suphi Bey'in Latife Hanım'a yazdığı özel mektup.

87. Halit Ziya Bey'in Fransızca olarak Latife Hanım'a yazdığı mektup.

88. Halit Ziya Bey'in Latife Hanım'a yazmış olduğu mektup.

89. Fransızca yazılan ve Halit Ziya Bey'in yazdığı özel mektup ve Vedad Bey'in kartının arkasına yazdığı kart.

90. Vedad Bey'in yazdığı özel mektup.

91. Beykoz yarışları dolayısıyla istenen yardım mektubu.

92. Latife Hanım'a yazılan imzası olmayan özel mektup.

93. Latife Hanım'a yazılan özel mektup (dört adet).

94. Latife Hanım'a gönderilen özel mektup. (5 adet)

95. Mönü, Mustafa Kemal Paşa'ya gönderilen kartlar. (2 adet)

96. Fransızca ve İngilizce yazılı mektuplar (3 adet).

97. İmzasız bir mönü.

98. Latife Hanım'ın Konya'da halk gazetesine gönderdiği teşekküre karşı teşekkür cevabı.

99. Latife Hanım'ın mebus (seçimleri) sırasında kendisine oy vermiş olan illere teşekkür mektubu.

100. İsmail Habib'in Ankara Matbaa Umum Müdürlüğü'ne Mustafa Kemal Paşa'nın Mersin'deki nutkunu belirten el yazısı ayrıca Mustafa Kemal Paşa'nın Afyonkarahisar'da bulunduğu sıralarda hükûmet konağında, Türk Ocağı'nda, Kızılay'da ve sultanı iratlarından irat ettikleri 4 nutkun metni.

101. Adana'da söylemiş olduğu nutkun metni (13 sayfa ya da adet).

102. Latife Hanım'a gönderilen Elazığ'dan bir dilekçe.

103. Balıkesir'de 7 şubatta camide verdikleri nutkun Anadolu Ajansı metni.

104. Kemal Atatürk'ün el yazısı ile yazdığı (Latife Hanım'ın el yazısı) ile hazırlanmış Mustafa Kemal Paşa'nın nutkunun metninden ibaret olduğu görüldü. (12.1.977)

Ek 3

Sn. Vecihe İlmen tarafından Askerî Müze'ye verilen Sn. Latife Uşşaki'ye ait tarihî nitelik taşıyan malzemenin listesidir. 12.7.1978

Sıra No.	**Cinsi**	**Adet**
1.	Colt tabanca	1
2.	Tabanca (7.65) mavzer	1
3.	Owa tabanca	1
4.	Toplu tabanca (küçük)	1
5.	Sancak (La İlahe İllallah)	1
6.	Sancak (Fetih Suresi)	1
7.	Atatürk'e ait yağlıboya tablo	1
8.	Atatürk'e ait fotoğraf (Latife Hanım'a ithaf edilmiş)	1
9.	Kemalettin Sami P. fotoğrafı	1
10.	M. Fevzi Çakmak'a ait fotoğraf	1
11.	Fethi Okyar'a ait fotoğraf	1
12.	Latife Hanım'a ait fotoğraf	1
13.	Atatürk ve Latife Hanım'a ait grup fotoğrafı	1
14.	Tabanca mermisi	53

Yukarda cins ve miktarı yazılı malzeme teslim alınmıştır.

Ek 4

Latife Hanım

Basının belki de en mevsuk haberleri arasında Atatürk'ün sabık eşi Latife Uşşaki Hanımefendi'nin intikalini teessürle öğrendik.

Türkiye'de zaman zaman şayan-ı dikkat ve hürmet kadınlar gelmiş geçmiştir. Latife Hanım bütün inzivasına ve uzun sürmemiş kırık bir şerefli saadetin hazin ağırlığına rağmen bu kadınlardan biri olarak tarih yoluyla ebediyete intikal etmiştir.

Birleşmiş Milletler'ce kadın senesi ilan edilen 1975'te Meksiko şehrinde tertip edilip reislerini bile kadından seçmeden ve kadınlık meseleleriyle asla meşgul olamadan, büyük bir fiyasko ile biten, 132 milletin kadınlarından mürekkep büyük kongre kapanırken, Latife Hanım'ın hayata gözlerini yumuşu düşündürücü ve acıklı bir tesadüftür. Gözümüzden kaçmadı.

Latife Hanım, bundan 52 yıl evvel Türkiye'nin kurtarıcısı, dünyaya gelmiş geçmiş büyük kumandan ve dâhilerden Gazi M. Kemal Paşa ile, Türkiye'nin Kurtuluş Zaferi'ni hemen takip eden günlerde evlenme cesaretini kendinde görmesi, nefsine ve kadınlığına olan güveninin delilidir. Takdire değer.

Latife Hanım, meziyet ve kusurlarıyla şayan-ı dikkat çocuklar yetiştirmiş olan Uşşaki ailesine mensup müstesna bir kadın olarak, soyunun meziyetlerinden kendine düşenden fazla pay almıştır, kanısındayım. Kültürlü, bilgili, birkaç lisana vâkıf ve aydın bir Türk hanımıydı.

Kendisini bir defa 20-25 sene kadar evvel bir vapur seyahatinde tanımıştım. Bilgisi, edası, yerini dolduruşu beni tesir altında bırakmıştı. Hangi konuya değinseniz, selahiyetle mütalaa beyan edebilecek kadar geniş bilgi sahibiydi. O kadar ki, bu bilgi bazen onun "feminite" (kadınlık) hasletlerini ikinci plana itecek kadar ağır basıyordu. Kendisini o vapur seyahatinden sonra bir daha görmedim. Fakat pek mazbut ve mehcur hayatının kapandığı bugün, onun vaktiyle Atatürk'ün zevcesi olarak taşıdığı şerefli mevkiin icaplarını sonuna kadar muhafazaya muvaffak olduğu inancına varmış bulunuyorum.

Çünkü kaderin herkesin alnına ne yazdığı bilinmez. 1923 ocak ayında Gazi Paşa ile izdivacından, 1925 ağustos ayındaki ayrılışlarına kadar Türkiye'nin bu "Devlet Hatun"u Gazi M. Kemal Paşa'dan ayrıldıktan sonra da öyle kaldı. Nice şen dul cumhurbaşkanı karılarının neler yaptığını dünya görürken, ne Latife Hanım, Gazi'den sonra bir izdivaç düşündü ne Gazi ondan sonra bir kadın...

Acaba bu imtizaçsızlık neydi? Bence bu, bir husumet dünyasını mağlup edip Türkiye'yi kurtarmış, zaferden henüz ayağının teriyle dönmüş olan MK Paşa, yeni Türkiye'yi Batı uygarlığı âlemine sokacak devrimlere henüz başlamamış, eşine düşen vazifeleri yüklenme arzusu, eski Osmanlı kırması, pederşahilik atmosferi içinde göze batacak mahiyet alınca, birleşmedeki uyumsuzluğun dışarı vurmasıdır. Ama bunların hepsi bir kader meselesidir.

Latife Hanım'la muharefem yoktu. Sadece kültürlü ve kimseye nasip olmamış, fakat daha başlangıçta kırılmış bir saadetin vakur özgürlüğünü büyük bir vakar ile kalbine basıp, hayatının sonuna kadar bir kelimeyle bile hatıralarından bahsetmemesi, bütün ısrarlara rağmen, bu hicranlı sükûtu muhafaza etmesi karşısında duyduğum hürmeti bu satırlarla ifade etmeyi vazife bildim.

Birkaç sene evvel gene izni ve haberi olmadan, onun hatıraları diye yayımlanan bir tefrikanın önüne geçmemi, Gazeteciler Cemiyeti başkanı sıfatıyla ve bilvasıta benden istemişti. Bir şey yapabildiğimi hatırlamıyorum. Basın hürriyetinin bu çeşitli uygulanması arasında, kime ferman okuyabilirdiniz?

Kısacası, ne Gazi Mustafa Kemal bir hünkâr olabilirdi, ne Latife Hanım bir kadınefendi... İki Türkiye vatandaşı gibi birleşmelerine de günün Osmanlı tortusuyla bulanmış suları asla müsaade etmedi.

Biz buna kader diyoruz.

Latife Hanım'a Allah'tan gani gani rahmetler dilerim.

Burhan Felek 16 temmuz 1975
Milliyet

Ek 5

Latife Uşşaki'nin Ahmet Ağaoğlu'nun ölümünün ardından yazdığı yazı[1]

Ölmek
Ağaoğlu'nun temiz hatırasına

Mezarlıklarda dolaşırken, kitabelere göz gezdirdim: Her kitabe, o taşın altında yatan insanın namusuna, şerefine, haysiyetine, şehadet eden ebedî bir kefalet senedi gibidir. Hepsi de ya manzum ya mensur bir lisanla size, üzerine dikildikleri ölüyü şöyle tarif ederler:

"Benim altımda, bütün ömrünü iyilik ederek geçirmiş, hayatında tek kalp kırmamış, tek fenalık yapmamış, vatanına, milletine, ailesine, dostlarına, ömrünü, kalbini ve kesesini cömertçe harcamış eşsiz bir insan yatmaktadır!"

Kelimeler, cümleler, ifadeler değişebilir; fakat değişmeyen tek şey, mezar taşının iddiasıdır.

Mezar taşı, her cenazenin, beşerî günahlardan beraatini isteyen ezelî ve ebedî bir avukat gibidir. Bir vatan haininin, bir ana katilinin, bir ocak kundakçısının, bir kasa, bir namus, bir şeref hırsızının, bir kan ayyaşının mezarına dikilen taş bile, ebedî vekâletini üzerine aldığı ölüye tek leke sürdürmemek isteyen bir avukat kesilir. Bunun içindir ki, bir baba katilinin mezarında şu cümleyi okursanız, hiç şaşmayın!

"Burada, karıncayı incitmekten çekinerek yaşamış bir insan yatmaktadır!"

* * *

1. Bu metin Samet Ağaoğlu'nun 1940 yılında Ankara'da yayımladığı *Babamdan Hatıralar* adlı kitabından alındı. Ahmet Ağaoğlu'nun ölümünün ardından hazırlanan kitapta yer verilen yazıların tamamı imzalıydı. "Ölmek" yazısının altında ise "Eski Dost" rumuzu vardı. Latife Hanım'ın yeğeni Muammer Erboy'la birlikte yazıyı inceledik. Yazının Latife Uşşaki'nin kaleminden çıktığına karar verdik. Latife Hanım, eski dostu için yazdığı veda yazısının altına imzasını atmamıştı.

Bir mezar başında, gaddaresini en haksız cinayetin kanıyla lekelemiş olan bir katile bile hüsnü şehadet eden cemiyet, yaşayan en büyük kıymetin önünde bile boyun eğmek istemez: Ve en sefil bir ölüden bile kıskanmadığı sevgiyi, en üstün bir diriden esirger, çünkü ölü kıskanılmayan yegâne insandır.

Biz ölüyü, bütün davalarından, bütün ihtiyaçlarından, bütün menfaatlerinden, bütün iddialarından, ihtiraslarından, arzularından istifa etmiş bir insan olduğu için severiz; dirisine düşman olduğumuz bir insanın bile ölüsüne yanışımız bundandır.

Bu hakikati düşününce, körün, öldükten sonra niçin "badem gözlü" olduğunu kestirebilmek de güç değildir!

Şimdi; birçok kıymetlerin, ölüşlerinden sonra bilinmesinin sırrını da kavramaya yaklaşmış sayılabiliriz.

Sanır mısınız ki, dünya Şekspir'in kıymetini tanımakta yüz elli yıl, Mozart'ın dehasını kavramakta yarım asır, ve Puşkin'in kadrini bilmekte tam bir asır geç kalmakla çok masum bir gaflet göstermiştir?

Hayır... Kurnaz beşeriyetin zekâsı bu kıymetleri, yaşadıkları devirlerde kavrayabilmek kabiliyetinden mahrum değildi. Ve bence insanlar, o kıymetleri anlayamamış görünmekle, hasetlerini örtbas eden adi bir hileye sapmışlardır. Şimdi tanıyışları ise, "ölüleri kıskanmayışlarındandır."

Bu hasetten doğan inkârın misallerini kendi tarihimizde de kolaylıkla bulabilirsiniz:

Hayatlarındayken gördükleri umumî lakaydinin, umumi alakasızlığın, umumî nankörlüğün ve inkârın acısını kan kusarak çekmiş nice kıymetler, nice şöhretler var ki, bugün, mezarları başında insana ölümü sevdirebilecek kadar parlak ihtifaller (anma törenleri) yapılıyor.

Bugün hor gördüğümüz nice kıymetler var ki yarın mezarları başında gözyaşı dökeceğiz. Ve onların birer "kıymet" olduklarını itiraf edebilmek için, ölmelerini beklemekteyiz: Çünkü yaşadıkları sıralarda onlara bu kıymeti vermemize, kıskançlığımız manidir.

Bu hakikatin en taze misalini, bize Ağaoğlu'nun ölümü verdi.

İki ay evvel çıkan gazeteler, onun temiz ismine, karanlık ithamların lekesini sürmek istediler. Ve maalesef biz, Ağaoğlu'nun maruz kaldığı bu haksız ithama isyan eden tek sesin yükseldiğini duymadık. Fakat bir hafta evvel onun mezarı, kıskançlıktan kurtulmuş şahitlerle doluydu. O gün hepsi de, seslerinin yükselebildiği kadar haykırarak, Ağaoğlu'nun faziletlerini sıraladılar. Çünkü o gün, Ağaoğlu da kıskanılmayan insanlar arasına karışmış bulunuyordu!

Görülüyor ki, insanları haklarına kavuşturan en adil hâkim ölümdür. Ve artık inanabiliriz ki, layık olduğumuz alakayı, kıymeti, itibarı, şerefi, saygıyı ve sevgiyi kazanarak yaşayabilmemiz için, başvurabileceğimiz tek çare vardır:

"Ölmek!"

Eski Dost[2]

2. Samet Ağaoğlu, *Babamdan Hatıralar,* Ankara, 1940, s. 140-142.

Ek 6

Latife Hanımefendi'nin Mühim Bir Nutku

"Türk Ocakları Kongresi, dün akdettiği son içtimaında (toplantısında) murahhasların (delegelerin) mensup oldukları ocaklar hakkındaki izahatı dinlemiştir. Bu meyanda Kars Ocağı'nı temsil buyuran Latife Gazi Mustafa Kemal Hanımefendi Hazretleri sürekli ve samimi alkışlar arasında atideki nutku irat eylemişlerdir.

"Aziz arkadaşlarım, yüksek kongrenizde Kars Türk Ocağı'nın murahhası bulunuyorum. Esasen, Türk Ocağı'nın samimi bir ferdi olmakla ve bugün mühim bir merkezimizi temsil etmekle müftehirim, (iftihar ediyorum) mübahiyim. Heyet-i âliyenizin geçen içtimalarında muhterem reisleri lisanıyla, âcizlerine gösterdiği hüsnü kabulün müteşekkir ve minnettarı olduğumu bu vesileyle arz ederim.

Arkadaşlar, bizzat tanıdığım ve kıymetli hatırasını derin hissiyatla tahattur ettiğim Kars ocağımızın bana tevdi ettiği vazifeyi ifa ederken, muhterem heyetinize oradaki arkadaşlarımızın selamlarını ve muhabbetlerini kemal-i hürmetle iblağ etmek isterim. Bu selam ve muhabbetin mütehassis kalplerin samimi sünühatı olduğunu takdir buyurursunuz. (alkışlar)

Arkadaşlar, Kars'ta ocağımızın geçen seneki faaliyeti hakkında izahat verebilmek için büyük kongreden müsaade isterim.

Kars'ta ocağımız ilk defa 10 eylül 1339'da (1923) teşekkül etti. Ocağımızın teşekkülü Kars muhitinde, millî ve içtimaî hissiyatın da ilk adımını atmak gibi bir tesir göstermiştir. Bu tesirle Kars Ocağı'nın haklı bir iftihar hissetmekte olduğunu ifadeye müşaraat ederim."

Hanımefendi Hazretleri bilahare ocağın aza miktarı ve sınıflara göre taksimi hakkında malumat ita etmişler, ocağın hayır sahasında yaptığı hidematı, Hilal-i Ahmer'e fakir mektep çocuklarına, Pasinler harekete-degâna, Ayındır muhacirlerine nakden gösterilen muaveneti, ocağın temsil faaliyetlerini izah ve nutuklarına devamla buyurmuşlardır ki:

"Mezhep ve tarz-ı telakki cereyanlarını ortadan kaldırmak bu meyanda ocağımız yekvücut ve kesir bir kitleden ibaret iken uzun senelerin tesir-i meşumuyle millet arasında nifak cüyane (arayan) bir vaziyet ihdasına sebep olan mezhep ve tarz-ı telakki cereyanlarını ortadan kaldırmak için bilhassa daimî surette mesai sarf etmiş ve bunun müsmir netayicini görmekte bulunmuştur. Bu münasebetle feyyaz ve velut Türk neslinin evlatları arasında ağyarın başlıca medar-ı teşeddüt ve nifak olarak nasb-ı nazar ettiği mezhep ve tarz-ı telakki farkları aleyhine bütün ocaklarımızın yekvücut olarak azim ve metanetle mücadele etmeleri lüzumunu yüksek kongrenin nazar-ı dikkatine arz etmeyi vazifeden arz ederim." (şiddetli alkışlar)

Ocağın binasızlıktan dolayı maruz kaldığı müşkilatı, bu hususta Merkezî Heyet'in yardımını talep ettiklerini ifade buyuran hanımefendi, ocağın bu seneki mesai programı hakkında da düşündüklerini teşrih buyurduktan sonra nutuklarını şu suretle ikmal etmişlerdir:

"Murahhas Beyler, Türk milletinin saadet ve selameti, Türk milletinin harsı ve medeni inkişafını temin etmekle kaimdir. Türk vatanı ancak halis ve samimi Türk milliyetperverlerinin mefkureleri tesirinde feyz ve itila bulabilir." (alkışlar)

"İyi vatandaşlığın mukni (inandırıcı) ve emniyetbahş (güven verici) alameti, Türk milliyetini, Türk hars ve medeniyetini candan kabul etmektir. Türk vatanına hizmet ve merbutiyet (bağlılık) Türk milliyetine hizmet ve merbutiyetle tev'emdir (eşdeğerdir). Ocaklarımız millî olan medenî ve içtimaî faaliyetlerine vakfı vücut ederken, gözlerini Türk vatanının necatı (kurtuluşu), vatandaşların çelikten yekpare medeniyet kitlesi olması gayesine nasp eylemiştir (dikmiştir). Bu kadar temiz bir hedefe yürüyen ve samimi arzusunu vatanperver ve milliyetperverlere açmış olan ocaklarımızın behemehal muvaffak olması bir emri tabiîdir." (alkışlar)

"Arkadaşlarım, Kars Ocağı yüksek kongrenin ve merkez heyetinin daimî alaka ve müzaharetine (desteğine) mahzar olmak ihtiyacında ve bu lütufa layık görüleceği ümidindedir. Gelecek sene Kars'ı temsil etmekle mübahi olacak murahhaslarımızın daha geniş mesai mahsulü getirebilmesi için bütün varlığımızla çalışacağımıza itimat buyurmanızı rica ederim." (şiddetli ve sürekli alkışlar)[1]

1. *Cumhuriyet* gazetesi, 5 mayıs 1924.

Kaynakça

Adıvar, Halide Edip, *Türk'ün Ateşle İmtihanı*, Cumhuriyet Kitapları, İstanbul, 1998.

Ağaoğlu, Samet, *Babamdan Hatıralar*, Ankara, 1940.

Babamın Arkadaşları, İletişim Yayınları, İstanbul, 1998.

Ağaoğlu, Süreyya, *Bir Ömür Böyle Geçti*, İsak Basımevi, İstanbul, 1975.

Akay, Oğuz, (der.) *Gazi*, Truva Yayınları, İstanbul, 2005.

Akın, Veysi, *Bir Devrin Cemiyet Adamı Dr. Fuad Umay*, AKDTYK Atatürk Araştırmaları Merkezi, Ankara, 2000.

Aksoy, Yaşar, *Bir Kent, Bir İnsan*, Dr. Nejat Eczacıbaşı Vakfı, İstanbul, 1986.

Aktepe, Münir, *İzmir Yazıları*, İzmir Büyükşehir Belediyesi Kültür Yayını, İzmir, 2003.

Ali, Kılıç, *Atatürk'ün Hususiyetleri*, Cumhuriyet Kitapları, İstanbul, 1998.

Kılıç Ali'nin Anıları, der. Hulusi Turgut, İş Bankası Yayınları, İstanbul, 2005.

Alpkaya, Faruk, *Türkiye Cumhuriyeti'nin Kuruluşu*, İletişim Yayınları, İstanbul, 1998.

Altay, Fahrettin, *10 Yıl Savaş (1912-1922 ve Sonrası)*, İnsel Yayınevi, 1970, İstanbul.

Fahrettin Altay Paşa Anlatıyor, İmparatorluktan Cumhuriyet'e, haz. Taylan Sorgun, Kamer, İstanbul, 1998

Aralov, S. İ., *Bir Sovyet Diplomatının Türkiye Hatıraları*, Cumhuriyet Kitapları, İstanbul 1997

Arat, Yeşim, "Türkiye'de Modernleşme Projesi ve Kadınlar," Sibel Bozdoğan ve Reşat Kasaba der. *Türkiye'de Modernleşme ve Ulusal Kimlik*, İstanbul, Tarih Vakfı Yurt Yayınları, 1998 .

Araz, Nezihe, *Mustafa Kemal'le 1000 Gün*, Dünya Yayıncılık, İstanbul, 2002.

Arıkoğlu, Damar, *Hatıralarım*, Tan, İstanbul, 1961.

Armstrong, H. C., *Bozkurt*, Arba Yayınları, çev. Gül Çağalı Güven, İstanbul, 1996.

Grey Wolf, Methuen and Co. Ltd., Londra, 1947.

Aslan, Betül, *Türkiye Azerbaycan İlişkileri*, Kaynak Yayınları, İstanbul, 2004.

Aslan, İzzet, *Atatürk Silifke'de*, Ankara, 1981.

Atatürk, Gazi M. Kemal, *Nutuk*, I-II-III, basıma hazırlayan H.Veldet Velidedeoğlu, Çağdaş Yayınları, İstanbul, 1994.

Atatürk Ansiklopedisi, 1. cilt, (1881-1908), haz. Ömer Sami Coşar, İstanbul Reklam Ltd. Şti., İstanbul, 1973.

Atatürk Hayatı, Konuşmaları ve Yurt Gezileri, der. Necati Çankaya

Atatürk'ün Okuduğu Kitaplar: Özel İşaretleri, Uyarıları, ve Düştüğü Notlar ile, der. Gürbüz D. Tüfekçi, Türkiye İş Bankası Kültür Yayınları, 1983-85.

Atatürk'ün Söylev ve Demeçleri I-III, Türk İnkılap Tarihi Enstitüsü Yayınları, Ankara, 1997.

Atay, Falih Rıfkı, *Çankaya*, Doğan Kardeş Matbaacılık, İstanbul, 1969.

Avcıoğlu, Doğan, *Türkiye'nin Düzeni*, Bilgi Yayınevi, Ankara, 1973.

Aydemir, Şevket Süreyya, *Tek Adam*, 1. 2. cilt Remzi Kitabevi, İstanbul 1995.

Tek Adam, 3. cilt, Remzi Kitabevi, İstanbul 1965.

Baler, Mahmut, *Baldan Damlalar 3 ve Hatıralarım*, Kervan Kitapçılık, İstanbul, 1982.

Baltacıoğlu, İsmail Hakkı, *Atatürk*, Atatürk Üniversitesi Basımevi, Erzurum, 1973.

Banoğlu, Niyazi Ahmet, *Atatürk'ün Siyasi ve Hususi Hayatı*, Pınar Yayınları, İstanbul, 1953.

Nükte ve Fıkralarla Atatürk, İstanbul, 1968.

Baran, Tülay Alim, *Bir Kentin Yeniden Yapılanması, İzmir 1923-1938*, Arma Yayınları, İstanbul 2003.

Vasıf Çınar ve İzmir'e Doğru Gazetesi Yayınları, Arma Yayınları, 2001, İstanbul.

Barlas, Mehmet, *Latife Hanımın Sırları ve Türk Sosyetesi*, Birey Yayınları, İstanbul, 2005.

Baysal, Mevlüt, *Çankaya'da Gazi'nin Hizmetinde*, Ercan Matbaası, İstanbul, 1954.

Belli, Şemsi, *Ağabeyim Mustafa Kemal; Anlatan: Makbule Atadan*, Ankara, 1959.

Fikriye, Bilgi Yayınevi, Ankara, 1995.

Berktay, Fatmagül, *Tarihin Cinsiyeti*, Metis Yayınları, İstanbul, 2003.

Beyru, Rauf, *19. Yüzyılda İzmir'de Yaşam*, Literatür Yayınları, İstanbul, 2000.

Bil, Hikmet, *Atatürk'ün Sofrası*, Uncu Yayınları, İstanbul, 1981.

Bilgehan, Gülsün, *Mevhibe*, cilt I, Bilgi Yayınevi, Ankara, 1998.

Borak, Sadi, *Atatürk'ün Armstrong'a Cevabı*, Kaynak Yayınları, İstanbul, 1997.

Bozdağ, İsmet, *Atatürk ve Eşi Latife Hanım*, Kervan Yayıncılık, İstanbul, 1975.

Atatürk'ün Başyaveri Salih Bozok Anlatıyor; Latife ve Fikriye, İki Aşk Arasında Atatürk, Truva Yayınları, İstanbul, 2005.

Gazi ve Latife, Tekin Yayınevi, İstanbul, 2001.

Bozok, Salih, *Yaveri Atatürk'ü Anlatıyor*, haz. Can Dündar, Doğan Kitap, İstanbul 2003.

Bozok, Salih, Bozok, Cemil S., *Hep Atatürk'ün Yanında* Çağdaş Yayınları , İstanbul, 1985.

Caporal, Bernard, *Kemalizm Sonrasında Türk Kadını*, Cumhuriyet Kitapları, İstanbul, 2000.

Cebesoy, Ali Fuat, *Siyasi Hatıraları Büyük Zaferden Lozan'a*, 2. cilt, Temel Yayınevi, İstanbul, 2002.

Bilinmeyen Hatıralar, haz. Osman Selim Kocahanoğlu, Temel Yayınları, İstanbul, 2001.

Cin, Halil, *İslam ve Osmanlı Hukukunda Evlenme*, Ankara Üniversitesi Yayınları, Ankara, 1974.

Çakır, Serpil, *Osmanlı Kadın Hareketi*, Metis Yayınları, İstanbul, 1994.

Çavuşoğlu, Turgay, *Çocuk Esirgeme Kurumu*, Beyaz Gemi Yayınları, İstanbul, 2001.

Davison, Andrew, *Türkiye'de Sekülarizm ve Modernlik*, İletişim Yayınları, İstanbul, 2002.

Deliorman, Altan, *Atatürk'ün Hayatındaki Kadınlar*, Bayrak Yayım, İstanbul, 2000.

Demirel, Ahmet, *Birinci Meclis'te Muhalefet İkinci Grup*, İletişim Yayınları, İstanbul, 2003.

Dobkin, Marjorie Housepian, *Smyrna 1922*, Newmark Press, New York, 1988.

Duru, Orhan, *Amerikan Gizli Belgeleriyle Türkiye'nin Kurtuluş Yılları*, İş Bankası Kültür Yayınları, İstanbul, 2004.

Dündar, Can, *Fikriye*, Milliyet Yayınları, İstanbul, 1992.

Ellison, Grace, *Ankara'da Bir İngiliz Kadını*, Bilgi Yayınevi, çev. Osman Olcay, 1999, Ankara,

Erdoğdu, Şeref, *Ankara'nın Tarihi Semt İsimleri ve Öyküleri*, TC Kültür Bakanlığı, Ankara, 1999,

Erickson, Carolly, *Josephine: A Life of the Empress*, St Martins Pr; 1999.

Erke, Ülker-Gören, Şefika, *Minyatürlerle Atatürk Evleri ve Atatürkle Anıtlaşan Yapılar*, Bilay Vakfı, 1998 Ankara.

Fotoğraflarla Atatürk, Doğumundan Cumhuriyetin İlanına Kadar, (Yapı ve Kredi Bankası'nın 20. kuruluş yılı dolayısıyla hazırlanmıştır) Tifdruk Matbaacılık Sanayi AŞ Basımevi, 1964.

Fromkin, David, *A Peace To End All Peace*, Penguen Boks, New York, 1989.

Gencosman, Kemal Zeki-Banoğlu, Niyazi Ahmet, *Atatürk Ansiklopedisi*, cilt 3, May Yayınları, İstanbul, 1972.

Gentizon, Paul, *Mustafa Kemal ve Uyanan Doğu*, Kültür ve Turizm Bakanlığı Yayınları, Ankara, 1983.

Georges-Gaulis, Berthe, *Çankaya Akşamları*, Cumhuriyet Yayınları, İstanbul, , 2001.

La Nouvelle Turquie, Armand Colin, Paris, 1924.

Glaesneck, Johannes, *Kemal Atatürk ve Çağdaş Türkiye*, Cumhuriyet Kitapları, İstanbul, 1998.

Gökovalı, Şadan, *Atatürk ve İzmir*, İzmir Gazeteciler Cemiyeti Yayınları, İzmir, 1981.

Göldaş, İsmail, *Takrir-i Sükun* Görüşmeleri, Belge Yayınları, İstanbul, 1997.

Grosser-Rilke, Anna, "Nie Verwehte Klaenge, Verlag Otto Beyer, Leipzig und Berlin, 1937.

Gündüz, Asım, *Hatıratlarım*, haz. İhsan Ilgar, Kervan Yayınları, İstanbul 1973.

Güneş, İhsan, *Birinci TBMM'nin Düşünce Yapısı*, İş Bankası Kültür Yayınları, Ankara, 1997.

Gürer, Cevat Abbas, *Ebedi Şef Kurtarıcı Atatürk'ün Zengin Tarihinden Birkaç Yaprak*, Halka Basımevi, İstanbul 1939.

Halide Edip, (Memoirs of Halide Edib), The Century Co., New York-Londra, 1926.

The Turkish Ordeal, The Century Co., New York- Londra, 1928.

Hemingway, Ernest, *The Snows of Kilimanjaro*, Arrow Books, Londra, 2004.

The Wild Years, Dell, 1. basım

Huyugüzel, Ö. Faruk, *İzmir'de Edebiyat ve Fikir Hareketleri Üzerine Araştırmalar*, İzmir Büyükşehir Belediyesi Kültür Yayını, İzmir, 2004.

İleri, Selim, *Kırık Deniz Kabukları*, Doğan Kitap, 3. baskı, İstanbul, 2003.

İlhan, Attila, *Gazi Paşa*, Türkiye İş Bankası Kültür Yayınları, İstanbul, 2006.

Yasak Sevişmek, Bütün Şiirleri: 6 Bilgi Yayınevi, Ankara , 2001.

İnan, Afet, *Atatürk Hakkında Hatıralar ve Belgeler*, İş Bankası Kültür Yayınları, Ankara, 1984.

Atatürk ve Türk Kadın Haklarının Kazanılması, Milli Eğitim Bakanlığı, İstanbul, 1968.

M. Kemal Atatürk'ten Yazdıklarım, Kültür Bakanlığı, Ankara 1981.

Medeni Bilgiler ve M. Kemal Atatürk'ün El Yazıları, Türk Tarih Kurumu Yayınları, Ankara, 1998.

İnan, Arı (yayına hazırlayan), *Prof. Dr. Afet İnan*, Remzi Kitabevi, İstanbul 2005

İnönü, İsmet, *Hatıralar- I* haz. Sabahattin Selek, Bilgi Yayınevi, İstanbul, 1985.

İren, Gülfem Kaatçılar, *Anılarım*, İstanbul, 2004.

Johnson, Brian, *Bilgiye Uzanan Patikalar*, (SEV Vakfı ve Özel İzmir Amerikan Lisesi broşürü) 2004, s. 16

Kal, Nazmi, *Atatürk'le Yaşayanlar*, T. C. Ziraat Bankası A.Ş. Kültür Yayınları, 2003.

Kal, Nazmi, *Atatürkle Yaşadıklarını Anlattılar*, Bilgi Yayınevi, Ankara 2001.

Kandemir, Feridun, *Hatıraları ve Söylemedikleriyle Rauf Orbay*, Sinan Matbaası, İstanbul 1965.

Kandiyoti, Deniz, *Cariyeler Bacılar Yurttaşlar*, Metis Yayınları, İstanbul, 1997.

Karal, Enver Ziya, *Atatürk'ten Düşünceler*, Çağdaş Yayınları, İstanbul, 1991.

Kaplan, İsmail, *Türkiye'de Milli Eğitim İdeolojisi*, İletişim Yayınları, İstanbul 2002.

Kaplan, Leyla, *Cemiyetlerde ve Siyasi Teşkilatlarda Türk Kadını(1908-1960)*, AKDTYK Atatürk Araştırma Merkezi, Ankara, 1998.

Karabekir, Kâzım, *Paşaların Kavgası, İnkilap Hareketlerimiz*, Emre Yayınları, İstanbul, 2000.

Karabuda, Güneş, *İndim Zaman Bahçesine,* Yapı Kredi Yayınları, İstanbul, 1998.

Karaosmanoğlu, Yakup Kadri, *Ankara,* İletişim Yayınları, İstanbul, 2004.

Atatürk, Kültür Bakanlığı, Ankara, 1981.

Politikada 45 Yıl, İletişim Yayınları, İstanbul, 2002.

Kemal, Mehmet, *Türkiye'nin Kalbi Ankara,* Çağdaş Yayınları, İstanbul, 1983.

Kinross, Lord, *Atatürk, Bir Milletin Doğuşu,* Altın Kitaplar, 1994.

Kinross, Patrick, *Atatürk, Rebirth of a Nation,* Phoenix, Londra, 1995.

Kıray, Mübeccel, *Örgütleşemeyen Kent İzmir,* Bağlam Yayıncılık, İstanbul, 1998.

Kocabaşoğlu, Uygur, *İş Bankası Tarihi,* Tarih Vakfı, 2001, İstanbul.

Kocatürk, Utkan, *Atatürk Çizgisinde Geçmişten Geleceğe,* AKDTYK Atatürk Araştırma Merkezi, Ankara, 2005.

Kaynakçalı Atatürk Günlüğü, AKDTYK Atatürk Araştırma Merkezi, Ankara, 1999.

Koloğlu, Orhan *Osmanlı'nın Son Döneminde İki Kent ve İlişkileri,* der. Serfi Öngider, *İki Şehrin Hikâyesi,* Aykırı Yayıncılık, İstanbul, 2003.

Kurnaz, Şefika, *Cumhuriyet Öncesinde Türk Kadını,* Milli Eğitim Bakanlığı, İstanbul, 1992.

II.Meşrutiyet Döneminde Türk Kadını, Milli Eğitim Bakanlığı Yayınları, İstanbul, 1996.

Kutay, Cemal, *Osmanlı'dan Cumhuriyet'e Yüzyılımızda Bir İnsanımız, Hüseyin Rauf Orbay,*3. ve 5. cilt, Kazancı Kitap Ticaret AŞ. İstanbul 1992.

Külçe, Süleyman, *Mareşal Fevzi Çakmak, Askeri Hususi Hayatı,* I.Cilt, Cumhuriyet Matbaası, İstanbul, 1953.

Leventoğlu, Mazhar, *Atatürk'ün Vasiyeti,* Leventoğlu Yayınevi, İstanbul, 1968.

Ludwig, Emil, *Gifts of Life,* G. P. Putnam's Sons, Londra-New York, 1931.

Napolyon, cilt 1-2, Kastaş Yayınları, İstanbul, 1998

Mango, Andrew, *Atatürk,* Remzi Kitabevi, İstanbul, 2004

Marcosson, İsaac, *Turbulent Years,* Dodd, Mead and Company, New York, 1938.

Mardin, Şerif, *Din ve İdeoloji,* İletişim Yayınları, İstanbul, 1983.

Mikusch, D. v., *Gasi Mustafa Kemal*, Paul List Verlag, Leipzig, 1929.
Gazi Mustafa Kemal, Cumhuriyet Kitapları, İstanbul 2000.

Modern Türkiye'de Siyasi Düşünce, Kemalizm 2. cilt, haz. Ahmet İnsel, İletişim Yayınları, İstanbul 2001.

Modern Türkiye'de Siyasi Düşünce, Milliyetçilik, 4. cilt, haz. Tanıl Bora, İletişim Yayınları, İstanbul 2002.

Modern Türkiye'de Siyasi Düşünce, Modernleşme ve Batıcılık, 3. cilt, haz. Uygur Kocabaşoğlu, İletişim Yayınları, İstanbul 2004.

Moralı, Nail, *Mütarekede İzmir, Önceleri ve Sonraları*, Tekin Yayınevi, İstanbul 1976.

Nadi, Yunus, *Birinci Büyük Millet Meclisi*, Sel Yayınları, İstanbul, 1955.

Nâzım Hikmet, *Piraye'ye Mektuplar*, der. Memet Fuat, 1. cilt, Adam Yayıncılık, 1998.
Seçme Şiirler, TKP, İstanbul, 2002.

Neyzi, Leyla, *Ben Kimim*, İletişim Yayınları, İstanbul, 2004.

Nur, Rıza, *Hayat ve Hatıratım* 1. 2. 3. ciltler, İşaret Yayınları, İstanbul, 1992.

Okyar, Fethi, *Üç Devirde Bir Adam*, (haz. Cemal Kutay) Tercüman yayınları İstanbul, 1980.
Serbest Cumhuriyet Fırkası Nasıl Doğdu Nasıl Feshedildi? İstanbul 1987.
Fethi Okyar'ın Anıları, Osman Okyar, Mehmet Seyitdanlığoğlu, Türkiye İş Bankası Kültür Yayınları, İstanbul, 1997.

Onat, Nuri, *Cumhurbaşkanı Gazi. M. Kemal Paşa'nın Sonbahar Gezileri*, Çağdaş Yayınları, İstanbul, 1984.

Oranlı, Ziya, *Atatürk'ün Şimdiye Kadar Yayınlanmamış Anıları: Anlatan Ali Metin, Emir Çavuşu*, Alkan Matbaası, Ankara, 1967.

Orbay, Rauf, *Cehennem Değirmeni*, 1. 2. cilt, Emre Yayınları, İstanbul, 1993.

Ökçün, Gündüz, *Türkiye İktisat Kongresi, İzmir 1923*, A. Ü. SBF Yayınları, Ankara, 1971.

Önder, Mehmet, *Atatürk Konya'da*, AKDTYK, Atatürk Araştırma Merkezi, Ankara, 1989.
Atatürk'ün Bildirileri, TC Kültür Bakanlığı Yayınları, Ankara, 2002.
Atatürk'ün Yurt Gezileri, Türkiye İş Bankası Kültür

Yayınları, İstanbul, 1998.
Atatürk'ün Yurt Gezileri, Türkiye İş Bankası Kültür Yayınları, İstanbul, 1988.
Ötüş-Baskett, Belma, *Nezihe Muhiddin ve Türk Kadını*, İletişim Yayınları, İstanbul, 1999.
Öz, Hikmet, *Atatürk Tarsus'ta*, Kültür Bakanlığı Yayınları, Ankara, 1986.
Hüsrev Gerede'nin Anıları, haz. Sami Önal, Literatür Yayıncılık, İstanbul, 2002.
Özakman, Turgut, *Şu Çılgın Türkler*, Bilgi Yayınevi, İstanbul 2005.
Özalp, Teoman, *Kâzım Özalp Atatürk'ten Anılar*, İş Bankası Kültür Yayınları, Ankara, 1992.
Özverim, Melda, *Mustafa Kemal ve Corinne Lütfü: Bir Dostluğun Öyküsü*, Milliyet Yayınları, İstanbul, 1998
Parla, Taha, *Türkiye'de Siyasal Kültürün Resmi Kaynakları*, Cilt 2, Atatürk'ün Söylev ve Demeçleri, İletişim Yayınları, İstanbul, 1997.
Türkiye'de Siyasal Kültürün Resmi Kaynakları, 3. cilt, *Kemalist Tek Parti İdeolojisi ve CHP'nin Altı Ok*'u, İletişim Yayınları, İstanbul, 1995.
Türkiye'de Siyasal Kültürün Resmi Kaynakları, 1. cilt, Atatürk'ün Nutku, İletişim Yayınları, İstanbul, 1994.
Perinçek, Mehmet, *Atatürk'ün Sovyetlerle Görüşmeleri*, Kaynak Yayınları, İstanbul, 2005.
Phillips, Roderick, *Family Breakdown in Late 18th Century France*, Cambridge University Press, New York, 1988
Pınar, İlhan, *İzmir(1608-1918)*, İzmir Büyükşehir Belediyesi Kültür Yayınları, İzmir, 2001.
Price, Ward G., *Extra Special Correspondant*, Harap, Londra, 1957.
Sakayan, Dora, *Garabet Haçeryan'ın İzmir Güncesi*, Belge Yayınları, İstanbul, 2005.
Sarıoğlu, Mehmet, *Ankara Bir Modernleşme Öyküsü (1919-1945)*, Kültür Bakanlığı Kültür Eserleri, Ankara, 2001.
Selek, Sabahattin, *Milli Mücadele*, 2. cilt, Ağaoğlu Yayınevi, İstanbul.
Serafimova, Liliana, *Mustafa Kemal ve Miti Kovaçeva*, Doğan Kitap, İstanbul, 1999.
Serç, Erkan, *Tanzimattan Cumhuriyet'e İzmir'de Belediye*, 9 Eylül Yayınları, İzmir, 1998.

Sertel, Sabiha, *Roman Gibi*, Belge Yayınları, İstanbul, 1987.

Sertel, Zekeriya, *Hatırladıklarım*, Gözlem Yayınları, İstanbul, 1977.

Sevük, İsmail Habib, *Atatürk İçin*, Cumhuriyet Matbaası, İstanbul, 1939.

O Zamanlar, Kültür Bakanlığı, Ankara, 1981.

Sheridan, Claire, *Nuda Veritas*, London, 1927.

Sılan, Şen Sahir, *Pişman Değilim*, İletişim Yayınları, İstanbul, 2003.

Snowden, Charmian, *The First Hundred Years,Tudor Hall* (Okul broşürü tarihsiz).

Soyak, Hasan Rıza, *Atatürk'ten Hatıralar*, Yapı Kredi Yayınları, İstanbul, 2005.

Sönmez, Cemil, *Atatürk'ün Annesi Zübeyde Hanım*, AKD-TYK, Ankara 1998.

Şener, Cemal, *Topal Osman Olayı*, Etik Yayınları, İstanbul 2004.

Şimşir, Bilal, *Atatürk ile Yazışmalar-I (1920-1923)*, Kültür Bakanlığı, Ankara 1981.

Dış Basında Atatürk ve Türk Devrimi 1. cilt, TTK Yayınları 1981 Ankara, s. 814.

Taçalan, Nurdoğan, *Ege'de Kurtuluş Savaşı Başlarken*, İstanbul, 1981.

Tanju, Sadun, *Bazı Anılar*, Yalçın Yayınları, İstanbul, 1998.

Tanör, Bülent, Yüzbaşıoğlu, Nemci, *1982 Anayasasına Göre Türk Anayasa Hukuku*, Yapı Kredi Yayınları, İstanbul, 2001.

Taşkıran, Tezer, *Cumhuriyetin 50. Yılında Türk Kadın Hakları*, Başbakanlık Basımevi, Ankara, 1973.

Tekeli, Şirin, *Kadınlar ve Siyasal Toplumsal Hayat*, Birikim Yayınları, İstanbul, 1982.

Temelis, Nikos, *Arayış*, Doğan Kitap, çev. Panayot Abacı, İstanbul, 2002.

Topuz, Hıfzı *Gazi ve Fikriye*, İstanbul, 2001

Toros, Taha *Atatürk'ün Adana Seyahatleri*, Çukurova Gazeteciler Cemiyeti Yayını, 1982.

Tunaya, Tarık Zafer, *Türkiye'de Siyasal Partiler*, Cilt 1, Hürriyet Vakfı Yayınları, İstanbul 1988.

Tunçay, Mete, *Türkiye Cumhuriyetinde Tek Parti Yönetimi*, Tarih Vakfı Yurt Yayınları, İstanbul, 2005.

Turan, Şerafettin, *Mustafa Kemal Atatürk*, Bilgi Yayınları, Ankara, 2004.

Umar, Bilge, *İzmir'de Yunanlıların Son Günleri*, Bilgi

Yayınevi, Ankara, 1974.
Unat, Nermin Abadan, *Toplumsal Değişme ve Türk Kadını, Türk Toplumunda Kadın*, Türk Sosyal Bilimler Derneği, Ankara, 1982.
Urgan, Mina, *Bir Dinozorun Anıları*, Yapı Kredi Yayınları, 1998.
Uşaklıgil, Halit Ziya, *Kırk Yıl*, İnkilap Kitabevi, İstanbul, 1987
Bir Acı Hikaye, İnkılâp Kitabevi, İstanbul, 1991.
Uyar, Hakkı, *Tek Parti Dönemi ve CHP*, Boyut Yayınları, 1999.
Ülger, Eriş, *Latife Gazi Mustafa Kemal*, İnkilap Yayınevi, İstanbul 2005.
Ünaydın, Ruşen Eşref, *Atatürk'ü Özleyiş*, Kültür Bakanlığı, Ankara, 1981.
Üstel, Füsun, *Türk Ocakları*, İletişim Yayınları, İstanbul, 2004.
Villalta, Jorge Blanco, *Atatürk*, Türk Tarih Kurumu Yayınları, Ankara, 1979.
Atatürk, Türk Tarih Kurumu Yayınları, (İngilizce), Ankara, 1979.
Volkan, Vamık-İtkowitz, Norman, *Ölümsüz Atatürk*, Bağlam Yayınları, İstanbul, 1998.
Yalçın, Soner, *Efendi*, Doğan Kitap, İstanbul, 2005.
Yalman, Ahmet Emin, *Yakın Tarihte Gördüklerim ve Geçirdiklerim*, 2. cilt, Pera Turizm ve Ticaret AŞ, İstanbul, 1997.
75 Yılda Kadınlar ve Erkekler, Tarih Vakfı Yayınları, 1998, İstanbul.
Yiğit, Nuyan, *Atatürk'le 30 Yıl*, Remzi Kitabevi, İstanbul 2005.
Yurdakul, Yurdakul, *Atatürk'ün Hiç Yayınlanmamış Anıları*, Aksoy Yayıncılık, İstanbul, 1999.
Zihnioğlu, Yaprak, *Kadınsız İnkilap*, Metis Yayınları, İstanbul, 2003.
Zürcher, Erik Jan, *Terakkiperver Cumhuriyet Fırkası*, İletişim Yayınları, İstanbul, 2003.

Yayınlar

Ahmed, Feroz, "Türkiye'de Kapitalizmin Gelişimi" *Journal of Third World Studies*, güz 1998.
Akyol, Mete, "Benim Gazetecilik Günlerim", *Bütün Dünya*, temmuz 2002.
"61. Yıldönümünde Atatürk'ün Boşanma Öyküsü", *Tarih ve Toplum* dergisi, çev. Tanıl Bora, ağustos 1986, sayı 32,

"Atatürk'ün Boşanma Mektubu Göz Yaşartacak", *Yeni Şafak* 6 aralık 2004.

Ayda, Adile, "Atatürk ve Kayınbiraderi", *Cumhuriyet,* 10 kasım 1963.

"Bankamız Kurucuları, Uşakizade Muammer Bey; Vecihe Hanım Anlatıyor" (6), *İş* dergisi, kasım 1988, s. 265.

B.N., "Dilimiz", *Türk Yurdu,* 6. cilt, (yıl 6, sayı 143, eylül, 1917) tıpkıbasım, Tübitak Yayınları, Ankara, 2000.

Bahadır, Osman, "Kadınların Hukukunu Müdafaaya Gelen Kadın", *Cumhuriyet Dergi,* 10 nisan 2004.

Banoğlu, Niyazi Ahmet, "Atatürk ve Latife Hanım", *Atatürk Kültür Merkezi Dergisi,* 7. cilt, temmuz 1991.

Barlas, Mehmet, "Felaketzede bir Kadınım", *Güneş* gazetesi 11 kasım 1986.

Barlas, Mehmet, "Latife Hanım'ın Dramı", *Güneş* gazetesi, 10 kasım 1986.

"Bayan Kemal Türkiye'nin Cumhurbaşkanı ile Romantik Evliliğini Anlatıyor" *The Current Opinion,* ocak 1924.

Beni Hasan, "Türkiye'nin Yeni Hâkimi Kemal Paşa Evinde", *The Mentor,* mayıs 1927.

Bilgehan, Gülsün, "Çankaya'nın Hanımefendileri", *Milliyet* 11-12 ekim 1982.

"Bir İş Teklifi Olarak Türkiye", *The Literary Digest,* 15 aralık 1923.

Borak, Sadi, *Atatürk Araştırma Merkezi Dergisi,* cilt 1, sayı 3, Ankara, 1984.

"Boşandılar", *Time* dergisi, 24 ağustos 1925.

Bryant, Louis, "Bir Türk Boşanması", *The Nation,* 26 ağustos, 1925.

Cebesoy, Ali Fuat, "Atatürk ile Milli Mücadele Arkadaşları", *Yakın Tarihimiz,* 4. cilt.

Cebesoy, Ali Fuat, "Hayalatla Uğraşmayalım Paşam", *Yakın Tarihimiz,* (İstanbul 1962) 4. cilt, sayı 44.

Combaluzier, Louis, "Kemal Atatürk 13 Seneden Beri Türkiye'nin Babası" (Adı ve tarihi belli olmayan Fransızca bir gazete kupüründen).

Coşkunoğlu, Osman, "Uşak Şeker Fabrikası", *Cumhuriyet,* 21 ocak 2004.

Çalışlar, İpek, "Sırlarıyla Latife Hanım", *Milliyet,* 10-17 kasım 2005.

Çetintaş, Burak, "Ayaspaşa Mezarlığı", *Toplumsal Tarih,*

aralık 2004, sayı 132.
Çölaşan, Emin, "Leman Karaosmanoğlu ile Sohbet: Atatürk'ü İki Kadın Deli Gibi Severdi", *Hürriyet,* 10 kasım 1985.
Demirbilek, Celal, "Kriptodaki Dedikodu", *Hürriyet,* 29 mayıs 2005.
Dündar, Can, "Ata'nın Resmiyle Öldü" *Milliyet,* 11 kasım 2004.
Dündar, Can, "Latife Hanım'ın Atatürk'süz Hayatı", *Milliyet,* 28 ekim 2003.
Dündar, Can, "Söz Kız Tarafında", *Milliyet,* 10 kasım 2004.
Dündar, Can, "Yüzyılın Aşkları", *CNN,* 10 kasım 2004.
Felek, Burhan, "Latife Hanım", *Milliyet* gazetesi 16 temmuz, 1975.
Güngör, Selahaddin, "Atatürk'e Aid Hatıralar" (Salih Bozok Anlatıyor) *Cumhuriyet* gazetesi, 30 ocak 1939 5, 6 şubat 1939.
İstiklal Harbi Gazetesi, no. 1, no. 2, no. 5, haz. Ömer Sami Coşar, Ankara Ticaret Odası Yayını (tıpkıbasım).
Kaplan, Sefa, "Latife Hanım'ın Günlüğünü Bir Bilim Kurulu İncelesin", *Hürriyet,* 3 ocak 2005.
Karabuda, Güneş, "Latife Hanımla Köşkte", *Yeni Yüzyıl* gazetesi, 7 mart 1998.
"Kemal'in Karısını Boşamasına Dair Paris Hikâyesi", *New York Times,* 5 ocak 1926.
Kılıç, Altemur, "Latife Hanım'ın Evrak-ı Metrukesi", *Kent Haber,* 6 şubat 2005.
Koçak, Cemil, "Arşivler Açıldı Ya Belgeler", *Toplumsal Tarih* dergisi, mart 2005.
Lawyer, Eric, "Adı Türklerin Babasıydı ve Öyleydi", *Smithsonian,* mart 1996, 26. cilt.
Marcosson, İsaac, "Kemal Paşa", *Saturday Evening Post,* 20 eylül 1923.
"Türkiye'nin Kuruluş Yıllarında Bir Yabancı Gazetecinin Ankara Yolculuğu ve Atatürk'le Görüşmesi", çev. Ergun Özbudun, *Atatürk Araştırma Merkezi Dergisi,* 1. cilt, kasım 1984.
Özgentürk, Nebil, "Bir Başka Latife", *Sabah,* 2 aralık 2000.
"Felaketzede Yalnız Bir Kadın", *Sabah,* 31 ekim 2003.
"Gazi'den Sonra", *Sabah,* 19 ağustos 2000.
"Halam Hep Yalnızdı", *Sabah,* 1 kasım 2003.
Pekşen, Yalçın, "Atatürk'ün Özel Yaşamı, Vecihe İlmen (Latife Hanım'ın Kızkardeşi) Anlatıyor", *Cumhuriyet,* 10 kasım 1984.

Price, Ward, "Gazi Paşa ve Latife Hanım", *İkdam*, 6 mart 1923.

Selçuker, Selma, "Her İnsan Bir Bayrak Sanki", *Güneş* gazetesi, 10 kasım 1989, Süreyya Ağaoğlu Arşivi, Kadın Eserleri Kütüphanesi, kutu 1-5.

"Kadın Gözü ile Atatürk, Süreyya Ağaoğlu ile Görüşme" *Güneş* gazetesi, (tarih yok) Süreyya Ağaoğlu Arşivi, Kadın Eserleri Kütüphanesi, kutu 1-5.

Serçe, Erkan, "İzmir'de İktidar Mücadelesi", *Toplumsal Tarih Dergisi*, mayıs 2000.

Sirman, Nükhet, "Kadınların Milliyeti, Modern Türkiye'de Siyasi Düşünce" 4. cilt, *Milliyetçilik*, İletişim Yayınları, İstanbul 2002.

Süsoy, Yener, "Latife Hanım'ın öyküsünü Sıfırcı Baha'dan Dinleyin" *Hürriyet* gazetesi 16 haziran 2003.

Szirmai, Rezsö, "Mustafa Kemal'in Aşkı", 1935 Budapeşte, *Sabah* (tefrika) çev. Vecdet Erkun, 4-14 şubat 2005.

Topuz, Hıfzı, "Fikriye'nin Saklı Yılları", *Cumhuriyet*, 10 kasım 2001.

Tunçay, Mete, "Latife Hanım-Kamaneva Mektuplaşması", *Toplumsal Tarih*, mart 2003.

Turan, Şerafettin, "Atatürk'ün Latife Uşaklıgil ile Evlenmesine İlişkin İki Belge" *Kültür Dergisi*, ekim-kasım 1992.

Türk Yurdu 9. cilt, (16/2. cilt, sayı 171-10 haziran 1925) tıpkıbasım, Tübitak Yayınları, Ankara, 2001.

Türk Yurdu, 8. cilt, (15. cilt, sayı 164-3, aralık 1924) tıpkıbasım, Tübitak Yayınları, Ankara 2001.

Williamson, S. T., "Böylesi Romanlarda Bile Görülmez", *New York Times*, 6 haziran 1926.

Yalman, Ahmet Emin, "Hayatına Ait Hatıralar" *Vakit* gazetesi, 10 ocak 1922; *Atatürk'ün Söylev ve Demeçleri III*, Türk İnkılap Tarihi Enstitüsü Yayınları, Ankara, 1997.

Yanık, Figen, "Anneannem Atatürk'ün Üvey Kız kardeşi Ruhiye Hanım'dı", *Sabah* gazetesi *Pazar Eki*, 17 ekim 2004.

"61. Yıldönümünde Atatürk'ün Boşanma Öyküsü", *Tarih ve Toplum*, ağustos 1986 , sayı 32.

Yetkin, Sabri, "Dünden Bugüne", *Milliyet Ege*, 9 şubat 2004.

Yetkin, Sabri, "Latife Hanım'ı Kaçırmak İsterdim", *Milliyet* gazetesi, 29 ocak 2005.

Yücel, Şükran, "Uşakizadeler", *İzmir Life*, sayı 24, ağustos 2003.

Zarakolu, Ragıp, "Sarris adlı Hemşerimiz Üzerine", *Gündem*

gazetesi, 11 mayıs 2002.
Zekeriya (Sertel), M., "Türkiye'nin Siyasi Tarihi", *Resimli Ay*'dan aktaran, Mete Tunçay.

1923 ocak- 1930 aralık; 1975 temmuz ayları itibariyle taranan gazeteler

Chicago Tribune
Cumhuriyet gazetesi (1924 mayıs-1925 temmuz)
Hakimiyet-i Milliye (1923 ocak ve şubat)
New York Times
Time (dergisi)
The Times
Toronto Daily Star
Washington Post

Görüşmeler

(2005 mayıs-2006 nisan ayları arasında yapıldı)
Aydan Eralp, (Galibe ve Fethi Okyar'ın gelini)
Ayşe Cebesoy (Ali Fuat Cebesoy'un yeğeni)
Deniz Baykal (Cevat Abbas'ın torunu)
Emine Uşaklıgil (Halit Ziya'nın torunu)
Esin Umay (Fuad Umay'ın kızı)
Fethi Okyar (Fethi Okyar'ın torunu)
Füsun İşcan (İsmail Uşşaklı'nın kızı)
Gülfem İren
Gültekin Ağaoğlu
Hüseyin Gürer (Cevat Abbas'ın torunu)
Muammer Erboy (Vecihe İlmen'in torunu)
Nur Varkin
Rasih Nuri İleri
Suna Güler (Ağaoğlu ailesinden Tezer Taşkıran'ın kızı)
Şehvar Çağlayan, (Süreyya İlmen'in torunu)
Şen Sahir Sılan
Tektaş Ağaoğlu
Vedii İlmen (Süreyya İlmen'in torunu)
Zeynep Lange (Halit Ziya'nın torunu)

Dizin

B

C

G

H

İ

J

K

L

M

N

O

Ö

P

R

S

Ş

T

U

Ü

V

İçindekiler